우리 실정법과 법의 일반원리에 기초한 행정법리에 따른 행정법사례해결의 전형을 제시한 연습서

Principles and Logic of Administrative Law

[判例事例研究]

行政法理

崔 泰 群 著

청목출판사

들어가는 글

법치행정의 원칙이 지배하는 공법인 행정법을 올바로 이해하기 위해서는 법규범 및 법적 규율(rule)로서의 행정행위와—신의성실의 원칙과 그 파생원리만이 적용되는 사적자치의 원칙이 지배하는 사법에서와는 달리—신의성실의 원칙 이외에도 비례원칙·평등원칙·신뢰보호원칙 등 법의 일반원리(principle)들을 법치국가원리에 따라 체계적으로 이해하고 체득해야만 한다.

특히 법적 규율로서의 행정행위개념은 공·사법 이원체계의 법제도의 본질적 요소이므로 행정행위 효력의 법리를 올바로 이해하는 것은 행정법이 무엇인가를 파악하는 첫걸음이라 할 것이다. 그런데 기존의 행정법서들처럼 행정행위의 공정력을 잠정적 유효성 추정(통용)력으로 보게 되면, 사적자치원칙이 지배하는 사법상의 법률행위는 비록 하자가 있더라도 그것이 사회질서나 강행규정위반에 위반하여 당연무효가 아닌 한 취소권자가 취소할 때까지 그 적법·위법 여부에 관계없이 잠정적으로 유효하고(유동적 유효), 법치행정원칙이 지배하는 공법상의 행정행위도 비록 그 하자가 있더라도 그것이 당연무효가 아닌 한 취소권자가 취소할 때까지 그 적법·위법 여부에 관계없이 잠정적으로 유효하다(공정력)는 것이 되어, 사적자치와 법치행정, 사법상의 법률행위와 공법상의 행정행위, 취소할 수 있는 법률행위의 유동적 유효와 취소할 수 있는 행정행위의 공정력이 동일하게 되는 결과를 초래하여 공·사법 이원체계의 우리의 법제도 본질에 반하게 된다.

그러나 공·사법 일원체제를 취하든 공·사법 이원체제를 취하든 모든 법치국가에서 강행법규에 위배된 행위는 위법·무효이다(법의 대명제). 따라서 법치행정의 원리가 지배하고 강행규정원칙의 공법관계에서 행정청의 어떠한 행위가 유효하다는 것은 법률상이든 사실상이든 또는 잠정적이든 반드시 그 행위가 적법하다는 것을 전제하는 것이다. 그리하여 공·사법 이원체계의 법제도를 채택한 국가에서는 〈법적 정의〉의 관점에서 공익실현이라는 행정목적의 능률적 수행을 위하여 행정청으로 하여금 우월적 의사에 기한 행정행위를 하도록 하고, 그 행정행위가 비록 강행규정에 위반한 하자가 있더라도 그 하자가 중대하고 명백하여 당연무효가 아닌 한 권한있는 기관(처분청, 재결청, 항고소송수소법원)이 그 하자 내지 위법성을 확인하여 적극적·소극적 위법상태를 배제할 때까지 잠정적으로 사실상 그 적법성을 추정하여 유효하게 통용시키는 효력인 공정력을 인정하고 있는 것이고, 이러한 공정력에 따라 잠정적으로 적법·유효하게 된 행정행위라도 행정행위는 권한 있는 기관의 법적 규율이므로 〈법적 안정성〉의 관점에서 적법·유효한 행정행위로 통용되어 그 내용상의 구속력이나 그 형식상의 존속력이 인정되는 것이다. 즉, 하자있는 행정행위에 인정되는 공정력은 공·사법 이원체계의 법제도 본질상 인정되는 것으로서 공익실현이라는 행정목적의 능률적 수행을 위하여(이론적 근거로서 행정정책설) 행정청으로 하여금 우월적 의사에 기한 행정행위를 하도록 하고(실체법적 근거), 당연무효 아닌 하자있는 행정행위라도 권한 있는 기관으로서의 처분청이 스스로 직권취소 또는 철회하거나, 또는 하자있는 행정행위로 인하여 법률상 보호되는 구체적 권리 또는 이익침해를 받을 우려가 있는 자가 일정한 절차에 따라 항고쟁송을 제기하면(절차법적 근거) 재결청이나 항고소송수소법원이 그 하자 내지 위법성을 확인하여 위법상태를 배제할 때까지 잠정적으로 사실상 그 적법성을 추정하여 유효하게 통용시키는 효력이다.

요컨대 공·사법 이원체계의 대륙법계의 법제도를 계수하여 정립된 우리 행정법을 올바로 이해하기 위해서는 사법과 공법을 구별할 수 있어야 하고, 나아가 사법상의 법률행위나 공법상의 기타 행정작용과 공익실현이라는 행정목적의 능률적 수행을 위하여 특별히 인정하고 있는 행정행위에 대한 충분한 이해가 전제되어야 한다. 사법상의 행위는 사적자치의 원칙을 토대로 법적 안정성을 해치지 않는 범위 내에서 구체적 타당성(당사자간의 이해관계조절, 즉 개인적 정의의 실현)을 도모하기 위해 신의성실의 원칙과 그 파생법리만이 법의 일반원리로서 지배하지만, 공법상의 행위에는 신의성실의 원칙뿐만 아니라 공익실현을 위해 정립된 공법에 따라야 한다는 법치행정의 원칙을 토대로 자의금지원칙과 부당결부금지의 원칙, 사회적 정의(공익)와 개인적 정의(사익)는 조화되어 실현되어야 한다는 비례의 원칙, 사회적 정의와 개인적 정의의 조화에 있어서는 차별이 없어야 한다는 평등의 원칙 및 자기구속의 법리, 나아가 사법상의 법률행위는 당사자만을 구속하지만 법적 규율로서의 행정행위는 사회구성원 각자를 구속하므로 그 행정행위를 신뢰하여 행동한 자는 보호되어야 한다는 신뢰보호의 원칙, 그밖에 그 파생 법리들이 지배한다. 따라서 공법인 행정법을 올바로 이해하기 위해서는 법규범 및 법적 규율로서의 행정행위와 법의 일반원리들을 체계적으로 이해해야만 한다.

위와 같은 법의 일반원리들은 법치국가원리로부터 당연히 도출되는 것인바, 비례원칙이나 평등원칙 및 행정행위의 공정력의 법리 등이 법치국가원리의 구성요소로서의 법적 정의의 관점에서 인정되는 것이라면, 신뢰보호의 원칙이나 행정행위의 구속력 및 불가쟁력의 법리 등은 법치국가원리의 또 다른 구성요소인 법적 안정성의 관점에서 인정되는 것이다. 그런데 이러한 법적 정의와 법적 안정성은 법치국가원리의 대등한 구성요소이므로 양자는 조화롭게 실현되어야 할 것이다. 따라서 예컨대 어떠한 행정행위가 신뢰보호의 원칙에 반한다는 점만으로 곧 위법하다고 할 수 없다. 왜냐하면 행정행위는 공익실현을 목적으로 행해지는 것일 뿐 아니라 권한 있는 기관의 법적 규율이므로 당사자만을 구속하는 사법상의 법률행위와는 달리 모든 이해관계있는 사회구성원 각자를 구속하기 때문이다. 따라서 행정청의 행정행위가 법적 안정성의 관점에서 인정되는 신뢰보호원칙에 반하여 위법하다고 하기 위해서는 법치국가원리의 또 다른 구성요소인 법적 정의의 관점, 즉 행정의 법률적합성 확보와 국민의 권리보호의 요청인 공익 또는 제3자의 정당한 이익을 현저히 해할 우려가 있는 경우가 아니어야 한다.

무릇 행정법을 공부하는 목적은 공법생활에서 발생하는 행정법 문제들을 누구나 수긍할 수 있는 합리적이고 보편타당한 법리로서 논리적이고 설득력있게 해결할 수 있는 방법을 터득하는데 있다 할 것이다. 이 책을 통해 졸저 행정법정론이나 한국행정법을 읽으며 배우고 익힌 행정법리와 판례의 법리들을 행정법 사례문제의 해결과정 속에서 구체적으로 활용하여 연습함으로써 그러한 법리들이 보다 명확하게 이해되고 체득되기를 기대한다.

이 책의 구성과 내용상의 특징은 다음과 같다.

첫째, 행정법 문제를 해결하기 위한 기초지식으로서 요구되는 '국민의 권익구제를 위한 행정쟁송의 4유형'을 제2장에서 설명하였고, 제3장 제1절 〈사례연습 1〉의 문제해결과정에서는 '행정법의 올바른 이해의 틀'을 터득할 수 있도록 하기 위해 다른 문제에서와는 달리 매우 자세한 해설을 하였다.

둘째, 모든 사례문제는 판례가 있는 실제사안을 기초로 하여 구성되었다. 다만, 판례법리를 이해하고 체득할 수 있는 기출문제 10여 문제를 엄선하여 함께 싣고 판례의 법리에 따라 해설하였다.

셋째, 기출문제를 제외한 모든 사례는 아직 출제되지 아니한 중요판례사례를 문제화하였으며, 특히 2009년 대법원 전원합의체판결 사안 등 현재까지의 중요판례사례를 모두 반영하였다.

넷째, 사례문제해결에 있어서는 오직 우리 실정법과 법의 일반원리에 기초한 정치한 행정법리와 판례법리에 따라 논리정연하게 해결하는데 중점을 두었다.

본디 천학비재이기에 오직 나의 능력이 닿는 한도 내에서 내가 할 수 있는 최선을 다하였으나, 이제 세상에 내 놓으려는 이 순간 여느 때처럼 두려움이 앞선다. 독자 여러분들에게 행정법을 정복하는데 미력하나마 힘이 될 수 있기를 간망한다.

빠듯한 일정에도 불구하고 이 책의 출간을 흔쾌히 수락해 주신 청목출판사 유성렬 사장님께 진심으로 감사드리며, 편집과 교정 등에서 정성을 다해 애써주신 편집부관계자 여러분, 그리고 늘 나의 힘이 되어 주는 사랑하는 아내와 제 딸 윤에게도 고맙고 감사한 마음을 전한다.

2009년 12월 15일

저 자

차 례

제 1 장

행정법사례문제답안작성의 4단계

Ⅰ. 논점 추출 단계

사례문제해결에 있어서 가장 선행되어야 할 것은 주어진 설문을 정확하게 읽은 후 사실관계 속에 감추어져 있는 논점을 추출해 내는 것이 핵심관건이다. 특히 설문의 마지막 문장의 질문의 요지와 형식에 유의하여 해결해야 할 과제와 논의의 범주를 정확하게 확정하여야 한다.

따라서 이와 같은 논점추출단계에서는 일반적으로 i) 사례에서 제시되고 있는 질문의 의미에 대한 정확한 이해, ii) 사실관계의 정확한 파악, iii) 확정된 질문과 관련된 논점의 파악(논의의 범주 확정), iv) 논점과 관련된 법규의 검색의 순으로 사안을 체계적으로 고찰해야 한다.

1. 질문의 의미에 대한 정확한 이해

사례문제의 해결은 당연히 주어진 설문으로부터 질문의 의미를 정확하게 파악하는 데서부터 시작된다. 즉, 설문의 마지막 문장의 질문의 요지와 형식에 유의하여 출제자가 무엇을 묻고 있는지를 정확하게 파악해야 한다. 질문에 대한 불충분한 이해는 불가피하게 그릇된 문제해결의 길로 빠져들게 할 것이다.

이 경우 우선적으로 파악하여야 할 것은 주어진 문제가 행정행위의 법적 성질에 대한 것을 묻고 있는지 아니면 행정쟁송의 문제인지 아니면 행정상 손해배상이나 손실보상의 문제인지 여부 등인데, 이는 질문의 형식으로부터 추출해 낼 수 있다. 그러나 질문의 형식으로부터 파악했을 때 만약 항고소송의 문제라고 하더라도 다시 파악되는 사안의 사실관계로부터, 이제는 그것이 소송요건의 문제인지 본안에서의 처분 등이나 부작위의 위법성판단과 관련된 문제인지, 소송요건의 문제라면 항고소송의 대상이 되는지에 대한 권리보호자격을 묻고 있는지 아니면 원고적격 또는 협의의 소의 이익인 권리보호필요성을 묻고 있는지, 본안의 문제라면 처분의 위법성판단이 필요한 것이 주체상의 하자인지, 형식상의 하자인지, 절차상의 하자인지, 내용상의 하자인지를 구체적으로 확정하여야 한다. 그리고 손해전보에 관한 문제라면, 손해의 원인이 되는 행위가 우선 위법한 것인지 적법한 것인지에 따라 각각 손해배상과 손실보상의 요건을 검토해야 한다. 여기서 손해의 원인이 되는 행위가 위법하다고 결론을 내리면서 나중에 손실보상을 구제수단으로 열거하는 것은 답안의 논리일관성을 해하여 감점요인이 될 것이다.

2. 사실관계의 정확한 파악

사례문제가 사례에 대한 법규의 해석·적용에 관한 문제인 이상, 사실관계를 잘못 인식하면 사례에 대한 충분한 해결은 원천적으로 봉쇄되고 말 것이다. 특히 사례문제는 판례를 기초로 하여 만들어지는 경우가 많지만 논점을 변형하거나 추가할 수도 있으므로, 선입견을 버리고 문제에 접근해야 한다. 사실관계를 분석하였을 때, 설령 의문이 있더라도 그 사실관계를 변경해서는 안 되고 어디까지나 합리적인 해석을 통하여 해결해야 한다. 예컨대 사안을 분석하였을 때 손해의 원인이 되는 행위가 위법한지 적법한지 명확하지 않은 경우에는 위법한 경우와 적법한 경우로 나누어 구제수단을 제시하여야 한다. 그러한 구별 없이 손해배상과 손실보상을 함께 문제 된다고 열거하는 것은 감점요인이 될 것이다.

3. 구체적인 논점의 파악

사례에서 제시되고 있는 질문의 의미를 확정하고 사실관계를 파악하였으면 이제는 그 질문을 구체적인 법적 문제로 전환하여 구체적인 논점이 무엇인가를 파악해야 한다. 예컨대 사안이 어떠한 행정청의 처분에 절차상 하자는 없는가라는 형식의 설문이었다면, 이제 구체적으로 청문의 이행 여부 및 행정절차법상 처분의 사전통지, 이유제시 등의 구비 여부가 논점이 되고, 질문의 형식과 사실관계로부터 파악된 질문의 의미가 국가배상을 청구할 수 있는가에 대한 것이었고, 그 중에서 국가배상책임의 성립요건이 문제되는 경우였다면, 이제는 그 중에서도 사안에서 특히 문제가 되는 구체적인 요건에 대한 것이 논점이 될 것이다.

4. 관계법령의 검토

어떠한 권리구제방법(소송유형)이 있고 어떠한 영역에서의 문제라는 것이 구체적으로 파악되면 다음으로 관계법령을 검토하고 주어진 설문상의 사실관계를 해당 법률에 적용하여 본다. 이러한 과정 속에서 사례해결을 위해 판단해야 할 논점과 그 해석을 함에 있어서 필요한 이론이 무엇인지를 도출하여야 한다.

이 경우 관련법령이 복수인 경우에는 그 법령들이 일반법과 특별법의 관계에 있을 때에는 특별법이, 상위법과 하위법의 관계에 있을 때에는 상위법과 상위법에 반하지 아니하는 범위 내에서 하위법이, 동위에 놓여 있는 법령들의 추구하는 목적이 서로 상이한 경우에는 논점과 관련하여 의미를 갖는 범위 내에서 모든 법령이 관련법령이 된다.

그리고 성문의 관련법규가 흠결되어 있는 경우에는 행정법의 일반원리에 의한 해결 이외에도 사법규정에 의한 보충 또는 유사한 행정법규정의 유추해석에 의한 보충이 고려되어야 한다. 다만 침익적 행정행위의 경우에는 이러한 유추해석이나 확장해석은 제한되어야 할 것이다.

Ⅱ. 초안작성단계

개별적인 논점이 파악 되었으면 사례해결에 집중하여 논점을 논리적으로 배치한다. 논점들을 어떻게 구성하느냐에 따라 사례해결의 방향이 수미일관할 수도 있고 평면적 나열식이기거나 중복된 형태가 될 수 있는데, 일반적으로 행정법 사례의 전형에 비추어볼 때 우선 당해 행정작용의 법적 성질에 대해서 기술하고, 소송요건의 문제라면 대상적격, 원고적격, 협의의 소의 이익(권리보호의 필요성), 기타의 제소요건을, 본안의 문제라면 법치행정의 원리(법률유보, 법률우위), 재량권의 일탈·남용 여부에 대하여 기술하는 것이 논리의 모순이나 논의의 중복을 피할 수 있다.

목차 구성에 있어서 또 하나 간과해서는 안 될 것이 사례해결의 비중에 따른 분량의 적절한 배분이다. 그런데 사례해결의 비중에 따른 적절한 분량을 조절할 수 있는 능력은 행정법전체에 대한 실력이 제대로 갖추어진 경우에만 가능할 것이기 때문에, 결국 이러한 능력은 직접 시험의 당락을 결정할 수 있는 요소로 작용하게 될 것이다.

Ⅲ. 작성단계

1. 서론쓰기

서론은 위에서 파악한 여러 논점 - 주어진 사안에서 무엇이 법적으로 문제되고, 그것이 왜 문제가 되는지 - 들을 그 전개과정이 일목요연하게 현시되도록 간결하게 서술하여야 한다. 논점을 제시함에 있어 구체적인 표현을 사용하고 주제어를 정확하게 언급해야 한다. 특히, 서론에서 왜 이 논점이 문제되는지를 자세하게 설명하려 하면 장황해지기 쉬우므로 그러한 것은 본론으로 미루고 논점만을 나타내는 방식으로 기술해야 한다.

2. 본론쓰기

초안에서 구성한 목차에 따라 각 논점마다 다음과 같은 논증과정을 거쳐 소결론(사안의 해결)을 도출한다.

(1) 논점에 대한 서술의 필요성 언급

일반론으로 당해 사안에서 문제되는 제도의 의미나 취지를 아주 간략하게 그러나 반드시 기술해야 한다. 여기서 복수의 논점이 모두 공통의 일반론을 전제로 하는 경우에는 일반론을 먼저 기술하고, 하위목차로 각 논점을 기술하는 것이 논리적이며 중복서술을 피할 수 있다. 그 후에는 문제되는 논점위주로 바로 나아가야 하는데, 다만 각 논점에 대한 서술이 당해 사안에서 왜 필요한지를 반드시 밝혀 논점과 논점을 연결함에 있어 답안의 흐름이 물이 흘러가듯 자연스럽도록 하여야 한다.

(2) 실정법규정의 해석 · 적용

그리고 각 논점에 대한 논리전개에 있어서 그 출발점은 항상 법조문이어야 한다. 따라서 당해 논점의 근거가 되는 법조문을 먼저 밝혀야 하고 논리의 전개는 그 법조문의 해석론을 담아야 한다. 이때 법조문을 인용하는데 있어서는 최대한으로 정확을 기해야 한다. 조문과 항은 물론 필요한 경우엔 본문과 단서, 또는 1문과 2문, 나아가 같은 문에서도 전반과 후반을 구별하여 표시하여야 한다. 법조문의 정확한 인용은 법률적 사고의 기초가 튼튼하게 놓여 있다는 것을 보여줄 것이다.

실정법을 해석함에 있어서 주의할 것은, 우선 법률에서 목적규정을 두고 있는 경우, 그 목적설정조항(대체로 당해 법률 제1조)은 당해 법률의 개별조항을 해석할 때에 활용되어야 한다는 점이다. 그리고 법규의 해석은 언제나 일반원리나 헌법상의 기본권을 고려하여 이루어져야 하며, 원칙과 예외를 동시에 규정하고 있는 법규의 해석의 경우에 있어서 예외규정은 좁게 해석되어야 한다. 또한 법규범의 근거가 되는 이익상황이 때로는 법해석상 보조적인 기능을 수행할 수도 있는데, 예컨대 행정의 법률적합성의 원칙과 신뢰보호원칙과의 충돌의 경우 등이 그것이다.

이렇게 해석된 법을 구체적인 사례의 쟁점에 적용하여야 하는데, 이를 법적용작용, 즉 사안의 포섭이라 한다. 이는 대체로 3단 논법에 의하게 되는데, 즉 해석된 법규범(요건규정과 효과규정으로 구성)을 대전제로 하고, 구체적인 사실관계를 소전제로 하여, 구체적인 법적 효과를 이끌어 내야 한다. 즉, 구체적 사실관계가 일반적인 법규의 요건규정에 포함되어 있을 때에 구체적인 법적 효과로서의 결론을 도출할 수 있는 것이다. 이 경우 구성요건의 충족 여부와 관련해서는 그 구성요건 사실이 여러 개의 조문에서 규정되기도 한다는 점과 예외규정을 두기도 한다는 점에 유의 하여야 하고, 법적 효과 규정과 관련해서는 관련법규가 하나의 기속적인 결정만을 규정하고 있다면 포섭과정에서 법적 효과의 선택에는 어려움이 없으나 재량규정의 경우에는 법적 효과에 대한 포섭방법이 다양할 것이다. 문제는 사례해결에 필요한 대전제가 성문법에 존재하지 않거나 그것이 불명확한 경우이다. 이러한 경우에는 학설이나 판례에서 대전제를 가져와야 한다.

(3) 학설 및 판례의 소개와 검토

학설을 소개할 때에는 그 학설의 주장 내용과 주된 논거를 간략하게 서술하되 이론상의 논거보다는 실정법상의 논거가 더 중요하다는 점을 염두에 두어야 한다. 판례를 소개할 때에는 그 결론만을 써서는 안 되고 주된 논거를 제시하되, 그 법리를 해치지 않도록 판례의 표현을 그대로 현출해야만 한다. 따라서 학설의 논거는 그 중요한 것을 1~2개로 요약하여 제시하고, 판례는 원문을 가급적 그대로 옮겨 적는 것이 좋다.

학설과 판례에 대한 소개가 끝나면 그 중 어느 것이 타당한 것인지 여부에 대하여 자신의 분명한 입장을 반드시 밝히되, 이론과 법리를 동원하여 논리정연하게 그 도출과정이 현시되도록 하여야 한다.

(4) 사안에의 적용 및 사례의 해결(소결론)

이렇게 채택된 학설에 의하면 사례의 경우 어떻게 해결되는지를 설문에서 제시된 구체적인 자료를 최대한 활용하여 판단하여야 한다. 해석된 법령을 사례에 적용하여 포섭하거나 구체적인 이익형량을 논증하는 이 부분은 사례해결의 핵심이므로 보다 풍부하게 서술하여야 한다. 다만 자신이 취한 견해가 다수설이나 판례의 입장과 다른 경우에는 그러한 입장을 취하는 경우에 있어서 사례는 어떻게 해결되는지를 아울러 간략하게나마 서술하는 것이 좋다.

3. 결론쓰기

위에서 전개한 각 소결론을 간결하게 정리한다. 즉, 결론의 기술에 있어서는 서론에서 제시된 논점들에 대한 결론을 논점별로 간단·명료하게 기술하되, 결론 그 자체로서 의미내용을 파악할 수 있을 정도로 기술하는 것이 필요하다.

Ⅳ. 교정단계

전체답안을 빠르게 일독하면서 부적절한 표현이나 오·탈자를 수정하고, 빠뜨린 부분을 보충하거나 논리의 흐름을 매끄럽게 교정한다.

제 2 장

국민의 권익구제를 위한 행정쟁송의 4유형

우리 실정법상 행정청의 행정작용으로 인한 국민의 권리 또는 이익침해를 구제하기 위한 행정쟁송은 그 소의 이익구조에 따라 다음 4가지 유형으로 분류할 수 있다.

Ⅰ. 제1유형

제1유형은 항고쟁송 중 행정청의 위법한 처분등이나 부작위로 인한 국민의 권리 또는 이익침해를 구제하는 소송인 항고소송의 경우이다(행정소송법 제1조 전단 참조). 항고소송의 경우에는 소송본질상의 문제로서 위법하다고 주장할 수 있는 행정청의 행위(작위 · 부작위)가 있을 것, 즉 소의 대상적격 내지 권리보호자격으로서의 법률상 이익의 존재를 전제로(행정소송법 제1조; 제19조, 제38조 제1항 및 제2항; 제2조), 당연무효 아닌 하자있는 행정행위에 인정되는 공정력을 깨뜨리기 위한 절차인 항고소송의 본안판결을 받기 위해 요구되는 원고적격, 즉 원고적격으로서의 법률상 이익(법률상 보호되는 개별적 · 직접적 · 구체적 이익)이 현실적으로 침해될 수 있을 것(불문의 소송요건으로서 권리보호필요성)이 요구된다(행정소송법 제12조, 제35조, 제36조).

1. 행정법분쟁 4유형론

침익적 행정행위와 수익적 행정행위 및 복효적 행정행위의 구별을 토대로 이른바 취소소송의 4유형론을 주장하는 견해가 있다. 이 견해에 의하면 같은 취소소송이라도 그것이 i) 침익적 처분을 대상으로 하는가 아니면 ii) 수익적 처분의 발급의 거부를 다투는 것인가 아니면 이중효과적 내지 제3자효를 갖는 처분에 관한 것인가, 또한 그 복효적 처분도 iii) 제3자에게 침익적 효과를 갖는 것인가 iv) 수익적 효과를 갖는 것인가에 따라 그 기능과 이익상황이 전혀 달라짐에 착안하여 위와 같이 네 가지로 유형화하여 취소소송의 대상적격과 원고적격의 문제를 판단하는 것이 문제해결에 큰 도움이 된다는 것이다. 그리고 제2유형과 제4유형에서 거부조치만이 아니라 무응답(부작위)을 추가하면 부작위위법확인소송의 문제가 대두되고, 각 유형에서 처분만이 아니라 비처분적 행정활동을 포괄하면 행정법분쟁 4유형이 되며, 이는 항고소송만이 아니라 당사자소송, 특히 행정상 손해배상소송의 문제도 포괄하게 된다고 한다.[1)]

2. 항고소송 4유형론

그러나 위 견해가 침익적 행정행위와 수익적 행정행위 및 복효적 행정행위의 구별을 토대로 행정소송의 4유형을 도출하고 각 소송유형에 따른 대상적격과 원고적격을 판단함에 있어서는 현상에 치우친 면이 있을 뿐만 아니라 항고소송에 있어서의 소의 이익구조를 올바로 파악하지 못하고 있으며, 나아가 항고소송과 공법상 당사자소송은 그 본질이 다르므로 행정행위와 다른 행정작용(비처분적 활동)을 동일한 기준으로 분류하여 그 유형을 파악하고자 하는 것도 타당하지 못하다. 따라서 필자는 위와 같은 접근보다는 공법관계에서도 그 본질을 달리하는 국가배상청구소송 등 당사자소송과는 별개로 우월적 의사에 기한 행정청의 공권력의 행사·불행사로 인한 국민의 권익구제를 위한 소송인 항고소송의 유형을 "항고소송에 있어서의 소의 이익구조"와 "개인적 공권의 구체적인 모습"에 따라 다음과 같이 4가지로 유형화하는 것이 바람직하다고 생각한다.

(1) 소극적 방어소송과 적극적 요구소송

우선 항고소송은 크게 두 가지로 유형화할 수 있다. 즉, 행정청이 공권력 행사로서의 공법상 행위로 국민의 법률상 보호되는 개별적·구체적 이익을 침해하는 경우에 제기할 수 있는 처분 등의 취소소송이나 무효등확인소송(**제1유형**)과 국민개인이 처분을 신청하였는데 행정청이 거부처분이나 부작위로 대응하는 경우에 제기할 수 있는 거부처분취소소송이나 부작위위법확인소송(**제2유형**)으로 유형화할 수 있다. 이 경우 전자를 **소극적 방어소송**이라고 하고, 후자를 **적극적 요구소송**이라고 할 수 있을 것이다.

그런데 여기서 유념해야 할 것은 항고소송이란 행정청의 위법한 처분 그밖에 공권력의 행사·불행사로 인한 국민의 권리 또는 이익의 침해를 구제하는 소송이므로(행정소송법 제1조 전단 참조), 소극적 방어소송뿐만 아니라 적극적 요구소송의 경우에도 〈위법한 거부처분이나 부작위에 대한〉 그 〈처분의 취소나 부작위위법의 확인을 구할 법률상 이익이 존재〉하기 위해서는 처분의 신청에 대한 행정청의 위법한 거부처분이나 부작위가 행정청의 공행정작용의 근거법규 및 관련법규에 의하여 보호되는 개별적·직접적·구체적 이익을 객관적·현실적으로 침해될 수 있어야 한다는 점이다. 따라서 항고소송에서 본안판결을 받기 위해서는

---

1) 박정훈, 행정소송의 구조와 기능, 박영사, 2006, 66~99면

언제나 대상적격과 원고적격이 모두 필요하고, 위의 항고소송의 유형에 따라 그 소의 이익인 대상적격과 원고적격의 존부의 판단은 이러한 인식의 토대위에서 다음과 같이 이루어져야 할 것이다.

(2) 요구소송 : 제2유형과 제4유형

1) 제2유형

가. 대상적격

우선 국민의 행정청에 대한 처분의 신청에 대하여 행정청이 거부처분이나 부작위로 대응하는 때의 요구소송(제2유형)에 있어서는, 그러한 행정청의 거부처분이나 부작위가 항고소송의 대상이 되는 처분이나 부작위가 되기 위해서는 행정청의 거부처분이나 부작위가 위법할 수 있어야 한다는 것이 항고소송의 대상적격과 관련하여 주요한 문제된다. 왜냐하면 무릇 소송이란 구체적 사건에서 법률상 분쟁을 법에 의하여 해결함으로써 법적 안정을 기하자는 것이므로 행정청의 어떠한 행위(거부처분이나 부작위)가 위법하다고 주장할 수조차 없다면 이는 권리보호자격이 없기 때문이다(행정소송법 제1조 전단 참조).

따라서 위와 같은 요구소송의 경우에 행정청의 거부처분이나 부작위가 위법하다고 주장할 수 있기 위해서는 우선 ⅰ) 공익뿐만 아니라 사익보호도 목적으로 하는 공행정작용의 근거법령이 행정청에게 행위의무를 부과하고 있고, 그에 대응하여 국민개인이 자신의 이익을 위하여 행정주체에게 일정한 행위를 해달라고 요구할 수 있는 공법상의 힘인 적극적 공권으로서의 개인적 공권(판례의 의하면 법규상·조리상 신청권)이 있어야 하며, 나아가 ⅱ) 행정청의 공법상 행위가 국민의 권리의무에 직접 영향을 미칠 수 있어야만 한다. 그래야만 그러한 행정청의 거부처분이나 부작위가 개인적 공권의 성립요소로서 요구되는 실체법상 보호이익을 침해할 수 있어 법률상 분쟁이 발생하고, 국민의 처분의 신청에 대한 행정청의 거부처분이나 부작위는 "위법하다고 주장할 수 있는 거부처분이나 부작위"가 되어 소의 대상적격이 인정되며, 이때 실체법상 보호되는 이익 또는 법규상·조리상 신청권은 신청인이 누구인가를 고려하지 않고 관계법규의 해석에 의하여 일반국민개인에게 인정되는 객관적·추상적 이익으로서 소송상으로는 권리보호자격으로서의 법률상 이익이 된다(소송본질상의 문제).

[참고] 그러나 위의 견해는 "대상적격단계에서는 신청에 대한 거부행위 자체만으로 (거부)처분성을 인정하고, 원고적격단계에서는 신청권 또는 무하자재량행사청구권이라는 권리 대신에 과연 원고가 그 처분의 취소를 구할 정당한(개별적·직접적·구체적)이익이 있는가, 즉 신청권이라는 '권리'요건을 대상적격과 원고적격단계에서 모두 포기하고 그 대신 원고적격단계에서 실질적인 이익을 문제 삼아야 할 것이다"고 주장하고 있는바(위의 책, 87면), 이러한 인식은 앞에서 설명한 바와 같은 이유 등으로 타당하지 못할 뿐만 아니라 행정소송법 제1조 소정의 이 법은 행정소송절차를 통하여 "위법한 처분 그밖에 공권력의 행사·불행사 등으로 인한 국민의 권리 또는 이익침해를 구제하고"라는 명문에도 반한다.

나. 원고적격

한편 적극적 요구소송의 경우에도 소의 대상적격 내지 권리보호자격이 있음(이는 소송본질상 요구되는 소송요건이다)을 전제로 하여 행정청의 우월적 의사에 기한 공권력 행사로서의 행정행위에 인정되는 공정력을 깨뜨리는 항고소송의 본안판결을 받기 위해서는 그 거부처분의 취소를 구하거나 부작위위법의 확인을 구할 법률상 이익(이는 공정력을 깨뜨릴 수 있는 특별한 절차인 항고소송에만 요구되는 소송요건이다), 즉 처분의 근거법규 및 관련법규에 의하여 개별적으로 보호되는 직접적·구체적 이익(원고적격으로서 법률상 이익)이 객관적·현실적으로 침해될 수 있어야만 한다(불문의 소송요건으로서 권리보호필요성).

2) 제4유형

이상과 같은 인식하에 특히 국민개인이 자신의 이익을 위하여 행정주체에게 일정한 행위를 자기가 아니라 제3자에게 하도록 요구할 수 있는 법상의 힘인 적극적 공권으로서의 법규상·조리상 신청권(강학상 행정개입청구권)의 존재를 전제로 행정청의 거부처분이나 부작위가 원고의 법상 보호되는 개별적·직접적·구체적 이익을 현실적으로 침해할 수 있다면 원고는 그러한 행정청의 거부처분이나 부작위에 대하여 항고소송을 제기할 수 있는바, 이를 제3자 요구소송(제4유형)이라고 부를 수 있을 것이다.

[참고] 그런데 위 견해는 상대방에게는 침익적 효과를 발생하지만 제3자에게는 수익적 효과를 갖는 이중효과적 처분을 제3자가 신청하였는데 행정청이 거부나 부작위하는 경우 제3자가 그 위법한 거부처분의 취소나 부작위의 위법확인을 구함으로써 당해 이중효과적 처분의 발급을 구하는 소송을 제3자 요구소송(**제4유형**)이라고 하면서, "독일에서는 행정개입청구권과 재량의 영(0)으로의 수축이론 등의 이론을 통해 이 소송유형의 가능성을 열어놓고 있으나, 현재 우리 판례에 따르면 제4유형의 취소소송은 신청권의 부존재로 처분성이 부정됨으로써 사실상 전혀 불가능하다고 하면서, 타인에 대해 경찰권 등 행정권이 발동되지 아니함으로써 '법질서상 보호가치 있는 개별적·직접적·구체적 이익'이 침해될 우려가 인정된다면 그 재량행사를 통제할 필요가 있고 이를 위해 거부처분은 취소소송의 대상적격에 있어서는 아무런 제한 없이 그 신청대상이 행정처분인 이상 소극적 처분으로서의 처분성을 인정하여 본안에서 재량하자유무를 심사하는 방향으로 발전하여야 할 것이다"고 주장하고 있다.

그러나 우리 판례도 이른바 새만금사건(전합 2006.3.16. 2006두330)에서 강학상 행정개입청구권을 인정하고 있으며, 재량의 영(0)으로의 수축이론은 재량행위에 있어 부작위의 위법성, 즉 부작위가 재량권을 일탈·남용하여 위법하게 되는 경우를 판단하는 기준으로 활용되는 것이므로 이러한 인식은 타당하지 못하다.

(3) 방어소송 : 1유형과 제3유형

1) 제1유형

그러나 행정청이 적극적으로 처분을 한 경우, 그 행정처분으로 인하여 관계법규에 의하여 직접적으로 보호되는 국민개인의 객관적·추상적 이익을 넘어 특정개인의 구체적 권리 또는 이익이 현실적으로 침해될 수 있는 경우(제1유형)에는 곧 그 행정처분은 위법한 처분이라고 주장할 수 있어 대상적격 내지 권리보호자격으로서의 법률상 이익이 존재함과 동시에 원고적격이 존재하게 된다고 할 것이다. 따라서 이 경우에는 행정청의 처분의 근거법령이 원칙적으로 법규이어서 대외적 구속력이 있고 국민의 권리의무에 영향을 미칠 수 있는지를 판단함으로써 대상적격을 인정하고, 이를 전제로 관계법규로부터 보호되는 원고의 구체적 이익을 현실적으로 침해할 수 있는지를 판단하여 원고적격 인정 여부를 판단하면 된다.

2) 제3유형

한편 행정청의 적극적 처분에 대하여 제3자가 상대방에게 한 그 적극적 처분의 취소를 구하는 소송을 제3자 방어소송(제3유형)이라고 할 수 있다. 예컨대 행정청의 법령에 위반한 연탄공장건축허가처분으로 불이익을 받고 있는 인근주민은 비록 당해 행정처분의 상대방이 아니라 하더라도 그 행정처분으로 말미암아 법률상 보호되는 개별적 · 구체적 이익을 침해받고 있다면 위 연탄공장건축허가처분의 취소를 구할 법률상 이익, 즉 원고적격이 인정된다.

판례도 "주거지역 안에서는 도시계획법 제19조 제1항과 개정 전 건축법 제32조 제1항에 의하여 공익상 부득이하다고 인정될 경우를 제외하고는 거주의 안녕과 건전한 생활환경의 보호를 해치는 모든 건축을 금지하고 있을 뿐만 아니라 주거지역 내에 거주하고 있는 사람이 받는 이와 같은 보호이익은 법률에 의하여 보호되는 이익이라 할 것이므로 주거지역 내에 위 법조 소정 제한면적을 초과한 연탄공장건축허가처분으로 불이익을 받고 있는 제3거주자는 비록 당해 행정처분의 상대방이 아니라하더라도 그 행정처분으로 말미암아 위와 같은 법률에 의하여 보호되는 이익을 침해 받고 있다면 당해 행정처분의 취소를 소구하여 그 당부의 판단을 받을 법률상 자격이 있다"고 판시(대판 1975.5.13. 73누96,97)하였다.

Ⅱ. 제2유형

제2유형은 항고쟁송 중 행정청의 위법 · 부당한 처분이나 부작위로 인한 국민의 권리 또는 이익침해를 구제하는 행정심판의 경우이다(행정심판법 제1조). 즉, 행정심판은 당연무효 아닌 하자있는 행정행위에 인정되는 공정력을 깨뜨리기 위한 또 다른 절차이지만 소송은 아니다. 따라서 소송본질상의 문제인 소의 대상적격은 문제되지 않지만, 행정심판도 당연무효 아닌 하자있는 행정행위에 인정되는 공정력을 깨뜨리기 위한 절차이므로 항고소송에서의 원고적격과 동일하게 청구인적격, 즉 청구인적격으로서의 법률상 이익(법률상 보호되는 개별적 · 직접적 · 구체적 이익)이 현실적으로 침해될 수 있을 것(권리보호필요성)을 요구된다(행정심판법 제9조).

즉, 제2유형의 행정심판은 소가 아니므로 제1유형에서와 같은 소송본질상의 문제로서 항고소송의 소의 이익으로서 행정청의 처분 등이 일반국민개인의 법률상 보호되는 객관적 · 추상적 이익을 침해할 수 있어 위법한 처분 등이 될 수 있는지(대상적격 내지 권리보호자격으로서의 법률상 이익의 존부 : **소송본질상의 문제**)가 문제되지 않지만, 행정심판도 하자있는 행정행위에 인정되는 공정력을 깨뜨리는 절차이므로 행정심판을 제기하려는 자에게는 제1유형에서와 같이 행정청의 처분이나 부작위로 인하여 특정

개인의 법률상 보호되는 개별적 · 구체적 이익을 침해할 수 있을 것(원고적격으로서의 법률상 이익 및 권리보호필요성의 존부 : **공정력을 깨뜨리는 항고쟁송을 제기할 수 있는 자와 관련된 문제**)이 요구되는 바, 여기서 개별적 · 직접적 · 구체적 보호이익을 침해할 수 있는 처분의 근거법령의 법규성 여부는 불문한다.[2)]

Ⅲ. 제3유형

제3유형은 공법상 당사자소송으로서 당사자의 권리 · 의무의 존부를 공권적으로 확정하는 소송 중 행정청의 공법상 행위가 위법해야 하는 경우이다. 국가배상청구소송이 그 전형인데, 국가배상청구권이 성립하기 위해서는 공무원의 직무행위가 위법하다고 주장할 수 있어야 하므로 권리보호자격으로서의 법률상 이익의 존재는 요구되지만 국가배상청구소송은 항고소송이 아니므로 원고적격은 필요 없고 행정청(공무원)의 위법한 직무행위로 인하여 손해를 입은 자는 누구나 소를 제기할 수 있다.

한편 여기서 요구되는 소송상 권리보호자격으로서의 법률상 이익은 공무원의 행위의무를 부과한 법령에 의하여 보호되는 사익으로서 국민개인의 객관적 · 추상적 이익을 말하는 바, 국가배상청구소송에서도 국민개인이 자신의 이익을 위하여 행정청(공무원)에게 일정한 행위를 하도록 요구할 수 있는 법상의 힘인 적극적 공권(강학상 무하자재량행사청구권이나 행정개입청구권을 포함)이 성립할 수 있는가, 나아가 공무원의 법적 행위의무를 규정한 법령에 반하는 공무원의 거부행위나 부작위(행위불법)가 국민의 권리의무에 직접 영향을 미쳐 객관적인 법익침해(결과불법)를 야기함으로써 불법행위를 구성할 수 있는가를 판단하기 위한 전제요건으로서 판단되어야 한다. 이러한 법리에 따라 예컨대 공무원의 부작위로 인한 손해를 입은 자에게 국가배상청구권이 성립하려면 공무원의 행위의무를 부과한 법령이 공익뿐만 아니라 사익보호목적도 있어야 한다는 이른바 반사적 이익론이나(대판 2003.4.25. 2002다59842 등 참조), 자신의 이익을 위하여 제3자에게 공권력발동을 해달라고 요구할 수 있는 공법상의 힘인 행정개입청구권과 같은 적극적 공권이 존재하는지 여부가 국가배상청구권에서도 문제될 수 있다.

---

2) 이러한 법리를 명확히 한 것이 바로 필자가 일찍이 행정판례에 있어서 화룡점정이라고 극찬했던 대법원 2006.6.22. 선고 2003두1684 전원합의체판결이며, 이러한 판례의 태도는 이미 예측가능성의 법리에 따른 권리보호자격으로서의 법률상 이익이 침해될 수 있는지의 문제와 수인한도의 법리에 따른 원고적격으로서의 법률상 이익이 침해될 수 있는지의 문제를 준별한 대법원 2006.3.16. 2006두330 전원합의체판결에서도 예고된 것이었다(최태군, 행정쟁송의 구조와 기능, 2006, 율곡출판사, 머리말 참조).

Ⅳ. 제4유형

제4유형은 공법상 당사자소송으로서 당사자의 권리·의무의 존부를 공권적으로 확정하는 소송 중 권리보호자격으로서의 법률상 이익이나 원고적격으로서의 법률상 이익은 필요 없고, 불문의 소송요건으로서의 권리보호필요성만이 요구되는 경우이다. 행정상 손실보상청구소송이 전형적인 경우로서 적법한 공권력 행사로 인하여 특별한 희생을 입은 자는 누구나 손실보상청구소송을 제기할 수 있다. 이 경우 권리보호필요성은 불문의 소송요건이므로 그 구체적 모습인 특별한 희생이 존재하는가는 학설과 판례에 의하여 판단하는 것인데, 우리 헌법재판소는 일반적으로 이를 수인한도의 법리에 따라 의하여 판단하고 있다. 다만 재산권침해에 대한 보상은 법률로 하라는 헌법 제23조 제3항에 따라 재산권을 침해받은 자는 보상입법에 따라 구체적인 손실보상청구권을 행사할 수 있다(헌재 1998.12.24. 89헌마214·90헌바16·97헌바78 병합 등 참조).[3]

3) 한편, 위의 4가지 유형의 행정쟁송제도는 궁극적으로 모두 국민의 권리구제를 위한 것이지만 그와 더불어 제1유형과 제3유형이 합법성통제기능을 가진다면 제2유형의 경우는 합법성통제뿐만 아니라 합목적성통제기능도 수행하고 있다. 다만 제1유형과 제3유형의 경우 모두 합법성통제기능을 수행하지만 그 강도는 다른데, 전자가 후자에 비하여 그 합법성통제의 강도가 강하다. 이는 특히 항고소송과 국가배상청구소송의 목적 및 기능, 양 소송에서의 위법내용 및 그 위법성판단구조의 차이 등에 기인한다.

제 3 장

행정법리와 사례연습

제 1 절 행정법의 올바른 이해의 틀

〈사례연습 1〉 무하자재량행사청구권, 행정개입청구권, 부작위위법확인소송, 공무원의 부작위로 인한 국가배상책임인정요건 및 국가배상청구소송과 선결문제 등

화학섬유제품생산업체인 A는 수질오염방지시설의 고장으로 인하여 수질 및 수생태계 보전에 관한 법률 제32조에 규정되어 있는 오염물질 배출한도를 초과하는 유해한 폐수를 수개월째 인근 하천으로 배출하여 하천과 지하수를 오염시키고 있다. 이에 인근 주민 甲은 관할청에 A공장의 배출기준을 초과하는 폐수의 방류를 막아달라고 요청하였다. 그러나 관할청은 甲의 이러한 요청 후 상당한 기간이 지났음에도 불구하고 아무런 조치를 취하지 않고 있다. 한편 甲을 포함한 인근 주민들은 이 하천의 물을 이용하여 화초와 채소 등을 재배하여 상당한 영농수익을 올리고 있고 지하수를 식수로 사용하고 있다.

(1) 甲이 관할청의 개선명령발동의무의 확인 또는 그 이행을 구하는 소송을 제기할 수 있는가? (10점)

(2) 甲이 관할청을 피고로 부작위위법확인소송을 관할 행정법원에 제기한 경우 다음 설문에 대하여 논하시오

(가) 이 소가 적법한가? 또한 甲에게 무하자재량행사청구권이나 행정개입청구권이 성립하는가? (30점)

(나) 본안에서 법원은 관할청의 개선명령 등 오염방지조치의 내용에 대해 심리・판

단할 수 있는가? 법원이 부작위위법확인판결을 한 경우 관할청은 어떠한 조치를 취해야 하는가? (10점)

(다) 만약 甲이 부작위위법확인소송을 민사법원에 제기하였다면 수소법원은 어떠한 조치를 취해야 하는가? (10점)

(3) 甲은 수질오염으로 인하여 재배하는 화초와 채소가 고사하는 등 피해를 입었다며 국가를 상대로 손해배상청구소송을 민사법원에 제기한 경우 다음 설문에 대하여 논하시오.

(가) 甲에게 국가배상청구권이 성립될 수 있는가? (15점)

(나) 법원은 관할청의 부작위의 위법성을 심사 수 있는가? 또한 설문(2)의 부작위위법확인소송에서 관할 행정법원이 이미 관할청의 부작위의 위법성을 확인하였다면 이러한 경우에도 민사법원이 관할청의 부작위의 위법성을 심사할 수 있는가? (35점)

[참조조문]

수질 및 수생태계 보전에 관한 법률

제1조(목적) 이 법은 수질환경오염으로 인한 국민건강 및 환경상의 위해를 예방하고 하천·호소 등 공공수역의 수질 및 수생태계를 적정하게 관리·보전함으로써 국민으로 하여금 그 혜택을 널리 향유할 수 있도록 함과 동시에 미래의 세대에게 승계될 수 있도록 함을 목적으로 한다.

제3조(책무) ① 국가 및 지방자치단체는 수질 및 수생태계의 오염이나 훼손을 사전에 억제하고 오염되거나 훼손된 수질 및 수생태계를 적정하게 관리·보전함으로써 모든 국민이 건강하고 쾌적한 환경에서 생활할 수 있도록 하여야 한다.

제22조(수계영향권별 수질 및 수생태계 관리) ① 환경부장관 또는 지방자치단체의 장은 제24조 내지 제26조에 따른 수계영향권별 수질 및 수생태계 보전계획에 따라 수질 및 수생태계 현황을 파악하고 적절한 관리대책을 강구하여야 한다.

제35조(방지시설의 설치·설치면제 및 면제자등의 준수사항) ① 제33조 제1항 내지 제3항의 규정에 의하여 허가변경허가를 받은 자 또는 신고변경신고를 받은 자(이하 "사업자"라 한다)가 당해 배출시설을 설치하거나 변경할 때에는 그 배출시설로부터 배출되는 수질오염물질이 제32조의 배출허용기준이하로 배출되게 하기 위한 수질오염방지시설(폐수무방류배출시설의 경우에는 폐수를 배출하지 아니하고 처리할 수 있는 수질오염방지시설을 말한다. 이하 같다)을 설치하여야 한다. 다만 대통령령이 정하는 기준에 해당하는 배출시설(폐수무방류시설을 제외한다)의 경우에는 그러하지 아니하다.

제38조(배출시설 및 방지시설의 운영) ① 사업자 또는 방지시설을 운영하는 자는 다음 각호의 어느 하나에 해당하는 행위를 하여서는 아니 된다.

4. 기타 배출시설 및 방지시설을 정당한 사유 없이 정상적으로 가동하지 아니하여 배출허용기준을 초과한 수질오염물질을 배출하는 행위

제39조(배출허용기준을 초과한 사업자에 대한 개선명령) 환경부장관은 제37조 제1항의 규정에 의한 신고를 한 후 조업 중인 배출시설에서 배출되는 수질오염물질의 정도가 제32조 규정에 의한 배출허용기준을 초과한다고 인정하는 때에는 대통령령이 정하는 바에 의하여 기간을 정하여 사업자에게 그 수질오염물질의 정도가 배출허용기준 이하로 내려가도록 필요한 조치를 취할 것을 명할 수 있다.

제40조(조업정지명령) 환경부장관은 제39조 규정에 의하여 개선명령을 받은 자가 개선명령을 이행하지 아니하거나 기간 이내에 이행은 하였으나 검사결과가 제32조의 규정에 의한 배출허용기준을 계속 초과할 때에는 당해 배출시설의 전부 또는 일부에 대한 조업정지를 명할 수 있다.

제42조(허가의 취소 등) ① 환경부장관은 사업자 또는 방지시설을 운영하는 자가 다음 각 호의 어느 하나에 해당하는 경우에는 배출시설의 설치허가나 변경허가를 취소하거나 배출시설의 폐쇄 또는 6개월 이내의 조업정지를 명령할 수 있다.

9. 제38조 제1항 각 호의 어느 하나에 해당하는 행위를 한 경우

13. 제39조에 따른 개선명령을 이해하지 않은 경우

[관련논점]

— 무명항고소송인정 여부

— 부작위위법확인의 소의 대상적격과 원고적격

— 법규상 또는 조리상 신청권

— 무하자재량행사청구권

— 행정개입청구권

— 부작위위법확인소송의 심리범위와 부작위위법확인판결의 기속력

— 항고소송의 배타적 관할과 관할위반의 소에 대한 법원의 조치

— 공무원의 부작위로 인한 국가배상책임인정요건과 반사적 이익론 적용 여부

— 공정력 또는 구성요건적 효력과 선결문제

— 취소소송확정판결의 기판력이 국가배상청구소송에 미치는지 여부

[답안구성]

Ⅰ. 논점의 정리
Ⅱ. 설문 (1)의 해결
1. 문제의 소재
2. 학설
(1) 부정설
(2) 긍정설
(3) 절충설
3. 판례
4. 검토
5. 소결
Ⅲ. 설문 (2)의 (가)의 해결
1. 문제점
2. 오염방지조치의 법적 성질
(1) 침익적 행정행위
(2) 재량행위
1) 기속행위와 재량행위의 구별기준
2) 사안의 경우
(3) 소결
3. 소의 적법성
(1) 대상적격
1) 부작위위법확인소송의 대상
가. 행정청의 부작위
나. 사안의 경우
2) 대상적격
가. 대상적격의 의의
나. 국민의 처분의 신청에 대한 행정청의 부작위가 "항고소송의 대상이 되는 부작위"가 되기 위한 요건
(가) 문제점
(나) 판례의 태도
(다) 학설
(라) 검토
(마) 사안의 경우 및 문제점
다. 국민이 신청한 처분이 재량행위인 경우에도 개인적 공권이 성립할 수 있는지 여부
(가) 문제점

Ⅰ. 논점의 정리[4)]

설문 (1)에서는 무명항고소송으로서 의무확인소송이나 의무이행소송이 인정될 수 있는지가 문제된다.

설문 (2)의 (가)에서는 부작위위법확인소송의 적법 요건과 관련하여 본안판결을 받을 법률상 이익인 소의 이익이 존재하는지가 문제되는데, 대상적격 또는 원고적격의 존부를 규명함에 있어서는 甲이 행정청에게 제3자에 대한 일정한 조치를 취하도록 요구할 수 있는 행정개입청구권이 성립하는가를 검토하여야 한다. (2)의 (나)에서는 부작위위법확인소송에서의 법원의 심리범위 및 부작위위법확인판결의 기속력이 문제되고 있으며, (2)의 (다)에서는 항고소송의 배타적 관할(행정소송법 제38조 제2항, 제9조)위반의 소에 대한 법원의 조치를 검토해야 한다.

설문 (3)의 (가)에서는 부작위로 인한 국가배상책임이 인정되기 위하여 특히 항고소송에서와 같은 반사적 이익론이 필요한지가 문제되고, (3)의 (나)에서는 선결문제로서 민사법원이 행정청(공무원)의 부작위의 위법성을 심사할 수 있는지와 항고소송에서의 기판력이 국가배상청구소송에도 미치는지가 문제된다.

Ⅱ. 설문 (1)의 해결

1. 문제의 소재

설문의 경우 행정소송법 제4조의 항고소송 이외에 무명항고소송으로서 의무이행소송이

4) 행정법에 대한 구조적·체계적 이해를 돕기 위해서 이 문제에 대한 해결과정에서는 이하 다른 문제풀이와는 달리 행정법리에 대한 보다 상세한 설명을 할 것인바, 독자여러분께서는 이 점 유의하시기 바랍니다.

나 작위의무확인소송을 인정할 수 있는지 문제된다.

2. 학설

(1) 부정설[5)]

권력분립의 원칙상 행정에 대한 1차적 판단권은 존중되어야 하며, 행정소송법 제4조의 항고소송의 유형은 열거적이고, 동법 제4조 제1호의 "변경"은 소극적 일부취소로 이해하여야 한다는 점 등을 이유로 든다.

(2) 긍정설[6)]

권력분립의 원칙을 내세워 의무이행소송을 부정하는 것은 국민의 권리구제라는 행정소송의 취지(제1조)에 부합되지 않고, 행정소송법 제4조의 항고소송의 종류는 예시적인 것이며, 동법 제4조 제1호의 "변경"은 적극적 변경을 포함하는 것으로 해석할 수 있다는 점 등을 그 근거로 든다.

(3) 절충설[7)]

법정항고소송에 의해서는 실효성 있는 권익구제가 기대될 수 없는 경우에만 허용될 수 있다는 견해로, 의무이행소송의 경우에는 i) 행정청이 제1차적 판단권을 행사할 수 없을 정도로 처분요건이 일의적으로 정하여져 있고, ii) 사전에 구제하지 않으면 회복할 수 없는 손해가 발생할 수 있으며, iii) 다른 구제방법이 없는 경우에만 인정된다고 하며, 예방적 부작위청구소송은 위 세 가지 요건 이외에 iv) 처분이 이루어질 개연성이 있고 절박한 경우에 한하여 인정할 수 있다고 한다.

3. 판례

대법원은 일관되게 의무이행소송이나 적극적 형성판결을 구하는 소송 또는 작위의무 확인소송 및 예방적 부작위소송을 인정하지 않고 있다.

즉, "현행 행정소송법상 행정청으로 하여금 일정한 행정처분을 하도록 명하는 **이행판결을 구하는 소송**이나 법원으로 하여금 행정청이 일정한 행정처분을 행한 것과 같은 효과가 있는 **행정처분을 직접행하도록 하는 형성판결을 구하는 소송**은 허용되지 아니한다."고 판시(대판 1997.9.30, 97누3200)하였고, "단순한 부작위위법확인이 아닌 **작위의무의 확인청구**는 항고소송의 대상이 되지 아니한다 할 것인바, 원심이 같은 취지에서 애국지사의 사망일시금 및 유족생계부조수당지급의무의 확인청구는 항고소송의 대상이 되지 아니하여 부적법하다고 판단한 것은 정당하다"고 판시(대판 1989.1.24, 88누3314)하였으며, 또한 "건축건물의 준공**처분을 하여서는 아니 된다는 내용의 부작위를 구하는 청구**는 행정소송에서 허용되지 아니하는 것이

5) 김남진·김연태, I, 641면;김동희, I, 626면;류지태, 신론, 487면;석종현, 상, 810면;정하중, 총론, 675면
6) 강구철, 상, 836면;김도창, 상, 740면;홍정선, 상, 730면;홍준형, 구제법, 400면
7) 박윤흔, 상, 903면;김철용, I, 567면

므로 부적법하다"고 하거나(대판 1987.3.24. 86누182), "행정소송법상 **행정청이 일정한 처분을 하지 못하도록 그 부작위를 구하는 청구**는 허용되지 않는 부적법한 소송이다"고 판시(대판2006.5.25. 2003두11988)하고 있다.

4. 검토

공사법이원체계의 법제도아래서 하자있는 행정행위에 인정되는 공정력을 깨뜨리는 특수한 절차인 항고소송은 하자있는 처분등이나 부작위의 위법성을 확인하여 적극적·소극적 위법상태를 배제하는 것을 본질로 한다는 점에서—공법상 당사자소송으로서 의무이행소송 등을 보충적으로 인정할 수 있음은 별론으로 하고—항고소송으로서 작위의무확인소송이나 의무이행소송 또는 적극적 형성판결을 구하는 소송이나 예방적 부작위소송은 인정될 수 없으므로 부정설이 타당하다. 다만 우리의 입법자는 현행법상 공법상 당사자소송으로서도 의무이행소송 등을 규정하지 않고 대신 거부처분취소소송이나 부작위위법확인소송의 기속력에 따른 재처분의무를 간접적으로 강제하는 간접강제제도(제30조 제2항, 제34조, 제38조 제2항)를 마련하고 있다.

5. 소결

결국 현행 행정소송법상 항고소송으로서 작위의무 확인소송이나 의무이행소송은 허용될 수 없으므로 甲은 관할청의 개선명령발동의무의 확인 또는 그 이행을 구하는 소송을 제기할 수 없다.

Ⅲ. 설문 (2)의 (가)의 해결

1. 문제점

甲이 제기한 부작위위법확인소송이 행정소송법상 적법하기 위해서는 ⅰ) 대상적격(제1조; 제19조, 제38조 제2항; 제2조 제1항 제2호), ⅱ) 원고적격(제36조), ⅲ) 피고적격(제13조, 제38조 제2항), ⅳ) 제소기간(제20조, 제38조 제2항), ⅴ) 관할(제9조, 제38조 제2항) 등의 요건을 갖추어야 한다.

사안의 경우 ⅲ) 이하의 요건은 특별히 문제되지 않으나, 본안판결을 받을 법률상 이익으로서 대상적격과 원고적격이 인정되는지 문제된다. 그런데 관할청의 오염방지조치가 재량행위인 경우에도 국민개인이 자신의 이익을 위하여 행정주체에게 일정한 행위를 하도록 요구할 수 있는 법상의 힘인 개인적 공권이 성립할 수 있는지, 이러한 적극적 행위청구권으로서의 개인적 공권이 성립한다 하더라도 그것이 대상적격과 관련된 것인지 아니면 원고적격과 관련된 것인지 아니면 본안에서 판단할 사항인지에 대하여 논란이 되고 있으므로

甲이 제기한 소의 적법성 여부를 검토하기 전에 우선 관할청의 오염방지조치의 법적 성질부터 살펴보기로 한다.

2. 오염방지조치의 법적 성질

(1) 침익적 행정행위

관할청은 수질환경오염방지를 위해 수질 및 수생태계 보전에 관한 법률 제39조의 개선명령, 제40조의 조업정지명령, 제42조의 허가취소 등을 할 수 있는바, 이들 수질오염방지조치는 침익적 행정행위에 해당한다.

(2) 재량행위

1) 기속행위와 재량행위의 구별기준

이에 대해서는 종래 요건재량설과 효과재량설의 주장도 있었으나 오늘날 이러한 주장을 하는 자는 거의 없다. 행정청의 공법상 행위가 기속행위인지 재량행위인지를 구별함에 있어서도 일반적인 법해석의 방법론에 따라 판단하여야 할 것이다. 따라서 입법형성의 자유를 가지는 입법자가 행정권에 재량권을 부여했는지는 당해 행위의 근거가 된 법률규정에 대한 문리적 해석 및 동 규정의 입법취지 내지 입법목적을 고려한 합리적 해석, 나아가 당해 행위 자체의 성질 등을 모두 고려하여 판단하여야 할 것이다.

판례도 기속행위인지 재량행위인지를 구별함에 있어서는 "당해 행위의 근거가 된 법규의 체재형식과 그 문언, 당해 행위가 속하는 행정 분야의 주된 목적과 특성, 당해 행위 자체의 개별적 성질과 유형 등을 모두 고려하여 판단하여야 한다."고 판시(대판 2002.8.23. 2002두820; 대판 2001.2.9. 98두17593 등)하고 있다.

2) 사안의 경우

사안의 경우 관할청의 오염방지조치는 그 근거법규인 수질 및 수생태계 보전에 관한 법률 제39조, 제40조, 제42조의 규범형식이 행정청을 수범자로 하여 '…명할 수 있다'고 규정하여 효과재량을 부여하고 있고, 제39조 소정의 "배출허용기준을 초과한다고 인정하는 때에는"이라는 문언을 통해 행정청에게 요건재량을 부여하고 있는 점 등에 비추어 볼 때, 입법자가 행정권에게 재량을 부여한 재량행위라고 판단된다.

(3) 소결

결국 관할청의 오염방지조치는 침익적 행정행위로서 재량행위이다.

3. 소의 적법성

(1) 대상적격

1) 부작위위법확인소송의 대상

가. 행정청의 부작위

부작위위법확인소송의 대상은 부작위이다(행정소송법 제38조 제2항, 제19조, 제2조 제2호). 이러한 부작위가 성립하기 위해서는 행정청이 i) 당사자의 처분의 신청에 대하여, ii) 상당한 기간 내에, iii) 일정한 처분을 하여야 할 법률상 의무가 있음에도 불구하고, iv) 처분을 하지 않아야 한다.

여기서 i) 신청의 내용은 처분에 대한 것으로서 자신에 대한 수익적 처분을 신청하는 경우와 제3자에 대한 침익적 처분을 신청하는 경우가 있고, ii) 상당한 기간이란 사회통념상 행정청이 당해 신청에 대한 처분을 하는데 필요한 것으로 인정되는 기간을 말하며, iii) 법률상 의무는 명문의 규정뿐만 아니라 조리법에 의한 경우를 포함한다. 그리고 iv) 처분으로 인정될 만한 외관도 존재하지 않아야 한다.

나. 사안의 경우

살피건대 甲이 관할청에게 A공장에 대한 오염방지조치라는 처분을 하도록 요청했는데, 관할청은 적법한 재량권을 행사하여 일정한 행위를 하여야 할 의무가 있음에도 불구하고 상당한 기간이 지나도록 아무런 조치를 취하고 있지 아니하고 있는바, 이는 행정청의 부작위에 해당한다.

2) 대상적격

가. 대상적격의 의의

무릇 소송이란 구체적 사건에서 법률상 분쟁을 법에 의하여 해결함으로써 법적 안정을 기하자는 것이므로, 항고소송에 있어서의 소의 대상적격이 존재하여야 한다는 것은 행정청의 공법상 행위인 "처분이나 부작위(행정소송법 제2조)"가 국민의 권리의무에 직접 영향을 미쳐서 "위법한 처분이나 부작위(행정소송법 제1조 전단)"라고 주장할 수 있어야 한다는 것을 말하며, 이는 소송 본질상의 문제이다.

나. 국민의 처분의 신청에 대한 행정청의 부작위가 "항고소송의 대상이 되는 부작위"가 되기 위한 요건

(가) 문제점

그런데 국민의 처분의 신청에 대한 행정청의 부작위가 항고소송의 대상이 되는 부작위가 되기 위한 요건으로서 당사자에게 법규상·조리상 신청권이 있어야 하는지가 문제된다.

(나) 판례의 태도

대법원의 확립된 판례에 의하면, 처분의 신청에 대한 행정청의 부작위가 항고소송의 대상이 되는 부작위가 되기 위해서는 i) 국민이 행정청에 대하여 그 신청에 따른 처분(공권력의 행사 또는 이에 준하는 행정작용)을 하여 줄 것을 요구할 수 있는 법규상 또는 조리상의 신청권이 있고, ii) 행정청의 공법상 행위는 국민의 권리의무에 직접 관계있는 행위일 것을 요구한다(대판 1990.9.28. 89누8101 등 참조). 이에 대하여는 헌법재판소도 같은 입장이다(헌재 1998.5.16. 98헌가121 참조).

한편 "거부처분의 처분성을 인정하기 위한 전제요건이 되는 신청권의 존부는 구체적 사건에서 신청인이 누구인가를 고려하지 않고 관계법규의 해석에 의하여 일반국민에게 그러한 신청권을 인정하고 있는가를 살펴 추상적으로 결정되는 것이다"고 판시(대판 1996.6.11. 95누12460 등 참조)하고 있다.

(다) 학설

학설은 판례가 요구하는 법규상·조리상 신청권에 대하여, 이를 i) 법문상 신청에 대하여 행정청은 일정한 처분을 하여야 할 의무가 발생하여야 한다는 점에서 신청은 신청권이 있어야 한다고 하거나,[8] 대법원은 신청권의 존부를 구체적 사건에서 신청인이 누구인가를 고려하지 않고 추상적으로 판단함을 이유로 이를 형식적 신청권으로 보아[9] **대상적격의 문제로 보는 견해**, ii) 신청권 또는 처분의무의 존재 여부는 **본안에서 판단하여야 한다는 견해**,[10] iii) 사인의 권리보호확대이념에 반함을 이유로 **원고적격의 문제로 보는 견해**[11] 등이 대립하고 있다.

(라) 검토

살피건대 무릇 소송이란 구체적 사건에서 법률상 분쟁을 법에 의하여 해결함으로써 법적 안정을 기하자는 것이므로 예컨대 "행정청의 구체적 사실에 대한 법집행으로서 공권력의 행사 그 거부 등"이 있다 하더라도 그것이 위법하다고 주장할 수조차 없는 처분(예컨대 부당한 처분)이라면—행정심판을 청구할 수 있음은 별론으로 하고—소송요건을 결하여 각하하여야 할 것이다. 따라서 행정소송의 대상이 되는 처분이나 부작위(대상적격)가 되려면 단순한 행정청의 "처분이나 부작위(행정소송법 제2조 제1항)"가 있다는 것만으로는 부족하고 "위법한 처분 등이나 부작위(행정소송법 제1조 전단 참조)"라고 주장할 수 있어야 한다는 점에서 판례의 태도가 타당하다. 즉, 행정청의 행위가 위법하다고 주장할 수 있어야 한다는 소의 대상적격은 소송 본질상 요구되는 것이다.

---

8) 김동희·박균성

9) 김남진·김연태, 행정법 I, 685면

10) 홍준형, 행정구제법, 544면; 이상규

11) 류지태, 홍정선, 특강, 6판, 628면

따라서 행정청에게는 국민의 신청에 대하여 일정한 처분을 하여야 할 법률상의 의무가 있고, 그에 대응하여 신청인은 행정청에게 일정한 처분을 요구할 수 있는 적극적 공권으로서의 개인적 공권(이를 "법규상 또는 조리상 신청권"이라고 할 수 있다)이 있어야 하며, 나아가 그 법에 따른 행정청의 행위가 국민의 권리·의무에 직접 영향을 미쳐야만, 행정청의 공법상 행위는 법규상·조리상 신청권 내지 그 성립요소로서의 법률상 보호이익(다만 여기서의 권리 내지 법률상 이익은 원고적격으로서의 그것과는 달리 일반 국민개인에게 인정되는 객관적·추상적 이익을 말한다)을 침해할 수 있어 법률상 분쟁이 발생하고, 처분의 신청인은 행정청의 부작위를 "위법한 부작위"라고 주장할 수 있어 소의 대상적격이 인정된다.

(마) 사안의 경우 및 문제점

그런데 사안에서는 甲이 관할청에게 제3자인 A공장에 대하여 행정청의 재량행위인 오염방지조치라는 처분을 해달라고 요청하였다. 이 경우 甲이 관할청에 요구한 처분이 재량행위인 경우에도 적극적 행위청구권으로서 개인적 공권인 법규상·조리상 신청권이 성립하는지 여부가 강학상 무하자재량행사청구권과 관련하여 문제되고, 자신에게 일정한 처분을 해달라고 요구하는 것이 아니라 제3자에 대하여 일정한 처분을 해달라고 요구한다는 점에서 강학상 행정개입청구권이 성립할 수 있는지 문제된다. 특히 이러한 강학상 무하자재량행사청구권이나 행정개입청구권이 국민의 처분의 신청에 대한 행정청의 거부행위나 부작위가 항고소송의 대상이 되는 거부처분이나 부작위가 되기 위하여 판례가 요구하고 있는 법규상 또는 조리상 신청권의 한 형태인지, 아니면 이와는 다른 성질을 가지는 공권인지에 대하여 좀더 구체적으로 살펴볼 필요가 있다.

다. 국민이 신청한 처분이 재량행위인 경우에도 개인적 공권이 성립할 수 있는지 여부

(가) 문제점

앞에서 살펴본 바와 같이 국민의 처분의 신청에 대하여 행정청이 부작위하는 경우 국민에게 법규상·조리상 신청권이 있어야 그 부작위가 행정소송의 대상이 되는 부작위가 되는바, 이 경우 국민의 신청에 따른 행정청의 공법상 행위가 재량행위인 경우에도 국민에게 개인적 공권이 성립할 수 있는지 문제된다.

(나) 무하자재량행사청구권

가) 의의

무하자재량행사청구권이라 함은 국민개인이 행정청에 대하여 자신의 이익을 위하여 하자 없는 적법한 재량처분을 요구할 수 있는 법상의 힘을 말한다. 이는 개인적 공권은 기속행위에만 인정된다는 고전적 공권론에 대한 발상의 전환을 의미한다. 즉, 행정청의 재량도 일정한 법적 한계의 준수하에서만 인정되는 재량이라는 인식이 확산되면서 사인은 비록 기속행위에서처럼 재량권을 가진 행정청에 특정한 행위의 발령을 요구할 개인적 공권은 가지

지 못하지만, 행정청에 재량의 한계를 준수한 내용의 일정한 행위를 청구할 권리를 갖는다고 보는 것이다.

무하자재량행사청구권의 인정은 재량행위에도 권리보호자격을 부여함으로써 개인의 권익구제를 확대한 데에 그 의의가 있다.

나) 성격

무하자재량행사청구권은 흠 없는 재량권행사라는 재량의 적절한 절차과정으로 보는 절차적 권리가 아니다. 일반적으로 실질적 권리가 특정한 급부 또는 행위를 청구하는 것을 내용으로 하는 것을 의미함에 대하여, 무하자재량행사청구권은 재량의 법적 한계를 준수한 내용의 일정한 행위를 해줄 것을 요구한다는 점에서 형식적 권리라고 부르기도 하지만, 형식적 권리이건 실질적 권리이건 모두 개인적 공권으로서 실체법상의 권리이다.

다) 무하자재량행사청구권의 인정 여부

A. 학설

(A) **부정설**[12]은 이 권리를 인정하면 남소의 폐단이 있고 민중소송화할 우려가 있으며, 재량의 하자가 있는 경우 실체적인 권리침해가 인정되므로 그 실체적 하자를 다투면 충분하고, 현행법상 이를 인정할 근거가 없다고 한다. 부정설 중에는 무하자재량행사청구권은 재량행위에 있어서 나타나는 개인적 공권의 특성에 초점을 맞춘 표현일 뿐, 그 자체가 독자적인 권리는 아니라는 견해[13]도 있다.

(B) **긍정설**은 무하자재량행사청구권도 공권의 성립요건을 구비한 자에게만 인정되므로 민중소송화할 우려는 없고 재량영역에서 실체적 권리하자를 주장하기 어려운 경우에 이를 주장할 실익이 있다든가[14] 또는 소송상 구제방법과 관련하여 현행법상 인정실익이 없는 것이 사실이지만 재량권이 인정되는 경우에도 공권이 인정되는지 여부나 인정된다면 그것이 어떠한 내용과 의미를 가지는 공권인지를 규명하기 위해 필요하다[15]는 등을 그 이유로 들고 있다.

(C) **제한적 긍정설**은 행정청이 결정재량권을 갖지 못하고 선택재량권을 가지고 있는 경우에만 무하자재량행사청구권을 인정할 수 있다고 한다.[16]

B. 판례

대법원은 "검사의 임용에 있어서 임용권자가 임용 여부에 관하여 어떠한 내용의 응답을 할 것인지는 임용권자의 자유재량에 속하므로 일단 임용거부라는 응답을 한 이상 설사 그 응답 내용이 부당하다고 하여도 사법심사의 대상으로 삼을 수는 없는 것이 원칙이나, 적어

12) 이상규, 상, 200, 180면
13) 홍정선, 연습, 신조사, 431면
14) 류지태, 신론, 84면
15) 박균성, 상, 123면
16) 김남진

도 재량권의 한계 일탈이나 남용이 없는 위법하지 않은 응답을 할 의무가 임용권자에게 있고 이에 대응하여 임용신청권자로서도 재량권의 한계일탈이나 남용이 없는 적법한 응답을 요구할 권리가 있다고 할 것이며, 이러한 응답신청권에 기하여 재량권 남용의 위법한 거부처분에 대하여는 항고소송으로서 그 취소를 구할 수 있다고 보아야 하므로 임용신청자가 임용거부처분이 재량권을 남용한 위법한 처분이라고 주장하면서 그 취소를 구하는 경우에 법원은 재량권 남용 여부를 심리하여 본안에 관한 판단으로서 청구인용 여부를 가려야 한다"고 판시(대판 1991.2.12. 90누5825)하고 있다.

C. 검토

살피건대 위법한 처분 그밖에 공권력의 행사·불행사로 인하여 개인의 권리 또는 이익을 침해하거나 침해할 우려가 있는 자는 항고소송을 제기할 법률상 이익이 있는데(행정소송법 제1조, 제12조, 제35조, 제36조), 여기서 "위법한 처분이나 부작위"이라고 주장할 수 있는 행위에는 기속행위뿐만 아니라 재량행위도 포함되고(**소송요건문제**), 재량행위가 위법하다는 것은 재량권을 일탈·남용한 것을 말하며(행정소송법 제27조 및 제38조 제2항)(**본안판단문제**) 소송 본질상 위법하다고 주장할 수조차 없는 행정청의 행위는 소송요건을 결하여 각하하여야 한다는 점에서 긍정설이 타당하다.

즉, 행정청의 거부처분이나 부작위가 항고소송의 대상이 되기 위해서는 그것이 위법할 수 있어야 한다(행정소송법 제1조, 제19조, 제2조). 그런데 행정청의 거부처분이나 부작위가 위법할 수 있기 위해서는 행정청의 행위의무를 부과한 근거법령이 공익실현뿐만 아니라 사익보호도 목적으로 하고 있어서 처분의 신청인에게 행정주체에 대하여 공법상 적법행위를 하도록 요구할 수 있는 적극적 행위청구권으로서의 적극적 공권(판례는 이를 법규상·조리상 신청권이라 한다)이 존재하여야 하는바, 여기서 행정청의 공법상행위는 기속행위인가 재량행위인가는 불문하고, 후자의 경우 국민개인이 자신의 이익을 위하여 행정청에게 재량권의 한계를 일탈하거나 남용이 없는 적법한 행위를 요구할 수 있는 적극적 공권으로서의 개인적 공권을 강학상 무하자재량행사청구권이라고 부를 수 있을 것이다.

D. 소결

따라서 행정청의 공법상 행위가 재량행위인 경우에도 적극적 공권으로서의 법규상·조리상 신청권, 즉 강학상 무하자재량행사청구권이 성립할 수 있다. 그런데 사안의 경우에는 갑이 행정청에게 제3자인 A공장에 대하여 오염방지조치를 하도록 요구하는 것이므로 이 경우에도 적극적 공권으로서의 개인적 공권이 성립할 수 있는지 살펴볼 필요가 있다.

라. 국민이 행정청에게 제3자에게 일정한 처분을 하도록 신청한 경우 그 일정한 처분이 재량행위인 경우에도 적극적 공권으로서 개인적 공권이 성립할 수 있는지 여부

(가) 행정개입청구권

가) 행정개입청구권의 개념

적극적 행위청구권이란 국민이 자신의 이익을 위하여 행정청에게 일정한 행위를 '자기에게' 또는 '제3자에게' 하도록 요구할 수 있는 법상의 힘인 개인적 공권을 말하는바, 일반적으로 강학상 전자를 행정행위발급청구권이라 하고 후자를 행정개입청구권이라 한다.[17)]

나) 행정개입청구권의 인정 여부 및 법적 성질

A. 학설

통설은 행정개입청구권은 행정청에게 특정처분을 요구할 수 있는 실질적 권리로서 기속행위의 경우에는 당연히 인정되나 재량행위의 경우에는 무하자재량행사청구권만 인정되고 행정개입청구권은 인정되지 않으며, 다만 재량권이 영(0)으로 수축하는 경우에는 무하자재량행사청구권이 행정개입청구권으로 전화되어 행정개입청구권이 인정된다고 한다.

B. 판례

대법원은 강학상 행정개입청구권을 법규상 또는 조리상 신청권의 한 유형으로 파악한다. 그리하여 예컨대 "건축법 및 기타 관계법령에 국민이 행정청에 대하여 제3자에 대한 건축허가의 취소나 준공검사의 취소 또는 제3자 소유의 건축물에 대한 철거 등의 조치를 요구할 수 있다는 취지의 규정이 없고, 건축법 제69조 제1항 및 제70조 제1항은 소정의 사유가 있는 경우에 건축허가의 취소나 건물철거의 권한 내지 권능을 부여한 것에 불과하고 시장·군수·구청장에게 그러한 의무가 있음을 규정한 것이 아니므로 위 조항들도 그 근거 규정이 될 수 없으며, 그밖에 조리상 이러한 권리가 인정된다고 볼 수 없다"고 하면서 "원심이 같은 취지에서, 원고가 피고에 대하여 이 사건 공동주택에 대한 건축허가와 준공검사를 취소하여 달라거나 철거명령을 하여 달라고 요구할 수 있는 법규상 또는 조리상 권리가 없다는 이유로, 이 사건 회신이 행정처분에 해당함을 전제로 〈이 사건 회신의 취소를 구하는 이 사건 주위적 청구의 소〉와 이 사건 공동주택에 대한 건축허가 및 준공검사를 취소하지 아니하고 철거명령을 하지 아니하는 〈피고의 부작위에 대한 위법확인을 구하는 이 사건 예비적 청구의 소〉는 모두 부적법하다고 판단한 것은 정당하다"고 판시(대판 1999.12.7. 97누17568)한다.

---

17) 한편 행정개입청구권을 넓게 보아 자신에게 행정권을 발동하여 줄 것을 요구할 수 있는 권리도 포함한다는 견해도 있으나, 이러한 견해에 따르면 수익적 행정행위의 경우에는 모두 행정개입청구권이 존재한다는 결과가 되어 그 용어 그 자체의 의미에도 부합하지 않으므로 타당하지 못하다(같은 취지로는 정하중, 개론, 91면, 각주)

C. 검토

살피건대 모든 적극적 행위청구권으로서 적극적 공권(판례상의 법규상·조리상 신청권)의 성립 여부를 판담함에 있어서 공법상 행위가 기속행위인지 재량행위인지와는 무관하므로 행정개입청구권은 기속행위의 경우나 재량이 영(0)으로 수축된 경우에만 인정된다는 통설은 타당하지 못하다.[18)]

〈위법한 처분이나 부작위〉로 인하여 〈특정개인인 원고의 구체적 권리 또는 이익을 침해〉하는 경우(행정소송법 제1조; 제12조, 제35조, 제36조) 그 〈"처분이나 부작위의 위법성"을 확인하여(항고소송의 소송물을 처분 등의 위법성이라고 하는 의미도 여기에 있다) 적극적·소극적 위법상태를 배제〉하는 특수한 절차인 항고소송에 있어서는, 당사자의 권리의무의 존부는 민사소송이나 공법상 당사자소송에서와 같이 본안판단사항이 아니라 요건판단사항이고, 행정청의 공법상 행위가 기속행위인가 재량행위인가는 그 위법성판단방법을 달리한다는 점에서 본안판단에서 고려할 사항이므로, 소송요건단계에서 신청인의 행정청에 대한 자기 또는 제3자에의 처분요구에 대하여 행정청이 거부처분이나 부작위로 대응하는 경우에 행정청에게 행위의무를 부과하고 있는 처분의 근거법령이 공익뿐만 아니라 사익보호목적도 있어 적극적 공권(무하자재량행사청구권이나 행정개입청구권을 포함하는 법규상 또는 조리상 신청권)이 성립하고, 나아가 행정청의 공법상 행위가 국민의 권리의무에 직접 영향을 미치게 되면 법적 권익이 침해될 수 있어 "위법한 처분이나 부작위라고 주장할 수 있는가(대상적격)"를 판단함에 있어서는 행정청의 공법상 행위가 기속행위인가 재량행위인가는 구별할 필요가 없다.

한편 공법관계에서 이른바 재량의 영(0)으로의 수축이론은 행정청의 공법상 행위가 재량행위인 경우에 처분을 신청한 개인에게 행정개입청구권이 성립하는지 여부에 관한 판단과는 아무런 관련이 없고, 행정청의 부작위가 재량권을 일탈·남용했는지 여부, 즉 재량행위에 있어 부작위의 위법성 여부를 판단하는 본안에서 적용될 수 있는 이론이다.

그리하여 판례도 재량의 영(0)으로의 수축이론을 본안에서 재량행위의 위법성 판단기준으로 활용하고 있는바 "**경찰**은 범죄의 예방, 진압 및 수사와 함께 국민의 생명, 신체 및 재산의 보호 등과 기타 공공의 안녕과 질서유지도 직무로 하고 있고, 그 직무의 원활한 수행을 위하여 경찰관직무집행법, 형사소송법 등 관계 법령에 의하여 여러 가지 권한이 부여되어 있으므로, 구체적인 직무를 수행하는 경찰관으로서는 제반 상황에 대응하여 자신에게 부여된 여러 가지 권한을 적절하게 행사하여 필요한 조치를 취할 수 있는 것이고, 그러한 **권한은 일반적으로 경찰관의 전문적 판단에 기한 합리적인 재량에 위임되어 있는 것이나, 경찰관에게 권한을 부여한 취지와 목적에 비추어 볼 때 〈구체적인 사정에 따라 경찰관이 그 권한을 행사하여 필요한 조치를 취하지 아니한 것이 현저하게 불합리하다고 인정되는 경우〉에는 그러한 〈권한의 불행사는 직무상 의무를 위반한 것이 되어 위법〉하게 된다**"고 판시(대판 2004.9.23, 2003다4909

---

18) 무하자재량행사청구권이나 행정개입청구권에 관한 학설의 위와 같은 인식은 근본적으로 하자있는 행정행위에 인정되는 공정력을 깨뜨리는 절차로서의 특수한 소송인 항고소송과 공법상 법률관계에 관한 소송인 당사자소송의 본질을 혼동하거나, 〈행정청의 공법상 행위를 위법하다고 주장할 수 있는가〉 하는 대상적격으로서의 소송요건의 문제와 〈행정청의 공법상 행위가 위법한가〉라는 본안판단의 문제를 혼동하고 있는데서 비롯된 것으로 보인다.

등 참조)하고 있다.

▶ 즉, 위 판례의 취지는 경찰권행사가 재량행위라고 하더라도 〈구체적인 사정에 따라 경찰관이 그 권한을 행사하여 필요한 조치를 취하지 아니한 것이 현저하게 불합리하다고 인정되는 경우〉에는, 즉 재량이 영(0)으로 수축하는 경우에는 —행정청에 직무상 의무가 있고 그에 대응하여 국민에게 행정개입청구권이 인정된다는 것이 아니라—그러한 권한의 불행사, 즉 행정청의 부작위는 〈직무상 의무를 위반한 것이 되어 위법하다〉는 것이다.

3) 소결

사안의 경우 甲이 행정청에게 제3자인 A공장에 대한 오염방지조치라는 처분을 하도록 신청하였으므로 강학상 행정개입청구권의 성립 여부가 문제되는바, 행정개입청구권은 판례가 말하는 법규상·조리상 신청권의 한 유형으로서 그 성립 여부를 판단함에 있어 행정청의 공법상 행위가 기속행위인지 재량행위인지는 불문한다.

살피건대 관할청의 오염방지조치라는 처분의 근거법령인 수질 및 수생태계 보전에 관한 법률 제39조, 제40조, 제42조 등이 입법자가 행정권에 재량권을 부여하고 있어 개선명령 등 관할청의 오염방지조치가 재량행위라고 하더라도, 동법 제3조에서 "국가 및 지방자치단체는 수질 및 수생태계의 오염이나 훼손을 사전에 억제하고 오염되거나 훼손된 수질 및 수생태계를 적정하게 관리·보전함으로써 모든 국민이 건강하고 쾌적한 환경에서 생활할 수 있도록 하여야 한다." 규정하고 있고, 제22조에서도 "수질 및 수생태계 현황을 파악하고 적절한 관리대책을 강구하여야 한다."고 규정하여 행정청에 의무를 부과하고 있는 점에 비추어 보면, 폐수배출로 인한 불이익을 입을 우려가 있는 개인으로서는 관할청에게 인근 하천과 지하수를 오염시키고 있는 A공장에 대하여 그 의무에 합당한 일정한 오염방지조치를 취하라고 요구할 법규상 신청권인 행정개입청구권이 인정된다고 할 것이고, 관할청이 그러한 甲의 A공장에 대한 오염방지조치를 해 달라는 요구에 대하여 상당한 기간이 지났음에도 아무런 응답을 하지 않고 방치하고 있는 것은 인근주민의 권리 또는 이익을 침해할 수 있어 부작위위법확인소송의 대상이 되는 "위법한 부작위"라고 주장할 수 있으므로 甲이 제기한 소는 그 대상적격이 인정된다.

한편 이러한 행정청의 부작위가 국민개인의 법률상 보호되는 객관적·추상적 권익침해를 넘어 특정개인의 법률상 보호되는 구체적 이익을 현실적으로 침해할 수 있는 경우에는 그 특정개인에게는 원고적격도 인정되는바, 이에 대해 살펴본다.

(2) 원고적격

1) 원고적격의 의의

원고적격이라 함은 하자있는 행정행위에 인정되는 공정력을 깨뜨리는 특수한 절차인 항고소송을 제기하여 본안판결을 받을 수 있는 자격을 말하는바, 항고소송에서 특별히 원고적격을 요구하는 것은 공익실현이라는 행정목적의 능률적 수행을 위하여 행정청으로 하여금 우월적 의사에 기한 행정행위를 하도록 한 입법취지에 부응하여 법적으로 보호받을 이익을 가지지 않은 자를 소송에서 배제함으로써 법적 정의, 즉 공익실현이라는 사회적 정의와 국민의 권리구제라는 개인적 정의를 조화하고 실현하기 위한 것이라고 할 수 있다.

2) 행정소송법 제36조 소정의 "법률상 이익이 있는 자"는 법규상 · 조리상 신청권이 있는 자이어야 하는지 여부

가. 문제의 소재

행정소송법 제36조는 '부작위위법확인소송은 처분을 신청한 자로서 부작위의 위법의 확인을 구할 법률상 이익이 있는 자만이 제기할 수 있다'고 규정하고 있는바, 여기서 "법률상 이익이 있는 자"는 법규상 · 조리상 신청권이 있는 자이어야 하는지에 대하여도 견해가 대립한다.

나. 학설

(가) 법규상 · 조리상 신청권이 있는 자만을 의미한다는 견해[19]

법령에 근거하지 않고 신청을 한 자가 부작위에 대하여 소송을 제기하는 경우에는 부작위가 성립할 수 없으므로 신청권이 없는 자는 원고적격이 없다고 한다. 한편 신청권의 문제를 원고적격의 문제로 보아 이러한 입장을 취하는 견해도 있다.[20]

(나) 처분을 신청한 자 모두를 의미한다는 견해[21]

현실적으로 신청을 한 것으로 족하고, 형식적이든 실질적이든 신청권을 가졌는지 여부는 원고적격과 관련해서 판단할 것이 아니라고 한다. 특히 신청권의 존부는 소송대상의 측면에서(형식적 신청권에 대하여) 또는 본안심리에서(실질적 신청권에 대하여) 판단할 사항이라고 한다.[22] 그리하여 이 견해는 본안에서 처분의무 유무를 심리하기 위하여는 원고가 처분을 구할 실체법상 청구권을 갖고 있는지를 심리할 수밖에 없다고 하면서 결국 처분의무유무 및 이에 대응한 원고의 처분을 구할 실체법상 청구권 유무가 본안심리의 내용을 이루게 된다고 한다.[23]

다. 판례

대법원은 "부작위위법확인의 소에 있어 당사자가 행정청에 대하여 어떠한 행정행위를 하여 줄 것을 요구할 수 있는 법규상 또는 조리상 권리를 가지고 있지 아니한 경우에는 원

---

19) 김동희, 박균성
20) 홍정선
21) 김남진 · 김연태; 정하중; 홍준형
22) 김연태, 사례연습, 제4판, 27면
23) 김연태, 사례연습, 제4판, 29면; 홍준형

고적격이 없거나 항고소송의 대상인 위법한 부작위가 있다고 볼 수 없어 그 부작위위법확인의 소는 부적법하다"고 판시(대판 1999.12.7. 97누17568 : 대판 1993.4.23. 92누17099 등 참조)하고 있다.

이러한 법리에 따라 판례는 "행정소송법 제4조 제3호의 부작위위법확인의 소는 **처분의 신청을 한 자로서 부작위가 위법하다는 확인을 구할 법률상 이익이 있는 자만이 제기할 수 있는 것**이므로, 당사자가 행정청에 대하여 어떠한 행정처분을 하여 줄 것을 요청할 수 있는 〈① 법규상 또는 조리상의 권리를 갖고 있지 아니하거나 ② 부작위의 위법확인을 구할 법률상 이익이 없는 경우에는 ① 항고소송의 대상이 되는 위법한 부작위가 있다고 볼 수 없거나 ② 원고적격이 없어〉 그 부작위위법확인의 소는 부적법하다" 고 판시(대판 2000.2.25. 99두11455)하고 있다.

라. 검토

행정소송법 제1조는 "행정청의 위법한 처분 등이나 부작위로 인한, 국민의 권리 또는 이익침해를 구제하는 것"을 항고소송의 목적으로 규정하고 있는바, 제36조 소정의 '법률상 이익이 있는 자'는 법규상·조리상 신청권이 있는 자를 전제로 하는 것이라고 보아야 한다. 즉, 국민이 법규상 또는 조리상 신청권에 기하여 행정청에 처분을 신청하고, 그에 대응한 행정청의 법적 행위의무에 반하는 공권력의 행사·불행사가 국민의 권리의무에 직접 영향을 미쳐야 '위법한 처분이나 부작위'라고 주장할 수 있어 〈소송의 대상적격〉이 인정되고(**소송 본질상의 문제**), 나아가 이러한 행정청의 위법한 처분이나 부작위로 인하여 특정개인의 개별적·구체적인 법률상 보호이익이 객관적·현실적으로 침해될 수 있다면 그 자에게는 〈항고소송의 원고적격〉도 인정된다(**공정력을 깨뜨리는 절차인 항고소송을 제기하기 위한 문제**).

즉, 항고소송의 소송요건으로서 본안판결을 받을 법률상 이익이 존재하기 위해서는 권리보호자격과 원고적격이 모두 존재하여야 하고, 이때 권리보호자격으로서의 법률상 이익의 존부가 청구의 측면에서 본 객관적·추상적 권리 또는 이익의 존부문제라면 원고적격으로서의 법률상 이익의 존부는 당사자의 측면에서 본 주관적·구체적 권리 또는 이익의 존부문제이다. 따라서 국민이 법규상 또는 조리상 신청권에 기하여 행정청에 처분을 신청하고, 행정청의 공법상 행위가 국민의 권리의무에 직접 영향을 미치게 되어 국민개인의 객관적·추상적 권리(법규상 조리상 신청권) 내지 권리보호자격으로서의 법률상 이익을 침해할 수 있다면 '위법한 처분이나 부작위'라고 주장할 수 있어 행정소송의 대상적격이 인정되며, 나아가 이러한 행정청의 위법한 처분이나 부작위로 인하여 특정개인의 개별적·구체적인 법률상 보호이익(원고적격으로서의 법률상 이익)이 현실적으로 침해될 수 있다면(불문의 소송요건으로서 권리보호필요성) 그에게는 원고적격도 인정된다.

여기서 특히 적극적 공권으로서의 법규상·조리상 신청권은 일반국민개인에게 인정되는 객관적·추상적 권리를 말하는바, 판례가 "신청권의 존부는 구체적 사건에서 신청인이 누구인가를 고려하지 않고 관계법규의 해석에 의하여 일반국민에게 그러한 신청권을 인정하고 있는가를 살펴 추상적으로 결정되는 것이다"고 판시(대판 1996.6.11. 95누12460 등 참조)하고 있는 것도 이러한 법리에 따른 것이다.

마. 중간결론

결국 특정개인에게 원고적격으로서 요구되는 제36조 소정의 '부작위 위법확인을 구할 법률상 이익'은 처분을 신청한 일반국민개인에게 요구되는 법규상·조리상 신청권의 존재를 전제로 하는 것이라고 보아야 하고, 사안의 경우 앞에서 살펴본 것처럼 甲은 관할청에게 A공장에 대하여 일정한 오염방지조치라는 처분을 하도록 신청할 법규상 신청권(행정개입청구권)이 있으므로 행정소송법 제36조 소정의 "부작위 위법확인을 구할 법률상 이익"이 있는지를 살펴 원고적격 여부를 판단하기로 한다.

3) 행정소송법 제36조의 부작위 위법확인을 구할 "법률상 이익"의 의미

가. 문제점

행정소송법은 항고소송의 원고적격(제12조, 제35조, 제36조)으로서의 "법률상 이익"의 의미에 대해서는 아무런 언급이 없어서 그 해석과 관련하여 학설상 견해의 대립이 있다.

나. 학설

(가) 권리회복설

취소소송의 목적이 위법한 처분으로 인하여 야기된 개인의 권리회복에 있다는 전제하에 권리가 침해된 자만이 소송을 제기할 수 있다는 견해이다.

(나) 법률상 보호이익구제설(다수설)

위법한 처분으로 인해 개인의 이익이 침해되는 경우에 관계 법률에 의해 그 이익이 보호되는 것이라면 이러한 이익의 피해자도 행정청의 처분을 다툴 수 있어야 한다는 견해이다.

(다) 보호가치 있는 이익구제설(소수설)

법에 의해 보호되는 이익이 아니라고 하여도 그 이익의 실질적 내용이 재판상 보호할 가치가 있다고 판단되는 경우에는 그러한 이익이 침해된 자도 소송을 제기할 수 있어야 한다는 견해이다.

(라) 적법성보장설

원고가 다투는 이익의 성질이 아니라 당해 처분에 대한 소송에서 행정처분의 시정 또는 행정행위의 적법성확보에 이해관계를 가지는 자가 소송을 제기할 수 있다는 견해이다.

다. 판례

대법원은 법률상 보호이익구제설의 입장에서"여기에서 말하는 법률상 보호되는 이익이라 함은 당해 처분의 근거 법규 및 관련 법규에 의하여 보호되는 개별적 · 직접적 · 구체적 이익이 있는 경우를 말한다."고 판시(대판 2006.7.28. 2004두6716 등)하고 있다.

라. 검토

살피건대 적법성보장설은 우리 행정소송법이 취하고 있는 주관소송의 원칙에 반할 뿐 아니라 민중소송화할 우려도 있어 취하기 어렵고, 보호가치 있는 이익구제설은 보호할 가치가 있는 이익인지 여부를 법원이 판단한다는 점에서 법원에 법규창조력을 인정하게 되어

권력분립주의에 반하며, 권리회복설은 항고소송을 오직 권리침해구제수단으로 보는 점에서 권리 또는 이익침해의 구제를 목적으로 하는 우리 행정소송법에 반한다.

그러므로 동 규정이'법률상 이익'이라고 명문으로 규정하고 있는 점, 여기서의 법률상 이익은 법에 의하여 보호되는 원고의 권리 또는 이익침해와 관련되는 것이라는 점(행정소송법 제1조 전단 참조)에서 법률상 보호되는 이익설이 타당하다고 하겠다. 다만 원고적격의 확대는 법률의 범위와 그 취지를 적절히 넓히는 해석을 통해 이루어져야 할 것이다.

4) '법률'의 범위

가. 문제점

행정소송법 제12조의 '법률상 이익'을 법률상 보호이익구제설에 따라 이를 법률상 보호되는 이익이라고 볼 경우, 그 판단근거인 법률의 범위를 어떻게 이해하는가에 따라 법률상 보호되는 이익의 인정 여부가 달라질 수 있어 문제된다.

나. 학설

이에 대해서는 종래의 법률상 보호되는 이익구제설은 당해 처분의 직접적인 근거가 되는 법률만을 그 해석 대상으로 삼았으나, 오늘날에는 개별법규 뿐만 아니라 관계법규 또는 전체법률로 그 해석의 대상을 넓히는 견해가 일반적이고, 더 나아가 최근에는 헌법상의 환경권·소비자보호권·문화재보호권 등 새롭게 주장되는 기본권이나 비례원칙 내지 평등원칙 등의 헌법원리까지 보호되는 이익의 해석근거로 삼아야 한다는 주장도 제기되고 있다.

다. 판례

대법원은 "당해 처분의 근거법규 및 관련법규에 의하여 보호되는 법률상 이익이라 함은 당해 처분의 근거법규(근거법규가 다른 법규를 인용함으로 인하여 근거법규가 된 경우를 포함한다)의 명문의 규정에 의하여 보호받는 법률상 이익, 당해 처분의 근거법규에 의하여 보호되지 아니하나 당해 처분의 행정목적을 달성하기 위한 일련의 단계적인 관련처분들의 근거법규에 의하여 명시적으로 보호받는 법률상 이익, 당해 처분의 근거법규 또는 관련법규에서 명시적으로 당해 이익을 보호하는 명문의 규정이 없더라도 근거법규 및 관련법규의 합리적 해석상 그 법규에서 행정청을 제약하는 이유가 순수한 공익의 보호만이 아닌 개별적·직접적·구체적 이익을 보호하는 취지가 포함되어 있다고 해석되는 경우까지를 말한다."고 판시(대판 2004.8.16. 2003두2175)하고 있으며, 나아가 헌법상의 기본권인 직업선택의 자유나 경쟁의 자유를 보호규범으로 판시하기도 한다(대판 2005.2.17. 2003두14765; 헌재1998.4.30. 97헌마141).[24]

---

24) 즉, 대법원은 "금융기관의 임원에 대한 금융감독원장의 문책경고는 그 상대방에 대한 **직업선택의 자유**를 직접 제한하는 효과를 발생하게 하는 등 상대방의 권리·의무에 직접 영향을 미치는 행위로서 **항고소송의 대상이 되는 행정처분에 해당한다**"고 하였고(대판 2005.2.17. 2003두14765), 우리 헌법재판소도 "행정처분의 직접 상대방이 아닌 제3자라도 당해 처분의 취소를 구할 법률상 이익이 있는 경우에는 행정소송을 제기할 수 있다. 이 사건에서 보건대, 설사 국세청장의 지정행위의 근거규범인 이 사건 조항들이 단지 공

라. 검토

살피건대 원고적격으로서의 법률상 이익의 존재 여부를 판단함에 있어서는 우선 당해 처분의 근거법규 및 관계법규의 명문의 해석에 의하고, 그러한 법규의 사익보호성 여부가 불분명한 경우에는 당해 법규의 목적 취지 등을 고려하여 합리적 해석을 하여야 하며, 더 나아가 경우에 따라서는 헌법상의 기본권규정이 직접 보호규범이 될 수도 있다고 보아야 한다.

다만 여기서 보호되는 법률상 이익은 개별적·직접적·구체적 이익을 말하므로 헌법상의 환경권(제35조)이나 인간다운 생활을 할 권리(제34조)와 같은 적극적 공권으로서의 사회적 기본권의 경우에는 법률로서 그 내용 등이 구체화되지 않는 한 아직 구체적 권리라고 볼 수 없어 그로부터는 직접적이고 구체적인 개인의 권리 또는 이익을 도출할 수 있다고 보기는 어렵다고 할 것이다.

5) 항고소송의 원고적격의 인정요건 및 제3자의 원고적격

가. 문제점

한편 앞에서 살펴본 원고적격으로서의 법률상 이익, 즉 법률상 보호이익이 존재한다는 것만으로 곧바로 항고소송을 제기하여 본안판결을 받을 자격인 원고적격이 있다고 할 수 있는지, 사안의 경우처럼 오염방지조치라는 행정처분의 직접 상대방이 아닌 제3자 甲에게도 원고적격이 인정될 수 있는지 문제된다.

나. 원고적격의 구체적 판단기준

(가) 법적 규율(rule)로서의 원고적격과 보호규범 3단계론

원고적격으로서 보호되는 개별적·직접적·구체적 이익으로서의 법률상 이익의 존부를 판단함에 있어서 입법자는 입법형성의 자유를 가지므로 먼저 국민개인의 구체적 이익을 보호하기 위한 명시적인 법률을 통해서 그를 확인하여야 하고, 개별법률의 사익보호성 여부가 불분명한 경우에는 관련법규의 목적과 취지 등을 고려하여 합리적 해석을 시도하여야 하며, 국민의 기본권에 대한 직접적이고 중대한 침해가 있음에도 불구하고 보호법규가 없는 경우에는 입법재량의 영(0)으로의 수축의 법리에 의해 직접 헌법상의 기본권규정이 그 보호규범이 된다고 보아야 한다.

(나) 법의 일반 원리(principle)로서의 원고적격과 수인한도의 법리

권한 있는 기관의 어떠한 법적 규율은 예측가능성을 전제로 하는 법치국가원리의 구성

익만을 추구할 뿐 청구인 개인의 이익을 보호하는 것이 아니라는 이유로 청구인에게 취소소송을 제기할 법률상 이익을 부정한다 하더라도, 청구인의 **기본권인 경쟁의 자유가 바로 행정청의 지정행위의 취소를 구할 법률상 이익이 된다** 할 것이다"고 판시(헌재 1998.4.30. 97헌마141)하고 있다.

요소로서의 법적 안정성의 원리, 즉 사회구성원 각자가 어떠한 법적 규율을 신뢰하고 그에 따라 행동함으로써 법적 안정성의 이익이라는 공익을 향유하기 위해서는 국민개인은 사회통념상 그 수인이 기대되는 정도의 불이익을 감수해야만 한다는 법의 일반원리에 기초한 것이다. 따라서 위법한 처분 등으로 인하여 침해된 권리 또는 이익을 구제하기 위하여 항고소송을 제기할 원고적격을 인정하기 위해서는 어떠한 법률이 개인의 구체적 권리 또는 이익을 보호하고 있는 경우에도 그 구체적 권리의 보호영역과 그 침해 여부의 불명확성 때문에 침해의 직접성과 중대성, 즉 사회통념상 그 수인이 기대가능하지 않은 침해가 있을 것을 요구된다(수인한도의 법리).

다. 항고소송의 원고적격의 인정요건

(가) 원고적격으로서의 법률상 이익과 권리보호필요성

원고적격으로서의 법률상 이익은 원고의 측면에서 본 법률상 보호되는 개별적·구체적 이익의 문제라면, 협의의 소의 이익인 권리보호필요성은 원고적격으로서의 법률상 이익에 대한 직접적이고 중대한 침해 또는 침해우려가 있어 소송을 통해 그러한 불이익을 제거할 객관적·현실적 이익의 문제로서, "이익 없으면 소 없다"는 법언이 지적하듯이 소송제도에 필연적으로 내재하는 불문의 소송요건이다.

(나) 항고소송의 원고적격 인정요건

따라서 항고소송의 원고적격, 즉 "처분의 취소나 무효확인 또는 부작위위법확인을 구할 법률상 이익"이 존재하기 위해서는 위법한 처분이나 부작위(권리보호자격으로서의 법률상 이익)로 인하여 법률상 직접 보호되는 개별적·구체적 이익(원고적격으로서의 법률상 이익)에 대한 직접적이고 중대한 침해 또는 침해우려가 있어 소송을 통해 그러한 불이익을 제거할 객관적·현실적 필요성이 있어야 한다(불문의 소송요건으로서 권리보호필요성).

이러한 법리에 따라 우리 대법원도 "일반적인 시민생활에 있어 도로를 이용만 하는 사람은 그 용도폐지를 다툴 법률상 이익이 있다고 할 수 없지만, 〈공공용 재산이라 하여도 당해 공공용 재산의 성질상 특정개인의 생활에 개별성이 강한 직접적이고 구체적인 이익을 부여하고 있어서 그에게 그로 인한 이익을 가지게 하는 것이 법률적인 관점으로도 이유가 있다고 인정되는 특별한 사정이 있는 경우에는 그와 같은 이익은 법률상 보호되어야 할 것이고〉, 따라서 〈도로의 용도폐지처분에 관하여 이러한 직접적인 이해관계를 가지는 사람이 그와 같은 이익을 현실적으로 침해당한 경우〉에는 〈그 취소를 구할 법률상 이익이 있다〉"고 판시(대판 1992.9.22. 91누13212)하고 있다.

▶ 즉, 판례는 〈공공용 재산이라 하여도 당해 공공용 재산의 성질상 **특정개인**의 생활에 **개별성**이 강한 **직접적**이고 **구체적**인 이익을 부여하고 있어서 그에게 그로 인한 이익을 가지게 하는 것이 법률적인 관점으로도 이유가 있다고 인정되는 특별한 사정이 있는 경우에는 그와 같은 이익은 **법률상 보호되어야** 할 것이고〉라고 하여, 특정개인의 개별적·직접적·구체적인 법률상 보호이익인 원고적격으로서의 법률상 이익이 〈도로의 용도폐지처분에 의하여 **현실적으로 침해당한 경우**에는〉, 즉 권리보호필요성이 있는 경우에는, 원고적격, 즉 〈그 취소를 **구할 법률상 이익**이 있다〉고 판시하고 있는 것이다.

라. 제3자의 원고적격

(가) 제3자의 원고적격 인정 여부

사법상의 법률행위나 행정행위 아닌 공법상의 행위가 의사표시의 당사자만을 구속하는 것과는 달리 공법상 권한 있는 기관의 법적 규율로서의 행정행위는 모든 사회구성원 각자를 구속한다. 따라서 행정청의 행정처분은 그 직접 상대방은 물론 이해관계 있는 제3자도 구속하므로 행정처분의 직접 상대방이 아닌 제3자라 하더라도 당해 행정처분으로 인하여 법률상 보호이익이 침해당한 경우에는 그 처분의 취소나 무효확인을 구할 법률상 이익, 즉 원고적격이 인정되며, 여기에서 말하는 법률상 보호되는 이익이라 함은 당해 처분의 근거 법규 및 관련 법규에 의하여 보호되는 개별적 · 직접적 · 구체적 이익이 있는 경우를 말한다.

(나) 제3자의 원고적격 인정요건

한편 당해 처분의 근거 법률에 의하여 보호되는 직접적이고 구체적인 이익이 있는 경우라 하더라도 권리 또는 이익의 보호영역과 그 침해 여부의 불명확성 때문에 침해의 직접성과 중대성, 즉 그 수인이 기대가능하지 않은 침해가 있을 것이 요구되고, 항고소송은 위법한 처분으로 인한 자신의 권리 또는 이익침해를 구제하기 위한 절차이므로, 행정처분의 직접 상대방이 아닌 제3자로서는 원칙적으로 자신의 어떠한 이익이 그 처분 전과 비교하여 수인한도를 넘는 침해 또는 침해우려가 있음을 증명하여야 자신의 어떠한 이익 법률상 보호되는 이익으로 인정됨으로써 원고적격이 인정된다.

이러한 법리에 따라 판례도 행정처분의 직접 상대방이 아닌 자로서 그 처분에 의하여 자신의 재산상 · 환경상 이익이 침해받거나 침해받을 우려가 있다는 이유로 취소나 무효확인을 구하는 제3자는, 자신의 재산상 · 환경상 이익이 그 처분의 근거 법규 또는 관련 법규에 의하여 개별적 · 직접적 · 구체적으로 보호되는 이익, 즉 법률상 보호되는 이익임을 증명하여야 원고적격이 인정된다고 판시(대판 2009.9.24. 2009두2825; 대판 2008.9.11. 2006두7577; 대판 2006.12.22. 2006두14001 등 참조)하고 있다.

6) 중간결론

사안의 경우 인근 하천수를 이용하여 화초와 채소재배를 하고 지하수를 식수로 사용하고 있는 甲은, A공장에서 수개월째 배출하는 유해한 폐수를 배출하고 있음에도 불구하고 관할청의 위법한 부작위로 인하여 자신의 재산권 및 건강권 내지 생명권 등에 대한 중대한 침해 또는 침해우려가 있다고 할 것이므로 부작위위법확인을 구할 법률상 이익, 즉 원고적격이 인정된다고 하겠다.

(3) 소결

사안의 경우 부작위위법확인의 소가 적법하기 위해서 대상적격 및 甲의 원고적격의 존부가 문제되는바, 관할청의 오염방지조치가 재량행위라고 하더라도 甲은 재량에 합당한 오염방지조치를 취할 의무가 있는 관할청에게 인근 하천과 지하수를 오염시키고 있는 A공장에 대하여 적법한 오염방지조치를 해달라고 요청할 수 있는 적극적 공권인 법규상 신청권으로서의 강학상 무하자재량행사청구권으로서의 행정개입청구권이 인정된다고 할 것이고, 관할청이 甲의 이러한 처분의 요청에 대하여 상당한 기간이 지났음에도 아무런 조치를 취하지 않는 부작위는 국민의 권익을 침해할 수 있으므로 "위법한 부작위"라고 주장할 수 있어 소의 대상적격이 인정된다. 나아가 관할청의 부작위위법확인소송의 대상이 되는 위법한 부작위로 인하여 甲의 헌법상 보호되는 기본권인 재산권 및 건강권 내지 생명권 등에 대한 중대한 침해 또는 침해우려가 있다고 할 것이므로 부작위위법확인을 구할 법률상 이익, 즉 원고적격도 인정된다고 하겠다.

Ⅳ. 설문 (2)의 (나)의 해결

1. 문제의 소재

설문은 본안심리에서 법원은 관할청이 내려야 할 개선명령의 내용에 대해 심리·판단할 수 있는지와 법원이 부작위위법확인판결을 한 경우 관할청은 어떠한 조치를 취해야 하는지를 묻고 있는바, 부작위위법확인소송의 심리범위가 문제되고, 이는 인용판결의 기속력에 따른 적극적 효력으로서의 재처분의무(행정소송법 제30조 제2항, 제38조 제2항)의 내용이 무엇인가와 관련되는 문제이기도 하다.

2. 판례의 태도

대법원은 "행정소송법 제4조 제3호에 규정된 부작위위법확인의 소는 행정청이 당사자의 법규상 또는 조리상의 권리에 기한 신청에 대하여 상당한 기간 내에 신청을 인용하는 적극적 처분 또는 각하하거나 기각하는 등의 소극적 처분을 하여야 할 법률상 응답의무가 있음에도 불구하고 이를 하지 아니하는 경우 〈부작위가 위법하다는 것을 확인함으로써 행정청의 응답을 신속하게 하여 부작위 또는 무응답이라고 하는 소극적 위법상태를 제거하는 것을 목적으로 하는 제도〉라고 판시(대판 1993. 4. 23. 92누17099)하고, "부작위위법확인판결의 기속력에 의해 처분이 행해지면 다시 그 처분을 다투게 하여 최종적으로 국민의 권익을 보호하는 제도이다"라고 판시(대판 1992.7.28. 91누7361)하고 있다.

3. 학설

(1) 실체적 심리설

이러한 판례의 태도에 대하여는 ① 사실상 아무런 차이가 없는 거부처분에 대한 취소소송과 부작위위법확인소송간의 불균형을 초래한다거나[25] ② 판례와 같이 부작위위법확인소송에 있어서 판결의 기속력(동법 제38조 제2항, 제30조)을 응답의무로 이해한다면 인용판결에 대하여 다시 거부처분이 가능하다는 결론이 되는데, 이는 소송경제에 반하기 때문에 부작위위법확인소송의 본안심리단계에서 실체적 심리가 이루어지고, 인용판결에 대한 실질적 기속력을 인정해야 한다는 견해[26] 등이 있다.

이 견해에 따르면 재량행위의 경우에는 재처분의무를 단순한 응답의무로 보나, 기속행위나 재량이 영으로 수축하는 경우에는 신청의 내용에 따른 처분의무로 본다.

(2) 절차적 심리설

부작위위법확인소송은 의무이행소송과는 달리 행정청의 부작위가 위법한 것임을 확인하는 것으로서 법원의 심판대상은 부작위의 위법성이므로 법원은 부작위의 위법 여부를 확인하는데 그칠 뿐 행정청이 할 처분의 내용까지는 심리·판단할 수 없다고 한다.[27]

이 견해에 의하면 재처분의 내용을 신청에 따른 단순한 응답의무로만 이해한다. 따라서 다시 거부처분을 하더라도 인용판결의 기속력에 반하지 않는다.

4. 검토

살피건대 항고소송으로서의 부작위위법확인소송은 당사자의 권리의무의 존부를 확인하는 의무이행소송과는 달리 행정청의 부작위의 위법성을 확인하여 소극적 위법상태를 제거하는 것이므로, 법원은 부작위의 위법성을 확인하는데 그칠 뿐—입법론적으로 당사자소송으로서 의무이행소송을 규정하여 항고소송인 부작위위법확인소송과 당사자소송으로서의 의무이행소송을 병합제기할 수 있는 경우는 별론으로 하고 현행 행정소송법에서 항고소송만으로—행정청이 할 처분의 내용까지는 심리·판단할 수는 없다는 점에서 절차적 심리설이 타당하다.[28]

---

25) 김도창, 일반행정법론(상), 762면

26) 김성수, 행정법판례평론, 홍문사, 2006, 450면

27) 김동희, 행정법Ⅰ, 731면; 김남진, 행정법Ⅰ, 734면; 박윤흔, 행정법(상), 1046면 등

28) 한편 실체적 심리설의 입장에서 "법원은 부작위의 위법 여부를 확인하기 위해 행정청이 당해 신청에 대해 처분을 할 의무가 있는지를 심리해야 한다. 그런데 처분의무유무를 심리하기 위하여는 원고가 처분을 구할 실체법상 청구권을 가지고 있는지를 심리할 수밖에 없다. 결국 처분의무유무 및 이에 대응한 원고의 처분을 구할 실체법상 청구권유무가 본안심리의 내용을 이루게 된다. 이러한 심리에 따라 법원은 주문에서 부작위의 위법성을 선고하고 판결이유에서 처분의무 및 원고의 처분을 구할 실체법상 청구권을 판시

5. 소결

항고소송으로서의 부작위위법확인소송은 행정청의 부작위의 위법성을 확인하는 소송이므로, 법원은 본안심리에서 부작위의 위법성을 확인하는데 그칠 뿐 관할청이 내려야 할 개선명령의 내용에 대해서는 심리·판단할 수 없다. 그리고 법원이 부작위위법확인판결을 한 경우 관할청은 인용판결의 기속력에 따른 처분의무가 있고(행정소송법 제38조 제2항, 제30조 제2항), 이러한 처분의무를 이행하지 않은 경우에 甲은 간접강제를 신청할 수 있다(행정소송법 제38조 제2항, 제34조). 다만 부작위위법확인판결의 취지에 따른 처분의무 있는 관할청은 A공장에 대하여 반드시 적극적 처분을 하여야 하는 것은 아니고 소극적 거부처분을 할 수도 있다. 만약 관할청이 거부처분을 한 경우에는 甲은 다시 거부처분취소소송을 제기할 수 있다.

V. 설문 (2)의 (다)의 해결

1. 항고소송의 관할

행정소송법은 항고소송의 경우에 취소소송의 배타적 관할을 규정하고(제9조), 이를 무효등확인소송이나 부작위위법확인소송에도 준용하고 있다(제38조 제1항, 제2항).

설문에서는 행정소송으로 제기할 사건인 부작위위법확인소송을 갑이 민사소송으로 제기하였는바, 이는 관할위반으로 부적법하다고, 민사법원은 관할청의 부작위의 위법성을 심리·판단할 수 없다.

2. 법원의 조치

(1) 관할법원에 이송

행정소송으로 제기하여야 할 사건을 민사법원으로 잘못 제기한 경우 관할법원에 이송하

하게 된다"고 주장하는 견해가 있다(김연태, 행정법사례연습, 홍문사, 2005, 28면, 홍준형 등 상당수 견해).

그러나 이러한 인식은 타당하지 못하다. 왜냐하면 항고소송에 있어 국민개인이 자신의 이익을 위하여 행정청에게 일정한 행위를 요구할 수 있는 적극적 공권으로서의 개인적 공권인 실체법상 청구권의 존부나 이에 대응한 행정청의 행위의무의 존부의 판단은 항고소송의 소송요건인 항고소송의 대상이 되는 처분이나 부작위, 즉 "위법한 처분이나 부작위"라고 주장할 수 있는가 하는 소의 대상적격의 존부를 판단하기 위한 전제요건일 뿐이고, 항고소송 본안에서는 위법한 처분이나 부작위로 인하여 원고의 구체적인 법적 권익이 침해될 수 있는지, 즉 행위위법(객관적 위법)으로 인한 결과위법(원고와의 관련하에서 파악된 위법)여부를 심리하여 전체적으로 "처분이나 부작위의 위법성"을 판단하는 것이지 민사소송이나 당사자소송처럼 "실체법상의 청구권이나 행정청의 행위의무의 존재 여부"를 판단하는 것이 아니기 때문이다. 이러한 주장에 대해서는 당사자의 권리의무의 존부를 공권적으로 확정하는 소송인 일반소송과 처분이나 부작위의 위법성을 확인하여 적극적·소극적 위법상태를 배제하는 소송인 항고소송을 혼동하고 있다는 비판이 가능할 것이다.

는 것이 당사자의 권리구제나 소송경제의 측면에서 바람직하므로 수소법원으로서는 민사소송법 제34조 제1항에 따라 사건을 관할 행정법원에 이송하여야 한다.

(2) 소의 변경

행정소송법 제7조는 원고의 고의 또는 중대한 과실 없이 행정소송이 심급을 달리하는 법원에 잘못 제기된 경우에 민사소송법 제34조 제1항을 적용하여 이를 관할 법원에 이송하도록 규정하고 있을 뿐 아니라 관할위반의 소를 부적법하다고 하여 각하하는 것보다 관할 법원에 이송하는 것이 당사자의 권리구제나 소송경제의 측면에서 바람직하므로, 원고가 고의 또는 중대한 과실 없이 행정소송으로 제기하여야 할 사건을 민사소송으로 잘못 제기한 경우 수소법원으로서는 만약 그 행정소송에 대한 관할도 동시에 가지고 있는 경우라면, 행정소송의 전심절차 및 제소기간을 도과하였거나 행정소송의 대상이 되는 처분 등이 존재하지도 아니한 상태에 있는 등 행정소송으로서의 소송요건을 결하고 있음이 명백하여 행정소송으로 제기되었더라도 어차피 부적법하게 되는 경우가 아닌 이상, 원고로 하여금 항고소송으로 소의 변경을 하도록 하여 심리・판단하여야 한다(대판 1999.11.26. 97다4250 참조).

Ⅵ. 설문 (3)의 (가)의 해결

1. 문제의 소재

설문의 경우 국가배상책임이 인정되는지를 판단하기 위해서는 국가배상법 제2조 소정의 국가배상책임의 성립요건을 하여야 하는데, 공무원의 부작위로 인한 국가배상책임 성립여부를 판단함에 있어서는 이른바 반사적 이익론이 적용되는지가 특히 문제된다.

2. 국가배상법 제2조 책임의 성립요건

공무원의 부작위로 인한 국가배상책임을 인정하기 위해서는 공무원의 작위로 인한 국가배상책임을 인정하는 경우와 마찬가지로 ⅰ) 공무원이 ⅱ) 그 직무를 집행함에 당하여 ⅲ) 고의 또는 과실로 법령에 위반하여 ⅳ) 타인에게 손해를 가하였을 것을 요한다.

설문의 경우 관할청의 담당공무원이, 수질 및 수생태계 보전에 관한 법률 제3조상 오염방지조치를 취해야 할 직무를 집행함에 당하여, 오염방지조치를 해달라고 甲이 청구하였음에도 어떠한 조치도 취하지 않고 있다는 점에서 고의 또는 과실도 인정할 수 있으며, 그러한 공무원의 부작위로 인하여 甲에게 상당한 손해를 입히게 되었다는 점에서 공무원의 부작위와 손해발생 사이에 상당인과관계도 인정된다고 할 수 있다. 문제는 공무원의 부작위로 인한 국가배상청구소송에서 반사적 이익론이 적용되는가, 적용된다면 그것이 어떻게 작용하는가 하는 것이다.

3. 공무원의 부작위로 인한 국가배상청구소송과 반사적 이익론 적용 여부

(1) 문제점

항고소송에서의 소의 적법요건으로서 본안판결을 받을 법률상 이익의 존부를 판단함에 있어서 적용되는 이른바 "반사적 이익론"이 공무원의 부작위로 인한 국가배상문제에 적용될 수 있는가에 대하여 견해가 대립한다.

(2) 학설

1) 부정설(다수설)

반사적 이익론은 행정처분의 효력을 상실시키기 위한 소송에서의 원고적격의 문제, 즉 항고소송의 위법배제청구권과 관련해서만 효용을 갖는 개념이기 때문에 국가배상의 문제에는 적용될 수 없다고 보고, 국민이 반사적 이익밖에 갖지 못하더라도 그것만으로 곧 당해 사건에 있어 국가에 작위의무가 없다고 할 수 없기 때문에 반사적 이익론이 국가배상책임을 부인하는 근거는 될 수 없다고 한다. 그러면서 국가배상책임의 적절한 제한은 인과관계론에 의해야 한다고 한다.

2) 긍정설

긍정설은 다시 ⅰ) 행정권의 작위의무규정법령이 공익뿐만 아니라 국민개인의 이익도 보호하는 것을 목적으로 하는 경우에만 그 행정권의 작위의무는 법적인 작위의무가 되고 그 위반만이 국가배상법상 위법한 것이 된다고 하면서 항고소송에서의 반사적 이익론은 원고적격의 문제이나 국가배상에서의 반사적 이익론은 위법성의 문제가 된다고 하는 견해[29]와 ⅱ) 직무상 의무를 규정하는 법령의 제3자 보호성을 국가배상책임의 요건으로 보고 그 논거를 국가배상책임의 요건인 손해에서 찾으면서, 손해란 법익침해를 의미하므로 반사적 이익 또는 사실상 이익 침해는 손해에 포함되지 않는다고 주장하는 견해[30]가 있다.

(3) 판례

대법원은 적어도 1990년대 이후 공무원에게 부과된 직무상 의무의 내용이 공익뿐만 아니라 국민 개개인의 이익을 보호하기 위한 것이어야 한다는 요건을 꾸준히 요구하고 있다. 그리하여 예컨대 낙동강하천수취수장 수질사건에서 "국가 등에 일정한 기준에 따라 상수원의 수질을 유지하여야 할 의무를 부과하고 있는 법령의 규정은 국민에게 양질의 수돗물이 공급되게 함으로써 국민 일반의 건강을 보호하여 공공 일반의 전체적인 이익을 도모하기

29) 손지열 · 홍준형
30) 김남진 · 박균성

위한 것이지, 국민 개개인의 안전과 이익을 직접적으로 보호하기 위한 규정이 아니므로, 국민에게 공급된 수돗물의 상수원의 수질이 수질기준에 미달한 경우가 있고, 이로 말미암아 국민이 법령에 정하여진 수질기준에 미달한 상수원수로 생산된 수돗물을 마심으로써 건강상 위해발생에 대한 염려 등에 따른 정신적 고통을 받았다고 하더라도, 이러한 사정만으로 국가 또는 지방자치단체가 국민에게 손해배상책임을 부담하지 아니한다"고 판시(대판 2001.10.23. 99다36280)하고 있다.

(4) 검토

우선, 긍정설 중 ii)설은 손해란 법익침해를 의미한다고 하는데, 국가배상책임요건으로서의 손해란 고의 또는 과실로 행위규정에 위반한 법익침해행위(불법행위)에 의하여 발생한 결과일 뿐 손해(사실상의 개념) 자체를 법익침해(결과불법이라는 불법의 내용으로서 법적 평가의 개념)라고 할 수는 없다는 점에서 타당하지 못하다. 다만 고의 또는 과실로 행위규정에 위반한 법익침해행위(불법행위)와 상당인과관계가 인정되는 범위 내에서 발생한 손해에 대해서만 배상책임을 질뿐이다(배상책임의 제한문제). 다음, 항고소송에서 반사적 이익이 아닌 "법률상 이익"은 공정력을 깨뜨리는 특수한 절차인 항고소송을 제기할 수 있는 자인 원고적격으로서의 법률상 이익(특정개인의 개별적·구체적 이익)만이 아니라 행정청의 처분이나 부작위가 "위법한 처분이나 부작위라고 주장할 수 있는" 소의 대상적격과 관련하여 요구되는 권리보호자격으로서의 법률상 이익(누구인가를 고려하지 않고 관계법규의 해석에 의하여 추상적으로 결정되는 국민개인의 객관적·추상적 이익)도 있다. 여기서 권리보호자격으로서의 법률상 이익은 구체적 사건에서 법률상 분쟁을 법에 의하여 해결함으로써 법적 안정을 기하자는 소송 본질상의 문제로서 항고소송뿐만 아니라 모든 주관소송에서 요구되어지는 것이다. 따라서 항고소송이 아닌 국가배상청구소송에서도 공무원의 부작위가 "위법하다고 주장할 수 있는 부작위"가 되려면 공무원에게 행위의무를 부과하고 있는 법령이 단순히 공공일반의 이익을 위한 것이거나 행정기관 내부의 질서를 규율하기 위한 것이 아니고 전적으로 또는 부수적으로 사회구성원 개인의 안전과 이익을 보호하기 위한 것이어야 하고, 단순히 공공일반의 이익만을 위한 것이라면 그러한 법령에 반하는 부작위(행위불법)가 있다 하여도 국민개인의 보호법익을 침해(결과불법)할 수 없어 공무원의 부작위의 위법성(이때의 위법성은 일반소송에서의 객관적 위법성을 말한다)을 인정할 여지가 없으므로 국가 등의 배상책임을 인정할 수 없게 된다.

(5) 사안의 경우

살피건대 수질 및 수생태계 보전에 관한 법률 제3조에서 국가 또는 지방자치단체에게 모든 국민이 건강하고 쾌적한 환경에서 생활할 수 있도록 수질 및 수생태를 관리·보전할 의무를 부여하고 있는 점, 동법 제38조에서 사업자 또는 방지시설운영자에게 배출허용기준을 초과하는 오염물질의 배출을 금지하고 있는 점, 동법 제39조, 제40조, 제41조에서 환경부장관에게 비록 재량행위라고 하더라도 배출허용기준을 초과하는 오염물질을 배출하는 경우 오염방지조치를 취하도록 하고 있는 점 등 관계규정의 입법취지에 비추어 보면 관할청에게 행위의무로서 부과된 오염방지조치라는 직무상 의무의 내용은 단순히 공공일반의 이익을 위한 것만이 아니라 부수적으로 사회구성원 개인의 안전과 이익을 보호하기 위하여 설정된 것이라고 판단되고, 따라서 甲은 오염방지조치를 취해야 할 의무 있는 관할청의 부작위가 위법하다고 주장할 수 있다.

4. 소결

사안의 경우 관할청의 담당공무원이, 수질 및 수생태계 보전에 관한 법률 제3조상 오염방지조치를 취해야 할 직무를 집행함에 당하여, 오염방지조치를 해달라고 甲이 청구하였음에도 어떠한 조치도 취하지 않고 있다는 점에서 고의 또는 과실도 인정할 수 있고, 그러한 공무원의 부작위로 인하여 甲에게 상당한 손해를 입히게 되었다는 점에서 공무원의 부작위와 손해발생 사이에 상당인과관계도 인정된다. 나아가 오염방지조치를 취할 것인지 여부가 관할청의 합리적 재량에 위임되어 있다고 하더라도 유해한 폐수가 수개월째 계속해서 배출되어 인근주민의 재산권 및 건강권 내지 생명권 등에 대한 중대한 침해 또는 침해우려가 있음에도 불구하고 필요한 조치를 취하지 아니하고 있는 것은 현저하게 불합리한 것으로서 그 직무상 의무를 위반한 것이 되어 위법하다고 할 것이므로(재량의 영(0)으로의 수축이론), 결국 관할청이 오염방지조치를 취하지 아니한 부작위는 국민개인의 법익을 침해하여 그 위법성이 인정되고, 그 밖에 다른 국가배상책임 요건도 모두 충족하므로 甲에게는 국가배상청구권이 성립하고, 국가 등에게는 국가배상책임이 인정된다고 하겠다.

Ⅶ. 설문 (3)의 (나)의 해결

1. 문제의 소재

설문에서는 민사법원이 국가배상청구소송의 선결문제로서 행정청(공무원)의 부작위의 위법성을 심사할 수 있는지가 공정력 또는 구성요건적 효력과 관련하여 문제되는바, 이를 해명하기 위해서는 공정력과 구성요건적 효력이 무엇인지, 양자는 어떠한 관계에 있는지를 살펴볼 필요가 있고, 이에 따라 민사법원이 국가배상청구소송의 선결문제로서 행정청(공무원)의 부작위의 위법성을 심사할 수 있는지, 나아가 항고소송의 기판력이 후소인 국가배상청구소송에 미치는지 여부를 검토하여야 한다.

2. 공정력의 개념

(1) 제1설 및 판례

행정행위는 공정력에 의하여 그 하자가 중대하고 명백하여 당연무효가 아닌 한 적법한 행정쟁송절차나 다른 행정행위에 의하여 적법히 취소될 때까지는 단순히 취소할 수 있는 사유가 있는 것만으로는 누구나 그 효력을 부인할 수 없다고 한다(대판 1991.4.23. 90누8756; 대판 1993.11.9. 93누14271). 이러한 입장에 의하면 공정력은 상대방은 물론 다른 행정청과 법원에도 발생하는 것으로 본다.

그리하여 판례는 [1] "행정처분이 아무라 위법하다 하여도 그 하자가 중대하고 명백하여 당연무효로 보아야 할 사유가 있는 경우를 제외하고는 아무도 그 하자를 이유로 무단히 그 효과를 부정하지 못하는 것으로, 이러한 행정행위의 공정력은 판결의 기판력과 같은 효력은 아니지만 그 공정력의 객관적 범위에 속하는 행정행위의 하자가 취소사유에 불과한 때에는 그 처분이 취소되지 않는 한 처분의 효력을 부정할 수 없는 것이다"고 판시(대판 2007.3.16. 2006다83802 등)하고 있고, [2] **위법한 토지구획정리사업으로 인해 피해를 입은 자가 손해배상을 청구한 사건에서** "재개발사업 시행자가 분양신청을 하지 아니한 토지의 소유자에 대하여 대지 및 건축시설을 분양하지도 아니하고 청산금도 지급하지 아니하기로 하는 **분양처분고시는 행정처분의 성질을 지닌 것이므로 그것이 적법한 행정소송의 절차에 의하여 취소되지 아니하는 한 법원도 그 처분에 기속되어** 그 행정처분의 내용과 달리 청산금을 지급하라고 명할 수는 없지만, 그와 같이 대지 및 건축시설도 분양하지 아니하고 청산금도 지급하지 아니한 채 분양처분고시를 하여 재개발구역 내에 다른 사람이 소유하고 있던 토지의 소유권을 상실시켰다면 재개발사업 시행자는 그 한도에서 재개발사업을 위법하게 시행하였으므로 그 토지의 소유자에 대하여 불법행위의 책임을 면할 수 없다"고 하였다(전합 1975.4.22. 74다1548; 이외에 대판 1975.5.27. 74다347; 대판 2002.10.11. 2002다33502 등 참조).

(2) 제2설

공정력은 행정행위가 당연무효가 아닌 한 그 적법·위법 여부에 관계없이 인정되는 잠정적 유효성 통용력을 말하고, 공정력은 "행정행위의 상대방 및 이해관계인에게만 인정되는 구속력"이며, "취소권을 가진 기관 이외의 다른 국가기관에 미치는 구속력"은 구성요건적 효력이라고 하는 새로운 견해가 있다.31)

(3) 검토

살피건대 사법이든 공법이든 강행법규에 위배된 행위는 위법·무효이다(법의 대명제). 따라서 법치행정의 원리가 지배하고 강행규정원칙의 공법관계에서 행정청의 어떠한 행위가 유효하다는 것은 법률상이든 사실상이든 또는 잠정적이든 반드시 그 행위가 적법하다는 것을 전제하는 것이다. 그리하여 공사법이원체계의 법제도를 가진 국가에서는 법적 정의의

---

31) 김남진·김연태, Ⅰ, 255면; 류지태, 신론, 168면; 박균성, 상, 87면; 석종현, 상, 322면; 장태주, 개론, 243면; 홍정선, 특강, 229면

관점에서 공익실현이라는 행정목적의 능률적 수행을 위하여(공정력의 이론적 근거로서 이른바 행정정책설) 행정청으로 하여금 우월적 의사에 기한 행정행위를 하도록 하고, 그 행정행위가 비록 강행규정에 위반의 하자가 있더라도 당연무효가 아닌 한 권한있는 기관(처분청, 재결청, 항고소송수소법원)이 그 하자 내지 위법성을 확인하여 적극적·소극적 위법상태를 배제할 때까지 잠정적으로 사실상 그 적법성을 추정하여 유효하게 통용시키는 효력인 공정력을 인정하고 있는 것이고, 이러한 공정력에 따라 잠정적으로 적법·유효한 행정행위라도 행정행위는 권한 있는 기관의 법적 규율이므로 법적 안정성의 관점에서 적법·유효한 행정행위로 통용되어 그 내용상 효력인 구속력이나 그 형식상의 존속력이 인정되는 것이다. 따라서 공정력과 구속력은 그 차원을 달리하는 것이므로 판례의 태도가 타당하고 제2설은 타당하지 못하다.

그러므로 예컨대 취소소송은 처분의 위법성을 확인하여 위법상태를 배제하는(행정소송법 제27조 참조) 특수한 소송인 항고소송인데, 취소소송을 공정력을 깨뜨리는 절차라고 하면서, 공정력을 잠정적 유효성 추정(통용)력이라 하고, 취소소송의 소송물을 처분의 위법성이라고 한다면, 스스로 논리모순을 범하고 있는 것이다. 즉 사적자치의 원리가 지배하는 사법관계에서는 선량한 풍속 기타 사회질서와 관계있는 규정 내지 강행규정을 위반하여 위법·무효가 아닌 한 하자있는 법률행위라도 법보다는 당사자의 의사가 우선하기 때문에(민법 제103조~제105조 참조) 취소권자가 취소하지 않는 한 그 적법·위법 여부와 관계없이 당사자의 의사에 따라 유효하다고 할 수 있지만(유동적 유효), 법치행정의 원리가 지배하고 공익실현목적의 강행법규를 원칙으로 하는 공법관계에서는 행정청의 어떠한 강행법규위반의 행위를 "위법한데도 유효하다"고 할 수는 없는 것이다. 즉, 사법상의 행위이든 공법상의 행위이든 강행법규에 위반한 행위는 위법·무효이므로 "강행법규위반으로 위법한 행위인데도 유효하다"는 명제는 어떠한 경우에도 성립할 수 없다. 다만, 사적자치가 지배하는 사법관계에서 〈하자있는 법률행위〉가 강행법규위반이라면 그 하자의 정도에 관계없이 위법·무효이고 강행법규위반이 아닌 한 그 적법·위법 여부에 관계없이 취소권자가 취소할 때까지 잠정적으로 유효하지만(유동적 유효), 공법관계 중에서도 〈하자있는 행정행위〉는 강행법규위반이라 하더라도 그 하자가 중대하고 명백하여 당연무효가 아닌 한 공익실현이라는 행정목적의 능률적 수행을 위하여 권한 있는 기관이 그 하자 내지 위법성을 확인하여 위법상태를 배제할 때까지 잠정적으로 사실상 그 적법성을 추정하여 유효하게 통용시키는 공정력이 인정되므로 잠정적으로 적법·유효한 행정행위로 통용되는 것이다. 따라서 공법관계에서의 하자있는 행정행위에 인정되는 공정력을 "행정행위가 당연무효가 아닌 한 그 적법·위법 여부에 관계없이 인정되는 잠정적 유효성 통용력이다"고 정의할 수는 없는 것이다.

(4) 공정력의 개념에 대한 판례의 태도

하자있는 행정행위에 인정되는 공정력은 권한 있는 기관이 하자있는 행정행위의 위법성을 확인하여 그 효력을 배제할 때까지 사실상 그 적법성을 추정하여 유효하게 통용시키는 효력이라는 점은 아래와 같이 판례들을 통해서도 확인할 수 있다.

우선 ㉠ "선행처분과 후행처분이 단계적인 일련의 절차로 연속하여 행하여져 후행처분이 〈**선행처분의 적법**〉함을 전제로 이루어짐에 따라 〈**선행처분의 하자**〉가 후행처분에 승계된다고 볼 수 있어 이미 소를 제기하여 다투고 있는 〈**선행처분의 위법성을 확인**〉하여 줄 필요가 있는 경우 등에는 행정의 적법성 확보와 그에 대한 사법통제, 국민의 권리구제의 확대 등의 측면에서 여전히 〈**그 처분의 취소를 구할 법률상 이익이 있다**〉"고 판시(전합 2007.7.19. 2006두19297 참조) 하고 있다.

▶ 이 판례가 〈선행처분의 하자〉가 있음에도 불구하고 〈선행처분이 적법〉하다고 판시하고 있는 것은 당연무효 아닌 하자있는 행정행위라도 잠정적으로 사실상 그 적법성이 추정되어 유효하게 통용시키는 효력인 공정력의 법리에 따른 것이고, 〈선행처분의 위법성을 확인〉 한다는 것은 항고소송의 본안에서 하자있는 선행처분의 사실상 적법성 추정력이라는 공정력을 깨뜨린다는 것이며, 〈그 처분의 취소를 구할 법률상 이익이 있다〉는 것은 하자있는 행정행위에 인정되는 공정력을 깨뜨리는 쟁송절차인 항고소송으로서 취소소송을 제기할 원고적격이 있다는 것이다.

또한 ㉡ "행정청이 재량행위인 수익적 행정처분을 하면서 처분의 상대방에게 일정한 의무를 부과하는 부담을 부가하였다면 이러한 〈부담은 독립하여 행정소송의 대상이 되는 행정처분이 된다〉 할 것인데, 행정처분의 위법 여부는 행정청분이 있을 때의 법령과 사실상태를 기준으로 하여 판단하여야 하고, 처분 후 법령의 개폐나 사실상태의 변동에 영향을 받지 아니하므로, 행정청이 수익적 행정처분을 하면서 부가한 부담 역시 처분 당시 법령을 기준으로 위법 여부를 판단하여야 하고, 〈**부담이 처분 당시 법령을 기준으로 적법하다면 처분 후 부담의 전제가 된 주된 행정처분의 근거 법령이 개정됨으로써 행정청이 더 이상 부관을 붙일 수 없게 되었다 하더라도**〉 〈**곧바로 위법하게 되거나 그 효력이 소멸하게 되는 것은 아니다**〉"고 판시(대판 2009.2.12. 2005다65500)하고 있다.

▶ 즉, 판례는 행정처분당시 적법·유효했던 행정행위가 처분 후 개정된 법령에 반하여 위법하게 되었다 할지라도 이러한 하자있는 행정행위에는 공정력이 발생하여 권한 있는 기관이 그 위법성을 확인하여 그 효력을 재제할 때까지는 잠정적으로 사실상 그 적법성이 추정되어 유효하게 통용되므로, 행정처분 당시 적법·유효했던 행정행위가 처분 후 법령의 개정으로 위법하게 되었다 하더라도—이는 철회사유에 해당하여 공정력을 깨뜨리는 권한있는 기관으로서의 처분청이 직권 철회할 수 있음은 별론으로 하고— 그 행정행위가 〈곧바로 위법하게 되거나 그 효력이 소멸하게 되는 것은 아니다〉고 판시하고 있는 것이다.

3. 선결문제의 논의방법

(1) 선결문제의 의의

선결문제란 특정한 소송사건에 관하여 그 판결을 하기 위한 전제로서 우선 결정을 요하는 문제를 말한다. 행정행위의 위법 또는 효력유무를 항고소송의 관할법원의 결정 없이 항고소송의 관할법원 이외의 다른 법원이 스스로 심리·판단할 수 있는가의 문제이다.

(2) 선결문제의 논의 방법

1) 학설

가. 제1설 및 판례

제1설과 판례는 선결문제를 공정력과 관련된 문제로 이해하여 공정력은 행정행위의 상대방 및 이해관계인은 물론 다른 행정청이나 법원에도 발생하는 것으로 본다.

그리하여 판례는 **위법한 토지구획정리사업으로 인해 피해를 입은 자가 손해배상을 청구한 사건에서** "재개발사업 시행자가 분양신청을 하지 아니한 토지의 소유자에 대하여 대지 및 건축시설을 분양하지도 아니하고 청산금도 지급하지 아니하기로 하는 **분양처분고시는 행정처분의 성질을 지닌 것이므로 그것이 적법한 행정소송의 절차에 의하여 취소되지 아니하는 한 법원도 그 처분에 기속되어 그 행정처분의 내용과 달리 청산금을 지급하라고 명할 수는 없지만**, 그와 같이 대지 및 건축시설도 분양하지 아니하고 청산금도 지급하지 아니한 채 **분양처분고시를 하여 재개발구역 내에 다른 사람이 소유하고 있던 토지의 소유권을 상실시켰다면 재개발사업 시행자는 그 한도에서 재개발사업을 위법하게 시행하였으므로 그 토지의 소유자에 대하여 불법행위의 책임을 면할 수 없다**"고 하였다(전합 1975.4.22. 74다1548 등).

나. 제2설(새로운 견해)

공정력의 개념을 행정행위의 적법·위법 여부에 관계없이 권한 있는 기관에 의하여 취소되기까지 인정되는 행정행위의 잠정적 유효성 통용력이라고 새롭게 정의하고, 공정력을 행정행위의 직접 상대방 및 이해관계인에 대한 구속력으로 보는 견해에서는 선결문제를 취소권을 가진 기관 이외의 다른 국가기관에 미치는 구속력인 구성요건적 효력의 문제라고 한다.[32] 이러한 견해는 그 논거로서 "취소권을 가진 기관 이외의 다른 국가기관에 미치는 구속력인 구성요건적 효력이란 유효한 행정행위가 존재하는 이상 모든 국가기관은 그의 존재를 존중하여 스스로 판단의 기초 또는 구성요건으로 삼아야 한다는 행정행위의 구속력을 말하며, 이는 국가기관은 각각 권한과 관할을 달리하며 그들 상호간에는 타기관의 권한을 존중하고 침해해서는 안된다는 국가기관 상호구속의 원칙 내지 권한 분배의 원칙에 근거하고 있으므로 그 근거와 상대방이 다르다"고 한다.[33]

2) 검토

공정력을 깨뜨리는 특수한 절차로서의 항고소송은 하자있는 처분이나 부작위의 위법성을 확인하여 그 적극적·소극적 위법상태를 배제하는 소송이고, 선결문제논의는 항고소송이 아닌 민·형사사건 등의 수소법원이 스스로 하자있는 행정처분 등의 위법성을 확인하여 그 효력을 배제할 수 있는가, 즉 공정력을 깨뜨릴 수 있는가의 문제이므로 제1설 및 판례의 태도가 타당하다.

새로운 견해는 우선, 스스로의 진술 그 자체로서도 논리모순을 범하고 있다. 즉, 이들 견해가 구성요건적 효력을 잘 정의하듯이 구성요건적 효력은 "유효한 행정행위가 존재하는 이상 모든 국가기관은 그의 존재를 존중하여 판단의 기초 또는 구성요건으로 삼아야 한다는 행정행위의 구속력"을 말한다. 따라서 구성요건적 효력은 개념 그 자체로 보더라도 〈모든 국가기관에 미치는 구속력〉이지 선결문제와 관련해서는 〈취소권을 가진 기관 이외의 다른 국가기관에 미치는 구속력〉로 변하는 효력이 아니다.

또한 법적 규율로서의 행정행위의 구속력은 행정행위의 불가결의 실체법적 효력으로서

---

32) 김남진·김연태, Ⅰ, 255면; 류지태, 신론, 168면; 박균성, 상, 87면; 석종현, 상, 322면; 장태주, 개론, 243면; 홍정선, 특강, 229면

33) 예: 홍정선, 특강, 제6판, 255~256면

—형식적 존속력인 불가쟁력이 행정행위의 상대방 및 이해관계인만을 구속하는 것과는 달리—당사자 쌍방은 물론 이해관계인(관계기관을 포함), 즉 모든 사회구성원 각자를 구속하는 효력이므로, 구성요건적 효력을 취소권을 가진 기관인 당해 처분을 한 처분청을 배제하고 제3의 국가기관(다른 행정청과 법원)에게만 인정되는 효력이라고 한정하여 새롭게 정의하는 것은 타당하지 못하다. 예컨대 하나의 법적 효과를 완성해가는 단계적 행정행위에 있어서 그 일부요건에 대한 선행처분을 한 처분청 자신도 후행처분을 함에 있어서는 그 후행처분의 일부요건에 대한 선취된 결정인 선행처분의 존재 및 내용에 구속되어 스스로의 판단의 기초 내지 구성요건으로 삼아야 하는바, —선행처분에 당연무효 아닌 하자가 있더라도 하자있는 선행처분에 인정되는 공정력을 깨뜨릴 수 있는 권한 있는 기관으로서 스스로 직권취소하지 않는 한—취소권을 가진 처분청 자신에게도 구성요건적 효력은 인정되는 것이다.

그리고 공정력은 공사법이원체계의 법제도아래서 〈법적 정의의 관점에서〉 공익실현이라는 행정목적의 능률적 수행을 위한 정책적 이유로 인정되는 것인 반면, 구속력은 공정력에 의하여 비록 잠정적으로 적법·유효한 행정행위라도 행정행위의 권한 있는 기관의 법적 규율이므로 〈법적 안정성의 관점에서〉 그 내용상의 효력을 인정하자는 사고에 근거하여 인정되는 것으로서 모든 국가기관을 포함한 사회구성원 각자에게 미치는 것이므로 구성요건적 효력이 제3의 국가기관에 미치는 것은 권한존중의 원칙이나 권력분립의 원칙에 근거한 것이라는 주장은 타당하지 못하다. 즉, 행정행위의 구성요건적 효력을 포함한 구속력의 근거는 행정행위는 법의 해석·적용에 관한 유권적 결정으로서 권한 있는 기관의 법적 규율이므로 행정행위의 상대방 및 이해관계인은 물론 처분청 자신을 포함한 국가기관 등 모든 사회구성원 각자가 그를 신뢰하고 그 내용에 따라 행동하는 것이 사회질서와 안정을 누릴 수 있게 한다는 법적 안정성의 원리에서 찾아야 한다.

[참고] 공정력은 오로지 그러한 공정력을 깨뜨릴 수 있는 권한 있는 기관인 처분청과 재결청, 그리고 항고소송수소법원에게만 미치지 아니한다. 따라서 공정력은 공정력을 깨뜨릴 수 있는 권한 있는 기관이 아닌 민·형사사건 등의 수소법원에도 미치는 것이고, 그러한 민·형사사건의 수소법원이 행정행위에 공정력이 있음에도 불구하고 선결문제로서 그 행정행위의 위법성을 심리·확인 할 수 있는가 하는 것이 논의될 수 있는바, 이를 흔히 "공정력과 선결문제"라고 부른다. 여기서 공정력과 선결문제논의에 대한 결론만을 미리 말하자면, 행정행위의 공정력이 미침에도 불구하고 민·형사사건의 수소법원이 소송당사자의 권리의 존부 또는 형법상의 죄책 여부를 확정하기 위한 선결문제로서 그 권리 또는 범죄의 성립요건으로서 행정행위의 위법성 여부를 판단·확인할 수 있는 것은 당연한 것이다. 왜냐하면 공정력을 깨뜨리는 특수한 절차, 즉 행정행위의 하자 내지 위법성을 확인하여 위법상태를 배제하는 절차인 항고소송과 당사자의 권리의 존부나 범죄의 성부를 공권적으로 확정하는 일반 민·형사소송은 그 목적과 성질·기능이 다를 뿐만 아니라 소송에 들어가기 위한 소의 이익구조부터가 다르고 위법성판단구조도 달라 항고소송에서의 수소법원이 판단하는 처분 등의 위법내용과 민·형사소송의 수소법원이 판단하는 위법내용이 다르기 때문이다.

이러한 법리에 따라 위 판례에서 대법원은 국가배상청구사건의 수소법원인 민사법원에도 공정력이 미친다고 보면서도, 분양처분고시가 위법하여 불법행위책임이 있다고 판시하고 있는 것이다. 이에 대한 더 자세한 논증은 논의를 진행해 가면서 설명하기로 한다.

4. 민사법원이 선결문제로서 행정행위의 위법성 여부를 심리·판단할 수 있는지 여부

(1) 문제의 소재

부작위위법확인소송은 행정법원의 배타적 관할임에도 불구하고(행정소송법 제38조, 제2항, 제9조), 설문의 경우처럼 관할청의 부작위가 위법함을 이유로 민사법원에 국가배상을 청구한 경우 수소법원이 국가배상책임의 요건인 관할청의 부작위의 위법성 여부를 심리·판단할 수 있는지 문제된다. 이에 대해서는 일반적으로 예컨대 허가취소나 철거처분 등의 위법을 이유로 국가배상을 청구하는 경우에 관할 민사법원이 배상책임의 요건인 처분의 위법성 여부를 스스로 심리·판단할 수 있는지에 대하여 견해가 대립한다.

(2) 학설

1) 소극설[34)]

행정행위는 공정력이 있으므로 법원을 포함한 모든 국가기관은 그 효력에 구속되며, 행정소송법 제11조 제1항이 민사소송에서의 선결문제의 심리가능성을 처분 등의 효력 유무 또는 존재 여부에 한정하고 있음을 논거로 당연무효인 행정행위가 아닌 한 민사법원은 위법성 여부를 심리·판단할 수 없다고 한다.

2) 적극설(다수설)

여기에는 ⅰ) 공정력은 법적 안정성의 관점에서 인정된 절차적 통용력이며 처분의 적법·위법 여부와는 관계가 없고, 행정소송법 제11조는 예시적 규정에 불과하다고 하거나,[35)] ⅱ) 구성요건적 효력은 취소권 있는 국가기관이외의 국가기관에 대한 구속력으로서 행정소송법상 행정행위의 효력을 상실시키는 취소소송의 경우에만 행정법원의 배타적 관할권이 인정되고 권한 있는 기관이 당해 행위의 효력 유무의 유권적 판단권만을 배타적으로 갖는 것이므로 행정행위의 효력을 부인하는 것이 아닌 한 위법성판단은 가능하다고 하며,[36)] 한편 ⅲ) 손해배상청구소송에서는 행정행위의 효력에 대한 부인에까지 이르지 않고, 다만 당해행위의 위법성만이 문제되는 것이므로 수소법원인 민사법원이 직접 위법성 여부를 심리·판단할 수 있다고 하는 견해도 있다.[37)]

34) 이상규, 상, 358면

35) 류지태

36) 김남진; 김연태, 사례연습, 202면 등; 박균성, 강의, 86면; 이광윤, "행정행위의 공정력과 선결문제, 고시연구, 2000/10, 36면

37) 김동희

(3) 판례

대법원은 "변론의 전 취지에 의하여 본건 계고처분인 행정처분이 위법임을 이유로 배상을 청구하는 취의로 인정될 수 있는 본건에 있어 미리 그 행정처분의 취소판결이 있어야만 그 행정처분의 위법임을 이유로 피고에게 배상을 청구할 수 있는 것은 아니라고 해석함이 상당할 것임에도 불구하고 행정처분의 취소가 있어 그 효력이 상실되어야만 배상을 청구할 수 있는 법리인 것 같이 판단한 원판결에는 〈배상청구와 행정처분 취소판결과의 관계에 관한 법리를 오해〉한 위법이 있다 할 것이다"고 판시(대판 1972.4.28. 72다337)하여 적극설의 입장에 있다.

(4) 검토

살피건대 항고소송으로서의 부작위위법확인소송은 배타적 관할이지만(행정소송법 제38조 제2항, 제9조), 행정청의 부작위로 인하여 손해를 입은 피해자가 국가배상을 청구하는 경우에 민사법원이 선결문제로서 행정청의 부작위의 위법성을 확인할 수 있다. 그러나 그 이유는 항고소송에서의 처분이나 부작위의 위법내용과 국가배상청구소송에서의 처분이나 부작위의 위법내용은 다르기 때문이다. 즉, 하자있는 처분이나 부작위에 인정되는 공정력을 깨뜨리는 특수한 절차로서 처분이나 부작위의 위법성을 확인하여 적극적·소극적 위법상태를 배제하는 소송인 항고소송과 당사자의 권리·의무의 존부 내지 책임 유무를 공권적으로 확인하는 일반소송은 그 목적과 기능 및 성질이 달라서 소송에 들어가는 요건부터 다르고, 민·형사소송에서는 항고소송에는 없는 고의·과실이라는 또 다른 불법요소[38]를 고려해서 행정처분의 위법성을 판단해야 하기 때문에 설령 공무원이 법규에 위반하는 행위(행위불법)로서 국민개인의 법익을 침해(결과불법)했다 하더라도 고의·과실의 불법이 없는 정당방위나 긴급피난 등 사회상규에 위배되지 아니한 정당한 행위인 경우, 즉 법질서 전체의 입장에서 보아 객관적 정당성을 상실하지 않는 경우에는 그 위법성이 조각될 수도 있다. 그러나 공정력을 깨뜨리는 특수한 절차인 항고소송에서는 고의·과실의 불법은 위법내용에 포함되지 아니하므로 행정청의 행위규범위반의 행위불법으로 일반국민개인의 객관적 법익을 침해할 수 있으면 **객관적 위법**이 인정되고, 그러한 위법한 처분이나 부작위가 다시 특정 개인인 원고의 구체적인 법익을 침해할 수 있으면 **원고와의 관련아래서 파악된 위법**이 인정되어 전체적으로 처분이나 부작위의 위법성이 인정된다. 따라서 〈국가배상청구소송에서의 처분이나 부작위의 위법성〉과 〈항고소송에서의 처분이나 부작위의 위법성〉은 그 위법내용이 다르다. 그러므로 이러한 법리는 국가배상청구소송을 민사소송과 그 구조가 같은 공법상 당

---

38) 참고로 고의·과실은 불법구성요소와 책임요소로서 이중적으로 기능하는바, 여기서의 고의·과실은 불법구성요소로서의 고의·과실을 말한다. 한편 불법구성요소로서의 과실의 내용은 객관적 주의의무위반을 말하고 책임요소로서의 과실의 내용은 주관적 주의의무위반을 말한다.

사자소송으로 보아 행정법원이 국가배상책임요건으로서 처분이나 부작위의 위법성을 판단하는 경우에도 그대로 타당하게 되는 것이다.

이러한 법리에 따라 판례도 "〈계고처분이 위법임을 이유로 배상을 청구〉하는 취지로 인정될 수 있는 사건에 있어서는 〈그 행정처분에 대한 취소판결이 있는 경우에만 그 위법임을 이유로 처분청에게 배상을 청구〉할 수 있는 것은 아니다"고 판시하여 계고처분에 대한 국가배상청구소송에서의 위법내용과 취소소송에서의 위법내용은 다르다는 것을 보여주고 있는 것이다(이상의 법리는 행정법 전체를 논리적·체계적으로 이해하는데 매우 중요한 핵심사항이므로 본 사례풀이를 마친 후, 보론에서 좀더 자세한 설명을 하기로 하겠다).

5. 항고소송의 기판력이 후소인 국가배상청구소송에 미치는지 여부

(1) 문제의 소재

항고소송에서의 기판력이 국가배상청구소송에도 미치는지, 즉 위법판단의 대상이 동일한 경우에 항고소송의 기판력이 후소인 국가배상청구소송에 미치는지가 문제된다.

(2) 학설

가. 기판력 긍정설 국가배상청구소송과 항고소송의 위법내용이 동일하다는 전제하에 항고소송의 기판력이 후소인 국가배상소송에 미친다고 한다.

나. 기판력 부정설 국가배상소송과 항고소송의 위법내용이 다르다는 입장에서 항고소송의 기판력이 국가배상소송에 미치지 않는다고 한다.

다. 제한적 기판력 긍정설 국가배상소송의 위법내용을 항고소송의 위법내용보다 넓게 보는 입장에서 인용판결의 기판력은 국가배상소송에 미치지만 기각판결의 기판력은 국가배상청구소송에 미치지 않는다고 한다.

(3) 판례

대법원은 "〈어떠한 행정처분이 후에 항고소송에서 취소되었다고 할지라도 그 기판력에 의하여 당해 행정처분이 곧바로 공무원의 고의 또는 과실로 인한 것으로서 불법행위를 구성한다고 단정할 수는 없는 것〉이고, 그 행정처분의 담당공무원이 보통 일반의 공무원을 표준으로 하여 객관적 주의의무를 결하여 그 행정처분이 객관적 정당성을 상실하였다고 인정될 정도에 이른 경우에 국가배상책임의 요건을 충족하였다고 봄이 상당할 것이며, 이때 객관적 정당성이 상실하였는지 여부는 피침해 이익의 종류 및 성질, 침해행위가 되는 행정처분의 태양 및 그 원인, 행정처분의 발동에 대한 피해자 측의 관여 유무, 정도 및 손해의 정도 등 제반 사정을 종합하여 손해의 전보책임을 국가 또는 지방자치단체에게 부담시켜야 할 실질적인 이유가 있는지 여부에 의하여 판단하여야 한다."고 판시(대판2000.5.12. 99다70600:

대판 2003.11.27. 2001다33789 등)하고 있다.

(4) 검토

전술한 민사법원이 선결문제로서 행정행위의 위법성 여부를 심리·판단할 수 있는지 여부에 관한 검토에서 살펴본 바와 같이 항고소송에서의 처분이나 부작위의 위법성의 내용과 국가배상청구소송에서의 처분이나 부작위의 위법성의 내용은 다르기 때문에 항고소송과 국가배상청구소송에서의 확정판결의 기판력은 서로 간에 미치지 아니한다. 따라서 설문에서와 같이 부작위위법확인소송에서 관할 행정법원이 이미 관할청의 부작위의 위법성을 확인한 경우에도 국가배상청구사건에서 민사법원은 甲에게 국가배상청구권이 성립요건으로서 관할청의 부작위의 위법성을 심사할 수 있다.[39]

6. 소결

결국 甲이 제기한 국가배상청구소송에서, 민사법원은 국가배상청구권의 성립 여부를 확인하기 위하여 관할청의 부작위의 위법성 여부를 심리·판단할 수 있다. 또한 부작위위법확인소송에서 관할 행정법원이 이미 관할청의 부작위의 위법성을 확인하였더라도 민사법원이 관할청의 부작위의 위법성을 심사할 수 있다.

Ⅷ. 사례의 해결

설문 (1)의 경우 현행 행정소송법상 항고소송으로서 작위의무확인소송이나 의무이행소송은 허용될 수 없으므로 甲은 관할청의 개선명령발동의무의 확인 또는 그 이행을 구하는 소송을 제기할 수 없다.

설문 (2)의 경우, (가)에서 A공장에서 배출하는 유해한 폐수로 인하여 수질 및 생태계 보전에 관한 법률 제3조에서 보호하고 있는 모든 국민의 건강하고 쾌적한 환경에서 생활할 권리침해우려를 넘어, 甲에게는 적어도 헌법상 보호되는 구체적 권리인 재산권 및 건강권 내지 생명권에 대한 침해우려가 있으므로 대상적격 및 원고적격이 인정되어 甲이 제기한

---

39) 대법원이 앞의 선결문제와 관련한 판례(대판 1972.4.28. 72다337)에서 "계고처분이 위법임을 이유로 배상을 청구하는 취지로 인정될 수 있는 사건에 있어서는 그 행정처분에 대한 취소판결이 있는 경우에만 그 위법임을 이유로 처분청에게 배상을 청구할 수 있는 것은 아니다"고 판시하여 계고처분에 대한 국가배상청구소송에서의 위법내용과 취소소송에서의 위법내용은 다르다는 것을 보여주고 있고, "행정처분의 취소가 있어 그 효력이 상실되어야만 배상을 청구할 수 있는 법리인 것 같이 판단한 원판결에는 배상청구와 행정처분 취소판결과의 관계에 관한 법리를 오해한 위법이 있다"고 판시하고 있는 것은 위 판례에서 "〈어떠한 행정처분이 후에 항고소송에서 취소되었다고 할지라도 그 기판력에 의하여 당해 행정처분이 곧 바로 공무원의 고의 또는 과실로 인한 것으로서 불법행위를 구성한다고 단정할 수는 없는 것〉"이라고 하는 것과 같이, 국가배상청구소송에서의 위법성과 취소소송의 행정행위의 위법성은 다르기 때문에 양 소송 간에는 판결의 기판력이 미치지 아니한다는 법리를 보여주는 것이다.

부작위위법확인의 소는 적법하다. (나)에서는 항고소송으로서의 부작위위법확인소송은 행정청의 부작위의 위법성을 확인하는 소송이므로 본안에서 법원은 관할청이 내려야 할 개선명령에 대해서는 심리·판단할 수 없다. (다)에서 甲이 부작위위법확인소송을 민사법원에 제기하였다면 이는 관할위반의 소로 부적법하지만, 수소법원은 이를 이송하거나 소 변경을 하도록 하여야 한다.

설문 (3)의 경우, (가)에서 관할청이 오염방지조치를 취하지 아니한 부작위는 고의·과실에 의한 것으로서 국민개인으로서의 甲의 공법상 보호되는 객관적 법익을 침해하여 그 위법성이 인정되고, 그밖에 다른 국가배상책임 요건도 모두 충족하므로 국가배상책임이 인정된다. (나)에서는 항고소송과 국가배상청구소송에서의 행정청(공무원)의 행위의 위법성은 그 내용이 다르므로 甲이 제기한 국가배상청구소송에서 민사법원은 국가배상청구권이 성립하는지 여부를 판단하기 위하여 관할청의 부작위의 위법성을 심리·판단할 수 있고, 또한 항고소송과 국가배상청구소송은 그 위법 내용이 달라서 양 소송 간에는 기판력이 미치지 아니하므로 민사법원은 전소인 항고소송에서의 위법성확인 여부에 상관없이 국가배상책임의 인정 여부를 판단하기 위하여 관할청의 부작위의 위법성을 심사할 수 있다.

Ⅸ. 보론 : 국가배상법상 위법과 항고소송에서의 위법이 동일한지 여부

1. 학설

(1) 일원적 위법성설

양 소송에서의 위법성은 모두 객관적 법규범의 위반이므로 시기, 주체 등 제 조건이 동일하다면 법률에 의한 행정의 원리에 의하여 양 소송에서의 위법성을 달리 해석할 이유가 없으므로 양 소송에서의 위법은 동일하다고 한다.

(2) 상대적 위법성설

양 소송은 법치행정의 원리상 위법한 국가작용에 대한 감시적 기능을 가진다는 점에서는 같으나, 국가배상청구소송은 위법한 행정작용에 의한 손해전보를 목적으로 하는데 대하여, 항고소송은 이미 행해진 행정처분의 효력을 부정을 목적으로 하고 있음을 이유로 양 소송에서의 위법은 다르다고 한다.

2. 판례

앞에서 살펴본 바와 같이 판례의 입장과 같은 상대적 위법성설의 입장에 있다.

3. 검토

(1) 일원적 위법성설의 주요 논거 및 주장

현재 우리 행정법 학계의 지배적인 견해는 일원적 위법성설의 입장에 있다. 이러한 견해는 일반적으로 행정법영역에서는 법률에 의한 행정의 원칙에 따라 일원적·통일적으로 파악해야 하고, 양 법역에서 위법성의 상대성을 인정하는 것은 무용의 혼란을 야기하고 법적 안정성을 해하게 되며, 피해자구제의 현실적 과제는 위법성개념의 분리에 의해서가 아니라 개별접근에 의해 해결해야 한다는 등의 이유를 들고 있다.

한편 이러한 입장에서 최근에도 다음과 같은 주장을 하는 견해가 있는바(김중권, 1차적 권리보호의 우위에 따른 민사법원에서의 선결문제와 후결문제, 법률신문, 2009.10.16. 제3788호), 행정소송에 있어서의 위법판단구조에 대한 작금의 지배적인 견해의 기본적인 인식을 잘 대변해 주고 있다고 할 것이므로 이를 소개하기로 한다.

즉, 이 견해는 "대법원 1984.7.24. 선고 84다카597 판결이래로 판례는 행정소송상의 위법성판단과 국가배상청구상의 (직무행위의) 위법성판단은 별개라는 입장을 견지하고 있다(대법원 2007.5.10. 선고 2005다31828 판결 등). 비록 국가배상사건의 차원에서 직무행위의 위법성을 논증하기 위함이지만 이미 행정소송을 통해 위법성이 확인된 처분을 민사법원이 다시 심사하는 것이 문제가 없는가? 민사법원의 후결문제이자 일종의 다른 의미의 선결문제인 셈인 이 문제는 취소소송의 취소판결의 기판력이 후소인 국가배상청구소송에 미치는지의 물음과 취소소송의 위법성과 국가배상책임 성립요건상의 위법이 동일한지 여부의 물음에 관한 것인데 궁극적으로 국가배상법상의 위법개념의 문제로 귀착된다."고 문제를 제기한 후, ①" 행정소송을 통해서 운고가 바라는 행정행위의 위법성이 확인되었음에도 불구하고, 비록 담당재판부는 다르지만 같은 사법부에서 원고의 바램이 국가배상의 차원에서 실현되지 않는다는 것이 과연 법감정상 받아들여질 수 있는지 심히 의아스럽다. ……더군다나 장차 행정소송법의 개정으로 종래 민사사건으로 다루어 온 국가배상청구사건이 당사자소송사건이 될 것 같으면 동일한 행정소송의 테두리 안에서 한쪽에선 원고의 바램이 수긍되고, 다른 한쪽에선 이미 한쪽에서 수긍되었던 원고의 바램이 결과적으로 좌초되어 버리는 상황이 빚어질 수도 있다"고 하면서, ② "이런 판례의 태도가 효과적인 권리구제를 담보로 한 법치국가원리, 제1차적 권리보호의 우위, 헌법상의 국가배상책임의 구조에 비추어 과연 바람직한지 이제는 곱씹어 볼 때가 되었다. 이미 다툼의 대상(행정처분)의 위법성이 행정소송에서 확인된 이상, 그 위법의 결과는 국가배상제도에서 굴절없이 그대로 실현되어야 한다. 여기서 결정적인 난관은 국가배상법상으로 요구된 주관적 책임요소(고의·과실)의 존재인데, 이것은 헌법 제29조 제1항의 본지가 국가의 자기책임임을 분명히 함으로써 탈색시킬 수 있다"라고 주장한다. 그러면서 ③ "새로운 접근에 따라 국가배상법상의 위법성의 의미도 다시금 가다듬어야 한다. 즉 취소소송에서의 평가와 동일해야 하며 취소소송판결의 기판력은 당연히 국가배상청구소송에 미쳐야 한다. 궁극적으로 행정처분의 객관적 정당성에 의거하여 위법성을 판단하는 판례의 태도(이른바 상대적 위법성설)를 어떻게 극복하느냐가 관건이다"라고 기술하고 있다.

(2) 상대적 위법성설이 타당한 이유

그러나 앞에서 설명한 것처럼 판례의 입장과 같은 상대적 위법성설이 타당하다. 다만 작금의 학계의 사정이 위와 같으므로 일반 민·형사소송에서의 수소법원이 판단하는 어떠한 행위의 위법성과 항고소송에서의 행정행위의 위법성이 다르다는 이른바 상대적 위법성에 대하여는 좀더 충분하고 구체적인 설명이 필요할 것 같다.

무엇보다도 행정법을 논함에 있어서는 행정법도 법이므로 법에 대한 올바른 인식을 위해서는 법적 개념에 대한 정확한 이해가 전제되어야 할 것이다. 이러한 견지에서 우선, 위 견해가 ②에서 "결정적인 난관은 국가배상법상으로 요구된 주관적 책임요소(고의·과실)의 존재인데"라고 인식하고 있는 것처럼 행정법에서의 지배적인 견해는 부지불식간 국가배상청구권의 성립요건 내지 국가배상책임의 인정요건으로서의 고의·과실을 주관적 책임요소로 이해하고, 다만 과실의 객관화를 통해 과실을 객관적 주의의무위반으로 파악하자고 한다.

그러나 국가배상책임 인정요건으로서의 고의·과실은 불법요소로서 불법구성요건이지 책임요소가 아니다. 즉, 일반적으로 어떠한 행위에 대한 법적 책임의 존부를 판단함에 있어서는 그 행위에 대한 〈불법구성요건—위법성—책임〉에 대한 심사를 하게 되는데, 행위자의 고의·과실은 불법요소와 책임요소에 이중적으로 기능하는 것이다(이를 고의·과실의 이중적 기능이라고 하며, 이는 적어도 현대 법학에서는 법적 상식에 속한다). 여기서 불법요소로서의 고의·과실은 주관적 불법구성요건이 되고 주관적 불법구성요건으로서의 과실의 내용은 객관적 주의의무위반이며 그 구체적인 내용은 결과예견의무위반과 결과회피의무위반이다. 이에 반해 책임요소로서의 고의·과실에서 과실의 내용은 주관적 주의의무위반을 말한다. 또한 행위의사로서의 고의는 불법구성요건요소임에 반해 심정반가치로서의 고의는 책임요소가 된다.

한편, 사법영역에서와는 달리 공법영역에서는 공법관계의 특수성에 비추어 외부적·객관적으로 표시된 바를 존중해야 하므로 심정반가치로서의 고의나 주관적 주의의무위반을 의미하는 책임요소로서의 고의·과실은 원칙적으로 문제되지 아니한다.

1) 국가배상청구소송에서 위법성판단구조

국가배상청구권의 성립요건 내지 국가배상책임 인정요건으로서의 고의·과실은 책임요소가 아니라 불법요소로서 불법구성요건이 되고 주관적 불법구성요건으로서의 과실의 내용은 객관적 주의의무위반이며 그 구체적인 내용은 결과예견의무위반과 결과회피의무위반인 바, 과실책임주의를 원칙으로 하는 법치국가아래서 행위자에게 법적 책임을 인정하기 위한 불법행위가 되려면 반드시 주관적 불법구성요건으로서 고의·과실의 불법도 요구되므로 어떠한 행위의 위법성을 인정하기 위해서는 〈행위규범위반의 행위불법〉으로 인한 〈법익침해의 결과불법〉을 행위자의 〈고의·과실의 불법〉으로 야기해야 한다.

한편, 구체적인 법위반 또는 법적 무가치로서 그 정도에 있어서 차이가 있는 〈실체개념인 불법〉과 이러한 불법내용에 대해 다시 법질서 전체의 입장에 반하는지 여부를 일도양단으로 판단하는 〈관계개념인 위법〉은 구별되어야 한다. 그런데 국가배상청구소송이나 항고소송은 원칙적으로 국민의 법익침해에 대한 권리구제를 위한 주관소송이므로 양자 모두 행위불법뿐만 아니라 국민의 법익침해라는 결과불법도 불법구성요건으로서 불법내용이 되지만 국가배상청구소송에서 행위의 위법성을 판단하기 위해서는 일반 민·형사소송에서와 마찬가지로 항고소송에는 없는 고의·과실이라는 또 다른 불법구성요소를 고려해야만 한다. 따라서 국가배상청구소송에서 구체적·실체적 개념으로서의 불법내용에 대하여 다시 법질서 전체의 입장에서 행위의 위법성 여부를 판단함에 있어서는 행위불법(행위규범위반)으로 인한 결과불법(객관적 법익침해)이 인정되는 경우에도 고의·과실의 불법이 없는 정당방위나 긴급피난 등 사회상규에 위배되지 아니한 정당한 행위인 경우에는 그 위법성이 조각될 수 있다.[40]

따라서 〈국가배상법상 위법성판단기준〉에 대해서는 i) 법익침해라는 결과불법설, ii) 법규에 위반한 행위라는 행위불법설, iii) 행위불법뿐만 아니라 공무원의 직무상의 일반적 손해방지의무위반도 포함된다는 광의의 행위불법설도 있으나, iv) 행위불법으로 인한 결과불법이 고의·과실의 불법으로 야기되어야 한다는 상관관계설이 타당하다.

판례도 아래에서 보는 바와 같이 국가배상법상 공무원의 직무행위가 위법성이 인정되려면 "고의 또는 과실로 인한 것으로서 불법행위를 구성"하여야 한다고 하고, 여기서 특히 과실의 불법내용에 대해서는 "그 행정처분의 담당공무원이 보통 일반의 공무원을 표준으로 하여 객관적 주의의무를 결하여 그 행정처분이 객관적 정당성을 상실할 정도에 이른 경우"라고 판시하면서, 국가배상법상 위법성 여부, 즉 객관적 정당성 상실 여부는 "피침해 이익의 종류 및 성질, 침해행위가 되는 행정처분의 태양 및 그 원인, 행정처분의 발동에 대한 피해자 측의 관여 유무, 정도 및 손해의 정도 등 제반 사정을 종합하여 손해의 전보책임을 국가 또는 지방자치단체에게 부담시켜야 할 실질적인 이유가 있는지 여부에 의하여 판단하여야 한다."고 하여 상관관계설의 입장에 있다.

> 판례는 "어떠한 행정처분이 후에 항고소송에서 취소되었다고 할지라도 그 기판력에 의하여 당해 행정처분이 곧바로 공무원의 〈**고의 또는 과실로 인한 것으로서 불법행위를 구성한다**고 단정할 수는 없는 것이고, 그 **행정처분의 담당공무원이 보통 일반의 공무원을 표준으로 하여 객관적 주의의무를 결하여 그 행정처분이 객관적 정당성을 상실하였다고 인정될 정도에 이른 경우에** 국가배상책임의 요건을 충족하였다고 봄이 상당〉할 것이며, 이때 〈**객관적 정당성이 상실하였는지 여부는** 피침해 이익의 종류 및 성질, 침해행위가 되는 행정처분의 태양 및 그 원인, 행정처분의 발동에 대한 피해자 측의 관여 유무, 정도 및 손해의 정도 등 제반 사정을 종합하여 손해의 전보책임을 국가 또는 지방자치단체에게 부담시켜야할 실질적인 이유가 있는지 여부에 의하여 판단하여야 한다〉."고 판시(대판2000.5.12. 99다70600; 대판 2003.11.27. 2001다33789 등)하고 있다.

---

40) 한편 국가배상청구소송에서 불법내용인 법익침해(법적 평가상의 개념)와 손해(사실상의 개념)는 구별되고, 여기서 〈결과불법〉은 특정개인인 원고의 구체적 법익침해를 의미하는 항고소송에서의 〈결과위법〉과는 달리 일반 국민개인의 객관적인 법익침해를 의미하기 때문에 그 범위가 무한히 넓어질 수 있어 적절한 제한이 필요한 바, 불법행위와 상당인과관계 있는 손해에 대해서만 배상하도록 하고 있다(통설·판례)

특히 상관관계설은 불법행위가 성립하기 위하여 행위불법과 결과불법 및 고의·과실의 불법이라는 3가지의 불법구성요건요소가 모두 필요하다는데 그치는 것이 아니라, 이들 불법구성요건요소 간에는 상관관계, 즉 행위불법으로 인한 결과불법이 고의·과실의 불법으로 야기되어야 한다는 것이다.

이러한 법리에 따라 판례도 "공무원의 직무집행이 법령이 정한 요건과 절차에 따라 이루어진 것이라면 특별한 사정이 없는 한 이는 법령에 적합한 것이고 그 과정에서 개인의 권리가 침해되는 일이 생긴다고 하여 그 법령적합성이 곧바로 부정되는 것은 아니다"고 판시(대판 2000.11.10. 2000다26807; 대판 1997.7.25. 94다2480 등 : 특히 이러한 판시를 두고 판례가 행위위법설을 취한다고 주장하는 견해도 있으나, 이는 타당하지 못하다)하거나, 또는 "비록 징벌처분의 절차가 법령에 반한다 하더라도 당해 처분이 객관적 정당성을 상실하였다고 볼 수 없는 경우에는 손해의 전보책임을 국가에 부담시킬 실질적 이유가 없다"고 판시(대판 2004.12.9. 2003다50184)하고 있는 것이다.

2) 항고소송에서의 위법성판단구조

그러나 하자있는 행정행위에 인정되는 공정력을 깨뜨리는 특수한 절차인 항고소송에서의 행위의 위법성을 판단함에 있어서는 주관적 불법구성요건요소인 행정청의 고의·과실의 불법은 요구되지 않고, 행위불법(행위규범위반)으로 인한 결과불법(객관적 법익침해)이 인정되는 경우에는 객관적 위법이 인정된다. 여기서 위법이라는 법개념은 법질서 전체의 입장에서 일도양단으로 판단하는 관계개념이므로 실체개념인 불법에서와는 달리 객관적이니 주관적이니 하는 수식어를 위법개념 앞에 사용할 수 없다고 보아야 하는데, 왜 행정법에서는 객관적 위법(성)이라는 용어가 통용되고 있을까 하는 의문을 가지게 될 것이다.

그러나 공법관계에서의 행정청의 행위 중에도 행정행위에 대해서는 법치국가원리의 구성요소의 하나인 법적 정의의 관점에서 공익실현이라는 행정목적의 능률적 수행이라는 사회적 정의와 하자있는 행정행위로 인하여 침해될 수 있는 국민의 권익보호라는 개인적 정의를 조화하여 실현하기 위하여 비록 그 행정행위에 하자가 있는 경우에도 그 하자가 중대하고 명백한 것이 아닌 한 권한 있는 기관이 그 하자 내지 위법성을 확인하여 위법상태를 배제할 때까지 잠정적으로 사실상 그 적법성을 추정하여 유효하게 통용시키는 효력인 공정력을 인정하고 있기 때문에 항고소송에서 〈행정행위의 위법〉은 일반소송에서처럼 일도양단의 관계개념이 아니라 그 정도가 있는 실체개념이 되는 것이므로 객관적 위법이라는 개념을 사용할 수 있는 것이다. 한편 공정력을 깨뜨리는 특수한 절차인 항고소송은 "위법한 처분 등으로 인한 국민의 권리 또는 이익 침해를 구제"하는 것을 그 목적으로 하는 소송이라는 점에서(행정소송법 제1조 전단 참조) 주관소송이라고 보아야 하는바, 그렇다면 국민의 권익구제를 목적으로 하는 주관소송의 본질상 논리적으로 실체개념으로서 특정개인인 원고의 주관적 위법이 요구된다고 할 수 있을 것이다.

그리하여 행정소송법은 사회적 정의와 개인적 정의를 조화실현하기 위하여 위법한 처분 등이나 부작위로 인하여 법률상 보호되는 개별적 · 직접적 · 구체적 이익이 침해될 수 있는 자에게만 원고적격을 인정하여 항고소송을 제기하도록 규정하고 있고(행정소송법 제1조 전단: 제12조, 제35조, 제36조), 수소법원은 "위법한 처분이나 부작위로 인하여 자신의 법률상 보호이익이 침해될 수 있다"는 원고의 주장에 대하여 본안에서 심리 · 판단하여야 하는바, 이 경우 처분이나 부작위의 위법성을 판단함에 있어서는 행정청이 처분이나 부작위가 행위법규위반(행위불법)으로 일반국민개인의 법적 권리 또는 이익(객관적 · 추상적 이익)을 침해 또는 침해우려가 있다면(결과불법) 위법한 처분이나 부작위에 해당하여 〈객관적 위법〉이 인정되고, 이러한 위법한 처분이나 부작위로 인하여 특정개인인 원고의 법적 권리 또는 이익(개별적 · 구체적 이익)을 침해 또는 침해우려가 있다고 인정되면 원고와의 관련하에서 파악된 위법, 즉 〈주관적 위법〉이 인정되어 전체적으로 처분이나 부작위의 위법성을 확인하여 그 적극적 · 소극적 위법상태를 배제하는 것이다.

다만, 소송에서 소의 이익요건은 여타의 소송요건과는 달리 그 요건의 존부를 판단함에 있어서는 상당한 정도로 본안판단을 미리하게 되는 특성이 있는바, 이러한 특성 때문에 민사소송에서는 소의 이익요건판단 중 법익침해의 우려가 없는 경우에는 기각판결을 하여야 한다거나[41] 각하판결을 하여야 한다고 하여(통설 및 판례, 대판 1995.4.11, 94다53419 등) 견해대립이 있기도 한바, 이러한 소송요건으로서의 소의 이익의 특수성과 국민의 권리구제의 확대 측면에서 항고소송에서의 위법은 법익침해의 구체적 · 현실적 위험만 있어도 인정된다고 보아야 하기 때문에 항고소송에서 소송요건으로서 원고적격이 인정된다면 본안에서 원고와의 관련하에서의 파악된 위법은 특별한 사정이 없는 한 인정될 것이므로 소송실제상 본안심리에서 원고와의 〈주관적 위법〉은 문제되지 않는다.

41) 호문혁, 민사소송법, 272면; 전병서, 민사소송법, 223면

제 2 절 행정법의 기초이론

〈사례연습 2〉 사인의 공법행위, 하자있는 사인의 공법행위와 행정행위의 효력

甲은 1978.5.1. 군무원으로 임용되어 근무해오다, 2008.3.31. 면직희망일자를 같은 해 6.30.로 하는 국방부장관 乙에게 사직원을 제출하였다. 乙은 이에 터잡아 같은 해 6.30. 甲을 의원면직처분을 하였다. 다음 설문에 대하여 논하시오.

(1) 甲은"① 사직의 의사표시는 乙의 기망과 강박에 의한 것으로서 2008.7.10. 사직의 의사표시를 취소하였으므로 위 면직처분은 무효이고, ② 2008.6.10. 사직의 의사표시를 철회하였음에도 불구하고 면직처분을 한 것은 자신의 원에 의하지 아니한 것이 되어 위법하다"고 주장한다. 이러한 甲의 주장은 타당한가? (20점)

(2) 甲은"① 사직원을 제출할 당시 사직의 진정한 의사가 없었을 뿐만 아니라 수리기관도 甲에게 사직의 의사가 없음을 알면서 이를 수리한 것이므로 무효이고, ② 위 면직처분은 일괄 사직원을 제출하였다가 선별 수리하는 형식으로 이루어 진 것으로서 자신의 의사에 반하므로 이를 철회한다."고 주장한다. 이러한 甲의 주장은 타당한가? (20점)

[참조조문]

민법

제2조(신의성실) ① 권리의 행사와 의무의 이행은 신의에 좇아 성실히 하여야 한다.
② 권리는 남용하지 못한다.

제107조(진의아닌 의사표시) ① 의사표시는 표의자가 진의 아님을 알고 한 것이라도 그 효력이 있다. 그러나 상대방이 표의자의 진의 아님을 알았거나 이를 알 수 있었을 경우에는 무효로 한다.

제110조(사기·강박에 의한 의사표시) ① 사기나 강박에 의한 의사표시는 취소할 수 있다.(이하생략)

제141조(취소의 효과) ① 취소한 법률행위는 처음부터 무효인 것으로 본다. (이하생략)

행정절차법

제4조(신의성실 및 신뢰보호) ① 행정청은 직무를 수행함에 있어서 신의에 따라 성실히 하여야한다.
② 행정청은 법령 등의 해석 또는 행정청의 관행이 일반적으로 국민들에게 받아들여진 때에는 공익 또는 제3자의 정당한 이익을 현저히 해할 우려가 있는 경우를 제외하고는 새로운 해석 또는 관행에 의하여 소급하여 불리하게 처리하여서는 아니 된다.

[관련논점]

— 사인의 공법행위의 하자와 취소·철회가능성 및 신의성실의 원칙

— 사인의 공법행위에 민법규정 유추적용 여부

— 사인의 공법행위와 행정행위의 관계 및 하자있는 행정행위의 공정력

[답안구성]

Ⅰ. **논점의 정리**
Ⅱ. **사인의 공법행위**
1. 의의
2. 종류
3. 사인의 공법행위의 적용법규
4. 사인의 공법행위의 효과
Ⅲ. **설문 (1)의 해결**
1. 사인의 공법행위의 하자와 행정행위의 효력
(1) 문제의 소재
(2) 학설
1) 다수설
2) 소수설
(3) 판례
(4) 검토
2. 사안의 구체적 검토
(1) 甲의 ①주장의 타당성 여부
(2) 甲의 ②주장의 타당성 여부
3. 소결
Ⅳ. **설문 (2)의 해결**
1. 甲의 ①주장의 타당성 여부
(1) 문제의 소재
(2) 사인의 공법행위에 민법 제107조 제1항 단서 적용 여부
(3) 중간결론
2. 甲의 ②주장의 타당성 여부
(1) 일괄 사직원을 제출하였다가 선별 수리하는 형식의 의원면직이 甲의 의사에 반하는지 여부
(2) 사직의 의사표시를 철회할 수 있는지 여부
(3) 중간결론
3. 소결
Ⅴ. **사례의 해결**

Ⅰ. 논점의 정리

설문 (1)에서는 甲은 사직의 의사표시의 하자를 이유로 취소할 수 있는지가 사인의 공법행위의 하자와 행정행위의 효력과 관련하여 문제되므로 이를 살펴 甲의 주장의 타당성을 검토하여야 한다.

설문 (2)에서는 사인의 공법행위에 있어 의사표시에 하자가 있는 경우에 민법 제107조 제1항 단서의 의사표시무효에 관한 규정이 적용될 수 있는지와 일괄 사직원을 제출하였다가 선별 수리하는 형식으로 이루어 면직처분의 경우에도 사직의 의사표시가 있다고 볼 수 있는지가 문제된다.

한편 행정법상 사인의 공법행위에 대한 일반적 적용 법규는 존재하지 않으므로 민법규정을 적용할 수 있는지에 대하여 먼저 살펴보아야 한다.

Ⅱ. 사인의 공법행위

1. 의의

사인의 공법행위란 공법관계에서의 사인의 행위로서 공법적 효과의 발생을 목적으로 하는 행위를 말한다. 사인의 공법행위는 공법적 효과를 목적으로 하나, 공권력 행사는 아닌 점에서 행정행위가 가지는 공정력이나 집행력 등의 우월적 효력을 가지지 못하며, 사법행위와는 달리 사적 이해관계를 규율하는 것이 아니고 공법적 효과, 즉 행정목적의 실현을 목적으로 하는 점에서 이에 대한 적용법규에 특별한 고려가 필요하게 된다.

사안에서 甲의 사직의 의사표시는 의원면직처분의 전제요건으로서 공법적 효과의 발생을 목적으로 하는 공법행위에 해당한다.

2. 종류

사인의 공법행위는 그 성질에 따라 일방적 의사표시로 이루어지는 단독행위(허가신청, 쟁송의 제기 등)와 의사표시의 합치로 이루어지는 쌍방적 행위로서 사인 상호간의 공법상 계약(사인 상호 간 토지수용의 협의 등), 사인 상호간 공법상 합동행위(도시재개발조합등 공공조합의 설립행위)로 나눌 수 있고, 그 효과에 따라 그 행위 자체로서 법률효과를 완결하는 자기완결적 공법행위(각종신고행위나 선거에서 투표행위 등)와 그 자체로서 법률효과를 완성하지 못하는 행위요건적 공법행위(쌍방적 행정행위에 있어서의 각종 신청, 공법상 계약에 있어서 청약, 행정행위의 요건으로서 동의와 승낙 등)로 나뉜다.

사안에서의 甲의 사직의 의사표시는 단독행위로서 행위요건적 공법행위이다.

3. 사인의 공법행위의 적용법규

사인의 공법행위에 대한 일반적 적용법규는 존재하지 않으므로 그 공법행위의 성질에 따라 개별적으로 민법규정의 유추적용 여부를 검토해야 한다.

특히, 사인의 공법행위로서 의사표시의 하자에 대해서는 의사표시에 관한 민법규정을 유추적용하는 것이 원칙이나, 공법관계의 특수성에 비추어 외부적·객관적으로 표시된 바를 존중하여야 할 것이다.

4. 사인의 공법행위의 효과

사인의 공법행위가 효력이 발생하면 행정기관은 그에 대한 처리의무를 지게 된다. 즉 당해 행위가 적법·유효한 경우에 수리할 의무가 발생하고, 신청에 따른 행위를 할 의무가 발생한다. 따라서 乙은 甲이 제출한 사직서에 터잡아 의원면직처분을 하여야 한다.

Ⅲ. 설문 (1)의 해결

1. 사인의 공법행위의 하자와 행정행위의 효력

(1) 문제의 소재

사인의 공법행위에 하자가 있는 경우에 하자있는 사인의 공법행위에 기초한 행정행위의 효력을 어떻게 볼 것인지가 문제된다.

(2) 학설

1) 다수설

하자 있는 사인의 공법행위가 행정행위를 행하기 위한 단순한 동기인 경우에는 행정행위의 효력에 아무런 영향을 미치지 않지만, 사인의 공법행위가 행정행위의 전제요건인 경우(예: 신청, 동의 등)에는 그 사인의 공법행위가 무효이면 행정행위는 전제요건을 결하여 무효이고 취소사유이면 행정행위는 원칙적으로 유효하다고 한다.

2) 소수설[42)]

사인의 공법행위에 하자가 있는 경우에도 법적 안정성을 위하여 그에 의한 행정행위는 취소할 수 있는 것으로 보아야 한다고 한다. 다만, 행정행위의 효력발생요건인 상대방의 동의나 신청을 요하는 행정행위에서 신청이 명백히 결여된 경우에는 행정행위는 무효라고 한다.

(3) 판례

대법원은 "행정청이 일단 행정처분을 한 경우에는 행정처분을 한 행정청이라도 법령에 규정이 있는 때, 행정처분에 하자가 있는 때, 행정처분의 존속이 공익에 위반되는 때, 또는 상대방의 동의가 있는 때 등의 특별한 사유가 있는 경우를 제외하고는 행정처분을 자의로 취소할 수 없다고 할 것인바, 처분청인 피고가 당초의 하천공사시행허가와 골재채취허가의 복합허가 중 골재채취허가 부분을 취소한 것이 오로지 피고 자신이 골재의 채취와 반출에 대한 감독을 할 수 없다는 내부적 사정에 따른 것이라면 그와 같은 사정만으로는 골재채취허가를 취소 또는 철회할 만한 정당한 사유가 될 수 없고, 상대방인 원고가 이 사건 변경처분에 대하여 한 동의가 피고 측의 기망과 강박에 의한 의사표시라는 이유로 이 사건 송

---

42) 김남진·김연태, Ⅰ, 133면

달에 의하여 적법하게 취소되었다면 위 동의는 처음부터 무효인 것이 되므로 이 사건 변경처분은 위법하다"고 판시(대판 1990.2.23. 89누7061)하였다.

다만 공무원이 한 사직의 의사표시의 철회나 취소는 그에 터 잡은 의원면직처분이 있을 때까지 할 수 있는 것이고(대판 1993.7.27. 92누16942), 일단 면직처분이 있고 난 이후에는 철회나 취소할 여지가 없다(대판 2001.8.24. 99두9971)고 판시하고 있다.

(4) 검토

살피건대 하자있는 사인의 공법행위로 인한 행정행위의 효력은 사인의 권리보호와 행정목적의 능률적 실현이라는 요청이 조화되도록 해결해야 할 것이다.

사인의 공법행위가 행정행위의 전제요건이 아닌 경우에는 사인의 공법행위와 행정행위는 별개의 행위이기 때문에 행정행위의 효력에 아무런 영향이 없다. 그러나 하자있는 사인의 공법행위가 행정행위의 전제요건인 경우에 있어서는 사인은 행정행위가 행해지기 전에는 신의성실의 원칙에 반하지 않는 한 자신의 공법행위를 직접 취소 또는 철회하거나 민사소송으로 다툴 수 있지만, 하자있는 사인의 공법행위를 전제요건으로 하여 행정행위가 발해진 후에는 그 행정행위는 사인의 공법행위의 하자를 승계하여 하자있는 행정행위라도 공익실현이라는 행정목적의 능률적 수행을 위하여 권한 있는 기관이 그 하자 내지 위법성을 확인하여 위법상태를 배제할 때까지 사실상 그 적법성을 추정하여 유효하게 통용시키는 효력인 공정력이 발생하므로, 사인은 더 이상 자신의 공법행위를 취소 또는 철회하거나 민사소송으로 그 무효확인을 구하는 소(강행법규위반의 하자의 경우)를 제기할 수 없고, 그 하자있는 사인의 공법행위를 전제요건으로 하여 행해진 하자있는 행정행위에 발생한 공정력을 깨뜨리는 쟁송절차인 항고쟁송으로써 그 하자를 다투어야 한다.

2. 사안의 구체적 검토

(1) 甲의 ①주장의 타당성 여부

甲의 사직의 의사표시가 그 상대방인 乙의 기망이나 강박에 의한 것이라면 그 의사표시는 하자있는 의사표시로서 甲은 취소할 수 있고(민법 제110조), 이에 따라 사직의 의사표시는 소급하여 무효가 되므로(민법 제141조) 사직의 의사표시에 터잡은 乙의 의원면직처분은 그 전제요건을 결하여 무효이다.

그러나 사안의 경우에는 乙이 이미 甲의 사직의 의사표시를 전제요건으로 하여 2008.6.30. 의원면직처분을 하였는바, 비록 의원면직처분이 하자있는 사직의 의사표시를 전제요건으로 한 것이어서 하자있는 면직처분이라고 할지라도 이러한 하자있는 행정행위에는 공정력이 발생하므로 甲은 공정력을 깨뜨리는 특수한 절차인 취소쟁송을 제기하여 의원면직처분의 취소를 구하는 것은 별론으로 하고 자신의 사직의 의사표시를 취소할 수 없다.

따라서 2008.7.10. 사직의 의사표시를 취소하였음을 이유로 위 면직처분은 무효라는 甲의 주장은 타당하지 못하다.

(2) 甲의 ②주장의 타당성 여부

甲은 자신의 사직의 의사표시에 터잡은 면직처분이 있기 전인 2008.6.10.에는 자신의 의사표시를 철회할 수 있으므로 그러한 철회가 정당하다면 乙의 의원면직처분은 그 전제요건을 결하여 위법·무효이다. 따라서 甲의 주장은 원칙적으로 타당하다고 할 수 있다. 다만 甲에게 의원면직처분이 있기 전에는 자신의 사직의 의사표시를 철회할 권리가 있다 하더라도 그러한 권리를 행사함에 있어서는 신의성실의 원칙에 위배되어서는 아니된다(민법 제2조). 따라서 甲의 임용경위, 사직원의 제출 및 그 철회 경위 등의 사정에 따라서는 甲의 이 사안 사직의 의사표시의 철회가 신의칙에 반하여 효력이 없을 수도 있고 이러한 경우에는 그 철회는 허용되지 아니한다고 보아야 할 것이다(대판 1992.4.10. 91다43138 참조).

3. 소결

甲의 하자있는 사직의 의사표시의 취소는 그에 터잡은 의원면직처분이 있기 전에만 가능한 것이므로 2008.7.10. 사직의 의사표시를 취소하였음을 이유로 위 면직처분은 무효라는 甲의 주장은 타당하지 못하고, 의원면직처분이 있기 이전인 2008.6.10. 위 사직의 의사표시를 철회하였다면 乙의 의원면직처분은 그 건제요건을 결하여 무효이므로 甲의 주장은 타당하나, 다만 의원면직처분이 있기 전이라도 사직의 의사표시를 철회하는 것이 신의칙에 반한다고 인정되는 특별한 사정이 있는 경우에는 乙의 의원면직처분이 적법하게 될 것이므로(대판 1993.7.27. 92누16942 참조), 이러한 경우라면 甲의 주장은 타당하지 못하다.

Ⅳ. 설문 (2)의 해결

1. 甲의 ①주장의 타당성 여부

(1) 문제의 소재

사인의 공법행위에 대한 일반적 적용법규는 존재하지 않으므로 그 공법행위의 성질에 따라 개별적으로 민법규정의 유추적용 여부를 검토해야 하는바, 사인의 공법행위에 있어 의사표시에 하자가 있는 경우에 민법 제107조 제1항 단서의 의사표시무효에 관한 규정이 적용될 수 있는지 문제된다.

(2) 사인의 공법행위에 민법 제107조 제1항 단서 적용 여부

의사표시에 관한 민법규정은 원칙적으로 사인의 공법행위에도 유추적용 된다. 다만 당사자의 의사에 따라 좌우되는 사법관계에서는 사적자치의 원칙에 따라 당사자의 진정한 의사가 중요시 되지만, 법치행정의 원리가 지배하는 공법관계에서는 행정법관계의 획일확정이 중요하다는 점에 비추어 보면 비록 사직원 제출자의 내심의 의사가 사직할 뜻이 아니었다 하더라도 그 의사가 외부에 객관적으로 표시된 이상 그 의사는 표시된 대로 효력을 발하는 것으로 보아야 하고, 민법 제107조 제1항 단서의 비진의 의사표시의 무효에 관한 규정은 그 성질상 사인의 공법행위에 적용되지 아니한다고 보아야 할 것이다.

(3) 중간결론

비록 사직원 제출한 갑의 내심의 진정한 의사가 사직할 뜻이 아니었다 하더라도 그 의사가 외부에 객관적으로 표시된 이상 그 의사는 표시된 대로 효력을 발하는 것이고, 다만 공법관계의 획일확정의 요청상 그 의사표시의 상대방인 乙이 甲의 내심의 진정한 의사를 알았거나 알 수 있었다는 사정은 고려할 성질의 것이 아니라 할 것이다. 따라서 민법 제107조 제1항 단서의 비진의 의사표시의 무효에 관한 규정은 그 성질상 사인의 공법행위에 적용되지 아니하므로 甲의 사직원을 받아들여 의원면직처분한 것을 당연무효라고 할 수 없다(대판 2001.8.24. 99두9971 참조).

2. 甲의 ②주장의 타당성 여부

(1) 일괄 사직원을 제출하였다가 선별 수리하는 형식의 의원면직이 甲의 의사에 반하는지 여부

일괄 사직원을 제출하였다가 선별 수리하는 형식으로 의원면직되었다고 하더라도 공무원들이 임용권자 앞으로 일괄 사직원을 제출한 경우 그 사직원의 제출은 제출 당시 임용권자에 의하여 수리 또는 반려 중 어느 하나의 방법으로 처리되리라는 예측이 가능한 상태에서 이루어진 것으로서 그 사직원에 따른 의원면직이 그 의사에 반한다고 할 수 없다.

(2) 사직의 의사표시를 철회할 수 있는지 여부

공무원이 한 사직 의사표시의 철회나 취소는 그에 터잡은 의원면직처분이 있을 때까지 할 수 있는 것이고, 일단 면직처분이 있고 난 이후에는 철회할 수 없다.

(3) 중간결론

甲의 주장대로 일괄 사직원을 제출하였다가 선별 수리하는 형식으로 의원면직되었다고 하더라도 그 사직원에 따른 의원면직은 그 의사에 반한다고 할 수 없고, 설령 甲의 사직서 제출이 자신의 의사에 반하여 철회할 수 있다고 하더라도 사안의 경우 2008.6.30. 이미 의원면직처분이 행해졌으므로 甲은 사직의 의사표시를 철회할 여지가 없다.

3. 소결

결국 민법 제107조 제1항 단서의 비진의 의사표시의 무효에 관한 규정은 그 성질상 사인의 공법행위에 적용되지 아니하므로 甲의 사직원을 받아들여 의원면직처분한 것을 당연무효라고 할 수 없고, 甲이 임용권자인 乙앞으로 일괄 사직원을 제출한 경우 그 사직원의 제출은 제출 당시 임용권자에 의하여 수리 또는 반려 중 어느 하나의 방법으로 처리되리라는 예측이 가능한 상태에서 이루어진 것으로서 그 사직원에 따른 의원면직은 甲의 의사에 반한다고 할 수 없으며 게다가 사안의 경우 이미 면직처분이 이루어졌으므로 甲은 사직의 의사표시를 철회할 여지가 없다. 따라서 甲의 주장은 타당하지 못하다.

V. 사례의 해결

설문 (1)의 경우 2008.7.10. 사직의 의사표시를 취소하였음을 이유로 위 면직처분은 무효라는 甲의 주장은 타당하지 못하고, 의원면직처분이 있기 이전인 2008.6.10. 위 사직의 의사표시를 철회하였다면 甲의 주장은 타당하나, 다만 사직의 의사표시를 철회하는 것이 신의칙에 반한다고 인정되는 특별한 사정이 있는 경우에는 乙의 의원면직처분이 적법하게 될 것이므로 이러한 경우라면 甲의 주장은 타당하지 못하다.

설문 (2)에서는 민법 제107조 제1항 단서의 규정은 그 성질상 사인의 공법행위에 적용되지 아니하므로 甲의 사직원을 받아들여 의원면직처분한 것을 당연무효라고 할 수 없고, 일괄 제출한 사직원에 따른 의원면직을 甲의 의사에 반한다고 할 수 없으며 게다가 사안의 경우 이미 면직처분이 이루어졌으므로 甲은 사직의 의사표시를 철회할 여지가 없어 甲의 주장은 타당하지 못하다.

〈사례연습 3〉 허가에 붙일 부관안에 대한 협약, 부관의 전제가 된 주된 행정처분의 근거법령의 개정에 따른 협약의 효력 등

고속국도관리청 甲은 송유관과 관련된 제반사업의 영위 등을 주요 목적으로 하는 회사 乙에게 고속국도법과 도로법에서 정하고 있는 도로부지와 접도구역에 송유관매설허가를 하면서 미리 협약을 체결하였는바, 그 협약 내용은 "고속국도의 유지관리 및 도로확장 등의 사유로 도로부지 및 접도구역에 매설한 송유시설의 전부 또는 일부의 이설이 불가피할 경우에는 甲은 乙에게 송유관시설의 이전을 요구할 수 있고 그로 인하여 발생되는 이설비용은 乙이 부담한다."로 되어 있다. 乙은 위 허가에 따라 송유관매설에 착수하여 매설을 완료하였는데, 매설완료 전 도로법시행규칙이 개정되어 접도구역에는 관리청의 허가 없이 송유관을 매설할 수 있게 되었다. 그런데 甲이 도로를 확장하는 공사를 계획하게 되어 그 구간의 도로 및 접도구역에 매설되어 있던 송유관의 이설이 불가피하게 되자 乙에게 위 구간의 도로부지 및 접도구역 내에 매설되어 있는 송유관을 위 협약의 내용에 따라 乙의 비용으로 이설하여 줄 것을 요청하였다. 다음 설문에 대하여 논하시오.

(1) 乙은 이 사안 협약에 대해서 행정소송으로 다툴 수 있는가? (15점)

(2) 乙은 이 사안 협약의 중요부분이 착오에 빠져 맺어진 것임을 이유로 위 협약을 취소하였다. 乙의 취소는 적법한가? (15점)

(3) 乙은 이 사안 협약 중 접도구역에 매설된 송유관이설비용까지 자기한테 부담하도록 한 것은 부당결부금지의 원칙에 반하므로 그 효력을 인정할 수 없다고 주장한다. 이러한 乙의 주장은 타당한가? (10점)

(4) 乙은 도로법시행규칙의 개정으로 이 사안 협약 중 접도구역에서의 이설비 부담에 관한 부분은 위법하여 당연히 실효되었다고 주장한다. 이러한 乙의 주장에 대해서 논평하시오. (20점)

[참조조문]

민법

제109조(착오로 인한 의사표시) ① 의사표시는 법률행위의 내용의 중요부분에 착오가 있는 때에는 취소할 수 있다. (이하생략)

[관련논점]

— 행정청이 수익적 행정처분을 하면서 부관으로 부담을 붙이는 방법
— 부당결부금지의 원칙
— 사인의 공법행위의 하자와 행정행위의 공정력의 법리 및 착오취소의 가능성
— 부담의 전제가 된 주된 행정처분의 근거 법령이 개정됨으로써 행정청이 더 이상 부관을 붙일 수 없게 된 경우 부담안에 대한 협약의 효력
— 위법판단의 기준시
— 행정행위의 직권철회와 행정행위의 공정력의 법리

[답안구성]

Ⅰ. 논점의 정리

설문 (1)에서는 이 사안 협약이 부관에 해당하는 것인지, 부관에 해당한다 하더라도 장래 일정한 경우 乙에게 의무를 부과시키고 있다는 점에서 그 부관의 종류가 해제조건인지 아니면 부담인지, 나아가 부관에 대하여 독립하여 행정소송으로 다툴 수 있는지를 규명하여야 한다.

설문 (2)에서는 이 사안 협약에 하자가 있는 경우 이를 취소할 수 있는지가 하자있는 사인의 공법행위와 행정행위의 효력과 관련하여 문제된다.

설문 (3)의 경우 송유관매설허가를 해주면서 이 사안 협약을 통해 일정한 의무를 부담시키는 것이 부당결부금지의 원칙에 반하는지 여부를 검토하여야 한다.

설문 (4)에서는 부담의 전제가 된 주된 행정처분의 근거 법령이 개정됨으로써 행정청이 더 이상 부관을 붙일 수 없게 된 경우 부담안에 대한 이 사안 협약의 효력이 당연히 소멸되는지 여부는 행정처분의 위법판단의 기준시와 행정행위의 철회사유의 발생 및 행정행위의 공정력과 관련하여 살펴보아야 한다.

Ⅱ. 설문 (1)의 해결

1. 송유관매설허가의 법적 성질

甲의 송유관매설허가는 乙에게 권리나 이익을 부여하는 효과를 가진 이른바 수익적 행정처분으로서 법령에 그 처분요건에 관하여 일의적으로 규정되어 있지 않은 이상 재량행위라고 할 것이다.

2. 이 사안 협약의 성질

(1) 부관의 개념

행정행위의 부관이란 행정행위의 효과를 제한하거나 보충하기 위하여 주된 행정행위에 부가된 종된 규율을 말한다.

(2) 허가에 붙일 부관안에 대한 협약

甲의 송유관매설허가는 乙에게 권리나 이익을 부여하는 효과를 가진 이른바 수익적 행정처분에 속하고, 허가를 하기 전에 乙과 체결한 협약은 甲이 고속국도의 관리청으로서 乙에 대하여 향후 고속도로 부지와 접도구역에 송유관을 매설함에 대하여 허가를 할 것을 전제로 乙이 이행하여야 할 의무를 규정한 것으로서 성질상 허가에 붙일 부관안에 대한 협약이라고 보아야 한다.

3. 송유관매설허가에 붙일 부관의 성질

(1) 문제점

협약에 따르면 매설한 송유시설의 전부 또는 일부의 이설이 불가피할 경우에는 甲은 乙에게 일정한 의무를 부담시키고 있는바, 부관 중 해제조건과 부담은 일반적으로 양자 모두 의무를 부과하기 때문에 그 구별이 문제된다.

(2) 해제조건과 부담의 구별기준

이를 구별함에 있어서는 행정청의 객관화된 법효과의사, 즉 행정청이 부관부과로 인하여 달성하고자 하는 행정목적에 지향된 행정청의 객관화된 의사를 탐구하여, 의무부과를 통하여 당사자로부터 기대되는 행위가 이행되지 않는 경우에는 당해 행정행위의 목적을 달성할 수 없는 경우에는 해제조건부 행정행위로 보고, 의무불이행시에도 행정행위의 목적달성에 중요한 장애가 되지 않는다고 인정되는 때에는 부담부 행정행위로 보아야 할 것이다. 다만 이러한 기준에 의해서도 양자의 구별이 곤란한 경우에는 법률생활의 안정이나 비례의 원칙상 당사자에게 최소한의 침해가 되는 처분이 행해져야 한다는 점에 비추어, 조건성취여부가 불명료하고 경직적·획일적 수단인 조건보다는 부담으로 추정하는 것이 타당하다고 할 것이다.

(3) 중간결론

사안의 경우 乙의 이설의무나 이설비용부담의무의 불이행이 있다고 하여 송유관매설허가의 효력이 당연히 소멸한다는 해제조건으로 볼 수 없으므로 송유관매설허가에 붙일 부관은 부담으로 보아야 한다.

4. 행정청이 수익적 행정처분을 하면서 부관으로 부담을 붙이는 방법

수익적 행정처분에 있어서는 법령에 특별한 근거규정이 없다고 하더라도 그 부관으로서 부담을 붙일 수 있고(대판 1997.3.11. 96다49560; 대판 2004.3.25. 2003두12837; 대판 2007.7.12. 2007두6663 등 참조), 그와 같은 부담은 행정청이 행정처분을 하면서 일방적으로 부가할 수도 있지만 부담을 부가하기 이전에 상대방과 협의하여 부담의 내용을 협약의 형식으로 미리 정한 다음 행정처분을 하면서 이를 부가할 수도 있다(대판 2009.2.12. 2005다65500 등).

사안의 경우 송유관매설허가를 하면서 부관의 내용을 협약의 형식으로 미리 정한 다음 위 허가를 하면서 이를 부가하였다고 할 것이므로 이 사안 협약은 결국 부관으로서 부담에 해당한다.

5. 부관의 독립쟁송가능성

(1) 문제의 소재

이는 특히 부관부행정행위 전체에 대하여 취소소송을 제기하면서 부관만의 취소를 구하는 이른바 부진정일부취소소송을 인정할 것인가의 문제가 아니라 행정행위에 붙여진 부관만에 대하여 독립하여 쟁송을 제기할 수 있는가의 문제로서 소송요건 중 대상적격과 관련된 문제이다

(2) 학설

가. 부담만에 대하여 인정하는 입장

부관 중 부담만은 그 자체로서 독자적인 행정행위성을 가지므로 주된 행정행위와 독립하여 별도의 쟁송의 대상이 될 수 있다고 한다.[43]

나. 모든 부관에 대하여 인정하려는 견해

주된 행정행위와 분리가능한 한[44] 모든 부관에 대하여 독립쟁송이 가능하다고 한다. 다만, 부관이 주된 행정행위의 본질적 요소를 이루고 있는 경우에는 부관부 행정행위 전체를 대상으로 쟁송을 제기하여야 한다고 한다.

(3) 판례

대법원은 "행정행위의 부관은 그 자체로서 법적 효과를 발생하는 독립된 처분이 아니므로 현행 행정소송제도아래서는 부관 그 자체만을 독립된 쟁송의 대상으로 할 수 없는 것이 원칙이나, 행정행위 부관 중에서도 행정행위에 부수하여 그 행정행위의 상대방에게 일정한 의무를 부과하는 행정청의 의사표시인 부담의 경우에는 다른 부관과는 달리 행정행위의 불가분적인 요소가 아니고 그 존속이 본체인 행정행위의 존재를 전제로 하는 것일 뿐이므로 부담 그 자체로서 행정소송의 대상이 될 수 있다"고 판시(대판 1992.1.21. 91누1264 등 다수)하고 있다. 그리하여 기부채납 받은 행정재산에 대한 사용·수익허가에서 공유재산의 관리청이 정한 사용·수익허가의 기간에 대해서는 독립하여 쟁송을 제기할 수 없다고 판시(대판 2001.6.15. 99두509)하고 있다.

(4) 검토

살피건대 부담이 아닌 부관은 주된 행정행위의 불가분적 요소이므로 분리가능성을 논할 수 없고, 부담인 부관은 그 자체가 독립적인 행정처분이므로 부담만이 독립하여 쟁송으로 다툴 수 있다고 보는 것이 타당하다.

(5) 중간결론

사안의 경우 송유관매설허가를 하면서 부관의 내용을 협약의 형식으로 미리 정한 다음 부가한 협약은 부관으로서 부담에 해당하는바, 乙은 송유관매설허가라는 주된 행정행위와 독립하여 이 사안 협약에 대해서 행정소송으로 다툴 수 있다.

---

43) 김동희, Ⅰ, 284면; 박균성, 상, 284면; 박윤흔, 상, 402면; 김향기, 개론, 203면 등 다수설

44) 류지태, 신론, 173면; 김철용, Ⅰ,236면; 김성수, (일반), 258면; 장태주, 개론, 230면; 홍정선, 특강, 290면

6. 소결

상대방에게 권리나 이익을 부여하는 송유관매설허가와 같은 수익적 행정처분은 그 처분요건에 관하여 일의적으로 규정하고 있지 않는 한 재량행위에 해당하고, 이러한 수익적 행정처분에 있어서는 법령에 특별한 근거규정이 없다고 하더라도 그 부관으로서 부담을 붙일 수 있는바, 甲이 송유관매설허가를 하면서 乙에게 일정한 의무를 부가하는 부관의 내용을 미리 협약의 형식으로 정한 다음 부가한 이 사안 협약은 부관으로서 부담에 해당하고 이러한 부담은 독립하여 행정소송의 대상이 되는 행정처분에 해당한다(대판 2009.2.12. 2005다65500).

Ⅲ. 설문 (2)의 해결

1. 사인의 공법행위와 허가에 붙일 부담안에 대한 협약

(1) 사인의 공법행위

사인의 공법행위란 공법관계에서의 사인의 행위로서 공법적 효과의 발생을 목적으로 하는 행위를 말한다. 사인의 공법행위는 공법적 효과를 목적으로 하나, 공권력 행사는 아닌 점에서 행정행위가 가지는 공정력이나 집행력 등의 우월적 효력을 가지지 못하며, 사법행위와는 달리 사적 이해관계를 규율하는 것이 아니고 공법적 효과, 즉 행정목적의 실현을 목적으로 하는 점에서 이에 대한 적용법규에 특별한 고려가 필요하게 된다.

(2) 허가에 붙일 부담안에 대한 협약과 사인의 공법행위

앞에서 살펴본 바와 같이 甲이 송유관매설허가를 하면서 부관의 내용을 협약의 형식으로 미리 정한 다음 송유관매설허가를 하면서 이를 부가한 위 협약은 부관으로서 부담에 해당한다. 따라서 위 허가에 붙일 부담안에 대한 이 사안 협약은 사인의 공법행위에 해당하고, 부담은 그 자체로 독립된 행정행위이다.

그런데 설문에서 乙은 이 사안 협약이 착오에 빠져 맺어진 것임을 이유로 위 협약을 취소하였는바, 이러한 취소가 적법한지 여부를 판단하기 위해서는 하자있는 사인의 공법행위와 행정행위의 효력의 관계에 대해서 살펴보아야 한다.

2. 사인의 공법행위의 하자와 행정행위의 효력

(1) 학설

1) 제1설

하자 있는 사인의 공법행위가 행정행위의 전제요건인 경우에는 그 사인의 공법행위가 무효이면 행정행위는 전제요건을 결하여 무효이고 취소사유이면 행정행위는 원칙적으로 유효하다고 한다.

2) 제2설

사인의 공법행위에 하자가 있는 경우에도 법적 안정성을 위하여 그에 의한 행정행위는 취소할 수 있는 것으로 보아야 한다고 한다.

(2) 판례

대법원은 공무원이 한 사직의 의사표시의 철회나 취소는 그에 터 잡은 의원면직처분이 있을 때까지 할 수 있는 것이고(대판 1993.7.27. 92누16942), 일단 면직처분이 있고 난 이후에는 철회나 취소할 여지가 없다(대판 2001.8.24. 99두9971)고 판시하고 있다.

(3) 검토

살피건대 이 문제는 하자있는 사인의 공법행위로 인한 행정행위의 효력은 사인의 권리보호와 공익실현이라는 행정목적의 능률적 수행의 요청이 조화되도록 해결해야 할 것이다.

사인의 공법행위가 행정행위의 전제요건이 아닌 경우에는 사인의 공법행위와 행정행위는 별개의 행위이기 때문에 행정행위의 효력에 아무런 영향이 없다. 그러나 하자있는 사인의 공법행위가 행정행위의 전제요건인 경우에 있어서는 사인은 행정행위가 행해지기 전에는 신의성실의 원칙에 반하지 않는 한 자신의 공법행위를 직접 취소 또는 철회하거나 민사소송으로 다툴 수 있지만, 하자있는 사인의 공법행위를 전제요건으로 하여 행정행위가 발해진 후에는 그 행정행위는 사인의 공법행위의 하자를 승계하여 하자있는 행정행위라도 공익실현이라는 행정목적의 능률적 수행을 위하여 권한 있는 기관이 그 하자 내지 위법성을 확인하여 위법상태를 배제할 때까지 사실상 그 적법성을 추정하여 유효하게 통용시키는 효력인 공정력이 발생하므로, 사인은 더 이상 자신의 공법행위를 취소 또는 철회하거나 민사소송으로 그 무효확인을 구하는 소(강행법규위반의 하자의 경우)를 제기할 수 없고, 그 하자있는 사인의 공법행위를 전제요건으로 하여 행해진 하자있는 행정행위에 발생한 공정력을 깨뜨리는 쟁송절차인 항고쟁송으로써 그 하자를 다투어야 한다.

3. 소결

사안의 경우 허가에 붙일 부담안에 대한 협약체결과정에서의 乙의 의사표시가 착오에 의한 의사표시에 기인한 것이라고 하더라도 부관의 내용을 협약의 형식으로 미리 정한 다음 송유관매설허가를 하면서 이를 부가하였다고 할 것이므로, 이와 같이 이 사안 협약의 내용에 따른 부담이 이미 독립된 행정처분으로서 이루어진 이상 비록 하자있는 행정행위라도 당연무효가 아닌 한 공정력이 발생하므로 부담 그 자체를 공정력을 깨뜨리는 특수한 절차인 취소소송으로 다툴 수 있음은 별론으로 하고 乙이 위 협약의 중요부분에 착오가 있음을 이유로 이를 취소할 수는 없다. 따라서 결국 乙의 취소는 적법하다고 할 수 없다.

이러한 법리에 따라 판례도 토지소유자가 토지형질변경허가에 붙은 기부채납의 부관에 따라 토지를 국가나 지방자치단체에 기부채납(증여)한 경우에는 기부채납의 부관(주: 독립된 행정행위로서 부담)이 당연무효이거나 취소되지 아니한 이상 토지소유자는 위 부관으로 인하여 증여계약의 중요부분에 착오가 있음을 이유로 증여계약을 취소할 수 없다고 판시(대판 1999.5.25. 98다53134)하고 있다.

Ⅳ. 설문 (3)의 해결

1. 부당결부금지의 원칙

(1) 의의

부당결부금지의 원칙이란 행정주체가 행정작용을 함에 있어서 이와 실질적인 관련이 없는 상대방의 의무를 부과하거나 그 이행을 강제하여서는 아니 된다는 원칙을 말한다.

(2) 근거

부당결부금지의 원칙은 헌법상의 법치국가원리와 자의금지에서 도출되는 것으로 이해하는 것이 일반적인 견해이나 헌법상의 원칙이 아닌 법률상의 원칙에 그친다는 견해[45]도 있다.

살피건대 부당결부금지의 원칙은 헌법상의 법치국가원리의 수단적 기초인 권력분립원칙에서 나오는 행정의 자의금지로부터 도출된다고 보는 것이 타당하다.[46]

---

45) 박균성, 상, 55~56면

46) 이 원칙을 법률차원의 원칙으로 평가하는 견해에 의하면 이 원칙의 직접적인 근거는 권한법정주의와 권한남용금지의 원칙에 있다고 하나, 이 원칙과 권한법정주의는 그 취지가 다르고, 권한남용금지의 원칙은 행정기관에게 주어진 권한의 범위 내에서 그 권한을 남용하여 행사하지 못하는 것임에 반해, 부당결부금지의 원칙은 권한법정주의에 따라 당해 행정기관에 권한이 있다고 하더라도 당해 행정작용과 무관한 권한을 행사하는 경우에 적용되는 것이라는 점에서 타당하다고 할 수 없다.

(3) 요건 및 내용

부당결부금지의 원칙이 적용하기 위해서는 ⅰ) 행정청의 공권력 행사가 있고, ⅱ) 그 공권력행사가 상대방의 반대급부와 결부되어 있으며, ⅲ) 공권력의 행사와 반대급부 사이에 실질적 관련성이 없어야 한다. 여기서 공권력 행사와 반대급부 사이의 실질적 관련성의 내용은 원인적 관련성과 목적적 관련성을 말한다. 일반적으로 반대급부의 결부가 법적으로 허용된 행정청의 공권력 행사의 요건에 따라 이루어졌다면 실질적 관련성은 존재한다고 볼 수 있다.

(4) 위반의 효과

부당결부금지의 원칙은 헌법상의 자의금지원칙 내지 법의 일반원리로서 인정되는 것이므로 이에 위반한 행위는 위헌·위법이 된다.

2. 사안의 검토

살피건대, 이 사안 협약이 이 사안 허가조건에 편입됨에 따라 乙이 이 사안 허가에 기하여 매설한 송유관을 이설하게 되는 경우에 乙이 그 이설비용을 모두 부담하여야 하는 불이익을 입은 것은 사실이나, 이 사안 협약에서, 고속국도의 유지관리 및 도로확장 등의 사유로 접도구역에 매설한 송유시설의 이설이 불가피할 경우 그 이설비용을 乙이 부담하도록 한 것은, 甲이 접도구역의 송유관 매설에 대한 허가를 할 것을 전제로 한 것으로, 乙은 송유관이설이라는 부대공사와 관련하여 공작물설치자로서 특별한 관계가 있다고 볼 수 있고, 乙로서는 접도구역 부지 소유자와 사이에 별도로 이용계약을 체결하고 그 부지점용에 따른 사용료를 지급하게 되나, 관리청인 甲으로부터 접도구역의 송유관 매설에 관한 허가를 얻게 됨으로써 접도구역이 아닌 사유지를 이용하여 매설하는 경우에 비하여는 공사절차 등의 면에서 이익을 얻는다고 할 수 있으며, 乙의 사업이 공익성을 갖는다고 하더라도 비영리사업이라고 볼 수는 없고, 乙로서는 처음부터 이러한 경제적 이해관계를 고려하여 이 사안 협약을 체결한 것이라고 할 것이므로, 이 사안 협약 중 접도구역에 매설된 송유관 이설비용을 乙이 부담하도록 한 부분이 부당결부금지원칙에 위반된 것이라고 할 수는 없다고 판단된다.

3. 소결

이 사안 협약 중 접도구역에 매설된 송유관 이설비용을 乙이 부담하도록 한 부분이 부당결부금지원칙에 위반된 것이라고 할 수는 없으므로 乙의 주장은 타당하지 못하다.

V. 설문 (4)의 해결

1. 문제의 소재

앞에서 살펴본 것처럼 사안의 경우 송유관매설허가를 하면서 부관의 내용을 협약의 형식으로 미리 정한 다음 위 허가를 하면서 이를 부가한 부관은 그 존속이 주된 행정행위의 존재를 전제로 하는 것일 뿐 독립된 행정처분인 부담에 해당한다. 그런데 이러한 독립된 행정처분으로서의 부담이 처분 당시의 법령을 기준으로는 적법하였으나, 처분 후 주된 행정처분의 근거 법령이 개정됨으로써 행정청이 더 이상 부관을 붙일 수 없게 된 경우 그 부담이 곧바로 위법하게 되거나 그 효력이 소멸되는지가 문제되는바, 이에 대해서는 행정처분의 위법판단의 기준시와 행정행위의 철회사유의 발생 및 행정행위의 공정력과 관련하여 살펴보아야 한다.

2. 행정처분의 위법판단의 기준시

(1) 문제점

행정처분의 위법 여부를 판단함에 있어 행정처분이 행해진 후에 당해 행정처분의 근거가 된 법령이 개폐되었거나 법령상의 요건인 사실상태에 변동이 있는 경우에는 어느 때를 기준으로 판단하여야 하는가가 문제된다.

(2) 학설

1) 처분시설(통설)

취소소송은 행정청의 1차적 판단권 존중 취지에서 행정처분을 사후심사하는 것이고, 판결시설에 의하면 법원이 행정감독적 기능을 하게 되어 권력분립주의에 반하게 되므로 처분시의 법령 및 사실상태를 기준으로 판단하여야 한다고 한다.

2) 판결시설

취소소송은 행정청의 1차적 판단을 매개로 하여 생긴 현재의 위법상태의 배제에 있다고 보아, 당해 처분 등이 현행법규에 비추어 유지될 수 있는지 여부를 판단·선언함을 목적으로 한다는 것을 이유로 판결시의 법령과 사실상태를 기준으로 하여야 한다고 한다.

(3) 판례

대법원은 "항고소송에 있어서 행정처분의 위법 여부를 판단하는 기준시점에 대하여 판결시가 아니라 처분시라고 하는 의미는 행정처분이 있을 때의 법령과 사실상태를 기준으로 하여 위법 여부를 판단할 것이며 처분 후의 법령의 개폐나 사실상태의 변동에 영향을 받지 않는다는 뜻이고"라고 판시(대판 1993.5.27. 92누19033 등 참조)하여 처분시설의 입장에 있다.

(4) 검토

판결시설에 의하면 처분시에는 위법한 행위가 후에 법령의 개폐로 적법하게 될 수 있어 법치행정에 반할뿐 아니라 반대로 행위시에 적법한 행위가 후에 위법한 행위로 될 수 있어 불합리하고, 또한 판결의 지연 등에 따라 불평등한 결과를 초래할 수 있는 점에 비추어 볼 때 타당하지 못하다. 법원의 기능은 권력분립원칙에 따라 행정청의 1차적 판단권을 존중하여 처분행위시에 처분의 근거법령에의 위반 여부를 객관적 사후심사하는 것이라고 보아야 하므로 처분시설이 타당하다.

(5) 중간결론

행정청이 재량행위인 수익적 행정처분을 하면서 처분의 상대방에게 일정한 의무를 부과하는 부담을 부가하였다면 이러한 부담은 독립하여 행정소송의 대상이 되는 행정처분이 된다 할 것인데, 행정처분의 위법 여부는 행정처분이 있을 때의 법령과 사실상태를 기준으로 하여 판단하여야 하고, 처분 후 법령의 개폐나 사실상태의 변동에 의하여 영향을 받지 않으므로(대판 1995.11.10. 95누8461; 대판 2007.5.11. 2007두1811 등 참조), 행정청이 수익적 행정처분을 하면서 부가한 부담 역시 처분 당시 법령을 기준으로 위법 여부를 판단하여야 하고, 부담이 처분 당시 법령을 기준으로 적법하다면 처분 후 부담의 전제가 된 주된 행정처분의 근거 법령이 개정됨으로써 행정청이 더 이상 부관을 붙일 수 없게 되었다 하더라도 위법하다고 할 수 없다. 따라서 도로법시행규칙의 개정으로 이 사안 협약 중 접도구역에서의 이설비 부담에 관한 부분이 위법하다는 乙의 주장은 타당하지 못하다.

3. 행정행위 철회사유

(1) 행정행위 철회의 의의

행정행위의 철회라 함은 아무런 하자 없이 완전 유효하게 성립된 행정행위의 효력을 사후에 발생한 새로운 사정으로 인하여 행정기관이 장래에 향하여 그 효력을 소멸시키는 별개의 독립된 행정행위를 말한다. 폐지라고도 하며, 실정법이나 판례상으로는 취소라는 용어로 많이 사용하고 있다.

철회는 적법하게 성립한 행정행위의 효력을 사후에 발생한 새로운 사정에 의하여 그 효력을 소멸시키기 때문에 소급효가 인정될 수 없는 점에서, 행정행위의 성립에 흠이 있음을 이유로 그 효력을 소급적으로 소멸시키는 취소와 구별된다.

(2) 행정행위의 철회사유

행정행위의 취소사유는 행정행위의 성립 당시에 존재하였던 하자를 말하고, 철회사유는 행정행위가 성립한 이후에 새로이 발생한 것으로서 행정행위의 효력을 존속시킬 수 없는 사유를 말한다(대판 2006.5.11. 2003다37969; 대판 2003.5.30. 2003다6422 등 참조).

(3) 사안의 경우

이 사안 협약의 형식으로 부가된 부담이 처분 당시 법령을 기준으로는 적법하지만 처분 후 부담의 전제가 된 주된 행정처분의 근거 법령이 개정됨으로써 행정청이 더 이상 부관을 붙일 수 없게 되었으므로 이는 행정행위의 효력을 존속시킬 수 없는 사유로서 철회사유에 해당한다.

4. 행정행위 철회사유의 발생과 공정력

적법·유효한 행정처분 후 법령의 개폐나 사실상태의 변동에 의하여 위법 또는 부당하게 되어 행정행위의 효력을 더 이상 존속시킬 수 없는 사유, 즉 철회사유가 발생했다 하더라도 이러한 하자있는 행정행위에는 사실상 그 적법성을 추정하여 유효하게 통용시키는 공정력이 발생하므로 공정력을 깨뜨릴 수 있는 권한있는 기관으로서의 행정처분을 한 처분청이 그 하자 내지 위법성을 확인하여 위법상태를 해소하지 않는 한(즉, 직권철회하지 않는 한) 잠정적으로 적법·유효하게 통용된다.

따라서 송유관매설허가조건인 부담으로서의 이 사안 협약이 처분 후 부담의 전제가 된 주된 행정처분의 근거 법령이 개정됨으로써 행정청이 더 이상 부관을 붙일 수 없게 되었다 하더라도 이는 철회사유에 해당할 뿐, 이 사안 협약이 곧바로 위법하게 되거나 실효된다고 할 수 없다.

5. 소결

甲이 송유관매설허가조건으로 부가한 부담이 처분 당시 법령을 기준으로 적법하다면 처분 후 부담의 전제가 된 주된 행정처분의 근거 법령이 개정됨으로써 행정청이 더 이상 부관을 붙일 수 없게 되어 결과적으로 위법하게 되었다 하더라도 이러한 사정변경은 철회사유에 해당할 뿐, 사실상 그 적법성을 추정하여 유효하게 통용시키는 공정력이 발생하고, 공정력을 깨뜨릴 수 있는 권한있는 기관으로서의 처분청이 또 다른 행정행위로써 직권철회하지 않는 한 잠정적으로 적법·유효하게 통용되므로 철회사유에 해당한다는 것만으로 곧바로 위법하게 되거나 그 효력이 소멸하게 되는 것은 아니다.

결국 설문의 도로법시행규칙의 개정으로 이 사안 협약 중 접도구역에서의 이설비 부담에 관한 부분은 위법하여 당연히 실효되었다는 乙의 주장은 타당하지 못하다.

이러한 법리에 따라 최근 판례도 "행정청이 수익적 행정처분을 하면서 부가한 부담의 위법 여부는 처분 당시 법령을 기준으로 판단하여야 하고, **부담이 처분 당시 법령을 기준으로 적법하다면 처분 후 부담의 전제가 된 주된 행정처분의 근거 법령이 개정됨으로써 행정청이 더 이상 부관을 붙일 수 없게 되었다 하더라도 곧바로 위법하게 되거나 그 효력이 소멸하게 되는 것은 아니다.** 따라서 행정처분의 상대방이 수익적 행정처분을 얻기 위하여 행정청과 사이에 행정처분에 부가할 부담에 관한 협약을 체결하고 행정청이 수익적 행정처분을 하면서 협약상의 의무를 부담으로 부가하였으나 부담의 전제가 된 주된 행정처분의 근거 법령이 개정됨으로써 행정청이 더 이상 부관을 붙일 수 없게 된 경우에도 곧바로 협약의 효력이 소멸하는 것은 아니다."고 판시(대판 2009.2.12. 2005다65500)하고 있다.

Ⅵ. 사례의 해결

설문 (1)의 경우 이 사안 협약은 부관으로서 부담에 해당하고 이러한 부담은 독립하여 행정소송의 대상이 되는 행정처분에 해당한다.

설문 (2)의 경우 이 사안 협약의 내용에 따른 부담이 이미 독립된 행정처분으로서 이루어진 이상 비록 하자있는 행정행위라도 당연무효가 아닌 한 공정력이 발생하므로 乙이 위 협약의 중요부분에 착오가 있음을 이유로 이를 취소할 수는 없으므로 乙의 취소는 적법하다고 할 수 없다.

설문 (3)의 경우 이 사안 협약 중 접도구역에 매설된 송유관 이설비용을 乙이 부담하도록 한 부분이 부당결부금지원칙에 위반된 것이라고 할 수는 없으므로 乙의 주장은 타당하지 못하다.

설문 (4)의 경우 부담이 처분 당시 법령을 기준으로 적법하다면 처분 후 부담의 전제가 된 주된 행정처분의 근거 법령이 개정됨으로써 행정청이 더 이상 부관을 붙일 수 없게 되어 결과적으로 위법하게 되었다 하더라도 이러한 사정변경은 철회사유에 해당할 뿐, 사실상 그 적법성을 추정하여 유효하게 통용시키는 공정력이 발생하므로 곧바로 위법하게 되거나 그 효력이 소멸하게 되는 것은 아니므로 도로법시행규칙의 개정으로 이 사안 협약 중 접도구역에서의 이설비 부담에 관한 부분은 위법하여 당연히 실효되었다는 乙의 주장은 타당하지 못하다.

〈사례연습 4〉 행정법상 확약의 구속력과 실효 및 신의성실의 원칙

A시장은 3개의 신어업권의 대상어장에 대하여 甲, 乙, 丙 등을 제1순위자로, 丁을 제2순위자로 하는 우선순위결정을 하고, 위 우선순위결정에 따라 위 甲, 乙, 丙에게 3개의 어업권면허처분을 하였다. 한편 甲 등이 제1순위자로 결정된 것은 허위서류에 의한 신청에 따른 것이었다. 이에 丁은 A시장의 甲 등에 대한 우선순위결정은 甲 등이 허위 기타 부정한 방법을 사용하여 제1순위자로 결정되었음을 이유로 우선순위결정의 취소를 구하는 소를 제기하였다.

(1) 丁이 제기한 소는 적법한가? (10점)

(2) A시장은 甲 등이 허위 기타 부정한 방법을 사용하여 제1순위자로 결정되었음을 발견하고 위 신어업권면허를 직권취소하였다. 甲 등은 이러한 직권취소가 위법하다고 주장할 수 있는지에 대하여 검토하시오. (15점)

(3) A시장은 甲 등이 허위 기타 부정한 방법을 사용하여 제1순위자로 결정되었음을 발견하고 제2순위자인 丁에게 신어업권면허를 하였다. 이에 甲 등은 丁에게 한 어업권면허처분은 우선순위결정을 무시한 것으로 위법하다고 주장한다. 이러한 甲 등의 주장의 타당성에 대해 검토하시오. (20점)

[참조조문]

수산업법 제2조(정의) 이 법에서 사용하는 용어의 뜻은 다음과 같다.

2. "어업"이란 수산동식물을 포획·채취하거나 양식하는 사업을 말한다.

8. "어업권"이란 제8조에 따라 면허를 받아 경영할 수 있는 권리를 말한다.

제8조(면허어업) ① 다음 각 호의 어느 하나에 해당하는 어업을 하려는 자는 시장·군수·구청장의 면허를 받아야 한다.

1. 정치망어업 2. 해조류양식어업 3. 패류양식어업
4. 어류등양식어업 5. 복합양식어업 6. 협동양식어업

제37조(면허어업의 취소) 시장·군수·구청장은 어업면허를 받은 자가 다음 각호의 어느 하나에 해당하면 농수산식품부령으로 정하는 바에 따라 어업면허를 취소할 수 있다. 다만, 제1호에 해당하는 경우에는 그 면허를 취소하여야 한다.

1. 거짓이나 그 밖의 부정한 방법으로 어업면허를 받은 경우

[관련논점]

— 확약의 법적 성질

— 하자있는 행정처분에 대한 직권취소와 신뢰보호의 원칙

— 확약의 구속력과 신의성실의 원칙

— 확약의 구속력과 실효

[답안구성]

Ⅰ. **논점의 정리**
Ⅱ. **설문 (1)의 해결**
1. 취소소송의 적법요건
2. 우선순위결정의 행정처분성 여부
(1) 확약
(2) 우선순위결정의 법적 성질
(3) 확약의 법적 성질
1) 학설
2) 판례
3) 검토
(4) 사안의 경우
3. 소결
Ⅲ. **설문 (2)의 해결**
1. 문제의 소재
2. 어업권면허의 법적 성질
3. 어업권면허의 직권취소
4. 甲 등의 신뢰보호원칙의 주장가능성과 그 주장의 타당성
(1) 문제의 소재
(2) 신뢰보호의 원칙 위배 여부
1) 의의 및 근거
2) 적용 요건
3) 설문의 경우
5. 소결
Ⅳ. **설문 (3)의 해결**
1. 문제의 소재
2. A시장이 스스로 한 우선순위결정을 무시할 수 있는지 여부
(1) 확약의 구속력과 실효
(2) 사안의 경우
3. 확약의 구속력과 신의성실의 원칙 위배 여부
(1) 확약의 구속력과 신의성실의 원칙
(2) 신의성실의 원칙 위배 여부
1) 문제점
2) 신의성실의 원칙
가. 개념
나. 근거
3) 신의성실의 원칙의 적용 요건
(3) 사안의 경우
4. 소결
Ⅴ. **사안의 해결**

Ⅰ. 논점의 정리

설문 (1)에서는 취소소송의 소송요건과 관련하여 A시장의 어업권면허의 우선순위결정이 소의 대상적격이 인정될 수 있는지가 문제된다. 이를 해명하기 위해서는 강학상 확약의 법적 성질을 살펴보아야 한다.

설문 (2)에서는 A시장이 甲 등에게 한 신어업권면허를 직권취소할 수 있는지, 직권취소를 할 수 있다 하더라도 취소권행사가 甲 등에 대한 신뢰보호원칙에 반하여 제한될 수 있는지를 검토하여야 한다.

설문 (3)에서는 우선순위결정이 강학상 확약에 해당한다 하더라도, 확약의 구속력에 비추어 A시장이 스스로 한 우선순위결정을 무시하고 丁에게 어업권면허를 하는 것은 신의성실의 원칙에 반하여 위법한 것이 아닌지 문제된다.

Ⅱ. 설문 (1)의 해결

1. 취소소송의 적법요건

사안에서 丁은 우선순위결정의 취소를 구하는 소가 적법하기 위해서는 ⅰ) 취소소송의 대상이 되는 처분등에 대하여(행정소송법 이하 '법'이라 한다. 제1조, 제19조, 제2조), ⅱ) 원고적격을 가진 자가(법 제12조), ⅲ) 정당한 피고를 상대로(법 제13조), ⅳ) 소정의 기간 내에(법 제20조), ⅴ) 관할법원(법 제9조)에 소정의 절차와 형식 등을 갖추어 제기하여야 한다.

그런데 사안에서 문제되는 것은 우선순위결정이 취소소송의 대상이 되는 행정처분에 해당하는가이다.

2. 우선순위결정의 행정처분성 여부

(1) 확약

행정법상의 확약이란 행정기관이 국민에 대한 관계에 있어서 자기구속을 할 의도로 장래에 향하여 일정한 행정행위를 하거나 하지 않을 것을 약속하는 의사표시를 말한다.

(2) 우선순위결정의 법적 성질

우선순위결정은 어업권면허에 선행하여 행정청이 우선권자로 결정된 자의 신청이 있으면 어업권면허를 하겠다는 것을 약속하는 의사표시이다. 따라서 이는 행정청이 국민에 대한 관계에 있어서 자기구속을 할 의도로 장래에 향하여 일정한 행위 또는 불행위를 약속하는 의사표시인 행정법상 확약에 해당한다.

(3) 확약의 법적 성질

1) 학설

이에 대하여는 ⅰ) 확약 그 자체가 행정행위로서의 성질을 갖는다고 보는 것이 다수설이나, ⅱ) 확약은 일정한 행정행위를 하겠다는 약속에 지나지 않고, 확약은 사정변경의 원칙에 따라 그 구속력이 상실되므로 행정행위와는 구별되는 독자적인 행위형식의 하나로 보아야 한다는 견해[47]도 있다.

2) 판례

대법원은 "어업권면허에 선행하는 우선순위결정은 행정청이 우선권자로 결정된 자의 신청이 있으면 어업권면허처분을 하겠다는 것을 약속하는 행위로서 강학상 확약에 불과하고

47) 윤세창, 상, 216면; 김남진·김연태, Ⅰ, 318 : 정하중, 총론, 314면

행정처분이 아니므로, 우선순위 결정에 공정력이나 불가쟁력과 같은 효력은 인정되지 아니하며, 따라서 우선순위 결정이 잘못되었다는 이유로 종전의 어업면허처분이 취소되면 행정청의 종전의 우선순위 결정을 무시하고 다시 우선순위를 결정한 다음 새로운 우선순위 결정에 기하여 새로운 어업면허를 할 수 있다"고 판시(대판 1995.1.20. 94누6529)하여 확약의 행정행위성을 부인하고 있다. 다만 면허내인가에 대해서는 행정처분성을 인정하는 태도를 보이고 있다.[48]

3) 검토

확약은 행정기관이 국민에 대한 관계에 있어서 자기구속을 할 의도로 장래에 향하여 일정한 행정행위를 하거나 하지 않을 것을 약속하는 의사표시에 불과하므로 행정청의 우월적 의사에 기한 법적 규율로서의 행정행위가 아니라 대등한 당사자간의 법률행위서와 같이 단순한 행정청의 공법상의 의사표시로 보아야 할 것이다.

한편, 일정한 의사표시를 한 자의 자기책임의 원칙에 근거하여 인정되는 〈확약의 구속력〉은 그 확약을 한 행정청만을 구속하는 자기구속력임에 대하여, 권한 있는 법적 규율로서의 〈행정행위의 구속력〉은 모든 사회구성원 각자를 구속하는 힘으로서 처분청 자신과 관계행정청은 물론 상대방 및 이해관계있는 제3자도 구속하는 것이라는 점에서 그 내용을 달리한다.

(4) 사안의 경우

사안의 경우 어업권면허에 선행하는 우선순위결정은 행정청이 우선권자로 결정된 자의 신청이 있으면 어업권면허처분을 하겠다는 것을 약속하는 행위로서 강학상 확약에 불과하므로, 이는 취소소송의 대상이 되는 행정처분에 해당하지 아니한다.

3. 소결

丁이 제기한 우선순위결정의 취소를 구하는 소는 우선순위결정이 취소소송의 대상이 되는 행정처분에 해당하지 아니하므로, 더 나아가 나머지 소송요건에 대하여 살펴볼 필요 없이 부적법하다.

---

48) 즉, **신설 시외버스운송사업면허 내인가처분**으로 기존의 버스업자가 손해를 입는다 해도 이는 운행수익의 감소로 인한 것이어서 금전보상이 가능한 것이므로 행정소송법 제23조 제1항 소정의 "회복하기 어려운 손해"에 해당하지 아니하고, 위 처분이 증가하는 관광객에게 저렴한 운송수단을 제공함으로써 관광진흥에 도움을 준다는 공공복리의 목적을 지닌 것이어서 기존 버스업자가 다소 손해를 입게 된다 하더라도 그 효력을 정지할 급박한 사정이 있다고 보여지지 아니한다고 판시(대판 1991.5.6. 91두13)하였다. 한편 하급심 판결도 "**소정 서류를 첨부하여 운송시설확인신청을 하면 이를 확인하여 그 면허를 발급하여 준다는 내용으로 한 면허내인가**는…소정 요건을 갖추어 운송사업면허를 신청할 경우 특별한 사정이 없는 한 위 내인가의 내용에 구속되어 면허를 발급하여야 할 법적 의무를 지고 신청인으로서는 그에 대응하는 권리를 갖게 되므로 이는 행정소송의 대상이 되는 행정처분이라 할 것이다"고 판시(서울고법 1990.2.28. 89구1737)하였다.

Ⅲ. 설문 (2)의 해결

1. 문제의 소재

설문에서는 A시장이 甲 등에게 한 신어업권면허를 직권취소할 수 있는지, 직권취소를 할 수 있다 하더라도 그러한 취소권행사가 甲 등에 대한 신뢰보호원칙에 반하여 위법한지 문제된다.

2. 어업권면허의 법적 성질

수산업법 제2조 제8호에서 어업권이라 함은 면허를 받아 어업을 경영할 수 있는 권리를 말한다고 규정하고 있는바, 어업면허는 어업을 경영할 수 있는 권리를 설정해 주는 형성적 행위로서 특허에 해당하는 수익적 행정행위로서 그 처분의 요건이 법령에 일의적으로 규정하고 있지 아니하므로 재량행위이다.

3. 어업권면허의 직권취소

수산업법 제37조는 1호 소정의 "거짓이나 그 밖의 부정한 방법으로 어업면허를 받은 경우"에는 관할청은 그 면허를 취소하도록 규정하고 있다. 따라서 A시장은 甲 등이 허위 기타 부정한 방법에 의한 신청에 기해 제1순위자로 결정되었음에도 이들에게 어업권면허처분을 하였다면 이는 수산업법 제37조 소정의 취소사유에 해당하여 甲 등에게 한 신어업권면허를 직권취소하여야 한다.

4. 甲 등의 신뢰보호원칙의 주장가능성과 그 주장의 타당성

(1) 문제의 소재

甲 등은 A시장 자신들에게 한 신어업권면허에 대한 직권취소가 신뢰보호원칙에 반하여 위법하다는 주장할 수 있을 것이다. 이러한 甲 등의 주장이 타당한지를 규명하기 위해서는 신뢰보호원칙의 적용요건을 검토하여야 한다.

(2) 신뢰보호의 원칙 위배 여부

1) 의의 및 근거

신뢰보호의원칙이란 개인이 행정기관의 일정한 적극적·소극적 행위의 정당성 또는 존속성에 대하여 신뢰한 경우, 그 신뢰가 보호가치가 있는 한 그 신뢰를 보호해 주어야 한다는 원칙을 말한다. 신뢰보호원칙은 법치국가원리의 한 내용인 법적 안정성으로부터 도출된다.

2) 적용 요건

신뢰보호의 원칙이 적용되기 위해서는 i) 행정기관의 일정한 선행행위가 존재하고 ii) 이에 대하여 사인이 보호가치 있는 신뢰를 하여 iii) 그 신뢰에 따라 일정한 행위를 하였는데 iv) 선행조치에 반하는 행정처분을 함으로써 그 사인의 신뢰 이익이 침해되어야 한다.

다만, 선행조치에 반하는 행정처분이 신뢰보호원칙에 반하여 위법하다고 하기 위해서는 선행조치에 따른 행정처분을 할 경우 이로 인하여 공익 또는 제3자의 정당한 이익을 현저히 해할 우려가 있는 경우가 아니어야 한다.

판례도 "일반적으로 행정상의 법률관계에 있어서 행정청의 행위에 대하여 신뢰보호의원칙이 적용되기 위해서는, **첫째** 행정청이 개인에 대하여 신뢰의 대상이 되는 공적인 견해표명을 하여야 하고, **둘째** 행정청의 견해표명이 정당하다고 신뢰한 데에 대하여 그 개인에게 귀책사유가 없어야 하며, **셋째** 그 개인이 그 견해표명을 신뢰하고 이에 상응하는 어떠한 행위를 하였어야 하고, **넷째** 행정청이 그 견해표명에 반하는 처분을 함으로써 그 견해표명을 신뢰한 개인의 이익이 침해되는 결과가 초래되어야 하며, **마지막**으로 위 견해표명에 따른 행정처분을 할 경우 이로 인하여 공익 또는 제3자의 정당한 이익을 현저히 해할 우려가 있는 경우가 아니어야 한다."고 판시(대판 2005.7.8. 2005두3165)하여 이익형량을 신뢰보호의 소극적 적용요건으로서 판단하고 있다.

3) 설문의 경우

설문의 경우 A시장이 甲 등에게 신어업권면허처분을 하였더라도 그 처분은 그 상대방의 허위 기타 부정한 방법으로 인하여 행하여 졌는바, 처분의 상대방은 그와 같은 사유로 인하여 취소될 것임을 예상할 수 있었기 때문에 甲 등에게 보호가치 있는 신뢰가 있었다고 할 수 없어 甲 등은 신뢰보호원칙을 주장할 수 없다.

판례도 "수익적 행정행위의 하자가 당사자의 사실은폐나 사위의 방법에 의한 신청에 기인한 것이라면 그 취소가능성도 예상할 수 있다고 할 수 있으므로 그 자신이 신뢰이익을 원용할 수 없다"고 판시(대판 2002.2.5. 2001두5286 등)하고 있다.

5. 소결

결국 허위 기타 부정한 방법에 의한 신청에 의하여 제1순위자로 결정되어, 이를 전제로 甲 등에게 한 신어업권면허는 수산업법 제37조 소정의 취소사유에 해당하므로 A시장은 직권취소하여야 하고, 허위의 방법에 기인한 신청에 의하여 어업권면허를 받은 甲 등은 이러한 직권취소가 신뢰보호원칙에 위배되어 위법하다는 주장을 할 수 없다.

Ⅳ. 설문 (3)의 해결

1. 문제의 소재

우선순위결정이 강학상 확약에 해당한다 하더라도, 이러한 확약은 자기구속의 의사로써 행하는 것이므로 A시장이 스스로 한 우선순위결정을 무시하고 丁에게 어업권면허를 하는 것은 신의성실의 원칙에 반하여 위법한 것인지 문제된다.

2. A시장이 스스로 한 우선순위결정을 무시할 수 있는지 여부

(1) 확약의 구속력과 실효

행정청은 상대방에게 확약한 행위를 하여야 할 자기구속적 의무가 발생한다. 그러나 확약이 행해진 후에 불가항력이나 기타 사유로 확약의 내용을 이행할 수 없을 정도로 그 기초가 되었던 사실상태 또는 법률상태가 변경된 경우, 행정기관이 이러한 사정을 미리 알았더라면 그와 같은 확약을 하지 않았을 것이라고 인정되는 경우에는 확약은 행정청의 별다른 의사표시를 기다리지 않고 실효된다.

즉, 행정청이 국민에게 장래에 향하여 일정한 행정행위를 하거나 하지 않을 것을 약속하는 의사표시인 행정상 확약의 경우 행정기관은 그 내용에 구속되나, 이러한 확약의 구속력은 — 법적 안정성의 관점에서 행정청의 우월적 의사에 기한 법적 규율로서 사회구성원 각자에게 인정되는 행정행위의 구속력 및 그 행정행위를 신뢰하고 행동한 상대방을 보호하는 신뢰보호의 원칙에 근거한 것이 아니라 — 법적 정의의 관점에서 인정되는 행정청의 의사표시행위 자체의 자기구속력 및 그 법률행위의 정당한 신뢰자인 상대방을 보호하는 신의성실의 원칙에 근거하여 인정되는 것이므로, 공익실현을 목적으로 하는 공법관계에 있어서는 확약 후에 법률상태 또는 사실상태가 변경되어 중대한 공익상 필요가 발생한 경우, 즉 공익실현을 목적으로 하는 강행법규에 반하게 된 경우에는 강행법규위반은 위법·무효이고, 행정행위가 아닌 행정청의 다른 행정작용에는 공정력이 발생하지 않으므로 그러한 확약 또는 공적인 의사표명은 행정청의 별 다른 의사표시 없이 실효된다.

판례도 "행정청이 상대방에게 장차 어떠한 처분을 하겠다고 확약 또는 공적인 의사표명을 하였다고 하더라도, 그 차제에서 상대방으로 하여금 언제까지 처분의 발령을 신청하도록 유효기간을 두었는데도 그 기간 내에 상대방의 신청이 없었다거나 확약 또는 공적인 의사표명이 있은 후에 사실적·법률적 상태가 변경되었다면, 그와 같은 확약 또는 공적인 의사표명은 행정청의 별다른 의사표시를 기다리지 않고 실효된다."고 판시(대판 1996.8.20. 95누10877 등 참조)하고 있다.

(2) 사안의 경우

살피건대 甲 등은 허위 기타 부정한 방법을 사용하여 제1순위자로 결정되었는바, A시장이 이러한 사정을 미리 알았더라면 그와 같은 우선순위결정을 하지 않았을 것이라고 인정되므로 우선순위결정은 행정청의 별 다른 의사표시를 기다리지 않고 실효된다. 따라서 사안의 경우 A시장은 우선순위결정을 무시할 수 있다.

3. 확약의 구속력과 신의성실의 원칙 위배 여부

(1) 확약의 구속력과 신의성실의 원칙

행정청은 상대방에게 확약한 행위를 하여야 할 자기구속적 의무가 발생한다. 다만 확약은 행정행위가 아니라 단순한 행정청의 공법상의 의사표시에 불과하므로 이러한 확약의 구속력은 행정청의 우월적 의사에 기한 행정행위의 구속력과는 그 내용을 달리한다. 즉, 일정한 의사표시를 한 자의 자기책임의 원칙에 근거하여 인정되는 〈확약의 구속력〉은 그 확약을 한 행정청만을 구속하는 자기구속력으로서 그에 반하는 행위에 대하여 그 의사표시를 신뢰하여 행동한 상대방은 신의성실의 원칙을 주장할 수 있음에 대하여, 권한 있는 기관의 법적 규율로서의 〈행정행위의 구속력〉은 모든 사회구성원 각자, 즉 처분청 자신과 관계행정청은 물론 상대방 및 이해관계있는 제3자도 구속하는 것으로서 그에 반하는 행위에 대하여 그 행정행위를 신뢰하여 행동한 상대방 및 이해관계인은 신뢰보호원칙을 주장할 수 있다는 점에서 그 강도와 적용범위를 달리한다.

다만, 대등한 당사자의 의사표시를 구성요소로 하는 법률관계에서 일반적으로 인정되는 신의성실의 원칙이 법치행정의 원리가 지배하는 공법관계에 적용되기 위해서는 합법성의 원칙을 희생하여서라도 처분의 상대방의 신뢰를 보호함이 정의관념에 부합하는 것으로 인정되는 특별한 사정이 있는 경우, 즉 사회적 정의로서의 공익실현보다 개인적 정의로서의 사익보호필요성이 더 큰 경우에 한하여 예외적으로 적용된다.

(2) 신의성실의 원칙 위배 여부

1) 문제점

사안의 경우 甲 등은 A시장이 스스로 한 우선순위결정과 다르게 丁에게 어업권면허를 하는 것은 신의성실의 원칙에 반하여 위법하다는 주장을 할 수 있을 것인바, 이러한 주장이 타당한지 문제된다.

2) 신의성실의 원칙

가. 개념

신의성실의 원칙이란 법률관계의 당사자는 상대방의 이익을 배려하여 형평에 어긋나거나 신뢰를 저버리는 내용 또는 방법으로 권리를 행사하거나 의무를 이행하여서는 아니 된다는 추상적 규범을 말한다.

나. 근거

행정절차법 제4조 제1항은 "행정청은 직무를 수행함에 있어서 신의에 따라 성실하게 하여야 한다."고 규정하고 있다.

3) 신의성실의 원칙의 적용 요건

신의성실의 원칙이 적용되기 위해서는 ⅰ) 상대방에게 신의를 주었거나 객관적으로 보아 상대방이 그러한 신의를 가짐이 정당한 상태에 이르러야 하고, ⅱ) 이와 같은 상대방의 신의에 반하여 권리를 행사하는 것이 정의관념에 비추어 용인될 수 없는 정도의 상태에 이르러야 하며, ⅲ) 일반 행정법률관계에서 관청의 행위에 대하여 신의칙이 적용되기 위해서는 합법성의 원칙을 희생하여서라도 처분의 상대방의 신뢰를 보호함이 정의관념에 부합하는 것으로 인정되는 특별한 사정이 있는 경우이어야 한다.

판례도 "신의성실의 원칙은 법률관계의 당사자는 상대방의 이익을 배려하여 형평에 어긋나거나 신뢰를 저버리는 내용 또는 방법으로 권리를 행사하거나 의무를 이행하여서는 아니 된다는 추상적 규범을 말하는 것으로서, 신의성실의 원칙에 위배된다는 이유로 그 권리의 행사를 부정하기 위해서는 상대방에게 신의를 주었거나 객관적으로 보아 상대방이 그러한 신의를 가짐이 정당한 상태에 이르러야 하고, 이와 같은 상대방의 신의에 반하여 권리를 행사하는 것이 정의관념에 비추어 용인될 수 없는 정도의 상태에 이르러야 하고, 〈일반 행정법률관계에서 관청의 행위에 대하여 신의칙이 적용되기 위해서는〉 합법성의 원칙을 희생하여서라도 처분의 상대방의 신뢰를 보호함이 정의관념에 부합하는 것으로 인정되는 특별한 사정이 있는 경우에 한하여 예외적으로 적용된다"고 판시(대판 2004.7.22. 2002두11233)하고 있다.

(3) 사안의 경우

살피건대 甲 등은 허위 기타 부정한 방법을 사용하여 제1순위자로 결정되었다는 점에서 객관적으로 보아 상대방이 그러한 신의를 가짐이 정당한 상태에 이르렀다고 볼 수 없으므로, 더 살펴볼 필요 없이 A시장이 우선순위결정에 반하여 제2순위자인 丁에게 신어업권면허처분을 하는 것을 신의성실의 원칙에 반한다고 볼 수 없다.

4. 소결

결국 甲 등은 허위 기타 부정한 방법을 사용하여 제1순위자로 결정되었는바, A시장이 이러한 사정을 미리 알았더라면 그와 같은 우선순위결정을 하지 않았을 것이므로 우선순위결정은 행정청의 별 다른 의사표시를 기다리지 않고 실효되고, 나아가 객관적으로 보아 우선순위결정의 상대방인 甲 등이 우선순위결정에 대하여 신의를 가짐이 정당한 상태에 이르렀다고 할 수 없으므로 우선순위결정과 다르게 제2순위자인 丁에게 신어업권면허처분을 하는 것을 신의성실의 원칙에 반한다고 볼 수도 없다. 따라서 A시장이 우선순위결정을 무시하고 제2순위자인 丁에게 한 신어업권면허처분이 위법하다는 甲 등의 주장은 타당하지 못하다.

V. 사안의 해결

설문 (1)의 경우 어업권면허에 선행하는 우선순위결정은 강학상 확약에 불과하여 취소소송의 대상이 되는 행정처분에 해당하지 아니하므로, 더 나아가 나머지 소송요건에 대하여 살펴볼 필요 없이 丁이 제기한 사안의 우선순위결정의 취소를 구하는 소는 부적법하다.

설문 (2)에서는 허위 기타 부정한 방법에 의한 신청에 의하여 제1순위자로 결정되어, 이를 전제로 甲 등에게 한 신어업권면허는 수산업법 제37조 소정의 취소사유에 해당하므로 A시장은 직권취소하여야 하고, 허위의 방법에 기인한 신청에 의하여 어업권면허를 받은 甲 등은 이러한 직권취소가 신뢰보호원칙에 위배되어 위법하다는 주장을 할 수 없다.

설문 (3)에서 甲 등은 허위 기타 부정한 방법을 사용하여 제1순위자로 결정되었다면 우선순위결정은 행정청의 별 다른 의사표시를 기다리지 않고 실효되고, 우선순위결정과 다르게 제2순위자인 丁에게 신어업권면허처분을 하는 것을 신의성실의 원칙에 반한다고 볼 수도 없다. 따라서 A시장이 우선순위결정을 무시하고 제2순위자인 丁에게 한 신어업권면허처분이 위법하다는 甲 등의 주장은 타당하지 못하다.

〈사례연습 5〉 항고소송에서 공사중지명령해제요구권과 조리상 신청권의 위상

지방자치단체장 甲은 공장시설을 신축하는 회사 乙에 대하여 사업승인 내지 건축허가 당시 부가하였던 조건에 따른 이행을 하고 이를 증명하는 서류를 제출할 때까지 신축공사를 중지하라는 공사중지명령을 내렸다. 한편 위 공사중지명령 이후에 乙은 공사중지명령에서 지적하고 있는 사항들을 이행하고 미흡한 부분들을 보완하는 등의 조치를 한 결과 위 공사중지명령의 사유 중 중요한 상당 부분이 소멸하였다. 다음 설문에 대하여 논하시오.

(1) 乙은 甲에게 공사중지명령의 해제를 요구하였으나 거부하자 공사중지명령해제 거부처분취소를 구하는 소를 제기하였다. 이 소는 적법한가? (15점)

(2) 乙이 공사중지명령이 위법하다는 것을 이유로 하여 甲을 상대로 제기한 그 취소소송에서 원고패소판결이 선고·확정되었다. 이 경우 乙에게 공사중지명령의 해제를 요구할 권리가 인정될 수 있는가? (10점)

(3) 乙은 甲을 상대로 공사중지명령처분취소를 구하는 소를 제기하였다. 이에 수소법원은 "피고(甲)가 내린 공사중지명령은 그 사유 중 중요한 상당 부분이 소멸되었으며 불이행된 부분 역시 적은 비용으로 쉽게 보완이 가능한데 비하여, 원고(乙)는 이 사건 공사중지명령으로 인한 공장신축 지연 등으로 이미 상당한 손해를 입었을 뿐만 아니라 앞으로도 막대한 손해를 입을 것으로 예상되는 사정 등을 주된 이유로 하여, 이 사건 공사중지명령은 비례의 원칙에 반하여 재량권을 일탈·남용한 것으로서 위법하다"고 판단하였다. 이러한 법원의 판단에 대해서 논평하시오. (15점)

(4) 이 사안에 대한 공사중지명령해제 거부처분취소소송에서 법원이 "乙은 공사중지명령에서 지적하고 있는 사항들을 이행하고 미흡한 부분들을 보완하는 등의 조치를 한 결과 위 공사중지명령의 사유 중 중요한 상당 부분이 소멸하였음에도 불구하고 甲이 乙의 공사중지명령해제요구를 거부한 것은 재량권을 일탈·남용한 것으로 위법하다"고 판단하자, 법학전문대학원생 丙은 "乙에게 조리상의 공사중지명령해제요구권이 인정된다면 이를 근거로 하여 피고의 공사중지명령해제의무를 논증하면 되므로 굳이 그에 대한 결정을 재량사항으로 보고 다시 재량권의 일탈·남용 여부를 판단하는 우회적 과정을 거칠 필요가 없다"고 주장한다. 이러한 丙의 주장에 대해서 논평하시오. (10점)

[관련논점]

— 조리상 권리로서 공사중지명령해제요구권

— 위법판단의 기준시

— 항고소송에서 조리상 신청권의 위상

[답안구성]

Ⅰ. 논점의 정리
Ⅱ. 설문 (1)의 해결
1. 거부처분취소소송의 적법요건
2. 대상적격
(1) 대상적격의 의의
(2) 국민의 처분의 신청에 대한 행정청의 거부행위가 취소소송의 대상이 되는 처분이 되기 위한 요건
1) 문제점
2) 판례의 태도
3) 학설
4) 검토
(3) 중간결론
3. 원고적격
(1) 원고적격의 의의
(2) 원고적격의 인정요건

Ⅰ. 논점의 정리

설문 (1)의 경우 소의 적법성과 관련하여 특히 국민의 신청에 대하여 한 행정청의 거부행위가 취소소송의 대상이 되기 위하여 국민이 그 신청에 따른 행정행위를 하여 줄 것을 요구할 수 있는 법규상 또는 조리상의 권리가 있어야 하는지, 사안의 경우 조리상 신청권이 있다고 할 수 있는지가 문제된다.

설문 (2)에서는 乙이 공사중지명령이 위법하다는 것을 이유로 하여 제기한 취소소송에서 원고패소판결이 선고·확정된 경우에도 乙에게 공사중지명령의 해제를 요구할 권리가 인정될 수 있는지를 검토하여야 한다.

설문 (3)의 경우 수소법원은 이 사안 공사중지명령이 비례의 원칙에 반하여 재량권을 일탈·남용한 것으로서 위법하다고 판단함에 있어서 그 주된 이유로 공익과 사익을 비교형량하면서 공익관련 부분에서 "그 공사중지명령의 사유 중 중요한 상당 부분이 소멸되었으며 불이행된 부분 역시 적은 비용으로 쉽게 보완이 가능한데 비하여"라고 판시하고 있는바, 이러한 판단이 타당한지가 위법판단의 기준시와 관련하여 문제되므로 이를 살펴보아 법원 판단의 당부를 평가해야 한다.

설문(4)에서는 거부처분취소소송과 같은 항고소송에서 조리상 신청권으로서의 공사중지명령해제요구권의 존부가 소송의 요건판단사항인지 본안판단사항인지를 규명하여 丙의 주장의 타당성 여부를 검토하여야 한다.

Ⅱ. 설문 (1)의 해결

1. 거부처분취소소송의 적법요건

거부처분취소소송이 적법하기 위해서는 i) 대상적격(행정소송법, 이하 '법'이라 한다. 제2조, 제19조, 제1조)과 원고적격(법 제12조)이 있어야 하고, ii) 피고적격(법 제13조), iii) 제소기간(법 제20조), iv) 관할(법 제9조) 등의 요건을 갖추어야 한다.

사안의 경우에는 피고적격이나 제소기간 등 ii) 이하의 요건은 특별히 문제되지 않는다. 문제는 본안판결을 받을 법률상 이익으로서 대상적격과 원고적격이 있는지 여부이므로 이에 대하여 살펴보기로 한다.

2. 대상적격

(1) 대상적격의 의의

무릇 소송이란 구체적 사건에서 법률상 분쟁을 법에 의하여 해결함으로서 법적 안정을 기하자는 것이므로 항고소송에 있어 소의 대상적격이 존재하여야 한다는 것은 행정청의 공법상 행위인 "처분이나 부작위(행정소송법 제2조)"가 국민의 권리의무에 직접 영향을 미쳐서 "위법한 처분이나 부작위(행정소송법 제1조 전단)"라고 주장할 수 있어야 한다는 것을 말하며, 이는 소송본질상 요구되어지는 것이다.

(2) 국민의 처분의 신청에 대한 행정청의 거부행위가 취소소송의 대상이 되는 처분이 되기 위한 요건

1) 문제점

그런데 국민의 처분의 신청에 대한 행정청의 거부행위가 항고소송의 대상이 되는 처분이 되기 위한 요건으로서 당사자에게 법규상·조리상 신청권이 있어야 하는지가 문제된다.

2) 판례의 태도

대법원의 확립된 판례에 의하면, 처분의 신청에 대한 행정청의 거부행위가 항고소송의 대상이 되는 처분이 되기 위해서는 i) 국민이 행정청에 대하여 그 신청에 따른 처분(공권력의 행사 또는 이에 준하는 행정작용)을 하여 줄 것을 요구할 수 있는 법규상 또는 조리상의 신청권이 있고, ii) 행정청의 공법상 행위는 국민의 권리의무에 직접 관계있는 행위일 것을 요구한다(대판 1990.9.28. 89누8101 등 참조). 이에 대하여는 헌법재판소도 같은 입장이다(헌재 1998.5.16. 98헌가121 참조). 한편 "거부처분의 처분성을 인정하기 위한 전제요건이 되는 신청권의 존부는 구체적 사건에서 신청인이 누구인가를 고려하지 않고 관계법규의 해석에 의하여 일반국민에게 그러한 신청권을 인정하고 있는가를 살펴 추상적으로 결정되는 것이다"고 판시(대판 1996.6.11. 95누12460 등 참조)하고 있다.

3) 학설

학설은 판례가 요구하는 법규상·조리상 신청권에 대하여, 이를 ⅰ) 법문상 신청에 대하여 행정청은 일정한 처분을 하여야 할 의무가 발생하여야 한다는 점에서 신청은 신청권이 있어야 한다고 하거나,[49] 대법원은 신청권의 존부를 구체적 사건에서 신청인이 누구인가를 고려하지 않고 추상적으로 판단함을 이유로 이를 형식적 신청권으로 보아[50] **대상적격의 문제로 보는 견해**, ⅱ) 소송요건으로서 부작위의 존재를 인정하기 위해서는 단순히 원고의 신청이 있었고 원고가 주장하는 바와 같은 처분이 행해지지 않았다는 것만으로 족하며, 신청권 또는 처분의무의 존재 여부는 **본안에서 판단하여야 한다는 견해**,[51] ⅲ) 행정소송법에 부작위의 개념에 신청권의 존부에 관해 언급하는 바가 없는데도 신청권의 존부를 부작위의 개념요소로 보는 것은 사인의 권리보호확대이념에 반함을 이유로 **원고적격의 문제로 보는 견해**[52] 등이 대립하고 있다.

4) 검토

살피건대 "행정소송의 대상이 되는 처분이나 부작위"(대상적격)가 되려면 단순한 행정청의 "처분이나 부작위"(행정소송법 제2조 제1항)가 있다는 것만으로는 부족하고 "위법한 처분 등이나 부작위"(행정소송법 제1조 전단 참조)라고 주장할 수 있어야 한다는 점에서 판례의 태도가 타당하다. 이는, 무릇 소송이란 구체적 사건에서 법률상 분쟁을 법에 의하여 해결함으로써 법적 안정을 기하자는 것이므로 "행정청의 구체적 사실에 대한 법집행으로서 공권력의 행사 그 거부 등"이 있다 하더라도 그것이 위법하다고 주장할 수조차 없는 처분(예컨대 부당한 처분)이라면—행정심판을 청구할 수 있음은 별론으로 하고—소송요건을 결하여 각하하여야 한다는 소송본질상의 문제이다.

(3) 중간결론

따라서 국민의 신청에 대하여 한 행정청의 거부행위가 취소소송의 대상이 되기 위하여는 국민이 그 신청에 따른 행정행위를 하여 줄 것을 요구할 수 있는 법규상 또는 조리상의 권리가 있어야 할 것인데, 사안에서는 참조조문이 주어지지 않아 법규상 이러한 신청권이 있는지 여부를 판단할 수는 없다. 그러나 甲이 공장시설을 신축하는 회사 乙에 대하여 사

---

49) 김동희, 박균성
50) 김남진·김연태, 행정법Ⅰ, 685면
51) 홍준형, 행정구제법, 544면; 이상규
52) 류지태, 홍정선, 특강, 6판, 628면

업승인 내지 건축허가 당시 부가하였던 조건에 따른 이행을 하고 이를 증명하는 서류를 제출할 때까지 신축공사를 중지하라는 공사중지명령에 있어서는 그 명령의 내용 자체로 또는 그 성질상으로 명령 이후에 그 원인사유가 해소되는 경우에는 잠정적으로 내린 당해 공사중지명령의 해제를 요구할 수 있는 권리를 위 명령의 상대방에게 인정하고 있다고 할 것이므로, 乙에게는 조리상으로 그 해제를 요구할 수 있는 권리가 인정된다고 할 것이고, 이러한 조리상 신청권 있는 乙의 공사중지명령해제요구에도 불구하고 이를 거부하는 행위는 乙의 권리를 침해할 수 있어 위법한 거부처분이라고 주장할 수 있으므로 소의 대상적격이 인정된다(대판 2007.5.11. 2007두1811; 대판 1997.12.26. 96누17745 참조).

3. 원고적격

(1) 원고적격의 의의

원고적격이라 함은 공익실현이라는 행정목적의 능률적 수행을 위하여 하자있는 행정행위에 인정되는 공정력을 깨뜨리는 특수한 절차인 항고소송을 제기하여 본안판결을 받을 수 있는 자격을 말하는바, 행정소송법이 이를 요구하는 것은 공익실현이라는 사회적 정의와 국민의 권리구제라는 개인적 정의를 조화하고 실현하기 위한 것이라고 할 수 있다.

(2) 원고적격의 인정요건

취소소송의 원고적격이 인정되기 위해서는 행정소송법 제12조 소정의 "처분등의 취소를 구할 법률상 이익", 즉 처분등으로 인하여 법률상 보호되는 개별적·직접적·구체적 이익(원고적격으로서의 법률상 이익)에 대한 중대한 침해 또는 침해우려가 있어 소송을 통해 그러한 불이익을 제거할 현실적 필요성이 있어야 한다(불문의 소송요건으로서 권리보호필요성).

(3) 원고적격의 판단기준으로서 보호규범(규율로서의 원고적격)

이 경우 법률상 보호이익의 존부를 판단함에 있어서 우선 당해 처분의 근거법규 또는 관련 법규의 명문에 의하여 보호되는 이익이 있는지를 확인하여야 하고, 그것이 불분명한 경우에는 개별적·직접적·구체적 이익을 보호하는 취지가 포함되어 있는지 여부를 목적론적 관점에서 합리적으로 해석하여야 하며, 국민의 기본권에 대한 직접적이고 중대한 침해가 있음에도 불구하고 법률상의 보호규정이 없는 경우에는 입법재량의 영(0)으로의 수축이론에 의해 직접 헌법상의 기본권규정이 그 보호규범이 될 수도 있다. 판례도 이와 같다.

대법원은 "당해 처분의 근거법규 및 관련법규에 의하여 보호되는 법률상 이익이라 함은 ① **당해 처분의 근거법규**(근거법규가 다른 법규를 인용함으로 인하여 근거법규가 된 경우를 포함한다)의 명문의 규정에 의하여 보호받는 법률상 이익, 당해 처분의 근거법규에 의하여 보호되지 아니하나 당해 처분의 행정목적을 달성하기 위한 일련의 단계적인 **관련처분들의 근거법규에 의하여 명시적으로 보호받는 법률**

상 이익. ② 당해 처분의 근거법규 또는 관련법규에서 명시적으로 당해 이익을 보호하는 명문의 규정이 없더라도 **근거법규 및 관련법규의 합리적 해석상 그 법규에서 행정청을 제약하는 이유가 순수한 공익의 보호만이 아닌 개별적 · 직접적 · 구체적 이익을 보호하는 취지가 포함되어 있다고 해석되는 경우까지를 말한다."고 판시**(대판 2004.8.16. 2003두2175)**하고 있으며. ③ 나아가 헌법상의 직업선택의 자유나 경쟁의 자유를 보호규범으로 판시하기도 한다.** 즉. 대법원은 "금융기관의 임원에 대한 금융감독원장의 문책경고는 그 상대방에 대한 직업선택의 자유를 직접 제한하는 효과를 발생하게 하는 등 상대방의 권리 · 의무에 직접 영향을 미치는 행위로서 항고소송의 대상이 되는 행정처분에 해당한다"고 하였고(대판 2005.2.17. 2003두14765), 우리 헌법재판소도 "행정처분의 직접 상대방이 아닌 제3자라도 당해 처분의 취소를 구할 법률상 이익이 있는 경우에는 행정소송을 제기할 수 있다. 이 사건에서 보건대. 설사 국세청장의 지정행위의 근거규범인 이 사건 조항들이 단지 공익만을 추구할 뿐 청구인 개인의 이익을 보호하는 것이 아니라는 이유로 청구인에게 취소소송을 제기할 법률상 이익을 부정한다 하더라도. 청구인의 기본권인 경쟁의 자유가 바로 행정청의 지정행위의 취소를 구할 법률상 이익이 된다 할 것이다"고 판시(헌재 1998.4.30. 97헌마141)하고 있다.

(4) 중간결론

사안의 경우 원고적격으로서의 법률상 이익이 있는지를 판단함에 있어서는 참조조문이 주어지지 아니하였으므로 처분의 근거법규나 관련법규의 명문해석이나 목적론적 해석을 통해 그 존부를 판단할 수는 없다 하더라도, 당초 甲이 공익상 요구했던 공장시설을 신축할 수 있는 요건을 갖추게 되었음에도 불구하고 공사중지명령해제요구에 대한 거부행위로 인하여 乙의 헌법상의 구체적 기본권이 재산권 내지 영업의 자유에 대한 침해가 현실적으로 초래되고 있다고 할 것이므로 乙에게는 공사중지명령해제거부처분의 취소를 구할 법률상 이익, 즉 원고적격이 있다고 할 것이다.

4. 소결

공사중지명령에 있어서는 그 명령의 내용 자체로 또는 그 성질상으로 명령 이후에 그 원인사유가 해소되는 경우에는 조리상으로 그 해제를 요구할 수 있는 권리가 인정된다고 할 것이므로 공사중지명령해제요구를 거부하는 행위는 "위법한 거부처분"이라고 주장할 수 있어 소의 대상적격이 인정되고, 나아가 이러한 행정청의 위법한 거부처분으로 인하여 乙의 재산권 내지 영업의 자유가 현실적으로 침해되고 있다고 할 것이므로 乙에게는 공사중지명령해제거부처분의 취소를 구할 법률상 이익(원고적격)이 있으며, 기타 소송요건은 문제되지 아니하므로 결국 乙이 제기한 소는 적법하다.

Ⅲ. 설문 (2)의 해결

1. 乙에게 공사중지명령의 해제를 요구할 권리가 있는지 여부

설문 (1)에서 살펴본 바와 같이 甲이 공장시설을 신축하는 회사 乙에 대하여 사업승인 내지 건축허가 당시 부가하였던 조건에 따른 이행을 하고 이를 증명하는 서류를 제출할 때까지 신축공사를 중지하라는 공사중지명령에 있어서는 그 명령의 내용 자체로 또는 그 성질상으로 명령 이후에 그 원인사유가 해소되는 경우에는 잠정적으로 내린 당해 공사중지명령의 해제를 요구할 수 있는 권리를 위 명령의 상대방에게 인정하고 있다고 할 것이므로, 乙에게는 조리상으로 그 해제를 요구할 수 있는 권리가 인정된다.

2. 공사중지명령취소소송의 확정판결과 공사중지명령해제요구권의 관계

한편 乙이 이 사안 공사중지명령이 위법하다는 것을 이유로 하여 甲을 상대로 제기한 그 취소소송에서 원고패소 판결이 선고·확정되었다고 하더라도, 그것이 위 명령 이후에 그 원인사유가 해소되었다는 점에 근거하여 인정되는 공사중지명령의 해제를 요구할 수 있는 권리에 어떠한 영향을 미친다고 할 수 없다. 즉, 조리상 인정되는 공사중지명령해제요구권은 공사중지명령 이후에 공사중지명령의 원인사유가 해소되어 乙이 甲에게 공사중지명령의 해제를 요구했음에도 불구하고 甲이 거부처분을 하는 경우에 그러한 甲의 거부처분이 취소소송의 대상이 되기 위한 전제요건으로서 요구되는 것이므로 그 원인이 전혀 다른 공사중지명령취소소송의 결론이 공사중지명령해제요구권의 인정 여부에 어떠한 영향을 미친다고 할 수 없다.

3. 소결

따라서 乙이 이 사안 공사중지명령이 위법하다는 것을 이유로 하여 甲을 상대로 제기한 그 취소소송에서 원고패소 판결이 선고·확정되었다고 하더라도 그와 관계없이 乙에게 공사중지명령의 해제를 요구할 권리가 인정된다.

Ⅳ. 설문 (3)의 해결

1. 문제의 소재

설문의 경우 수소법원은 이 사안 공사중지명령이 비례의 원칙에 반하여 재량권을 일탈·남용한 것으로서 위법하다고 판단함에 있어서 그 주된 이유로 공익과 사익을 비교형량하면서 공익관련 부분에서 "그 공사중지명령의 사유 중 중요한 상당 부분이 소멸되었으며 불이행된 부분 역시 적은 비용으로 쉽게 보완이 가능한데 비하여"라고 판시하고 있는바, 이러한 판단이 타당한지가 위법판단의 기준시와 관련하여 문제되므로 이를 살펴보아 법원 판단의 당부를 평가해야 한다.

2. 행정처분의 위법판단의 기준시

(1) 문제점

행정처분의 위법 여부를 판단함에 있어 행정처분이 행해진 후에 당해 행정처분의 근거가 된 법령이 개폐되었거나 법령상의 요건인 사실상태에 변동이 있는 경우에는 어느 때를 기준으로 판단하여야 하는가가 문제된다.

(2) 학설

1) 처분시설(통설)

취소소송은 행정청의 1차적 판단권 존중 취지에서 행정처분을 사후심사하는 것이고, 판결시설에 의하면 법원이 행정감독적 기능을 하게 되어 권력분립주의에 반하게 되므로 처분시의 법령 및 사실상태를 기준으로 판단하여야 한다고 한다.

2) 판결시설

취소소송은 행정청의 1차적 판단을 매개로 하여 생긴 현재의 위법상태의 배제에 있다고 보아, 당해 처분 등이 현행법규에 비추어 유지될 수 있는지 여부를 판단·선언함을 목적으로 한다는 것을 이유로 판결시의 법령과 사실상태를 기준으로 하여야 한다고 한다.

(3) 판례

대법원은 "항고소송에 있어서 행정처분의 위법 여부를 판단하는 기준시점에 대하여 판결시가 아니라 처분시라고 하는 의미는 행정처분이 있을 때의 법령과 사실상태를 기준으로 하여 위법 여부를 판단할 것이며 처분 후의 법령의 개폐나 사실상태의 변동에 영향을 받지 않는다는 뜻이고"라고 판시(대판 1993.5.27. 92누19033)하여 처분시설의 입장에 있다.

(4) 검토

살피건대 판결시설에 의하면 처분시에는 위법한 행위가 후에 법령의 개폐로 적법하게 될 수 있어 법치행정에 반할뿐 아니라 반대로 행위시에 적법한 행위가 후에 위법한 행위로 될 수 있어 불합리하고, 또한 판결의 지연 등에 따라 불평등한 결과를 초래할 수 있는 점에 비추어 볼 때 타당하지 못하다. 법원의 기능은 권력분립원칙에 따라 행정청의 1차적 판단권을 존중하여 처분행위시에 처분의 근거법령에의 위반 여부를 객관적 사후심사하는 것이라고 보아야 하므로 처분시설이 타당하다.

3. 사안의 검토

행정소송에서 행정처분의 위법 여부는 행정처분이 있을 때의 법령과 사실상태를 기준으로 하여 판단하여야 하고, 처분 후 법령의 개폐나 사실상태의 변동에 의하여 영향을 받지는 않는다.

그런데 수소법원이 인정한 그 판시 사실 자체에 비추어 보더라도, 이 사안 공사중지명령의 사유 중 중요한 상당 부분은, 이 사안 공사중지명령 당시에 부존재하였거나 이미 소멸한 상태였던 것이 아니라, 이 사안 공자중지명령 이후에 乙이 이 사안 공사중지명령에서 지적하고 있는 사항들을 이행하고 미흡한 부분들을 보완하는 등의 조치를 한 결과 사후적으로 소멸한 것임을 알 수 있다.

앞서 본 바와 같은 법리에 비추어 살펴볼 때, 이 사안 공사중지명령 이후에 이 사안 공사중지명령의 사유 중 중요한 상당 부분이 소멸하였다면 乙이 이를 이유로 甲에 대하여 이 사안 공사중지명령에 의한 공사중지명령의 해제를 요구하고 甲이 이를 거부할 경우 그 거부처분에 대하여 취소를 청구할 수 있음은 별론으로 하고 이 사안 공사중지명령처분은 그 처분 당시의 법령과 사실상태를 기준으로 판단할 때 적법하다고 할 것이고, 이 사안 공사중지명령 이후의 수소법원이 인정하고 있는 바와 같은 사실상태의 변동으로 인하여 공사중지명령 당시 적법하였던 이 사안 공사중지명령이 다시 위법하게 되는 것은 아니라고 할 것이다.

4. 소결

그럼에도 불구하고 이 사안 공사중지명령 이후의 사실상태의 변동을 주된 이유로 삼아 이 사안 공사중지명령처분이 재량권을 일탈·남용한 것으로서 위법하다고 판단한 수소법원의 판단에는 행정처분의 위법 여부 판단의 기준시점에 관한 법리를 오해한 잘못이 있다고 할 것이다(대판 2007.5.11. 2007두1811 참조).

V. 설문 (4)의 해결

1. 문제점

丙의 주장에 대하여 논평하기 위해서는 거부처분취소소송에서 행정청에게 일정한 처분을 요구한 신청인의 권리 내지 그에 대응한 행정청의 행위의무의 존부에 대한 판단이 요건판단사항인지 본안판단사항인지를 규명하여야 하는바, 이는 항고소송의 본질과 관련된 문제이기도 하다.

2. 판례

판례는 공사중지해제거부처분취소사건에서 원고에게 조리상의 공사중지해제요구권을 인정하고, 본안에서 "피고는 원고에 대하여 "이 사건 신축공사와 관련 인근 청암빌라트 건물에 공사로 인한 피해를 주지 않는 공법 선정을 하고 그에 대해 안전하다는 전문가의 검토의견서 제출시까지 위 신축공사를 중지하라."는 처분(이하 '이 사건 공사중지명령'이라 한다)을 하였고, 그 이후 원고는 이 사건 공사중지명령에서 지적한 대로 이 사건 공사로 청암빌라트 건물에 피해를 주지 않는 공법을 선정하고 그에 대해 안전하다는 전문가의 검토의견서를 제출하였다고 할 것임에도 불구하고, 피고가 원고의 이 사건 공사중지명령의 해제요구를 거부한 것(이하 이 사건 '거부처분'이라 한다)은 재량권을 일탈한 것으로 위법하다고 판단하였다(대판 1997.12.26. 96누17745 참조).

3. 학설

공사중지해제요구권이 인정되는 경우 판례는 원고의 공사중지해제요구에 대한 피고의 거부처분에 대하여 재량권을 일탈·남용한 것으로 위법하다고 판시하고 있는데, 원고에게 조리상의 공사중지해제요구권이 인정된다면 이를 근거로 하여 피고의 공사중지명령해제의무를 논증하면 되므로 굳이 그에 대한 결정을 재량사항으로 보고 다시 재량권의 일탈·남용 여부를 판단하는 우회적 과정을 거칠 필요가 없다는 비판이 있다.[53] 그리하여 이러한 견해들은 본안에서 처분의무유무를 심리하기 위하여는 원고가 처분을 구할 실체법상 청구권을 갖고 있는지를 심리할 수밖에 없다고 하면서 결국 처분의무유무 및 이에 대응한 원고의 처분을 구할 실체법상 청구권유무가 본안심리의 내용을 이루게 된다고 주장한다.[54]

4. 검토

살피건대 판례가 사안에서 공사중지명령의 상대방에게 조리상의 권리로서 공사중지명령해제요구권이나 그에 대응되는 행정청청의 공사중지명령해제의무의 존부를 논하는 이유는 항고소송에 있어서 행정청의 거부행위나 부작위가 항고소송의 대상이 되는 처분, 즉 위법하다고 주장할 수 있는 거부처분이나 부작위(대상적격)가 되기 위한 전제요건으로서 요구되

53) 홍준형, 판례행정법, 430면
54) 김연태, 사례연습, 제4판, 홍문사, 29면 이하

는 것이지, 마치 민사소송이나 당사자소송에서처럼 본안문제로서 당사자의 권리·의무의 존부를 논하는 것이 아니다. 즉, 하자있는 행정행위라도 잠정적으로 사실상 그 적법성을 추정하여 유효하게 통용시키는 효력인 공정력을 깨뜨리는 특수한 절차로서의 항고소송의 본안에서는—당사자의 권리·의무의 존부를 공권적으로 판단하는 것이 아니라—행정처분이나 부작위의 위법성, 즉 사안의 경우와 같이 조건을 붙일 수 있는 재량행위인 행정처분이나 부작위의 경우에는 재량권의 일탈·남용 여부를 확인하여 그 위법상태를 배제하는 것이다(행정소송법 제27조, 제38조 제2항 참조). 따라서 위와 같은 학설의 주장은 타당하지 못하다.

5. 소결

따라서 원고에게 조리상의 공사중지해제요구권이 인정된다면 이를 근거로 하여 피고의 공사중지명령해제의무를 논증하면 되므로 굳이 그에 대한 결정을 재량사항으로 보고 다시 재량권의 일탈·남용 여부를 판단하는 우회적 과정을 거칠 필요가 없다는 丙의 주장은 항고소송에서의 소송요건판단사항과 본안판단사항을 혼동하고 있거나 민사소송과 항고소송의 본질을 올바로 파악하지 못하고 있는데서 기인한 것으로서 부당하다.

Ⅵ. 사례의 해결

설문 (1)의 경우 공사중지명령에 있어서는 그 명령의 내용 자체로 또는 그 성질상으로 명령 이후에 그 원인사유가 해소되는 경우에는 조리상으로 그 해제를 요구할 수 있는 권리가 인정된다고 할 것이므로 공사중지명령해제요구를 거부하는 행위는 "위법한 거부처분"이라고 주장할 수 있어 소의 대상적격이 인정되고, 나아가 이러한 행정청의 위법한 거부처분으로 인하여 乙의 재산권 내지 영업의 자유가 현실적으로 침해되고 있다고 할 것이므로 乙에게는 공사중지명령해제거부처분의 취소를 구할 법률상 이익(원고적격)이 있으며, 기타 소송요건은 문제되지 아니하므로 결국 乙이 제기한 소는 적법하다.

설문 (2)에서 공사중지명령해제요구권은 공사중지명령 이후에 공사중지명령의 원인사유가 해소되어 乙이 甲에게 공사중지명령의 해제를 요구했음에도 불구하고 甲이 거부처분을 하는 경우에 그러한 甲의 거부처분이 취소소송의 대상이 되기 위한 전제요건으로서 요구되는 것이므로 그 원인이 전혀 다른 공사중지명령취소소송의 결론이 공사중지명령해제요구권의 인정 여부에 어떠한 영향을 미친다고 할 수 없다.

설문 (3)의 경우 공사중지명령 이후의 사실상태의 변동을 주된 이유로 삼아 이 사안 공사중지명령처분이 재량권을 일탈·남용한 것으로서 위법하다고 판단한 수소법원의 판단에는 행정처분의 위법 여부 판단의 기준시점에 관한 법리를 오해한 잘못이 있다 설문 (4)에서의 丙의 주장은 항고소송에서의 소송요건판단사항과 본안판단사항을 혼동하고 있거나 민사소송과 항고소송의 본질을 올바로 파악하지 못하고 있는데서 기인한 것으로서 부당하다.

〈사례연습 6〉 식품위생법상 일반음식점업의 영업신고의 법적 성질 등

甲은 식품위생법에 따른 식품접객업(일반음식점영업)의 영업신고의 요건을 갖추어 관할 구청에 식품접객업의 영업신고를 하였다. 한편 위 영업장소가 있는 건물 중 6층 부분이 무허가 건물인데, 甲이 제출한 일반음식점 영업신고서의 영업장소는 6층이다. 이에 관할 구청장 乙은 위 신고를 수리하였다가 다음 날 그 영업신고를 한 당해 건축물이 불법 건축물이라는 이유로 그 수리를 직권취소하고 甲에게 이를 통보하였다. 다음 설문에 대하여 검토하시오.

(1) 甲은 乙의 직권취소처분의 취소를 구하는 소를 제기하였다. 이 소는 적법한가? (15점)

(2) 甲은 위 영업신고의 수리가 직권취소되었음에도 계속하여 일반음식점영업행위를 하였다. 甲의 이러한 영업행위는 식품위생법상 무신고 영업행위에 해당하는가? (10점)

(3) 만약 불법 건축물이라는 이유로 일반음식점 영업신고의 접수가 거부되었고, 이전에 도 같은 장소에서 무신고 영업행위로 형사처벌까지 받았음에도 계속하여 甲이 일반음식점 영업행위를 하였다면, 甲의 이러한 행위는 식품위생법상 무신고 영업행위로서 형사상 위법하다고 할 수 있는가? (15점)[55]

[참조조문]

식품위생법 제1조(목적) 이 법은 식품으로 인하여 생기는 위생상의 위해를 방지하고 식품영양의 질적 향상을 도모하며 식품에 관한 올바른 정보를 제공하여 국민보건증진에 이바지함을 목적으로 한다.

제36조(시설기준) ① 다음의 영업을 하려는 자는 보건복지가족부령으로 정하는 시설기준에 맞는 시설을 갖추어야 한다.

1.~2. 〈생략〉

3. 식품접객업

② 제1항 각호에 따른 영업의 세부 종류와 그 범위는 대통령령으로 정한다.

제37조(영업허가 등) ①~③〈생략〉

④ 제36조 제1항 각호에 따른 영업 중 대통령령으로 정하는 영업을 하려는 자는 대통령령으로 정하

55) 이 문제는 실제 행정법문제로서 출제되기는 어려우나 행정법을 체계적으로 이해하기 위한 것임을 밝혀둔다.

는 바에 따라 영업 종류별 또는 영업소별로 식품의약품안전청장 또는 특별자치도지사 · 시장 · 군수 · 구청장에게 신고하여야 한다. 신고한 사항 중 대통령령으로 정하는 중요한 사항을 변경하거나 폐업할 때도 또한 같다.

제97조(벌칙) 다음 각호의 어느 하나에 해당하는 자는 3년 이하의 징역 또는 3천만원 이하의 벌금에 처한다.

1. 제10조 제2항(제88조를 준용하는 경우를 포함한다), 제13조 제1항, 제17조 제4항, 제31조 제1항, 제34조 제4항, 제37조 제3항 · 제4항, 제39조 제3항, 제48조 제2항 · 제10항 또는 제55조를 위반한 자.

2.~9.〈생략〉

식품위생법 시행령 제21조(영업의 종류) 법 제36조 제2항에 따른 영업의 세부 종류와 그 범위는 다음과 같다.

1.~7.〈생략〉

8. 식품접객업

가. 휴게음식점 : 주로 다류, 아이스크림류 등을 조리판매하거나 패스트푸드점, 분식점 형태의 영업 등 음식류를 조리판매하는 영업으로서 음주행위가 허용되지 아니하는 영업. 다만, 편의점, 슈퍼마켓, 휴게소, 그밖에 음식류를 판매하는 장소에서 컵라면, 일회용 다류 또는 그 밖의 음식류에 뜨거운 물을 부어주는 경우는 제외한다.

나. 일반음식점 : 음식류를 조리판매하는 영업으로서 식상와 함께 부수적으로 음주행위가 허용되는 영업

다. 단란주점영업 : 주로 주류를 조리판매하는 영업으로서 손님이 노래를 부르는 행위가 허용되는 영업

라. 유흥주점영업 : 주로 주류를 조리판매하는 영업으로서 유흥종사자를 두거나 유흥시설을 설치할 수 있고 손님이 노래를 부르거나 춤을 추는 행위가 허용되는 영업

제25조(영업신고를 하여야 하는 업종) 법 제37조 제4항 전단에 따라 특별자치도지사 또는 시장 · 군수 · 구청장에게 신고하여야 하는 영업은 다음 각호와 같다.

1.~7.〈생략〉

8. 제21조 제8호 나목의 일반음식점

건축법 제1조(목적) 이 법은 건축물의 대지 · 구조 · 설비 기준 및 용도 등을 정하여 건축물의 안전 · 기능 · 환경 및 미관 등을 향상시킴으로써 공공복리의 증진에 이바지 하는 것을 목적으로 한다.

제11조(건축허가) ① 건축물을 건축하거나 대수선을 하려는 자는 특별자치도지사 또는 시장 · 군수 · 구청장의 허가를 받아야 한다. 〈이하 생략〉

[관련논점]

— 식품위생법상 식품접객업 영업신고의 법적 성질

— 식품접객업 영업신고의 적법요건과 신품위생법과 건축법의 관계

— 무신고 영업행위에 대한 형사상 위법성 인정요건

[답안구성]

Ⅰ. **논점의 정리**
Ⅱ. **설문 (1)의 해결**
1. 문제점
2. 사인의 공법행위로서의 신고
(1) 의의 및 문제점
(2) 신고행위의 유형
1) 행정청의 수리를 요하지 않는 신고(자기완결적 공법행위로서의 신고)
2) 행정청의 수리를 요하는 신고(행위요건적 공법행위로서의 신고)
3. 자기완결적 공법행위로서의 신고와 행위요건적 공법행위로서의 신고의 구별
(1) 구별실익
(2) 구별기준
4. 항고소송의 대상이 되는 처분(행정처분) 여부의 일반적 판단기준
5. 사안의 경우
6. 소결
Ⅲ. **설문 (2)의 해결**
1. 문제점
2. 식품위생법과 건축법의 관계
3. 식품위생법에 따른 식품접객업의 영업신고 요건을 갖추었으나, 그 영업신고를 한 당해 건축물이 무허가 건물일 경우 영업신고가 적법한지 여부
4. 사안의 검토 및 소결
Ⅳ. **설문 (3)의 해결**
1. 문제점
2. 위법성조각사유로서 정당행위의 판단기준
3. 판례
4. 소결
Ⅴ. **사안의 해결**

Ⅰ. 논점의 정리

설문 (1)에서 소가 적법한지는 특히 식품위생법에 따른 일반음식점 영업신고수리행위취소가 항고소송의 대상이 되는 처분에 해당하는지 여부가 문제되는바, 이를 해명하기 위해서는 우선 사인의 공법행위로서의 신고의 법적 성질에 대해서 살펴보아야 한다.

설문 (2)에서는 식품위생법에 따른 식품접객업의 영업신고 요건을 갖추었으나, 그 영업신고를 한 당해 건축물이 무허가 건물일 경우 영업신고가 적법한지가 문제된다.

설문 (3)에서 甲의 무신고 영업행위가 식품위생법 제97조에 따른 형사처벌을 받기 위해서는 형사상 위법하여야 하는바, 그것이 사회상규에 위배되지 아니하는 행위라면 그 위법성이 조각될 수도 있으므로 이를 검토하여야 한다.

Ⅱ. 설문 (1)의 해결

1. 문제점

취소소송이 적법하기 위해서는 ⅰ) 본안판결을 받을 법률상 이익으로서 대상적격(행정소송법 제2조, 제19, 제1조)과 원고적격(동법 제12조)이 있어야 하고, ⅱ) 피고적격(동법 제13조), ⅲ) 제소기간(동법 제20조), ⅳ) 관할(동법 제9조) 등의 요건을 갖추어야 한다.

사안의 경우에는 다른 요건은 문제되지 않으나, 식품위생법에 따른 일반음식점 영업신

고수리행위취소가 항고소송의 대상이 되는 처분에 해당하는지 여부이다. 이를 해명하기 위해서는 우선 사인의 공법행위로서의 신고의 법적 성질에 대해서 살펴보아야 한다.

2. 사인의 공법행위로서의 신고

(1) 의의 및 문제점

사인의 공법행위는 공법관계에서의 사인의 행위로서 공법적 효과의 발생을 목적으로 하는 행위를 말한다. 일반적으로 사인의 공법행위로서의 신고란 사인이 공법적 효과의 발생을 목적으로 행정주체에 대하여 일정한 사실을 알리는 행위를 말한다.

그러나 행정실무나 법령상 신고의 표현은 통일적이지 않으며, 이로 인해 같은 신고의 표현아래에서도 그 실질내용에 따라 다음과 같이 구분하여야 하는 문제가 발생한다.

(2) 신고행위의 유형

1) 행정청의 수리를 요하지 않는 신고(자기완결적 공법행위로서의 신고)

이는 본래 의미의 신고로서, 당사자가 행정청에 일정한 사실관계에 관한 의사표시를 하면 형식적 요건을 구비하고 있는 한 그 자체로서 법령상 의무가 이행된 것으로 보아 법령에 규정된 효과가 발생되는 행위를 말한다. 행정절차법 제40조 제1항에서는 법령 등에서 일정한 사항을 통지하여 도달됨으로써 의무가 끝나는 자족적 공법행위로서의 신고를 규정하고 있다.

2) 행정청의 수리를 요하는 신고(행위요건적 공법행위로서의 신고)

이는 행정청에 일정한 사항을 통지하고 행정청이 수리함으로써 법적 효과가 발생하는 신고를 말한다. 실정법은 등록이라는 용어를 사용하기도 한다.

3. 자기완결적 공법행위로서의 신고와 행위요건적 공법행위로서의 신고의 구별

(1) 구별실익

자기완결적 신고는 형식적 요건을 갖춘 신고만으로 공법적 효과가 발생하므로 수리 또는 수리거부의 행정처분성이 부정된다. 그러나 행위요건적 신고는 행정청이 당사자의 신고행위를 접수하여 형식적 요건 이외에 적법성 및 합목적성 등의 실질적 사항의 심사를 거쳐 이를 충족한다고 판단되는 때에 수리의 의사표시를 하게 되므로, 이 경우 행정청의 수리 또는 수리거부에 대해서는 행정처분성이 인정되어 당사자는 이를 행정쟁송으로 다툴 수 있다.

(2) 구별기준

자기완결적 공법행위로서의 신고와 행위요건적 공법행위로서의 신고를 구별하기 위해서는 관계법령과 신고의 성질을 고려하여 판단하여야 한다. 즉, 개별법령이 양자를 구분하고 있는 경우가 아니라면 당해 법령의 목적과 관련조문에 대한 합리적이고 유기적인 해석을 통해 양자를 구별하여야 한다.

4. 항고소송의 대상이 되는 처분(행정처분) 여부의 일반적 판단기준

행정청의 어떤 행위를 위법하다고 주장할 수 있어 항고소송의 대상이 되는 처분인 행정처분으로 볼 것이냐의 문제는 추상적·일반적으로 결정할 수 없고, 구체적인 경우 행정처분은 행정청이 공권력의 주체로서 행하는 구체적 사실에 관한 법집행으로서 국민의 권리의무에 직접적으로 영향을 미치는 행위라는 점을 염두에 두고, 관련법령의 내용 및 취지와 그 행위가 주체·내용·형식·절차 등에 있어서 어느 정도 행정처분으로서의 성립 내지 효력요건을 충족하고 있는지 여부, 그 행위와 상대방 등 이해관계인이 입는 불이익과 실질적 관련성, 그리고 법치행정의 원리와 당해 행위에 관련한 행정청 및 이해관계인의 태도 등을 참작하여 개별적으로 결정하여야 한다(대판 2007.6.14. 2005두4397 등 참조).

5. 사안의 경우

살피건대 식품위생법 제36조, 식품위생법시행령 제21조 제8호 나목에 따른 일반음식점 영업신고는 신고자가 적법한 요건을 갖춘 신고만 하면 행정청의 수리행위 등 별다른 조치를 기다릴 필요 없이 그것만으로 영업신고에 따른 법적 효과가 발생하는 소위 자기완결적 신고이므로, 행정청이 위 신고를 수리한 행위는 단순한 접수 또는 도달을 의미하는 사실행위에 불과할 뿐 영업자는 물론이고 제3자인 인근 주민들의 구체적인 권리·의무에 직접 변동을 초래하는 행정처분이라 할 수 없다.

따라서 단순한 사실행위에 불과한 이 사안 식품위생법에 따른 일반음식점 영업신고의 수리행위를 직권으로 취소한 처분 또한 항고소송의 대상이 되는 행정처분이 될 수 없다.

6. 소결

식품위생법에 따른 일반음식점 영업신고는 소위 자기완결적 신고이므로, 행정청이 위 신고를 수리한 행위는 단순한 접수 또는 도달을 의미하는 사실행위에 불과할 뿐 영업자의 구체적인 권리·의무에 직접 변동을 초래하는 행정처분이라 할 수 없으므로, 단순한 사실행위에 불과한 이 사안 식품위생법에 따른 일반음식점 영업신고의 수리행위를 직권으로 취소한 처분 또한 항고소송의 대상이 되는 행정처분이 될 수 없다. 따라서 甲이 제기한 乙의 수리행위의 직권취소처분의 취소를 구하는 소는 부적법하다.

Ⅲ. 설문 (2)의 해결

1. 문제점

식품위생법에 따른 식품접객업의 영업신고가 소위 자기완결적 신고라 하더라도 그 신고는 적법한 신고이어야 하는바, 식품위생법에 따른 식품접객업의 영업신고요건을 갖추었으나 그 영업신고를 한 당해 건축물이 무허가 건물일 경우 위 영업신고가 적법한지가 문제된다.

2. 식품위생법과 건축법의 관계

식품위생법과 건축법은 그 입법 목적이 다르고, 그 규정사항과 적용범위 등을 서로 달리하고 있어서 서로 배타적으로 적용되는 관계에 있다고는 볼 수 없다.

3. 식품위생법에 따른 식품접객업의 영업신고 요건을 갖추었으나, 그 영업신고를 한 당해 건축물이 무허가 건물일 경우 영업신고가 적법한지 여부

식품위생법과 건축법은 그 입법 목적, 규정사항, 적용범위 등을 서로 달리하고 있어서 식품접객업에 관하여 식품위생법이 건축법에 우선하여 배타적으로 적용되는 관계에 있다고는 해석되지 아니하므로, 식품위생법에 따른 식품접객업(일반음식점영업)의 영업신고요건을 갖춘 자라고 할지라도 그 영업신고를 한 당해 건축물이 건축법 소정의 허가를 받지 아니한 무허가 건물이라면 적법한 신고를 할 수 없다고 보아야 할 것이다. 판례도 이와 같다(대판 1991.7.12. 90누8350; 대판 1993.4.27. 93누1374; 대판 1999.3.9. 98두19070 등 참조).

4. 사안의 검토 및 소결

이러한 법리에 따라 사안을 살펴보면, 이 사안 건물 중 6층 부분이 무허가 건물이고, 甲이 제출한 일반음식점 영업신고서의 영업장소가 불법 건축물이라는 이유로 신고수리행위를 직권취소하여 결국 영업신고서 접수가 거부되었는바, 甲은 위 영업장소가 건축법 소정의 허가를 받지 아니한 불법 건축물인 이상 관할 구청에 이 사안 일반음식점 영업에 대한 적법한 신고를 한 것으로 볼 수 없고, 그러한 상태에서 일반음식점 영업행위를 계속하는 것은 무신고 영업행위에 해당한다(대판 2009.4.23. 2008도6829 참조).

Ⅳ. 설문 (3)의 해결

1. 문제점

甲의 무신고영업행위에 대해 관할 구청장 乙이 행정제재조치로서 경우에 따라서는 법령에 따른 영업장폐쇄조치를 할 수 있음은 별론으로 하고, 甲의 무신고 영업행위에 대해 식품위생법 제97조에 따른 형사처벌을 하기 위해서는 그 무신고 영업행위가 형사상 위법하여야 하는바, 甲이 무신고 영업행위를 했더라도 그것이 사회상규에 위배되지 아니하는 행위라면 형사상 그 위법성이 조각될 수도 있다. 따라서 甲의 식품위생법상 무신고 영업행위가 형법 제20조 소정의 정당행위에 해당하여 위법성이 조각될 수 있는지 여부를 살펴보아야 한다.

2. 위법성조각사유로서 정당행위의 판단기준

형법 제20조 소정의 '사회상규에 위배되지 아니하는 행위'라 함은 법질서 전체의 정신이나 그 배후에 놓여 있는 사회윤리 내지 사회통념에 비추어 용인될 수 있는 행위를 말하고, 어떠한 행위가 사회상규에 위배되지 아니하는 정당한 행위로서 위법성이 조각되는 것인지는 구체적인 사정 아래서 합목적적, 합리적으로 고찰하여 개별적으로 판단되어야 하므로, 이와 같은 정당행위를 인정하려면, 첫째 그 행위의 동기나 목적의 정당성, 둘째 행위의 수단이나 방법의 상당성, 셋째 보호이익과 침해이익과의 법익균형성, 넷째 긴급성, 다섯째 그 행위 외에 다른 수단이나 방법이 없다는 보충성 등의 요건을 갖추어야 한다(대판 2008.10.23. 2008도6999 등 참조).

3. 판례

대법원은 설문과 유사한 식품위생법위반사건에서"피고인의 나이, 학력이나 경력, 피고인이 이전에도 같은 장소에서 무신고 영업행위로 3차례나 형사처벌을 받았던 점 등 제반 사정에 비추어 볼 때, 불법 건축물이라는 이유로 영업신고의 접수가 거부되었고 이전에 형사처벌까지 받았음에도 같은 장소에서 계속하여 일반음식점 영업행위를 한 피고인의 행위가 사회상규에 반하지 아니하거나 또는 적법행위에 대한 기대가능성이 없었다고 판단되지 아니한다."고 판시(대판 2009.4.23. 2008도6829)하였다.

4. 소결

앞에서 살펴본 법리에 비추어보면, 설문의 경우 같은 장소에서 무신고 영업행위로 형사처벌까지 받았음에도 계속하여 일반음식점 영업행위를 신고 없이 한 甲의 행위는 식품위생법상 무신고 영업행위로서 형사상 위법하다고 할 수 있다.

V. 사안의 해결

설문 (1)의 경우 식품위생법에 따른 일반음식점 영업신고는 소위 자기완결적 신고이므로, 그 수리행위를 직권으로 취소한 처분 또한 항고소송의 대상이 되는 행정처분이 될 수 없어 甲이 제기한 乙의 수리행위의 직권취소처분의 취소를 구하는 소는 부적법하다.

설문 (2)의 경우 甲의 영업장소가 건축법 소정의 허가를 받지 아니한 불법 건축물인 이상 관할 구청에 이 사안 일반음식점 영업에 대한 적법한 신고를 한 것으로 볼 수 없고, 그러한 상태에서 일반음식점 영업행위를 계속하는 것은 무신고 영업행위에 해당한다.

설문 (3)의 경우 같은 장소에서 무신고 영업행위로 형사처벌까지 받았음에도 계속하여 무신고 영업행위를 한 甲의 행위는 형사상 위법하다고 할 수 있다.

〈사례연습 7〉 원고적격의 의미와 그 판단방법, 공권 및 공의무의 승계

甲은 2004. 10. 8.경 관할 A시장으로부터 Y임야에 대하여 채석허가를 받아 Y임야상에서 채석장을 운영해 왔다. 乙은 2006. 6. 중순경 甲으로부터 채석허가를 받은 자의 지위를 승계하고 위 채석장 운영권을 사실상 양수하여 그 무렵부터 이를 운영하면서도, A에게 명의변경신고는 하지 않았다. A는 2008. 5. 24. 甲에 대하여, 그가 Y임야 중 丙 소유 지분을 사용·수익할 수 있음을 증명할 서류를 제출하지 않았고 산림복구비용을 추가로 예치하지 않았음을 이유로, 위 채석허가를 취소하였다(이하 '이 사안 처분'이라 한다). 이에 乙은 이 사안 처분의 취소를 구하는 소를 제기하였다. 다음 설문에 대하여 논하시오.

(1) 법령상 채석채취가 제한되지 않는 산지 내에서의 채석허가신청에 대하여 관할청은 국토와 자연의 유지, 환경보전 등 중대한 공익상 필요를 이유 채석허가를 거부할 수 있는가? (10점)

(2) 수소법원은 "비록 乙이 이 사안 처분 이전에 甲으로부터 이 사안 채석허가권 등

을 사실상 양수받았다 하더라도 특별한 사정이 없는 한 乙은 이 사안 처분으로 인하여 직접적으로 어떤 법률상 이익을 침해당하였다고 할 수 없으므로, 乙에게는 이 사안 처분의 취소를 구할 법률상 이익이 없다"고 판단하여 이 사안 소를 각하하였다. 이러한 법원은 판단에 대하여 논평하시오. (15점)

(3) 채석채취허가지의 인근 주민들에게 채석허가의 취소를 구할 법률상 이익이 인정될 수 있는지에 대하여 논하시오. (10점)

(4) 위 사안과 달리 甲이 산림을 무단형질변경하고 乙에게 채석장 운영권을 양도하기 전에 사망하였다고 하자. 이에 A는 甲의 상속인 丁에게 그 복구명령을 하였다. 이에 대해 丁은 "① 채석허가를 받은 甲이 사망한 경우 그 수허가자의 상속인인 자신이 수허가자로서의 지위를 승계한다고 보아야 하지만, ② 무단형질변경에 따른 산지관리법상 복구의무는 공법상의 의무로서 무단형질변경을 한 자의 상속인이라고 하여 그 복구의무까지 당연히 상속한다고는 할 수 없고, 법 제51조에 의하더라도 법에 의하여 행한 처분 및 기타의 행위가 토지소유자 및 점유자 등의 승계인에 대하여도 그 효력이 있다는 것일 뿐 이로써 무단형질변경에 따른 복구의무가 무단형질변경을 한 자의 상속인에게 승계된다고 할 수도 없으며, 달리 무단형질변경을 한 자의 상속인에 대하여 복구명령을 할 아무런 법령상의 근거도 없으므로, A는 망인이 무단형질변경을 하였다는 이유로 그 상속인인 자신에게 법 제44조 제1항에 의한 복구명령을 할 수 없다"고 주장한다. 이러한 丁의 주장의 타당성에 대하여 검토하시오. (15점)

[참조조문]

산지관리법

제1조(목적) 이 법은 산리의 합리적인 보전과 이용을 통하여 임업의 발전과 산림의 다양한 공익기능의 증진을 도모함으로써 국민경제의 건전한 발전과 국토환경보전에 이바지함을 목적으로 한다.

제25조(토석채취허가 등) ① 산지에서 토석을 굴취·채취하고자 하는 자는 대통령령이 정하는 바에 따라 산림청장에게 허가를 받아야 한다. 하가받은 사항을 변경하고자 하는 경우에도 또한 같다. 다만, 농림수산식품부령이 정하는 사항으로서 경미한 사항을 변경하고자 하는 때에는 산림청장에게 신고로 갈음할 수 있다.

② 산지에서 객토용 그 밖에 대통령령이 정하는 용도로 사용하기 위하여 대통령령이 정하는 규모의 토사를 굴취·채취하고자 하는 자는 제1항의 규정에 불구하고 농림수산식품부령이 정하는 바에 따라 산림청장에게 토사채취신고를 하여야 한다.

제25조의2(토석채취제한지역의 지정 등) ① 공공의 이익증진을 위하여 보전이 특히 필요하다고 인정되는 다음 각호의 산지에 대하여는 토석의 굴취·채취가 제한되는 지역으로 한다.

1.~4.〈생략〉

5. 산림생태계보호, 자연경관의 보전 및 역사적·문화적 가치가 있어 보호가 필요한 산지로서 산림청장이 지정하여 고시한 지역의 산지.

제25조의3(토석채취제한지역 안에서의 행위제한) 토석채취제한지역 안에서는 다음 각 호의 어느 하나에 해당하는 경우를 제외하고는 토석채취를 할 수 없다.

1.~4.〈생략〉

5. 제25조 제2항의 규정에 따라 토사를 굴취·채취하는 경우

제44조(불법산지전용지의 복구 등) ① 산림청장은 다음 각호의 1에 해당하는 경우에는 그 행위를 한 자에 대하여 시설물의 철거 또는 형질변경된 산지를 복구하도록 명령할 수 있다.

1. 제21조 제1항의 규정에 의한 용도변경승인을 얻지 아니하고 용도변경을 한 경우

2.~5.〈생략〉

② 산림청장은 제1항의 규정에 의한 명령을 받은 자가 이를 이행하지 아니한 때에는 「행정대집행법」을 준용하여 대집행할 수 있다.

제51조(권리·의무 등의 승계) 이 법 또는 이 법에 의한 명령에 의하여 행한 처분·신청·신고 그 밖의 행위는 산지의 소유자, 정당한 권원에 의하여 산지를 사용·수익할 수 있는 자 및 산지의 소유자·점유자의 승계인에 대하여도 그 효력이 있다.

산지관리법시행규칙

제24조(토석채취허가의 신청 등) ③ 법 제25조 제1항 단서에서 "농림수산식품부령이 정하는 사항"이란 다음 각 호의 어느 하나에 해당하는 사항을 말한다.

1.〈생략〉

2. 토석채취허가를 받은 자 및 그 대표자의 명의변경

3.~7.〈생략〉

[관련논점]

— 채석허가의 법적 성질과 중대한 공익상 필요를 이유로 한 허가거부가능성

— 항고소송의 원고적격의 의미와 인정요건

— 항고소송의 원고적격의 판단기준으로서 수인한도의 법리

— 공권과 공의무의 승계

[답안구성]

Ⅰ. 논점의 정리

Ⅱ. 설문 (1)의 해결

1. 문제점

2. 채석허가의 법적 성질

(1) 강학상 허가인지 특허인지 여부

1) 허가와 특허의 개념

2) 허가와 특허의 구별

3) 사안의 경우

(2) 기속행위인지 재량행위인지 여부

1) 기속행위와 재량행위의 구별기준

2) 사안의 경우

3. 법령상 채석채취가 제한되지 않는 산지 내에서의 채석허가 신청에 대하여 국토와 자연의 유지, 환경보전 등 중대한 공익상 필요를 이유로 그 허가를 거부할 수 있는지 여부

4. 소결

Ⅲ. 설문 (2)의 해결

1. 문제의 소재

2. 원고적격의 인정요건

(1) 원고적격의 의의

(2) 행정소송법 제12조 소정의 처분등의 "취소를 구할 법률상 이익"의 의미

1) 문제점

2) 학설

3) 판례

4) 검토

Ⅰ. 논점의 정리

설문 (1)에서는 채석허가의 법적 성질을 살펴보고, 법령상 제한사유가 없음에도 중대한 공익상 필요를 이유로 그 허가신청을 거부할 수 있는지를 검토해야 한다.

설문 (2)에서는 채석허가를 받은 甲에 대한 관할 행정청의 채석허가취소처분에 대하여 수허가자의 지위를 사실상 양수한 양수인 乙에게 그 취소처분의 취소를 구할 법률상 이익이 있는지가 문제된다.

설문 (3)에서는 처분의 직접상대방이 아닌 제3자인 채석채취허가지의 인근주민들에게 원고적격인 인정될 수 있는지, 인정된다면 그 요건은 어떠한지 살펴보아야 한다.

설문 (4)에서는 공권과 공의무의 승계 여부와 관련된 문제로서 채석허가를 받은 자가 산지를 무단형질변경하고 사망한 경우 그 상속인이 수허가자의 지위를 승계하는지 및 그 복구의무를 부담하는지 여부를 검토하여야 한다.

Ⅱ. 설문 (1)의 해결

1. 문제점

법령상 채석허가가 제한되지 않는 산지 내에서의 채석허가신청에 대하여 관할청이 국토와 자연의 유지, 환경보선 등 중대한 공익상 필요를 이유로 그 허가를 거부할 수 있는지를 규명하기 위해서는 우선 채석허가의 법적 성질을 살펴보아야 한다.

2. 채석허가의 법적 성질

(1) 강학상 허가인지 특허인지 여부

1) 허가와 특허의 개념

허가란 본래 허용된 행위를 일반적·예방적으로 금지해 놓고 일정한 경우 그 금지를 해제하여 특정행위를 할 수 있는 자유를 회복시켜주는 행위이고, 특허는 특정의 상대방을 위하여 새로이 권리나 능력을 설정하거나 포괄적 법률관계를 설정하는 행위를 말한다. 이 중 권리설정행위를 협의의 특허라고도 한다.

2) 허가와 특허의 구별

허가와 특허는 일반적으로 그 제도적 취지와 행위의 성질 및 법률상 보호이익의 측면에서 구별된다. 즉, 허가란 본래 허용된 행위를 질서유지차원에서 일반적 금지를 하였다가 이를 해제하는 것이어서 원칙적으로 기속행위이고 허가로부터 생기는 이익은 일반적으로 반사적 이익에 불과하지만, 특허는 공공복리를 위해 일반적으로 특정한 권리를 설정해 주는 것이므로 그 요건을 일의적으로 규정하고 있지 않는 한 재량행위이고 특허로부터 얻는 이익은 법률상 보호이익이 된다.

3) 사안의 경우

살피건대 산지관리법은 삼림의 다양한 공익기능의 증진을 도모하기 위해(제1조) 채석행위를 일반적 예방적으로 금지하고 채석하고자 하는 자는 산림청장의 허가를 받도록 규정하고 있는 점(제25조 제1항)에 비추어 보면, 채석허가는 일반적·상대적 금지를 해제하여 줌으로써 채석행위를 자유롭게 할 수 있는 자유를 회복시켜 주는 강학상 허가에 해당한다고 보아야 할 것이다.

(2) 기속행위인지 재량행위인지 여부

1) 기속행위와 재량행위의 구별기준

이에 대해서는 종래 요건재량설과 효과재량설의 주장도 있었으나, 행정청의 공법상 행위가 기속행위인지 재량행위인지를 구별함에 있어서도 일반적인 법해석의 방법론에 따라 판단하여야 할 것이다. 따라서 입법형성의 자유를 가지는 입법자가 행정권에 재량권을 부여했는지는 당해 행위의 근거가 된 명문의 법률규정에 대한 문리적 해석과 입법취지 내지 입법목적을 고려하여 합리적 해석 및 당해 행위의 성질을 모두 고려하여 판단하여야 한다.

판례도 기속행위인지 재량행위인지를 구별함에 있어서는 "당해 행위의 근거가 된 법규의 체재형식과 그 문언, 당해 행위가 속하는 행정 분야의 주된 목적과 특성, 당해 행위 자체의 개별적 성질과 유형 등을 모두 고려하여 판단하여야 한다."고 판시(대판 2002.8.23. 2002두820; 대판 2001.2.9. 98두17593 등)하고 있다.

2) 사안의 경우

살피건대 산지관리법 제25조 제1항은 산지에서 토석을 굴취·채취하고자 하는 자는 산림청장에게 허가 등을 받아야 한다고 규정하고 있을 뿐이므로 처분의 근거법규의 체재형식이나 그 문언만으로는 채석허가의 성질을 파악하기 어려우나, 채석허가는 일반적·상대적 금지를 해제하여 줌으로써 채석행위를 자유롭게 할 수 있는 자유를 회복시켜 주는 강학상 허가에 해당한다는 점에 비추어 보면 그 성질상 기속행위라고 보아야 할 것이다.

따라서 원칙적으로 관할청은 법령의 제한사유 이외의 사유를 들어 국민의 채석허가 신청을 거부할 수 없다.

3. 법령상 채석채취가 제한되지 않는 산지 내에서의 채석허가 신청에 대하여 국토와 자연의 유지, 환경보전 등 중대한 공익상 필요를 이유로 그 허가를 거부할 수 있는지 여부

채석허가는 그 성질상 기속행위이므로 원칙적으로 관할청은 법령의 제한사유 이외의 사유를 들어 국민의 채석허가 신청을 거부할 수 없다. 그러나 산지 내에서의 채석채취는 국토 및 자연의 유지와 환경의 보전에 직접적으로 영향을 미치는 행위이고, 법령이 공익상 필요를 위하여 채석허가 제한지역을 규정하고 있는 취지에 비추어 보면, 그러한 제한지역에 해당하지 않더라도 허가관청은 채석채취허가 신청대상 토지의 형상과 위치 및 그 주위의 상황 등을 고려하여 국토 및 자연의 유지와 환경보전 등 중대한 공익상 필요가 있다고 인정될 때에는 그 허가를 거부할 수 있다고 할 것이다.

4. 소결

위와 같은 법리에 비추어 보면, 국민의 채석허가신청에 대하여 관할청은 법령상 채석채취가 제한되지 않는 산지 내라 할지라도 국토와 자연의 유지, 환경보전 등 중대한 공익상 필요가 있는 경우에는 그 허가를 거부할 수 있다.

Ⅲ. 설문 (2)의 해결

1. 문제의 소재

채석허가를 받은 甲에 대한 관할 행정청의 채석허가취소처분에 대하여 수허가자의 지위를 사실상 양수한 양수인 乙에게 그 취소처분의 취소를 구할 법률상 이익, 즉 원고적격이 있는지 여부를 규명하기 위해서는 우선 행정소송법 제12조 소정의 처분등의 '취소를 구할 법률상 이익'의 의미와 여기서의 '법률'은 무엇인지 등을 살펴보아야 한다.

2. 원고적격의 인정요건

(1) 원고적격의 의의

원고적격이라 함은 공익실현이라는 행정목적의 능률적 수행을 위하여 하자있는 행정행위에 인정되는 공정력을 깨뜨리는 특수한 절차인 항고소송을 제기하여 본안판결을 받을 수 있는 자격을 말하는바, 행정소송법이 이를 요구하는 것은 공익실현이라는 사회적 정의와 국민의 권리구제라는 개인적 정의를 조화하고 실현하기 위한 것이라고 할 수 있다.

(2) 행정소송법 제12조 소정의 처분등의 "취소를 구할 법률상 이익"의 의미

1) 문제점

취소소송은 처분등의 취소를 구할 법률상 이익이 있는 자가 제기할 수 있다(행정소송법 제12조). 그런데 행정소송법 제12조 소정의 "법률상 이익"의 의미에 대해서는 학설상 견해의 대립이 있다.

2) 학설

이에 대하여 학설은 권리가 침해된 자만이 소송을 제기할 수 있다는 **권리회복설**, 위법한 처분으로 인해 개인의 이익이 침해되는 경우에 관계 법률에 의해 그 이익이 보호되는 것이라면 이러한 이익의 피해자도 행정청의 처분을 다툴 수 있어야 한다는 **법률상 보호이익구제설**(다수설), 그 이익의 실질적 내용이 재판상 보호할 가치가 있다고 판단되는 경우에는 그러한 이익이 침해된 자도 소송을 제기할 수 있어야 한다는 **보호가치 있는 이익구제설**(소수설), 원고가 다투는 이익의 성질이 아니라 당해 처분에 대한 소송에서 행정처분의 시정 또는 행정행위의 적법성 확보에 이해관계를 가지는 자가 소송을 제기할 수 있다는 **적법성 보장설**이 있다.

3) 판례

대법원은 법률상 보호이익구제설의 입장에서"여기에서 말하는 법률상 보호되는 이익이라 함은 당해 처분의 근거 법규 및 관련 법규에 의하여 보호되는 개별적 · 직접적 · 구체적 이익이 있는 경우를 말하고, 공익보호의 결과로 국민일반이 공통적으로 가지는 일반적 · 간접적 · 추상적 이익이 생기는 경우에는 법률상 보호되는 이익이 있다고 할 수 없다"고 판시(대판 2006.7.28. 2004두6716 등)하고 있다.

4) 검토

살피건대 적법성보장설은 우리 행정소송법이 취하고 있는 주관소송의 원칙에 반할 뿐 아니라 민중소송화할 우려도 있어 취하기 어렵고, 보호가치 있는 이익구제설도 보호할 가치가 있는 이익인지 여부를 법원이 판단한다는 점에서 법원에 법규창조력을 인정하게 되어 권력분립주의에 반한다. 권리회복설은 전통적 권리만을 공권으로 보아 원고적격의 범위를 너무 좁게 보아 문제가 있다. 그러므로 동 규정이'법률상 이익'이라고 명문으로 규정하고 있는 점, 여기서의 법률상 이익은 법에 의하여 보호되는 원고의 권리 또는 이익침해와 관련되는 것이라는 점(행정소송법 제1조 전단 참조)에서 법률상 보호이익구제설이 타당하다고 하겠다.

(3) 법률상 보호이익의 판단기준

1) 문제점

행정소송법 제12조의 '법률상 이익'의 의미를 법률상 보호이익이라고 볼 경우, 그 판단근거인 '법률'의 범위가 문제된다.

2) 판례

판례는 당해 처분의 근거법규, 당해 처분의 행정목적을 달성하기 위한 일련의 단계적인 관련처분들의 근거법규에 의하여 명시적으로 보호받는 법률상 이익, 근거법규 및 관련법규의 합리적 해석상 그 법규에서 행정청을 제약하는 이유가 순수한 공익의 보호만이 아닌 개별적·직접적·구체적 이익을 보호하는 취지가 포함되어 있다고 해석되는 경우, 나아가 헌법상의 직업선택의 자유나 경쟁의 자유를 보호규범으로 판시하기도 한다.

> 대법원은 "당해 처분의 근거법규 및 관련법규에 의하여 보호되는 법률상 이익이라 함은 **당해 처분의 근거법규**(근거법규가 다른 법규를 인용함으로 인하여 근거법규가 된 경우를 포함한다)의 명문의 규정에 의하여 보호받는 법률상 이익, 당해 처분의 근거법규에 의하여 보호되지 아니하나 **당해 처분의 행정목적을 달성하기 위한 일련의 단계적인 관련처분들의 근거법규에 의하여 명시적으로 보호받는 법률상 이익**, 당해 처분의 근거법규 또는 관련법규에서 명시적으로 당해 이익을 보호하는 명문의 규정이 없더라도 **근거법규 및 관련법규의 합리적 해석상 그 법규에서 행정청을 제약하는 이유가 순수한 공익의 보호만이 아닌 개별적·직접적·구체적 이익을 보호하는 취지가 포함되어 있다고 해석되는 경우까지를 말한다."고 판시**(대판 2004.8.16. 2003두2175)**하고 있으며, 나아가 헌법상의 직업선택의 자유나 경쟁의 자유를 보호규범으로 판시하기도 한다**(대판 2005.2.17. 2003두14765; 헌재1998.4.30. 97헌마141).

3) 검토

살피건대 원고적격으로서의 법률상 이익의 존재 여부는 당해 처분의 근거법규 및 관계법규의 명시적인 보호이익뿐 아니라, 당해 처분의 근거법규 및 관계법규의 취지 등을 고려하여 합리적 해석을 하여야 하고, 이것이 불가능할 때에는 헌법상의 기본권규정이 직접 보호규범이 될 수 있다고 보아야 한다.

(4) 취소소송의 원고적격의 인정요건

한편 취소소송의 원고적격을 인정하기 위해서는 어떠한 법률이 개인의 자유권이나 재산권 등의 구체적 권리 또는 이익을 보호하고 있는 경우에도 그 구체적 권리의 보호영역과 그 침해 여부의 불명확성 때문에 처분 등으로 인하여 그러한 권리 또는 이익에 대하여 사회통념상 그 수인이 기대가능하지 않은 침해가 있을 것을 요구된다 할 것이므로. 처분등의 취소를 구할 법률상 이익, 즉 취소소송의 원고적격이 인정되기 위해서는 처분등으로 인하여 법률상 직접 보호되는 개별적·구체적 이익(원고적격으로서의 법률상 이익)에 대한 직접적이고 중대한 침해 또는 침해우려가 있어 소송을 통해 그러한 불이익을 제거할 객관적·현실적 필요성이 있어야 한다(불문의 소송요건으로서 권리보호필요성). 행정청의 위법한 처분으로 인해 관계 법률에 의해 보호되는 개인의 이익이 침해되는 경우에도 행정청의 처분을 다툴 수 있어야 한다는 법률상 보호이익구제설의 진정한 의미도 바로 여기에 있다 할 것이다.

3. 수허가자의 지위를 사실상 양수한 양수인 乙에게 양도인 甲에 대한 관할청의 채석허가취소처분의 취소를 구할 원고적격을 인정할 수 있는지 여부

(1) 채석허가의 법적 성질

앞에서 살펴본 바와 같이 채석허가는 일반적·상대적 금지를 해제하여 줌으로써 채석행위를 자유롭게 할 수 있는 자유를 회복시켜 주는 강학상 허가에 해당하고, 나아가 채석허가의 대상은 사람의 기능이나 학식·경험과 같은 개인적 사정에 따라 행해지는 것이 아니라 특정 물건이나 시설의 객관적 사정에 때라 행하여지므로 대물적 허가에 해당한다.

(2) 설문의 검토

앞에서와 같은 법리에 따라 사안을 검토해 보면, 산지관리법 제25조 제1항, 산지관리법 시행규칙 제24조는 채석허가를 받은 자로부터 수허가자의 지위를 양수한 자는 단독으로 관할 행정청에의 명의변경신고를 통하여 수허가자의 명의를 변경할 수 있는 것으로 규정하고 있고, 산지관리법 제51조는 동 법령에 의하여 행한 처분·신청·신고 기타의 행위는 산림소유자, 정당한 권원에 의하여 산지를 사용·수익을 할 수 있는 자, 토지소유자 및 점유자의 승계인에 대하여도 그 효력을 미치도록 하고 있는바, 산지관리법령이 수허가자의 명의변경제도를 두고 있는 취지는, 채석허가가 일반적·상대적 금지를 해제하여 줌으로써 채석행위를 자유롭게 할 수 있는 자유를 회복시켜 주는 것일 뿐 권리를 설정하는 것이 아니어서 수허가자의 지위를 양수한 乙이 관할 행정청과의 관계에서 수허가자인 甲의 지위의 승계를 직접 주장할 수는 없다 하더라도, 채석허가가 대물적 허가의 성질을 아울러 가지고 있고 수허가자의 지위가 사실상 양도·양수되는 점을 고려하여 수허가자의 지위를 사실상 양수한 양수인의 이익을 보호하고자 하는 데 있는 것으로 해석된다. 따라서 수허가자의 지위를 양수받아 명의변경신고를 할 수 있는 양수인의 지위는 단순한 반사적 이익이나 사실상의 이익이 아니라 산지관리법령에 의하여 보호되는 직접적이고 구체적인 이익으로서 법률상 이익이라고 할 것이다.

나아가 채석허가가 유효하게 존속하고 있다는 것이 양수인 乙의 명의변경신고의 전제가 된다는 의미에서 관할 행정청이 양도인 甲에 대하여 채석허가를 취소하는 처분을 하였다면 이는 양수인 乙의 지위에 대한 직접적 침해가 된다고 할 것이므로 양수인 乙은 채석허가를 취소하는 처분의 취소를 구할 법률상 이익을 가진다고 할 것이다(대판 2003.7.11. 2001두6289 참조).

4. 소결

항고소송은 행정청의 위법한 처분 등으로 인한 국민의 권리침해뿐만 아니라 국민의 이익침해도 구제하는 것을 목적으로 하는 소송이므로(행정소송법 제1조 전단), 행정소송법 제12조 소정의 법률상 이익에는 법률상 보호되는 권리뿐만 아니라 법률상 보호되는 이익도 포함되며, 행정청의 처분 등으로 인하여 이러한 법률상 보호이익이 현실적으로 침해된 경우에는 그 처분의 취소를 구할 법률상 이익이 있다 할 것이므로, 채석허가가 권리를 설정하는 것이 아니어서 채석허가자의 지위를 양수한 乙이 관할 행정청과의 관계에서 수허가자인 甲의 지위의 승계를 직접 주장할 수는 없다 하더라도 관할 행정청이 양도인 甲에 대하여 채석허가를 취소하는 처분은 수허가자의 지위를 사실상 양수한 양수인의 산지관리법령상 보호되는 구체적 이익을 직접 침해한다고 할 것이므로 양수인 乙에게는 그 채석허가취소처분의 취소를 구할 법률상 이익, 즉 원고적격이 있다.

Ⅳ. 설문 (3)의 해결

1. 문제점

처분의 직접상대방이 아닌 제3자인 채석채취 허가지의 인근 주민들에게 채석채취허가의 취소를 구할 법률상 이익이 있는지, 인정된다면 그 요건은 어떠한지 문제된다.

2. 제3자의 원고적격 인정 여부

사법상의 법률행위나 행정행위 아닌 공법상의 행위가 의사표시의 당사자만을 구속하는 것과는 달리 공법상 권한 있는 기관의 법적 규율로서의 행정행위는 모든 사회구성원 각자를 구속한다. 따라서 행정청의 행정처분은 그 직접 상대방은 물론 이해관계 있는 제3자도 구속하므로 행정처분의 직접 상대방이 아닌 제3자라 하더라도 당해 행정처분으로 인하여 법률상 보호이익이 침해당한 경우에는 그 처분의 취소나 무효확인을 구할 법률상 이익, 즉 원고적격이 인정되며, 여기에서 말하는 법률상 보호되는 이익이라 함은 당해 처분의 근거 법규 및 관련 법규에 의하여 보호되는 개별적·직접적·구체적 이익이 있는 경우를 말한다.

3. 제3자의 원고적격 인정요건

한편 당해 처분의 근거 법률에 의하여 보호되는 직접적이고 구체적인 이익이 있는 경우라 하더라도 권리 또는 이익의 보호영역과 그 침해 여부의 불명확성 때문에 침해의 직접성과 중대성, 즉 그 수인이 기대가능하지 않은 침해가 있을 것이 요구되고, 항고소송은 위법한 처분으로 인한 자신의 권리 또는 이익침해를 구제하기 위한 절차이므로, 행정처분의 직접 상대방이 아닌 제3자로서는 원칙적으로 자신의 어떠한 이익이 그 처분 전과 비교하여 수인한도를 넘는 침해 또는 침해우려가 있음을 증명하여야 자신의 어떠한 이익 법률상 보호되는 이익으로 인정됨으로써 원고적격이 인정된다.

이러한 법리에 따라 판례도 행정처분의 직접 상대방이 아닌 자로서 그 처분에 의하여 자신의 재산상·환경상 이익이 침해받거나 침해받을 우려가 있다는 이유로 취소나 무효확인을 구하는 제3자는, 자신의 재산상·환경상 이익이 그 처분의 근거 법규 또는 관련 법규에 의하여 개별적·직접적·구체적으로 보호되는 이익, 즉 법률상 보호되는 이익임을 증명하여야 원고적격이 인정된다고 판시하고 있다(대판 2009.9.24. 2009두2825; 대판 2008.9.11. 2006두7577; 대판 2006.12.22. 2006두14001 등 참조).

4. 사안의 검토

위와 같은 법리에 비추어 사안을 검토하면, 산지관리법 제25조, 제25조의2, 제25조의3 및 그 시행규칙 제24조들의 규정 취지는 산림의 보호·육성, 임업생산력의 향상 및 산림의 공익기능의 증진을 도모함으로써 그와 관련된 공익을 보호하려는 데에 그치는 것이 아니라 그로 인하여 직접적이고 중대한 생활환경의 피해를 입으리라고 예상되는 채석채취 허가 등 인근 지역의 주민들이 주거·생활환경을 유지할 수 있는 개별적 이익까지도 보호하고 있다고 해석된다.

따라서 인근 주민들이 채석채취허가와 관련하여 가지게 되는 이익은 추상적, 평균적, 일반적인 이익에 그치는 것이 아니라 처분의 근거법규 등에 의하여 보호되는 직접적이고 구체적인 법률상 이익이라고 할 것이다(대판 2007.6.15. 2005두9736 참조).

5. 소결

따라서 결국 채석채취허가지의 인근 주민들은 자신의 생활환경상의 이익이 채석허가 전과 비교하여 수인한도를 넘는 피해가 있음을 증명하여 법률상 보호되는 이익으로 인정됨으로써 원고적격을 인정받을 수 있다.

V. 설문 (4)의 해결

1. 문제의 소재

개인적 공권과 공의무는 일반적으로 그 성질이 일신전속적인 경우 포기와 이전이 제한되고, 그 의무불이행시 행정상 강제집행의 방법이 이용되며, 그 의무위반의 경우 행정벌이 가해진다. 사안은 공권과 공의무의 승계 여부와 관련된 문제로서 채석허가를 받은 甲이 산지를 무단형질변경하고 사망한 경우 그 상속인인 丁이 그 수허가자의 지위를 승계하는지 및 그 복구의무를 부담하는지를 검토하여야 하는바, 지위승계여부를 논하기 위해서는 우선 채석허가의 강학상 허가인지 특허인지 그 법적 성질부터 살펴보아야 한다.

2. 공권과 공의무의 승계일반론

공권이나 공의무는 그 공익적 성격으로 인해 이전이 제한되는 경우가 많다. 따라서 공권이나 공의무의 승계가능성을 판단함에 있어서는 법률의 규정과 공권 및 공의무의 성질을 고려하여야 한다.

즉, 공권은 사실상 누구에 의하여 행사되느냐 하는 것이 중요한 의미를 가지는 경우가 많기 때문에 국가배상법 제4조의 배상받을 권리의 양도금지나 공무원연금법 제32조의 연금청구권과 같이 권리자 자신의 의하여 행사됨을 필요로 하고 타인에의 이전이 금지되거나 하천점용권과 같이 관계행정청의 인가를 이전의 효력요건으로 하는 경우도 있다. 그러나 손실보상청구권이나 도로법상 허가로 인해 발생하는 권리 등과 같이 그 내용이 경제적 가치를 대상으로 하는 경우에는 특별한 사정이 없는 한 그 이전이 인정된다.

공의무의 경우에도 일반적으로 의무자의 개인적인 성격과 능력에 의존하기 때문에 단지 그에 의해서만 이행될 수 있는 일신전속적인 의무인 경우에는 승계가 부정되는 반면, 원래의 의무자 개인과 독립하여 이행될 수 있는 대물적 하명에 의하여 부과된 의무나 타인에 의하여 그 이행이 대체가능한 의무는 승계가 인정된다. 한편 승계가능한 공법상 의무라 하더라도 그것이 승계되기 위해서는 행정청의 처분에 의해서 구체화되고 특정되어야 한다.

3. 채석허가의 법적 성질

앞에서 살펴본 바와 같이 채석허가는 일반적・상대적 금지를 해제하여 줌으로써 채석행위를 자유롭게 할 수 있는 자유를 회복시켜 주는 강학상 허가에 해당하고, 나아가 채석허가의 대상은 사람의 기능이나 학식・경험과 같은 개인적 사정에 따라 행해지는 것이 아니라 특정 물건이나 시설의 객관적 사정에 때라 행하여지므로 대물적 허가에 해당한다.

4. 채석허가를 받은 자가 사망한 경우 상속인이 그 지위를 승계하는지 여부(공권의 승계 여부)

살피건대, ① 산지관리법 제25조, 산지관리법시행규칙 제24조는 채석허가를 받은 자의 지위를 승계한 자는 단독으로 관할 행정청에의 명의변경신고를 통하여 수허가자의 명의를 변경할 수 있는 것으로 규정하고, ② 같은 법 제51조는 법에 의하여 행한 처분 등은 토지소유자 및 점유자의 승계인에 대하여도 그 효력을 미치도록 규정하고 있는 점, ③ 채석허가는 수허가자에 대하여 일반적·상대적 금지를 해제하여 줌으로써 채석행위를 자유롭게 할 수 있는 자유를 회복시켜 주는 것일 뿐 권리를 설정하는 것이 아니라 하더라도, 대물적 허가의 성질을 아울러 가지고 있는 점 등을 고려하여 보면, 수허가자가 사망한 경우 특별한 사정이 없는 한 수허가자의 상속인이 수허가자로서의 지위를 승계한다고 보아야 한다.

5. 산지를 무단형질변경한 자가 사망한 경우 당해 토지의 소유권 또는 점유권을 승계한 상속인이 그 복구의무를 부담하는지 여부(공의무의 승계 여부)

살피건대, ① 산지관리법 제44조 제1항, 제2항이 산지의 형질변경허가를 받지 아니하거나 신고를 하지 아니하고 산림을 형질변경한 자에 대하여 원상회복에 필요한 조치를 명할 수 있고, ② 원상회복명령을 받은 자가 이를 이행하지 아니한 때에는 행정대집행법을 준용하여 원상회복을 할 수 있도록 규정하고 있는 점에 비추어 원상회복명령에 따른 복구의무는 타인이 대신하여 행할 수 있는 의무로서 일신전속적인 성질을 가진 것으로 보기 어려운 점, ③ 같은 법 제51조가 법에 의하여 행한 처분・신청・신고 기타의 행위는 토지소유자 및 점유자의 승계인 등에 대하여도 그 효력이 있다고 규정하고 있는 것은 산림의 보호・육성을 통하여 국토의 보전 등을 도모하려는 법의 목적을 감안하여 법에 의한 처분 등으로 인한 권리와 아울러 그 의무까지 승계시키려는 취지인 점 등에 비추어 보면, 산림을 무단형질변경한 자가 사망한 경우 당해 토지의 소유권 또는 점유권을 승계한 상속인은 그 복구의무를 부담한다고 봄이 상당하고, 따라서 관할 행정청은 그 상속인에 대하여 복구명령을 할 수 있다고 보아야 한다(대판 2005.8.19. 2003두9817・9824 참조).

6. 소결

따라서 결국 채석허가를 받은 자가 산림을 무단형질변경하고 사망한 경우 그 상속인이 수허가자로서의 지위를 승계한다고 보아야 한다는 丁의 주장은 특별한 사정이 없는 한 타당하지만, 그 상속인인 자신에게 법 제44조 제1항에 의한 복구명령을 할 수 없다는 주장은 타당하지 못하다.

Ⅵ. 사안의 해결

설문 (1)에서 국민의 채석허가신청에 대하여 관할청은 법령상 채석채취가 제한되지 않는 산지 내라 할지라도 국토와 자연의 유지, 환경보전 등 중대한 공익상 필요가 있는 경우에는 그 허가를 거부할 수 있다.

설문 (2)의 경우 수허가자의 지위를 양수한 乙이 관할 행정청과의 관계에서 수허가자인 甲의 지위의 승계를 직접 주장할 수는 없다 하더라도 관할 행정청이 양도인 甲에 대하여 채석허가를 취소하는 처분은 수허가자의 지위를 사실상 양수한 양수인의 산지관리법령상 보호되는 구체적 이익을 직접 침해한다고 할 것이므로 양수인 乙에게는 그 채석허가취소처분의 취소를 구할 법률상 이익, 즉 원고적격이 있다.

설문 (3)의 경우 채석채취허가지의 인근 주민들은 자신의 생활환경상의 이익이 처분 전과 비교하여 수인한도를 넘는 피해가 있음을 증명하여 법률상 보호되는 이익으로 인정됨으로써 원고적격을 인정받을 수 있다.

설문 (4)의 경우 채석허가를 받은 자가 산림을 무단형질변경하고 사망한 경우 그 상속인이 수허가자로서의 지위를 승계한다고 보아야 한다는 丁의 주장은 특별한 사정이 없는 한 타당하지만, 그 상속인인 자신에게 법 제44조 제1항에 의한 복구명령을 할 수 없다는 주장은 타당하지 못하다.

〈사례연습 8〉 제재적 행정처분의 승계 및 행정 제재처분 효과의 승계, 일부인용이행재결에 있어 취소소송의 대상 및 제소기간

> 甲은 일반음식점영업을 위하여 점포 약 25평의 소유자인 乙과 위 점포에 대한 임대차계약을 체결하고, 2007.11.30. 전 영업자인 丙으로부터 영업을 양수한 후 관할 구청에 영업자지위승계신고를 하여 수리되었다. 그런데 관할 구청장 A는 2007. 12. 26. 丙이 영

업 중에 접대부(유흥종사자)를 고용하였다는 이유로 甲에 대하여 2월의 영업정지처분을 하였다. 이에 대하여 甲이 행정심판을 청구함에 따라, 재결청은 2008. 3. 6. 甲에 대하여 "2월의 영업정지처분을 1월의 영업정지에 갈음하는 과징금부과처분으로 변경하라"는 일부인용이행재결을 하였고, 2008. 3. 10. 그 재결서 정본이 원고에게 도달하였다. 한편 A는 재결청의 재결내용에 따라 2008. 3. 13. 식품위생법 제82조와 같은 법 시행령 제53조 [별표1] 2. 과징금산정기준에 따라 甲에 대하여"1월의 업무정지처분을 과징금 5,600,000원으로 변경한다."는 후속변경처분을 하였다. 다음 설문에 대하여 논하시오.

(1) 영업자지위승계신고 및 수리의 법적 성질을 검토하시오. (10점)

(2) A가 丙이 영업 중에 접대부를 고용하였다는 이유로 甲에 대하여 2월의 영업정지처분을 할 수 있는가? 만약 A가 丙에게 사안과 같은 이유로 영업정지처분에 갈음하는 과징금부과처분을 한 후에 甲이 영업을 양수하고 지위승계신고를 하였다면 甲은 위 과징금을 납부하여야 하는가? (20점)

(3) 2008.6.12. 甲은 A를 피고로 하여 2008.3.13.자 과징금부과처분의 취소를 구하는 소를 제기하였다. 이 소는 적법한가? (20점)

[참조조문]

식품위생법 제39조(영업의 승계) ① 영업자가 영업을 양도하거나 사망한 경우 또는 법인이 합병한 경우에는 그 양수인·상속인 또는 합병 후 존속하는 법인이나 합병에 의하여 설립되는 법인은 그 영업자의 지위를 승계한다.

② 〈생략〉

③ 제1항 또는 제2항의 규정에 의하여 영업자의 지위를 승계한 자는 보건복지가족부령이 정하는 바에 따라 1월 이내에 식품의약품안전청장 또는 특별자치도지사·시장·군수·구청장에게 신고하여야 한다.

제44조(영업자 등의 준수사항) ① 식품접객업자 등 대통령령이 정하는 영업자 및 그 종업원은 영업의 위생적 관리 및 질서유지, 국민의 보건위생 증진을 위하여 보건복지가족부령이 정하는 사항을 지켜야 한다.

② 식품접객업자는 청소년보호법 제2조에 따른 청소년에게 다음 각호의 어느 하나에 해당하는 행위를 하여서는 아니된다.

1. 청소년을 유흥접객원으로 고용하여 유흥행위를 하게하는 행위

2.~4. 〈생략〉

③ 누구든지 영리를 목적으로 제36조 제1항 제3호의 식품접객업을 행하는 장소(유흥종사자를 둘 수 있도록 대통령령이 정하는 영업을 하는 장소는 제외한다)에서 손님과 함께 술을 마시거나 노래 또는 춤으로 손님의 유흥을 돋우는 접객행위(공연을 목적으로 하는 가수·악사·댄서·무용수 등에 의하여 이루어지는 행위를 제외한다)를 하거나 다른 사람에게 그 행위를 알선하여서는 아니된다.

④ 제3항에 따른 식품접객영업자는 유흥종사자를 고용·알선하거나 호객행위를 하여서는 아니된다.

제75조(허가의 취소 등) ① 식품의약품안전청장 또는 특별자치도지사·시장·군수·구청장은 영업자

가 다음 각호의 1에 해당하는 때에는 대통령령이 정하는 바에 따라 영업허가를 취소하거나 6월 이내의 기간을 정하여 그 영업의 전부 또는 일부를 정지하거나 영업소의 폐쇄(제37조 제4항에 따라 신고한 영업만 해당한다. 이하 이 조에서 같다)를 명할 수 있다.

1.~12.〈생략〉

13. 제44조 제1항·제2항 및 제4항의 규정에 위반한 때

14.~18.〈생략〉

④ 제1항의 규정에 의한 행정처분의 세부적인 기준은 그 위반행위의 유형과 위반의 정도 등을 참작하여 보건복지가족부령으로 정한다.

제82조(영업정지 등의 처분에 갈음하여 부과하는 과징금 처분) ① 식품의약품안전청장, 시·도지사, 또는 시장·군수·구청장은 영업자가 제75조 제1항 각호 또는 제76조 제1항 각호에 해당하는 때에는 대통령령이 정하는 바에 의하여 영업정지, 품목제조정지 또는 품목류제조정지처분에 갈음하여 2억원 이하의 과징금을 부과할 수 있다.〈단서생략〉

제78조(행정 제재처분 효과의 승계) 영업자가 영업을 양도하거나 법인이 합병되는 경우에는 법 제75조 제1항 각호, 같은 조 제2항 또는 법 제76조 각호를 위반한 사유로 종전의 영업자에게 행한 행정제재처분의 효과는 그 처분기간이 끝난 날부터 1년간 양수인이나 합병 후 존속하는 법인에 승계되며, 행정제재처분절차가 진행 중인 경우에는 양수인이나 합병 후 존속하는 법인에 대하여 행정 제재처분 절차를 계속할 수 있다. 다만 양수인이나 합병 후 존속하는 법인이 양수하거나 합병할 때에 그 처분 또는 위반 사실을 알지 못하였음을 증명하는 때에는 그러하지 아니하다.

식품위생법시행령 제53조(영업정지 등의 처분에 갈음하여 부과하는 과징금의 산정기준) 법 제82조 제1항 본문에 따라 부과하는 과징금의 금액은 위반행위의 종류와 위반정도 등을 고려하여 보건복지가족부령이 정하는 영업정지, 품목·품목류 제조정지 처분기준에 따라 별표1의 기준을 적용하여 산정한다.

[별표1]〈생략〉

식품위생법시행규칙 제57조(식품접객업자 등의 준수사항 등) 법 제44조 제1항에 따라 식품접객업자 등이 준수하여야 할 사항은 별표17과 같다.

②〈생략〉

제89조(행정처분의 기준) 법 제71조, 제72조 법 제74조부터 제76조까지 및 법 제80조에 따른 행정처분의 기준은 별표23과 같다.

[별표17] 식품접객업자 등의 준수사항(제57조 관련)

5. 식품접객업자(위탁급식영업자를 제외한다)의 준수사항

타. 허가를 받고 신고한 영업외의 다른 영업시설을 설치하거나 다음에 해당하는 행위를 하여서는 아니 된다.

(1) 휴게음식점엽업자·일반음식점영업자 또는 단란주점영업자가 유흥접객원을 고용하여 유흥접객행위를 하게 하거나 종업원의 이러한 행위를 조장하거나 묵인하는 행위

[별표23] 행정처분기준(제89조 관련)

Ⅰ. 일반기준

〈생략〉

Ⅱ. 개별기준

3. 식품접객업

위반사항	근거법령	행정처분기준		
		1차 위반	2차 위반	3차위반
10. 법 제44조 제1항 위반, 식품접객업준수사항위반으로 별표17 제6호 타목(1)위반	법 제75조	영업정지 1월	영업정지 2월	영업허가 취소

[관련논점]

— 제재적 행정처분의 승계 및 행정 제재처분 효과의 승계

— 일부인용이행재결의 경우 취소소송의 대상 및 제소기간

[답안구성]

Ⅰ. 논점의 정리
Ⅱ. 설문 (1)의 해결
1. 사인의 공법행위로서의 신고
(1) 의의 및 문제점
(2) 신고행위의 유형
1) 행정청의 수리를 요하지 않는 신고(자기완결적 공법행위로서의 신고)
2) 행정청의 수리를 요하는 신고(행위요건적 공법행위로서의 신고)
2. 자기완결적 공법행위로서의 신고와 행위요건적 공법행위로서의 신고의 구별
(1) 구별실익
(2) 구별기준
3. 소결
Ⅲ. 설문 (2)의 해결
1. 문제의 소재
2. 제재적 행정처분의 승계 여부
(1) 문제점
(2) 학설
1) 승계긍정설
2) 승계부정설
(3) 판례
(4) 검토
(5) 사안의 검토
(6) 중간결론
3. 행정 제재처분 효과의 승계 여부
(1) 문제의 소재
(2) 식품접객업에 있어서 행정 제재처분 효과의 승계
(3) 식풍위생법 제82조의 과징금의 법적 성질과 행정제재처분
(4) 중간결론
4. 소결
Ⅳ. 설문 (3)의 해결
1. 문제의 소재
(1) 취소소송의 적법요건
(2) 문제점
2. 취소소송의 대상
(1) 원처분주의
(2) 사안의 경우
3. 일부인용재결 내지 수정재결의 경우 소의 대상
(1) 학설
(2) 판례
(3) 검토
4. 이행(처분변경명령)재결의 경우 소의 대상
(1) 문제점
(2) 학설
(3) 판례
(4) 검토
5. 일부인용이행재결의 경우
(1) 문제점
(2) 판례
(3) 검토
6. 결론
Ⅴ. 사안의 해결

Ⅰ. 논점의 정리

설문 (1)에서는 영업자지위승계신고가 소위 자기완결적 신고인지 행위요건적 신고인지를 검토하여 그 신고수리행위의 행정처분성 여부를 판단하여야 한다.

설문 (2)에서는 영업자지위승계가 인정되는 경우에 제재적 행정처분이 승계될 수 있는지, 행정제재처분의 효과가 승계될 수 있는지를 살펴보아야 한다.

설문 (3)의 경우 원처분인 당초처분과 일부인용재결 중 어느 것을 소송의 대상으로 하여야 하는지 문제되는데, 이행재결의 경우에는 재결에 따른 행정청의 후속처분이 있게 되므로 결국 원처분인 당초처분과 일부인용재결 및 후속처분 중 어느 것이 소의 대상이 되는지를 규명하여 그에 따라 사안의 소의 제소기간준수 여부를 검토하여 소의 적법 여부를 판단하여야 한다.

Ⅱ. 설문 (1)의 해결

1. 사인의 공법행위로서의 신고

(1) 의의 및 문제점

사인의 공법행위는 공법관계에서의 사인의 행위로서 공법적 효과의 발생을 목적으로 하는 행위를 말한다. 일반적으로 사인의 공법행위로서의 신고란 사인이 공법적 효과의 발생을 목적으로 행정주체에 대하여 일정한 사실을 알리는 행위를 말한다.

그러나 행정실무나 법령상 신고의 표현은 통일적이지 않으며, 이로 인해 같은 신고의 표현아래에서도 그 실질내용에 따라 다음과 같이 구분하여야 하는 문제가 발생한다.

(2) 신고행위의 유형

1) 행정청의 수리를 요하지 않는 신고(자기완결적 공법행위로서의 신고)

이는 본래 의미의 신고로서, 당사자가 행정청에 일정한 사실관계에 관한 의사표시를 하면 형식적 요건을 구비하고 있는 한 그 자체로서 법령상 의무가 이행된 것으로 보아 법령에 규정된 효과가 발생되는 행위를 말한다. 행정절차법 제40조 제1항에서는 법령 등에서 일정한 사항을 통지하여 도달됨으로써 의무가 끝나는 자족적 공법행위로서의 신고를 규정하고 있다.

2) 행정청의 수리를 요하는 신고(행위요건적 공법행위로서의 신고)

이는 행정청에 일정한 사항을 통지하고 행정청이 수리함으로써 법적 효과가 발생하는 신고를 말한다. 실정법은 등록이라는 용어를 사용하기도 한다.

2. 자기완결적 공법행위로서의 신고와 행위요건적 공법행위로서의 신고의 구별

(1) 구별실익

자기완결적 신고는 형식적 요건을 갖춘 신고만으로 공법적 효과가 발생하므로 수리 또는 수리거부의 처분성이 부정된다. 그러나 행위요건적 신고는 행정청이 당사자의 신고행위를 접수하여 형식적 요건 이외에 적법성 및 합목적성 등의 실질적 사항의 심사를 거쳐 이를 충족한다고 판단되는 때에 수리의 의사표시를 하게 되므로, 이 경우 행정청의 수리 또는 수리거부에 대해서는 행정처분성이 인정되어 당사자는 이를 행정쟁송으로 다툴 수 있다.

(2) 구별기준

이를 구별하기 위해서는 관계법령과 신고의 성질을 고려하여 판단하여야 한다. 즉, 개별법령이 신고와 등록을 구분하고 있는 경우가 아니라면 당해 법령의 목적과 관련조문에 대한 합리적이고 유기적인 해석을 통해 양자를 구별하여야 한다.

3. 소결

살피건대 사안의 식품위생법 제39조 제1항에서 영업자의 지위승계규정을 두고 있고, 동조 제3항에서 영업자의 지위를 승계한 자는 1월 이내에 신고하도록 규정하고 있는바, 이에 따른 영업자지위승계신고는 영업허가자의 변경이라는 구체적인 법적 효과가 발생하므로 사안의 영업자지위승계신고는 이른바 행위요건적 신고로서 수리를 요하는 신고이고, 이를 수리하는 행위는 종전의 영업자의 권익을 제한하는 행정처분이다.

Ⅲ. 설문 (2)의 해결

1. 문제의 소재

설문에서 A가 丙이 영업 중에 접대부를 고용하였다는 이유로 甲에 대하여 2월의 영업정지처분을 할 수 있는지와 관련해서는 제재적 행정처분의 승계 여부가 문제되고, A가 丙에게 같은 이유로 영업정지처분에 갈음하는 과징금부과처분을 한 후에 甲이 영업을 양수하고 지위승계신고를 한 경우 甲은 위 과징금을 납부하여야 하는지와 관련해서는 행정제재처분 효과의 승계 여부가 문제된다.

2. 제재적 행정처분의 승계 여부

(1) 문제점

영업의 양도·양수가 있는 경우에 양도자의 당해 영업상 지위도 양수인에게 승계된다는 규정을 관계법령에 두고 있는 것이 보통인데, 이러한 지위승계로 양수인은 별도의 허가를 받지 않고 지위승계의 신고로서 허가받은 사업자로서의 지위, 즉 양도인의 권리·의무 내지 인·허가의 조건이나 부담 등을 승계취득 하는 효과가 발생한다. 그런데 관계법령에 개별적인 명문규정이 없는 경우에 양도자의 권리·의무의 법적 지위와 함께 행정제재처분도 양수인에게 승계되는 것인지에 대해서는 견해가 대립한다.

(2) 학설

1) 승계긍정설

관계법령에 명문의 규정이 없더라도 대물적 성질의 제재처분은 승계된다고 한다. 그 이유로 승계를 부인할 경우 동일한 내용의 새로운 처분을 하여야 하므로 절차경제에 반하고, 영업양도가 의도적인 책임회피수단으로 악용될 수 있으며, 제재처분을 규정한 근거법규의 행정목적달성을 위하여 승계를 인정하여야 한다고 한다.

2) 승계부정설

행정청과 개인 간의 법률관계에 의하여 구체화된 권리의무는 일신전속적인 성격을 갖기 때문에 법률에서 특별히 규정하고 있지 않는 한 승계될 수 없다고 한다. 특히 경찰행정에 있어서는 보통 재량권이 부여되고 있어서 상대방의 개인적 사정이 적지 않게 고려되어야 하기 때문에 행위책임은 위험을 야기한 자에게만 존재하며, 상태책임은 소유자의 변경과 함께 새로이 시작되고 과거의 상태책임은 소멸된다고 한다.

(3) 판례

대법원은 사업정지 등의 제재처분은 사업자 개인의 자격에 대한 제재가 아니라 사업의 전부나 일부에 대한 것으로서 대물적 처분의 성격을 갖는 것이므로 관계법령에서의 지위승계규정이 있는 경우에는 그 지위승계에는 제재처분의 승계가 포함되어 그 지위를 승계한 자에 사업정지등의 제재처분을 취할 수 있다고 한다(대판 2003.10.23. 2003두8005; 대판 2001.6.29. 2001두1611 등).

(4) 검토

살피건대 사안의 영업정지처분과 같이 제재적 행정처분의 성질이 사업자 개인의 자격에 대한 제재가 아니라 사업의 전부나 일부에 대한 것으로서 대물적 처분의 성질을 가진 경우에는 지위승계에는 제재처분의 승계가 포함된다고 보아야 할 것이다. 왜냐하면 대물적 처분의 법적 효과는 의무자의 변경에도 불구하고 그 물에 존속하는 것이고, 만일 이러한 경우에도 승계되지 않는다고 한다면 행정법규위반행위를 한 양도인은 영업양도를 의도적인 책임회피수단으로 악용될 수 있는 문제가 발생하기 때문이다.

다만 승계가 가능하다 하더라도 제재적 행정처분은 위반행위의 유형이나 정도 등 구체적 사정에 따라 행해지는 재량행위의 성질을 가지는 것이 보통이므로, 행정청이 양수인에 대한 제재적 행정처분을 함에 있어서는 그 제재적 처분의 근거법조에 의하여 달성하고자 하는 공익목적과 제재적 행정처분으로 인하여 상대방이 입게 될 불이익을 비교·형량하여 행하여야 하고, 처분으로 인한 공익상 필요보다 상대방이 입게 될 불이익이 막대한 경우에는 재량권의 일탈·남용으로 위법하게 된다. 이 경우 제재적 행정처분의 상대방이 입게 될 불이익을 판단함에 있어서는 양수인이 양도인의 행정법규위반사실을 모르고 양수했다는 점을 참작할 수 있으나(대판 1992.2.25. 91누13106; 대판 1991.11.8. 91누4973 등), 이는 제재적 행정처분의 승계 여부와는 별개의 문제이다.

(5) 사안의 검토

설문의 경우 식품위생법(이하 '법'이라 한다) 제39조 제1항에서 영업자가 그 영업을 양도한 경우에는 그 양수인은 그 영업자의 지위를 승계한다고 규정하고 있는 점에 비추어 식품위생법상 영업허가는 원칙적으로 대물적 허가의 성격을 가지며, 또 일반음식점 영업자가 법 제44조의 영업자의 준수사항을 위반함으로써 법 제75조 제1항에 따라 받게 되는 영업정지 등의 제재처분은 영업자 개인의 자격에 대한 제재가 아니라 영업의 전부나 일부에 대한 것으로서 대물적 처분의 성격을 갖고 있으므로, 위와 같은 지위승계에는 종전 일반음식점 영업자가 영업자의 준수사항을 위반함으로써 받게 되는 영업정지 등 제재처분의 승계가 포함되어 그 지위를 승계한 자에 대하여 영업정지 등의 제재처분을 취할 수 있다고 보아야 하고 할 것이다.

한편, 양수인이 영업자지위승계신고를 하였더라도 그로 인하여 영업양도·양수로 영업소에 관한 권리·의무가 양수인에게 이전하는 법률효과까지 부정되는 것은 아니라 할 것이다.

(6) 중간결론

따라서 사안의 경우 甲은 전 영업자인 丙으로부터 영업자지위승계를 받아 그 지위승계신고를 하였더라도 관할 구청장 A는 丙이 영업 중에 접대부를 고용하였다는 이유로 甲에 대하여 2월의 영업정지처분을 할 수 있다.

판례도 ㉠ "석유사업법 제9조 제3항 및 그 시행령이 규정하는 석유판매업의 적극적 등록요건과 제9

조 제4항, 제5조가 규정하는 소극적 결격사유 및 제9조 제4항, 제7조가 석유판매업자의 영업양도, 사망, 합병의 경우뿐만 아니라 경매 등의 절차에 따라 단순히 석유판매시설만의 인수가 이루어진 경우에도 석유판매업자의 지위승계를 인정하고 있는 점을 종합하여 보면, **석유판매업 등록은 원칙적으로 대물적 허가의 성격을 갖고**, 또 석유판매업자가 같은 법 제26조의 유사석유제품 판매금지를 위반함으로써 같은 법 제13조 제3항 제6호, 제1항 제11호에 따라 받게 되는 **사업정지 등의 제재처분은 사업자 개인의 자격에 대한 제재가 아니라 사업의 전부나 일부에 대한 것으로서 대물적 처분의 성격을 갖고 있으므로**, 위와 같은 지위승계에는 종전 석유판매업자가 유사석유제품을 판매함으로써 받게 되는 사업정지 등 제재처분의 승계가 포함되어 그 지위를 승계한 자에 대하여 사업정지 등의 제재처분을 취할 수 있다고 보아야 하고, 같은 법 제14조 제1항 소정의 **과징금은** 해당 사업자에게 경제적 부담을 주어 행정상의 제재 및 감독의 효과를 달성함과 동시에 그 사업자와 거래관계에 있는 일반 국민의 불편을 해소시켜 준다는 취지에서 **사업정지처분에 갈음하여 부과되는 것일 뿐이므로, 지위승계의 효과에 있어서 과징금부과처분을 사업정지처분과 달리 볼 이유가 없다**고 판시(대판 2003.10.23, 2003두8005)하였으며, ㉡ "구 공중위생관리법 제3조 제2항에서 공중위생업자가 영업소를 개설한 후 시장 등에게 영업소 개설 사실을 통보하도록 규정하는 외에 공중위생영업에 대한 어떠한 제한 규정도 두고 있지 아니한 것은 **공중위생영업의 양도가 가능함을 전제로 한 것이라 할 것이므로, 양수인이 그 양수 후에 행정청에 새로운 영업소개설통보를 하였다 하더라도, 그로 인하여 영업양도·양수로 영업소에 관한 권리·의무가 양수인에게 이전하는 법률효과까지 부정되는 것은 아니라 할 것인 바, 만일 어떠한 공중위생영업에 대하여 그 영업을 정지할 위법사유가 있다면, 관할 행정청은 그 영업이 양도·양수되었다 하더라도 그 업소의 양수인에 대하여 영업정지처분을 할 수 있다**고 봄이 상당하다"고 판시(대판 2003.3.14, 2003두353; 대판 2001.6.29, 2001두1611)하고 있다.

3. 행정 제재처분 효과의 승계 여부

(1) 문제의 소재

영업자 지위승계규정이 있으면 양수인은 지위승계로 별도의 허가를 받지 않고 지위승계의 신고로서 허가받은 사업자로서의 지위, 즉 양도인의 권리·의무 내지 인·허가의 조건이나 부담 등을 승계취득 하는 효과가 발생한다. 그러나 이러한 영업자의 지위승계규정만으로 양도자의 권리·의무의 법적 지위와 함께 행정 제재처분의 효과도 당연히 승계된다고 할 수 없다. 따라서 행정 제재처분 효과의 승계를 인정하기 위해서는 개별법에서 명문의 규정을 두어야 할 것이다.

(2) 식품접객업에 있어서 행정 제재처분 효과의 승계

그런데 식품위생법에서는 행정 제재처분 효과의 승계를 인정하고 있다. 즉, 식품위생법 제78조는 "영업자가 영업을 양도하거나 법인이 합병되는 경우에는 법 제75조 제1항 각호, 같은 조 제2항 또는 법 제76조 각호를 위반한 사유로 종전의 영업자에게 행한 행정제재처분의 효과는 그 처분기간이 끝난 날부터 1년간 양수인이나 합병 후 존속하는 법인에 승계되며, 행정제재처분절차가 진행 중인 경우에는 양수인이나 합병 후 존속하는 법인에 대하여 행정 제재처분 절차를 계속할 수 있다. 다만 양수인이나 합병 후 존속하는 법인이 양수하거나 합병할 때에 그 처분 또는 위반 사실을 알지 못하였음을 증명하는 때에는 그러하지 아니하다."고 규정하여 일정한 조건하에 일정한 범위 내에서 행정 제재처분 효과의 승계를 인정하고 있다.

(3) 식품위생법 제82조의 과징금의 법적 성질과 행정제재처분

원래의 의미의 과징금은 행정상 의무위반으로 인한 경제적 이득을 환수하려는 부당이득 환수적인 것이었지만, 행정상 의무위반자에게 경제적 부담을 주어 행정상 제재 및 감독의 효과를 달성함과 동시에 주민의 생활, 국민경제 기타 공익에 현저한 지장을 초래할 우려가 있다고 인정되는 경우에 사업정지 등에 갈음하여 부과하는 행정제재금으로서 변형된 형태의 과징금도 있는바, 사안의 식품위생법 제82조 규정에 의한 과징금부과처분은 해당 영업자에게 경제적 부담을 주어 행정상의 제재 및 감독의 효과를 달성함과 동시에 그 영업자와 거래관계에 있는 일반 국민의 불편을 해소시켜 준다는 취지에서 영업정지처분에 갈음하여 부과되는 것일 뿐이므로, 지위승계의 효과에 있어서 과징금부과처분을 업무정지처분과 달리 볼 이유가 없다.

(4) 중간결론

A가 丙에게 사안과 같은 이유로 영업정지처분에 갈음하는 과징금부과처분을 한 후에 甲이 영업을 양수하고 지위승계신고를 하였더라도 식품위생법 제78조가 규정하고 있는 일정한 범위 내에서 일정한 조건하에 丙의 영업자지위를 승계한 甲은 丙에게 부과된 위 과징금을 납부하여야 한다.

4. 소결

사안의 경우에는 제재적 행정처분의 승계가 인정되어 甲이 전 영업자인 丙으로부터 영업자지위승계를 받아 신고한 경우라도 A는 丙이 영업 중에 접대부를 고용하였다는 이유로 甲에 대하여 2월의 영업정지처분을 할 수 있고, 법 제78조에 의하여 제재적 행정처분 효과의 승계를 인정하고 있으므로 A가 丙에게 과징금부과처분을 한 후에 甲이 영업을 양수하고 지위승계신고를 한 경우에도 법 제78조에 따른 제재적 행정처분 효과의 승계가 인정되는 한도 내에서 甲은 丙에게 부과되었던 과징금을 납부하여야 한다.

Ⅳ. 설문 (3)의 해결

1. 문제의 소재

(1) 취소소송의 적법요건

행정청의 처분에 대한 취소를 구하는 소가 적법하기 위해서는 i) 본안판결을 받을 법률상 이익으로서의 대상적격(행정소송법 제1조, 제19조, 제2조)과 원고적격(동법 제12조)이 있어야 하고, ii) 피고적격(동법 제13조), iii) 제소기간(동법 제20조), iv) 임의적 행정심판 및 예외적 행정심판전치주의(동법 제18조), v) 관할(동법 제9조) 등의 요건을 갖추어야 한다.

(2) 문제점

사안과 같은 일부인용이행(처분변경명령)재결의 경우 무엇을 취소소송의 대상으로 볼 것인가에 따라 제소기간과 피고가 달라지므로 경우에 따라서는 제소기간을 도과하거나 피고적격에 반하는 부적법한 소가 될 수 있어 문제된다.

2. 취소소송의 대상

(1) 원처분주의

취소소송의 대상은 '처분등'이다(행정소송법 제19조). 여기서 처분등이라 함은 처분과 행정심판의 재결을 말한다(제2조 제1호). 원처분이나 이에 대한 재결은 모두 행정청의 공권력적인 행위로 취소소송의 대상이나 양자 모두를 동시에 소송의 대상으로 허용하면 판결의 모순저촉이나 소송경제에 반하는 문제가 발생하므로 일정한 제한을 할 필요가 있는데, 이는 입법정책의 문제이다. 우리 행정소송법 제19조는 처분에 대하여 행정심판을 거친 때에는 원칙적으로 처분을 항고소송의 대상으로 하고 재결 자체에 고유한 위법이 있음을 이유로 하는 경우에 한하여 재결을 대상으로 한다고 규정하여 원처분주의를 채택하고 있다.

(2) 사안의 경우

그런데 사안의 경우 재결청은 2월의 영업정지처분을 1월의 영업정지에 갈음하는 과징금부과처분으로 변경하라는 일부인용이행재결을 하였다. 그런데 일부인용재결의 경우 소의 대상이 무엇인지에 대해서는 원처분이라는 견해와 재결이라는 견해가 대립하고 있고, 후자의 견해에 따르면 일부인용이행재결의 경우에는 다시 그 재결과 재결의 취지에 따른 후속처분 중 어느 것이 소송의 대상이 되는지도 문제되므로, 이에 대해서 살펴본 후 사안과 같이 이행재결과 일부인용재결이 결합된 일부인용이행재결의 경우 소의 대상이 무엇인지를 검토하여 제소기간과 피고적격 준수 여부를 검토하여 소의 적법 여부를 판단하여야 한다.

3. 일부인용재결 내지 수정재결의 경우 소의 대상

(1) 학설

이에 대하여 학설은 i) 일부인용재결이나 수정재결의 경우 원처분의 본체 내지 기초는 변형된 형태로 남아 있기 때문에 원처분주의 원칙에 따라 **일부취소되고 남은 원처분이나 수정된 원처분**이 소송의 대상이라는 견해와 ii) 재결이 원처분을 완전히 대체하는 새로운 처분이므로 재결청이 피고가 되고 **일부인용재결이나 수정재결**이 취소소송의 대상이 되어야 한다는 견해가 대립하고 있다.

(2) 판례

대법원은 감봉 1월의 징계처분을 소청심사위원회가 견책처분으로 변경한 재결에 대한 취소소송에서 "징계혐의자에 대한 감봉 1월의 징계처분을 견책으로 변경한 소청결정 중 그를 견책에 처한 조치는 재량권의 남용 또는 일탈로서 위법하다는 사유는 소청결정 자체에 고유한 위법을 주장하는 것으로 볼 수 없어 소청결정의 취소사유가 될 수 없다"고 하였고(대판 1993.8.24. 93누5673), 해임처분을 소청심사위원회가 정직 2월로 변경한 경우 원처분청을 상대로 정직 2월의 처분에 대한 취소소송을 제기한 사건에서는 본안판단을 하여(대판 1997.11.14. 97누7325), 감경되고 남은 원처분을 상대로 원처분청을 피고로 하여 소송을 제기하여야 하는 것으로 보고 있다.

(3) 검토

살피건대 재결청이 원처분의 상대방에게 원처분보다 유리하게 변경처분을 하는 경우에는 그 변경처분은 원처분의 일부취소로 보아야 할 것이므로 감경되고 남은 원처분을 소송대상으로 삼아야 할 것이나, 수정재결로 인하여 원처분보다 더욱 불리하게 된 경우라면 수정재결 자체에 고유한 위법이 있는 것으로 볼 수 있어 행정소송법 제19조 단서에 따라 수정재결을 소송의 대상으로 삼는 것이 타당하다고 할 것이다.

4. 이행(처분변경명령)재결의 경우 소의 대상

(1) 문제점

처분변경명령(이행)재결의 경우에는 재결의 취지에 따른 행정청의 후속처분이 있게 되므로 이행재결과 후속처분 중 어느 것이 항고소송의 대상이 되는지 문제된다.

(2) 학설

이에 대하여 학설은 ⅰ) 재결에 따른 행정청의 처분은 재결의 기속력(행정심판법 제37조 제1항)에 의한 부차적인 처분에 지나지 않음을 이유로 **재결이라는 견해**와 ⅱ) 국민에 대한 구체적인 권익침해는 행정청의 후속처분에 의한 것임을 이유로 **후속처분이라는 견해**, ⅲ) 모두 독립된 처분임을 이유로 **양자 모두 항고소송의 대상이 될 수 있다는 견해**가 대립한다.

(3) 판례

대법원은 이행재결의 경우 "행정심판법 제37조 제1항의 규정에 의하면 재결은 피청구인인 행정청을 기속하는 효력을 가지므로 재결청이 취소심판의 청구가 이유 있다고 인정하여 처분청에게 처분을 취소할 것을 명하면 처분청으로서는 그 재결의 취지에 따라 처분을 취소하여야 하지만, 그렇다고 하여 그 재결의 취지에 따른 취소처분이 위법할 경우 그 취소처분의 상대방이 이를 항고소송으로 다툴 수 없는 것은 아니다. 또 위와 같은 취소처분의 상대방이 재결 자체를 다투는 별소를 제기하였고 그 소송에서 판결이 확정되지 아니하였다 하여 재결의 취지에 따른 취소처분의 취소를 구하는 항고소송사건을 심리하는 법원으로서는 그 청구의 당부를 판단할 수 없는 것이라고 할 수도 없다"고 판시(대판 1993.9.28. 92누15093)하고 있다.

(4) 검토

살피건대 이행재결의 취지에 따른 처분청의 후속처분이 있는 경우에는 후속처분에 의해서 국민의 권익침해가 직접적·구체적으로 현실화되므로 후속처분이 항고소송의 대상이 된다고 보아야 할 것이다. 다만 이행재결 후 아직 후속처분이 행해지지 아니한 경우에는 이행재결도 독립한 행정처분이고 이행재결이 처분청에 대한 취소명령을 내용으로 한다고 하더라도 이행재결의 기속력에 따른 처분청의 후속처분이 당연히 예상되며, 이러한 후속처분의 위험은 구체적이고 현실적인 것이라 할 것이므로 이행재결 자체에 고유한 위법이 있는 한 이행재결 역시 항고소송의 대상이 될 수 있다고 보는 것이 타당하다고 할 것이다.

5. 일부인용이행재결의 경우

(1) 문제점

일부인용이행재결의 경우 원처분과 일부인용이행재결 및 그 일부인용이행재결에 따른 후속변경처분 중 어느 것이 항고소송의 대상이 되는지 문제된다.

(2) 판례

대법원은 식품위생법위반 과징금부과처분취소를 구하는 사건에서, "행정청이 식품위생법령에 기하여 영업자에 대하여 행정제재처분을 한 후 그 처분을 영업자에게 유리하게 변경하는 처분을 한 경우(이하 처음의 처분을 '당초처분', 나중의 처분을 '변경처분'이라 한다), 변경처분에 의하여 당초처분은 소멸하는 것이 아니고 당초부터 유리하게 변경된 내용의 처분으로 존재하는 것이므로, 변경처분에 의하여 유리하게 변경된 내용의 행정제재가 위법하다 하여 그 취소를 구하는 경우 그 취소소송의 대상은 변경된 내용의 당초처분이지 변경처분은 아니고, 제소기간의 준수 여부도 변경처분이 아닌 변경된 내용의 당초처분을 기준으로 판단하여야 한다"고 판시(대판 2007.4.27. 2004두9302)하였다.

(3) 검토

앞에서 살펴본 바와 같이 이행재결의 경우 후속변경처분이 있다면 후속변경처분이 소의 대상이고 일부인용재결의 경우에는 원처분이 소의 대상인 바, 일부인용재결(유리하게 변경된 경우 원처분이 소의 대상)과 이행재결(후속변경처분이 있는 경우 후속변경처분의 소의 대상)이 결합된 일부인용이행재결의 경우 소의 대상은 후속변경처분이 아니라 감경되고 남은 원처분을 대상으로 원처분청을 피고로 하여 소송을 제기하여야 할 것이다.

6. 결론

甲은 일부인용이행재결의 후속변경처분인 2008.3.13.자 과징금부과처분이 아니라 일부취소되고 남은 원처분인 2007.12.26.자 2월의 영업정지처분을 대상으로 취소소송을 제기하여야 하며, 제소기간의 준수여부도 원처분을 기준으로 판단하여야 한다. 한편 취소소송은 처분이 있음을 안 날부터 90일 이내에 제기하여야 하고(행정소송법 제20조 제1항), 행정심판을 거쳐 취소소송을 제기하는 경우 제소기간 준수여부는 동 조항 단서에 따라 재결서의 정본을 송달받은 날인 2008.3.10.부터 기산하여야 하는바, 2008.6.12.에 제기한 사안의 소는 甲이 위 재결서의 정본을 송달받은 날(2008.3.10.)부터 90일이 경과하여 소를 제기하였으므로 결국 이 소는 제소기간을 경과하여 제기된 소로써 부적법하다.

〈관련판례〉 대법원은 사안과 같은 사건에서 "원심이 확정한 사실관계 및 기록에 의하면, 피고는 2002. 12. 26. 원고에 대하여 3월의 영업정지처분이라는 이 사건 당초처분을 하였고, 이에 대하여 원고가 행정심판청구를 하자 재결청은 2003. 3. 6. "피고가 2002. 12. 26. 원고에 대하여 한 3월의 영업정지처분을 2월의 영업정지에 갈음하는 과징금부과처분으로 변경하라"는 일부기각(일부인용)의 이행재결을 하였으며, 2003. 3. 10. 그 재결서 정본이 원고에게 도달한 사실, 피고는 위 재결취지에 따라 2003. 3. 13. "3월의 영업정지처분을 과징금 560만 원으로 변경한다"는 취지의 이 사건 후속 변경처분을 함으로써 이 사건 당초처분을 원고에게 유리하게 변경하는 처분을 하였으며, 원고는 2003. 6. 12. 이 사건 소를 제기하면서 청구취지로써 2003. 3. 13.자 과징금부과처분의 취소를 구하고 있음을 알 수 있다. 앞서 본 법리에 비추어 보면, 이 사건 후속 변경처분에 의하여 유리하게 변경된 내용의 행정제재인 과징금부과가 위법하다 하여 그 취소를 구하는 이 사건 소송에 있어서 위 청구취지는 이 사건 후속 변경처분에 의하여 당초부터 유리하게 변경되어 존속하는 2002. 12. 26.자 과징금부과처분의 취소를 구하고 있는 것으로 보아야 할 것이고, 일부기각(일부인용)의 이행재결에 따른 후속 변경처분에 의하여 변경된 내용의 당초처분의 취소를 구하는 이 사건 소 또한 행정심판재결서 정본을 송달받은 날로부터 90일 이내 제기되어야 하는데 원고가 위 재결서의 정본을 송달받은 날로부터 90일이 경과하여 이 사건 소를 제기하였다는 이유로 이 사건 소가 부적법하다고 판단한 원심판결은 정당하고, 상고이유는 받아들일 수 없다."고 판시(대판 2007.4.27. 2004두9302)하였다.

〈甲의 청구취지와 법원의 조치〉 한편 甲은 후속 변경처분에 의하여 당초부터 유리하게 변경되어 존속하는 2007. 12. 26.자 과징금부과처분의 취소를 구하여야 함에도 불구하고, 후속 변경처분인 2008. 3. 13.자 과징금부과처분의 취소를 구하는 소를 제기하고 있는바, 甲의 청구취지는 후속 변경처분에 의하여 당초부터 유리하게 변경되어 존속하는 2007. 12. 26.자 과징금부과처분의 취소를 구하고 있는 것으로 보아야 할 것이고, 이와 같은 경우 법원으로서는 마땅히 원고에게 석명을 구하여 어느 쪽의 행위를 소송의 대상으로 하는 것인지를 확정한 후에 심리를 하여야 할 것이다. 판례도 "원고가 항고소송의 대상이 되지 아니한 행위를 항고소송의 대상으로 적시하고 있을지라도 그 당시 같은 피고가 항고소송의 대상이 되지 아니한 행위 이외에 항고소송의 대상이 되는 행위도 이를 하였고, 위와 같이 피고가 두 가지 행위를 하였음이 기록상 나타나 있다면 원고가 피고의 위 두 가지 행위 중 굳이 항고소송의 대상이 되지 아니하는 행위만을 소송의 대상으로 삼겠다고 고집하는 바가 없는 이상, 원고가 항고소송의 대상이 되지 아니하는 행위만을 소송의 대상으로 삼는 것이라 단정하는 것은 부당하고, 오히려 항고소송의 대상이 되는 행위를 소송의 대상으로 삼으려는 의도를 가지고 있다고 보는 것이 합리적이므로 법원으로서는 마땅히 원고에게 석명을 구하여 어느 쪽의 행위를 소송의 대상으로 하는 것인지를 확정한 후에 심리를 하여야 할 것이다"고 판시(대판 2007.4.27. 2004두9302; 대판 1994.2.22. 93누21156; 대판 1992.3.13. 91누5372; 대판 1986.7.8. 84누653)하고 있다.

V. 사안의 해결

설문 (1)의 경우 영업자지위승계신고는 이른바 행위요건적 신고로서 수리를 요하는 신고이고, 이를 수리하는 행위는 종전의 영업자의 권익을 제한하는 행정처분이다.

설문 (2)의 경우 甲이 전 영업자인 丙으로부터 영업자지위승계를 받아 신고하였더라도 제재적 행정처분이 승계되어 A는 丙이 영업 중에 접대부를 고용하였다는 이유로 甲에 대하여 2월의 영업정지처분을 할 수 있고, A가 丙에게 위와 같은 이유로 과징금부과처분을 한 후에 甲이 영업을 양수하고 지위승계신고를 하였더라도 식품위생법 제78조의 범위 내에서는 이러한 과징금부과처분 효과도 승계될 수 있다.

설문 (3)의 경우 후속 변경처분에 의하여 유리하게 변경된 내용의 행정제재인 과징금부과가 위법하다 하여 그 취소를 구하는 소송에 있어서 소의 대상은 후속 변경처분에 의하여 당초부터 유리하게 변경되어 존속하는 2007. 12. 26.자 과징금부과처분이므로, 일부인용의 이행재결에 따른 후속 변경처분에 의하여 변경된 내용의 당초 처분의 취소를 구하는 소 또한 행정심판재결서 정본을 송달받은 날로부터 90일 이내 제기되어야 하는바(행정소송법 제20조 제1항), 2008. 6. 12.에 제기한 사안의 소는 甲이 위 재결서의 정본을 송달받은 날(2008.3.10.)부터 90일이 경과하여 소를 제기하였으므로 부적법하다.

〈사례연습 9〉 무효등확인소송에서의 원고적격 등

甲은 식품위생법상의 식품접객업영업허가를 받아 유흥주점을 영위하여 오다가 17세의 가출 여학생을 고용하던 중, 식품위생법 제44조 제2항 제1호의 "청소년을 유흥접객원으로 고용하여 유흥행위를 하게 하는 행위"를 한 것으로 적발되었다. 관할행정청이 제재처분을 하기에 앞서 甲은 乙에게 영업관리권만을 위임하였는데 乙은 甲의 인장과 관계서류를 위조하여 관할 행정청에 영업자지위승계 신고를 하였고, 그 신고가 수리되었다.(2009년도 행정고시 일반행정 제1문)

(1) 영업자지위승계신고 및 수리의 법적 성질을 검토하시오. (10점)

(2) 甲은 관할 행정청의 영업자지위승계신고의 수리에 대하여 무효확인소송을 제기할 수 있는지 검토하시오. (15점)

(3) 만약 甲과 乙간의 영업양도가 유효하고 영업자지위승계신고의 수리가 적법하게 이루어졌다고 가정할 경우, 관할 행정청이 甲의 위반행위를 이유로 乙에게 3개월의 영업정지 처분을 하였다면, 그 처분은 적법한지 검토하시오. (15점)

[관련논점]

— 영업자지위승계신고 및 그 수리의 법적 성질

— 무효확인소송에서의 원고적격

— 제재적 행정처분의 승계 여부 및 제재적 행정처분의 위법성판단

[답안구성]

Ⅰ. 논점의 정리
Ⅱ. 설문 (1)의 해결
Ⅲ. 설문 (2)의 해결
1. 문제의 소재
2. 행정소송법 제35조 소정의 "확인을 구할 법률상 이익"의 의미
(1) 문제점
(2) 학설
1) 즉시확정이익설
2) 법적보호이익설
(3) 판례
1) 종래 판례의 태도
2) 변경된 판례의 태도
(4) 검토
3. 소결
Ⅳ. 설문 (3)의 해결
1. 제재적 행정처분의 승계 여부
2. 당해 3개월 영업정지처분의 적법 여부
(1) 문제점
(2) 제재적 행정처분에 있어 재량권의 일탈·남용

Ⅰ. 논점의 정리

설문 (1)의 경우 영업자지위승계신고가 사인의 공법행위로서 수리를 요하는 신고인지 및 그 수리의 행정처분성 여부가 문제된다.

설문 (2)의 경우에는 乙의 위법한 신고에 기초한 관할 행정청의 하자있는 수리에 대하여 甲이 무효확인소송을 제기할 원고적격이 있는지(행정소송법 제35조)를 살펴보아야 한다.

설문 (3)의 경우에는 유효한 영업양도로서의 지위승계에 제재적 행정처분의 승계가 포함될 수 있는지를 검토하여 당해 처분의 적법 여부를 규명하여야 한다.

Ⅱ. 설문 (1)의 해결

이에 대하여는 앞의 〈사례연습 8〉 설문(1)의 해결을 참조하라.

Ⅲ. 설문 (2)의 해결

1. 문제의 소재

설문의 경우 무효확인소송을 제기할 수 있으려면, 소의 대상적격과 원고적격이 있어야 하는바, 乙이 甲의 인장과 관계서류를 위조하여 관할 행정청에 영업자지위승계 신고를 하였고 관할청이 이를 수리하는 행위는 종전의 영업자의 권익을 침해하는 항고소송의 대상이 되는 행정처분이므로 소의 대상적격은 인정된다. 문제는 甲에게 행정소송법 제35조 소정의 원고적격이 있는지 여부이다.

2. 행정소송법 제35조 소정의 "확인을 구할 법률상 이익"의 의미

(1) 문제점

행정소송법 제35조는 원고적격과 관련하여 "무효등확인소송은 처분등의 효력 유무 또는 존재 여부의 확인을 구할 법률상 이익이 있는 자가 제기할 수 있다"고 규정하고 있는바, 이때의 "확인을 구할 법률상 이익"이 무엇을 의미하는지에 대하여 견해가 갈리고 있다.

(2) 학설

1) 즉시확정이익설

확인소송의 보충성을 논거로 민사소송에서의 확인의 이익과 같은 즉시확정의 법률상 이익으로 이해한다. 한편 취소소송의 경우와는 달리 행정소송법 제35조는 원고적격에 대한 규정일 뿐만 아니라 협의의 소의 이익에 관한 의미도 가지고 있다고 보아 이 설을 취하는 견해도 있다.

2) 법적보호이익설

항고소송에서의 확인의 이익은 처분을 다툰다는 의미에서 확인의 이익으로 해석할 뿐이므로 민사소송에서의 확인의 이익보다 넓은 개념으로 이해해야 한다고 한다.

(3) 판례

1) 종래 판례의 태도

종래 대법원은 무효확인소송이 확인소송으로서의 성질을 가지고 있으므로 민사소송에서의 확인의 소와 마찬가지로 '보충성에 관한 확인의 이익'을 갖추어야 한다고 보아, 민사소송에서 과세처분의 무효를 전제로 기납세금에 대한 부당이득반환을 청구하거나(전합 1982.3.23. 80누476; 대판 1992.9.8. 92누4383 등), 공무원면직처분의 무효를 전제로 급료청구 또는 손해배상청구를 할 수 있으므로(대판 1991.6.28. 90누9346; 대판 1993.1.15. 91누5747) 이러한 경우 당해 처분에 대한 무효확인소송을 제기할 확인의 이익이 없다고 하였다.

2) 변경된 판례의 태도

그러나 최근 대법원은 전원합의체판결로서 이러한 견해를 변경하여 "① 행정소송은 행정청의 위법한 처분등을 취소·변경하거나 그 효력 유무 또는 존재 여부를 확인함으로써 국민의 권리 또는 이익의 침해를 구제하고, 공법상의 권리관계 또는 법적용에 관한 다툼을 적정하게 해결함을 목적으로 하는 것이므로, 대등한 주체 사이의 사법상 생활관계에 관한 분쟁을 심판대상으로 하는 민사소송과는 그 목적, 취지 및 기능 등을 달리한다. 또한 ② 행정소송법 제4조에서는 무효확인소송을 항고소송의 일종으로 규정하고 있고, ③ 행정소송법 제38조 제1항에서는 처분등을 취소하는 확정판결의 기속력 및 행정청의 재처분의무에 관한 행정소송법 제30조를 무효확인소송에도 준용하고 있으므로 무효확인판결 자체만으로도 실효성을 확보할 수 있다. 그리고 ④ 무효확인소송의 보충성을 규정하고 있는 외국의 일부 입법례와는 달리 우리나라 행정소송법에는 명문의 규정이 없어 이로 인한 명시적 제한이 존재하지 않는다. ⑤ 이와 같은 사정을 비롯하여 행정에 대한 사법통제, 권익구제의 확대와 같은 행정소송의 기능 등을 종합하여 보면, 행정처분의 근거 법률에 의하여 보호되는 직접적이고 구체적인 이익이 있는 경우에는 행정소송법 제35조에 규정된 '무효확인을 구할 법률상 이익'이 있다고 보아야 하고, 이와 별도로 무효확인소송의 보충성이 요구되는 것은 아니므로 행정처분의 무효를 전제로 한 이행소송 등과 같은 직접적인 구제수단이 있는지 여부를 따질 필요가 없다고 해석함이 상당하다"고 판시(전합 2008.3.20. 2007두6342)하였다.

(4) 검토

행정소송법 제35조의 해석문제는 행정처분에 관한 무효확인소송의 성질과 기능 등을 바탕으로 한 입법정책적 결단과 관련이 있는 것이다. 즉, 하자있는 행정행위가 무효인지 취소인지는 상대적인 것이므로 그 하자가 중대하고 명백하여 무효임이 입증될 때까지 여전히 행정행위의 공정력을 인정할 것인지 여부에 따라 무효확인소송을 민사소송으로 규정할 것인지 아니면 항고소송으로 규정할 것인지는 입법정책의 문제이다. 그리하여 예컨대 일본 행정사건법은 무효등확인소송을 일반적인 확인소송으로 규정하고 있지만, 우리 행정소송법은 독일(행정법원법 제43조 제2항 제2문)처럼 무효등확인소송을 공정력을 깨뜨리는 절차인 항고소송으로 규정하고 있다. 그럼에도 불구하고 종래의 대법원은 무효등확인소송에 관하여 특별한 규정을 두지 아니한 구 행정소송법 아래서의 판단을 무효확인소송을 항고소송으로 규정(1984년 개정)한 현행 행정소송법 아래에서도 여전히 답습하고 있었던 것으로 보인다.

즉, 공사법이원체계의 법제도 아래서는 공익실현이라는 행정목적의 능률적 수행을 위하여 행정청으로 하여금 우월적 의사에 기한 행위를 하도록 하고, 비록 그 행정행위에 하자가 있더라도 그것이 당연무효가 아닌 한 권한 있는 기관이 그 위법성을 확인하여 위법상태를 배제할 때까지 잠정적으로 사실상 그 적법성을 추정하여 유효하게 통용시키는 효력인 공정력이 인정되고, 이에 부응하여 공정력을 깨뜨리는 절차로서의 특수한 쟁송인 항고쟁송을 제기할 수 있는 자를 처분 등의 취소나 무효 또는 부작위위법의 확인을 구할 법률상 이익이 있는 자로 제한하고 있다(행정소송법 제12조, 제35조, 제36조; 행정심판법 제9조). 따라서 하자있는 행정행위의 위법성을 확인하여 적극적·소극적 위법상태를 배제하는 소송인 항고소송으로서의 무효확인소송은 당사자의 권리·의무의 존부를 공권적으로 확인하는 소송인 민사소송과는 그 목적, 취지 및 기능 등을 달리하여 그 성질을 민사소송과 동일하게 볼 수 없고, 행정소송법 제38조 제1항에서는 처분등을 취소하는 확정판결의 기속력에 관한 행정소송법 제30조를 무효확인소송에도 준용하고 있어서 무효확인판결 자체만으로도 상대방의 법률상 지위에 대한 현존하는 불안을 해소하는데 유효·적절한 수단이 될 수 있으므로, 무효등 확인을 구할 법률상 이익이 존재하기 위해서는 다른 항고소송에서와 마찬가지로 처분등으로 인하여 법률상 직접 보호되는 개별적·구체적 이익(원고적격으로서의 법률상 이익)에 대한 침해 또는 침해우려가 있어 소송을 통해 그러한 불이익을 제거할 현실적 필요성(불문의 소송요건으로서 권리보호필요성)이 있는 경우에는 행정소송법 제35조에 규정된 '확인을 구할 법률상 이익'이 있다고 보아야 하고, 행정처분의 무효를 전제로 한 이행소송 등과 같은 직접적인 구제수단이 있는지 여부를 따질 필요가 없다고 보아야 할 것이다.

3. 소결

사안의 경우 乙이 甲의 인장과 관계서류를 위조하여 관할 행정청에 영업자지위승계 신고를 하였는바, 그러한 신고를 수리하는 처분은 영업허가자인 甲의 영업의 자유 내지 재산권을 현실적으로 침해하는 처분이므로 민사쟁송으로 영업의 양도·양수행위의 무효를 구함이 없이 막바로 허가관청을 상대로 하여 항소소송으로서 영업자지위승계신고수리처분의 무효확인을 구할 법률상 이익이 있다고 할 것이다.

Ⅳ. 설문 (3)의 해결

1. 제재적 행정처분의 승계 여부

이에 대하여는 앞의 〈사례연습 8〉 설문 (2)의 해결을 참조하라.

2. 당해 3개월 영업정지처분의 적법 여부

(1) 문제점

사안의 영업정지처분의 적법 여부를 판단함에 있어서는 우선 당해 처분이 기속행위인지 재량행위인지를 규명하여야 한다. 왜냐하면 당해 행정처분이 기속행위인지 재량행위인지에 따라 그 위법성판단방법을 달리하기 때문이다. 그러나 본 문제의 경우에는 참조조문이 주어지지 않았으므로 제재적 행정처분이 기속행위인지 재량행위인지에 대한 명확한 판단이 불가능하다. 다만—출제자의 의도를 선해하여—일반적으로 제재적 행정처분은 각 개별법의 규범구조상 위반행위의 유형이나 정도 등 구체적 사정에 따라 행해지는 재량행위의 성질을 가지므로 이를 전제로 당해 영업정지처분의 적법 여부를 판단하기로 한다.

(2) 제재적 행정처분에 있어 재량권의 일탈 · 남용의 판단기준

제재적 행정처분의 승계가 가능하다 하더라도 제재적 행정처분은 재량행위의 성질을 가지는바, 행정청이 양수인에 대한 제재적 행정처분을 함에 있어서는 그 제재적 처분의 근거 법조에 의하여 달성하고자 하는 공익목적과 제재적 행정처분으로 인하여 상대방이 입게 될 불이익을 비교 · 형량하여 행하여야 하고, 처분으로 인한 공익상 필요보다 상대방이 입게 될 불이익이 막대한 경우에는 재량권의 일탈 · 남용으로 위법하게 된다. 이 경우 제재적 행정처분의 상대방이 입게 될 불이익을 판단함에 있어서는 양수인이 양도인의 행정법규위반 사실을 모르고 양수했다는 점을 참작할 수 있다(대판 1992.2.25, 91누13106; 대판 1991.11.8, 91누4973 등 참조).

3. 소결

사안의 경우 제재적 행정처분으로서의 3개월의 영업정지처분은 대물적 처분이고, 설문의 경우 甲과 乙간의 영업양도가 유효하고 영업자지위승계신고의 수리가 적법하게 이루어졌다고 가정하고 있으므로 영업자 지위승계에는 제재처분의 승계가 포함되어 그 지위를 승계한 자에 영업정지 등의 제재처분을 할 수 있다고 할 것이다.

나아가 관할 행정청이 甲의 위반행위를 이유로 乙에게 3개월의 영업정지 처분을 하였다면, 처분으로 인한 공익상 필요보다 상대방이 입게 될 불이익이 막대한 경우가 아닌 한 당해 처분은 적법하다 할 것이다.

V. 사안의 해결

설문 (1)의 경우 영업자지위승계신고는 이른바 행위요건적 신고이고, 이를 수리하는 행위는 종전의 영업자의 권익을 제한하는 행정처분이다.

설문 (2)의 경우 영업신고 수리행위는 영업허가자인 甲의 영업권을 현실적으로 침해하는 처분이므로 민사쟁송으로 영업의 양도 · 양수행위의 무효를 구함이 없이 막바로 허가관청을 상대로 하여 항소소송으로서 영업자지위승계신고수리처분의 무효확인을 구할 법률상 이익이 있다.

설문 (3)의 경우 영업정지처분은 대물적 처분이고, 甲과 乙간의 영업양도가 유효하고 영업자지위승계신고의 수리가 적법하게 이루어졌다고 가정하고 있으므로 영업자 지위승계에는 제재처분의 승계가 포함되어 그 지위를 승계한 자에 영업정지 등의 제재처분을 할 수 있고, 그 처분으로 인한 공익상 필요보다 상대방이 입게 될 불이익이 막대한 경우가 아닌 한 당해 처분은 적법하다.

〈사례연습 10〉 소청심사위원회의 법적 지위와 처분변경명령재결의 효력 등

A장관은 소속 일반직공무원인 甲이 '재직 중 국가공무원법 제61조 제1항을 위반하여 금품을 받았다'는 이유로 적법한 징계절차를 거쳐 2008.4.3. 甲에 대해 해임처분을 하였고, 甲은 2008.4.8. 해임처분서를 송달받았다. 이에 甲은 소청심사위원회에 이 해임처분이 위법·부당하다고 주장하며 소청심사를 청구하였다. 소청심사위원회는 2008.7.25. 해임을 3개월의 정직처분으로 변경하라는 처분명령재결을 하였고, 甲은 2008.7.30.재결서를 송달받았다. A장관은 2008.8.5. 甲에 대해 정직처분을 하였다. 2008.8.10. 정직처분서를 송달받은 甲은 취소소송을 제기하고자 한다.(2009년도 사법시험 제2문의1)

(1) 소청심사위원회의 법적 지위와 처분변경명령재결의 효력을 설명하시오.(10점)

(2) 처분을 대상으로 취소소송을 제기하는 경우 어떠한 처분을 대상으로 할 것인가? 또 이 취소소송에서 어느 시점을 제소기간 준수여부의 기준시점으로 하여야 하는가? (20점)

[관련논점]

— 소청심사위원회의 법적 지위와 처분명령재결의 효력

— 일부인용이행재결에서의 소의 대상과 제소기간

[답안구성]

Ⅰ. **논점의 정리**
Ⅱ. **설문 (1)의 해결**
1. 소청심사위원회의 법적 지위
(1) 예외적 행정심판 전치주의
(2) 행정심판법상 행정심판기관
(3) 소청심사위원회의 법적 지위
2. 처분변경명령재결의 효력
(1) 재결의 의의 및 성질
(2) 재결의 일반적 효력
(3) 처분변경명령재결의 효력
Ⅲ. **설문 (2)의 해결**
1.~ 4. 〈생략〉
5. 결론
Ⅳ. **사안의 해결**

Ⅰ. 논점의 정리

설문 (1)에서는 소청심사위원회가 행정심판기관으로서 재결청으로서의 지위를 가지는지와 처분변경명령재결의 효력을 검토하여야 한다.

설문 (2)에서는 일부인용이행재결의 경우 취소소송의 대상이 무엇인지가 행정소송법 제19조와 관련하여 살펴보고, 그 대상이 무엇인지에 따라 제소기간 준수여부를 판단하여야 한다.

Ⅱ. 설문 (1)의 해결

1. 소청심사위원회의 법적 지위

(1) 예외적 행정심판 전치주의

1994년 개정 이전까지 행정심판전치주의를 취하고 있었으나 동 개정에 의해 다른 법률에 행정심판의 재결을 거치지 아니하면 취소소송을 제기할 수 없다는 규정이 있는 때를 제외하고는 원칙적으로 행정심판이 임의절차로 되었다(법 제18조 제1항).

(2) 행정심판법상 행정심판기관

행정심판기관은 청구인이 제기한 행정심판을 수리하여 이를 심리·의결하고 재결하는 기관을 말한다. 행정심판법은 행정청의 처분 또는 부작위에 대한 행정심판청구를 심리재결하기 위한 기관으로 해당 행정청의 직근 상급행정기관 소속에 행정심판위원회를 두도록 규정하고 있다(행정심판법 제5조 제1항). 다만 개별법에서 예외적 행정심판전치주의를 취하고 있는 경우 다양한 형태의 재결청이 존재한다.

(3) 소청심사위원회의 법적 지위

사안과 관련하여 개별법인 국가공무원법, 지방공무원법에서 예외적 행정심판전치주의를 취하고 있고, 공무원징계에 대한 불복절차로서의 소청은 예외적 행정심판전치주의에 해당하며(국가공무원법 제16조 제1항), 국가공무원법 제9조의 소청심사위원회는 재결청으로서의 지위를 갖는다.

2. 처분변경명령재결의 효력

(1) 재결의 의의 및 성질

재결은 청구인의 행정심판청구에 대하여 행정심판위원회가 심리와 의결을 거쳐서 최종적으로 청구내용에 대하여 판단하는 행위이다. 재결은 행정행위이며, 확인행위의 성질을 가지므로 확인행위의 성질상 기속행위로서 인정되고 있다.

(2) 재결의 일반적 효력

재결은 위원회가 청구인에게 재결서의 정본을 송달한 때에 그 효력이 발생하며(제38조 제2항), 그 내용에 따라 여러 효력이 발생한다. 재결은 행정행위로서의 성질을 가지므로 그 자체에 위법사유가 존재하면 행정소송 제기가 가능하게 된다. 그러나 제소기간이 경과하면 더 이상 그 효력을 다투지 못하게 된다(불가쟁력). 다만 재결은 준사법절차인 쟁송절차를 거쳐서 행해진 판단행위이므로 통상의 행정행위와는 달리 재결청이 스스로 자신의 결정을 취소나 변경할 수 없는 효력이 발생한다(불가변력).

(3) 처분변경명령재결의 효력

피청구인인 행정청이나 관계행정청으로 하여금 행정심판의 재결의 취지에 따라 행동해야 할 의무를 발생시키는 효력인 기속력(행정심판법 제37조 제1항)이 발생한다.

한편 사안과 같이 소청심사위원회의 처분변경명령재결이 있는 경우에는 처분청은 처분변경명령재결의 취지에 따라 변경처분을 할 의무가 있다(국가공무원법 제15조). 이 경우 처분청은 당해 재결의 내용을 준수해야 하며, 이에 모순되는 내용의 동일한 처분을 동일한 사실관계아래에서 동일한 사유로 반복할 수 없다.

Ⅲ. 설문 (2)의 해결

이에 대해서는 앞의 〈사례연습 8〉 설문 (3)의 해결을 참조하라.

1.~ 4. 〈생략〉

5. 결론

甲은 일부인용이행재결의 후속변경처분인 2008.8.5.자 3개월의 정직처분이 아니라 일부취소되고 남은 원처분인 2008.4.3.자 해임처분을 대상으로 취소소송을 제기하여야 하며, 제소기간의 준수여부도 원처분인 해임처분을 기준으로 판단하여야 한다. 한편 취소소송은 처분이 있음을 안 날부터 90일 이내에 제기하여야 하는바, 행정심판인 소청심사를 거쳐 취소소송을 제기하는 경우 제소기간 준수 여부는 재결서의 정본을 송달받은 날인 2008.7.30.부터 기산하여야 한다(행정소송법 제20조 제1항).

Ⅳ. 사안의 해결

설문(1)에서 소청심사위원회는 재결청으로서의 지위를 가지며, 처분변경명령재결은 행정행위로서 성질을 가지므로 불가쟁력이 인정될 수 있고, 재결절차는 준사법적 절차를 거쳐 결정되므로 불가변력이 발생하며, 소청심사위원회의 결정은 처분행정청을 기속한다(국가공무원법 제15조).

설문 (2)의 경우 일부 취소되고 남은 원처분인 2008.4.3.자 해임처분을 대상으로 취소소송을 제기하여야 하고, 취소소송은 처분이 있음을 안 날부터 90일 이내에 제기하여야 하는

바(행정소송법 제20조 제1항), 행정심판인 소청심사를 거쳐 취소소송을 제기하는 경우 그 기산점은 재결서의 정본을 송달받은 날인 2008.7.30.부터 기산하여야 한다(행정소송법 제20조 제1항).

제 3 절 행정입법

〈사례연습 11〉 법규명령형식의 행정규칙의 법적 성질 등

甲은 주택법 제9조 소정의 등록을 마친 주택건설사업자로서 아파트 800세대분을 신축·분양하였다. 그런데 이 아파트에 다수의 하자가 있어 입주자대표회의로부터 하자에 대한 보수를 요구받았으나 甲이 이에 대한 보수를 지체하자 입주자대표회의는 사용검사권자인 관할 구청장 乙에게 이를 통보하였고, 이에 乙은 甲에게 1년의 기한을 정하여 하자보수를 명하였다. 한편 주택법 제46조 제1항 및 같은 법 시행령 제59조 제3항 등에 의하면 사업주체인 甲에게는 사용검사일로부터 일정기간 하자보수의무가 있고, 입주자나 입주자대표회의는 그 이행을 요청할 수 있다. 甲이 이 기간 동안 하자 중 일부만 보수하고 나머지 하자에 대하여는 보수를 지체하자 乙은 주택법 제13조 및 같은 법 시행령 제14조 제1항 [별표 1]의 제7호 (카)목 (1)에 해당한다는 이유로 甲에 대하여 3개월간의 영업정지처분을 하였다. 이러한 처분을 받은 甲은 하자보수를 완료하기 위하여 노력하였으나, 갑작스런 수입원자재가격의 폭등으로 원자재수입물량이 줄어들어 자재를 구입하기가 어려워 영업정지기간이 도과할 때까지 하자보수공사를 완료하지 못하였다. 이에 乙은 [별표 1]의 제7호 (카)목 (2)에 따라 甲에 대하여 주택건설사업자등록말소처분을 하고 이를 고시하였다. 이에 甲은 주택건설사업자등록말소처분에 대하여 취소소송을 제기하였다. 이 소의 인용가능성에 대하여 논하시오. (30점)

[참조조문]

주택법

제13조(주택건설사업의 등록말소 등) ① 국토해양부장관은 등록사업자가 다음 각 호의 1에 해당하는 경우에는 그 등록을 말소하거나 1년 이내의 기간을 정하여 영업의 정지를 명할 수 있다. 다만 제1호 또는 제5호에 해당하는 경우에는 그 등록을 말소하여야 한다.

1~7.〈생략〉

8. 그 밖의 이법 또는 이법에 의한 명령 또는 처분에 위반한 때

② 제1항의 규정에 의한 등록의 말소 및 영업의 정지처분에 관한 기준은 대통령령으로 정한다.

제46조(담보책임 및 하자보수 등) ① 사업주체(건축법 제11조의 규정에 의하여 건축허가를 받아 분양을 목적으로 하는 공동주택을 건축한 건축주 및 제42조 제2항 제2호의 행위를 한 시공자를 포함한다)는 건축물 분양에 따른 담보책임에 관하여 민법 제667조 내지 제671조의 규정을 준용하도록 한 집합건물의 소유 및 관리에 관한 법률 제9조의 규정에도 불구하고 공동주택의 사용검사일(주택단지 안의 공동주택의전부에 대하여 임시사용승인을 얻은 경우에는 그 임시사용승인일을 말한다) 또는 건축법 제22조 규정에 의한 공동주택의 사용승인일로부터 공동주택의 내력구조부별 및 시설공사별로 10년 이내의 범위에서 대통령령이 정하는 담보책임기간 안에 공사상의 잘못으로 인한 균열침하파손 등 대통령령으로 정하는 하자가 발생한 때에는 공동주택의 입주자 등 대통령령이 정하는 자의 청구에 따라 그 하자를 보수하여야 한다.

주택법 시행령

제14조(등록업자의 등록말소 및 영업정지처분기준) ① 법 제13조 규정에 의한 등록사업자의 등록말소 및 영업정지처분에 관한 기준은 별표 1과 같다.

[별표 1] 등록사업자에 대한 행정처분기준

위반행위	행정처분기준
7. 이 법 또는 이 법에 의한 명령 또는 처분에 위반한 때 카. 법 제46조 제1항에 의한 하자보수를 이행하지 아니한 때 (1) 사용검사권자가 지정한 날까지 하자보수를 이행하지 아니하거나 지체한 때 (2) 하자보수공사를 이행하지 아니하거나 또는 지체하여 영업정지처분을 받은 후 영업정지기간이 종료되는 날까지 하자보수공사를 완료하지 아니한 때	영업정지 3월 등 록 말 소

[관련논점]

— 법규명령형식의 행정규칙의 법적 성질

— 처분의 근거법령의 법규성과 기속성 및 재량성의 관계

— 재량행위에 있어서 위법성 판단기준

— 제재적 행정처분에 있어 재량권의 일탈·남용의 판단기준

[답안구성]

I. 논점의 정리

II. 주택법시행령 제14조 제1항 [별표 1]의 법적 성질

1. 문제의 소재
2. 학설
3. 판례의 태도
4. 검토
5. 소결

III. 주택건설사업자말소처분이 기속행위인지 재량행위인지 여부

1. 문제의 소재
2. 기속행위와 재량행위의 구별기준
3. 모법의 위임에 따라 행정처분기준을 하위법령에서 규정하고 있는 경우 기속행위와 재량행위의 판단
(1) 문제점
(2) 판례의 태도
(3) 학설
(4) 검토
4. 소결

IV. 주택건설사업자등록말소처분의 위법성 여부

I. 논점의 정리

설문의 경우 甲이 제기한 소의 인용가능성을 묻고 있는바, 주택건설사업자말소처분은 甲에게 부여되었던 주택건설사업을 영위할 수 있는 권리를 박탈하는 것으로 침해적 행정행위로서 원고적격 등 기타 소의 적법요건은 특별히 문제되지 않고, 乙의 사업자등록말소처분의 위법성 여부가 문제된다.

그런데 乙로서는 법령이 정하는 행정처분기준을 그대로 준수하여 이 사건 처분을 하였다. 따라서 이 사안 처분이 위법하다고 다투는 甲의 소가 인용되기 위해서는 위 [별표 1]이 법규명령이 아니거나 설사 법규명령이라 하더라도 기속규정이 아닌 재량규정이라는 전제가 충족되어야 한다. 왜냐하면 [별표 1]이 대외적 구속력 있는 법규명령에 해당하고 나아가 기속규정이라면 그것을 그대로 적용한 이 사안 처분이 적법함은 이론이 있을 수 없기 때문이다.

그러므로 이 사안 처분의 위법성 여부를 판단하기 위해서는 우선 등록사업자에 대한 행정처분기준을 규정한 주택법시행령 제14조 제1항 [별표 1]의 법적 성질을 규명하여야 한다. 왜냐하면 위 [별표 1]은 형식적으로는 법규명령임에도 내용적으로는 행정기관 내부에서의 행정처분기준을 규정한 것에 불과하므로, 이를 행정규칙으로 보는 경우에는 동 별표상의 처분기준을 준수하였다고 하여 바로 당해 처분이 적법하다고 볼 수는 없고, 별도로 상위근거법령의 준수 여부를 고찰하여야 하고, 이를 법규명령으로 보는 경우에는 다시 위 [별표 1]이 재량규정인지 여부를 검토하여야 하기 때문이다.

만약 사안의 [별표 1]의 제재적 행정처분기준의 법적 성질이 법규명령이면서 재량규정이라면 동 규정에 따른 주택건설사업자등록말소처분에 대한 재량의 일탈·남용 여부를 심사하여 그 위법성 여부를 판단하여야 한다.

II. 주택법시행령 제14조 제1항 [별표 1]의 법적 성질

1. 문제의 소재

행정규칙으로 정하여질 내용이 법규명령의 형식(대통령령, 총리령, 부령)으로 정립되는 경우에 그것이 법규명령의 성질을 가진 규정으로 변경될 수 있는지 아니면 행정규칙의 성질을 가지는지에 대하여 견해가 대립한다.

2. 학설

(1) **형식적기준설**[56] 일단 법규명령으로 정해지게 되면 그 내용이 무엇인지에 관계없이 일반국민에 대하여 구속력을 가지게 되므로 법적 안정성의 측면에서 법규로서의 성질을 가지게 된다고 한다.

(2) **실질적기준설**[57] 실질적 내용이 행정사무처리기준과 같이 행정조직 내부에서만 효력을 갖는 행정규칙인 것이 명백한 경우에는 비록 그것이 법규명령의 형식을 취하더라도 행정규칙으로서의 성질이 변하지 않는다고 한다.

(3) **수권여부기준설**[58] 모법의 수권에 의해 규정한 경우에는 모법의 위임규정과 결합하여 법규로서의 성질을 가지나, 수권 없이 규정된 것은 행정규칙으로 보아야 한다고 한다.

3. 판례의 태도

대법원은 공중위생법 시행규칙은 형식은 부령으로 되어 있으나 그 성질은 행정기관 내부의 사무처리준칙을 규정한 것에 불과한 것으로서 행정명령의 성질을 가지는 것이며(대판 1991.3.8. 90누6545), "주택건설촉진법 시행령 제10조의3 제1항[별표1]은 주택건설촉진법 제7조 제2항의 위임규정에 터 잡은 규정형식상 대통령령이므로 그 성질이 부령인 시행규칙이나 또는 지방자치단체의 규칙과 같이 통상적으로 행정조직 내부에 있어서의 행정명령에 지나지 않는 것이 아니라 대외적으로 국민이나 법원을 구속하는 힘이 있는 법규명령에 해당한다."고 판시(대판 1997.12.26. 97누15418)하고 있다.

4. 검토

어떠한 행정법령이 국민을 수범자로 하여 국민의 권리의무에 관한 사항인 법규사항을 규정하려면 그 형식은 반드시 헌법이 인정한 법규명령에 의하여야 한다(헌법 제75조, 제95조). 그러나 역으로 법규명령의 형식으로는 언제나 국민을 수범자로 하여 법규사항만을 정하여야 한다는 명제는 성립하지 아니한다. 따라서 법규명령의 형식으로 행정청을 수범자로 하여 행정조직 내부에서의 사무처리기준을 정한다고 하여 그 규정이 곧 행정규칙이라거나 또는 행정권 내부의 구속력뿐만 아니라 국민과 법원을 기속하는 대외적 구속력 있는 법규명령에 해당한다고 할 수는 없다.

이와 같은 기본법리를 전제로 하여 위 논의를 살펴보면, 〈입법자가 모법에서 행정권을

56) 김남진·김연태, I, 164면; 박균성, 상, 179면; 박윤흔, 상, 251면; 정하중, 총론, 164면
57) 류지태, 신론, 243면; 석종현, 상, 405면; 한견우, I, 247면
58) 김남진, I, 187~188면; 장태주, 개론, 348면; 홍정선, 특강, 155면

수범자로 하여 제재적 행정처분에 대한 재량권을 부여하면서 일반적 처분기준을 정하고 그 범위 내에서 위반행위의 유형과 위반의 정도 등을 참작하여 그 세부적인 처분기준을 하위 법령에서 정하도록 한 경우〉에 있어서는, 같은 법규명령형식이라 하더라도 이를 시행령에 규정하도록 경우와 시행규칙이나 지방자치단체의 규칙에 규정한 경우를 달리 해석하여야 한다. 왜냐하면 이러한 규범체계에 있어서 그 수범자를 국민이 아니라 관계행정기관 및 그 직원으로 하여 제재적 행정처분기준을 부령이나 지방자치단체 규칙에 규정하고 있는 경우에는—대통령령에서 관계장관을 수범자로 하여 제재적 행정처분기준을 규정하고 있는 경우와 달리—통상적으로 특정 행정기관의 장이 관계행정기관 및 직원에 대하여 직무권한행사의 지침을 정하여 줌으로써 행정기관 내부의 사무집행의 통일적 수행을 보장하기 위하여 발한 사무처리준칙 내지 행정명령의 성질을 가진다고 보아야 하기 때문이다. 나아가 대통령령과 부령은 다 같이 법규명령의 형식이지만, 그 제정절차가 다르고 그 규율범위가 다를 수 있다는 점에서 이와 같이 양자의 성질을 달리 해석한다 하여 부당하다고 할 수도 없다.

5. 소결

따라서 구체적인 제재적 행정처분의 기준을 규정한 주택법시행령 제14조 제1항 [별표1]은 대외적으로 국민이나 법원을 구속하는 힘이 있는 법규명령에 해당한다.

Ⅲ. 주택건설사업자말소처분이 기속행위인지 재량행위인지 여부

1. 문제의 소재

기속행위와 재량행위는 각각 그 위법성판단방법이 다르므로 주택건설사업자말소처분의 위법성 여부를 판단하기 위해서는 우선 주택건설사업자말소처분의 법적 성질을 규명할 필요가 있다.

2. 기속행위와 재량행위의 구별기준

이에 대해서는 종래 요건재량설과 효과재량설의 주장도 있었으나, 행정청의 공법상 행위가 기속행위인지 재량행위인지를 구별함에 있어서도 일반적인 법해석의 방법론에 따라 판단하여야 할 것이다. 따라서 입법형성의 자유를 가지는 입법자가 행정권에 재량권을 부여했는지는 당해 행위의 근거가 된 명문의 법률규정에 대한 문리적 해석과 입법취지 내지 입법목적을 고려하여 합리적 해석 및 당해 행위의 성질을 모두 고려하여 판단하여야 한다.

판례도 기속행위인지 재량행위인지를 구별함에 있어서는 "당해 행위의 근거가 된 법규의 체재형식과 그 문언, 당해 행위가 속하는 행정 분야의 주된 목적과 특성, 당해 행위 자체의 개별적 성질과 유형 등을 모두 고려하여 판단하여야 한다."고 판시(대판 2002.8.23. 2002두820; 대판 2001.2.9. 98두17593 등)하고 있다.

3. 모법의 위임에 따라 행정처분기준을 하위법령에서 규정하고 있는 경우 기속행위와 재량행위의 판단

(1) 문제점

그런데 모법에서 입법자가 제재적 행정처분에 대하여 행정권에 재량을 부여하고 행정청의 재량권행사의 세부적인 기준을 하위법령에 정하도록 하고 있는 경우, 그러한 행정처분기준을 규정한 법령의 법규성 여부에 따라 재량행위성 여부가 달라지는지 문제된다.

(2) 판례의 태도

대법원은 대통령령의 형식으로 정해진 제재처분의 기준을 최고한도액으로 보고 있다(대판 2006.2.9. 2005두11982; 대판 2001.3.9. 99두5207 등 참조)

그리하여 예컨대 "구 청소년보호법 제49조 제1항, 제2항에 따른 같은 법시행령 제40조 별표6의 위반행위의 종별에 따른 과징금처분기준은 법규명령이기는 하나 모법의 위임규정의 내용과 취지 및 헌법상의 과잉금지원칙과 평등원칙 등에 비추어 같은 유형의 위반행위라 하더라도 그 규모나 기간·사회적 비난의 정도·위반행위로 인하여 다른 법률에 의하여 처벌받은 다른 사정·행위자의 개인적 사정 및 위반행위로 얻은 불법이익의 규모 등 여러 요소를 종합적으로 고려하여 사안에 따라 적정한 과징금의 액수를 정하여야 할 것이므로 그 수액은 정액이 아니라 최고한도액이다"라고 판시(대판 2001.3.9. 99두5207)하였다.

(3) 학설

학설은 일반적으로 세부적인 행정처분기준을 규정한 법령의 법규성 여부에 따라 그 규범에 따른 처분이 기속행위인지 재량행위인지 여부가 달라진다고 본다.[59)]

그리하여 위 판결에 대하여 과징금처분기준을 법규명령으로 보면서도 그것을 재량규범으로 해석하고 있는 것은 법 논리적으로 문제가 있다고 비판하고 있다. 즉, i) 법규명령인 대통령령에서 명시적·단정적으로 규정한 사항을 단순한 최고 한도액으로 판단한 것은 법령의 해석을 넘어서서 새로운 입법에 해당된다거나,[60)] ii) 대통령령형식으로 정해진 제재처분의 기준을 최고한도로 봄으로써 제재처분의 기준을 법규명령으로 봄으로써 야기되는 행정권행사에 있어서의 구체적 타당성의 결여의 문제 및 당해 과징금부과처분을 재량행위로

---

59) 예: 김향기, 사례연습, 대명출판사, 전정판, 137면~138면; 김연태, 사례연습, 홍문사, 제4판, 237면 이하; 박균성, 사례연습, 삼조사, 제2판, 97면~99면 등

60) 홍정선, 특강, 152면; 박균성, 강의, 157면.

규정하고 있는 상위법령에의 위반문제를 해결하고자 하는 것은 문제라든지,[61] iii) 판례는 구체적 타당성에 큰 비중을 두고 있는 것으로 보이나 법 논리적 관점에서는 문제가 있다[62]고 하면서 판례가 정당하지 못하다고 하고 주장한다. 그리하여 iv) 상위법령에서 재량행위로 정한 것을 법규명령형식의 행정규칙에서 기속행위로 규정한 것으로 보아, 당해 법규명령형식의 행정규칙은 위법·무효이고 당해 위법한 법규명령형식의 행정규칙에 따른 처분은 위법한 법규명령에 근거한 처분으로서 당연히 취소할 수 있는 위법한 처분이라고 보는 견해[63]도 있다.

(4) 검토

어떠한 법령이 대외적 구속력을 가져서 법규성이 있는가의 문제와 입법자가 행정청에 재량권을 부여한 재량규범인가 그렇지 아니한 기속규범인가의 문제는 전혀 별개의 문제이다. 즉, 처분 등의 근거규범이 법규성이 있는가 하는 문제는 일반적으로 그 법령이 대외적 구속력이 있어서 그 법령에 따른 행정청의 행위가 국민의 권리의무에 직접 영향을 미치기 때문에 위법한 처분이라고 주장할 수 있어 재판규범이 될 수 있는가의 문제이고, 처분 등의 근거법령에 따른 행정청의 행위가 기속행위인가 재량행위인가 하는 것은 입법자가 행정권에게 재량을 부여했는가 하는 문제로서 기속행위와 재량행위의 구별실익은 본안에서 그 법령에 따른 행정행위의 위법성 판단방법을 달리한다는 데에 있는 것이므로 양자는 전혀 관련이 없는 문제이다. 따라서 처분 등의 근거법령은 법규명령이면서 재량규범이 얼마든지 존재할 수 있는 것이다.

이러한 법리에 따라 판례가 행정처분기준을 일의적으로 규정한 시행령 별표를 법규명령으로 보면서도 입법자가 행정권에게 재량권을 부여했는지 여부를 판단함에 있어서는 입법자의 의사가 표현되어 있는 모법의 내용과 취지를 고려하여 재량의 한계규정으로 파악하고 있는 것은 법 논리적으로 매우 타당하다.

4. 소결

주택법시행령 제14조 제1항 [별표 1]의 등록사업자에 대한 행정처분기준은 법규명령이다. 그러나 이는 그 법령에 따른 주택건설사업자말소처분은 재량행위인지 기속행위인지와는 전혀 무관한 문제이다. 따라서 법규명령인 주택법시행령에서 하자보수공사를 이행하지 아니하거나 또는 지체하여 영업정지처분을 받은 후 영업정지기간이 종료되는 날까지 하자보수공사를 완료하지 아니한 경우에 있어서 행정처분기준을 등록말소라고 일의적·단정적

61) 박균성, 강의, 157면.
62) 김동희, I, 162면.
63) 김연태.

으로 규정하고 있다고 하여 그 법령에 따른 주택건설사업자말소처분을 기속행위라고 단정해서는 아니 되고, 재량행위인지 기속행위인지 여부는 원칙적으로 입법자가 행정권에게 재량권을 부여했는가라는 입법자의 객관적 의사를 탐구하여 판단하여야 한다.

살피건대 입법자의 의사가 표현되어 있는 모법인 위임규정의 내용과 취지에 비추어 볼 때, 주택법 제13조 제1항에서 입법자는 "건설교통부장관은……명할 수 있다"고 규정하여 행정권에게 제재적 행정처분을 함에 있어 재량권을 부여하고 있고, 동조 제2항에 따라 주택법시행령 제14조 제1항 [별표 1]에서는 〈등록사업자에 대한 행정처분기준〉을 규정하고 있는바, 이를 명확성의 원칙을 전제로 해석하면 재량행위인 제재적 행정처분의 상한 또는 하한의 재량권행사기준을 규정한 것에 불과하다고 보아야 하고, 이에 더하여 헌법상의 과잉금지의 원칙과 평등원칙 등에 비추어 보면 결국 주택법시행령 제14조 제1항 [별표 1]의 등록사업자에 대한 행정처분기준은 일정한 위반사유에 있어서의 제재적 행정처분의 상한을 규정한 것으로 보아야 할 것이다.

따라서 주택법시행령 제14조 제1항 [별표 1]의 등록사업자에 대한 행정처분기준은 법규명령이고, 재량권행사의 상한을 규정한 것이며, 이에 따른 乙의 甲에 대한 주택사업자등록말소처분은 재량행위라고 보아야 할 것이다.

Ⅳ. 주택건설사업자등록말소처분의 위법성 여부

1. 문제의 소재

乙은 甲의 주택법상 위반행위에 대하여 주택법시행령 제14조 제1항 [별표 1]의 제재적 행정처분기준의 상한에 해당하는 사업자등록말소처분을 하였다. 그러나 사업자등록말소처분이 법규명령인 시행령규정에 위배되지 않는다 하여 곧바로 적법하다고 단정할 수는 없고, 행정처분의 위법성판단은 기속행위와 재량행위의 경우 그 판단방법을 달리하므로 이를 살펴보아 사업자등록말소처분의 적법 여부를 판단하여야 한다.

2. 재량행위의 위법성 판단방법

기속행위의 경우 그 법규에 대한 원칙적 기속성으로 말미암아 법원이 사실인정과 관련법규의 해석·적용을 통하여 일정한 결론을 도출한 후 그 결론에 비추어 행정청이 한 판단의 적법 여부를 독자의 입장에서 판정하는 방식에 의하게 되나, 재량행위의 경우 행정청의 재량에 기한 공익판단의 여지를 감안하여 법원은 독자의 결론을 도출함이 없이 당해 행위에 재량권의 일탈·남용이 있는지 여부만을 심사하게 되고, 이러한 재량권의 일탈·남용 여부에 대한 심사는 사실오인, 비례평등원칙위배 등을 그 판단대상으로 한다(대판 2007.5.31.

2005두1329 등 참조).

3. 제재적 행정처분의 재량권의 일탈 · 남용 판단기준

사안의 주택사업자등록말소처분은 재량행위이므로 그 위법성 여부를 파악하기 위해서는 재량권의 일탈 · 남용 여부를 판단하여야 하는데, 특히 사안과 같이 제재적 행정처분이 사회통념상 재량권의 범위를 일탈하였거나 남용하였는지 여부는 처분사유인 위반행위의 내용과 당해 처분행위에 의하여 달성하려는 공익목적 및 이에 따르는 제반 사정 등을 객관적으로 심리하여 공익 침해의 정도와 그 처분으로 인하여 개인이 입게 될 불이익을 비교 · 형량하여 판단하여야 한다(대판 2007.9.20. 2007두6946 등 참조).

4. 소결

주택법시행령 제14조 제1항 [별표 1]의 등록사업자에 대한 행정처분기준[별표 1]에 따른 행정제재처분으로서 사업자등록말소처분을 하는 것이 공익에 적합하지 않다거나 필요성의 원칙에 반한다고 단정하기는 어렵다. 그러나 甲의 위반행위가 하자보수공사를 이행하지 아니하거나 또는 지체하여 영업정지처분을 받은 후 영업정지기간이 종료되는 날까지 하자보수공사를 완료하지 아니한 것은 하자 없는 주택건축을 담보하여 국민의 주거안전을 확보하려는 공익목적에 비추어 결코 가벼운 위반행위는 아니라 할지라도, 甲은 하자보수를 완료하기 위하여 노력하였고, 갑작스런 수입원자재가격의 폭등으로 원자재수입물량이 줄어들어 자재를 구입하기가 어려웠던 예상하지 못한 외부적 상황변경에 기인하여 기간을 준수하지 못한 것이라는 점, 주택건설사업자등록말소는 甲에게 있어 가혹한 불이익이라는 점 등에 비추어 보면 甲에 대한 주택사업자등록말소처분은 상당성의 원칙에 반한다고 판단된다.

따라서 乙의 甲에 대한 주택사업자등록말소처분은 비례원칙에 반하여 재량권을 일탈 · 남용한 것으로 위법하다고 판단된다.

Ⅴ. 사안의 해결

주택법시행령 제14조 제1항 [별표 1]의 등록사업자에 대한 행정처분기준은 법규명령이고, 이에 따른 乙의 甲에 대한 주택사업자등록말소처분은 재량행위인바, 하자 없는 주택건축을 담보하여 국민의 주거안전을 확보하려는 공익목적을 감안하더라도 甲은 하자보수를 완료하기 위하여 노력하였고, 예상하지 못한 외부적 상황변경에 기인하여 기간을 준수하지 못한 것이며, 주택건설사업자등록말소는 甲에게 있어 가혹한 불이익이라는 점 등에 비추어 보면 乙의 甲에 대한 주택사업자등록말소처분은 재량권을 일탈 · 남용한 것으로 위법하다할 것이고, 사안의 경우 특별히 사정판결이 필요한 사정도 보이지 아니하므로 甲의 청구를 인용될 수 있을 것이다.

〈사례연습 12〉 원고적격으로서의 법률상 이익을 침해할 수 있는 처분의 근거규정이 법규명령이어야 하는지 여부 등

甲은 소고기수입판매업을 경영하는 자로서 미국산 소고기를 수입하였으나 급박한 일신상의 사정으로 인하여 수입신고를 하지 못한 채로 그대로 냉동창고에 보관 중이었다. 이에 관할 구청장은 甲에게 식품위생법 제19조 위반을 이유로 2개월의 영업정지와 해당 제품폐기처분(이하 '이 사안 처분'이라 한다)을 하였다. 이에 甲은 이 사안 처분은 너무 가혹하다는 이유로 이를 다투고자 하였으나 차일피일 미루다가 이 사안 처분에서 정한 영업정지기간이 경과되었다. 그러나 甲은 식품위생법시행규칙 제89조에서 정한 처분기준에서 제재적 행정처분을 받은 것을 가중사유나 전제요건으로 삼아 장래의 제재적 행정처분을 하도록 정하고 있는 것을 알게 되어, 이 사안 처분의 취소를 구하는 소를 제기하였다(단, 제소기간은 경과하기 않은 것으로 본다).

(1) 식품위생법시행규칙 제89조 규정의 법적 성질은? (10점)

(2) 행정소송법 제12조 제2문 소정의 "처분 등의 취소로 인하여 회복되는 법률상 이익"의 의미와 동 조문의 규정 취지에 대하여 논하시오. (30점)

(3) 수소법원은"가중적 제재사유가 부령에 규정되어 있는 경우에는 그것은 행정청 내부의 사무처리준칙에 불과하여 그로 인한 불이익은 사실상의 불이익에 지나지 아니하므로 그 제재처분기간이 경과하였다면 취소를 구할 법률상 이익이 없어 이 사건 소는 부적법하다"고 판단하였다. 이러한 법원의 판단에 대하여 논평하시오. (20점)

(4) 이 사안 처분의 적법 여부에 대하여 검토하시오. (15점)

[참조조문]

식품위생법 제4조(위해식품등의 판매등 금지) 누구든지 다음 각 호의 1에 해당하는 식품등은 판매하거나 판매할 목적으로 채취·제조·수입·가공·사용·조리·저장 또는 운반 하거나 진열하지 못한다.

1.~6.〈생략〉

7. 수입이 금지된 것 또는 제19조 제1항의 규정에 의하여 수입신고를 하여야 하는 경우 신고하지 아니하고 수입한 것

제19조(수입식품등의 신고등) ① 판매를 목적으로 하거나 영업상 사용하는 식품등을 수입하고자 하는 자는 보건복지가족부령이 정하는 바에 의하여 보건복지가족부장관·식품의약품안전청장에게 신고하여야 한다.

제75조(허가의 취소 등) ① 식품의약품안전청장 또는 특별도지사 · 시장 · 군수 · 구청장은 영업자가 다음 각호의 1에 해당하는 때에는 대통령령이 정하는 바에 따라 영업허가를 취소하거나 6월 이내의 기간을 정하여 그 영업의 전부 또는 일부를 정지하거나 영업소의 폐쇄(제37조 제4항에 따라 신고한 영업만 해당한다. 이하 이 조에서 같다)를 명할 수 있다.

1.~3.〈생략〉

4. 제19조 제1항의 규정에 위반한 때

5.~18.〈생략〉

④ 제1항 및 제2항에 따른 행정처분의 세부적인 기준은 그 위반행위의 유형과 위반의 정도 등을 고려하여 보건복지가족부령으로 정한다.

식품위생법시행규칙 제12조(식품등의 수입신고) ① 법 제19조 제1항에 의한 수입신고를 하고자 하는 자(이하"수입신고인"이라 한다)는 별지 제3호 서식에 따른 식품등의 수입신고서에 다음 각호의 서류를 수입되는 식품등의 통관장소(기구 또는 용기포장의 경우에는 통관장소 또는 보관장소를 말한다)를 관할하는 지방 식품의약품안전청장 또는 국립검역소장(인천공항, 부산 · 인천 · 김해검역소장을 제외한다)에게 제출하여야 한다. 이 경우 수입되는 식품등의 도착예정일 5일 전부터 미리 신고할 수 있으며, 미리 신고한 도착항, 도착예정일 등 주요사항이 변경되는 때에는 즉시 그 내용을 문서(전자문서를 포함한다)로 신고하여야 한다.

1.~5.〈생략〉

제89조(행정처분의 기준) 법 제71조, 법 제72조, 법 제74조부터 법 제76조까지 및 법 제80조에 따른 행정처분의 기준은 별표23과 같다.

[별표23] 행정처분기준(제89조 관련)

Ⅰ. 일반기준

15. 다음 각 목의 1에 해당하는 때에는 행정처분의 기준이 영업정지 또는 품목 · 품목류 제조정지인 경우에는 영업정지기간의 2분의1 이하의 범위 내에서, 영업허가의 취소 또는 영업장폐쇄인 경우에는 영업정지 3월 이상의 범위 내에서 각각 그 처분을 감경할 수 있다.

다. 식품 등을 제조 · 가공하거나 수입만 하고 시중에 유통시키지 아니한 때

Ⅱ. 개별기준

1. 식품제조가공업 등(식품 등 수입판매업 포함)

위반사항	근거법령	행정처분기준		
		1차 위반	2차 위반	3차 위반
바. 수입이 금지되거나 법 제19조 제1항에 따른 수입신고를 하지 아니하고 수입한 것	법 제75조	영업정지 2개월과 해당제품폐기	영업정지 3개월과 해당 제품폐기	영업허가취소 또는 영업장 폐쇄와 해당 제품폐기

[관련논점]

— 법규명령형식의 행정규칙의 법적 성질

— 행정소송법 제12조 제2문 소정의 "법률상 이익"의 의미

— 취소소송의 법적 성질

— 행정소송법 제12조 제2문의 소송의 성질
— 행정소송법 제12조 제2문의 규정 취지
— 원고적격으로서의 법률상 이익을 침해할 수 있는 처분의 근거규정이 법규명령이어야 하는지 여부
— 법규명령형식의 행정규칙의 법규성 여부와 기속행위 또는 재량행위의 관계
— 재량행위에 있어 위법성 판단기준
— 제재적 행정처분의 재량권일탈·남용 판단기준
— 제재적 행정처분기준이 부령에 규정되어 있는 경우 재량권일탈·남용 판단기준

[답안구성]

Ⅰ. 논점의 정리
Ⅱ. 설문 (1)의 해결
1. 문제의 소재
2. 법규명령형식의 행정규칙의 법적 성질
(1) 학설
1) 형식적기준설
2) 실질적기준설
3) 수권여부기준설
(2) 판례의 태도
(3) 검토
3. 소결 : 식품위생법시행규칙 제89조 [별표23]의 법적 성질
Ⅲ. 설문 (2)의 해결
1. 행정소송법 제12조 제2문 소정의 "처분등의 취소로 인하여 회복되는 법률상 이익"의 의미
(1) 행정소송법 제12조 제1문 소정의 "법률상 이익"의 의미
(2) 항고소송에서 원고적격의 인정요건
1) 원고적격으로서의 법률상 이익과 불문의 소송요건으로서의 권리보호필요성
2) 원고적격의 인정요건
(3) 행정소송법 제12조 제2문 소정의 "처분등의 취소로 인하여 회복되는 법률상 이익"의 의미
1) 학설
2) 판례의 태도
3) 검토
2. 행정소송법 제12조 제2문의 규정 취지
(1) 취소소송의 법적 성질
1) 학설
2) 판례
3) 검토
(2) 행정소송법 제12조 제2문의 소송의 법적 성질
1) 학설
2) 검토
(3) 행정소송법 제12조 제2문의 규정 취지
1) 학설
2) 판례
3) 검토
3. 소결
Ⅳ. 설문 (3)의 해결
1. 문제의 소재
2. 판례의 태도
(1) 종전 판례의 태도
(2) 변경된 판례의 태도
가. 다수의견
나. 별개의견
(3) 학설
(4) 검토
1) 소송 본질상 문제로서 소의 대상적격
2) 공정력을 깨뜨리는 특수한 절차인 항고쟁송을 제기할 수 있는 자로서 원고적격 내지 청구인적격
3) 항고소송에서 권리보호자격으로서의 법률상 이익과 원고적격으로서의 법률상 이익의 준별
3. 소결
Ⅴ. 설문 (4)의 해결
1. 문제의 소재
2. 이 사안 처분의 법적 성질
(1) 기속행위와 재량행위의 구별기준
(2) 행정처분기준을 하위법령에서 규정하고 있는 경우의 재량행위성 여부
가. 문제점
나. 학설
다. 검토
(3) 중간결론
3. 이 사안 처분의 위법성판단
(1) 재량행위의 위법성 판단방법
(2) 제재적 행정처분의 재량권의 일탈·남용 판단기준

Ⅰ. 논점의 정리

설문 (1)에서는 모법의 위임에 따라 제재적 행정처분기준을 규정한 식품위생법시행규칙 제89조 규정의 법적 성질이 무엇인지를 해명하기 위해서는 법규명령형식의 행정규칙의 법적 성질에 대하여 살펴보아야 한다.

설문 (2)에서 행정소송법 제12조 제2문 소정의 처분등의 취소로 인하여 회복되는 "법률상 이익"의 의미가 무엇인지를 규명하기 위해서는 행정소송법 제12조 전문과 후문 소정의 "법률상 이익"의 의미를 구체적으로 검토할 필요가 있고, 동법 제12조 제2문의 취지를 해석하기 위해서는 먼저 동조 제2문의 소송의 성질이 무엇인지를 검토할 필요가 있다.

설문 (3)에서는 이 사안 처분(선행처분)이 그 처분에서 정한 제재기간의 경과로 인하여 그 효과가 소멸되었는바, 효력이 소멸된 처분등의 취소를 구할 법률상 이익의 존부를 판단함에 있어서 그러한 법률상 이익을 침해할 수 있는 처분(후행처분)의 근거규정이 법규명령이어야 하는지 문제된다.

설문 (4)에서 이 사안 처분의 위법성 여부는 이 사안 처분이 기속행위인가 재량행위인가에 따라 그 위법성판단방법을 달리하므로 이 사안 처분의 법적 성질이 기속행위인지 재량행위인지를 규명하여야 하는데, 모법에서 입법자가 행정권에 행정처분에 있어 재량권을 부여하고 그 재량권행사의 세부적인 기준을 하위법령에 정하도록 하고 있는 경우 그러한 행정처분기준을 규정한 법령의 법규성 여부에 따라 재량행위성 여부가 달라지는지 논란이 되고 있으므로, 우선 이에 대하여 살펴보아야 한다.

Ⅱ. 설문 (1)의 해결

1. 문제의 소재

식품위생법시행규칙 제89조 [별표23]은 행정청을 수범자로 하여 제재적 행정처분기준을 규정하고 있다. 이와 같이 행정규칙으로 정하여질 내용이 법규명령의 형식으로 정립되는 경우에 그것이 법규명령인지 아니면 행정규칙인지 문제된다.

2. 법규명령형식의 행정규칙의 법적 성질

(1) 학설

1) 형식적기준설[64]

일단 법규명령으로 정해지게 되면 그 내용이 무엇인지에 관계없이 일반국민에 대하여 구속력을 가지게 되므로 법적 안정성의 측면에서 법규로서의 성질을 가지게 된다고 한다.

2) 실질적기준설[65]

실질적 내용이 행정사무처리기준과 같이 행정조직 내부에서만 효력을 갖는 행정규칙인 것이 명백한 경우에는 비록 그것이 법규명령의 형식을 취하더라도 행정규칙으로서의 성질이 변하지 않는다고 한다.

3) 수권여부기준설[66]

모법의 수권에 의해 규정한 경우에는 모법의 위임규정과 결합하여 법규로서의 성질을 가지나, 수권 없이 규정된 것은 행정규칙으로 보아야 한다고 한다.

(2) 판례의 태도

대법원은 공중위생법 시행규칙은 형식은 부령으로 되어 있으나 그 성질은 행정기관 내부의 사무처리준칙을 규정한 것에 불과한 것으로서 행정명령의 성질을 가지는 것이며(대판 1991.3.8. 90누6545), "주택건설촉진법 시행령 제10조의3 제1항[별표1]은 주택건설촉진법 제7조 제2항의 위임규정에 터잡은 규정형식상 대통령령이므로 그 성질이 부령인 시행규칙이나 또는 지방자치단체의 규칙과 같이 통상적으로 행정조직 내부에 있어서의 행정명령에 지나지 않는 것이 아니라 대외적으로 국민이나 법원을 구속하는 힘이 있는 법규명령에 해당한다."고 판시(대판 1997.12.26. 97누15418)하고 있다.

(3) 검토

법규명령의 형식은 헌법이 인정한 것에 한한다(헌법 제75조, 제95조). 그러나 역으로 법규명령의 형식으로는 언제나 반드시 국민을 수범자로 한 법규사항만을 정하여야 하는 것은 아니다. 따라서 법규명령의 형식으로 행정청을 수범자로 하여 행정처분기준을 규정하고 있다고 하여 그 규정이 곧 행정규칙이라거나 또는 법규명령에 해당한다고 단정할 수는 없다.

이와 같은 법리를 토대로 하여 위 논의를 살펴보면, 〈입법자가 모법에서 행정청을 수범자로 하여 제재적 행정처분에 대한 재량권을 부여하면서 일반적 처분기준을 정하고 그 범

64) 김남진·김연태, I, 164면; 박균성, 상, 179면; 박윤흔, 상, 251면; 정하중, 총론, 164면
65) 류지태, 신론, 243면; 석종현, 상, 405면; 한견우, I, 247면
66) 김남진, I, 187~188면; 장태주, 개론, 348면; 홍정선, 특강, 155면

위 내에서 위반행위의 유형과 위반의 정도 등을 참작하여 그 세부적인 처분기준을 하위법령에서 정하도록 한 경우〉에 있어서는, 같은 법규명령형식이라 하더라도 이를 시행령에 규정하도록 경우와 시행규칙이나 지방자치단체의 규칙에 규정한 경우를 달리 해석하여야 한다. 왜냐하면 그 수범자를 국민이 아니라 관계행정기관 및 그 직원으로 하여 제재적 행정처분기준을 부령이나 지방자치단체 규칙에 규정하고 있는 경우에는—대통령령에서 관계장관만을 수범자로 하여 제재적 행정처분기준을 규정하고 있는 경우와 달리—통상적으로 특정 행정기관의 장이 관계행정기관 및 그 직원에 대하여 직무권한행사의 지침을 정하여 줌으로써 행정기관 내부의 사무집행의 통일적 수행을 보장하기 위하여 발한 사무처리준칙으로서 행정명령의 성질을 가진다고 보아야 하기 때문이다. 나아가 대통령령과 부령은 다같이 법규명령의 형식이지만, 그 제정절차가 다르고 그 규율범위가 다를 수 있다는 점에서 위와 같은 경우에 양자의 성질을 달리 해석한다 하여 부당하다고 할 수도 없다.

한편 수권여부기준설은 수권이란 법률이나 그 법률에 따른 명령에서 법규사항을 규정할 수 있는 권한을 부여하는 것이고, 위임이 없는 집행명령도 법규명령이라는 점에서 타당하지 못하다.

3. 소결 : 식품위생법시행규칙 제89조 [별표23]의 법적 성질

따라서 구체적인 제재적 행정처분의 기준을 규정한 식품위생법시행규칙 제89조 [별표23]은 보건복지가족부장관산하 행정조직 내부에 있어서의 사무처리준칙을 규정한 것으로서 그 법적 성질은 행정명령에 불과하다.

Ⅲ. 설문 (2)의 해결

1. 행정소송법 제12조 제2문 소정의 "처분등의 취소로 인하여 회복되는 법률상 이익"의 의미

(1) 행정소송법 제12조 제1문 소정의 "법률상 이익"의 의미

여기서의 "법률상 이익"의 의미에 대해서는 권리회복설, 법률상 보호이익구제설, 보호가치있는 이익구제설, 작법성보장설 등의 견해의 대립이 있다. 그러나 동 규정이'법률상 이익'이라고 명문으로 규정하고 있고, 여기서의 법률상 이익은 법에 의하여 보호되는 원고의 권리 또는 이익에 대한 침해와 관련되는 것이라는 점(행정소송법 제1조 전단 참조)에 비추어 법률상 보호이익구제설이 타당하다고 하겠다. 다만 여기서 말하는 법률상 보호되는 이익이라 함은 당해 처분의 근거 법규 및 관련 법규에 의하여 보호되는 개별적·직접적·구체적 이익이 있는 경우를 말한다(대판 2006.7.28. 2004두6716 등 참조).

(2) 항고소송에서 원고적격의 인정요건

1) 원고적격으로서의 법률상 이익과 불문의 소송요건으로서의 권리보호필요성

원고적격으로서의 법률상 이익은 원고의 측면에서 본 법률상 보호되는 구체적 이익의 문제라면, 협의의 소의 이익인 권리보호필요성은 그러한 이익에 대한 직접적이고 중대한 침해 또는 침해우려가 있어 소송을 통해 그러한 불이익을 제거할 객관적·현실적 이익의 문제로서 특히 후자는 "이익 없으면 소 없다"는 법언이 지적하듯이 소송제도에 필연적으로 내재하는 불문의 소송요건이다.

2) 원고적격의 인정요건

한편 원고적격을 인정하기 위해서는 어떠한 법률이 개인의 구체적 권리 또는 이익을 보호하고 있는 경우에도 그 구체적 권리 또는 이익의 보호영역과 그 침해 여부의 불명확성 때문에 침해의 직접성과 중대성, 즉 사회통념상 그 수인을 기대할 수 없는 침해가 있을 것을 요구된다. 따라서 취소소송의 원고적격, 즉 처분등의 취소를 구할 법률상 이익이 존재하기 위해서는 처분등으로 인하여 법률상 직접 보호되는 개별적·구체적 이익(원고적격으로서의 법률상 이익)에 대한 침해 또는 침해우려가 있어 소송을 통해 그러한 불이익을 제거할 객관적·현실적 필요성이 있어야 한다(불문의 소송요건으로서 권리보호필요성).

(3) 행정소송법 제12조 제2문 소정의 "처분등의 취소로 인하여 회복되는 법률상 이익"의 의미

1) 학설

이에 대하여 학설은 i) 원고적격으로 보아 전문의 그것과 동일하다는 견해, ii) 법 제12조 후문의 취소소송을 독일의 계속적확인소송과 같은 것으로 파악하고 그 요건인 '처분의 위법확인에 대한 정당한 이익'에 준하여 소의 이익을 재산적·인격적·정신적·문화적 이익까지 포함되므로 법 제12조가 성질이 다른 두 가지 소송형태를 한꺼번에 규정하고 있는 것은 체계상 문제라는 견해(입법과오설, 지배적인 견해), iii) 협의의 소의 이익으로 보면서도 전문의 그것과 동일하다는 견해, iv) 취소소송을 확인소송으로 보고 전문과 후문 모두 확인의 이익으로 보는 견해가 대립하고 있다.

2) 판례의 태도

대법원은 법 제12조 후문의 "법률상 이익"을 원고적격으로 보고, 전문의 "법률상 이익"의 의미와 동일하게 처분의 근거법규 또는 관계법규에 의하여 직접 보호되는 개별적·구체적인 이익으로 파악하고 있다.

3) 검토

살피건대 취소소송의 원고적격, 즉 "처분등의 취소를 구할 법률상 이익"이 존재하기 위해서는 처분 등으로 인하여 법률상 직접 보호되는 개별적·구체적 이익(원고적격으로서의 법률상 이익)에 대한 침해 또는 침해우려가 있어 소송을 통해 그러한 불이익을 제거할 객관적·현실적 필요성이 있어야(불문의 소송요건으로서 권리보호필요성) 하는바, 행정소송법 제12조 제2문 소정의 "처분등의 취소로 인하여 회복되는 법률상 이익"의 의미도 동조 제1문에서의 원고적격으로서의 "처분 등의 취소를 구할 법률상 이익"의 의미와 동일하게 기왕에 존재하는 처분등으로 인하여 법률상 직접 보호되는 개별적·구체적 이익(원고적격으로서의 법률상 이익)에 대한 침해 또는 침해우려가 있어 그러한 불이익을 제거할 객관적·현실적 필요성(불문의 소송요건으로서 권리보호필요성)을 의미한다고 보아야 한다. 따라서 판례와 첫 번째 견해가 타당하다.

그렇다면, 원고적격이라는 표제아래 기간의 경과 등으로 처분등의 효력이 소멸한 경우에도 기왕에 존재하는 처분등의 취소로 인하여 회복되는 법률상 이익이 있을 것을 요구하고 있는 행정소송법 제12조 제2문의 규정취지는 무엇일까?

2. 행정소송법 제12조 제2문의 규정 취지

행정소송법 제12조 제2문의 규정취지를 올바로 해석하려면, 우선 우리 행정소송법상의 취소소송의 성질이 무엇인지 그리고 제2문의 소송의 성질은 무엇인지를 살펴볼 필요가 있다.

(1) 취소소송의 법적 성질

1) 학설

이에 대하여는 ⅰ) 취소소송은 일단 유효하게 성립된 당해 처분의 취소·변경을 통하여 법률관계를 변경 또는 소멸시킨다는 점을 근거로 하는 **형성소송설**이 통설이나, ⅱ) 행정소송법이 취소소송을 확인소송인 무효등확인소송과 함께 항고소송의 하부유형으로 규정하고 있는 점을 들어 취소소송도 처분당시의 위법성을 확인하는 것이라는 **확인소송설**도 있다.

2) 판례

대법원은 "취소소송은 위법한 처분에 의하여 발생한 위법상태를 배제하여 원상으로 회복시키고 그 처분으로 침해되거나 방해받은 권리와 이익을 보호·구제하는 소송"이라고 판시(대판 1992.4.24. 91누11131 등 다수)하고 있다.

3) 검토

살피건대 하자있는 행정행위라도 잠정적으로 사실상 그 적법성을 추정하여 유효하게 통용시키는 효력인 공정력을 깨뜨리는 특수한 절차인 항고소송은 본질적으로 통상의 소송처럼 일정한 법률관계에서의 당사자의 권리의무를 확정하는 소송이 아니라 〈행정청의 처분등이나 부작위의 위법성을 확인하여 그 적극적·소극적 위법상태를 배제하는 소송〉이므로, 확인의 소의 성질과 형성의 소의 성질을 모두 가지고 있는 특수한 소송으로 파악해야 한다. 따라서 취소소송은 처분등의 위법성을 확인하여 그 효력의 제거를 구하는 소인 점에서 형성의 소라고 볼 수 있지만, 일반소송유형에서의 형성의 소와 같이 법률관계의 변경 또는 소멸을 구하는 소라는 의미에서의 형성의 소는 아니다.

(2) 행정소송법 제12조 제2문의 소송의 법적 성질

1) 학설

이에 대하여는 i) 제1문과 마찬가지로 **취소소송**으로 보는 견해[67]와 ii) 처분의 효력이 소멸한 경우에는 더 이상 배제시킬 법적 효과가 없게 되므로 형성소송으로 볼 수 없고, 현행 항고소송체계상 이행소송은 인정할 수 없으므로 처분의 효력이 소멸된 경우에 제기되는 소송은 확인소송일 수밖에 없다고 하면서, 행정소송법 제12조 후문의 소송은 처분의 효력이 소멸되어 취소소송을 제기할 수 없는 경우에 보충적으로 인정되는 **독일 행정법원법상의 계속적 확인소송에 대응되는 소송유형**이라는 견해,[68] iii) 우리의 취소소송을 **프랑스의 월권소송과 같이 객관소송 및 확인소송**으로 파악한다면, 동법 제12조 전문과 후문은 모순 없이 자연스럽게 해석될 수 있다는 견해[69]가 있다.

2) 검토

살피건대 행정소송법 제12조 후문은 처분등의 효력이 소멸된 이후에라도 기왕에 존재하는 처분등으로 인하여 원고의 법률상 보호이익이 현실적으로 침해될 수 있다면 그 처분등의 취소를 구하는 취소소송을 제기할 수 있도록 규정하고 있는 것으로 보아야 한다. 이는 행정소송법 제12조 소정의 명문의 해석을 통해서도 확인할 수 있다. 즉, 동조 전문은 〈취소소송은…제기할 수 있다.〉이고, 후문은 〈처분등의 효과가…소멸된 뒤에도… 또한 같다.〉라고 규정되어 있는바, 제2문의 "또한 같다."라는 의미는 '처분등의 효과가…소멸된 뒤에도… "취소소송을 제기할 수 있다"는 것이다.[70]

67) 김동희, 김성수, 홍정선, 김중권, 법률신문, 2006.11.20. 제3507호 등
68) 김남진, 김연태, 정하중 등 다수설
69) 박정훈, 행정소송의 구조와 기능, 박영사, 2006, 145면~181면
70) 이는 우리 국민과 입법자를 무시하거나 또는 우리 실정법을 등한시하지 않는 한 법학의 문외한이라도 우리말과 어법을 깨우친 사람이라면 누구라도 해석할 수 있는 것이다.

(3) 행정소송법 제12조 제2문의 규정 취지

1) 학설

가. 권리보호필요성을 규정한 것으로 보는 견해 통설은 제12조 전문은 원고적격에 관한 규정이지만 후문은 원고적격과는 달리 권리보호필요성에 관한 것으로서 협의의 소의 이익에 관한 규정이라고 하는바, 후문의 소송을 독일의 계속적 확인소송과 유사한 성격을 갖는 것으로 이해하여, 법 제12조가 성질이 다른 두 가지 소송형태를 한꺼번에 규정하고 있는 것은 입법과오라고 한다.71)

나. 원고적격을 규정한 것으로 보는 견해 제12조 후문은 전문과 마찬가지로 원고적격에 관한 조항이며 권리보호필요성은 학설과 판례에 의하여 인정될 뿐이라고 하면서, 취소소송은 처분등의 존재를 전제로 하는 것이므로 처분등의 효력이 소멸한 이후에는 취소소송이 허용될 수 없기 때문에 제12조 후문에서 특별히 취소소송의 제기가능성을 인정한 것이라고 한다.72)

2) 판례

대법원은 행정소송법 제12조 제2문의 법률상 이익을 전문의 그것과 동일하게 보고 처분의 취소를 구할 법률상 이익, 즉 원고적격의 존부를 판단하고 있다.

즉, 대법원은 "일반적으로 공장등록이 취소된 후 그 공장 시설물이 어떠한 경위로든 철거되어 다시 복구 등을 통하여 공장을 운영할 수 없는 상태라면 이는 공장등록의 대상이 되지 아니하므로 외형상 공장등록취소행위가 잔존하고 있다고 하여도 그 처분의 취소를 구할 법률상의 이익이 없다 할 것이나, **위와 같은 경우에도 유효한 공장등록으로 인하여 공장등록에 관한 당해 법률이나 다른 법률에 의하여 보호되는 직접적 · 구체적 이익이 있다면, 당사자로서는 공장건물의 멸실 여부에 불구하고 그 공장등록취소처분의 취소를 구할 법률상의 이익이 있다**"고 판시(대판 2002.1.11. 2000두3306)하고 있다.

3) 검토

앞에서 살펴본 것처럼 취소소송은 하자있는 행정처분의 위법성을 확인하여 적극적 위법상태의 배제를 구한다는 점에서 형성의 소라고 할 수 있고, 형성의 소는 형성판결을 목적으로 한다. 그런데 형성판결이 확정되기 전에 형성의 소가 목적으로 하는 법적 상태가 결과적으로 실현된 때나(예컨대 회사설립취소의 소의 계속 중에 회사가 해산된 경우, 처분등의 효력이 기간의 경과 등으로 소멸한 경우) 사정변경에 의해 원상회복이 불가능한 때(예컨대 대집행계고취소소송의 계속 중 대상건물이 철거된 경우) 등의 경우에는 원칙적으로 그 소는 소의 이익을 잃게 된다. 그러나 어떠한 형성판결의 효력이 소급효를 가지는 경우에는 형성의 소가 목적으로 하는 법적

71) 대표적으로 김남진, 행정법Ⅰ,2000,759면 이하; 정하중, 개론, 제3판, 680면; 홍준형, 행정구제법,2001,581면 이하

72) 홍정선, 예전에는 통설과 같은 견해를 취하였으나, 2001년판부터 위와 같이 견해를 변경하였다

상태가 결과적으로 실현된 경우에도 권리보호이익이 인정될 수 있다.

한편 형성판결의 효력을 법적 안정성을 중시하여 장래효로 규정할 것인가 아니면 국민의 권리구제를 더욱 중시하여 소급효로 규정할 것인가는 입법정책적 결단의 문제인바, 우리 입법자는—예컨대 형성판결이라 하더라도 혼인취소의 소(민법 제824조)나 회사설립취소의 소(상법 제190조 단서)에서는 법적 안정성을 더 중시하여 불소급효를 규정하고 있는 경우와는 달리 —항고쟁송인 취소쟁송에 있어서는 법적 안정성보다도 국민의 권익구제를 더욱 중시하여 취소판결(재결)에 소급효를 선택하였고, 그 근거규정이 바로 처분등의 효과가 소멸한 후에도 취소쟁송을 제기할 수 있다고 규정한 행정소송법 제12조 후문과 행정심판법 제9조 제1항 후문이라고 보아야 한다. 만약에 우리 입법자가 독일처럼 국민의 권리구제보다 법적 안정성을 더욱 중시하여 취소판결(재결)로서 하자있는 행정행위의 효력을 배제시키되 불소급효로 규정하였다면(독일 행정절차법 제43조 제2항 참조) 처분등의 효과가 기간의 경과 등으로 인하여 소멸한 이후에는 더 이상 취소소송은 허용될 수 없게 되고, 다만 과거의 위법을 확인하는 특수한 확인소송을 인정할 수밖에 없을 것이다(독일 행정법원법 제113조 제1항 제4문 참조).

따라서 행정소송법 제12조 후문 규정의 근본 취지는 취소소송을 통해 위법성이 확인된 처분등의 효력을 배제시키되 소급적으로 배제시킨다는 취소판결에 소급효가 있음을 명백히 한 점에 있다고 보아야 하고, 원고적격을 규정한 것은 이를 전제로 단지 동조 전문에 대한 주의적 규정에 불과하다고 해석하여야 할 것이다.

그러므로 동조 후문을 전문과 마찬가지로 원고적격에 관한 조항으로 보면서도 그 이유를 독일 행정절차법 제43조 제2항을 염두에 두고 "취소소송은 처분등의 존재를 전제로 하는 것이므로 처분등의 효력이 소멸한 이후에는 취소소송이 허용될 수 없기 때문에" 제12조 후문에서 특별히 취소소송의 제기가능성을 인정한 것이라고 하는 주장[73]은 타당하지 못하다. 왜냐하면 처분등의 효력이 소멸한 경우라 할지라도 취소판결에 소급효가 있는 한, 기왕에 존재하는 처분등의 취소로 인하여 회복되는 법률상 이익이 있는 자는 당연히 취소소송을 제기할 수 있다고 보아야 하기 때문이다.

독일 행정절차법 제43조 제2항은 국민의 권리구제보다는 법적 안정성을 더욱 중시하여 행정행위가 무효가 아닌 한, "직권취소·철회 또는 다른 방법으로 폐지되거나 시간의 경과 또는 다른 방법으로 종료될 때까지는 유효하다"(Ein Verwaltungsakt bleibt wirksam, solange und soweit er nicht zurückgenommen, widerrufen, anderweitig aufgehoben oder druch Zeitablauf oder auf andere Weise erledigt ist)고 규정하고 있어서, 공정력을 깨뜨릴 수 있는 권한 있는 기관이 처분등의 위법성을 확인하여 그 효력을 배제시키되 장래적으로만 배제할 수 있다. 따라서 독일에서는 처분등이 효력이 소멸한 경우에는 더 이상 취소소송이 인정될 수 없으며, 다만 독일 행정법원법 제113조 제4문에서는 "행정행위가 판결 선고 이전에 직권취소에 의해 또는 다른 방법으로 종료된 경우에는 원고가 그 확인에 관해 정당한 이익을 갖는 한, 법원은 신청에 의해 판결로써 당해 행정행위가 위법하였음을 선고한다."는 특수한 확인

73) 홍정선

소송인 계속적확인소송을 인정하고 있다. 즉, 일반적으로 확인소송을 제기하려면 현존하는 위험을 즉시 배제할 유효적절한 수단이어야 한다는 즉시확정의 이익이 있어야 하지만 단순히 과거의 위법을 확인만 해주기 때문에 정당한 이익만 있어도 계속적확인소송을 신청할 수 있도록 한 것이다.74)

[참고판례] 우리 헌법재판소는 **위헌결정의 소급효를 인정하지 않는 헌법재판소법 제47조 제2항의 위헌 여부**(소극)와 관련하여, "헌법재판소에 의하여 **위헌으로 선고된 법률 또는 법률의 조항이 제정 당시로 소급하여 효력을 상실하는가 아니면 장래에 향하여 효력을 상실하는가의 문제는 특단의 사정이 없는 한 헌법적합성의 문제라기보다는 입법자가 법적 안정성과 개인의 권리구제 등 제반이익을 비교형량하여 가면서 결정할 입법정책의 문제인 것으로 보인다. 우리의 입법자는 법 제47조 제2항 본문의 규정을 통하여 형벌법규를 제외하고는 법적 안정성을 더 높이 평가하는 방안을 선택하였는바**, 이에 의하여 구체적 타당성이나 평등의 원칙이 완벽하게 실현되지 않는다고 하더라도 헌법상 법치주의의 원칙의 파생인 법적 안정성 내지 신뢰보호의 원칙에 의하여 이러한 선택은 정당화된다 할 것이고, 특단의 사정이 없는 한 이로써 헌법이 침해되는 것은 아니라 할 것이다"고 판시(헌재 2008.9.25. 2006헌바108; 헌재 2000. 8.31. 2000헌바6; 헌재 2001. 12.20. 2001헌바7; 헌재 1993. 5.13. 92헌가10 등)하고 있다.

3. 소결

결국 행정소송법 제12조 제2문 소정의 "처분 등의 취소로 인하여 회복되는 법률상 이익"의 의미는 제1문에서와 동일하게 처분등으로 인하여 법에 의하여 직접적으로 보호되는 개별적 · 구체적 이익(원고적격으로서의 법률상 이익)에 대한 침해 또는 침해우려가 있어 그러한 불이익을 제거할 객관적 · 현실적 필요성(불문의 소송요건으로서 권리보호필요성)을 의미한다고 보아야 하고, 행정소송법 제12조 후문의 규정취지는 취소판결의 소급효를 명백히 한 것으로 보아야 하며 원고적격을 규정한 것은 이를 전제로 단지 동조 전문에 대한 주의적 규정에 불과하다고 보아야 한다.

74) 그럼에도 불구하고 작금의 우리 학계는 독일법으로 우리 실정법을 재단하여 우리의 행정소송법 제12조 후문은 입법론적 과오라고 주장하고 있을 뿐만 아니라 오히려 독일에서는 정당한 이익만 있어도 소의 이익을 인정해 주고 있다는 본말전도의 인식하에 우리도 국민의 권리구제를 확대한다는 명분을 앞세워 (법적으로) 정당한 이익만 있으면 원고적격을 인정하도록 하자며 개정안까지 만들기도 하였으니, 이름 없는 초야의 한 학자의 입장에서 이를 지켜보는 필자는 답답하기 그지없었다. 당시 개정안에 대하여 필자가 "최근 행정소송법 개정 논의가 활발하게 진행되고 있다. 그러나 그러한 논의는 우리의 행정소송의 구조와 기능에 대한 올바른 인식의 토대위에서 국민의 권리구제의 기능을 도모하기 위한 것이어야만 할 것이다. 국민의 권리구제를 확대한다는 명분은 환영할만한 일이나 우리의 행정소송의 구조와 기능을 제대로 인식하지 못하고, 나아가 왜곡되고 오도된 방향으로 그릇 인식하거나 스스로 문제를 조장하여, 그렇게 조장된 문제를 해결하기 위해 행정소송법을 개정하자고 주장한다면, 이는 그야말로 "빈대 잡으려다 초가삼간 태우는 어리석음"을 넘어, 있지도 않은 "빈대"가 있다고 국민을 호도하거나 선동하여 공든 탑을 일거에 무너뜨려버릴 수 있는 심히 위험한 발상이라고 아니할 수 없을 것이다"고 강력하게 주장(졸저 "행정쟁송의 구조와 기능", 율곡출판사, 2006, 83면 이하 참조)했던 것도 이러한 연유에 따른 것이다.

Ⅳ. 설문 (3)의 해결

1. 문제의 소재

제재적 행정처분(선행처분)이 그 처분에서 정한 제재기간의 경과로 인하여 그 효과가 소멸되었으나 부령인 시행규칙 또는 지방자치단체의 규칙의 형식으로 정한 처분기준에서 제재적 행정처분을 받은 것을 가중사유나 전제요건으로 삼아 장래의 제재적 행정처분(후행처분)을 하도록 정하고 있는 경우, 선행처분인 이 사안 처분의 취소를 구할 법률상 이익, 즉 원고적격의 존부를 판단함에 있어서 제재적 행정처분의 가중사유나 전제요건에 관한 규정이 법규성이 있어야 하는지 문제된다.

2. 판례의 태도

(1) 종전 판례의 태도

종래 대법원은 비록 부령상 그 처분이 사후의 제재처분의 가중요건으로 규정되어 있어도 그것은 부령이라는 형식에도 불구하고 실질적으로 행정내부의 사무처리 기준을 정한 행정규칙에 불과한 것이므로 위 처분의 존재로 인한 불이익은 법률상 이익이 아니라고 하였다(전합 1995.10.17. 94누 14148 등).

(2) 변경된 판례의 태도

그러나 최근 2006.6.22. 2003두1684 대법원 전원합의체판결은 선행처분인 제재적 행정처분을 받은 상대방이 그 처분에서 정한 제재기간이 경과하였다 하더라도 그 규칙의 규정에 따른 후행처분을 받지 않기 위하여 그 처분의 취소를 구할 법률상 이익이 있다고 판례를 변경하였다.

가. 다수의견

다만 동 전원합의체판결의 다수의견은"제재적 행정처분의 가중사유나 전제요건에 관한 규정이 법령이 아니라 규칙의 형식으로 되어 있다고 하더라도, 그러한 규칙이 법령에 근거를 두고 있는 이상 그 법적 성질이 대외적·일반적 구속력을 갖는 법규명령인지 여부와는 상관없이 그 규칙이 정한 바에 따라 선행처분을 가중사유 또는 전제요건으로 하는 후행처분을 받을 우려가 현실적으로 존재하는 경우에는 선행처분을 받은 상대방은 비록 그 처분에서 정한 제재기간이 경과하였다 하더라도 그 처분의 취소소송을 통하여 그러한 불이익을 제거할 권리보호의 필요성이 충분히 인정된다고 할 것이므로 선행처분의 취소를 구할 법률상 이익이 있다고 보아야 한다."고 하였다.

나. 별개의견

이에 대해 별개의견은"다수의견이 위와 같은 경우 선행처분의 취소를 구할 법률상 이익을 긍정하는 결론에는 찬성하지만, 그 이유에 있어서는 부령인 제재적 처분기준의 법규성을 인정하는 이론적 기초 위에서 그 법률상 이익을 긍정하는 것이 법리적으로는 더욱 합당하다고 생각한다."고 하였다.

(3) 학설

위 대상판결에 대하여 학설은 거의 일치하여 별개의견이 타당하다는 견해를 제시하고 있다.[75)]

(4) 검토

1) 소송 본질상 문제로서 소의 대상적격

항고소송은 행정청의 '위법한 처분 등'으로 인한 국민의 권리 또는 이익의 침해를 구제하는 것을 목적으로 한다(행정소송법 제1조 전단). 즉, 무릇 소송이란 구체적 사건에서 법률적 분쟁을 법에 의하여 해결함으로써 법적 안정성을 기하자는 것이므로 행정청의 처분 등이 위법하다고 주장할 수조차 없는 처분 등이라면—예컨대 부당한 처분이나 부당한 부작위에 대해서는 행정심판을 제기할 수 있음은 별론으로 하고—소의 대상적격을 결하여 부적법 각하하여야 할 것이다. 여기서 행정청의 공법상 행위가 위법할 수 있기 위해서는 행정청의 행위의무를 부과한 법령이 공익뿐만 아니라 국민개인의 사익보호도 목적으로 하고 있고, 그 법령에 따른 행정청의 행위가 국민의 권리의무에 직접 영향을 미쳐야만 한다. 그래야만 행정청의 '처분 등'은 '위법한 처분 등'이라고 주장할 수 있어 소의 대상적격이 인정된다. 이때 행정청의 공법상 행위로 침해될 수 있는 법률상 보호이익은 누구인가를 고려하지 않고 관계법규의 해석에 의하여 일반국민개인에게 인정되는 객관적·추상적 이익으로서 원칙적으로 공행정작용의 근거법령의 법규성을 인정하는 기초위에서 인정되는 법률상 이익을 말하고, 이는 소송상 권리보호자격으로서의 법률상 이익이 된다.

2) 공정력을 깨뜨리는 특수한 절차인 항고쟁송을 제기할 수 있는 자로서 원고적격 내지 청구인적격

그러나 공정력을 깨뜨리는 특수한 절차인 항고쟁송에 있어 원고적격이나 청구인적격을 요구하고 있는 이유는 공사법이원체계의 법제도아래서 공익실현이라는 행정목적의 능률적 수행을 위하여 당연무효 아닌 하자 있는 행정행위에는 공정력을 인정하고 있는바, 이러한

75) 정하중, 고시계, 2006/9, 58면 이하; 김향기, 고시계, 2006/10, 33면 이하; 한견우, 고시계, 2006/11, 52면 이하; 김남진, 고시연구, 2006/11, 248면~250면; 김해룡, 고시계, 2006/12, 5면 이하; 김중권, 법률신문, 2006.11.20, 제3507호; 홍정선, 특강, 제6판, 685면; 박균성, 강의, 제4판, 884면

제도적 · 정책적 취지에 부응하여 공정력을 깨뜨리기 위한 항고쟁송을 제기하려는 자를 법률상 보호되는 개별적 · 직접적 · 구체적 이익이 있는 자(원고적격이나 청구인적격)로 특별히 제한하고 있는 것이다(공익실현이라는 사회적 정의와 국민의 권익보호라는 개인적 정의의 조화).

3) 항고소송에서 권리보호자격으로서의 법률상 이익과 원고적격으로서의 법률상 이익의 준별

따라서 항고소송의 소의 이익으로서 행정청의 처분 등이 위법한 처분 등이 될 수 있는가(**대상적격 : 소송 본질상의 문제**)와 그러한 위법한 처분 등으로 인하여 국민의 법률상 보호되는 구체적인 권익이 침해될 수 있는가(**원고적격 : 공정력을 깨뜨리는 절차인 항고쟁송과 관련된 문제**)는 그것을 요구하는 제도적 취지를 전혀 달리하여 본질적으로 별개의 문제이다.

이러한 법리는 우리 실정법을 통해서도 확인할 수 있는바, 행정심판은 소송이 아니므로 행정심판의 대상에는 부당한 처분이나 부작위도 포함되지만(행정심판법 제1조, 제4조) 행정심판도 공정력을 깨뜨리는 절차이므로 항고소송에서의 원고적격에서와 마찬가지로 청구인적격을 규정하고 있는 것이다(행정심판법 제9조 제1항).

따라서 어떠한 규정에 따른 행정청의 처분 등으로 인하여 법률상 직접 보호되는 개별적 · 구체적 이익(원고적격으로서의 법률상 이익)에 대한 침해 또는 침해우려가 있어 소송을 통해 그러한 불이익을 제거할 객관적 · 현실적 필요성(불문의 소송요건으로서 권리보호필요성)이 있어, 그 처분 등의 취소를 구할 법률상 이익이 있는지(원고적격 내지 청구인 적격의 존부)를 판단함에 있어서는 그 어떠한 규정의 법규성 여부는 불문하는 것이다.

우리 행정소송법이 제4조에서 취소소송을 "행정청의 위법한 처분등을 취소 · 변경하는 소송"이라고 정의하여 취소소송의 대상을 "위법한 처분등"이라고 하면서도, 취소소송의 원고적격과 관련해서는 원고적격으로서의 법률상 이익을 침해하는 처분의 근거규정의 법규성 여부와 관련이 있는 "위법한"이라는 수식어를 더 이상 사용하지 않고 "취소소송은 처분등의 취소를 구할 법률상 이익이 있는 자가 제기할 수 있다"고 규정하고 있는 것도 이러한 법리에 따른 것이다.[76)]

---

76) 그러므로 당연무효 아닌 하자있는 행정행위에 인정되는 공정력을 깨뜨리는 절차로서의 특수한 소송인 항고소송에 있어서는 행정청의 행위규범위반의 행위불법으로 국민개인의 객관적 법익침해라는 결과불법을 야기한 위법한 처분 등(**객관적 위법**)은 곧 특정개인인 원고의 개별적 · 구체적인 법적 권익침해(**원고와의 주관적 관련하에서 파악된 위법**)라는 등식은 성립하지 아니하고, 나아가 특정개인인 원고의 법률상 보호되는 구체적인 권익에 대한 침해는 법규성 있는 법령에 근거한 위법한 처분에 의해서 뿐만 아니라 법규성 없는 법령에 근거한 부당한 처분 또는 적법한 처분에 의해서도 발생할 수 있는 것이다.

그럼에도 불구하고 공사법이원체계의 법제도 본질상 인정되는 특수한 쟁송구조인 항고쟁송구조를 올바로 인식하지 못하고 항고소송구조를 일반소송구조와 같은 것으로 보아"권리침해는 위법차원의 문제이므로 위법이 아닌 부당한 처분에 의해서는 권리가 침해되는 경우란 있을 수 없다"며, 우리 행정심판법 제9조가 입법과오라는 주장을 끊임없이 제기하고 있는 견해(김남진 · 김연태, 행정법, 제12판, 606면 등)가 있다. 그리하여 최근에도 "그동안의 여러 차례의 법률개정에도 불구하고 행정심판법이 행정심판의 청구인적격을 아직도'법률상 이익이 있는 자'에 한정하고 있음은 중대한 입법상의 착오로서 조속히 개정되어야 함

3. 소결

이 사안 처분의 취소를 구할 법률상 이익, 즉 원고적격이 존재하기 위해서는 이 사안 처분으로 인하여 법률상 보호되는 구체적 권리 또는 이익(원고적격으로서의 법률상 이익)으로서의 영업의 자유에 대한 침해 또는 침해우려가 있어 소송을 통해 그러한 불이익을 제거할 객관적·현실적 필요성(불문의 소송요건으로서 권리보호필요성)이 있어야 하는바, 제재적 행정처분의 가중사유나 전제요건에 관한 규정이 법령이 아니라 규칙의 형식으로 되어 있다고 하더라도, 그러한 규칙이 법령에 근거를 두고 있는 이상 그 법적 성질이 대외적 구속력을 갖는 법규명령인지 여부와는 상관없이 관할 행정청이나 담당공무원은 이를 준수할 의무가 있으므로 이들이 그 규칙에 정해진 바에 따라 행정작용을 할 것이 당연히 예견되고, 이 사안 처분을 받은 甲은 그 처분의 존재로 인하여 장래에 받을 후행처분의 불이익은 구체적이고 현실적인 것이므로, 甲은 이 사안 처분의 취소를 구할 법률상 이익, 즉 원고적격이 인정된다.

그러므로 甲의 취소소송제기에 대해 법원이 가중적 제재사유가 부령에 규정되어 있는 경우에는 그것은 행정청내부의 사무처리준칙에 불과하여 그로 인한 불이익은 사실상의 불이익에 지나지 아니하므로 그 제재처분기간이 경과하였다면 취소를 구할 법률상 이익이 없어 이 사건 소는 부적법하다고 판단한 것은 항고소송에 있어 소의 이익에 대한 법리를 오해한 잘못이 있다고 할 것이다.

V. 설문 (4)의 해결

1. 문제의 소재

이 사안 처분의 적법 여부를 판단함에 있어서는 이 사안 처분이 기속행위인지 재량행위인지에 따라 그 위법성 판단방법이 다르므로 우선 이 사안 처분의 법적 성질을 규명할 필요가 있다.

을 다시 한번 강조하는 바이다"라고 주장하고 있다(김남진, 법률상 이익·사실상 이익 구분 필요성, 법률신문, 2008.5.19. 제3651호). 게다가 이러한 견해는 처분등이나 부작위의 위법성 확인을 본질로 하는 항고소송구조를 올바로 인식하지 못한 채 항고소송의 본질을 마치 민사소송에서처럼 "권리의 존부를 공권적으로 확정하는 소송"으로 보고 있으며(김연태, 사례연습, 제4판, 13면등), 나아가 항고소송으로서의 부작위위법확인소송의 본안심리내용과 관련하여 "처분의무의 유무 및 이에 대응한 원고의 처분을 구할 실체법상 청구권의 유무가 본안심리의 내용을 이루게 된다."라고 기술하고 있다(위의 책, 29면 등).

2. 이 사안 처분의 법적 성질

(1) 기속행위와 재량행위의 구별기준

이에 대해서는 종래 요건재량설과 효과재량설의 주장도 있었으나, 행정청의 공법상 행위가 기속행위인지 재량행위인지를 구별함에 있어서도 일반적인 법해석의 방법론에 따라 판단하여야 할 것이다. 따라서 입법형성의 자유를 가지는 입법자가 행정권에 재량권을 부여했는지는 당해 행위의 근거법규 또는 관련 법규에 대한 문리적 해석과 입법취지를 고려한 목적론적 해석 및 당해 행위의 성질 등을 모두 고려하여 판단하여야 할 것이다.

판례도 양자를 구별함에 있어서는 "당해 행위의 근거가 된 법규의 체재형식과 그 문언, 당해 행위가 속하는 행정 분야의 주된 목적과 특성, 당해 행위 자체의 개별적 성질과 유형 등을 모두 고려하여 판단하여야 한다."고 판시(대판 2002.8.23. 2002두820; 대판 2001.2.9. 98두17593 등 참조)하고 있다.

(2) 행정처분기준을 하위법령에서 규정하고 있는 경우의 재량행위성 여부

가. 문제점

모법에서 입법자가 행정권에 재량을 부여하고, 행정청의 재량권행사의 세부적인 기준을 하위법령에 정하도록 하고 있는 경우 그러한 행정처분기준을 규정한 법령의 법규성 여부에 따라 재량행위성 여부가 달라지는지 문제된다.

나. 학설

학설은 세부적인 행정처분기준을 규정한 법령의 법규성 여부에 따라 그 규범에 따른 처분이 기속행위인지 재량행위인지 여부가 달라진다고 본다.[77]

다. 검토

어떠한 규정이 대외적 구속력이 있어서 법규성이 있는가의 문제와 입법자가 행정청에 재량권을 부여한 재량규정인가 그렇지 아니한 기속규정인가의 문제는 전혀 별개의 문제이다. 즉, 처분 등의 근거규정이 법규성이 있는가 하는 문제는 일반적으로 그 규정이 대외적 구속력이 있어서 그 규정에 따른 행정청의 행위가 국민의 권리의무에 직접 영향을 미치기 때문에 위법한 처분이라고 주장할 수 있고 재판규범이 될 수 있는가의 문제이나, 처분 등의 근거규정에 따른 행정청의 행위가 기속행위인가 재량행위인가 하는 것은 입법자가 행정권에게 재량을 부여했는가 하는 문제로서 기속행위와 재량행위의 구별실익은 본안에서 그 행정행위의 위법성판단방법을 달리한다는 데에 있는 것이므로 양자는 전혀 관련이 없는 문

77) 예: 김향기, 사례연습, 대명출판사, 전정판, 137면~138면; 김연태, 사례연습, 홍문사, 제4판, 237면 이하; 박균성, 사례연습, 삼조사, 제2판, 97면~99면 등

제이다.

이러한 법리에 따라 판례가 행정처분기준을 일의적으로 규정한 시행령 별표를 법규명령으로 보면서도 입법자가 행정권에게 재량권을 부여했는지 여부를 판단함에 있어서는 입법자의 객관적 의사가 표현되어 있는 모법의 내용과 취지를 고려하여 재량의 한계규정으로 파악하고 있는 것은 법 논리적으로 매우 타당하다.

(3) 중간결론

따라서 이 사안 처분의 법적 성질이 기속행위인지 재량행위인지를 판단함에 있어서는 그 처분의 근거법령의 법규성 여부와는 전혀 관계가 없으므로 입법자가 행정권에게 재량을 부여했는지 여부를 입법자의 객관적 의사가 표현되어 있는 모법의 내용과 취지를 통해 판단하여야 한다.

살피건대 식품위생법 제75조 제1항에서 "식품의약품안전청장, 시·도지사, 시장·군수 또는 구청장은……명할 수 있다"고 규정하여 행정권에게 제재적 처분을 함에 있어 재량권을 부여하고 있는바, 이 사안 처분은 동조 제4항에 따라 위반행위의 유형과 위반의 정도 등을 고려하여 세부적인 행정처분기준을 정하고 있는 식품위생법시행규칙 제89조 [별표 23]에 따른 제재적 행정처분으로서 재량행위라고 할 것이다.

3. 이 사안 처분의 위법성판단

(1) 재량행위의 위법성 판단방법

기속행위와 재량행위는 위법성판단방법이 다르다. 즉, 기속행위의 경우 그 법규에 대한 원칙적인 기속성으로 인하여 법원이 사실인정과 관련법규의 해석적용을 통하여 일정한 결론을 도출한 후 그 결론에 비추어 행정청이 한 판단의 적법 여부를 독자의 입장에서 판정하는 방식에 의하게 되나, 재량행위의 경우 행정청의 재량에 기한 공익판단의 여지를 감안하여 법원은 독자의 결론을 도출함이 없이 당해 행위에 재량권의 일탈·남용이 있는지 여부만을 심사하게 되고, 이러한 재량권의 일탈·남용 여부에 대한 심사는 사실오인, 비례평등원칙위배 등을 그 판단대상으로 한다(대판 2007.5.31. 2005두1329 등 참조).

(2) 제재적 행정처분의 재량권의 일탈·남용 판단기준

이 사안 처분은 재량행위이므로 그 위법성 여부를 파악하기 위해서는 재량권의 일탈·남용 여부를 판단하여야 하는데, 특히 사안과 같이 제재적 행정처분이 사회통념상 재량권의 범위를 일탈하였거나 남용하였는지 여부는 처분사유인 위반행위의 내용과 당해 처분행위에 의하여 달성하려는 공익목적 및 이에 따르는 제반 사정 등을 객관적으로 심리하여 공익 침해의 정도와 그 처분으로 인하여 개인이 입게 될 불이익을 비교·형량하여 판단하여야 한다(대판 2007.9.20. 2007두6946 등 참조).

(3) 제재적 행정처분기준이 부령에 규정되어 있는 경우 재량권의 일탈 · 남용 판단기준

한편 사안과 같이 제재적 행정처분기준이 부령에 규정되어 있는 경우 재량권의 일탈 · 남용 여부를 어떻게 판단할 것인지가 문제될 수 있으나, 앞에서 살펴본 것처럼 제재적 행정처분의 기준이 부령의 형식으로 규정되어 있더라도 그것은 행정청 내부의 사무처리준칙을 정한 것에 지나지 아니하여 대외적으로 국민이나 법원을 기속하는 효력이 없고, 당해 처분의 적법 여부는 위 처분기준만이 아니라 관계 법령의 규정 내용과 취지에 따라 판단되어야 한다.

따라서 위 처분기준에 적합하다 하여 곧바로 당해 처분이 적법한 것이라고 할 수는 없지만, 위 처분기준이 그 자체로 헌법 또는 법률에 합치되지 아니하거나 위 처분기준에 따른 제재적 행정처분이 그 처분사유가 된 위반행위의 내용 및 관계 법령의 규정 내용과 취지에 비추어 현저히 부당하다고 인정할 만한 합리적인 이유가 없는 한 섣불리 그 처분이 재량권의 범위를 일탈하였거나 재량권을 남용한 것이라고 판단해서는 안 된다(대판 2007.9.20. 2007두6946 참조).

4. 소결

관할 구청장 乙이 수입신고를 하지 않았음을 이유로 甲에 대하여 이 사안 처분을 한 것은 보건복지가족부령에서 정한 행정처분기준에 대한 개별기준과 일반기준상 상한에 해당하는 것으로 부적합한 것은 아니다. 그러나 수입신고를 하지 않은 자를 제재함으로써 식품으로 인하여 생기는 위생상의 위해를 방지하고 국민보건증진에 이바지하려는 공익을 감안하더라도 甲은 소고기를 수입만 하고 시중에 유통시키지 않았음에도 개별기준상 영업정지 2월의 2문의 1이하의 범위 내에서 감경할 수 있도록 규정하고 있는 일반기준 15호 다목 규정에 대한 재량고려를 전혀 행하지 아니한 결과를 초래하고 있는 점, 이 사안 처분을 취소하지 않으면 나중에 가중규정의 적용을 받게 되는 점 등을 고려할 때 甲에 대한 이 사안 처분은 재량권을 일탈 · 남용한 위법이 있다고 판단된다.

Ⅵ. 사례의 해결

설문 (1)에서 식품위생법시행규칙 제89조 [별표23]는 보건복지가족부장관 산하 행정조직 내부에 있어서의 제재적 행정처분을 함에 있어 재량권행사기준을 정한 것으로서 그 법적 성질은 행정명령에 불과하다.

설문 (2)의 경우 행정소송법 제12조 제2문 소정의 "처분 등의 취소로 인하여 회복되는 법률상 이익"의 의미는 동조 제1문에서와 동일하게 처분등으로 인하여 법률상 직접 보호되는 개별적·구체적 이익(원고적격으로서의 법률상 이익)에 대한 직접적이고 중대한 침해 또는 침해우려가 있어 그러한 불이익을 제거할 객관적·현실적 필요성(불문의 소송요건으로서 권리보호필요성)을 의미한다고 보아야 하고, 행정소송법 제12조 후문의 규정 취지는 취소판결의 소급효를 명백히 한 점에 있으며 원고적격은 이를 전제로 단지 동조 전문에 대한 주의적 규정에 불과하다고 보아야 한다.

설문 (3)에서는 제재적 행정처분의 가중사유나 전제요건에 관한 규정의 법적 성질이 대외적·구속력을 갖는 법규명령인지 여부와는 상관없이, 이 사안 처분의 존재로 인하여 장래에 받을 불이익, 즉 후행처분의 위험은 구체적이고 현실적인 것이므로 甲은 이 사안 처분의 취소소송을 통하여 그 불이익을 제거할 현실적 필요가 있어 이 사안 처분의 취소를 구할 법률상 이익, 즉 원고적격이 인정된다. 따라서 법원의 판단은 타당하지 못하다.

설문 (4)에서 이 사안 처분은 법 시행규칙에서 정한 행정처분기준에 대한 개별기준과 일반기준상 상한에 해당하는 것으로 부적합한 것은 아니나, 위임법령 및 관계조항의 취지나 그로 인하여 甲이 입게 되는 불이익 등을 고려할 때, 이 사안 처분은 재량권을 일탈·남용한 위법이 있다고 판단된다.

〈사례연습 13〉 법규명령과 법규명령형식의 행정규칙의 준별

경남도지사 乙은 경남버스주식회사 丙에에 대하여 운행횟수를 3회로 하는 새로운 노선을 신설·운행하도록 하고 기존 노선의 운행을 기존 운행계통의 60퍼센트로 연장 운행하도록 시외버스운송사업계획변경인가처분을 하였다. 이에 경쟁관계에 있는 기존업자인 대우여객자동차주식회사 甲은 이 처분은 자동차운수사업법시행규칙 제31조 제2항 제1호, 제2호, 제6호의 규정에 위반하여 위법함을 이유로 乙이 丙에 대하여 한 시외버스운송사업계획변경인가처분의 취소를 구하는 소를 제기하였다.

(1) 乙은"시외버스운송사업계획변경인가처분은 재량행위이고, 여객자동차운수사업법시행규칙 제31조는 행정청의 재량권행사기준을 규정한 것이다"라고 주장한다. 이러한 乙의 주장에 대해서 논평하시오. (20점)

(2) 수소법원은 "자동차운수사업법시행규칙 제31조 제2항 각 호의 규정은 행정규칙에 불과하므로 乙의 시외버스운송사업계획변경인가처분이 위 각 규정에 위배되었다고 하더라도 위법의 문제는 생기지 아니한다."고 판단하였다. 이러한 법원의 판단에 대하여 논평하시오. (15점)

[참조조문]

여객자동차운수사업법 제5조(면허 등의 기준) ① 여객자동차운송사업의 면허기준은 다음 각호와 같다.

1. 사업계획이 당해 노선 또는 사업구역의 수송수요와 수송력공급에 적합할 것

2.~3.〈생략〉

제10조(사업계획의 변경) ① 제4조 제1항의 규정에 의하여 여객자동차운수사업의 면허를 받은 자가 사업계획을 변경하고자 하는 때에는 국토해양부장관 또는 시·도지사의 인가를 받아야 한다. 다만 국토해양부령이 정하는 경미한 사항을 변경하고자 하는 경우에는 국토해양부장관 또는 시·도지사에게 신고하여야 한다.

④ 제1항부터 제3항까지의 규정에 의한 사업계획변경의 절차·기준 기타 필요한 사항은 국토해양부령으로 정한다.

여객자동차운수사업법시행규칙 제32조(사업계획변경의 기준·절차 등) ② 시외버스운송사업의 사업계획변경은 다음 각호의 기준에 의한다.

1. 노선 및 운행계통을 신설하고자 하는 때에는 운행횟수를 4회 이상으로 할 것
2. 노선 및 운행계통을 연장하고자 하는 때에 그 연장거리는 기존 운행계통의 50퍼센트 이하로 할 것

3.~5.〈생략〉

6. 제33조(사업계획의 변경신고) 제1항 제3호 (가)목의 규정에 의한 운행횟수의 증감을 초과하는 경우로서 2 이상의 시·도에 걸치는 운행횟수의 증감은 관련 시외버스운송사업자 또는 관할 관청이 참여하여 당해 운행계통에 대한 수송수요 등을 조사한 후에 변경할 것

[관련논점]

— 기속행위와 재량행위의 구별
— 행정청의 재량권행사기준규정
— 법규명령과 법규명령형식의 행정규칙의 준별

[답안구성]

Ⅰ. 논점의 정리
Ⅱ. 설문 (1)의 해결
1. 시외버스운수사업계획변경인가처분이 재량행위인지 여부
(1) 기속행위와 재량행위의 구별기준
(2) 사안의 검토
(3) 중간결론
2. 법 시행규칙 제32조 제2항 각 호의 규정이 행정처분의 기준으로서 행정청의 재량권행사기준을 규정한 것인지 여부
(1) 행정청의 재량권행사기준규정
(2) 사안의 검토
(3) 중간결론
3. 소결
Ⅲ. 설문 (2)의 해결
1. 문제의 소재
2. 판례의 태도
3. 학설
4. 검토
5. 소결
Ⅳ. 사안의 해결

Ⅰ. 논점의 정리

설문 (1)에서는 자동차운수사업법(이하 '법'이라 한다) 시행규칙 제32조에 따라 乙이 丙에게 한 시외버스운송사업계획변경인가처분이 기속행위인지 재량행위인지를 검토할 필요가 있고, 나아가 법 시행규칙 제32조가 행정청의 재량권행사기준을 규정한 것인지를 살펴보아야 한다.

설문 (2)에서는 모법의 위임에 터 잡은 법 시행규칙 제32조 규정은 시외버스운송사업의 사업계획변경에 관한 절차·인가기준 등을 구체적으로 규정하고 있는바, 위 시행규칙의 법적 성질이 법규명령인지 아니면 단순한 시행명령에 불과한지를 규명하여 법원판단의 타당성을 검토하여야 한다.

Ⅱ. 설문 (1)의 해결

1. 시외버스운수사업계획변경인가처분이 재량행위인지 여부

(1) 기속행위와 재량행위의 구별기준

이에 대해서는 종래 요건재량설과 효과재량설의 주장도 있었으나, 행정청의 공법상 행위가 기속행위인지 재량행위인지를 구별함에 있어서도 일반적인 법해석의 방법론에 따라 판단하여야 할 것이다. 따라서 입법형성의 자유를 가지는 입법자가 행정권에 재량권을 부여했는지는 당해 행위의 근거법규 또는 관련 법규에 대한 문리적 해석과 입법취지를 고려한 목적론적 해석 및 당해 행위의 성질 등을 모두 고려하여 판단하여야 할 것이다.

판례도 기속행위인지 재량행위인지를 구별함에 있어서는 "당해 행위의 근거가 된 법규의 체재형식과 그 문언, 당해 행위가 속하는 행정 분야의 주된 목적과 특성, 당해 행위 자체의 개별적 성질과 유형 등을 모두 고려하여 판단하여야 한다."고 판시(대판 2002.8.23. 2002두820; 대판 2001.2.9. 98두17593 등 참조)하면서, "주택건설사업계획의 승인은 상대방에게 권리나 이익을 부여하는 효과를 수반하는 이른바 수익적 행정처분으로서 법령에 행정처분의 요건에 관하여 일의적으로 규정되어 있지 아니한 이상 행정청의 재량행위에 속한다"고 판시(대판 1997.3.14.9 6누16698 : 대판 1996.10.11. 95누9020 등)하고 있다.

(2) 사안의 검토

사안의 경우 법 제10조 제1항은 여객자동차운수사업의 면허를 받은 자가 사업계획을 변경하고자 하는 때에는 국토해양부장관 또는 시·도지사의 인가를 받아야 한다고 규정하고 있는바, 이는 수범자를 행정권이 아니라 처분의 상대방인 국민으로 하고 있는 점에서 법규의 체재형식상 행정권에의 재량권 수여 여부와는 무관하다.

그런데 법 제10조 제4항에서는 제1항부터 제3항까지의 규정에 의한 사업계획변경의 절차·기준 기타 필요한 사항은 국토해양부령으로 정한다고 규정하고 있는바, "기타 필요한 사항"이라는 문언을 통해 행정권(국토해양부장관)에게 사업계획변경기준·절차 등을 설정함에 있어서 재량권을 부여하고 있다. 그런데 이러한 재량권에 따라 국토해양부장관이 부령에서 정한 사업계획변경의 기준·절차 등을 정한 법 시행규칙 제32조 제2항은 여객자동차운수사업의 면허를 받은 자 및 행정청을 수범자로 하여 각 호에서 사업계획변경절차(6호)와 노선 및 운행계통 신설시 기준(1호), 노선 및 운행계통 연장시 기준(2호), 및 절차를 규정하고 있는바, 위 각호의 규정은 시외버스운송사업면허를 받은 자의 사업계획변경신청에 대하여 위 각 호 요건 충족 여부에 따라 행정청은 가부간 어느 하나의 행위만을 할 수 있도록 규정하고 있다. 따라서 법 시행규칙 제32조 제2항 각 호의 규정에 따른 경남도지사 乙의 丙에 대한 시외버스운수사업계획변경인가처분은 비록 그것이 수익적 행정행위라고 하더라도 당해 행정처분의 요건이 일의적으로 규정되어 있다는 점에 비추어 기속행위로 보아야 할 것이다.

(3) 중간결론

그러므로 결국 시외버스운송사업계획변경인가처분은 재량행위라는 乙의 주장은 타당하지 못하다.

2. 법 시행규칙 제32조 제2항 각 호의 규정이 행정처분의 기준으로서 행정청의 재량권행사기준을 규정한 것인지 여부

(1) 행정청의 재량권행사기준규정

행정청의 재량권행사기준규정이라 함은 일반적으로 모법에서 행정청을 수범자로 하여 제재적 행정처분의 근거와 일반적 기준을 규정하고, 그 범위 안에서 구체적 타당성을 도모하기 위하여 위반행위의 정도나 유형에 따라 세부적인 행정처분기준을 대통령령이나 부령 등에 정하도록 하여, 이에 따라 대통령령이나 부령 등에서 행정청을 수범자로 하여 구체적인 행정처분기준을 규정한 것을 말한다.

(2) 사안의 검토

사안에서 법 제10조 제1항은 "여객자동차운수사업의 면허를 받은 자가 사업계획을 변경하고자 하는 때에는 국토해양부장관 또는 시·도지사의 인가를 받아야 한다."고 규정하고, 동조 제4항은 "사업계획변경의 절차·기준 등은 국토해양부령으로 정한다."는 규정하고 있는바, 이에 따라 자동차운수사업법시행규칙 각 호의 규정은 여객자동차운수사업의 면허를 받은 자와 행정청을 수범자로 하여 사업계획변경을 하고자 할 때 준수하여야 할 구체적 기준을 규정한 것이지 그 수범자를 행정청으로 하여 재량권행사기준으로서 행정처분기준을 규정한 것이라고 해석할 수는 없다.

(3) 중간결론

따라서 여객자동차운수사업법시행규칙 제32조는 행정청의 재량권행사기준을 규정한 것이라는 乙의 주장은 타당하지 못하다.

3. 소결

시외버스운송사업계획변경인가처분은 비록 그것이 수익적 행정행위라고 하더라도 당해 행정처분의 요건이 일의적으로 규정되어 있다는 점에 비추어 기속행위로 보아야 하고, 법 시행규칙 제32조 각 호의 규정은 여객자동차운수사업의 면허를 받은 자와 행정청을 수범자로 하여 사업계획변경을 하고자 할 때 준수하여야 할 구체적 기준을 규정한 것이지 그 수범자를 행정청으로 하여 재량권행사기준으로서 행정처분기준을 규정한 것이라고 해석할 수는 없으므로, 시외버스운송사업계획변경인가처분은 재량행위이고 법 시행규칙 제32조는 행정청의 재량권행사기준을 규정한 것이라는 乙의 주장은 기속행위와 재량행위에 대한 구별의 법리 및 재량권행사기준에 대한 법리를 오해한 것으로 타당하지 못하다.

Ⅲ. 설문 (2)의 해결

1. 문제의 소재

설문 (2)의 경우 법원의 판단의 타당성을 논평하기 위해서는 자동차운수사업법시행규칙 각 호의 규정이 법규명령인지 행정청 내부의 사무처리준칙을 규정한 행정규칙에 불과한 것인지 여부를 검토하여야 한다.

2. 판례의 태도

대법원은"여객자동차운수사업법 시행규칙 제32조 제2항 제1호, 제2호, 제6호는 법 제10조 제4항의 위임에 따라 시외버스운송사업의 사업계획변경에 관한 절차·인가기준 등을 구체적으로 규정한 것으로서 대외적인 구속력이 있는 법규명령이라고 할 것이고(대판 1996.6.14. 95누17823; 대판 1997.5.16. 97누2313 등 참조), 그것을 행정청 내부의 사무처리준칙을 규정한 행정규칙에 불과하다고 할 수는 없는 것이다."고 판시(대판 2006.6.27. 2003두4355)하였다.

3. 학설

이러한 판결에 대하여, 학설은 ⅰ) 부령의 형식(시행규칙)으로 정해진 제재적 처분(영업허가의 취소 또는 정지 등)기준의 법적 성질에 대한 판례의 입장이 지금도 유효한지는 의문이라고 하면서, 부령으로 정한 인가기준을 대외적 구속력이 있는 법규명령으로 본 것으로 볼 수 있는 판례가 나왔다거나,[78] ⅱ) 판례의 변경 없이 부령(구 자동차운수사업법 시행규칙)으로 정한 인가기준을 대외적 구속력이 있는 법규명령이라고 판시하였다고 소개하는가 하면,[79] ⅲ) 대법원이 위임명령으로서의 부령에 대하여 그 법규성(대외적 구속력)을 긍정한 것은 획기적인 일이라는 견해[80] 등이 있다.

4. 검토

살피건대 〈모법이 처분의 상대방인 국민을 수범자로 하여 일정한 행위를 하고자 하는 경우에는 행정청의 인가를 받도록 하고, 그러한 처분의 상대방이 일정한 행위를 하고자 할 때의 절차나 인가기준 등을 시행규칙에서 규정하도록 한 경우〉와 〈모법에서 행정청을 수범자로 하여 제재적 행정처분의 근거와 제재유형에 따른 상한기준을 규정하고, 그 범위 안에서 구체적 타당성을 도모하기 위하여 위반행위의 정도나 유형에 따라 세부적인 행정처분기준을 정하도록 하여 이에 따라 시행규칙으로 구체적인 행정처분기준을 규정한 경우〉는 준별하여야 한다. 즉, 후자의 경우와 같이 행정청의 재량권행사기준을 시행규칙에 규정한 경우에는 이른바 법규명령형식의 행정규칙의 법적 성질논의가 제기될 수 있을 것이나, 사안의 경우는 모법인 여객자동차 운수사업법 제10조 제1항에서 행정청이 아니라 여객자동차운수사업의 면허를 받은 자를 수범자로 하여 사업계획을 변경하고자 하는 때에는 행정청의 인가를 받도록 하고, 동조 제4항에서 여객자동차운수사업의 면허를 받은 자의 사업계획변경절차나 기준 등을 국토해양부령에서 정하도록 하여, 법 시행규칙 제32조 제2항에서 행정청뿐만 아니라 여객자동차운수사업의 면허를 받은 자도 준수하여야 할 세부적인 사항, 즉 사업계획변경절차(6호)와 노선 및 운행계통 신설시 기준(1호), 노선 및 운행계통 연장시 기준(2호)을 규정하고 있는바, 이는 법률의 위임에 의하여 국민을 수범자로 하여 국민의 권리의무에 관한 구체적인 사항을 법규형식의 부령인 시행규칙에 규정하고 있는 것으로서(헌법 제95조), 동 시행규칙은 당연히 법규명령이라 할 것이고, 여기에 이른바 법규명령형식의 행정규칙의 법적 성질논의는 게재될 여지가 없다고 할 것이다.

대상판결이 "원심이 들고 있는 대법원 1995.10.17. 94누14148 전원합의체판결은 제재적

---

78) 박균성, 강의, 제4판, 207면
79) 김철용, 행정법Ⅰ, 제10판, 172면
80) 김남진, 고시계, 2007/5, 9면 이하

행정처분의 기준에 관한 것으로서 이 사건과는 사안을 달리하여 원용하기에 적절하지 아니함을 지적해 둔다."고 판시하고 있는 것도 이와 같은 이유에서이다.

5. 소결

여객자동차운수사업법시행규칙 각 호의 규정은 행정청 내부의 사무처리준칙을 규정한 행정규칙에 불과하다고 할 수는 없고, 이는 법 제10조 제4항의 위임에 따라 시외버스운송사업계획변경에 관한 절차·인가기준 등에 대하여 행정청뿐만 아니라 시외버스운송사업자도 준수하여야 할 구체적 사항을 규정한 것으로서 대외적인 구속력이 있는 법규명령이라고 할 것이다.

따라서 乙의 시외버스운송사업계획변경인가처분이 위 각 규정에 위배되었다고 하더라도 동 규정은 행정규칙에 불과하여 위법의 문제는 생기지 아니한다고 본 법원의 판단은 여객자동차운수사업법시행규칙 규정의 법규성에 관한 법리를 오해한 것으로서 타당하지 못하다.

Ⅳ. 사안의 해결

설문 (1)에서 시외버스운송사업계획변경인가처분은 비록 그것이 수익적 행정행위라고 하더라도 당해 행정처분의 요건이 일의적으로 규정되어 있다는 점에 비추어 기속행위로 보아야 하고, 법 시행규칙 제32조 각 호의 규정은 여객자동차운수사업의 면허를 받은 자와 행정청을 수범자로 하여 사업계획변경을 하고자 할 때 준수하여야 할 구체적 기준을 규정한 것이라 할 것이므로 乙의 주장은 기속행위와 재량행위에 대한 구별의 법리 및 재량권행사기준에 대한 법리를 오해한 것으로 타당하지 못하다.

설문 (2)에서 법 시행규칙 각 호의 규정은 법 제10조 제4항의 위임에 따라 시외버스운송사업계획변경에 관한 절차·인가기준 등에 대하여 행정청뿐만 아니라 시외버스운송사업자도 준수하여야 할 구체적 사항을 규정한 것으로서 대외적인 구속력이 있는 법규명령이라고 할 것이므로, 乙의 시외버스운송사업계획변경인가처분이 위 각 규정에 위배되었다고 하더라도 동 규정은 행정규칙에 불과하여 위법의 문제는 생기지 아니한다고 본 법원의 판단은 여객자동차운수사업법시행규칙 규정의 법규성에 관한 법리를 오해한 것으로서 타당하지 못하다.

〈사례연습 14〉 법령보충적 행정규칙의 법적 성질과 그 효력

다음 헌법재판소의 결정문을 읽고 아래의 설문에 대하여 논하시오.

[1] 헌법 제40조와 헌법 제75조, 제95조의 의미를 살펴보면, 국회입법에 의한 수권이 입법기관이 아닌 행정기관에게 법률 등으로 구체적인 범위를 정하여 위임한 사항에 관하여는 당해 행정기관에게 법 정립의 권한을 갖게 하고, 입법자가 규율의 형식도 선택할 수도 있다 할 것이므로, 헌법이 인정하고 있는 위임입법의 형식은 예시적인 것으로 보아야 할 것이고, 그것은 법률이 행정규칙에 위임하더라도 그 행정규칙은 위임된 사항만을 규율할 수 있으므로, 국회입법의 원칙과 상치되지도 않는다. 다만, 형식의 선택에 있어서 규율의 밀도와 규율영역의 특성이 개별적으로 고찰되어야 할 것이고, 그에 따라 입법자에게 상세한 규율이 불가능한 것으로 보이는 영역이라면 행정부에게 필요한 보충을 할 책임이 인정되고 극히 전문적인 식견에 좌우되는 영역에서는 행정기관에 의한 구체화의 우위가 불가피하게 있을 수 있다. 그러한 영역에서 행정규칙에 대한 위임입법이 제한적으로 인정될 수 있다. [2] 행정규칙은 법규명령과 같은 엄격한 제정 및 개정절차를 요하지 아니하므로, 재산권 등과 같은 기본권을 제한하는 작용을 하는 법률이 입법위임을 할 때에는 대통령령·총리령·부령 등 법규명령에 위임함이 바람직하고, 금융감독위원회의 고시와 같은 형식으로 입법위임을 할 때에는 적어도 행정규제기본법 제4조 제2항 단서에서 정한 바와 같이 법령이 전문적·기술적 사항이나 경미한 사항으로서 업무의 성질상 위임이 불가피한 사항에 한정된다고 할 것이고, 그러한 사항이라 하더라도 포괄위임금지의 원칙상 법률의 위임은 반드시 구체적·개별적으로 한정된 사항에 대하여 행하여져야 한다. [3] 원칙적으로 행정규칙은 그 성격상 대외적 효력을 갖는 것은 아니나, 특별한 예외적인 경우에 대외적으로 효력을 가질 수 있는데, 그 예외적인 경우는 우리 재판소가 이미 선례에서 밝힌 바와 같이 재량권 행사의 준칙인 규칙이 그 정한 바에 따라 되풀이 시행되어 행정관행이 이룩하게 되면 평등의 원칙이나 신뢰보호의 원칙에 따라 행정기관은 그 상대방에 대한 관계에서 그 규칙에 따라야할 자기구속을 당하게 되는 경우, 또는 법령의 직접적 위임에 따라 수임행정기관이 그 법령을 시행하는데 필요한 구체적 사항을 정하였을 때, 그 제정형식은 비록 법규명령이 아닌 고시·훈령·예규 등과 같은 행정규칙이더라도 그것이 상위법령의 위임한계를 벗어나지 않는 경우이다. 그러나 위와 같은 행정규칙, 특히 후자와 같은 이른바 법령보충적 행정규칙이라도 그 자체로서 직접적으로 대외적으로 구속력을 갖는 것은 아니다. 즉, 상위법령과 결합하여 일체가 되는 한도 내에서 상위법령의 일부가 됨으로써 대외적 구속력이 발생되는 것일 뿐 그 행정규칙 자체는

대외적 구속력을 갖는 것이 아니라 할 것이다(헌재 2004.10.28. 99헌바91 참조).

(1) 甲은 "헌법이 명시적으로 인정하지 않는 어떠한 다른 형태의 법규명령도 존재할 수 없는데도 불구하고 위 헌법재판소의 결정은 고시 이외에 또 다른 법규명령을 가능하게 하고 있다."고 비판한다. 이러한 甲의 주장에 대하여 논평하시오(10점)

(2) 乙은 "헌법에 규정되어 있는 명령의 형식이 아닌 행정규칙형식의 위임입법은 헌법상 허용될 수 없다."고 하면서 이러한 헌법재판소결정의 태도를 위헌이라고 비판한다. 이러한 乙의 주장에 대하여 논평하시오(10점)

(3) 丙은 "법령보충적 행정규칙의 경우 모법의 수권에 의한 규정의 경우에는 모법의 위임규정과 결합하여 법규명령으로서의 성질을 가지나 수권 없이 규정된 것은 행정규칙으로 보아야 한다."고 하면서, "집행명령의 제정권한은 헌법에 의하여 직접 행정권에 수권되고 있으므로 전체로서의 법규명령(위임명령과 집행명령)은 모두 수권에 의해 행정권이 정립하는 법규이다."고 주장한다. 이러한 丙의 주장에 대하여 논평하시오.(10점)

[관련논점]

— 법령보충적 행정규칙의 법적 성질과 그 효력

— 법규명령과 위임법령의 준별

— 위임명령과 집행명령의 준별

— 헌법 제75조 및 제95조의 규정취지

[답안구성]

Ⅰ. 논점의 정리
Ⅱ. 설문 (1)의 甲 주장에 대한 논평
1. 문제의 소재
2. 학설
3. 甲의 주장에 대한 검토
Ⅲ. 설문 (2)의 乙 주장에 대한 논평
1. 문제의 소재
2. 학설
3. 乙의 주장에 대한 검토
Ⅳ. 설문 (3)의 丙의 주장에 대한 논평
1. 문제의 소재
2. 학설
3. 丙의 주장에 대한 검토
Ⅴ. 결론

Ⅰ. 논점의 정리

설문(1), (2), (3)을 해결하기 위해서는 법령보충적 행정규칙의 법적 성질과 그 효력, 법규명령과 위임명령의 의미와 그 준별, 헌법 제75조, 제95조의 취지를 규명할 필요가 있고, 특히 설문 (3)과 관련해서는 수권의 의미와 위임명령과 집행명령이 어떻게 구별되는지를 살펴보아야 한다.

Ⅱ. 설문 (1)의 甲 주장에 대한 논평

1. 문제의 소재

설문의 주장에 대해서는 위 헌법재판소의 결정 내용이 헌법이 인정하고 있지 않은 형태의 법규명령을 인정하고 있는가 아니면 행정규칙의 성질은 변하지 않고 다만 일정한 경우에 간접적으로 대외적 구속력을 가질 수 있다고 본 것인가를 규명함으로써 그 당부를 판단할 수 있다.

2. 학설

甲은 위의 헌법재판소의 결정에 대하여, 이는 고시 이외에 다른 법규명령의 막내 동생의 계속출산을 가능하게 하고, 결정내용 중 [2]의 내용은 고시를 법규명령의 한 종류로 인정함으로 인하여 초래될 수 있는 비난에 대하여 일종의 도피처 또는 퇴로를 열어두고 있다고 하면서 비판하면서, 헌법이 명시적으로 인정하지 않는 어떠한 다른 형태의 법규명령도 존재할 수 없다고 주장하는 견해가 있다.[81]

3. 甲의 주장에 대한 검토

살피건대 甲의 주장은 헌법재판소의 결정의 취지를 그릇 이해하고 있는 것으로 판단된다. 왜냐하면 위 헌법재판소의 결정도 헌법이 명시적으로 인정하지 않는 어떠한 다른 형태의 법규명령을 인정하는 것은 아니기 때문이다. 즉, 위 헌법재판소결정의 취지는 위임입법의 형식을 예시적인 것으로 보아 그 위임을 법규명령뿐만 아니라 행정규칙에도 위임할 수 있다는 것일 뿐 법규명령의 막내 동생을 계속출산하려는 것은 아니다. 아마도 이 견해는 모법의 구체적인 위임에 따라 규정한 행정규칙이 위임한 상위법령의 일부로서 대외적 구속력을 가지므로 그 행정규칙을 법규명령으로 보아 헌법에서 인정하지 않는 새로운 법규명령이 탄생된 것으로 파악하고 있는 듯하다. 그러나 위임고시는 위임한 상위법령의 일부로서 대외적 구속력을 가지는 것일 뿐 그 고시 자체가 법규명령이 되는 것은 아니기 때문에 위 헌법재판소의 결정은 헌법이 인정하고 있는 법규명령 이외의 형태의 법규명령의 탄생을 예고하는 것이 결코 아니다.

따라서 甲의 주장은 헌법재판소의 결정 취지를 잘못 이해하거나 법령보충적 행정규칙 그 자체의 법적 성질과 모법인 위임법령과 결합하여 그 근거법령의 일부로서 법규명령으로

---

81) 김성수, 행정법판례평론, 2006, 홍문사, 245면~246면

서의 효력을 가지는 것을 분별하지 못하는 것으로서 타당한 주장이라 할 수 없다

Ⅲ. 설문 (2)의 乙 주장에 대한 논평

1. 문제의 소재

헌법재판소는 헌법이 인정하고 있는 위임입법의 형식은 예시적인 것으로 보아 법률이 행정규칙에 위임하더라도 그 행정규칙은 위임된 사항만을 규율할 수 있으므로, 국회입법의 원칙과 상치되지도 않는다고 판시하고 있는바, 이에 대하여 乙은 부령을 가장 낮은 단계의 위임입법으로 규정하고 있다고 보고 있으므로 결국 헌법 제75조 및 헌법 제95조의 위임입법의 형식을 예시적인 것으로 본 위 헌재결정은 위헌이 아닌지가 문제된다.

2. 학설

헌법에 규정되어 있는 명령의 형식이 아닌 행정규칙 형식의 위임입법은 헌법상 허용될 수 없다고 하면서, 우리 헌법은 부령을 가장 낮은 단계의 위임입법으로 규정하고 있으므로 법률에서 바로 행정규칙형식으로 위임하는 경우나 대통령령이나 부령이 행정규칙형식으로 위임하는 것은 모두 헌법위반이라고 주장하는 견해가 있다.[82)]

3. 乙의 주장에 대한 검토

살피건대 乙은 "헌법에 규정되어 있는 명령의 형식이 아닌 행정규칙형식의 위임입법은 헌법상 허용될 수 없다."고 주장하나 이는 타당하지 못하다. 왜냐하면 우리 헌법 제75조와 제95조는 국민의 권리의무에 관한 법규사항에 대하여는 그것이 위임명령이든 집행명령이든 대통령령·총리령·부령으로 발할 수 있다고 하여, 그 자체가 대외적 구속력을 갖는 법규명령의 형식을 제한하고 있는 것이지 위임명령의 형식을 제한하고 있는 것이 아니기 때문이다. 나아가 위임명령은 입법자의 수권에 의한 것이므로 입법자는 규율의 형식도 선택할 수도 있다고 보아야 한다. 따라서 헌법이 인정하고 있는 위임입법의 형식은 예시적인 것으로 보아야 할 것이고, 그것은 법률이 행정규칙에 위임하더라도 그 행정규칙은 위임된 사항만을 규율할 수 있으므로 국회입법의 원칙과 상치되지도 않는다. 따라서 법률에서 바로 행정규칙형식으로 위임을 한다고 하여 이를 두고 헌법에 위반된다고 볼 수는 없다. 한편 법령보충적 행정규칙이 법률의 일부로서 대외적 구속력을 가진다고 하더라도 그 행정규칙 자체가 법규명령이 되는 것은 아니므로 헌법위반의 문제는 생기지 않는다.

---

82) 류지태, 행정법의 이해, 2006, 법문사, 160면 이하

이러한 법리에 따라 우리 실정법인 행정규제기본법 제4조 제2항도 "행정규제는 법률에 직접 규정하되, 규제의 세부적인 내용은 상위법령이 구체적으로 범위를 정하여 위임한 바에 따라 대통령령·총리령·부령 또는 조례·규칙으로 정할 수 있다. 다만 법령이 전문적·기술적 사항이나 경미한 사항으로서 업무의 성질상 위임이 불가피한 사항에 관하여 구체적으로 범위를 정하여 위임한 경우에는 고시 등으로 정할 수 있다"고 규정하고 있는 것이다.

결국 乙은 법규명령의 형식을 제한하고 있는 헌법 제75조와 제95조를 위임명령을 제한하고 있는 것으로 잘못 이해하거나 법령보충적 행정규칙의 경우 그 자체의 법적 성질과 모법인 위임법령과 결합하여 그 근거법령의 일부로서 법규명령으로서의 효력을 가지는 것을 분별하여 인식하지 못한 것으로서 타당한 주장이라 할 수 없다.

Ⅳ. 설문 (3)의 丙의 주장에 대한 논평

1. 문제의 소재

丙의 주장의 타당성의 검토하기 위해서는 위임명령에 있어서의 수권의 의미와 헌법 제75조 및 95조의 규정 취지, 위임명령과 집행명령의 구별에 대하여 살펴볼 필요가 있다.

2. 학설

집행명령의 제정권한은 바로 헌법에 의하여 직접 행정권에 수권되고 있기 때문에(헌법 제75조, 제95조) 전체로서의 법규명령(위임명령+집행명령)은 모두 법령(헌법을 포함하는 광의의 의미의 법령)의 수권에 의해 행정권이 정립하는 법규라고 주장한다.[83] 그리하여 법규명령형식의 행정규칙과 법규적 효력을 갖는 행정규칙의 법적 성질을 모두 수권 여부에 의하여 판단하여야 한다고 한다.

3. 丙의 주장에 대한 검토

丙의 주장은 본질적으로 수권의 의미를 잘못 이해하고 있는 것으로서 타당하지 못하다. 우리 헌법상 국민의 권리의무에 관한 사항, 즉 법규사항을 규정할 수 있는 법규명령은 수권 여부에 따라 위임명령과 직권명령으로 분류되는바, 위임명령이란 법률 또는 법률이나 대통령령에서 구체적으로 범위를 정하여 위임받은 사항을 정하는 법률종속명령으로서 그 위임된 범위 내에서 일정한 새로운 법규사항을 규정할 수 있는 것을 말하고(헌법 제75조, 제95조), 직권명령이란 수권없이 법령에 의한 소관 사무를 수행하기 위하여 직권으로 발하는 명

83) 홍정선, 특강, 제6판, 133면

령을 말한다. 이러한 직권명령은 법률과의 관계에 따라 헌법에 의해 인정된 독자적인 권한의 발동으로 제정되는 법규명령인 독립명령(헌법 제76조)과 법률 또는 대통령령의 범위 내에서 그 법령을 시행을 위하여 필요한 세부적인 사항을 규정하는 법규명령으로서 새로운 법규사항을 규정할 수 없는 집행명령(헌법 제75조, 제95조)이 있다.

요컨대 수권이란 입법자가 "법률에서 위임"(헌법 제75조) 또는 "법률이나 대통령령의 위임"(헌법 제95조)에 의하여 새로운 법규사항을 규정할 수 있는 권한을 행정권에 부여하는 것을 의미하는 것이다. 따라서 수권 없이 헌법에 의하여 인정된 독자적인 발동으로 제정되는 법규명령은 위임명령이 아닌 직권명령으로서 법률과 같은 효력을 가지는 법률대위명령을 말하며(헌법 제76조), 집행명령이란 법률이나 대통령령을 집행하기 위하여(헌법 제75조, 제95조) 필요한 사항을 규정하는 법규명령으로서 수권에 의한 것이 아니므로 새로운 법규사항을 규정할 수 없는 것이다.

결국 丙이 집행명령도 헌법에 의해 직접 수권되고 있다고 주장하는 것은 수권의 의미를 잘못 인식하고 있는 것으로서 헌법 제75조 및 제95조의 명문에 반하는 해석으로 타당하지 못하다. 또한 丙의 주장에 따른다면 법률이나 대통령령이 수권하는 것은 위임명령으로서 새로운 법규사항을 규정할 수 있는 권한이 있음에 비해, 집행명령은 법률이나 대통령령보다도 상위의 법인 헌법에서 직접 수권하고 있음에도 불구하고 새로운 법규사항은 규정할 수 없게 되어 헌법을 최상위의 법으로 하는 법체계에 모순된 결과를 초래하게 될 것이다.

V. 결론

설문에서 甲·乙·丙의 주장들은 본질적으로 법령보충적 행정규칙의 법적 성질을 법규명령으로 파악하는데서 비롯된 것이다. 그러나 위 헌법재판소 결정문에서 적절히 지적하듯이 법령보충적 행정규칙이라도 그 자체의 법적 성질은 행정규칙일 뿐이고, 다만 상위법령과 결합하여 일체가 되는 한도 내에서 상위법령의 일부가 됨으로써 법규명령으로서의 효력, 즉 대외적 구속력이 발생되는 것일 뿐이다. 만약 甲·乙·丙처럼 법령보충적 행정규칙의 법적 성질을 법규명령으로 본다면 이는 법규명령의 형식을 제한하고 있는 우리 헌법 제75조 또는 제92조에 반하는 것이다.

특히 헌법은 국민의 권리의무에 관한 사항을 규정할 수 있는 법규명령의 형식을 제한하고 있는 것이지 위임명령의 형식을 제한하고 있는 것이 아니므로 乙의 주장은 타당하지 못하며, 수권이란 법률에서 구체적으로 범위를 정하여 위임하거나(헌법 제75조) 또는 법률이나 그 법률에 따른 대통령령의 위임(헌법 제95조)에 따라 새로운 법규사항을 규정할 수 있는 권한을 행정권에 부여하는 것을 의미하는 것이므로 집행명령은 헌법에서 직접 수권되고 있다고 주장하는 丙의 주장은 수권의 의미에 반할뿐만 아니라 하여 최고규범인 헌법을 정점으로 하는 규범체계에 모순을 초래한다는 점에서 타당하지 못하다.

[참고판례 1] 대법원은 건축불허가처분취소사건에서 '**산지전용허가기준의 세부검토기준에 관한 규정'의 법적 성질은 법령보충적 행정규칙**이라 하였다. 즉, "**산지관리법 제18조 제1항 제8호**에서 산지전용허가기준의 하나로 "사업계획 및 산지전용면적이 적정하고 산지전용방법이 자연경관 및 산림훼손을 최소화하고 산지전용 후의 복구에 지장을 줄 우려가 없을 것"이라는 추상적 기준을 설정하면서 **같은 조 제4항**에 의하여 그 세부기준을 대통령령으로 정하도록 위임하고 있고, **같은 법 시행령 제20조 제4항 [별표 4] 7.의 바.항**에서 위 세부기준의 하나로 "전용하고자 하는 산지의 표고(標高)가 높거나 설치하고자 하는 시설물이 자연경관을 해치지 아니할 것"이라고 규정하여 전용하고자 하는 산지의 위치에 대한 대강의 제한을 제시하고 있으면서 같은 비고 2.에 의하여 위 기준을 적용하는데 필요한 세부적인 사항은 산림청장이 정하여 고시하도록 위임하고 있으며, 이에 따라 **산림청장이 법령에 따른 구체적인 기준으로서 전용하고자 하는 산지의 높이에 있어서의 한계로서 "산지의 경관을 보전하기 위하여 전용하고자 하는 산지는 당해 산지의 표고(산자락 하단부를 기준으로 한 산정부의 높이로 지반고를 말한다)의 100분의 50 미만에 위치하여야 한다"고 정한 산지전용허가기준의 세부검토기준에 관한 규정**(2003. 11. 20. **산림청 고시 제2003-71호, 이하 '이 사건 고시'라고 한다) 제2조 [별표] 3. 바목 가.의 규정**은 위 산지관리법령이 위임한 바에 따라 그 법령의 내용이 될 사항을 구체적으로 정한 것으로서, 당해 법령의 위임한계를 벗어나지 않으므로, 그와 결합하여 대외적으로 구속력이 있는 법규명령으로서 효력을 가진다고 할 것이다."고 판시(대판 2008.4.10. 2007두4841)하였다.

[참고판례 2] 또한 목욕장영업신고서처리불가처분취소등사건에서 **택지개발업무처리지침의 법적 성질은 법령보충적 행정규칙**이라 하였다. 즉, "**구 「택지개발촉진법」**(2007. 4. 20. **법률 제8384호로 개정되기 전의 것, 이하 같다) 제3조 제4항**은 '건설교통부장관이 제1항 내지 제3항의 규정에 의하여 예정지구를 지정, 변경 또는 해제한 때에는 대통령령이 정하는 바에 따라 이를 고시하여야 한다'고, **제31조**가 '이 법의 시행에 관하여 필요한 사항은 대통령령으로 정한다'고 각 규정하고, **구 「택지개발촉진법 시행령」 제7조 제1항 전문**이 '시행자가 개발계획을 작성하여 건설교통부장관의 승인을 얻고자 할 때에는 토지이용에 관한 계획을 비롯한 각호의 사항을 기재한 택지개발계획승인신청서를 건설교통부장관에게 제출하여야 한다'고, **제7조 제5항**이 '제1항의 규정에 의한 택지개발계획의 수립기준 기타 필요한 사항은 건설교통부장관이 따로 정한다'고 각 규정함에 따라, **건설교통부장관이 정한 「택지개발업무처리지침」**(**택지 58540-647**, 1995. 8. 10. **제정, 이하 '이 사건 지침'이라 한다) 제11조**(1999. 6. 24. **개정 이전에는 제7조에 해당한다) 제1항 본문이 '사업시행자는 택지를 주택건설용지와 공공시설용지로 구분하여 별표 2에서 정하고 있는 용지분류에 따라 토지이용계획을 수립하여야 한다'고 규정한 다음, 별표 2 토지이용계획의 용지분류에서 공공시설용지에 속하는 상업·업무시설용지에는 「택지개발촉진법 시행령」 제2조 제2호에 게기한 시설이 가능하도록 규정**하고 있는바, 이와 같은 관계 법령의 내용, 형식 및 취지 등을 종합하면, 비록 이 사건 지침 제11조가 건설교통부장관의 지침형식으로 되어 있다 하더라도 이에 의한 토지이용에 관한 계획은 택지개발촉진법령의 위임에 따라 그 규정의 내용을 보충하면서 그와 결합하여 대외적인 구속력이 있는 법규명령으로서의 효력을 가지는 것으로 보아야 할 것이다."고 판시(대판 2008.3.27. 2006두3742·3759(병합))하였다.

〈사례연습 15〉 법령보충적 행정규칙, 요건재량, 거부처분이 사전통지의 대상이 되는지 여부 등

甲은 교육공무원법 제11조의 3 및 교육공무원임용령 제5조의2 제1항에 의하여 국립 A대학교 소속 단과대학 조교수로 4년의 기간을 정하여 임용되었다. 甲은 임용기간이 만료되기 4개월 전 임용기간 만료사실과 재임용 심사를 신청할 수 있음을 임용권자로부터 서면으로 통지받았다. 이에 따라 甲은 재임용 심사를 신청하였으나 임용권자는 국립 A대학교 본부인사위원회의 심의를 거쳐 "첫째, 피심자 갑의 연구 실적이 「국립 A대학교 교원인사규정」 상의 재임용 최소요건은 충족하지만 지도학생에 대한 면담을 실시하지 않는 등 학생지도실적이 미흡하다. 둘째, 甲이 국립 A대학교 총장의 비리와 관련된 기사를 신문에 게재하여 교원으로서의 품위 및 학교의 명예를 크게 손상시켰다."라는 이유로 사전통지를 하지 아니한 채 甲에게 임용기간 만료 2개월 전에 재임용 탈락의 통지를 하였다.

한편, 국립 A대학교 총장이 교육공무원법 제11조의3 제5항 및 교육공무원임용령 제5조의2 제3항에 따라 제정한 「국립 A대학교 교원인사규정」에 의하면 교육공무원법 제11조의3 제5항 각호에서 규정하고 있는 사항 이외에 "교원으로서의 품위 및 학교 명예에 관한 사항"을 재임용 심사항목으로 규정하고 있다.84)

(1) 재임용심사의 세부적인 기준을 규정한 「국립A대학교 교원인사규정」의 법적 성질과 그 효력은? (10점)

(2) 甲에 대한 재임용 탈락 통지의 법적 성질은? (10점)

(3) 임용권자가 행한 甲에 대한 재임용 탈락 통지는 적법한가? (15점)

(4) 재임용 탈락 통지에 대한 甲의 행정쟁송상 권리구제수단은? (15점)

[참조조문]

교육공무원법 제11조의3(계약제 임용 등) ① 대학의 교원은 대통령령이 정하는 바에 의하여 근로기간·급여·근로조건, 업적 및 성과약정 등 계약조건을 정하여 임용할 수 있다.

② 제1항의 규정에 의하여 임용된 교원의 임용권자는 당해 교원의 임용기간이 만료되는 때에는 임용기간 만료일 4월전까지 임용기간이 만료된다는 사실과 재임용 심의를 신청할 수 있음을 당해 교원에게 통지(문서에 의한 통지를 말한다. 이하 이 조에서 같다)하여야 한다.

③ 〈생략〉

④ 제3항의 규정에 의한 재임용 심의를 신청 받은 재임용권자는 대학인사위원회의 재임용 심의를 거쳐 당해 교원에 대한 재임용 여부를 결정하고 그 사실을 임용기간 만료 2월전까지 당해 교원에게 통지하여야 한다. 이 경우 당해 교원을 재임용하지 아니하기로 결정한 때에는 재임용하지 아니하겠다는

84) 2008년도 제50회 사법시험기출문제 제1문

의사와 재임용거부사유를 명시하여 통지하여야 한다.
⑤ 대학인사위원회가 제4항의 규정에 의하여 당해 교원에 대한 재임용 여부를 심의함에 있어서는 다음 각호의 사항에 관한 평가 등 객관적인 사유로서 학칙이 정하는 사유에 근거하여야 한다. 이 경우 심의과정에서 15일 이상의 기간을 정하여 당해 교원에게 지정된 기일에 대학 인사위원회에 출석하여 의견을 진술하거나 서면에 의한 의견진술의 기회를 주어야 한다.
1. 학생교육에 관한 사항
2. 학문연구에 관한 사항
3. 학생지도에 관한 사항
⑥ 〈생략〉

교육공무원임용령

제5조의2 (대학교원의 계약제 임용 등) ① 법 제11조의3의 규정에 의한 대학교원의 임용은 다음 각호의 범위 안에서 계약조건을 정하여야 한다.
1～3.〈생략〉
4. 업적 및 성과
연구실적 · 논문지도 · 진로상담 및 학생지도 등에 관한 사항
5～6.〈생략〉
② 〈생략〉
③ 대학의 장은 대학인사위원회의 심의를 거쳐 제1항의 규정에 의한 계약조건에 관한 세부적인 기준을 정한다.
④ 〈생략〉

[관련논점]

— 법령보충적 행정규칙의 법적 성질과 그 효력
— 국민의 처분의 신청에 대한 행정청의 거부행위가 항고소송의 대상이 되는 (행정)처분이 되기 위한 요건
— 기속규범과 재량규범의 구별 및 재량준칙
— 판단여지와 재량행위의 구별 여부
— 판단여지 대상 영역에서의 재량권의 일탈 · 남용 여부의 판단기준
— 행정절차법 제21조 소정의 사전통지의 대상이 되는 불이익 처분에 거부처분 포함 여부
— 특별권력관계, 교원소청심사, 항고소송, 집행정지 등 가구제, 구체적 규범통제 등

[답안구성]

Ⅰ. 논점의 정리
Ⅱ. 설문 (1)의 해결
1. 문제의 소재
2. 법규적 내용을 가진 행정규칙의 법적 성질
(1) 학설
(2) 판례
(3) 검토
3. 「국립 A대학교 교원인사규정」이 위임의 한계

Ⅰ. 논점의 정리

설문 (1)에서는 국립 A대학교 교원인사규정의 법적 성질 및 그 효력이 문제되는바, 이른바 법령보충적 행정규칙의 법적 성질과 그 효력에 때하여 살펴보아야 한다.

설문 (2)에서는 재임용 탈락 통지가 항고소송의 대상이 되는 처분에 해당하는지, 나아가 준법률행위적 행정행위에 해당하는지를 판단한다.

설문 (3)에서는 재임용 탈락 통지가 행정처분에 해당한다면 그것이 기속행위인지 재량행위인지, 특히 재임용여부가 판단여지 대상영역으로서 요건재량을 인정할 수 있는지를 판단하여 재임용탈락통지의 적법 여부를 판단하여야 하고, 한편 행정절차법 제21조 소정의 사전통지의 대상이 되는 불이익 처분에 거부처분도 포함되는지를 살펴보아야 한다.

설문 (4)에서는 재임용 탈락 통지가 위법하다면 교원소청심사 또는 거부처분취소소송이나 무효등확인소송 및 가구제의 가능성, 구체적 규범통제, 국가배상청구소송 등을 검토하여야 한다.

Ⅱ. 설문 (1)의 해결

1. 문제의 소재

사안의 「국립 A대학교 교원인사규정」은 그 형식은 비록 행정규칙에 불과하나 법 제11조의3 제5항 및 교육공무원임용령 제5조의2 제3항의 구체적인 위임에 따라 甲의 권리의무에 관한 사항을 규정하고 있다는 점에서 법적 성질과 그 효력이 문제된다.

2. 법규적 내용을 가진 행정규칙의 법적 성질

(1) 학설

1) **실질설**(법규명령설) 그 법령의 내용을 구체적으로 보충할 수 있는 권한을 근거법률에서 명시적으로 수권하였음을 이유로 법규명령으로 본다.

2) **형식설**(행정규칙설) 헌법이 예정한 법규의 형식이 아니므로 행정규칙으로 보아야 한다고 한다.

3) **규범구체화행정규칙설** 이는 통상의 행정규칙과 달리 상위규범을 구체화하는 내용의 행정규칙이므로 법규성을 긍정해야 한다고 한다.

4) **위헌·무효설** 헌법은 법규명령의 형식으로 대통령령, 총리령, 부령, 조례 등으로 한정하고 있으므로 행정규칙형식의 법규명령은 허용되지 않고 위헌·무효라고 한다.

5) **수권여부기준설** 수권 여부에 따라 법령의 수권에 의한 것이라면 법규명령으로 보아야 하고, 수권 없이 규정된 것은 행정규칙으로 보아야 한다고 한다.

(2) 판례

대법원은 국세청훈령인 '재산제세사무처리규정', 국무총리훈령인 '개별토지가격합동조사지침' 및 산업자원부 고시인 '공장입지기준' 등이 그 형식은 행정규칙으로 되어 있으나 근거법령의 위임에 따라 그 내용을 보충하는 경우에는 이와 같은 행정규칙규정은 당해 법령의 위임한계를 벗어나지 아니하는 한 그 근거법령과 결합하여 법규명령의 효력을 가진다고 판시하고 있다(대판 1987.9.29. 86누484; 대판 2003.9.26. 2003두2274 등 참조).

헌법재판소도 "이른바 법령보충적 행정규칙이라도 그 자체로서 직접적으로 대외적으로 구속력을 갖는 것은 아니다. 즉, 상위법령과 결합하여 일체가 되는 한도 내에서 상위법령의 일부가 됨으로써 대외적 구속력이 발생되는 것일 뿐 그 행정규칙 자체는 대외적 구속력을 갖는 것이 아니라 할 것이다."고 판시하고 있다(헌재 2004.10.28. 99헌바91).

(3) 검토

살피건대 비록 법규적 내용을 가진 행정규칙이라도 그 형식이 행정규칙이므로 그 법적 성질은 행정규칙으로 보아야 한다. 왜냐하면 법령보충적 행정규칙을 그 자체가 대외적 구속력을 갖는 법규명령으로 본다면 이는 법규명령의 형식을 제한하고 있는 헌법(제75조, 제95조)에 위반되기 때문이다.

한편 원칙적으로 행정규칙은 그 성격상 대외적 효력을 갖는 것은 아니나, 그 제정형식은 비록 법규명령이 아닌 고시·훈령·예규 등과 같은 행정규칙이더라도 그것이 상위법령의 위임한계를 벗어나지 않는 때에는 대외적으로 효력을 가질 수 있는데, 다만 이 경우에도 그 행정규칙 자체는 대외적 구속력을 갖는 것이 아니며, 상위법령과 결합하여 일체가 되는 한도 내에서 상위법령의 일부가 됨으로써 직접적으로 대외적 구속력이 발생되는 것일 뿐이다.

3. 「국립 A대학교 교원인사규정」이 위임의 한계를 벗어나 무효인지 여부

(1) 문제점

교육공무원법 제11조의3 제5항 및 교육공무원임용령 제5조의2 제3항의 위임에 따라 제정한 「국립 A대학교 교원인사규정」이 교육공무원법 제11조의3 제5항 각호에서 규정하고 있는 사항 이외에 "교원으로서의 품위 및 학교명예에 관한 사항"을 규정한 부분이 위임의 한계를 벗어난 것인지 문제될 수 있다.

(2) 검토

그러나 동조 제5항에서는 "당해 교원에 대한 재임용 여부를 심의함에 있어서는 다음 각호의 사항에 관한 평가 등 객관적인 사유로서 학칙이 정하는 사유에 근거하여야 한다."는 규정하고 있는바, 심의사항을 동조 각호의 사유에만 한정하고 있지 않고 그 외에 객관적 사유로서 학칙이 정하는 사유로서 그 내용을 보충하도록 하고 있으므로 국립 A대학교 교원인사규정」이 교육공무원법 제11조의3 제5항 각호에서 규정하고 있는 사항 이외에 "교원으로서의 품위 및 학교명예에 관한 사항"을 규정했더라도 위임의 한계를 벗어난 것이라고 볼 수 없다.

4. 소결

결국 「국립 A대학교 교원인사규정」은 법령의 위임에 따라 재임용 계약조건에 관한 세부적 기준을 규정한 행정준칙으로서, 그 자체는 법규성이 없지만, 법 제11조의3 제5항 및 교육공무원임용령 제5조의2 제3항이 위임한 바에 따라 그 법령의 내용이 될 사항을 구체적으로 정한 것으로서 당해 법령의 위임한계를 벗어나지 아니하였으므로 위임법령과 결합하여 대외적으로 구속력이 있는 법규명령으로서 효력을 가진다고 할 것이다.

Ⅲ. 설문 (2)의 해결

1. 문제의 소재

설문의 경우 재임용 탈락의 통지는 행정소송의 대상이 되는 처분에 해당하는지, 나아가 하자있는 행정행위에 인정되는 공정력을 깨뜨리는 절차로서 항고쟁송을 제기할 수 있으려면 재임용탈락통지는 행정청의 우월적 의사에 기한 공권력적 단독행위로서 행정행위에 해당하여야 하는바, 특히 사안의 통지가 준법률행위적 행정행위에 해당하는지가 문제된다.

2. 항고소송의 대상이 되는 처분인지 여부

(1) 국민의 처분의 신청에 대한 행정청의 거부처분이 "행정소송의 대상이 되는 처분"이 되기 위한 요건

1) 판례의 태도

확립된 판례에 의하면, 처분의 신청에 대한 행정청의 거부처분이 항고소송의 대상이 되는 처분이 되기 위해서는 ⅰ) 국민이 행정청에 대하여 그 신청에 따른 처분(공권력의 행사 또는 이에 준하는 행정작용)을 하여 줄 것을 요구할 수 있는 법규상 또는 조리상의 신청권이 있고, ⅱ) 행정청의 공법상 행위는 국민의 권리의무에 직접 관계있는 행위일 것을 요구한다(대판 1990.9.28. 89누8101 등 참조). 이에 대하여는 헌법재판소도 같은 입장이다(헌재 1998.5.16. 98헌가121 참조).

한편 "거부처분의 처분성을 인정하기 위한 전제요건이 되는 신청권의 존부는 구체적 사건에서 신청인이 누구인가를 고려하지 않고 관계법규의 해석에 의하여 일반국민에게 그러한 신청권을 인정하고 있는가를 살펴 추상적으로 결정되는 것이다"고 판시(대판 1996.6.11. 95

누12460 등 참조)하고 있다.

2) 학설

학설은 판례가 요구하는 법규상·조리상 신청권에 대하여, 이를 ⅰ) 법문상 신청에 대하여 행정청은 일정한 처분을 하여야 할 의무가 발생하여야 한다는 점에서 신청은 신청권이 있어야 한다고 하거나,[85] 대법원은 신청권의 존부를 구체적 사건에서 신청인이 누구인가를 고려하지 않고 추상적으로 판단함을 이유로 이를 형식적 신청권으로 보아[86] **대상적격의 문제로 보는 견해**, ⅱ) 신청권 또는 처분의무의 존재 여부는 **본안에서 판단하여야 한다는 견해**,[87] ⅲ) 행정소송법에 부작위의 개념에 신청권의 존부에 관해 언급하는 바가 없는데도 신청권의 존부를 부작위의 개념요소로 보는 것은 사인의 권리보호확대이념에 반함을 이유로 **원고적격의 문제로 보는 견해**[88] 등이 대립하고 있다.

3) 검토

살피건대 무릇 소송이란 구체적 사건에서 법률상 분쟁을 법에 의하여 해결함으로써 법적 안정을 기하자는 것이므로 예컨대 "행정청의 구체적 사실에 대한 법집행으로서 공권력의 행사 그 거부 등"이 있다 하더라도 그것이 위법하다고 주장할 수조차 없는 처분(예컨대 부당한 처분)이라면—행정심판을 청구할 수 있음은 별론으로 하고—소송요건을 결하여 각하하여야 할 것이므로 "행정소송의 대상이 되는 처분이나 부작위"(대상적격)가 되려면 단순한 행정청의 "처분이나 부작위"(행정소송법 제2조 제1항)가 있다는 것만으로는 부족하고 "위법한 처분 등이나 부작위"(행정소송법 제1조 전단 참조)라고 주장할 수 있어야 한다는 점에서 판례의 태도가 타당하다. 즉, 행정청의 행위가 위법하다고 주장할 수 있어야 한다는 소의 대상적격의 요구는 소송 본질상의 문제이다.

따라서 행정청에게는 국민의 신청에 대하여 일정한 처분을 하여야 할 법률상의 의무가 있고, 그에 대응하여 신청인은 행정청에게 일정한 처분을 요구할 수 있는 적극적 공권으로서의 개인적 공권(이를 "법규상 또는 조리상 신청권"이라고 할 수 있다)이 있어야 하며, 나아가 그 법에 따른 행정청의 행위가 국민의 권리·의무에 직접 영향을 미쳐야만, 행정청의 공법상 행위는 법규상·조리상 신청권 내지 그 성립요소로서의 법률상 보호이익(다만 여기서의 권리 내지 법률상 이익은 원고적격으로서의 그것과는 달리 일반 국민개인에게 인정되는 객관적·추상적 이익을 말한다)을 침해할 수 있어 법률상 분쟁이 발생하고, 처분의 신청인은 행정청의 거부처분을 "위법한 거부처분"이라고 주장할 수 있어 소의 대상적격이 인정된다.

---

85) 김동희, 박균성
86) 김남진·김연태, 행정법Ⅰ, 685면
87) 홍준형, 행정구제법, 544면; 이상규
88) 류지태, 홍정선, 특강, 6판, 628면

(2) 중간결론

살피건대 사안의 경우 임용된 교원에게 교육공무원법 제11조의3 제2항에서 재임용 심의를 신청할 수 있도록 하고 있는 점, 동조 제4항에서 재임용 심의를 신청 받은 재임용권자에게 재임용 여부에 대하여 그 사유를 명시하여 통지할 의무를 규정하고 있는 점 등에 비추어 보면, 甲은 재임용에 관한 법률상 이익을 가진 자로서 정당한 재임용 심의를 거쳐 대학교원으로 재임용해 줄 것을 신청할 법규상의 권리가 인정된다고 보아야 하고, 이러한 甲에 대한 재임용 탈락 통지는 甲의 권리 내지 법률상 이익에 직접 관계되는 것으로서 항고소송의 대상이 되는 처분에 해당한다고 할 것이다.

3. 준법률행위에 해당하는지 여부

(1) 준법률행위적 행정행위

준법률행위적 행정행위란 법집행을 위한 효과의사 이외의 정신작용의 표시를 요소로 하고, 그 법률효과는 행위자의 의사 여부를 불문하고 직접 법규가 정하는 바에 따라 발행하는 행위를 말한다.

(2) 준법률행위적 행정행위로서의 통지

이는 특정인 또는 일반인에게 특정한 사실을 알리는 행위를 말하며, 문서에 의함이 원칙이고, 일반인에게는 공고・고시 등에 의하여 하는 독립된 행정행위이다. 따라서 이미 성립된 행정행위의 효력발생요건으로서의 통지(예: 법령의 공포나 재결의 고지 등)나 법령에 의한 법률효과가 인정되지 아니하는 단순한 사실행위로서의 통지와는 다르다.

(3) 중간결론

앞에서 살펴본 바와 같이 재임용탈락통지는 甲의 법적 권익에 직접 영향을 미치고, 나아가 재임용에서 탈락되면 甲은 관계법령상의 대학교원으로서의 구체적 법적 지위를 상실하게 되는 효과를 발생하게 되므로 재임용 탈락의 통지는 공권력적 단독행위로서 준법률행위적 행정행위에 해당한다.

4. 소결

결국 甲은 재임용에 관한 법률상 이익을 가진 자로서 정당한 재임용 심의를 거쳐 대학교원으로 재임용해 줄 것을 신청할 법규상의 권리가 있고, 甲에 대한 재임용 탈락의 통지는 甲의 권리 내지 법률상 이익에 직접 관계되는 것으로서 항고소송의 대상이 되는 처분에 해당할 뿐 아니라, 관계법령상 甲에 대하여 대학교원으로서의 구체적 법적 지위를 상실하게 되는 효과를 발생하는 공권력적 단독행위로서 준법률행위적 행정행위에 해당한다.

Ⅳ. 설문 (3)의 해결

1. 문제의 소재

사안의 경우 재임용 탈락 통지의 주체상, 형식상의 하자는 특별히 문제되지 않는다. 다만 절차상의 하자와 관련하여 甲에게 재임용 탈락이라는 불이익 처분을 하면서도 사전통지를 하지 아니한 것이 행정절차법 제21조에 위반되는지 문제되고, 내용상 하자와 관련하여 임용권자가 제시한 두 가지 처분이유에 의한 재임용 탈락 통지의 위법 여부를 판단하기 위해서는 그것이 기속행위인가 재량행위인가에 따라 그 위법성판단방법을 달리하므로 우선 그 법적 성질을 규명하여야 한다. 한편 甲은 교육공무원이라는 점에서 특별권력관계에서도 법률유보 등이 인정되어야 하는지 간단히 살펴보기로 하겠다.

2. 특별권력관계인정 여부

전통적 특별권력관계론은 독일특유의 공법이론으로 19세기 독일 입헌군주정에서 의회가 군주의 권력을 제한하는 반대급부로서 군주에게 자유로운 행정영역을 보장함으로써 인정되었던 것이다. 그러나 실질적 법치주의와 기본적 인권을 보장하는 오늘날 법으로부터 자유로운 특별권력관계의 관념을 인정할 수는 없으므로 특별권력관계에서의 기본권보호나 법률유보 등은 일반권력관계에서와 같이 그대로 적용되어야 한다.

3. 재임용탈락통지의 법적 성질

(1) 기속행위인지 재량행위인지 여부

1) 기속행위와 재량행위의 구별기준

기속행위인지 재량행위인지를 구별함에 있어서는 "당해 행위의 근거가 된 법규의 체재 형식과 그 문언, 당해 행위가 속하는 행정 분야의 주된 목적과 특성, 당해 행위 자체의 개별적 성질과 유형 등을 모두 고려하여 판단하여야 한다. 판례도 이와 같다.

2) 사안의 경우

살피건대 교육공무원법 제11조의3 제1항의 체재형식과 동조 제5항 및 교육공무원임용령 제5조의2 제1항 제4호 규정의 문언에 비추어 보면, 교원재임용 또는 재임용탈락행위는 재량행위라고 판단된다.

(2) 재량행위와 판단여지의 구별 여부

1) 문제점

교육공무원법 제11조의3 제5항 각 호는 재임용요건으로서 대학인사위원회의 심의사항에 대한 평가항목을 포괄적이고 불확정적인 개념으로 규정하여 요건재량 내지 판단여지를 부여하고 있는바, 이를 재량행위와 구별되는 독자적인 개념으로 인정하여야 하는지 아니면 판단여지도 본질상 재량과 같은 개념으로 보아야 하는지가 문제된다.

2) 판단여지론

판단여지론이란 독일에서 바호프나 울레에 의해서 주장된 이론으로 법률요건에 불확정개념이 사용된 경우에는 일정한 조건하에서 행정청에게 판단여지가 주어진다는 주장을 말한다.

3) 재량행위와 판단여지의 구별 여부

가. 학설

(가) 구별설(요건재량부정설) 행정법규의 요건부분은 인식의 문제로서 법해석과 포섭의 문제이므로 효과부분의 결정에 관한 재량문제로 볼 수 없다고 한다.

(나) 비구별설(요건재량긍정설) 재량개념은 입법자의 의사에 의하여 성립되는 것이므로 법률효과의 측면에만 한정된다고 볼 수 없고 양 개념은 모두 동일한 법률효과를 창출하기 위하여 대체적으로 사용될 수 있다고 한다.

나. 판례

대법원은 판단여지의 해당영역에 대한 행정청의 결정에 대해서도 (자유)재량행위로 보고 재량의 일탈·남용 여부로 그 위법성을 판단하여 양자를 구별하지 않는다. 그리하여 "국토의 계획 및 이용에 관한 법률 제56조 제1항 제1호의 규정에 의한 토지의 형질변경허가는 그 금지요건이 불확정개념으로 규정되어 있어 그 금지요건에 해당하는지 여부를 판단함에 있어서 행정청에 재량권이 부여되어 있다고 할 것이므로, 같은 법에 의하여 지정된 도시지역 안에서 토지의 형질변경행위를 수반하는 건축허가는 결국 재량행위에 속한다."고 판시(대판 2005.7.14. 2004두6181)하고 있다.

다. 검토

요건규정에 있어서의 불확정개념의 규정을 재량을 부여한 것이 아니라 오로지 하나의 정당한 판단을 해야 하는 법의 해석·적용의 문제로만 보는 한 법원의 심사권은 제한될 수 없게 된다는 점, 인간의 판단작용에는 인식적 요소와 의지적 요소가 혼재되어 있다고 보는 것이 현대인식론과 법학방법론의 공통된 이해라는 점 등에 비추어 볼 때 요건재량을 부정하는 것은 타당하지 못하다. 오히려 판단여지는 재량여지로 보아 그것이 요건재량이든 효과재량이든 입법자가 행정권에 부여한 일정한 자유의 여지를 통일적으로 재량으로 파악하고, 다만 당해 행정결정의 특성을 고려한 입법자의 규범 내용에 따라 사법심사의 제한범위를 고찰하는 것이 타당하다고 하겠다.

(3) 중간결론

교육공무원법 제11조의3 제1항의 체재형식과 동조 제5항 및 교유공무원임용령 제5조의2 제1항 제4호 규정의 문언에 비추어 보면 교원재임용 여부는 대학인사위원회의 고유의 전문적·자율적 평가에 따른 결정이라는 그 특성 등을 고려할 때 재임용행위는 폭넓은 재량을 갖는 자유재량행위라고 보아야 한다.

4. 재임용탈락통지의 적법 여부

(1) 절차상 위법으로서 행정절차법 제21조 위반 여부

1) 문제점

사안의 재임용 탈락 통지는 거부처분에 해당하는바, 사전통지의 대상이 되는 불이익 처분에 거부처분이 포함되는지 문제된다.

2) 학설

이에 대해서는 ⅰ) 신청을 하였어도 아직 당사자에게 권익이 부여되지 아니하였으므로 신청거부는 직접 당사자의 권익을 제한하는 것이 아니며, 신청 자체가 의견진술의 기회를 준 것으로 볼 수 있다는 점에서 사전통지의 대상이 아니라는 **부정설**[89]과 ⅱ) 신청시 전혀 고려하지 않았던 사유를 거부처분사유로 삼을 경우 의견진술의 기회가 주어질 필요가 있고, 신청에 따른 처분을 기대한 것이므로 거부처분은 당사자의 권익을 제한하는 처분에 해당한다는 **긍정설**[90]의 대립이 있다.

3) 판례

대법원은 "신청에 따른 처분이 이루어지지 아니한 경우에는 아직 당사자에게 권익이 부과되지 아니하였으므로 특별한 사정이 없는 한 신청에 대한 거부처분이라 하더라도 직접 당사자의 권익을 제한하는 것은 아니어서 신청에 대한 거부처분을 여기에서 말하는 '당사자의 권익을 제한하는 처분'에 해당한다고 할 수 없는 것이어서 처분의 사전통지의 대상이 된다고 할 수 없다."고 판시(대판 2003.11.28, 2003두674)하고 있다.

---

89) 김향기, 개론, 266면; 박균성, 강의, 443면

90) 김철용, Ⅰ, 347면; 정하중, 개론, 387면; 오준근, 행정절차법, 340면; 김남진·김연태

4) 검토 및 소결

살피건대 사전통지는 당사자 등에게 하여야 하는바, 여기서 당사자 등이라 함은 행정청의 처분에 대하여 직접 그 상대가 되는 당사자와 행정청이 직권 또는 신청에 의하여 행정절차에 참여하게 한 이해관계인을 말하므로(행정절차법 제2조 제4호) 신청인은 여기서의 당사자에 해당하지 아니하다는 점에서 부정설이 타당하다. 왜냐하면 적법절차에 있어 의견진술기회의 보장이란 당사자의 구체적인 권익을 방어하기 위하여 인정되는 소극적·방어권적 성질을 가지는 것이고 사전통지는 이러한 당사자의 의견제출권을 보장하기 위한 전제로서 행해지는 것이므로, 설령 신청인이 행정청에 처분을 하여줄 것을 요구할 수 있는 적극적 공권으로서의 법규상·조리상 신청권이 있다고 하더라도 이러한 신청인에게 방어권으로서의 의견진술권을 인정할 수는 없기 때문이다.

요컨대 법규상·조리상 신청권 있는 신청인의 처분의 신청에 대하여 행정청이 이를 거부를 하더라도 그로 인하여 제한될 수 있는 권익은 국민개인에게 인정되는 객관적·추상적 이익으로서의 법률상 보호이익(권리보호자격으로서의 법률상 이익)에 불과하고, 사전통지의 대상이 되는 당사자에게 제한 될 수 있는 권익은 법률상 보호되는 개별적·구체적 이익(원고적격으로서의 법률상 이익)이라는 점에서 신청에 대한 거부처분을 여기에서 말하는 '당사자의 권익을 제한하는 처분'에 해당한다고 할 수 없다. 따라서 판례와 같은 부정설이 타당하고, 재임용탈락통지를 함에 있어 사전통지를 하지 않았다 하여 행정절차법 제21조에 위반되어 절차상 위법이 있다고 볼 수 없다.

이러한 법리에 입각하여 보건대, 부정설이나 긍정설에서 논거로 제시하는 신청 자체가 의견진술의 기회를 준 것으로 볼 수 있다는 주장이나 신청시 전혀 고려하지 않았던 사유를 거부처분사유로 삼을 경우 의견진술의 기회가 주어질 필요가 있다는 주장은 타당하지 못하다. 한편, 판례가 말하는 "특별한 사정"이란 예컨대 법률상 모든 국민개인에게 구체적인 권리로서 인정되는 정보공개청구권의 행사에 대하여 거부처분을 하는 경우를 들 수 있을 것이다(공공기관의 정보공개에 관한 법률 제5조). 그리하여 판례도 "정보공개청구권은 법률상 보호되는 구체적인 권리이므로 청구인이 공공기관에 대하여 정보공개를 청구하였다가 거부처분을 받는 것 자체가 법률상 이익의 침해에 해당한다."고 판시(대판 2003.12.12. 2003두8050)하고 있다.

(2) 내용상 위법으로서 재량의 일탈·남용 여부

1) 재량행위의 경우 위법성 판단기준

재량행위의 경우 행정청의 재량에 기한 공익판단의 여지를 감안하여 법원은 독자의 결론을 도출함이 없이 당해 행위에 재량권의 일탈·남용이 있는지 여부만을 심사하게 되고, 이러한 재량권의 일탈·남용 여부에 대한 심사는 사실오인, 비례평등원칙위배 등을 그 판단 대상으로 한다(대판 2007.5.31. 2005두1329).

2) 판단여지 대상영역에서의 재량권의 일탈·남용 여부의 판단기준

다만, 판단여지의 대상이 되는 영역에 있어서의 행정청의 재량은 일반재량에서보다 고유의 전문성 및 정책적 판단에 기한 폭넓은 재량을 갖는 자유재량이라고 보아야 할 것이므로, 그와 같은 판단이 현저하게 재량권을 일탈·남용한 것이 아니라면 이를 위법하다고 할 수 없다.

판례도 "공무원의 임용을 위한 면접전형에 있어서 임용신청자의 능력이나 적격성 등에 관한 판단은 면접위원의 **고도의 교양과 학식·경험에 기초한 자율적 판단에 의존하는 것으로서 오로지 면접위원의 자유재량에 속하고**, 그와 같은 판단이 현저하게 재량권을 일탈 내지 남용한 것이 아니라면 이를 위법하다고 할 수 없다"고 판시(대판 1997.11.28. 97누11911)하고 있다.

3) 사안의 재임용탈락통지의 적법 여부 검토

사안에서 임용권자는 재임용 탈락이라는 거부처분사유로서 2가지를 들고 있는바, 각 처분사유에 대한 재량권의 일탈·남용 여부를 검토한다.

가. 甲의 학생지도실적의 미흡하다는 사유

교육공무원법 제11조의3 제5항 각호 및 교육공무원임용령 제5조의2 제1항 제4호의 규정상, 임용권자가 甲의 학생지도실적의 미흡하다고 본 판단은 대학인사위원회의 고유의 전문적인 자율적 판단이라는 점에서 현저하게 재량권을 일탈·남용했다고 보기 어렵다 하겠다.

나. 甲이 총장의 비리와 관련된 기사를 신문에 게재하여 교원으로서의 품위와 학교 명예를 손상시켰다는 사유

甲의 총장의 비리를 신문에 알리는 행위는 특별한 사정이 없는 한 국립 A대학교의 공익을 위한 점도 있다는 것을 고려하면 이러한 甲의 행위가 교원으로서의 품위와 학교 명예를 손상시켰다고 한 판단은 재임용 여부가 대학인사위원회의 고유의 전문적·자율적 판단에 의존하는 것으로서 오로지 대학인사위원회의 자유재량에 속한다는 것을 감안하더라도 이는 현저하게 재량권을 일탈 내지 남용한 것으로서 위법하다고 할 것이다.

5. 소결

재임용탈락통지를 함에 있어 사전통지를 하지 않았다 하여 행정절차법 제21조에 위반되어 절차상 위법이 있다고 볼 수 없으나, 재임용에 있어서는 비록 대학인사위원회가 고유의 전문적·자율적 판단에 기한 폭넓은 재량을 가진다 하더라도 甲이 총장의 비리와 관련된 기사를 신문에 게재하여 교원으로서의 품위와 학교명예를 손상시켰다고 판단한 것은 현저하게 재량권을 일탈 내지 남용한 것으로서 위법하다.

V. 설문 (4)의 해결

1. 교원소청심사

국립대학 교원인 甲은 불이익처분에 대하여 교원소청심사위원회에 소청심사를 청구할 수 있다.

2. 무명항고소송으로서 의무이행소송

무명항고소송으로서 의무이행소송인정 여부에 대하여는 학설은 대립하나, 판례는 일관되게 부정하고 있다. 생각건대 하자있는 처분의 위법성을 확인하여 그 위법상태를 배제하는 항고소송의 본질상, 항고소송으로서의 의무이행소송이나 적극적 형성판결을 구하는 소송 등은 인정할 수 없다고 하겠다. 다만 당사자소송으로서의 의무이행소송을 보충적으로 인정할 것인지 여부는 입법정책의 문제인바, 행정소송법개정안은 이를 규정하고 있다.

3. 취소소송 또는 무효확인소송

(1) 소송의 대상

교원소청심사위원회의 결정에 대하여는 재결주의 채택 여부가 문제된다. 살피건대 행정소송법 제19조의 원처분주의원칙상 개별법에서 재결주의를 특별히 규정하고 있지 않는 한 원처분주의로 보아야 할 것이다. 판례도 국공립학교 교원의 불이익 처분에 대한 소의 대상은 사립학교교원과는 달리 원래의 징계처분 등이 불이익 처분이고, 교원징계재심위원회(현 교원소청심사위원회)의 결정은 고유한 위법이 있을 때만 소송의 대상이 될 수 있다고 판시(대판 1994.2.8, 93누17874)하고 있다.

(2) 소의 이익 및 입증책임

사안의 경우 재임용 탈락 통지행위는 행정처분에 해당하여 대상적격이 인정되고(행정소송법 제2조, 제19조, 제1조), 나아가 준법률행위적 행정행위이므로 그 처분의 취소 또는 무효확인을 구할 법률상 이익, 즉 원고적격도 인정된다(행정소송법 제12조, 제35조). 따라서 甲은 취소소송이나 무효확인소송을 제기할 수 있다. 다만 甲이 무효확인소송을 제기하는 경우에는 취소소송의 경우와는 달리 甲은 그 하자가 중대·명백한 사실을 주장·입증하여야 한다. 판례도 이와 같다.

(3) 가구제

1) 의의

행정소송상 가구제란 본안판결의 실효성을 확보하기 위해 본안판결을 받기 전에 당사자의 권익을 잠정적으로 보호해 주는 제도를 말한다(행정소송법 제23조 제2항).

2) 집행 · 효력정지제도

가. 행정소송법의 입법태도

행정소송법은 집행부정지를 원칙으로 하고(법 제23조 제1항), 일정한 요건 아래 권리구제의 실효성을 확보하기 위하여 예외적으로 집행정지를 허용하고 있다(법 제23조 제3항 내지 제6항).

나. 집행 · 효력정지의 요건

집행정지가 가능하기 위해서는, 우선 형식적 요건으로 ① 취소소송이나 무효확인소송이 제기된 경우에, ② 집행정지의 대상인 처분 등이나 그 집행 또는 절차의 속행이 존재하고, ③ 본안소송이 적법하게 계속 중일 것을 요한다. 그리고 실체적 요건으로서 ④ 회복하기 어려운 손해발생 가능성이 있고, ⑤ 긴급한 필요가 있어야 하며, ⑥ 공공복리에 중대한 영향을 미칠 염려가 없어야 한다. 그리고 ⑦ 집행정지는 본안승소판결의 실효성을 확보하기 위한 제도라는 점에서 효력정지 사건 자체에 의하여도 신청인의 본안청구가 이유 없음이 명백하지 않아야 한다(대판 1994.10.11. 94두23).

다. 사안의 경우

사안의 경우 형식적 요건과 관련하여서는 다른 요건은 문제없고 ②의 경우는 거부처분의 경우에 집행정지의 대상에서 제외되는지 문제된다. 다음으로 실체적 요건과 관련하여 ④에서 보전의 필요성으로서 '회복하기 어려운 손해'라 함은 '특별한 사정이 없는 한 사회관념상 금전으로 보상할 수 없는 손해'를 말하는바(대결 1992.8.7. 92두30), 甲에게 있어 학문연구와 학생교육 등을 하지 못하는 손해는 사회관념상 금전으로 보상하기에 어려운 손해라고 판단되고, ⑤에서 '긴급한 필요'란 손해의 회피를 위하여 본안판결을 기다릴 시간적 여유가 없는 것을 말하는바, 사안의 경우 임용기간만료가 임박했다는 점에서 이 요건 역시 충족된다고 하겠다. 그리고 ⑥에서는 공익과 신청인의 손해 사이의 비교형량을 요하며, '공공복리에 중대한 영향을 미칠 우려'의 주장 · 소명책임은 행정청에게 있다(대판 1999.12.20. 00무42). 문제는 거부처분의 경우에 집행정지의 대상적격 인정 여부이다.

라. 거부처분의 경우 집행정지의 대상적격 인정 여부

(가) 문제점

거부처분의 경우에는 집행정지결정이 있어도 신청시의 상태로 돌아가는 것에 그친다는 점에서 이를 인정할 것인가가 문제되고 있다.

(나) 학설

학설은 ⅰ) 집행정지를 허용한다면 행정청을 사실상 구속하게 될 것이라는 **긍정설**, ⅱ) 법 제23조 제6항이 제30조 제2항을 준용하고 있고, 집행정지결정이 있어도 단지 신청시의 상태로 돌아가는 것에 그치게 되므로 거부는 집행정지의 대상이 될 수 없다는 **부정설**, ⅲ) 원칙적으로 부정설의 입장이 타당하지만 집행정지를 인정할 실익이 예외적으로 존재하는 경우에는 거부처분의 경우에도 집행정지를 인정할 수 있다는 **제한적 긍정설**이 있다.

(다) 판례

판례는 거부처분의 효력이 정지되더라도 행정청에 대한 어떠한 처분을 명하는 등 적극적인 상태를 만드는 것이 아니라 단지 그 거부처분이 없었던 것과 같은 상태를 만드는 것에 불과하므로 거부처분으로 인한 손해를 피하는 데 아무런 도움이 되지 않는다는 이유로 그 효력정지신청을 신청의 이익이 결한다 하여 부적법 각하하고 있다(대결 1995.6.21. 95두26 ; 대결 1992.2.13. 91두47 등).

(라) 검토 및 사안의 경우

거부처분이라도 부작위와는 달리 처분 자체는 존재하고, 종전상태의 유지라는 집행정지의 효과는 형식·논리적으로만 판단할 것이 아니라 집행정지신청의 이익이 있는가에 따라 실질적으로 판단해야 한다는 점에서 제한적 긍정설이 타당하고 판단된다.

사안의 경우 대학교수인 甲에게 있어 교육공무원임용은 직업인 점에서 4년의 임용계약기간은 갱신기간(조건의 존속기간)으로 볼 수 있고, 그 종기가 도래하기 전인 임용기간 만료전에 재임용 심사를 신청을 하였는바(대판 2007.10.11. 2005두12404 참조), 이와 같은 재임용신청에 대한 임용권자의 거부행위가 침익적 성질을 가지는 경우에는 집행정지신청의 이익이 있다고 보아야 할 것이다. 그러므로 甲은 취소소송이나 무효등 확인소송을 제기하면서 집행정지신청을 할 수 있고, 집행정지기각결정에 대하여는 즉시항고할 수 있다(행정소송법 제23조 제5항).

3) 가처분 인정 여부

가. 문제점

가처분이란 금전이외의 특정한 급부를 목적으로 하는 청구권의 보전을 위한 보전처분(다툼의 대상에 관한 가처분)또는 다툼이 있는 권리관계에 관해 임시의 지위를 정함을 목적으로 하는 보전처분(임시의 지위를 정하는 가처분)을 말한다(민사집행법 제300조). 행정소송법 제8조 제2항을 근거로 민사집행법상의 가처분제도를 행정소송에도 준용할 수 있을지 문제된다.

나. 학설

(가) 부정설 거부나 부작위에 대한 가처분은 수익적 처분의 명령이나 예방적 부작위의 명령에 해당하여 권력분립의 원칙에 반하고, 가처분은 사법상 권리를 보전하기 위한 것이며, 집행정지규정은 가처분을 배제하기 위한 특별규정이라고 한다.

(나) 긍정설 가처분은 국민의 권익구제를 위한 것이므로 오히려 권력분립원칙에 부합하고, 행정소송법 제8조 제2항이 민사집행법을 준용하고 있으며, 집행정지규정은 가처분을 배제하는 규정이 아니라고 한다.

(다) 제한적 긍정설 원칙적으로 가처분규정을 준용할 수 없지만 집행정지를 통해 실효적인 권리구제가 되지 않는 거부처분 등의 경우에는 준용할 수 있다고 한다.

다. 판례

판례는 행정소송법상 가구제의 특례규정으로서 집행정지제도가 마련되어 있는 이상 민사법상의 가처분은 배제된다는 것을 주된 논거로 하여 항고소송에서는 가처분이 허용되지 않는다는 입장이다(대판 1967.5.29. 67마311 : 대판 1975. 12.30. 74마446 : 대판 1992.7.6. 92마54 등 참조).

라. 검토

가처분은 사법상 권리를 보전하기 위한 것이고 항고소송과 민사소송은 그 본질이 다르므로 항고소송에서는 가처분이 허용되지 않는다고 보아야 한다. 따라서 사안의 경우 甲에게 가처분은 허용되지 않는다.

4. 구체적 규범통제

한편 교육공무원법 제11조의3 제5항 및 교육공무원임용령 제5조의2 제3항의 위임에 따라 제정한 「국립 A대학교 교원인사규정」이 위임의 한계를 벗어난 것으로서 위법·무효라고 볼 경우에는 甲은 헌법 제107조 제2항에 따라 취소소송이나 무효등확인소송에서 법원에 그 규정이 법률에 위반됨을 주장하여 그 심사를 청구할 수 있다.[91]

---

91) 한편 헌법재판소는 방송법 제64조 등 위헌소원사건에서 **대통령령 및 행정처분을 대상으로 하는 헌법 제68조 제2항의 헌법소원심판청구의 적법 여부(소극)**와 관련하여, "헌법재판소법 제68조 제2항의 규정에 의한 헌법소원 심판청구는 법률이 헌법에 위반되는지 여부가 재판의 전제가 되는 때에 당사자가 위헌제청신청을 하였음에도 불구하고 법원이 이를 배척하였을 경우에 법원의 제청에 갈음하여 당사자가 직접 헌법재판소에 헌법소원의 형태로써 심판신청을 하는 것이므로, 그 심판의 대상은 재판의 전제가 되는 법률이다. 그런데 이 사건 심판청구 중 방송법 시행령 제43조 제2항 및 한국전력공사의 수신료 부과처분에 대한 부분은 헌법재판소법 제68조 제2항에 의한 헌법소원심판의 대상이 될 수 없는 대통령령 및 행정처분을 대상으로 한 것이므로 부적법하다"고 판시(헌재 2008.2.28. 2006헌바70)하였다.

5. 국가배상청구소송

甲이 임용권자의 위법한 재임용 탈락 통지행위로 인하여 물질적·정신적 손해를 입은 경우에는 국가배상법에 따라 국가배상청구소송을 제기할 수 있다.

Ⅵ. 사례의 해결

설문 (1)에서 「국립 A대학교 교원인사규정」은 이른바 법령보충적 행정규칙으로서 그 법적 성질은 법규명령이 아니라 행정규칙이고, 다만 위임법령과 결합하여 대외적으로 구속력이 있는 법규명령으로서 효력을 가진다.

설문 (2)에서 임용권자의 甲에 대한 재임용 탈락의 통지는 항고소송의 대상이 되는 처분에 해당하며, 준법률행위적 행정행위에 해당한다.

설문 (3)에서 임용권자의 甲에 대한 재임용 탈락 통지는 현저하게 재량권의 일탈·남용한 것으로 위법하다.

설문 (4)의 경우 甲은 위법한 재임용 통지행위에 대하여 교원소청심사를 청구할 수 있고 취소소송이나 무효등확인소송을 제기하면서 집행정지를 신청할 수 있으며, 그로인해 손해를 입은 경우에는 국가배상청구소송을 제기할 수 있다.

〈사례연습 16〉 경쟁자소송에서의 원고적격, 조례제정의 한계 등

甲은 군산시 소룡동 신도시아파트 정문 옆 점포에서 담배 일반소매인 지정을 받아 그곳에서 담배 일반소매인 영업을 하고 있는데, 군산시장 A는 위 점포로부터 약 50m 떨어진 군산시 소룡동 신도시아파트상가 101호에서 슈퍼를 운영하는 乙에게 甲과 같은 담배 일반소매인 지정처분을 하였다. 한편 군산시의회는 청소년을 특별히 보호할 목적으로 "시내 모든 지역에서 담배자동판매기의 설치금지와 기존에 설치된 담배자동판매기의 3개월 이내의 철거"를 주된 내용으로 하는 군산시담배자동판매기설치에 관한 조례(이하 "군산시 담배조례"라 한다)를 제정하자, 丙과 丙의 영업소에서 30미터 떨어진 지점에서 슈퍼를 경영하고 있는 丁은 담배 일반소매인 지정을 받기 위해 관계법령상의 요건을 갖추어 각각 A에게 그 지정을 신청하였고 A는 丙에게 담배 일반소매인 지정을 해주었다.

(1) 담배사업법 시행규칙 제7조 제1항 [별표 2]의 법적 성질은? (10점)

(2) 甲은 A의 乙에 대한 담배 일반소매인 지정처분의 취소를 구하는 소를 제기하였

다. 이 소는 적법한가? 한편 丁은 丙에게 한 담배 일반소매인 지정처분의 취소를 구할 법률상 이익이 있는가? (15점)

(3) 기존 담배 자동판매기 운영인 戊가 새로 제정된 군산시 담배조례는 위임의 한계를 벗어난 것으로 위법·무효라고 주장하며 조례무효확인소송과 조례효력정지가처분신청을 제기하자, 군산시의회 의원인 己는 지방자치법 제22조 단서가 위헌·무효라고 주장한다. 이들 戊와 己의 각 주장의 타당성을 검토하시오. (15점)

(4) 만약 군산시가 시민들의 건강을 위하여 이른바 "담배없는 거리"를 조성하고 담배 일반소매인 영업소간 거리를 200미터 이상으로 하는 새로운 조례를 제정하였다면 이 조례는 적법한가? (15점)

[참조조문]

답배사업법 제1조(목적) 이 법은 담배의 제조 및 판매 등에 관한 사항을 정함으로써 담배산업의 건전한 발전을 도모하고 국민경제에 이바지하게 함을 목적으로 한다.

제16조(소매인의 지정) ① 담배소매업(직접 소비자에게 판매하는 영업을 말한다)을 하고자 하는 자는 사업장의 소재지를 관할하는 시장·군수·구청장으로부터 소매인의 지정을 받아야 한다.

④ 소매인의 지정기준·지정절차 기타 필요한 사항은 기획재정부령으로 정한다.

담배사업법시행규칙 제7조(소매인의 지정) ① 법 제16조 제4항의 규정에 의한 소매인의 지정기준은 [별표 2]와 같다.

[별표 2] 소매인의 지정기준(제7조 제1항 관련)

1. 일반소매인

가. 군청, 읍면사무소가 소재하는 리 또는 동지역의 경우: 소매인영업소간에 50미터 이상의 거리를 유지할 것.

나. 가목외의 지역의 경우: 50호를 단위로 지정하되, 소매인간에 100미터 이상의 거리를 유지할 것.〈단서생략〉

* 비고

1) 소매인영업소간 거리측정방법 : 특정영업소의 벽과 다른 영업소의 벽 사이를 도로교통법 제8조 및 제10조 제2항 본문, 제3항의 규정에 의한 보행자의 통행방법 등을 감안하여 보행자의 통행로를 따라 최단거리로 측정하여야 한다.

2) 구내소매인의 영업소와 일반소매인의 영업소간에는 거리제한을 두지 아니한다.

3) 구내소매인이 지정된 건축물 등에는 일반소매인을 지정할 수 없다.

2. 구내소매인

가. 〈생략〉

나. 소매인 수 : 건축물 또는 시설물의 구조, 상주인원 및 이용인원 등을 고려하여 동일 시설물에 2개소의 이상의 장소에 소매인을 지정할 수 있다. 이 경우 일반소매인이 지정된 장소가 구내소매인 지정대상이 된 때에는 동일건축물 또는 시설물 안에 지정된 일반소매인은 구내소매인으로 본다.

3. 자동판매기운영인

가. 지정기준 : 일반소매인 또는 구내소매인으로 보아 소매인 지정기준을 적용한다. 〈단서생략〉

나. 설치의 제한 : 청소년의 보호를 위하여 지방자치단체가 조례로 정하는 장소에는 설치를 제한할 수 있다.

[관련논점]

— 경업자관계에서의 대상적격 및 원고적격

— 경원자관계에서의 원고적격

— 포괄위임금지의 원칙과 자치입법으로서 조례

— 법률유보의 원칙과 지방자치법 제22조 단서의 위헌성

— 법률우위의 원칙과 초과조례의 가능성

[답안구성]

Ⅰ. 논점의 정리
Ⅱ. 설문 (1)의 해결
1. 문제점
2. 담배사업법 시행규칙 제7조 제1항 [별표 2]의 법적 성질
Ⅲ. 설문 (2)의 해결
1. 문제의 소재
2. 대상적격
(1) 취소소송의 대상
(2) 대상적격
(3) 중간결론
3. 제3자의 원고적격
(1) 원고적격으로서의 법률상 이익과 권리보호필요성
(2) 행정처분의 직접 상대방이 아닌 제3자의 원고적격
(3) 경업자관계에서의 기존업자의 원고적격
(4) 경원자관계에서의 불허가자 등의 원고적격
(5) 중간결론
4. 소결
Ⅳ. 설문 (3)의 해결
1. 문제의 소재
2. 지방자치법 제22조 단서의 위헌성 여부
(1) 문제의 소재
(2) 학설
1) 위헌설
2) 합헌설
(3) 판례
(4) 검토
3. 자치입법의 제정에 있어서 포괄위임금지의 원칙 적용 여부
(1) 문제점
(2) 포괄위임금지의 원칙
(3) 포괄위임금지의 예외
4. 소결
Ⅴ. 설문 (3)의 해결
1. 문제의 소재
2. 학설
(1) 법률선점론
(2) 수정법률선점론
3. 판례
4. 검토
5. 소결
Ⅵ. 사례의 해결

Ⅰ. 논점의 정리

설문 (1)에서는 담배사업법 시행규칙 제7조 제1항 [별표 2]가 법규명령인지 행정규칙인지 문제된다.

설문 (2)의 첫 번째 질문에서는 A의 乙에 대한 담배 일반소매인 지정처분의 대상적격 및 기존업자인 甲의 원고적격의 존부 여부가 문제되는바, 특히 제3자의 원고적격 인정 여부 및 경업자소송과 경원자소송에서의 원고적격 인정요건을 검토하여 甲과 丁의 원고적격의 존부를 판단하여야 한다.

설문 (3)에서는 조례제정에 있어서 법률유보를 규정한 지방자치법 제22조 단서의 위헌성 여부 및 포괄위임금지의 원칙 적용 여부를 검토해야 한다.

설문 (4)에서는 지방자치법 제22조 본문과 관련하여 조례제정에 있어서의 법률우위의 원칙 및 초과조례의 가능성 여부를 살펴보아야 한다.

Ⅱ. 설문 (1)의 해결

1. 문제점

담배사업법 시행규칙 제7조 제1항 [별표 2]는 소매인 지정의 구체적 기준을 규정하고 있는바, 이 규정이 법규명령인지 아니면 행정명령에 불과한 것인지 문제된다.

2. 담배사업법 시행규칙 제7조 제1항 [별표 2]의 법적 성질

담배사업법 제16조 제1항은 "담배소매업을 하고자 하는 자는 사업장의 소재지를 관할하는 시장·군수·구청장으로부터 소매인의 지정을 받아야 한다."고 규정하여 국민을 수범자로 하여 국민의 권리의무에 관한 사항인 법규사항을 규정하고 있고, 동조 제4항은 "소매인의 지정기준·지정절차 기타 필요한 사항은 기획재정부령으로 정한다."고 규정하여, 이에 따라 기획재정부장관은 담배사업법 시행규칙 제7조 제1항에서 소매인 지정의 구체적 기준을 [별표 2]에서 정하고 있는바, 법률의 구체적 위임을 받아 국민을 수범자로 하여 국민의 권리의무에 관한 새로운 법규사항을 법규명령의 형식인 부령에 규정하고 있으므로 담배사업법 시행규칙 제7조 제1항 [별표 2]는 위임명령으로서 대외적 구속력이 있는 법규명령에 해당한다.

Ⅲ. 설문 (2)의 해결

1. 문제의 소재

甲이 제기한 소가 적법하기 위해서는 i) 대상적격(행정소송법 제1조, 제19조, 제2조) 및 원고적격(동법 제12조)이 있어야 하고, ii) 피고적격(동법 제13조), iii) 제소기간(동법 제20조), iv)

임의적 행정심판 및 예외적 행정심판전치주의(동법 제18조), ⅴ) 관할(동법 제9조) 등의 요건을 갖추어야 한다.

사안에서는 ⅱ)이하의 소송요건은 문제되지 않고 다만 소의 대상적격과 원고적격의 존부가 문제되는바, 특히 원고적격과 관련해서는 제3자의 원고적격 인정요건을 검토한 후, 경업자 관계에서의 기존업자인 甲의 원고적격의 존부를 규명하고, 나아가 일방에 대한 면허나 인허가 등의 행정처분이 타방에 대한 불면허·불인가·불허가 등으로 귀결될 수밖에 없는 경원자 관계에 있는 丁에게 A의 丙에 대한 담배일반소매인지정처분의 취소를 구할 법률상 이익인 원고적격이 있는지를 살펴보아야 한다.

2. 대상적격

(1) 취소소송의 대상

취소소송의 대상은 행정심판을 거쳐 재결 자체에 고유한 위법이 없는 한 처분등이다(행정소송법 제19조, 제2조).

(2) 대상적격

무릇 소송이란 구체적 사건에서 법률적 분쟁을 법에 의하여 해결함으로써 법적 안정성을 기하자는 것이므로 처분등이 소의 대상적격, 즉 행정소송의 대상이 되는 처분등이 되기 위해서는 위법하다고 주장할 수 있는 처분이어야 한다(행정소송법 제1조 전단). 한편 원칙적으로 대외적 구속력이 없는 처분등의 근거규정에 따른 행정청의 공법상 행위는 국민의 권리의무에 직접 영향을 미치지 못하여 그 처분(행정청이 행하는 구체적 사실에 대한 법집행으로서 공권력의 행사 또는 그 거부와 그밖에 이에 준하는 행정작용: 행정소송법 제2조 제1호)은 행정소송법 전단 소정의 "위법한 처분등"이 될 수 없으므로 행정심판의 대상이 될 수 있음은 별론으로 하고 항고소송의 대상은 될 수 없다. 이는 소송 본질상의 문제이다.

(3) 중간결론

사안의 경우 A의 乙에 대한 담배소매인지정처분의 근거법령인 담배사업법 시행규칙 제7조 제1항 [별표 2], 1, 나목 소정의 규정은 법률의 구체적 위임을 받아 국민을 수범자로 하여 국민의 권리의무에 관한 새로운 법규사항을 규정한 위임명령으로서 법규명령이므로 위 처분은 위법한 처분이라고 주장할 수 있어 그 취소를 구하는 소의 대상적격이 인정된다.

3. 제3자의 원고적격

(1) 원고적격으로서의 법률상 이익과 권리보호필요성

하자있는 행정행위에 인정되는 공정력을 깨뜨리기 위한 특수한 절차인 항고소송에서의 원고적격으로서의 법률상 이익은 원고의 법률상 보호되는 개별적·구체적 이익의 문제라면 협의의 소의 이익인 권리보호필요성은 그러한 이익에 대한 직접적이고 중대한 침해 또는 침해우려가 있어 소송을 통해 그러한 불이익을 제거할 객관적·현실적 이익의 문제로서 특히 후자는 "이익 없으면 소 없다"는 법언이 지적하듯이 소송제도에 필연적으로 내재하는 불문의 소송요건이다.

(2) 행정처분의 직접 상대방이 아닌 제3자의 원고적격

사법상의 법률행위나 행정행위 아닌 공법상의 행위가 의사표시의 당사자만을 구속하는 것과는 달리 공법상 권한 있는 기관의 법적 규율로서의 행정행위는 모든 사회구성원 각자를 구속한다. 따라서 행정청의 행정처분은 그 직접 상대방은 물론 이해관계 있는 제3자도 구속하므로 행정처분의 직접 상대방이 아닌 제3자라 하더라도 당해 행정처분으로 인하여 법률상 보호이익이 침해당한 경우에는 그 처분의 취소나 무효확인을 구할 법률상 이익, 즉 원고적격이 인정되며, 여기에서 말하는 법률상 보호되는 이익이라 함은 당해 처분의 근거 법규 및 관련 법규에 의하여 보호되는 개별적·직접적·구체적 이익이 있는 경우를 말한다.

(3) 경업자관계에서의 기존업자의 원고적격

일반적으로 면허나 인·허가 등의 수익적 행정처분의 근거가 되는 법률이 공공복리를 증진함과 동시에 해당업자들 사이의 과당경쟁으로 인한 경영의 불합리를 방지하는 것도 그 목적으로 하고 있는 경우에는 면허나 인·허가 등의 수익적 행정처분을 받은 기존영업자는 그러한 처분에 의하여 부여된 경영상의 구체적인 권리 내지 이익을 향유하고 있는 자이므로 다른 경쟁업자에 대하여 이루어진 면허처분은 곧 기존업자의 법률상 보호이익을 현실적으로 침해하게 되어 그러한 처분의 취소를 구할 법률상 이익, 즉 원고적격이 있다고 보아야 한다.

> 판례도 "일반적으로 면허나 인·허가 등의 수익적 행정처분의 근거가 되는 법률이 공공복리를 증진함과 동시에 해당업자들 사이의 과당경쟁으로 인한 경영의 불합리를 방지하는 것도 그 목적으로 하고 있는 경우, 다른 업자에 대한 면허 등 수익적 행정처분에 대하여 이미 같은 종류의 면허 등의 수익적 처분을 받아 영업을 하고 있는 기존업자는 경업자에 대하여 이루어진 면허 등 당해 처분에 대하여 취소를 구할 법률상 이익이 있다고 할 것이다."고 판시(대판 2006.7.28. 2004두6716)하고 있다.

(4) 경원자관계에서의 불허가자 등의 원고적격

앞에서 살펴본 경업자관계에서의 기존업자의 원고적격에 관한 법리는 본질적으로 일방에 대한 면허나 인·허가 등의 행정처분이 타방에 대한 불면허·불인가·불허가 등으로 귀결될 수밖에 없는 경우인 경원자관계에서도 그대로 적용된다. 왜냐하면 수인의 신청을 받아 일부에 대하여만 면허나 인·허가 등의 수익적 행정처분을 할 수 있는 경우에 법령이 요구하는 요건을 갖추어 신청했음에도 불구하고 면허나 인·허가 등을 받지 못한 자는 타방에 대한 면허나 인·허가로 인해 자신이 얻을 수 있었던 배타적인 구체적 이익이 침해된다고 할 수 있기 때문이다.

판례도 "면허나 인허가 등의 수익적 행정처분을 신청한 수인이 서로 경쟁관계에 있어서 일방에 대한 면허나 인허가 등의 행정처분이 타방에 대한 불면허·불인가·불허가 등으로 귀결될 수밖에 없는 경우에 면허나 인허가 등을 받지 못한 사람 등은 비록 경업자나 경원자에 대하여 이루어진 면허나 인허가 등 행정처분의 상대방이 아니라하더라도 당해 행정처분의 취소를 구할 당사자적격이 있다."고 판시(대판 1999.10.12. 99두6026)하고 있다.

(5) 중간결론

담배사업법과 그 시행규칙의 관계 규정에 의하면, 담배의 제조 및 판매 등에 관한 사항을 정함으로써 담배산업의 건전한 발전을 도모하고 국민경제에 이바지하게 하는 데에 담배사업법의 입법 목적이 있고, 담배소매인과 관련해서는 소정의 기준을 충족하여 사업장 소재지를 관할하는 시장·군수·구청장으로부터 소매인의 지정을 받은 자만이 담배소매업을 영위할 수 있고 소매인으로 지정된 자가 아니면 담배를 소비자에게 판매할 수 없으며, 소매인의 지정기준으로 같은 일반소매인 사이에서는 그 영업소 간에 군청, 읍·면사무소가 소재하는 리 또는 동지역에서는 50m, 그 외의 지역에서는 100m 이상의 거리를 유지하도록 규정하고 있다.

위와 같은 규정들을 종합해 보면, 담배 일반소매인의 지정기준으로서 일반소매인의 영업소 간에 일정한 거리제한을 두고 있는 것은 담배유통구조의 확립을 통하여 국가 등의 주요 세원이 되는 담배산업 전반의 건전한 발전 도모 및 국민경제에의 이바지라는 공익목적을 달성하고자 함과 동시에 일반소매인 간의 과당경쟁으로 인한 불합리한 경영을 방지함으로써 일반소매인의 경영상 이익을 보호하는 데에도 그 목적이 있다고 해석되므로, 일반소매인으로 지정되어 영업을 하고 있는 기존업자인 甲의 법률상 보호되는 구체적 이익이 신규업자인 乙에 대한 담배일반소매인 지정처분으로 인하여 현실적으로 침해되고 있다고 할 것이므로 甲의 원고적격이 인정되고(대판 2008.3.27. 2007두23811 참조), 마찬가지로 요건을 갖추어 신청했으나 지정처분을 받지 못한 丁에게도 원고적격이 인정된다고 할 것이다.

4. 소결

첫 번째 설문에서 담배소매인지정처분은 시지역에서의 일반소매인지정기준을 규정한 담배사업법 시행규칙 제7조 제1항 [별표 2].1. 나목 소정의 규정에 위반하여 위법한 처분이라고 주장할 수 있어 대상적격이 인정되며, 담배 일반소매인의 지정기준으로서 일반소매인의 영업소 간 거리제한규정은 담배유통구조의 확립을 통하여 담배산업 전반의 건전한 발전 도모 및 국민경제에의 이바지라는 공익목적을 달성하고자 함과 동시에 일반소매인 간의 과당경쟁으로 인한 불합리한 경영을 방지함으로써 일반소매인의 경영상 이익을 보호하는 데에도 그 목적이 있다고 보이므로, 일반소매인으로 지정되어 영업을 하고 있는 기존업자인 甲의 이익은 법률상 보호되는 이익이라 하겠다. 이러한 원고적격에 대한 법리는 경원자관계에서도 그대로 적용되어 丁의 경우에도 원고적격이 인정된다.

따라서 다른 소송요건이 문제되지 않는 사안에서 甲이 A의 乙에 대한 담배소매인지정처분취소를 구하는 소는 적법하고, 丁의 A의 丙에 대한 담배일반소매인지정처분의 취소를 구할 법률상 이익도 인정된다.

Ⅳ. 설문 (3)의 해결

1. 문제의 소재

己의 주장에 대해서는 법률유보를 규정한 지방자치법 제22조 단서가 헌법 제117조 제1항의 취지에 반하여 위헌·무효인지 여부를, 戊의 주장에 대하여는 담배사업시행규칙 제7조 제1항 [별표 2] 3. 나목의 위임에 의해 제정된 군산시담배조례가 포괄위임금지의 원칙에 반하여 무효인지 여부를 검토해야 한다.

2. 지방자치법 제22조 단서의 위헌성 여부

(1) 문제의 소재

헌법 제117조 제1항은 법령의 범위 안에서 조례를 제정할 수 있도록 하고 있음에도 불구하고 하위법인 지방자치법 제22조 단서가 "주민의 권리 제한 또는 의무부과에 관한 사항이나 벌칙을 정할 때에는 법률의 위임이 있어야 한다."고 하여, 법률우위 이외에도 법률유보를 요구하는 것은 조례제정권을 침해하여 위헌인지 여부가 문제된다.

(2) 학설

1) 위헌설

지방자치단체는 포괄적인 자치권과 고유한 입법권을 갖는 민주적 정당성이 있는 행정주체인바, 이는 행정입법과는 달리 국회의 입법권에 대응하는 것으로서 법률우위의 원칙만 지키면 고유사무에 관한 한 아무런 제한 없이 입법권을 행사할 수 있다는 것이다. 따라서 지방자치법 제22조 단서가 헌법에도 없는 법률의 위임을 요구하는 것은 헌법의 취지를 하위법이 근거 없이 제약하여 지방자치단체의 입법권을 침해하는 위헌적인 법률이라고 한다.

2) 합헌설

지방자치단체의 입법권도 국가가 갖는 전체입법권에 기초한 것이므로 헌법 제117조의 '법령의 범위 안에서'라는 의미는 경우에 따라서는 법령의 근거를 필요로 한다는 의미도 갖는 것이며, 또한 비록 자치사무에 관한 것일지라도 주민의 기본권을 제한하려면 헌법 제117조는 헌법 제37조 제2항에 의하여 제한될 수밖에 없기 때문에 법률에 근거가 있어야 하므로 합헌이라고 한다.

(3) 판례

대법원은 "지방자치법 제15조(현행 제22조)는 원칙적으로 헌법 제117조 제1항의 규정과 같이 지방자치단체의 자치입법권을 보장하면서, 그 단서에서 국민의 권리제한·의무부과에 관한 사항을 규정하는 조례의 중대성에 비추어 입법정책적 고려에서 법률의 위임을 요구한다고 규정하고 있는 바, 이는 기본권 제한에 대하여 법률유보원칙을 선언한 헌법 제37조 제2항의 취지에 부합하므로 조례제정에 있어서 위와 같은 경우에 법률의 위임근거를 요구하는 것이 위헌성이 있다고 할 수 없다."고 판시(대판 1995.5.12. 94추28)하였다.

(4) 검토

지방자치단체의 입법권도 국가가 갖는 전체의 입법권에 기초한 것이고, 모든 국가작용은 기본권에 기속되어야 하는 것이므로 기본권 제한에 대하여 법률유보원칙을 선언한 헌법 제37조 제2항은 당연히 지방자치단체의 조례제정에 있어서도 준수되어야 한다는 점에서 합헌설이 타당하다.

3. 자치입법의 제정에 있어서 포괄위임금지의 원칙 적용 여부

(1) 문제점

지방자치법 제22조 단서가 합헌이라고 할 때, 국민의 권리제한·의무부과에 관한 사항을 조례로 제정하려면 법률의 위임이 있어야 한다. 이 경우 그 위임의 정도가 문제된다.

(2) 포괄위임금지의 원칙

위임입법은 법률이나 그 법률에 따른 명령에서 구체적으로 범위를 정하여 개별적인 위임이 있을 때에만 가능하고 입법권의 전부 또는 일부의 전반적·포괄적인 위임은 국회의 입법부로서의 본질적 기능을 포기하는 것이 되어 허용될 수 없다. 즉, 헌법 제75조는 법률에서 구체적으로 범위를 정하여 위임받은 사항이라고 규정하고 있는 바, 입법권의 위임은 그 위임명령에 규정될 내용 및 범위의 기본적 사항이 구체적으로 규정되어 누구라도 당해 법률이나 상위명령으로부터 위임명령에 규정될 내용의 대강을 예측할 수 있어야 한다(대판

2000.10.19. 98두6265 참조).

(3) 포괄위임금지의 예외

그러나 조례의 제정권자인 지방의회는 선거를 통해서 그 지역적인 민주적 정당성을 지니고 있는 주민의 대표기관이고 헌법이 지방자치단체에 포괄적인 자치권을 보장하고 있는 취지로 볼 때, 조례에 대한 법률의 위임은 법규명령에 대한 법률의 위임과 같이 반드시 구체적으로 범위를 정하여야 할 필요가 없으며 포괄적인 것으로 족하다고 할 것이다(헌재 1995.4.20. 92헌마264: 같은 취지의 대판 1991.8.27. 90누6613).

4. 소결

조례로 주민의 권리 제한 또는 의무부과에 관한 사항이나 벌칙을 정할 때에는 법률의 위임이 있어야 한다는 지방자치법 제22조 단서는 위헌이라 할 수 없고, 담배사업시행규칙 제7조 제1항 [별표 2] 3. 나목 규정과 같이 포괄적 위임규정에 따라 군산시 담배조례가 제정되었더라도 위법하다고 할 수 없다. 따라서 戊와 己의 주장은 모두 타당하지 못하다.

V. 설문 (3)의 해결

1. 문제의 소재

설문과 같이 군산시가 시민들의 건강을 위하여 담배없는 거리를 조성하고 담배사업법시행규칙과 달리 담배소매인 영업소간 거리를 200미터 이상으로 하는 조례를 제정하였다면 이는 주민의 권리제한·의무부과로서의 영업소간 거리제한 100미터의 범위를 초과하여 제정된 조례에 해당한다. 문제는 조례제정사항이 이미 기존의 법률을 통하여 동일한 사항에 대하여 동일한 목적으로 규율되어 있는 경우에도 조례제정이 허용되는가 하는 점이다. 즉 헌법 제117조 제1항과 지방자치법 제22조 본문 소정의 '법령의 범위 안에서'라는 조례제정에 있어서의 법률우위의 원칙에 위배되는 것이 아닌지 문제된다. 이는 결국 '법령의 범위 안에서'의 의미를 어떻게 해석할 것인가의 문제이다.

2. 학설

(1) 법률선점론

이는 법률이 이미 규율하고 있는 사항에 대해서는 법률의 특별한 위임이 없는 한 조례가 동일 목적으로 다시 규율할 수 없다는 입장이다. 이미 법률로 규정하고 있는 동일한 사항에 대하여 조례로써 당해 법률의 규제범위 이외의 사항에 대한 규제나 법률보다 엄격한 기준을 두어 규제하는 것은 허용될 수 없다고 한다. 이는 종래 학설과 판례(대판 1963.2.28. 63다22)의 경향이었다.

(2) 수정법률선점론

이는 지방자치단체의 고유사무 분야 및 지방적 특수성을 고려할 여지가 있는 분야 등 합리성이 인정되는 경우에는 법률과 동일한 사항을 조례로 정할 수 있다고 한다. 그 근거로 환경규제 분야나 지방자치의 고유사무 등과 관련된 분야에서는 오히려 조례로 규율함으로써 헌법상 지방자치의 본질에 더 부합하고, 법률이 전국적으로 일률적 규제를 두어 평등한 규제를 실시하고자 하는 취지라고 해석되는 최대한 규제입법의 경우에는 조례로써 당해 법률의 규제범위 이외의 사항에 대한 규제나 법률보다 엄격한 기준을 두어 규제하는 것이 허용될 수 없지만, 법률이 전국적으로 최소한의 규제기준을 정한 것으로 해석되어 지방자치단체의 특수성을 고려할 여지가 있는 부분에서는 조례제정을 허용해야 한다고 한다.

3. 판례

대법원은 "당해 사항이 법령으로 이미 규율되어 있는 경우에도 조례가 그 법령상의 목적과는 다른 목적으로 규율되고 그 법령의 목적·효과를 전혀 저해하지 않거나 또는 양자가 동일한 목적에서 출발한 것이라고 할지라도 국가의 법령이 반드시 그 규정에 의하여 전국에 걸쳐 일률적으로 동일한 내용을 규율하려는 취지가 아니고 각 지방자치단체가 그 지방의 실정에 맞게 별도로 규율하는 것을 용인하고 있다고 해석되는 때에는 조례가 국가법령에서 정하지 아니한 사항을 규정하고 있다고 하더라도 이를 들어 법령에 위반되는 것이라고 할 수가 없다."고 판시(대판 2000.11.24. 2000추29; 대판 1997.4.25. 96추244)하고 있다.

4. 검토

살피건대 조례제정에 있어 법률우위원칙위배 여부는 제정된 조례가 법령의 목적 및 효과를 저해하는지 또는 법령의 취지에 부합하는지 여부를 판단하여야 결정하여야 할 것이다. 따라서 국가법령의 규정사항이 전국적 최소기준을 정하고 그 이상의 규정은 각 지방자치단체의 특수성을 고려하여 자율적으로 규율하는 것을 용인하고 있다고 해석되는 때에는 법령의 규제범위 이외의 사항을 규제하는 추가조례나 법령의 기준을 초과하여 급부를 강화하는 수익초과조례는 적법하다고 보아야 할 것이다. 그것이 법령의 취지에 적합하기 때문이다. 그러나 동일사항에 대하여 법령이 정하는 기준보다 높은 수준의 기준을 정한 침익초과조례는 상위법령의 제한 범위를 초과하는 것으로 무효라 할 것이다.

판례도 "자동차등록거부사유로 자동차관리법령이 정한 자동차등록기준보다 더 높은 수준의 기준을 부과하고 있는 차고지확보제도에 대한 조례안은 비록 그 법률적 위임근거가 있더라도 상위법령의 제한 범위를 초과하여 무효이다."고 판시(대판 1997.4.25. 96추251)하고 있다.

5. 소결

살피건대 사안의 경우 담배사업법 및 그 시행규칙에서 담배 일반소매인의 지정기준으로서 일반소매인의 영업소 간에 일정한 거리제한을 두고 있는 것은 담배유통구조의 확립을 통하여 국가 등의 주요 세원이 되는 담배산업 전반의 건전한 발전 도모 및 국민경제에의 이바지라는 공익목적을 달성하고자 하는 것이고, 군산시가 이른바 "담배 없는 거리"를 지정하고자 하는 목적은 시민들의 건강을 위한 것이므로 당해 조례규정사항이 이미 규율되어 있는 법령상의 목적과는 다른 목적으로 규율되고 있다고 할지라도, 국가법령인 담배사업법 및 동법 시행규칙에서 거리제한 규정을 두고 있는 취지는 국민의 기본권인 영업의 자유를 제한하여 전국적인 일률적 규제에 의한 평등규제를 실현하기 위한 최대한 규제입법이라고 해석되고, 나아가 법령의 '영업소간 100미터 거리제한' 규율보다 더 엄격한 "영업소간 200미터 거리제한 요건을 담배소매인지정기준으로 요구하는 새로 제정된 조례는 법령의 목적·효과를 저해한다는 점 등에 비추어 보면 설문의 조례는 법률우위의 원칙에 반하여 위법·무효라고 할 것이다.

Ⅵ. 사례의 해결

설문 (1)에서 담배사업법 시행규칙 제7조 제1항 [별표 2]는 위임명령으로서 대외적 구속력이 있는 법규명령에 해당한다.

설문 (2)에서 甲이 A의 乙에 대한 담배소매인지정처분취소를 구하는 소는 적법하고, 丁의 A의 丙에 대한 담배일반소매인지정처분의 취소를 구할 법률상 이익도 인정된다.

설문 (3)에서 지방자치법 제22조 단서는 위헌이라 할 수 없고, 담배사업시행규칙 제7조 제1항 [별표 2] 3. 나목 규정과 같이 포괄적 위임규정에 따라 군산시 담배조례가 제정되었더라도 위법하다고 할 수 없으므로, 戊와 己의 주장은 모두 타당하지 못하다.

설문(4)에서 새로 제정된 조례는 법령의 목적·효과를 저해하여 법률우위의 원칙에 반하는 조례로서 위법·무효이다.

〈사례연습 17〉 조례제정에 있어 법률우위원칙 위배 여부

> 정부가 이산화질소(NO_2)를 규제하는 법령을 제정하자, A시는 환경보전과 지방자치단체의 실정을 고려하여 법령의 위임이 없음에도 불구하고 조례에 이산화탄소(CO_2)를 규제하는 조항을 새로이 규정하였다. 위 조례는 적법한가? (20점)(2009년도 행시 재경등 직렬 제4문)

[관련논점]

— 조례제정사항

— 조례제정의 범위와 한계

— 법률우위의 원칙

[답안구성]

Ⅰ. 논점의 정리
Ⅱ. A시의 이산화탄소(CO_2)규제조항을 새로이 규정한 조례의 적법 여부
1. 조례의 의의와 성질
2. 이산화탄소(CO_2)규제조항이 조례규정사항인지 여부
3. 조례제정권의 범위와 한계
(1) 문제의 소재
(2) 법률우위의 원칙의 의의
(3) 조례의 법률우위원칙위배 여부의 판단기준
4. 소결
Ⅲ. 결론

Ⅰ. 논점의 정리

조례가 적법하기 위해서는 ⅰ) 자치사무에 관한 규율이어야 하고, ⅱ) 법령의 범위 안에서 제정되어야 한다(헌법 제117조 제1항, 지방자치법 제22조). 사안에서는 A시가 법령의 위임이 없음에도 불구하고 이산화탄소(CO_2)규제조항을 조례로 새로이 규정하였는바, 이러한 조례는 법률우위의 원칙에 위배되어 위법한 것은 아닌지 문제된다.

Ⅱ. A시의 이산화탄소(CO_2)규제조항을 새로이 규정한 조례의 적법 여부

1. 조례의 의의와 성질

조례는 지방자치단체가 법령의 범위 안에서 그 권한에 속하는 사무에 관하여 지방의회의 의결로서 제정하는 법이다(법 제22조). 조례는 지방자치법 제22조의 일반수권에 의하여 자치사무에 관하여 정하는 자치조례가 일반적이나, 국가의 지방적 행정에 관한 일정한 사항의 규율을 법률에서 조례에 위임함에 따라 정하는 위임조례도 있다.

조례는 넓은 의미로는 행정입법에 속하지만, 주민의 대표기관인 지방의회의 의결에 의해 제정되기 때문에 법령의 구체적인 수권 없이 포괄적 수권만으로 제정하는 자치법규라는 점에서 상위법령의 구체적 근거를 요하는 법규명령과 구별된다. 조례는 보통 법규의 성질을 갖지만 법규 아닌 행정규칙의 성질을 갖는 것도 있다.

사안의 경우 조례는 A시 주민들의 환경상의 복리증진을 위한 사무로서 자치조례에 해당한다.

2. 이산화탄소(CO_2)규제조항이 조례규정사항인지 여부

조례로 규정할 수 있는 사항의 범위는 법령의 범위 안에서 지방자치단체의 권한에 속하는 사무, 즉 지방자치법 제9조 제1항에 의한 자치사무와 단체위임사무의 전반에 걸친다(법 제22조). 그런데 기관위임사무는 원칙적으로 조례규정사항이 아니며 개별 법령에서 위임한 경우에 그 범위 내에서 위임조례를 제정할 수 있다. 조례는 일정한 범위에서는 벌칙에 관하여도 규정할 수 있다(법 제22조 단서, 제27조 제1항, 제139조).

사안의 경우 환경규제사항은 기관위임사무라고 할 수 없고 주민들의 환경상의 복리증진을 위한 자치사무로서 지역실정을 고려하여 정한 환경규제조항으로서 조례규정사항이다.

3. 조례제정권의 범위와 한계

(1) 문제의 소재

조례는 법령의 구체적인 위임근거가 없더라도 법령에 위반되지 아니하는 범위 안에서 자치사무에 관하여 정할 수 있다(헌법 제117조 제1항, 지방자치법 제22조 본문). 그러나 지방자치법 제22조 단서는 "주민의 권리제한 또는 의무부과에 관한 사항이나 벌칙을 정할 때에는 법률의 위임이 있어야 한다."고 규정하여, 권리제한・의무부과・벌칙을 정할 때에는 법률유보의 원칙이 적용되도록 하고 있다.

그런데 사안의 경우 정부가 이산화질소(NO_2)를 규제하는 법령을 제정하자, A시가 국가 법령규정의 범위를 넘어 환경규제대상에 이산화탄소(CO_2)규제조항을 조례로 새로이 규정하였는바, 법률우위의 원칙에 위배되는 것인지 문제된다.

(2) 법률우위의 원칙의 의의

법치행정의 원리와 관련한 법률우위의 원칙은 통일적인 국법질서를 유지하기 위하여 당연히 조례에도 적용된다. 헌법 제117조 제1항은 '법령의 범위 안에서 자치에 관한 조례를 제정할 수 있다'고 규정하고 있고, 이에 근거하여 지방자치법 제22조도 '지방자치단체는 법령의 범위 안에서 그 사무에 관하여 조례를 제정할 수 있다'고 규정하고 있다.

(3) 조례의 법률우위원칙위배 여부의 판단기준

이는 지방자치법 제22조 '법령의 범위 안에서'의 의미를 어떻게 해석할 것인가의 문제이다(이에 대한 학설과 판례 및 검토는 앞의 사례를 참조하라).

4. 소결

사안의 경우 정부가 이산화질소(NO_2)를 규제하는 법령을 제정하였는바, 이러한 환경규제법령은 그 규정취지상 반드시 그 법령에 의하여 전국에 걸쳐 일률적으로 동일한 내용을 규율하려는 것이라고 볼 수는 없고 전국적 최소규제기준을 규정한 것에 불과하며 각 지방자치단체가 그 지방의 실정에 맞게 별도로 규율하는 것을 용인하고 있다고 해석하는 것이 타당하다고 판단된다. 따라서 A시가 지역의 환경보전과 지방자치단체의 실정을 고려하여 조례에 이산화탄소(CO_2)를 규제하는 조항을 새로이 규정한 것은 법률우위의 원칙에 반하지 아니한 추가조례라 할 것이다.

Ⅲ. 결론

따라서 정부가 이산화질소(NO_2)를 규제하는 법령을 제정하자 A시가 지역 환경보전과 지방자치단체의 실정을 고려하여 법령의 위임이 없음에도 불구하고 이산화탄소(CO_2)를 규제하는 조항을 새로이 규정한 조례는 지방자치법 제22조 본문 소정의 "법령의 범위 안에서"제정된 조례로서 적법하다.

〈사례연습 18〉 포괄위임금지원칙의 예외와 법령의 개정에 있어서 신뢰보호원칙 등

도시 및 주거환경정비법(이하'구 도시정비법'이라 한다) 제28조 제4항은 사업시행자가 사업시행인가를 신청하기 전에 사업시행계획서의 내용에 대하여 미리 정비구역 안의 토지면적의 3분의 2 이상의 토지소유자의 동의와 토지 등 소유자의 5분의 4 이상의 동의를 얻도록 규정하고 있었다. 그런데 개정된 도시 및 주거환경정비법(이하'개정 도시정비법'이라 한다) 제28조 제4항은 이를 개정하여 그 본문에서 사업시행자가 사업시행인가를 신청하기 전에 미리 정관 등이 정하는 바에 따라 토지 등 소유자의 동의를 얻도록 규정하였다. 그리고 개정 도시정비법 시행 전에 설립된 재개발조합인 피고 보조참가인(이하 '참가인 조합' 이라 한다)은 위와 같이 도시정비법이 개정되자 조합원 2분의 1 이상의 동의를 얻어"사업시행인가를 신청하고자 하는 때에는 사업시행에 대한 동의를 정비구역 안의 토지면적의 2분의 1 이상의 토지소유자의 동의와 토지 등 소유자의 3분의 2 이상의 동의를 구한다."는 내용의 정관조항을 신설하였다. 한편 도시정비법상 사업시행자에게 사업시행계획의 작성권이 있고 행정청은 단지 이에 대한 인가권만을 가지고 있다.

이에 위 사안 재개발사업 구역 전체 면적의 3분의 1 이상의 토지를 소유하고 있는 위 참가인 조합의 甲 등 조합원들은 이 개정법률이 무효라고 주장한다. 이러한 주장의 타당성에 대하여 검토하시오. (30점)

[참조조문]

행정절차법 제4조 ① 행정청은 직무를 수행함에 있어서 신의에 따라 성실히 하여야 한다.
② 행정청은 법령 등의 해석 또는 행정청의 관행이 일반적으로 국민들에게 받아들여진 때에는 공익 또는 제3자의 정당한 이익을 현저히 해할 우려가 있는 경우를 제외하고는 새로운 해석 또는 관행에 의하여 소급하여 불리하게 처리하여서는 아니 된다.

헌법 제13조 ② 모든 국민은 소급입법에 의하여 참정권의 제한을 받거나 재산권을 침탈당하지 아니한다.

제75조 대통령은 법률에서 구체적으로 범위를 정하여 위임받은 사항과 법률을 집행하기 위하여 필요한 사항에 관하여 대통령령을 발할 수 있다.

도시 및 주거환경정비법 제16조 주택재개발사업 및 도시환경정비사업을 목적으로 하는 조합을 설립함에 있어 토지 등 소유자의 5분의 4 이상의 동의를 얻어야 한다.

[관련논점]

— 법률이 공법적 단체 등의 정관에 자치법적 사항을 위임한 경우 포괄위임금지원칙 및 의회유보의 원칙위배 여부

— 법령의 개정에 있어서 신뢰보호원칙위배 여부

[답안구성]

Ⅰ. 논점의 정리
Ⅱ. 위임입법의 한계 일탈 여부
1. 문제의 소재
2. 위임입법의 한계 및 그 일탈 여부
(1) 포괄위임입법금지 원칙위배 여부
1) 포괄위임금지의 원칙
2) 포괄위임금지의 예외
3) 사안의 검토
(2) 법률유보 내지 의회유보의 원칙에 위배 여부
1) 문제점
2) 법률유보원칙
3) 사안의 검토
3. 소결
Ⅲ. 신뢰보호원칙위배 여부
1. 법령의 개정에 있어 신뢰보호의 원칙
(1) 의의
(2) 근거
2. 소급입법의 한계원리로서의 신뢰보호의 원칙
(1) 소급입법의 유형
(2) 소급입법의 한계원리로서의 신뢰보호의 원칙
3. 법령의 개정에 있어 신뢰보호원칙 위배 여부 판단기준
4. 사안의 검토
5. 소결
Ⅳ. 사례의 해결

Ⅰ. 논점의 정리

사안의 甲 등 조합원들의 주장이 타당한지를 판단하기 위해서는 다음 사항을 검토하여야 한다.

첫째, 사업시행인가 신청시의 토지 등 소유자의 동의요건을 사업시행자의 정관에 위임한 개정 도시정비법 제28조 제4항 본문이 포괄위임입법금지 원칙에 위배되는지 여부 및 법률유보 내지 의회유보의 원칙에 위배되는지 여부를 검토해야 한다.

둘째, 참가인 조합은 구 도시정비법 제28조 제4항이 적용될 당시에는 재개발구역 안의 토지면적의 3분의 2 이상의 토지소유자의 동의를 얻어야만 사업시행인가 신청을 할 수 있었으므로 그 토지면적의 3분의1 이상의 토지를 소유하고 있던 신청인들로서는 사업시행인가 신청시 동의권의 행사를 통하여 이 사건 재개발조합의 사업시행을 제한할 수 있었다고 할 것인데, 개정 도시정비법 제28조 제4항 본문이 시행된 이후로는 이 사건 재개발조합이 정관에 사업시행인가 신청시의 동의요건을 어떻게 정하느냐에 따라 신청인들은 위와 같은 기존의 지위를 상실할 수도 있게 되었는바, 주택재개발 사업시행인가 신청에 필요한 토지 등 소유자의 동의요건을 법률 자체에 정하고 있던 구 도시 및 주거환경정비법 제28조 제4항을 개정하여 그 동의요건을 정관에 위임함으로써 결과적으로 주택재개발 사업시행인가 신청시의 동의요건과 관련된 토지 등 소유자의 지위에 불안을 초래하게 된 개정 법률이 신뢰보호의 원칙을 위배되는지 여부를 살펴보아야 한다.

Ⅱ. 위임입법의 한계 일탈 여부

1. 문제의 소재

위임법령은 헌법의 근거만으로 제정할 수 없고 법률의 개별적인 수권을 필요로 하고, 그 경우에도 포괄위임은 허용되지 않으며 본질적 사항은 위임할 수 없다. 그런데 사안에서는 개정 도시정비법 제28조 제4항 본문이 사업시행자가 사업시행인가를 신청하기 전에 미리 "정관 등이 정하는 바에 따라" 토지 등 소유자의 동의를 얻도록 규정하여, 사업시행인가 신청시의 동의요건을 조합의 정관에 포괄적으로 위임하고 있는바, 이것이 위임입법의 한계를 일탈한 것인지 문제된다.

2. 위임입법의 한계 및 그 일탈 여부

(1) 포괄위임입법금지 원칙위배 여부

1) 포괄위임금지의 원칙

위임입법은 법률이나 상위법령에서 구체적으로 범위를 정한 개별적인 위임이 있을 때에만 가능하고 입법권의 전부 또는 일부의 전반적·포괄적인 위임은 국회의 입법부로서의 본질적 기능을 포기하는 것이 되어 허용될 수 없다. 헌법 제75조는 법률에서 구체적으로 범위를 정하여 위임받은 사항이라고 규정하고 있는바, 입법권의 위임은 그 위임명령에 규정될 내용 및 범위의 기본적 사항이 구체적으로 규정되어 누구라도 당해 법률이나 상위명령으로부터 위임명령에 규정될 내용의 대강을 예측할 수 있어야 한다(대판 2000.10.19. 98두6265 등 참조).

2) 포괄위임금지의 예외

법률이 지방자치단체의 조례에 위임하는 경우뿐만 아니라 법률이 공법적 단체 등의 정관에 자치법적 사항을 위임한 경우에는 헌법 제75조가 정하는 포괄적인 위임입법의 금지는 원칙적으로 적용되지 않는다(헌재 2006.3.30. 2005헌바31; 대판 2007.10.12. 2006두14476).

3) 사안의 검토

포괄위임금지에 대한 위와 같은 법리와 관계 법령의 내용에 비추어 사안을 살펴보면, 도시정비법상 사업시행자에게 사업시행계획의 작성권이 있고 행정청은 단지 이에 대한 인가권만을 가지고 있으므로 사업시행자인 조합의 사업시행계획 작성은 자치법적 요소를 가지고 있는 사항이라 할 것이고, 이와 같이 사업시행계획의 작성이 자치법적 요소를 가지고 있는 이상, 조합의 사업시행인가 신청시의 토지 등 소유자의 동의요건 역시 자치법적 사항이라 할 것이다. 따라서 개정 도시정비법 제28조 제4항 본문이 사업시행인가 신청시의 동의요건을 조합의 정관에 포괄적으로 위임하고 있다고 하더라도 헌법 제75조가 정하는 포괄위임입법금지의 원칙은 적용되지 아니하므로 이에 위배된다고 할 수 없다.

(2) 법률유보 내지 의회유보의 원칙에 위배 여부

1) 문제점

법률이 자치적인 사항을 정관에 위임한 경우 원칙적으로 헌법상의 포괄위임입법금지 원칙이 적용되지 않는다 하더라도 그 사항이 국민의 권리·의무에 관련되는 것일 경우에는 법률유보의 원칙이 적용된다고 할 것이므로 사안의 경우 법률유보의 원칙위배 여부가 문제된다.[92]

2) 법률유보원칙

가. 개념 행정작용은 법률에 근거해서만 발동할 수 있다는 법률유보의 원칙은 행정작용에 대하여 적극적으로 법적 근거가 있을 것을 요구한다.

나. 근거 법률유보원칙의 이론적 근거로는 기본권보장이념과 관련된 법치국가원리와 법률이 갖는 민주적 정당성의 측면에서 민주주의원리를 들 수 있다.

다. 적용범위와 본질사항 의회유보의 원칙

법률우위의 원칙은 행정의 모든 분야에서 적용되지만, 법률유보의 원칙이 행정의 어떠한 영역을 대상으로 하는가에 대해서는 역사적인 발전과정에 따라 상이하게 전개 되어 왔다. 그리하여 침해적 행정작용에 대해서만 법률의 근거를 요한다는 침해유보설, 전부유보설 및 급부행정유보설이 있었으나, 오늘날에는 국민에게 있어서 중요하고도 본질적인 사항에 대한 규율은 입법자가 스스로 결정해야 한다는 견해가 지배적이다.

헌법재판소도 "오늘날 법률유보의 원칙은 단순히 행정작용이 법률에 근거를 두기만 하면 충분한 것이 아니라, 국가공동체와 그 구성원에게 기본적이고도 중요한 의미를 갖는 영역, 특히 국민의 기본권실현과 관련된 영역에서는 국민의 대표자인 입법자가 그 본질적 사항에 대하여 스스로 결정해야 한다는 요구까지 내포하고 있다"고 판시(헌재 1999.5.27. 98헌바70 등 참조)하고 있다.

3) 사안의 검토

사안의 경우 조합의 사업시행인가 신청시의 토지 등 소유자의 동의요건이 비록 토지 등

---

92) 판례도 "법률이 자치적인 사항을 정관에 위임한 경우 원칙적으로 헌법상의 포괄위임입법금지 원칙이 적용되지 않는다 하더라도 그 사항이 국민의 권리·의무에 관련되는 것일 경우에는 적어도 국민의 권리·의무에 관한 기본적이고 본질적인 사항은 국회가 정하여야 할 것이다."고 판시(헌재 2006.3.30. 2005헌바31)하고 있다.

소유자의 재산상 권리·의무에 영향을 미치는 사업시행계획에 관한 것이라고 하더라도, 그 동의요건은 사업시행인가 신청에 대한 토지 등 소유자의 사전통제를 위한 절차적 요건에 불과하고 토지 등 소유자의 재산상 권리·의무에 관한 기본적이고 본질적인 사항이라고 볼 수 없으므로 법률유보 내지 의회유보의 원칙이 반드시 지켜져야 하는 영역이라고 할 수 없고, 따라서 개정 도시정비법 제28조 제4항 본문이 법률유보 내지 의회유보의 원칙에 위배된다고 할 수 없다.

3. 소결

법률이 공법적 단체 등의 정관에 자치법적 사항을 위임한 경우에는 헌법 제75조가 정하는 포괄적인 위임입법의 금지는 원칙적으로 적용되지 않는바, 사업시행계획의 작성이 자치법적 요소를 가지고 있는 이상, 조합의 사업시행인가 신청시의 토지 등 소유자의 동의요건 역시 자치법적 사항이므로 포괄위임금지는 적용되지 않고, 조합의 사업시행인가 신청시의 토지 등 소유자의 동의요건은 사전통제를 위한 절차적 요건에 불과하여 토지 등 소유자의 재산상 권리·의무에 관한 기본적이고 본질적인 사항이라고 볼 수 없으므로 개정 도시정비법 제28조 제4항 본문이 법률유보 내지 의회유보의 원칙에 위배된다고도 할 수 없다(대판 2007.10.12. 2006두14476).

Ⅲ. 신뢰보호원칙위배 여부

1. 법령의 개정에 있어 신뢰보호의 원칙

(1) 의의

신뢰보호의 원칙이란 행정권뿐만 아니라 모든 권한 있는 기관의 어떠한 법적 규율을 신뢰하고, 그에 따라 행동하는 국민의 신뢰이익은 보호해 주어야 한다는 원칙을 말한다. 법령의 개정에 있어서 신뢰보호의 원칙이 적용되어야 하는 이유는 어떤 법령이 장래에도 그대로 존속할 것이라는 합리적이고 정당한 신뢰를 바탕으로 국민이 그 법령에 상응하는 구체적 행위로 나아가 일정한 법적 지위나 생활관계를 형성하여 왔음에도 국가가 이를 전혀 보호하지 않는다면 법질서에 대한 국민의 신뢰는 무너지고 현재의 행위에 대한 장래의 법적 효과를 예견할 수 없게 되어 법적 안정성이 크게 저해되기 때문이다(전합 2007.10.29. 2005두4649).

(2) 근거

신뢰보호의 원칙은 헌법의 기본원리인 법치주의 원리의 구성요소의 하나인 법적 안정성의 원칙으로부터 도출된다.

2. 소급입법의 한계원리로서의 신뢰보호의 원칙

(1) 소급입법의 유형

소급입법은 새로운 입법으로 이미 종료된 사실관계 또는 법률관계에 작용케 하는 진정 소급입법과 현재 진행 중인 사실관계 또는 법률관계에 작용케 하는 부진정 소급입법으로 나눌 수 있다.

(2) 소급입법의 한계원리로서의 신뢰보호의 원칙

진정 소급입법은 개인의 신뢰보호를 내용으로 하는 법치국가원리에 의하여 특단의 사정이 없는 한 헌법적으로 허용되지 아니한다.[93] 그러나 부진정 소급입법은 원칙적으로 허용된다. 다만 소급효를 요구하는 공익상의 사유와 개인의 신뢰보호의 요청 사이의 교량과정에서 신뢰보호의 관점이 입법자의 형성권을 제한할 수 있다. 이 경우 입법자는 경과규정을 두거나 하는 방법 등으로 개인의 신뢰를 보호해 주어야 한다.

이러한 법리에 따라 판례도 "법률의 개정에 있어서 구 법률의 존속에 대한 당사자의 신뢰가 합리적이고도 정당하며, 법률의 개정으로 야기되는 당사자의 손해 내지 이익 침해가 극심하여 새로운 법률로 달성하고자 하는 공익적 목적이 그러한 신뢰의 파괴를 정당화할 수 없다면, 입법자는 경과규정을 두는 등 당사자의 신뢰를 보호할 적절한 조치를 하여야 하며, 이와 같은 적절한 조치 없이 새 법률을 그대로 시행하거나 적용하는 것은 허용될 수 없고, 그러한 법률부분은 헌법에 위반되어 무효이다"고 판시(전합 2006.11.16. 2003두12899 등 참조)하고 있다.

3. 법령의 개정에 있어 신뢰보호원칙 위배 여부 판단기준

법령의 개정에 있어서 신뢰보호는 절대적이거나 어느 생활영역에서나 균일한 것이 아니고 개개의 사안마다 관련된 자유나 권리, 이익 등에 따라 보호의 정도나 방법 등이 다를 수 있으며, 새로운 법령을 통하여 실현하고자 하는 공익적 목적이 우월한 때에는 이를 고려하여 제한될 수 있다고 할 것이므로(전합 2007.10.29. 2005두4649), 이러한 신뢰보호원칙의 위배 여부를 판단하기 위하여는 한편으로는 침해받은 이익의 보호가치, 침해의 중한 정도, 신뢰가 손상된 정도, 신뢰침해의 방법 등과 다른 한편으로는 새 법률을 통해 실현하고자 하는 공익적 목적을 종합적으로 비교·형량하여야 할 것이다(전합 2006.11.16. 2003두12899 등).

---

93) 다만 일반적으로 국민이 소급입법을 예상할 수 있었거나 법적 상태가 불확실하고 혼란스러워 보호할만한 신뢰이익이 적은 경우, 소급입법에 의한 당사자의 손실이 없거나 아주 경미한 경우, 그리고 신뢰보호의 요청에 우선하는 심히 중대한 공익상의 사유가 소급입법을 정당화하는 경우 등에는 예외적으로 진정소급입법이 허용될 수 있다(헌재 1999.7.22. 97헌바50,51,52,54,55(병합)).

4. 사안의 검토

살피건대 구 도시정비법 제28조 제4항이 적용될 당시에는 재개발구역 안의 토지면적의 3분의 2 이상의 토지소유자의 동의를 얻어야만 사업시행인가 신청을 할 수 있었으므로 그 토지면적의 3분의 1 이상의 토지를 소유하고 있던 신청인들로서는 사업시행인가 신청시 동의권의 행사를 통하여 이 사건 재개발조합의 사업시행을 제한할 수 있었다고 할 것인데, 개정 도시정비법 제28조 제4항 본문이 시행된 이후로는 이 사건 재개발조합이 정관에 사업시행인가 신청시의 동의요건을 어떻게 정하느냐에 따라 신청인들은 위와 같은 기존의 지위를 상실할 수도 있게 되었다. 그러나 ① 개정 도시정비법 제28조 제4항 본문은 사업시행인가 신청과 관련하여 신청인들과 같은 토지 등 소유자들로 하여금 사업시행자인 조합의 정관이 정하는 바에 따라 그 동의권을 행사하도록 한 것일 뿐 그 동의권 자체를 박탈하고 있는 것은 아니고, ② 개정 도시정비법 제28조 제4항 본문이 시행됨으로 인하여 사업시행인가 신청시의 동의요건과 관련된 신청인들의 기존의 지위가 불안정하게 되었다고 하더라도 그것이 신청인들의 재산권에 대한 직접적이거나 중대한 침해라고 보기 어려운 점, ③ 한편 도시정비법 제16조는 주택재개발사업 및 도시환경정비사업을 목적으로 하는 조합을 설립함에 있어 토지 등 소유자의 5분의 4 이상의 동의를 얻도록 규정함으로써 토지 등 소유자의 재산권에 영향을 줄 수 있는 주택재개발사업 등을 목적으로 하는 조합의 설립 자체에 대하여는 엄격한 동의요건을 요구하고 있으나 위와 같은 엄격한 동의요건을 거쳐 조합이 설립된 이상, 사업시행에 있어서는 당해 조합의 실정에 맞게 동의요건을 정하여 조합원들의 자율적이고 민주적인 의사에 따른 신속하고 효율적인 사업진행이 가능하도록 할 필요성이 있고 이와 같은 공익상 요구를 충족하기 위하여 개정 도시정비법 제28조 제4항이 마련된 것으로 보이는 점 등에 비추어 볼 때, 원고들의 구 도시정비법 제28조 제4항의 존속에 대한 신뢰보호의 필요성이 개정 도시정비법 제28조 제4항 본문을 통하여 달성하려고 하는 공익보다 크다고 보기는 어렵다고 판단된다.

5. 소결

따라서 개정 도시정비법 제28조 제4항 본문이 부진정 소급입법에서의 신뢰보호의 원칙을 위배하였다고 할 수 없다(대판 2007.10.12. 2006두14476).

Ⅳ. 사례의 해결

법률이 공법적 단체 등의 정관에 자치법적 사항을 위임한 경우에는 포괄위임입법금지는 원칙적으로 적용되지 않는바, 조합의 사업시행인가 신청시의 토지 등 소유자의 동의요건은 자치법적 사항이므로 포괄위임금지는 적용되지 않고, 사전통제를 위한 절차적 요건에 불과하여 토지 등 소유자의 재산상 권리·의무에 관한 기본적이고 본질적인 사항이라고 볼 수 없으므로 개정 도시정비법 제28조 제4항 본문이 법률유보 내지 의회유보의 원칙에 위배된다고도 할 수 없다. 또한 甲 등 조합의 조합원들의 구 도시정비법 제28조 제4항의 존속에 대한 신뢰보호의 필요성이 개정 도시정비법 제28조 제4항 본문을 통하여 달성하려고 하는 공익보다 크다고 보기는 어렵다고 할 것이므로 개정 도시정비법 제28조 제4항 본문이 부진정 소급입법에서의 신뢰보호의 원칙을 위배하였다고 할 수 없다. 따라서 개정 법률은 적법하고, 甲 등 조합원들의 개정 법률이 무효라는 주장은 타당하지 못하다.

〈사례연습 19〉 행정입법부작위와 권리구제

> 1967년 제정된 군법무관 임용 등에 관한 법률에는 '군법무관의 봉급과 그 밖의 보수는 법관 및 검사의 예에 준하여 대통령령으로 정한다.'고 규정하고 있다. 그럼에도 불구하고 아직까지 대통령령을 제정하지 않고 있다. 이에 사법시험에 합격하여 사법연수원소정의 과정을 마치고 적법한 절차에 따라 군법무관에 임용된 甲은 법률에 의하여 보호되는 보수청구권을 침해당하고 있다며 위와 같은 행정입법부작위에 대하여 소송을 통해 다투려고 한다. 甲의 권리구제수단에 대하여 논하시오. (20점)

[참조조문]

군법무관 임용 등에 관한 법률 제2조(정의) 이 법에서 군법무관이라 함은 육·해·공군의 법무과 장교를 말한다.

제6조(군법무관의 보수) 군법무관의 봉급과 그 밖의 보수는 법관 및 검사의 예에 준하여 대통령령으로 정한다.

[관련논점]

— 행정입법부작위가 항고소송의 대상이 되는지 여부

— 행정부작위헌법소원의 요건

— 행정입법부작위로 인한 국가배상

[답안구성]

Ⅰ. **논점의 정리**

Ⅱ. **행정입법부작위**

1. 행정입법부작위의 개념
2. 행정입법부작위의 요건

Ⅰ. 논점의 정리

사안의 경우 군법무관 임용 등에 관한 법률에서 '군법무관의 봉급과 그 밖의 보수는 법관 및 검사의 예에 준하여 대통령령으로 정한다.'고 규정하고 있음에도 불구하고, 대통령령에서 이를 규정하지 아니하여 군법무관인 甲의 보수청구권을 침해하고 있다고 할 수 있다. 이 경우 甲의 권리구제방법으로 우선 항고소송으로서 부작위위법확인소송인 가능한지, 이것이 불가능하다면 헌법소송으로서 행정입법부작위 헌법소원을 청구할 수 있는지를 살펴보아야 하고, 다음 법의 시행령을 제정하지 않은 것은 법률에 의해 인정되는 보수청구권을 침해하는 불법행위에 해당하여 행정입법부작위로 인해 입은 손해에 대하여 국가배상을 청구할 수 있는지 여부를 검토하여야 한다.

Ⅱ. 행정입법부작위

1. 행정입법부작위의 개념

행정입법부작위라 함은 행정권에 명령을 제정·개정 또는 폐지할 법적 의무가 있음에도 정당한 이유 없이 지체하여 명령을 제정·개정 또는 폐지하지 않는 것을 말한다.

2. 행정입법부작위의 요건

행정입법부작위가 인정되기 위해서는 ⅰ) 행정권에게 명령을 제정·개폐할 법적 의무가 있어야 하고, ⅱ) 상당한 기간이 지났음에도 불구하고 정당한 사유 없이, ⅲ) 명령이 제정 또는 개폐되지 않았어야 한다.

3. 사안의 경우

살피건대 행정권은 군법무관의 봉급과 그 밖의 보수는 법관 및 검사의 예에 준하여 대통령령으로 규정할 법적 의무가 있음에도 불구하고, 40년이 넘게 이를 규정하지 않고 있으며, 대통령령을 제정하지 아니할 특별한 정당한 사유도 없어 보인다. 따라서 사안에서 행정권이 군법무관의 봉급 및 보수 등에 관한 사항을 규정하지 않은 것은 행정입법부작위에 해당한다.

Ⅲ. 행정입법부작위에 대한 권리구제수단

1. 부작위위법확인소송

(1) 부작위위법확인소송의 대상

항고소송으로서 부작위위법확인소송의 대상은 부작위이다(행정소송법 제38조 제2항, 제19조, 제2조). 그런데 여기서 부작위라 함은 행정청이 당사자의 신청에 대하여 상당한 기간 내에 일정한 처분을 하여야 할 법률상 의무가 있음에도 불구하고 이를 하지 아니하는 것을 말한다(행정소송법 제2조 제1항 제2호).

(2) 행정입법부작위가 항고소송인 부작위위법확인소송의 대상이 될 수 있는지 여부

1) 학설 및 판례

이에 대하여 ⅰ) 입법의무가 있는데도 불구하고 입법이 없음으로 인하여 구체적인 권리침해를 받은 경우에는 구체적인 권리의무에 대한 분쟁으로 보아야 한다는 견해[94]도 있으나, ⅱ) 부작위위법확인소송은 처분에 대한 부작위를 타두는 소송이므로 추상적인 법령의 제정 여부는 그 자체로서 국민의 구체적인 권리의무에 직접적인 변동을 초래하는 것이 아님을 이유로 부정하는 것이 다수설 및 판례이다.

즉, 판례는 특정 다목적댐법에 의하면 다목적댐 건설로 인한 손실보상의 절차와 방법을 대통령령으로 정하도록 규정하고 있음에도 대통령이 이를 제정하지 않아 그 부작위위법확인소송을 제기한 사건에서 "행정소송은 구체적 사건에서 법률상 분쟁을 법에 의하여 해결함으로써 법적 안정을 기하자는 것이므로, 부작위위법확인소송의 대상이 될 수 있는 것은 구체적인 권리의무에 대한 분쟁이어야 하고, 추상적인 법령에 관한 제정 여부 등은 그 자체로서 국민의 구체적인 권리의무에 직접적인 변동을 초래하는 것이 아니어서 그 소송의 대상이 될 수 없다"고 판시(대판 1992.5.8. 91누11261)하였다.

2) 검토

항고소송인 부작위위법확인소송에서의 '부작위'는 추상적 법령제정 등에 있어서의 부작위가 아니라 구체적 행정작용의 부작위를 의미하므로 행정입법부작위는 항고소송인 부작위

---

94) 박균성, 상, 174면

위법확인소송의 대상이 될 수 없다고 보아야 한다.

(3) 소결

따라서 사안과 같은 행정입법부작위의 경우에는 행정소송법상 부작위위법확인소송의 대상이 되지 않는다. 그러므로 甲이 사안의 행정입법부작위에 대하여 항고소송으로서의 부작위위법확인을 구하는 소를 제기한다면 부적법 각하될 것이다.

2. 헌법소원심판청구

(1) 행정입법부작위에 대한 헌법소원의 적법요건

행정입법부작위에 대한 헌법소원이 적법하기 위해서는 i) 일반 헌법소원청구의 적법요건뿐만 아니라 ii) 행정권에 헌법적 입법의무가 있어야 하고, iii) 행정입법부작위에 대한 정당한 사유가 없어야 하며, iv) 진정입법부작위에 해당하여야 한다.

1) 진정입법부작위에 해당하는지 여부

입법부작위에 대한 헌법소원은 진정입법부작위에 한하여 허용되는바, 그 이유는 입법자가 입법의무를 이행하기 위하여 입법활동을 했다면 그 법률의 내용이 설사 청구인에게 불충분·불완전하더라도 입법자는 그가 취해야 할 조치를 부작위한 것이 아니기 때문이다.

사안의 경우에는 행정권이 법 제6조에 대한 시행령을 전혀 아무런 입법을 하지 않았으므로 진정입법부작위에 해당한다.

2) 헌법소원의 적법요건 충족 여부

가. 기본권침해의 자기관련성·직접성·현재성 청구인이 주장하는 행정입법부작위가 청구인 자신의 기본권을 현재 침해하여야 하는바, 甲은 행정입법자가 입법의무를 이행하는 경우 그 혜택을 받을 수 있는 인적 범위에 속하고, 현재 군법무관으로서 법률에 의한 보수청구권을 행사할 수 없으므로 이를 충족한다. 한편 행정입법부작위는 행정입법의 부재를 그 대상으로 하는 것이고 존재하는 행정입법의 시행을 전제로 하지 않기 때문에 기본권침해의 직접성은 별도로 심사할 필요없이 원칙적으로 인정된다.

나. 보충성의 예외에 해당하는지 여부 항고소송의 대상인 부작위는 구체적 행정작용의 부작위를 의미하기 때문에 행정소송법상 부작위위법확인소송의 대상이 되지 않으므로 행정입법부작위의 경우에는 보충성의 예외에 해당한다. 한편, 헌법재판소법 제68조 제1항 단서 소정의 "다른 권리구제절차"라 함은 공권력의 행사 또는 불행사를 직접 대상으로 하여 그 효력을 다툴 수 있는 권리구제절차를 의미하고 사후적·보충적 구제수단을 뜻하는 것이 아니므로, 설사 국가배상청구가 가능하다고 할지라도 이를 사전구제절차라고 볼 수 없다(헌재 1998.7.16. 헌마246 참조).

3) 행정입법부작위가 헌법상의 의무인지 여부

헌법소원청구가 적법하기 위해서는 행정입법작위의무가 헌법상 의무이어야 하는바, 헌법에 명시적 위임이 없음에도 법률상 위임을 헌법상 의무로 볼 수 있는지 문제된다.

권력분립의 원칙상 행정입법 등 법집행의무는 헌법적 의무라고 보아야 할 것이다. 우리 헌법재판소도 행정권의 행정입법의무를 헌법상의 의무로 인정하고 있는바, "권력분립의 원칙, 법치행정의 원칙을 당연히 전제로 하고 있는 우리 헌법 하에서 행정권의 행정입법 등 법집행의무는 헌법적 의무라고 보아야 한다. 왜냐하면 법률의 위임이 있음에도 명령규칙을 제정하지 아니하여 법률을 시행할 수 없는 경우에는 행정권에 의하여 입법권이 침해되는 결과가 되기 때문이다"라고 판시(헌재 1998.7.16. 96헌마246)하였다.

4) 행정입법부작위에 정당한 사유가 있는지 여부

또한 행정입법부작위에 대한 정당한 사유가 없어야 하는데, 여기서 정당한 사유란 위임입법 자체가 헌법에 위반된다는 것이 누가 보아도 명백한 경우를 의미한다. 따라서 예산상의 제약은 정당한 사유에 해당하지 않는다. 왜냐하면 정부가 법률에 근거하여 예산안을 편성하면 그 법률을 제정한 국회는 이를 거부할 수 없기 때문이다. 살피건대 사안의 경우에는 행정입법부작위에 대한 정당한 사유는 보이지 않는다.

(2) 소결

결국 甲은 헌법재판소에 행정입법부작위에 대한 헌법소원을 청구할 수 있다.

3. 국가배상청구

행정입법의무가 있음에도 불구하고 정당한 이유 없이 그 의무를 게을리 하여 손해가 발생한 경우에는 국가 등에게 국가배상책임이 성립할 수 있다. 따라서 예컨대 행정입법담당공무원이 정당한 이유 없이 군법무관 임용 등에 관한 법률이 제정된 1967년부터 38년 동안 그 법의 시행령을 제정하지 않은 것은 법률에 의해 인정되는 보수청구권을 침해하는 불법행위에 해당하므로 특별한 사정이 없는 한 국가배상법에 따라 행정입법부작위로 인해 입은 손해를 배상할 의무가 있다.

판례도 구 법무관임용법(1967.3.3. 법률 제1904호로 개정되어 2000.12.26. 법률 제6291호로 전문 개정되기 전의 것) 제5조 제3항과 군법무관임용등에관한법률(2000.12.26. 법률 제6291호로 개정된 것) 제6조가 군법무관의 보수를 법관 및 검사의 예에 준하도록 규정하면서 그 구체적 내용을 시행령에 위임하고 있는 이상, 위 법률의 규정들은 군법무관의 보수의 내용을 법률로써 일차적으로 형성한 것이고, 위 법률들에 의해 상당한 수준의 보수청구권이 인정되는 것이므로, 위 보수청구권은 단순한 기대이익을 넘어서는 것으로서 법률의 규정에 의해 인정된 재산권의 한 내용이 되는 것으로 봄이 상당하고, 따라서 정당한 이유없이 시행령을 제정하지 않은 것은 위 보수청구권을 침해하는 불법행위에 해당한다"고 판시(대판

2007.11.29. 2006다3561)하였다.

Ⅳ. 결론

甲은 군법무관 임용 등에 관한 법률이 제정된 1967년부터 38년 동안 그 법의 시행령을 제정하지 않은 행정입법부작위에 대하여 항고소송으로서 부작위위법확인소송은 제기할 수 없으나, 헌법소원심판을 청구할 수 있으며 사후적·보충적으로는 국가배상청구를 할 수 있다.

〈사례연습 20〉 고시의 행정처분성과 고시에 대한 취소소송의 원고적격, 사정판결과 직권심리주의

보건복지가족부장관 乙은 국민건강보험법 제39조 제1항, 제2항, 동법시행령 제24조 제3항, 국민건강보험 요양급여의 기준에 관한 규칙 제8조 제2항에 따라 보건복지가족부 고시 '약제급여·비급여 목록 및 급여상한 금액표'로써 요양급여의 대상이 되는 각 약제와 그 약제에 대한 상한금액을 고시(이하 '약제 상한금액고시'라 한다)하였다. 이에 따르면 제약회사인 甲 등이 제조·공급한 약제들의 상한금액은 [별지 1] 목록 상한금액란 기재 각 금액이다. 그런데 상한금액의 조정은 조정요인이 발생한 경우 수시로 조정할 수 있는바, 보건복지가족부장관 乙은 심의조정위원회의 심의를 거쳐 위 약제 상한금액 고시 중 [별표 1] '일부 본인부담 약제급여목록 및 급여상한 금액표'를 개정하여 건강보험 요양급여대상 약제의 상한금액을 인하(이하 '약제 상한금액인하고시'라 한다)하였고, 이 중에는 [별지 1] 목록 기재 원고들의 의약품이 포함되어 있다.

한편 乙은 甲 등이 이 사안 약제를 특정 도매업소에 대하여 다른 도매업소와의 평균 거래가격보다 현저하게 저가로 공급한 사실을 확인하여 조정요인이 발생하였다면, 위 특정업소의 할인율 및 나머지 도매업소의 할인율 등을 반영하여 각 해당 약제에 대한 상한금액을 산정하는 방식으로 조정자료로 활용하여야 할 것임에도, 乙은 甲 등의 이 사안 약제에 대하여 4개 내지 9개의 도매업소들에 대한 공급가액의 할인율만을 토대로, 그 상한금액 인하율을 조사대상 도매업소의 최고할인율에서 그 나머지 업소들의 평균할인율(단, 5% 이상인 경우에는 5%를 한도로 함)과 기본가산율 10%를 각 공제하여 정하는 방법(조정공식)으로 일률적으로 산정하되, 이 사안 약제 중 함량비교방식에 의한 3개의 약제에 대하여는 위와 같은 조정공식에 의하여 추정된 가액을 전제로 다시 그 인하율을 산정하여, 이 사안 약제의 상한금액을 인하하였다.

(1) 약제 상한금액고시의 법적 성질과 그 효력은? (10점)

(2) 약제 상한금액고시가 항고소송의 대상이 되는 행정처분인지를 검토하시오. (10점)

(3) 제약회사 甲 등은 약제 상한금액인하고시의 취소를 구할 법률상 이익이 있는가? (15점)

(4) 甲이 약제 상한인하고시의 취소를 구하는 소를 제기한 경우 인용가능성을 검토하시오. (20점)

[참조조문]

국민건강보험법 제39조(요양급여) ① 가입자 및 피부양자의 질병·부상·출산 등에 대하여 다음 각호의 요양급여를 실시한다.

1. 진찰검사
2. 약제치료재료의 지급

3.~7. 〈생략〉

② 제1항의 규정에 의한 요양급여(이하'요양급여'라 한다)의 방법·절차·범위·상한 등 요양급여의 기준은 보건복지가족부령으로 정한다.

③ 보건복지가족부장관은 제2항의 규정에 의하여 요양급여의 기준을 정함에 있어 업무 또는 일상생활에 지장이 없는 질환 기타 보건복지가족부장관이 정하는 사항은 요양급여의 대상에서 제외할 수 있다.

국민건강보험법 시행령 제24조(계약의 내용) ①~②〈생략〉

③ 제1항의 규정에도 불구하고 법 제39조 제1항 제2호 약제·치료재료(제2항에 따른 상대가치점수가 적용되는 약제치료재료는 제외한다. 이하 이 조에서 같다)에 대한 비용은 보건복지가족부장관이 심의위원회의 심의를 거쳐 고시하는 금액의 범위 안에서 요양기관이 당해 약제 및 치료재료를 구입한 금액으로 하되, 약제 및 치료재료의 결정기준·결정절차 기타 필요한 사항은 보건복지가족부장관이 정하여 고시한다. 다만 약제 및 치료재료 중 한약재에 대한 비용은 보건복지가족부장관이 심의위원회의 심의를 거쳐 고시한 금액으로 한다.

국민건강보험 요양급여의 기준에 관한 규칙

제8조 (요양급여의 범위 등) ① 법 제39조 제2항의 규정에 의한 요양급여의 범위(이하 "요양급여대상"이라 한다)는 법 제39조 제1항 각호의 규정에 의한 요양급여중 제9조의 규정에 의한 비급여대상을 제외한 일체의 사항으로 한다.

② 보건복지가족부장관은 제1항의 규정에 의한 요양급여대상을 급여목록표로 정하여 고시하되, 법 제39조제1항 각호에 규정된 요양급여행위(이하 "행위"라 한다), 약제 및 치료재료(법 제39조제1항제2호의 규정에 의하여 지급되는 약제 및 치료재료를 말한다. 이하 같다)로 구분하여 고시한다. 다만, 보건복지가족부장관이 정하여 고시하는 요양기관의 진료에 대하여는 행위·약제 및 치료재료를 묶어 1회 방문에 따른 행위로 정하여 고시할 수 있다.

제10조 (신의료기술등의 결정신청) ① 요양기관, 의약관련 단체, 약제·치료재료의 제조·수입업자(이하 "결정신청자"라 한다)는 제8조 제2항의 규정에 의한 요양급여대상 또는 제9조제1항의 규정에 의한 비급여대상으로 결정되지 아니한 새로운 행위·약제 및 치료재료(이하 "신의료기술등"이라 한다)에 대하여는 다음 각호에 규정된 날부터 30일 이내에 요양급여대상 여부의 결정을 보건복지가족부장관에

게 신청하여야 한다.
② 제1항의 규정에 의하여 요양급여대상 여부의 결정을 신청하고자 하는 자는 다음 각호의 구분에 의한 결정신청서에 해당 각목의 서류를 첨부하여 보건복지가족부장관에게 제출하여야 한다.
③ 보건복지가족부장관은 요양기관이 정당한 사유없이 신의료기술등에 대하여 제1항의 규정에 위반하여 요양급여대상 여부의 결정을 신청하지 아니하고 가입자등에게 실시 또는 사용한 후 그 비용을 부담시킨 신의료기술등이 요양급여대상으로 확인된 경우에는 법 제85조 제1항 제1호의 규정에 의하여 당해 요양기관의 업무정지를 명하거나 동조 제2항의 규정에 의한 과징금처분을 하여야 한다.
제11조 (신의료기술등에 대한 결정) ① 제10조의 규정에 의하여 요양급여대상 여부의 결정신청을 받은 보건복지가족부장관은 정당한 사유가 없는 한 결정신청일부터 150일 이내에 법 제4조의 규정에 의한 건강보험심의조정위원회(이하 "심의조정위원회"라 한다)의 심의를 거쳐 요양급여대상 또는 비급여대상에의 해당여부를 결정하여 고시하여야 한다. 이 경우 요양급여대상으로 결정한 신의료기술등에 대하여는 영 제24조제2항 또는 동조 제3항의 규정에 의한 요양급여의 상대가치점수 또는 약제·치료재료의 상한금액을 함께 정하여 고시하여야 한다.
②~④(생략)
제12조 (상대가치점수등의 조정 등) ① 결정신청자 또는 가입자등은 이미 고시된 요양급여대상의 상대가치점수·상한금액, 요양급여대상·비급여대상의 조정을 보건복지가족부장관이 정하여 고시하는 바에 따라 보건복지가족부장관에게 신청할 수 있다.
② 제1항의 규정에 의하여 조정신청을 받은 보건복지가족부장관은 심의조정위원회의 심의를 거쳐 상대가치점수·상한금액, 요양급여대상·비급여대상을 조정하여 고시할 수 있다.
제13조(직권결정 및 조정) ② 보건복지가족부장관은 이미 고시된 요양급여대상의 …… 상한금액…… 에 대하여는 심의조정위원회의 심의를 거쳐 조정하여 고시할 수 있다.
제14조(결정 및 조정 등의 세부사항) ……상한금액 ……의 결정·조정 등에 필요한 세부사항(중간 생략)에 관하여는 보건복지가족부장관이 정하여 고시한다.
미결정행위등의결정 및 조정기준(이하 '조정기준고시' 라 한다)
제1조(목적) 이 기준은 (중간 생략) 요양급여대상의 상대가치점수 또는 상한금액을 정하거나 조정하는데 필요한 사항을 규정함을 목적으로 한다.
제13조(상한금액의 조정) ① 보건복지가족부장관은 고시된 상한금액을 요양기관으로부터 제출받은 실구입가 자료 등을 근거로 매년 1월과 7월에 조정하되, 급격한 환율의 변동 및 경제지표의 변화 등으로 상한금액 조정요인이 발생한 경우 및 현지 확인결과 조정할 필요가 있는 경우에는 수시로 조정할 수 있다.
② 상한금액의 조정방법은 다음 각 호와 같다.
1. 상한금액은 요양기관의 실구입가격의 품목별 가중평균가격으로 조정한다. 다만, 병원급 이상 요양기관에서 공개경쟁입찰에 의해 결정된 실구입가격은 상한금액 조정에 반영하지 아니한다.
4. 의약품 제조(수입)업소가 특정 도매업소에 다른 도매업소와의 평균거래가격보다 현저하게 저가로 공급한 사실이 확인된 경우에는 이를 상한금액의 조정자료로 활용할 수 있다.

[관련논점]

— 법령의 위임에 의한 고시의 법적 성질과 그 효력

— 고시의 행정처분성
— 고시의 취소를 구할 법률상 이익의 존부
— 재량행위에 있어서 위법성판단
— 사정판결

[답안구성]

Ⅰ. 논점의 정리
Ⅱ. 설문 (1)의 해결
1. 문제의 소재
2. 법령보충적 행정규칙의 법적 성질
(1) 학설
(2) 판례
(3) 검토
3. 소결
Ⅲ. 설문 (2)의 해결
1. 문제의 소재
2. 약제 상한금액고시의 행정처분성 여부
(1) 항고소송의 대상으로서의 처분
(2) 항고소송의 대상이 되는 행정처분이 되기 위한 요건
(3) 고시가 행정처분이 되기 위한 요건
(4) 사안의 경우
3. 소결
Ⅳ. 설문 (3)의 해결
1. 문제점
2. 원고적격
(1) 원고적격의 의의
(2) 행정소송법 제12조 소정의 처분등의 "취소를 구할 법률상 이익"의 의미
1) 문제점
2) 학설
3) 판례
4) 검토
(3) 법률상 보호이익의 판단기준
1) 문제점
2) 판례
3) 검토
(4) 취소소송의 원고적격의 인정요건
3. 사안의 경우
4. 소결
Ⅴ. 설문 (4)의 해결
1. 문제의 소재
2. 요양급여의 대상이 되는 약제의 상한금액을 인하하는 약제상한금액고시의 위법성 여부
(1) 문제점
(2) 약제상한금액고시의 법적 성질
1) 기속행위와 재량행위의 구별기준
2) 사안의 경우
(3) 재량행위에 있어서 위법성 판단방법
(4) 중간결론
3. 약제 상한금액인하고시의 취소가능성
(1) 문제점
(2) 사정판결의 의의 및 취지
(3) 요건
(4) 사정판결에 있어서 직권심리주의
1) 문제의 소재
2) 행정소송법 제26조 해석론
가. 문제점
나. 학설
다. 판례
라. 검토
3) 사정판결과 직권심리주의
(5) 사안의 경우
4. 소결
Ⅵ. 사안의 해결

Ⅰ. 논점의 정리

설문 (1)의 경우 보건복지가족부장관 乙은 국민건강보험법(이하 '법'이라고만 한다) 제39조 제1항, 제2항, 법시행령 제24조 제3항, 국민건강보험 요양급여의 기준에 관한 규칙(이하 '요양급여기준규칙'이라 한다) 제8조 제2항에 따라 보건복지가족부 고시 '약제급여 · 비

급여목록 및 급여상한금액표'로써 요양급여의 대상이 되는 각 약제와 그 약제에 대한 상한금액을 고시하였는바, 이러한 고시의 법적 성질과 그 효력이 문제된다.

설문 (2)에서는 일반적·추상적 성격을 가지는 고시가 항고소송의 대상이 되는 행정처분에 해당할 수 있는지, 해당할 수 있다면 그 요건은 어떠한지를 검토하여야 한다.

설문 (3)에서는 약제 상한금액인하고시가 甲 등의 법률상 보호이익을 침해할 수 있어 그 고시의 취소를 구할 법률상 이익이 있는지를 살펴보아야 한다.

설문 (4)에서는 약제 상한금액인하고시가 위법한지, 위법하다면 취소할 수 있는지를 판단하여야 하는바, 이를 위해서는 위법성판단의 전제로서 약제상한금액인하고시가 기속행위인지 재량행위인지를 규명해야 하고 그 취소가능성과 관련해서는 사정판결의 가능성을 검토하여야 한다.

Ⅱ. 설문 (1)의 해결

1. 문제의 소재

약제 상한금액고시는 그 형식은 행정규칙으로 되어 있으나 근거법령의 위임에 따라 그 내용을 보충하는 경우인바, 이른바 법령보충적 행정규칙에 해당한다. 이러한 행정규칙의 법규성 유무에 대하여는 견해가 갈리고 있어 문제된다.

2. 법령보충적 행정규칙의 법적 성질

(1) 학설

1) **실질설**(법규명령설) 그 법령의 내용을 구체적으로 보충할 수 있는 권한을 근거법률에서 명시적으로 수권하였음을 이유로 법규명령으로 본다.

2) **형식설**(행정규칙설) 헌법이 예정한 법규의 형식이 아니므로 행정규칙으로 보아야 한다고 한다.

3) **규범구체화행정규칙설** 이는 통상의 행정규칙과 달리 상위규범을 구체화하는 내용의 행정규칙이므로 법규성을 긍정해야 한다고 한다.

4) **위헌·무효설** 헌법은 법규명령의 형식으로 대통령령, 총리령, 부령, 조례 등으로 한정하고 있으므로 행정규칙형식의 법규명령은 허용되지 않고 위헌·무효라고 한다.

5) **수권여부기준설** 수권 여부에 따라 법령의 수권에 의한 것이라면 법규명령으로 보아야 하고, 수권 없이 규정된 것은 행정규칙으로 보아야 한다고 한다.

(2) 판례

대법원은 국세청훈령인 '재산제세사무처리규정', 국무총리훈령인 '개별토지가격합동조사지침' 및 산업자원부 고시인 '공장입지기준' 등이 그 형식은 행정규칙으로 되어 있으나 근거법령의 위임에 따라 그 내용을 보충하는 경우에는 이와 같은 행정규칙규정은 당해 법령의 위임한계를 벗어나지 아니하는 한 그 근거법령과 결합하여 법규명령의 효력을 가진다고 판시하고 있다(대판 1987.9.29. 86누484; 대판 2003.9.26. 2003두2274 등).

헌법재판소도 "이른바 법령보충적 행정규칙이라도 그 자체로서 직접적으로 대외적으로 구속력을 갖는 것은 아니다. 즉, 상위법령과 결합하여 일체가 되는 한도 내에서 상위법령의 일부가 됨으로써 대외적 구속력이 발생되는 것일 뿐 그 행정규칙 자체는 대외적 구속력을 갖는 것이 아니라 할 것이다."고 판시하고 있다(헌재 2004.10.28. 99헌바91).

(3) 검토

살피건대 비록 법규적 내용을 가진 행정규칙이라도 그 형식이 행정규칙이므로 그 법적 성질은 행정규칙으로 보아야 한다. 왜냐하면 법령보충적 행정규칙을 그 자체가 대외적 구속력을 갖는 법규명령으로 본다면 이는 법규명령의 형식을 제한하고 있는 헌법(제75조, 제95조)에 위반되기 때문이다. 한편 원칙적으로 행정규칙은 그 성격상 대외적 효력을 갖는 것은 아니나, 예외적으로 사안과 같은 이른바 법령보충적 행정규칙의 경우에는 대외적으로 효력을 가질 수 있는데, 다만 상위법령과 결합하여 일체가 되는 한도 내에서 상위법령의 일부가 됨으로써 직접적으로 대외적 구속력이 발생되는 것일 뿐 그 행정규칙 자체는 대외적 구속력을 갖는 것이 아니다.

3. 소결

보건복지가족부장관 乙이 고시한 약제상한금액고시 그 자체의 법적 성질은 행정규칙이지만, 국민건강보험법 제39조 제1항, 제2항, 법시행령 제24조 제3항, 요양급여기준규칙 제8조 제2항에 따라 요양급여의 방법·절차·범위·상한 및 제외대상 등 요양급여의 기준에 관하여 필요한 사항을 구체적으로 정한 것으로서 당해 법령의 위임한계를 벗어나지 아니하였으므로 위임법령과 결합하여 대외적으로 구속력이 있는 법규명령으로서 효력을 가진다.

Ⅲ. 설문 (2)의 해결

1. 문제의 소재

설문의 경우 일반직·추상적 성격을 가지는 고시가 처분에 해당될 수 있는지 문제되고, 처분에 해당한다면 사안의 약제 상한금액고시가 항고소송의 대상이 되는 처분에 해당하는지를 살펴보아야 한다.

2. 약제 상한금액고시의 행정처분성 여부

(1) 항고소송의 대상으로서의 처분

항고소송의 대상은 처분 등이다(행정소송법 제19조). 그런데 처분이라 함은 행정청이 행하는 구체적 사실에 대한 법집행으로서 공권력의 행사 또는 그 거부와 그 밖에 이에 준하는 행정작용을 말한다(행정소송법 제2조 제1호).

(2) 항고소송의 대상이 되는 행정처분이 되기 위한 요건

무릇 소송이란 법률적 분쟁을 법에 의하여 해결함으로써 법적 안정성을 기하자는 것이므로 항고소송의 대상으로서의 처분이 항고소송의 대상이 되는 행정처분이 되기 위해서는 행정청이 행하는 구체적 사실에 대한 법집행으로서 공권력의 행사 등이 국민의 권리의무에 직접적으로 영향을 미쳐서 '위법하다고 주장할 수 있는 처분'이어야 한다(행정소송법 제1조 전단, 제4조 제1항 참조).

(3) 고시가 행정처분이 되기 위한 요건

어떠한 고시가 일반적·추상적 성격을 가질 때에는 행정규칙에 해당할 것이지만, 다른 집행행위의 매개 없이 그 자체로서 국민의 권리의무에 직접적으로 영향을 미치는 경우에는 행정처분에 해당한다. 여기서 어떠한 고시가 다른 집행행위의 매개 없이 그 자체로서 국민의 권리의무에 직접 영향을 미치기 위해서는 그 고시는 공익뿐만 아니라 사익보호도 목적으로 하고 있고, 나아가 그 고시가 대외적 구속력이 있어서만 한다는 것을 전제로 한다.

(4) 사안의 경우

약제 상한금액고시는 그 자체의 법적 성질은 행정규칙에 불과하지만, 요양급여의 방법·절차·범위·상한 및 제외대상 등 요양급여의 기준에 관하여 필요한 사항을 구체적으로 정한 것으로서 위임법령과 결합하여 대외적으로 구속력이 있는 법규명령으로서 효력을 가진다. 그런데 이러한 대외적 구속력을 가지는 약제 상한금액고시와 결합된 위임법령인 요양급여기준규칙은 甲 등과 같은 약제의 제조업자에게 乙로 하여금 요양급여대상이나 비급여대상으로 결정되지 아니한 새로운 약제 등에 대한 요양급여대상 여부의 결정 신청권(제10조, 제11조)과 아울러 요양급여의 대상으로서 약제 상한금액고시에서 이미 고시한 약제의 상한금액에 대하여도 그 조정신청권을 부여하고(제10조, 제11조, 제12조), 상한금액의 조정은 조정요인이 발생한 경우 수시로 조정할 수 있는 점 등에 비추어 보면, 위 상한금액에 대한 조정신청권이 단순히 의견을 수렴하기 위한 임의적인 절차가 아니라 법규상 또는 적어도 조리상 인정되는 신청권이라고 할 것이다. 따라서 약제 상한금액고시는 다른 집행행위의 매개 없이 그 자체로서 국민의 권리의무에 직접적으로 영향을 미치고 있다 할 것이므로 행정처분에 해당한다고 할 것이다.

3. 소결

약제 상한금액고시는 그 자체의 법적 성질은 행정규칙이지만, 요양급여의 방법·절차·범위·상한 및 제외대상 등 요양급여의 기준에 관하여 필요한 사항을 구체적으로 정한 것으로서 위임법령과 결합하여 대외적으로 구속력이 있는 법규명령으로서 효력을 가지고, 다른 집행행위의 매개 없이 그 자체로서 국민의 권리의무에 직접적으로 영향을 미치고 있으므로 행정처분에 해당한다.

판례도 "어떠한 고시가 일반적·추상적 성격을 가질 때에는 법규명령 또는 행정규칙에 해당할 것이지만, 다른 집행행위의 매개 없이 그 자체로서 직접 국민의 구체적인 권리·의무나 법률관계를 규율하는 성격을 가질 때에는 행정처분에 해당한다"고 판시(대판 2006.9.22, 2005두2506)하고 있다.

Ⅳ. 설문 (3)의 해결

1. 문제점

앞에서 살펴본 바와 같이 약제 상한금액인하고시가 취소소송의 대상이 되는 행정처분에 해당하는바, 이러한 약제 상한금액인하고시가 甲 등의 법률상 보호이익을 침해할 수 있어 그 고시의 취소를 구할 법률상 이익이 있는지 문제된다.

2. 원고적격

(1) 원고적격의 의의

원고적격이라 함은 공익실현이라는 행정목적의 능률적 수행을 위하여 하자있는 행정행위에 인정되는 공정력을 깨뜨리는 특수한 절차인 항고소송을 제기하여 본안판결을 받을 수 있는 자격을 말하는바, 행정소송법이 이를 요구하는 것은 공익실현이라는 사회적 정의와 국민의 권리구제라는 개인적 정의를 조화하고 실현하기 위한 것이라고 할 수 있다.

(2) 행정소송법 제12조 소정의 처분등의 "취소를 구할 법률상 이익"의 의미

1) 문제점

취소소송은 처분등의 취소를 구할 법률상 이익이 있는 자가 제기할 수 있다(행정소송법 제12조). 그런데 행정소송법 제12조 소정의 "법률상 이익"의 의미에 대해서는 학설상 견해의 대립이 있다.

2) 학설

즉, 권리가 침해된 자만이 소송을 제기할 수 있다는 **권리회복설**, 위법한 처분으로 인해 개인의 이익이 침해되는 경우에 관계 법률에 의해 그 이익이 보호되는 것이라면 이러한 이익의 피해자도 행정청의 처분을 다툴 수 있어야 한다는 **법률상 보호이익구제설**, 그 이익의 실질적 내용이 재판상 보호할 가치가 있다고 판단되는 경우에는 그러한 이익이 침해된 자도 소송을 제기할 수 있어야 한다는 **보호가치 있는 이익구제설**, 행정처분의 시정 또는 행정행위의 적법성 확보에 이해관계를 가지는 자가 소송을 제기할 수 있다는 **적법성보장설**이 있다.

3) 판례

대법원은 법률상 보호이익구제설의 입장에서"여기에서 말하는 법률상 보호되는 이익이라 함은 당해 처분의 근거 법규 및 관련 법규에 의하여 보호되는 개별적·직접적·구체적 이익이 있는 경우를 말하고, 공익보호의 결과로 국민일반이 공통적으로 가지는 일반적·간접적·추상적 이익이 생기는 경우에는 법률상 보호되는 이익이 있다고 할 수 없다"고 판시(대판 2006.7.28. 2004두6716 등)하고 있다.

4) 검토

살피건대 적법성보장설은 우리 행정소송법이 취하고 있는 주관소송의 원칙에 반할 뿐 아니라 민중소송화할 우려도 있어 취하기 어렵고, 보호가치 있는 이익구제설도 보호할 가치가 있는 이익인지 여부를 법원이 판단한다는 점에서 법원에 법규창조력을 인정하게 되어 권력분립주의에 반한다. 권리회복설은 전통적 권리만을 공권으로 보아 원고적격의 범위를 너무 좁게 보아 문제가 있다. 그러므로 동 규정이 '법률상 이익'이라고 명문으로 규정하고 있는 점, 여기서의 법률상 이익은 법에 의하여 보호되는 원고의 권리 또는 이익침해와 관련되는 것이라는 점(행정소송법 제1조 전단 참조)에서 법률상 보호이익구제설이 타당하다고 하겠다.

(3) 법률상 보호이익의 판단기준

1) 문제점

행정소송법 제12조의 '법률상 이익'의 의미를 법률상 보호이익이라고 볼 경우, 그 판단근거인 '법률'의 범위가 문제된다.

2) 판례

판례는 당해 처분의 근거법규, 당해 처분의 행정목적을 달성하기 위한 일련의 단계적인 관련처분들의 근거법규에 의하여 명시적으로 보호받는 법률상 이익, 근거법규 및 관련법규의 합리적 해석상 그 법규에서 행정청을 제약하는 이유가 순수한 공익의 보호만이 아닌 개별적·직접적·구체적 이익을 보호하는 취지가 포함되어 있다고 해석되는 경우(대판 2004.8.16. 2003두2175), 나아가 헌법상의 직업선택의 자유나 경쟁의 자유를 보호규범으로 판시하기도 한다(대판 2005.2.17. 2003두14765; 헌재 1998.4.30. 97헌마141).

3) 검토

살피건대 원고적격으로서의 법률상 이익의 존재 여부는 당해 처분의 근거법규 및 관계법규의 명시적인 보호이익뿐 아니라, 당해 처분의 근거법규 및 관계법규의 취지 등을 고려하여 합리적 해석을 하여야 하고, 경우에 따라서는 헌법상의 기본권규정이 직접 보호규범이 될 수 있다고 보아야 한다.

(4) 취소소송의 원고적격의 인정요건

한편 취소소송의 원고적격을 인정하기 위해서는 어떠한 법률이 개인의 자유권이나 재산권 등의 구체적 권리 또는 이익을 보호하고 있는 경우에도 그 구체적 권리의 보호영역과 그 침해 여부의 불명확성 때문에 처분 등으로 인하여 그러한 권리 또는 이익에 대하여 사회통념상 그 수인이 기대가능하지 않은 침해가 있을 것을 요구된다 할 것이므로, 처분등의 취소를 구할 법률상 이익, 즉 취소소송의 원고적격이 인정되기 위해서는 처분등으로 인하여 법률상 직접 보호되는 개별적·구체적 이익(원고적격으로서의 법률상 이익)에 대한 직접적이고 중대한 침해 또는 침해우려가 있어 소송을 통해 그러한 불이익을 제거할 객관적·현실적 필요성이 있어야 한다(불문의 소송요건으로서 권리보호필요성).

3. 사안의 경우

국민건강보험법, 법시행령, 요양급여기준규칙 및 위 법령과 규칙의 위임에 따른 조정기준고시 등이 甲 등과 같은 약제의 제조·공급업자에게 새로운 약제에 대한 요양급여대상결정 신청권과 더불어 이미 요양급여대상으로 고시된 약제의 상한금액에 대하여도 조정신청권을 부여하고 있고, 요양급여대상 약제의 상한금액의 설정과 관련하여 약제공급업자들이 일정한 경우 관리대상에 포함되어 그 거래내역 등에 관한 자료를 제출하여야 하고, 요양급여대상 약제에 대하여는 품목별 매출원장을 비치하여야 할 의무를 부담하도록 하고 있을 뿐만 아니라, 요양급여대상 약제의 상한금액의 인하가 있는 경우 실제 그 약제의 공급가액에 대하여 직접적으로 영향을 받는 직접적인 이해당사자는 甲 등과 같은 약제의 제조·공급업자라는 점을 참작하여 보면, 甲 등은 그들이 공급하는 약제에 대하여 국민건강보험법, 법시행령, 요양급여기준규칙 등 위 약제상한금액고시의 근거 법령에 의하여 보호되는 직접적이고 구체적인 이익을 향유한다고 할 것이다.

그런데 이 사안 약제상한금액고시로 특정 약제에 대한 상한금액이 인하된 경우 가입자 또는 공단으로서는 지급하여야 할 약제비용이 감소될 수 있으므로 이익을 받게 된다. 반면 요양기관으로서는 제약회사 등 특정 약제의 공급자로부터 상한가 이상으로 약제를 구입하게 된다면 상한가를 초과하는 약제구입대금은 가입자 또는 공단으로부터 상환받을 수 없게 되므로 요양급여시 그러한 약제를 제외하고, 동일하거나 유사한 성분으로서 구입가가 상한가의 범위 내에 있는 다른 약제를 지급하게 되거나(의원 등), 거래 품목에서 제외하게 될 것이고(약국), 그 경우 약제비용을 모두 상환받을 수 있게 되며, 약제에 대한 선택은 그 권한 내에 있어 스스로 그 수요를 변경할 수 있으므로 실제적으로 그 이익의 침해를 받을 가능성은 거의 없다. 그러나 요양기관에 특정 약제를 공급하는 甲 등 제약회사나 공급상들로서는 그 약제의 상한가가 인하될 경우 요양기관에 대한 공급가액이 위 상한금액을 초과하게 되면 요양기관이 그 약제를 구매하지 아니하게 될 것이어서 그 공급가액을 위 상한가의 범위 내로 인하할 수밖에 없게 된다고 할 것이므로, 상한가의 인하에 직접적으로 영향을 받게 되고 그 이익 또한 침해를 받게 된다고 할 것이다. 따라서 甲 등은 이 사안 약제상한금액고시로 인하여 그들이 제조·공급하는 약제의 상한금액이 인하됨에 따라 위와 같이 근거 법령에 의하여 보호되는 법률상 이익을 침해당하였다고 할 것이다.

4. 소결

결국 요양기관에 특정 약제를 공급하는 甲 등 제약회사나 공급상들로서는 그 약제의 상한가가 인하될 경우 요양기관에 대한 공급가액이 위 상한금액을 초과하게 되면 요양기관이 그 약제를 구매하지 아니하게 될 것이어서 그 공급가액을 위 상한가의 범위 내로 인하할 수밖에 없게 된다고 할 것이므로 상한가의 인하에 직접적으로 영향을 받게 되고 그 이익 또한 침해를 받게 된다고 할 것이다. 따라서 제약회사 甲 등은 국민건강보험법령에 근거한 요양급여의 대상이 되는 약제의 상한금액을 인하하는 고시의 취소를 구할 법률상 이익이 있다고 하겠다(대판 2006.9.22. 2005두2506 참조).

V. 설문 (4)의 해결

1. 문제의 소재

설문의 약제 상한금액인하고시의 취소를 구하는 소가 인용되기 위해서는 소가 적법하고, 당해 고시가 위법해야 하며, 사정판결의 가능성이 없어야 한다. 그런데 앞에서 살펴본 바와 같이 설문의 소는 대상적격과 원고적격이 인정되고 다른 소송요건은 특별히 문제되지 않는바 소의 적법성은 인정된다. 문제는 약제 상한금액인하고시가 위법한지, 위법하다면 취소할 수 있는지를 판단해야 하는데, 이를 위해서는 위법성판단의 전제로서 약제 상한금액인하고시가 기속행위인지 재량행위인지를 규명해야 하고 그 취소가능성과 관련해서는 사정판결의 가능성을 검토하여야 한다.

2. 요양급여의 대상이 되는 약제의 상한금액을 인하하는 약제상한금액고시의 위법성 여부

(1) 문제점

행정처분은 그 성질이 기속행위인지 재량행위인지에 따라 그 위법성 판단방법이 다르기 때문에 약제 상한금액고시의 위법성을 판단하기 위해서는 우선 약제상한금액고시가 기속행위인지 재량행위인지를 규명해야 한다.

(2) 약제상한금액고시의 법적 성질

1) 기속행위와 재량행위의 구별기준

이에 대해서는 종래 요건재량설과 효과재량설의 주장도 있었으나 오늘날 이러한 주장을 하는 자는 거의 없다. 행정청의 공법상 행위가 기속행위인지 재량행위인지를 구별함에 있어서도 일반적인 법해석의 방법론에 따라 입법자가 행정권에 재량권을 부여했는지 여부를 판단하여야 할 것이다. 따라서 행정청의 행위가 기속행위인가 재량행위인가의 구별함에 있어서는 당해 행위의 근거가 된 법규의 체재형식과 그 문언, 당해 행위가 속하는 행정 분야의 주된 목적과 특성, 당해 행위 자체의 개별적 성질과 유형 등을 모두 고려하여 판단하여야 한다. 판례도 이와 같다(대판 2002.8.23. 2002두820; 대판 2001.2.9. 98두17593 등).

2) 사안의 경우

사안의 경우 입법자가 행정권에 재량권을 부여했는지를 살펴보면 국민건강보험법 제39조 제1항은 가입자 및 피부양자의 질병·부상·출산 등에 대하여 다음 각호의 요양급여를 실시한다고 규정하고, 제2항은 제1항의 규정에 의한 요양급여의 방법·절차·범위·상한 등 요양급여의 기준은 보건복지가족부령으로 정한다고 규정하고 있으며, 제3항은 보건복지가족부장관은 제2항의 규정에 의하여 요양급여의 기준을 정함에 있어 업무 또는 일상생활에 지장이 없는 질환 기타 보건복지가족부령이 정하는 사항은 요양급여의 대상에서 제외할 수 있다고 규정하고 있는 점 등에 비추어 보면, 보건복지가족부장관이 요양급여의 기준을 정함에 있어서 재량권을 부여하고 있다고 할 것이다. 따라서 보건복지가족부장관의 법령에 따른 약제상한금액고시는 재량행위에 해당한다.

(3) 재량행위에 있어서 위법성 판단방법

기속행위의 경우 그 법규에 대한 원칙적인 기속성으로 인하여 법원이 사실인정과 관련 법규의 해석적용을 통하여 일정한 결론을 도출한 후 그 결론에 비추어 행정청이 한 판단의 적법 여부를 독자의 입장에서 판정하는 방식에 의하게 되나, 재량행위의 경우 행정청의 재량에 기한 공익판단의 여지를 감안하여 법원은 독자의 결론을 도출함이 없이 당해 행위에 재량권의 일탈·남용이 있는지 여부만을 심사하게 되고, 이러한 재량권의 일탈·남용 여부에 대한 심사는 사실오인, 비례평등원칙위배 등을 그 판단대상으로 한다(대판 2007.5.31. 2005두1329).

(4) 중간결론

사안의 경우 법, 법 시행령, 요양급여규칙, 조정기준, 산정기준 등 관련 규정에 의하면, 乙은 요양기관으로부터 제출받은 실구입가 자료 등과 사후관리대상으로 선정된 요양기관 및 약제공급업소에 대한 관리를 통하여 확인된 요양기관의 실구입가격 등을 토대로 하여 약제의 품목별 가중평균가격(구입총액을 구입총량으로 나눈 금액)을 산출하여 요양급여대상 약제의 상한금액을 조정함을 원칙으로 하고(조정기준 제13조 제2항 제1호), 의약품 제조업소가 특정 도매업소에 다른 도매업소와의 평균거래가격보다 현저하게 저가로 공급한 사실이 확인된 경우에 이를 상한금액의 조정자료로 활용할 수 있다(조정기준 제13조 제2항 제4호).

그런데 乙은 甲 등이 이 사안 약제를 특정 도매업소에 대하여 다른 도매업소와의 평균거래가격보다 현저하게 저가로 공급한 사실을 확인하여 조정요인이 발생하였다면, 위 특정업소의 할인율 및 나머지 도매업소의 할인율 등을 반영하여 각 해당 약제에 대한 상한금액을 산정하는 방식으로 조정자료로 활용하여야 할 것임에도, 乙은 甲 등의 이 사안 약제에 대하여 4개 내지 9개의 도매업소들에 대한 공급가액의 할인율만을 토대로, 그 상한금액 인하율을 조사대상 도매업소의 최고할인율에서 그 나머지 업소들의 평균할인율(단, 5% 이상인 경우에는 5%를 한도로 함)과 기본가산율 10%를 각 공제하여 정하는 방법(조정공식)으로 일률적으로 산정하되, 이 사안 약제 중 함량비교방식에 의한 3개의 약제에 대하여는 위와 같은 조정공식에 의하여 추정된 가액을 전제로 다시 그 인하율을 산정하여, 이 사안 약제의 상한금액을 인하하였는바, 이는 위 관련 법령 등의 취지 및 제 규정에 따르지 아니한 것일 뿐만 아니라 사회통념상 현저하게 그 타당성을 잃었다고 볼 수밖에 없다고 할 것이므로, 이 사안 고시 중 이 사안 약제에 대한 상한금액 부분은 그 상한금액을 인하함에 있어서 乙이 그 재량권을 일탈·남용한 위법이 있다고 할 것이다.

3. 약제 상한금액인하고시의 취소가능성

(1) 문제점

乙의 개정 약제 상한금액고시가 위법하다 하더라도 그 위법한 처분을 취소·변경하는 것이 건강보험재정이나 건강보험제도의 운용상 막대한 지장을 초래하는 등 현저히 공공복리에 적합하지 아니하여 사정판결을 할 수 있는지 문제된다.

(2) 사정판결의 의의 및 취지

사정판결이란 원고의 청구가 이유 있다고 인정되는 경우에도 처분 등을 취소하는 것이 현저히 공공복리에 적합하지 아니하다고 인정 되는 때에 법원이 그 청구를 기각하는 판결을 말한다. 이는 다수의 이해관계가 걸린 법률관계가 형성되거나 공공사업이 상당히 진행된 경우에 기성사실을 존중하여 공익을 보호하자는데 그 취지가 있다.

(3) 요건

사정판결을 하기 위해서는 i) 처분 등이 위법하고, ii) 처분 등을 취소함이 현저히 공공복리에 적합하지 않아야 한다. 여기서 처분의 위법 여부는 처분시를 기준으로 판단하나, 현저히 공공복리에 적합하지 아니한지 여부는 위법한 행정처분을 취소·변경하여야 할 필요와 그 취소·변경으로 인하여 발생할 수 있는 공공복리에 반하는 사태 등을 비교·교량하여 판단하여야 하는데(대판 2006.9.22. 2005두2506; 대판 1998.5.8. 98두4061; 대판 1995.6.13. 94누4660), 이러한 공익성요건의 판단은 변론종결시를 기준으로 판단한다(대판 1970.3.24. 69누29). 왜냐하면 사정판결은 처분시에는 위법하였으나 사후의 변화된 사정을 고려하는 제도이기 때문이다.

한편 사정판결은 법치주의에 대한 중대한 예외를 규정한 것이므로 원고의 권리침해에 대한 구제책도 함께 규정하고 있으나; 그 요건은 엄격히 해석되어야 할 것이다(대판 1995.6.13. 94누4660).

(4) 사정판결에 있어서 직권심리주의

1) 문제의 소재

취소소송에서 법원이 처분등의 위법성을 확인하고서도 원고가 주장하지 않음에도 불구하고 사정판결을 하는 것이 행정소송에서도 원칙적으로 적용되는 변론주의에 위배되는 것이 아닌지 문제된다.

2) 행정소송법 제26조 해석론

가. 문제점

행정소송의 특수성을 반영하여 행정소송법 제26조는 "법원은 필요하다고 인정하는 때에는 직권으로 증거를 조사할 수 있고, 당사자가 주장하지 아니한 사실에 대하여도 판단할 수 있다"고 규정하고 있다. 이 규정은 정당한 판결에 대한 공익적 요청으로서 국민의 효과적인 권리구제와 함께 행정의 적법성 통제에도 기여하는 행정소송법의 특칙인데, 변론주의를 보충하여 직권증거조사만을 규정한 것인지 아니면 일정한 경우에는 직권탐지주의까지 인정한 것인지에 대한 견해의 대립이 있다.

나. 학설

(가) 변론주의보충설(직권증거조사설)(다수설) 당사자가 주장한 사실에 대한 당사자의 입증활동에 의하여 충분한 심증을 얻을 수 없고, 공평·타당한 재판을 확보하기 위하여 필요하다고 인정하는 경우에 직권으로 증거조사를 할 수 있다고 이해한다.

(나) 직권탐지주의설[95] 보충적 증거조사뿐만 아니라, 나아가 당사자가 주장하지 아니한 사실에 대하여도 직권으로 이를 탐지하여 재판의 자료로 삼을 수 있다고 해석한다.

다. 판례

대법원은 "행정소송법 제26조가 규정하는 바는 행정소송의 특수성에서 연유하는 당사자주의·변론주의에 대한 일부 예외 규정일 뿐, 법원이 아무런 제한 없이 당사자가 주장하지 아니한 사실을 판단할 수 있는 것은 아니고, 일건 기록에 현출되어 있는 사항에 관하여서만 직권으로 증거조사를 하고 이를 기초로 하여 판단할 수 있을 따름이고, 그것도 법원이 필요하다고 인정할 때에 한하여 청구의 범위 내에서 증거조사를 하고 판단할 수 있을 뿐이다"고 판시(대판 1975.5.27. 74누233; 대판 1994.4.26. 92누17402 ;대판 1994.10.11. 94누4820 ; 대판 2001.4.24. 2000두10014 등)하고 있다.

라. 검토

행정소송법 제26조는 행정소송에서도 가사소송에서와 같이 일정한 범위 내(당사자의 청구의 범위 내에서 일건 기록상 현출되어 있는 사항)에서 직권심리주의를 규정한 것으로 보아야 하고, 다만 가사소송에서의 「하여야 하는」 구속적 직권탐지주의와는 달리 행정소송에서는 법원이 필요하다고 인정할 때 한하여 「할 수 있는」 재량적 직권탐지주의인 점에 차이가 있다고 보아야 할 것이다. 따라서 직권심리주의를 규정한 행정소송에서도 변론주의의 내용인 자백의 구속력은 제한 없이 인정되고, 불고불리의 원칙에 따라 당사자의 청구의 범위 내에서 일건

---

95) 박윤흔, 최신, 947~948면; 석종현, 강의Ⅰ, 728면 이하

기록상 현출되어 있는 사항에 한하여 직권으로 증거조사를 하고 이를 기초로 하여 당사자가 주장하지 아니한 사실에 관하여도 판단할 수 있다고 판시하고 있는 판례의 태도가 타당하다.

3) 사정판결과 직권심리주의

따라서 행정소송법 제26조, 제28조 제1항 전단의 각 규정에 비추어 행정소송에 있어서 법원이 사정판결을 할 필요가 있다고 인정하는 때에는 당사자의 명백한 주장이 없는 경우에도 일건 기록에 나타난 사실을 기초로 하여 직권으로 사정판결을 할 수 있다고 보아야 한다(대판 1992.2.14. 90누9032).

(5) 사안의 경우

약제 상한금액인하고시 중 이 사안 약제의 상한금액 부분의 취소로 인하여 이 사안 약제와 관련된 건강보험가입자의 본인부담금 정산문제로 불편이 생길 가능성 등이 있으나, 건강보험재정에 직접적으로 중대한 영향을 미치거나 건강보험제도의 운용상 막대한 지장을 초래한다고 보기 어려우므로, 이 사안 고시 중 이 사안 약제의 상한금액 부분을 취소하는 것이 현저히 공공의 복리에 적합하지 않은 경우에 해당한다고 할 수 없다고 판단된다.

4. 소결

이 사안 乙의 국민건강보험법령에 근거한 요양급여의 대상이 되는 약제의 상한금액을 인하하는 고시는 그 인하의 절차 및 내용이 관련 법령 및 규칙과 각 고시들의 취지 및 제 규정에 따르지 아니하여 재량권을 일탈·남용하여 위법하다. 한편 사정판결은 법치주의에 대한 중대한 예외를 규정한 것이므로 그 요건은 엄격히 해석되어야 할 것인바, 이 사안 고시 중 이 사안 약제의 상한금액 부분을 취소하는 것이 현저히 공공의 복리에 적합하지 않은 경우에 해당한다고 할 수 없다. 따라서 법원은 위법하다고 확인한 위 약제 상한금액을 인하하는 고시를 취소하여야 할 것이다.

Ⅵ. 사안의 해결

설문 (1)에서 보건복지가족부장관 乙이 고시한 약제 상한금액고시 그 자체의 법적 성질은 행정규칙이지만, 위임법령과 결합하여 대외적으로 구속력이 있는 법규명령으로서 효력을 가진다.

설문 (2)의 경우 약제 상한금액고시는 위임법령과 결합하여 대외적으로 구속력이 있는 법규명령으로서 효력을 가지고, 다른 집행행위의 매개 없이 그 자체로서 국민의 권리의무에 직접적으로 영향을 미치고 있으므로 행정처분에 해당한다.

설문 (3)에서는 요양기관에 특정 약제를 공급하는 甲 등 제약회사나 공급상들로서는 그 약제 상한가의 인하에 직접적으로 영향을 받게 되고 그 이익 또한 침해를 받게 된다고 할 것이므로 제약회사 甲 등은 국민건강보험법령에 근거한 요양급여의 대상이 되는 약제의 상한금액을 인하하는 고시의 취소를 구할 법률상 이익이 있다.

설문 (4)에서 약제 상한금액인하고시는 그 인하의 절차 및 내용이 관련 법령 및 규칙과 각 고시들의 취지 및 제 규정에 따르지 아니하여 재량권을 일탈·남용하여 위법하고, 이 사안 고시 중 이 사안 약제의 상한금액 부분을 취소하는 것이 현저히 공공의 복리에 적합하지 않은 경우에 해당한다고 할 수 없으므로 법원은 위법한 위 약제 상한금액을 인하하는 고시를 취소하여야 할 것이다.

제 4 절 행정행위일반 및 항고쟁송

〈사례연습 21〉 행정행위 하자승계의 법리와 행정행위 하자의 치유

다음 사안을 읽고 아래 설문에 대하여 논하시오.

〈사안 1〉 甲은 A시 일대에 토지를 취득하였다가 乙에게 양도하였다. 이에 A시 시장 丙은 이 토지일대의 개별공시지가를 결정하여 공고하였던 바를 기초로 하여 甲에 대하여 소득세법상의 양도소득세부과처분을 하였다. 그러나 甲은 양도소득세액이 지나치게 과다하게 부과되었다고 생각하여 알아본 결과, 丙이 개별공시지가를 결정함에 있어서 이 토지의 대부분이 밭(田)으로 이용되고 있었음에도 불구하고 토지 전체에 대해 지목이 대지인 표준지에 따라 개별공시지가를 결정한 것을 발견하고, 丙의 개별공시지가결정에 대해 부동산가격공시 및 감정평가에 관한 법률 소정의 불복절차를 통해 다투려 하였으나 이미 그 쟁송기간이 도과된 뒤였다. 이에 甲은 할 수 없이 하자있는 개별공시지가결정에 근거하여 이루어진 위 양도소득세부과처분이 위법함을 이유로 이의 취소를 구하는 취소소송을 제기하였다.

〈사안 2〉 甲은 일정 토지를 임차한 후 건축허가를 받아 그 토지 위에 자동차관련시설을 건축하였다. 이에 관할 구청장 乙은 개발이익환수에관한법률에 따라 甲에게 개발부담금을 부과하였으나, 이후 위 개발부담금 산정의 기초가 된 개별공시지가가 관할 고등법원에 의해 산정절차의 위법을 이유로 취소되었고, 이후 판결이 확정되었다. 이에 甲은 개별공시지가결정의 위법을 이유로 개발부담금부과처분 취소의 소를 제기하였다.

(1) 〈사안 1〉에서 甲은 양도세부과처분취소송에서 개별공시지가결정의 위법을 주장할 수 있는가? 개별공시지가결정에 위법이 있는 경우에 甲은 그 자체를 취소소송의 대상으로 삼아 위법 여부를 다툴 수 있는가? 만약 甲이 위 개별공시지가결정에 대해 개별적으로 통보를 받았고 재조사청구에 따른 조정결정을 통지받고서도 다투지 아니하여 제소기간이 도과하였더라도 甲의 권리구제는 가능한가? (30점)

(2) 〈사안 2〉에서 乙은 위 개발부담금부과처분 취소소송에서"부담금부과처분은 위법한 개별공시지가를 기초로 한 것이어서 위법하나, 그 후 적법한 절차를 거쳐 새로 공시된 개별공시지가를 기초로 하여 산정하여도 개발부담금액은 동일하게 되므로 개발부담금 산정과정에서의 하자는 치유되었다"고 주장한다. 乙의 주장은 타당한가? (10점)

[참조조문]

부동산 가격공시 및 감정평가에 관한 법률

제11조(개별공시지가의 결정·공시 등) ① 시장 · 군수 또는 구청장은 「개발이익환수에관한법률」에 의한 개발부담금의 부과 기타, 다른 법령이 정하는 목적을 위한 지가산정에 사용하도록 하기 위하여 제20조의 규정에 의한 시 · 군 · 구부동산평가위원회의 심의를 거쳐 매년 공시지가의 공시기준일 현재 관할구역 안의 개별토지의 단위면적당 가격(이하'개별공시지가'라 한다)을 결정 · 공시하고, 이를 관계행정기관 등에 제공하여야 한다. 다만 표준지로 선정된 토지, 조세 또는 부담금 등의 부과대상이 아닌 토지 그밖에 대통령령이 정하는 토지에 대하여는 개별공시지가를 결정 · 공시하지 아니할 수 있다. 이 경우 표준지로 선정된 토지에 대하여는 당해 토지의 공시지가를 개별공시지가로 본다.

②〈생략〉

③ 시장 · 군수 또는 구청장이 개별공시지가를 결정 · 공시하는 경우에는 당해 토지와 유사한 이용가치를 지닌다고 인정되는 하나 또는 둘 이상의 표준지의 공시지가를 기준으로 토지가격비준표를 사용하여 지가를 산정하되, 당해 토지의 가격과 표준지의 공시지가가 균형을 유지하도록 하여야 한다.

④ 시장 · 군수 또는 구청장은 개별공시지가를 결정 · 공시하기 위하여 개별토지가격을 산정하는 때에는 그 타당성에 대하여 감정평가업자의 검증을 받고 토지소유자 기타 이해관계인의 의견을 들어야 한다. 다만 시장 · 군수 또는 구청장은 감정평가업자의 검증이 필요 없다고 인정되는 때에는 지가의 변동 상황 등 대통령령이 정하는 바에 따라 감정평가업자의 검증을 생략할 수 있다.

⑤ 시장 · 군수 또는 구청장이 제4항에 따른 검증을 받으려는 때에는 당해 지역의 표준지의 공시지가를 조사평가한 감정평가업자 또는 대통령령이 정하는 감정평가실적 등이 우수한 감정평가업자에게 의뢰하여야 한다.

⑥ 건설교통부장관은 지가공시행정의 합리적인 발전을 도모하기 위하여 표준공시지가와 개별공시지가와의 균형유지 등 적정한 지가형성을 위하여 필요하다고 인정할 경우에는 개별공시지가의 결정 · 공시 등에 관하여 시장 · 군수 또는 구청장을 지도 · 감독할 수 있다.

⑦ 제1항 내지 제6항에 규정된 것 외에 개별공시지가의 산정 · 검증 · 결정 및 공시, 이해관계인의 의견청취, 감정평가업자의 지정 등에 필요한 사항은 대통령령으로 정한다.

제12조(개별공시지가에 대한 이의신청) ① 개별공시지가에 대하여 이의가 있는 자는 개별공시지가의 결정 · 공시일로부터 30일 이내에 서면으로 시장 · 군수 또는 구청장에게 이의를 신청할 수 있다.

[관련논점]

— 개별공시지가의 법적 성질
— 무효와 취소의 구별기준
— 행정행위의 공정력과 불가쟁력 및 구속력
— 하지승계의 법리
— 법치국가원리의 구성요소인 법적 안정성과 법적 정의의 조화
— 하자의 치유

[답안구성]

Ⅰ. **논점의 정리**
Ⅱ. **설문 (1)의 해결**
1. 개별공시지가결정의 하자가 양도소득세부과처분에 승계되는지 여부
(1) 하자승계의 개념 및 논의의 실익
(2) 하자승계논의의 전제요건
(3) 하자승계논의의 전제요건 충족 여부
1) 개별공시지가결정의 법적 성질
가. 학설
나. 판례
다. 검토
2) 개별공시지가결정의 위법 및 위법의 정도
가. 개별공시지가결정의 위법 여부
나. 위법의 정도
3) 중간결론
(4) 개별공시지가결정의 하자가 양도소득세부과처분에 승계되는지 여부
1) 학설
가. 일반적 견해
나. 새로운 견해(규준력이론)
2) 판례의 태도
3) 검토
가. 행정행위의 공정력과 구속력 및 불가쟁력의 법리
나. 두 개 이상의 행정처분이 하나의 법적 효과를 완성해 가는 경우
다. 선행처분과 후행처분이 서로 독립하여 별개의 법적 효과를 목적으로 하는 경우
(5) 중간결론
2. 법치국가원리의 구성요소인 법적 안정성과 법적 정의의 조화
3. 소결
(1) 첫 번째 질문과 두 번째 질문의 경우
(2) 세 번째 질문의 경우
Ⅲ. **설문 (2)의 해결**
1. 문제의 소재
2. 흠 있는 행정행위의 치유가능성
(1) 개념
(2) 하자치유의 요건과 효과
(3) 허용범위
(4) 하자치유의 시한
3. 소결
Ⅳ. **사례의 해결**

Ⅰ. 논점의 정리

설문 (1)에서는 선행처분인 개별공시지가결정의 하자가 후행처분인 양도소득세부과처분에 승계되어 선행처분의 위법을 이유로 후행처분을 다툴 수 있는지가 하자승계와 관련하여 문제되고, 개별공시지가결정에 대해 부동산 가격공시 및 감정평가에 관한 법률 소정의 불복절차를 통해 다투지 아니하여 이미 그 쟁송기간이 도과되었음에도 불구하고 개별공시지

가결정 그 자체를 다툴 수 있는지가 불가쟁력의 한계와 관련하여 문제된다. 한편 하자의 승계 여부를 논하기 위해서는 그 전제요건으로서 우선 개별공시지가결정이 항고소송의 대상이 되는 처분인지 여부, 개별공시지가결정이 위법한지, 위법하다면 그 위법의 정도가 취소사유에 해당하는지가 규명되어야 한다.

설문 (2)에서는 적법한 절차를 거쳐 새로 공시된 개별공시지가를 기초로 하여 산정하여도 개발부담금액은 동일한 경우 개발부담금 산정과정에서의 하자는 치유되었다고 할 수 있는가 하는 것이 문제되는바, 하자의 치유가 가능한지 또는 가능하다면 어떠한 범위에서 가능한지를 살펴보아야 한다.

Ⅱ. 설문 (1)의 해결

1. 개별공시지가결정의 하자가 양도소득세부과처분에 승계되는지 여부

(1) 하자승계의 개념 및 논의의 실익

하자의 승계란 두 개 이상의 행정행위가 일련의 절차로 연속하여 행해지는 경우에 후행행위에 하자가 없더라도 선행행위하자가 후행행위에 승계되는 경우를 말한다.

하자승계논의는 선행행위에 불가쟁력이 발생하여 더 이상 그 효력을 다툴 수 없는 경우에도 그 행정행위상의 하자의 승계를 이유로 후행행위를 다툴 수 있게 된다는 점에 그 실익이 있다.

(2) 하자승계논의의 전제요건

하자승계논의가 성립하기 위해서는 i) 항고소송의 대상이 되는 두 개 이상의 행정처분이 연속적으로 행해지는 경우, ii) 선행처분에는 당연무효가 아닌 취소할 수 있는 하자가 존재하지만 후행처분에는 하자가 없고, iii) 선행처분의 하자를 당사자가 쟁송제기기간 내에 다투지 않거나 행정심판을 제기하지 않아 불가쟁력이 발생한 경우일 것이 필요하다. 선행처분이 무효인 경우에는 언제든지 그 자체를 다툴 수 있어 하자승계문제를 논할 필요가 없다.

(3) 하자승계논의의 전제요건 충족 여부

사안의 경우 iii)의 요건은 충족되는 것이 명백하나, 개별공시지가결정이 항고소송의 대상이 되는 처분인지 여부, 개별공시지가결정이 위법한지, 위법하다면 그 위법의 정도가 취소사유에 해당하는지에 대하여는 검토가 필요하다.

1) 개별공시지가결정의 법적 성질

가. 학설

이에 대해서는 ⅰ) 대내적으로 행정주체에 대해서만 법적 의무를 부과한다는 **비구속적 행정계획설**, ⅱ) 개별공시지가는 개별성과 구체성이 없고, 국민의 권리·의무에 직접적인 변동을 초래하지 않는 중간단계의 처분에 해당하거나 법적 성숙성이 없음을 논거로 하는 **행정규칙설**, ⅲ) 개별공시지가만으로 국민의 권리·의무에 직접적인 변동을 초래한다는 **행정행위설**이 대립한다.

나. 판례

대법원은 "개별토지가격의 결정은 토지초과이득세, 택지초과소유부담금 또는 개발부담금 산정 등의 기준이 되어 국민의 권리의무 내지 법률상 이익에 직접적으로 관계되므로 행정소소송의 대상이 되는 처분에 해당한다."고 판시(대판 1996.6.25, 93누17935)하고 있다.

다. 검토

살피건대 개별토지가격 결정은 부동산 가격공시 및 감정평가에 관한 법률(이하 "법"이라 한다) 제11조 제1항 등에 비추어 보면 개발부담금이나 각종 토지관련 세금 또는 보상금 등의 산정기준이 되어, 이미 그 자체로서 국민의 권리·의무에 직접적인 효과를 발생하는 것이므로 행정행위설이 타당하다고 판단된다. 다만 개별공시지가는 특정의 사람을 대상으로 하는 것이 아니라 개별토지의 성질이나 상태에 대한 규율의 성질을 가진다는 점에서 물적 행정행위이자 일반처분으로 볼 수 있을 것이다.

2) 개별공시지가결정의 위법 및 위법의 정도

가. 개별공시지가결정의 위법 여부

개별공시지가의 결정·공시도 행정행위이므로 주체·내용·형식·절차상의 요건을 구비하여야 적법하게 된다. 즉, 개별공시지가는 시장·군수 또는 구청장이 관할청이며(법 제11조 제1항), 유사한 이용가치를 지닌다고 인정되는 하나 또는 둘 이상의 표준공시지가를 기준으로 토지가격비준표를 사용하여 지가를 산정하여야 하고, 당해 토지의 가격과 표준공시지가가 균형을 이루도록 하여야 한다(동조 제3항). 또한 시장·군수 또는 구청장이 개별공시지가를 결정·공시함에 있어서 시·군·구 부동산평가위원회의 심의, 감정평가업자의 검증, 토지소유자 등의 의견청취 등을 거쳐야 한다(동조 제1항, 제4항).

사안의 경우 시장 丙의 개별공시지가의 결정은 주체, 형식 및 절차상의 하자는 보이지 않는다. 그러나 내용상 하자와 관련하여 법 제11조 제3항에서 표준공시지가를 기준으로 개별공시지가를 결정하도록 규정하고 있는바, 丙이 개별공시지가를 결정함에 있어서 이 토지의 대부분이 밭으로 이용되고 있었음에도 불구하고 토지 전체에 대해 지목이 대지인 표준지에 따라 개별공시지가를 결정하였으므로 이는 부동산 가격공시 및 감정평가에 관한 법률 제11조 제3항을 위반한 것으로 위법하다.

나. 위법의 정도

(가) 무효와 취소의 구별기준 무효와 취소의 구별은 법적 안정성 및 제3자의 신뢰보호의 요청과 공익실현을 위한 행정의 원활한 수행 및 국민의 권리구제요청을 적절히 조화하고 있는 중대명백설에 따라 행정행위의 하자가 중대한 법규위반이고 또한 그것이 외관상 명백한 때에는 무효이고, 그렇지 않은 경우에는 취소할 수 있음에 그친다고 보아야 한다. 통설 및 판례도 이와 같다.

(나) 사안의 경우 사안의 경우를 중대·명백설에 따라 판단할 때, A시장이 내린 개별공시지가결정은 부동산 가격공시 및 감정평가에 관한 법률 제11조 제3항을 위반하여 그 하자가 내용상 중대한 것이기는 하지만 개별공시지가결정을 잘못된 지목의 표준지에 따라 개별공시지가결정을 한 것은 일반인의 시각에서 판단할 때 명백하게 하자가 존재하는 것으로 보기는 어려우므로 그 하자는 취소사유에 해당한다고 보아야 한다.

3) 중간결론

이상에서 검토한 바에 의하면 개별공시지가결정이 항고소송의 대상이 되는 행정처분이고, 개별공시지가결정의 위법의 정도는 취소사유에 해당하므로 설문의 개별공시지가결정의 하자가 양도소득세부과처분에 승계되는지를 판단하기 위한 전제요건이 모두 충족되었다.

(4) 개별공시지가결정의 하자가 양도소득세부과처분에 승계되는지 여부

1) 학설

가. 일반적 견해

통설은 선후 두 행위가 하나의 행정목적을 실현하기 위한 단계적인 절차관계에 있는 경우에는 두 행위가 결합하여 달성하려는 행정목적은 하나이며 이는 최종의 행정행위에 유보되어 있기 때문에 하자가 승계되지만, 양 행위가 독립하여 각각 별개의 법률효과를 발생하는 경우에는 선행행위가 당연무효인 경우를 제외하고는 승계되지 아니한다고 한다. 한편 최근에는 통설적 견해에 대하여 지나치게 단순하고 형식적이라는 비판이 제기되고 있는 바,[96] 동일한 법적 효과라는 형식적 기준에만 의존하여 하자의 승계 여부를 결정하는 것은 구체적 사안에 따라서는 불합리한 결과를 가져올 수도 있으므로 선행행위의 불가쟁력에 의한 법적 안정성뿐만 아니라 제3자의 보호와 선행행위의 하자의 승계를 통한 당사자의 권리구제를 함께 고려하여 구체적 타당성을 가질 수 있도록 결정하여야 한다고 한다.

96) 류지태, 신론, 201면; 박윤흔, 상, 428면; 장태주, 개론, 266면 등 현재의 다수설

나. 새로운 견해(규준력이론)

하자승계문제를 불가쟁력이 발생하는 선행행위의 후행행위에 대한 규준력(최근에는 구속력 또는 기판력이라 칭한다)의 문제로 파악하려는 새로운 견해가 있다.97) 즉, 행정행위의 형식적 존속력(불가쟁력)의 결과로 인하여 판결의 기판력과 유사한 기결력 내지 내용적 구속력이 인정된다고 한다. 이에 따르면 둘 이상의 행정행위가 동일한 법적 효과를 추구하고 있는 경우에 선행행위는 후행행위에 대하여 일정한 범위에서 구속력을 가지며, 이렇게 구속력이 미치는 범위 안에서는 후행행위에 있어서 선행행위의 효과와 다른 주장을 할 수 없고 하자승계가 부정된다고 한다.98)

2) 판례의 태도

대법원은 쟁송기간이 도과한 개별공시지가결정의 위법을 이유로 하여 그에 기초하여 부과된 양도소득세부과처분의 취소를 구한 사건에서, ⅰ) "두 개 이상의 행정처분이 연속적으로 행하여진 경우 선행처분과 후행처분이 서로 결합하여 1개의 법률효과를 완성하는 때에는 선행처분에 하자가 있으면 그 하자는 후행처분에 승계되므로 선행처분에 불가쟁력이 생겨 그 효력을 다툴 수 없게 된 경우에도 선행처분의 하자를 이유로 후행처분의 효력을 다툴 수 있는 반면, ⅱ) 선행처분과 후행처분이 서로 독립하여 별개의 법률효과를 목적으로 하는 때에는 선행처분에 불가쟁력이 생겨 그 효력을 다툴 수 없게 된 경우에는 선행처분의 하자가 중대하고 명백하여 당연무효인 경우를 제외하고는 선행처분의 하자를 이유로 후행처분을 다툴 수 없는 것이 원칙이나, ⅲ) 선행처분과 후행처분이 서로 독립하여 별개의 효과를 목적으로 하는 경우에도 선행처분의 불가쟁력이나 구속력이 그로 인하여 불이익을 입게 되는 자에게 수인한도를 넘는 가혹함을 가져오며, 그 결과가 당사자에게 예측 가능한 것이 아닌 경우에는 국민의 재판받을 권리를 보장하고 있는 헌법의 이념에 비추어 선행처분의 후행처분에 대한 구속력은 인정될 수 없다"고 하면서, ⅳ) "개별공시지가결정은 이를 기초로 한 과세처분 등과는 별개의 독립된 처분으로서 서로 독립하여 별개의 법률효과를 목적으로 하는 것이나, … 위법한 개별공시지가결정에 대하여 그 정해진 시정절차를 통하여 시정하도록 요구하지 아니하였다는 이유로 위법한 개별공시지가를 기초로 한 과세처분 등 후행 행정처분에서 개별공시지가의 위법을 주장 할 수 없도록 하는 것은 수인한도를 넘는 불이익을 강요하는 것으로서 국민의 재산권과 재판받을 권리를 보장한 헌법의 이념에도 부합하는 것이 아니라 할 것이므로, 개별공시지가결정에 위법이 있는 경우에는 그 자체를

---

97) 김남진·김연태, Ⅰ, 293면; 김성수, 일반, 297면; 정하중, 총론, 294면

98) 다만, 규준력의 한계로 ⅰ) 양 행위가 동일한 목적을 추구하고 그 법적 효과도 일치해야 하며(사물적 한계), ⅱ) 양 행위의 수범자가 일치하고(대인적 한계), ⅲ) 선행행위의 사실·법률상태가 동일하게 유지하여야 하며(시간적 한계), ⅳ) 그 결과가 개인에게 지나치게 가혹하지 않아야 한다(예측가능성과 수인가능성)고 한다.

행정소송의 대상으로 삼아 위법 여부를 다툴 수 있음은 물론 이를 기초로 한 후행처분의 취소를 구하는 행정소송에서도 선행처분인 개별공시지가의 위법을 독립된 위법사유로 주장할 수 있다 할 것이다"라고 판시(대판 1994.1.25. 93누8542 등)하고 있다.

3) 검토

살피건대 하자승계문제는 행정행위의 공정력과 불가쟁력 및 구속력의 법리에 따라 해결하여야 한다.

가. 행정행위의 공정력과 구속력 및 불가쟁력의 법리

공사법이원체계의 법제도아래서는 공익실현이라는 행정목적의 능률적 수행을 위하여 행정청에게 우월적 의사에 기한 행정행위를 하도록 하고 비록 그 행정행위에 하자가 있더라도 그것이 당연무효가 아닌 한, 권한 있는 기관이 하자 내지 위법성을 확인하여 그 위법상태를 배제할 때까지 잠정적으로 사실상 그 적법성을 추정하여 유효하게 통용시키는 공정력이 인정되는바, 이러한 잠정적으로 적법·유효한 행정행위라도 행정행위는 권한있는 기관의 법적 규율이므로 법적 안정성의 관점에서 그 내용상의 구속력이나 그 형식상의 존속력(불가쟁력)이 인정된다.

나. 두 개 이상의 행정처분이 하나의 법적 효과를 완성해 가는 경우

따라서 두 개 이상의 행정처분이 하나의 법적 효과를 완성해 가는 경우에는 당연무효가 아닌 하자있는 선행처분에 인정되는 공정력을 깨뜨릴 수 있는 권한있는 기관인 처분청이라 하더라도 스스로 그 위법성을 확인하여 위법상태를 배제하지 않는 한, 후행처분의 일부요건에 대한 선취된 결정인 선행처분의 후행처분에 대한 구속력(이를 특히 구성요건적 효력이라 한다)이 인정되어 후행처분을 함에 있어서는 선행처분을 그 전제요건으로 삼아야 하므로 선행처분의 하자는 후행처분에 승계된다.

다. 선행처분과 후행처분이 서로 독립하여 별개의 법적 효과를 목적으로 하는 경우

그러나 선행처분과 후행처분이 서로 독립하여 별개의 법적 효과를 목적으로 하는 경우에는 선행처분의 후행처분에 대한 구속력이 인정될 수 없어 선행처분의 법적 효과로서의 하자는 후행처분에 승계되지 않는다. 또한 선행처분은 불가쟁력에 의하여 더 이상 다툴 수 없다.

(5) 중간결론

사안의 경우 개별공시자가결정과 양도소득세부과처분은 서로 독립하여 별개의 법률효과를 목적으로 하는 경우이므로 선행처분인 개별공시지가결정의 하자는 후행처분인 양도소득세부과처분에 승계될 수 없고, 개별공시지가결정에는 불가쟁력이 발생하였으므로 甲은 그 자체를 취소소송으로 다툴 수도 없다.

2. 법치국가원리의 구성요소인 법적 안정성과 법적 정의의 조화

그런데 행정행위의 불가쟁력이나 구속력은 법치국가원리의 구성요소의 하나인 법적 안정성의 관점에서 인정되는 효력이다. 법적 안정성의 원리는 모든 사회구성원 각자가 권한 있는 기관의 예측 가능한 법적 규율을 신뢰하고 그를 준수함으로써 법적 안정성의 이익을 향유하기 위해서는 국민개인은 사회통념상 그 수인이 기대되는 정도의 불이익을 감수하여야 한다는 것을 전제로 한다. 따라서 법적 안정성의 원리에 의하여 인정되는 어떠한 법적 규율은 예측가능성을 전제로 하는 수인한도의 법리의 적용을 받게 된다. 그러므로 일련의 연속하는 행정행위에 있어서 선행 행정행위의 불가쟁력이나 구속력은 선취된 선행 정행위로부터 후행 행정행위를 예측할 수 있고 그로 인해 초래될 수 있는 불이익을 수인할 것이 기대되는 한도 내에서만 인정되고, 행정행위의 불가쟁력이나 구속력으로 인하여 불이익을 입은 자에게 수인한도를 넘는 가혹함을 가져오고 그러한 결과를 예측할 수 없었던 경우에는 법적 안정성의 관점에서 인정되는 행정행위의 불가쟁력이나 구속력은 더 이상 인정되지 않고 법치국가원리의 또 다른 구성요소인 법적 정의의 관점, 즉 행정의 법률적합성의 확보와 그에 대한 사법통제 및 국민의 권리구제측면에서 국민의 권리구제를 도모해 주어야 할 것이다. 그렇게 하는 것이 국민의 재산권과 재판받을 권리를 보장한 헌법의 이념에도 부합하는 것이라 할 것이다.

3. 소결

(1) 첫 번째 질문과 두 번째 질문의 경우

부동산 가격공시 및 감정평가에 관한 법률에 따른 개별공시지가결정과 소득세법에 따른 양도소득세부과처분은 별개의 법적 효과를 목적으로 하는 별개의 독립한 처분으로서 선행처분의 후행처분에 대한 구속력이 인정되지 않으므로 개별공시지가결정의 하자를 이유로 양도소득세부과처분을 다툴 수 없다. 개별공시지가결정은 불가쟁력이 발생하여 그 자체를 행정소송의 대상으로 삼아 다툴 수도 없다.

그러나 개별공시지가결정은 개별적으로 고지되는 것도 아니고, 그 내용을 알고 있다 하더라도 개별공시지가결정에 의하여 甲이 입게 될 수 있는 불이익을 예견하기도 어려운 점, 토지의 대부분이 밭으로 이용되고 있었음에도 불구하고 토지 전체에 대해 지목이 대지인 표준지에 따라 개별공시지가를 결정함으로써 그를 기초로 한 양도소득세부과처분으로 인한 재산적 손실을 수인하도록 하는 것은 지나치게 가혹하다는 점 등에 비추어 보면 법적 안정성의 관점에서 인정되는 행정행위의 불가쟁력이나 구속력은 더 이상 인정되지 않고, 법치국가원리의 또 다른 구성요소인 법적 정의의 관점에서 국민의 권리구제를 해주어야 한다고 보아야 할 것이다. 따라서 행정행위의 구속력과 관계없이 甲은 위법한 개별공시지가결정을 기초로 한 후행의 양도소득세부과처분의 취소를 구하는 소송에서 선행처분인 개별공시지가결정의 위법을 '독립된 위법사유'로 주장할 수 있음은 물론, 행정행위의 불가쟁력과 관계없이 개별공시지가결정 그 자체를 행정소송의 대상으로 삼아 위법 여부를 다툴 수 있다고 할 것이다.

(2) 세 번째 질문의 경우

그러나 설문의 세 번째 질문의 경우에는 甲이 위 개별공시지가결정에 대해 개별적으로 받았고 재조사청구에 따른 조정결정을 통지받고서도 다투지 아니한 경우로서 선행처분인 개별공시지가결정의 불가쟁력이나 구속력이 수인한도를 넘는 가혹한 것이거나 예측불가능하다고 볼 수 없다. 따라서 이 경우에는 처분의 취소를 통한 권리구제는 불가능하다고 할 것이다.[99]

최근에도 대법원은 〈**위법한 표준지공시지가결정을 기초로 한 수용재결 등 후행 행정처분에서 표준지공시지가결정의 위법을 주장할 수 있는지**〉와 관련하여, "① **표준지공시지가결정은 이를 기초로 한 수용재결 등과는 별개의 독립된 처분으로서 서로 독립하여 별개의 법률효과를 목적으로 하는 것이나**, 표준지공시지가는 이를 인근 토지의 소유자나 기타 이해관계인에게 개별적으로 고지하도록 되어 있는 것이 아니어서 인근 토지의 소유자 등이 표준지공시지가결정 내용을 알고 있었다고 전제하기가 곤란할 뿐만 아니라 결정된 표준지공시지가가 공시될 당시 보상금 산정의 기준이 되는 표준지의 인근 토지를 함께 공시하는 것이 아니어서 인근 토지 소유자는 보상금 산정의 기준이 되는 표준지가 어느 토지인지를 알 수 없으므로(더욱이 표준지공시지가가 공시된 이후 자기 토지가 수용되리라는 것을 알 수도 없다) 인근 토지 소유자가 표준지의 공시지가가 확정되기 전에 이를 다투는 것은 불가능하다. ② 더욱이 장차 어떠한 수용재결 등 구체적인 불이익이 현실적으로 나타나게 되었을 경우에 비로소 권리구제의 길을 찾는 것이 우리 국민의 권리의식임을 감안하여 볼 때 인근 토지소유자 등으로 하여금 결정된 표준지공시지가를 기초로 하여 장차 토지보상 등이 이루어질 것에 대비하여 항상 토지의 가격을 주시하고 **표준지공시지가결정이 잘못된 경우 정해진 시정절차를 통하여 이를 시정하도록 요구하는 것은 부당하게 높은 주의의무를 지우는 것이라 아니 할 수 없고, 위법한 표준지공시지가결정에 대하여 그 정해진 시정절차를 통하여 시정하도록 요구하지 아니하였다는 이유로 위법한 표준지공시지가를 기초로 한 수용재결 등 후행 행정처분에서 표준지공시지가결정의 위법을 주장할 수 없도록 하는 것은 수인한도를 넘는 불이익을 강요하는 것으로서 국민의 재산권과 재판받을 권리를 보장한 헌법의 이념에도 부합하는 것이 아니라고 할 것이다.** ③ 따라서 **표준지공시지가결정에 위법이 있는 경우에는 그 자체를 행정소송의 대상이 되는 행정처분으로 보아 그 위법 여부를 다툴 수 있음은 물론 수용보상금의 증액을 구하는 소송에서도 선행처분으로서 그 수용대상 토지 가격 산정의 기초가 된 비교표준지공시지가결정의 위법을 독립된 사유로 주장할 수 있다.**"고 판시(대판 2008.8.21. 2007두13845)하였다.

99) 판례도 "원고가 이 사건 토지를 매도한 이후에 그 양도소득세 산정의 기초가 되는 1993년도 개별공시지가 결정에 대하여 한 재조사청구에 따른 (감액)조정결정을 통지받고서도 더 이상 다투지 아니한 경우까지, 선행처분인 개별공시지가결정의 불가쟁력이나 구속력이 수인한도를 넘는 가혹한 것이거나 예측 불가능하다고 볼 수 없어, 위 개별공시지가 결정의 위법을 이 사건 과세처분의 위법사유로 주장할 수 없다"고 하였다(대판 1998.3.13.96누6059).

Ⅲ. 설문 (2)의 해결

1. 문제의 소재

설문에서는 위법한 개별공시지가를 기초로 한 개발부담금부과처분이 그 후 적법한 절차를 거쳐 새로 공시된 개별공시지가를 기초로 하여 산정하여도 개발부담금액은 동일하게 되는 경우 개발부담금 산정과정에서의 하자가 치유되었다고 볼 수 있는지 문제된다.

흠 있는 행정행위의 치유는 당사자에게 법적 안정성을 보장하고 동시에 행정경제와 효율성에 이바지할 수 있으나, 다른 한편 법치행정의 원리를 회피할 위험성이 존재하게 되므로, 어느 범위에서 하자의 치유를 인정할 것인가는 사항적·시간적인 관점에서 상대방의 권익침해 여부를 고려하여 구체적 사정에 따라 판단해야 할 것이다.

2. 흠 있는 행정행위의 치유가능성

(1) 개념

행정행위의 하자의 치유란 성립 당시에 하자 있는 행정행위가 ⅰ)사후에 하자원인인 법정요건의 흠결을 추완·보충되거나, ⅱ) 흠이 경미하거나 기타 사유로 취소할 필요가 없는 것으로 인정되는 경우에 그 하자에도 불구하고 그 행정행위의 효력을 다툴 수 없게 유지하는 것을 말한다. 하자의 치유는 처분시에 존재하는 하자가 사후에 발생한 사유에 의하여 보완되어 없어지는 것임에 반하여, 소송계속 중의 처분사유의 추가·변경은 처분시에 이미 존재하였지만 처분의 이유로 기재하지 않았던 사유를 소송계속 중에 처분이유로 주장하는 것을 말한다.

(2) 하자치유의 요건과 효과

하자의 치유가 인정될 수 있기 위해서는 ⅰ) 하자치유의 사유는 요건의 사후보완이며, ⅱ) 취소할 수 있는 하자이고(통설), ⅲ) 경미한 하자이어야 한다. 치유의 효과는 소급적이며 처음부터 적법한 행위로서의 효력을 가진다.

사안의 경우 개발부담금 산정과정에서의 하자는 그로 인해 곧 개발부담금부과처분을 받은 甲의 권익을 침해한다고 단정할 수 없으므로 그 하자가 중대하고 명백하여 당연무효라고 볼 수는 없다. 따라서 사안의 개발부담금부과처분의 하자는 그 치유가 인정될 수 있다. 다만 하자의 치유가 인정될 수 있다 하더라도 그 허용범위가 문제된다.

(3) 허용범위

행정행위는 그 성립에 관할규정이나 절차규정 또는 형식규정 등 형식적 하자가 있음에도 불구하고 결과적으로 실체법과 일치하는 경우가 있고, 또한 관계자에게 중대한 손실을 주는 것이 아닌 절차적 하자에 대하여 그 하자만을 이유로 행정행위를 취소해야 한다면 극단적인 형식주의에 치우쳐 행정비경제를 초래할 수 있을 것이다. 이러한 점에서 흠 있는 행정행위의 치유는 당사자에게 법적 안정성을 보장하고 동시에 행정경제와 효율성에 이바지할 수 있으나 다른 한편 법치행정의 원리를 회피할 위험성이 존재하게 되므로, 사항적·시간적으로 엄격하게 한정되고, 상대방의 권익침해가 없는 범위에서만 인정하여야 할 것이다(통설).

판례도 하자 있는 행정행위의 치유나 전환은 행정행위의 성질이나 법치주의의 관점에서 볼 때 원칙적으로 허용될 수 없는 것이지만, 행정행위의 무용한 반복을 피하고 당사자의 법적 안정성을 위해 이를 허용하는 때에도 국민의 권리와 이익을 침해하지 않는 범위에서 구체적 사정에 따라 합목적적으로 인정해야 할 것이라고 판시하고 있다(대판 2002.7.9. 2001두10684; 대판 2001.6.26. 99두11592; 대판 1983.7.26. 82누420 등).

(4) 하자치유의 시한

하자치유의 시한과 관련하여서는 ① 독일 행정절차법상의 입법례(동법 제45조 제1항, 제2항)와 소송계속 중에도 처분사유의 추가·변경을 하자의 치유의 한 형태로 파악하여 소송경제를 위해 소송종결 전까지 가능하다는 견해[100]도 있으나, ② 늦어도 처분에 대한 불복 여부의 결정 및 불복신청에 편의를 줄 수 있는 상당한 기간인 행정쟁송 제기 전까지로 보는 것이 타당하다(다수설). 왜냐하면 추완행위를 할 수 있는 기관은 처분청이므로 사후구제절차 이전에 치유되어야 할 것이기 때문이다. 판례도 하자의 치유는 늦어도 처분에 대한 불복 여부의 결정 및 불복신청에 편의를 줄 수 있는 상당한 기간 내에 하여야 한다고 판시(대판 1993.7.13. 92누13981 등)하고 있다.

3. 소결

개발부담금부과처분은 취소할 수 있는 하자가 있고, 그 처분 후 적법한 절차를 거쳐 새로 공시된 개별공시지가를 기초로 하여 산정하여도 개발부담금액은 동일하게 되었다는 치유사유는 甲이 개별공시지가결정의 위법을 이유로 개발부담금부과처분 취소의 소를 제기하기 이전에 발생한 사유이므로 취소의 시한도 문제되지 않는다. 다만 행정행위의 하자의 치유는 행정경제를 위해서 인정한다 하더라도 국민의 권익을 침해하지 않는 범위에서 인정되

100) 홍정선, 특강, 222면

어야 하는바, 사안의 경우 선행처분인 개별공시지가 결정이 위법하여 그에 기초한 개발부담금부과처분도 위법하게 된 경우 그 하자의 치유를 인정하면 개발부담금 납부의무자로서는 위법한 처분에 대한 가산금납부의무를 부담하게 되는 등 불이익이 있을 수 있으므로 그 후 적법한 절차를 거쳐 공시된 개별공시지가결정이 종전의 위법한 공시지가 결정과 그 내용이 동일하다는 사정만으로는 위법한 개별공시지가 결정에 기초한 개발부담금부과처분이 적법하게 된다고 볼 수 없다고 보아야 할 것이다(대판 2001.6.26. 99두11592). 따라서 사안의 경우 하자를 치유를 인정할 수 없고, 결국 乙의 주장은 타당하지 못하다.

Ⅳ. 사례의 해결

설문 (1)의 경우 개별공시지가결정과 양도소득세부과처분은 별개의 법적 효과를 목적으로 하는 별개의 독립한 처분이므로 선행처분의 후행처분에 대한 구속력이 인정되지 않고 개별공시지가결정에는 불가쟁력이 발생하여, 선행처분이든 후행처분이든 그 취소를 구하여 권리구제를 받을 수 없는 것이 원칙이지만, 사안의 경우와 같이 법적 안정선의 관점에서 인정되는 행정행위의 불가쟁력이나 구속력으로 인하여 甲은 예측할 수 없는 수인한도를 넘는 불이익을 입게 되는 경우에는 불가쟁력이나 구속력은 더 이상 인정되지 않고 법적 정의의 관점에서 국민의 권리구제를 해주어야 한다. 따라서 甲은 위법한 개별공시지가결정을 기초로 한 양도소득세부과처분취소소송에서 선행처분인 개별공시지가결정의 위법을 독립된 위법사유로 주장할 수 있음은 물론, 개별공시지가결정 그 자체를 행정소송의 대상으로 삼아 위법 여부를 다툴 수 있다. 그러나 설문의 세 번째 질문의 경우에는 선행처분인 개별공시지가결정의 불가쟁력이나 구속력이 수인한도를 넘는 가혹한 것이거나 예측불가능하다고 볼 수 없어, 처분의 취소를 통한 권리구제는 불가능하다.

설문 (2)의 경우 행정행위의 하자의 치유는 행정경제를 위해서 인정한다 하더라도 국민의 권익을 침해하지 않는 범위에서 인정되어야 하므로 사안의 경우 그 하자의 치유를 인정하면 개발부담금 납부의무자로서는 위법한 처분에 대한 가산금납부의무를 부담하게 되는 등 불이익이 있을 수 있으므로 위법한 개별공시지가 결정에 기초한 개발부담금부과처분이 적법하게 된다고 볼 수 없다고 보아야 하고, 따라서 乙의 주장은 타당하지 못하다.

〈사례연습 22〉 다단계 행정절차에서 선행처분의 후행처분에 대한 구속력과 하자승계 및 소의 이익 등

> 한국전력공사는 원자로등건설사업을 시행하기 위하여 그 건설허가를 받기에 앞서 원자력법 제11조 제3항에 의하여 교육과학기술부장관으로부터 원자로 및 관계시설의 건설부지로 확정하고, 그 곳에 굴착·무근콘크리트공사 등의 사전공사를 할 수 있도록 하는 내용의 부지사전승인처분을 받게 되었다. 이에 원자로 등 건설사업부지 인근에서 양식업을 하는 어민인 甲은 원전냉각수 순환시 발생되는 온배수로 인한 환경침해를 이유로 위 부지사전승인처분의 취소를 구하는 소송을 제기하였다.
>
> (1) 부지사전승인처분의 법적 성질은? (10점)
>
> (2) 甲이 제기한 소는 적법한가? (15점)
>
> (3) 만약 위 소송계속 중 위 부지에 대한 건설허가처분이 발해지게 되었다면 법원은 어떠한 조치를 취하여야 하는가? (25점)

[참조조문]

원자력법

제11조(건설허가) ① 발전용원자로 및 관계시설을 건설하고자 하는 자는 대통령령이 정하는 바에 따라 교육과학기술부장관의 허가를 받아야 한다. 허가받은 사항을 변경하고자 하는 때에도 또한 같다. 다만, 교육과학기술부령이 정하는 경미한 사항을 변경하고자할 때에는 이를 신고하여야 한다.

② 생략

③ 교육과학기술부장관은 발전용원자로 및 관계시설을 건설하고자하는 자가 건설허가신청 전에 부지에 대한 사전승인을 신청하는 경우에는 이를 검토한 후 승인할 수 있다.

④ 제3항의 규정에 의하여 부지에 관한 승인을 얻은 자는 교육과학기술부령이 정하는 범위 안에서 공사를 할 수 있다.

제12조(허가기준) 제11조 제1항의 허가기준은 다음과 같다.

1. 발전용원자로 및 관계시설의 건설에 필요한 기술능력을 보유하고 있을 것
2. 발전용원자로 및 관계시설의 위치·구조 및 설비가 교육과학기술부령이 정하는 기술수준에 적합하여 방사성물질 등에 의한 인체·물체 및 공공의 재해방지에 지방이 없을 것
3. 발전용원자로 및 관계시설의 건설로 인하여 방사성물질 등에 의한 국민의 건강 및 환경상의 위해방지에 지장이 없을 것
4. 생략

원자력법시행규칙

제9조(사전공사의 범위) ① 법 제11조 제4항에서 "교육과학기술부령이 정하는 범위"라 함은 원자로시설을 설치할 지점의 굴착과 그 지점의 암반의 보호 및 보강을 위한 콘크리트공사를 말한다.

환경영향평가법

제4조 (영향평가대상사업등) ① 환경영향평가를 실시하여야 하는 사업(이하 "환경영향평가대상사업"이라 한다)은 다음 각호와 같다.

1. 도시의 개발사업
2. 산업입지 및 산업단지의 조성사업
3. 에너지개발사업

4.~17. 〈생략〉

18. 기타 환경에 영향을 미치는 시설로서 대통령령이 정하는 시설의 설치사업

[관련논점]

— 다단계 행정절차에서 사전결정과 부분허가
— 사정결정과 부분허가의 관계
— 원자력법 제11조 소정의 부지사전승인의 법적 성질
— 제3자의 원고적격
— 단계적 행정절차에 있어서 선행처분의 후행처분에 대한 구속력
— 선행처분에 대한 소송계속 중 후행처분이 내려진 경우 선행처분의 소의 이익 상실 여부

[답안구성]

Ⅰ. 논점의 정리
Ⅱ. 설문 (1)의 해결
1. 다단계 행정절차에서의 사전결정과 부분허가
2. 사전부지승인처분의 법적 성질
(1) 학설
1) 제1설
2) 제2설
(2) 판례
(3) 검토 및 소결
Ⅲ. 설문 (2)의 해결
1. 문제의 소재
2. 소의 대상적격
3. 甲의 원고적격
(1) 행정소송법 제12조 소정의 '법률상 이익'의 의미와 원고적격의 인정요건
(2) 제3자의 원고적격
1) 제3자의 원고적격 인정 여부
2) 제3자의 원고적격 인정요건
(3) 사안의 검토
4. 소결
Ⅳ. 설문 (3)의 해결
1. 문제의 소재
2. 취소소송에서의 협의의 소의 이익인 권리보호필요성의 판단
(1) 일반소송에서의 협의의 소의 이익인 권리보호필요성 존부의 판단
(2) 항고소송에서의 협의의 소의 이익인 권리보호필요성의 판단
3. 부지사전승인처분과 원자로건설허가처분의 관계
(1) 행정행위의 공정력과 구속력의 법리
(2) 선행처분의 후행처분에 대한 구속력과 하자승계의 법리
(3) 부지사전승인처분과 원자로건설허가처분의 관계
4. 부지사전승인처분에 대한 취소소송계속 중 원자로건설허가가 행해진 경우 부지사전승인처분의 소의 이익의 상실 여부
(1) 판례의 태도
(2) 학설
1) 제1설
2) 제2설
(3) 검토5
1) 선행처분의 후행처분에 대한 구속력과 하자승계의 법리
2) 법치국가원리의 구성요소인 법적 안정성과 법적 정의의 조화
(4) 사안의 경우
5. 소결
Ⅴ. 사례의 해결

Ⅰ. 논점의 정리

설문 (1)에서 부지사전승인의 법적 성질을 검토하기 위해서는 강학상 사전결정과 부분허가의 관계를 살펴보아야 한다.

설문 (2)에서 甲의 소제기가 적법하기 위해서는 다른 소송요건은 문제되지 않고, 취소소송의 대상적격(행정소송법 제1조, 제19조, 제2조 제1호)과 원고적격(행정소송법 제12조)이 인정되는지 문제되는데, 특히 처분의 직접 상대방이 아닌 제3자의 원고적격 인정 여부를 검토하여야 한다.

설문 (3)에서는 甲이 부지사전승인처분취소소송 계속 중 건설허가처분이 내려진 경우에 부지사전승인처분의 취소를 구하는 소는 소의 이익을 잃게 되는지가 문제된다.

Ⅱ. 설문 (1)의 해결

1. 다단계 행정절차에서의 사전결정과 부분허가

다단계 행정절차란 행정기관의 최종결정이 있기까지 여러 단계의 과정이 각각 독립하여 하나의 목적을 가지고 행정행위로 행해지는 행정절차를 말한다. 예컨대 원자력발전소의 건설이나 공항건설과 같이 대규모의 특정시설이나 특정사업의 허가 등에 소요되는 시간이나 비용이 막대하고 그 효과가 중대하기 때문에 결정과정을 신중하게 하기 위해 전체 행정절차를 주요 단계로 세분화하여 각 단계마다 법적인 평가를 행하게 되는데, 이때의 개개의 결정을 **사전결정**이라 하고, 그에 따른 일부행위의 허가를 **부분허가**라고 한다.

2. 사전부지승인처분의 법적 성질

원자력법 제11조 제3항 및 제4항에 의거하여 과학기술부장관이 내리는 부지사전승인의 법적 성질에 대하여는 학설이 대립한다.

(1) 학설

1) 제1설

원자력법 제11조 제3항에 따른 원자로 및 관계시설의 부지의 적합성을 확인하는 다단계 행정절차로서의 사전결정의 성질과 동 제4항에 따른 굴착공사 등 부지에 대한 일정한 범위의 공사를 가능하게 하는 부분(제한공사승인)은 부분허가의 성질을 동시에 가진다고 한다.[101]

2) 제2설

부지사전승인은 그 자체로 건설부지를 확정하여 일정범위의 건설공사를 허용하는 법률효과를 지닌 부분허가로 보아야 한다는 견해[102]가 있다.

(2) 판례

대법원은 "부지사전승인처분은 그 자체로서 건설부지를 확정하고 사전공사를 허용하는 법률효과를 지닌 독립한 행정행위이다"라고 판시(대판1998.9.4. 97누19588)하고 있다.

(3) 검토 및 소결

살피건대 다단계 행정절차인 원자로건설허가절차는 연속하는 두 개 이상의 행정처분이 원자로 건설허가라는 하나의 법적 효과를 완성해 가는 전형적인 경우로서, 이러한 경우에는 선행처분의 후행처분에 대한 구속력이 인정되므로 행정청이 후행처분을 함에 있어서는 그 일부요건에 대한 선취된 결정인 선행처분을 그 전제요건으로 삼아야 한다. 따라서 원자로건설부지의 적합성에 대한 행정청의 종국적 결정인 사전결정은 일정범위의 건설공사를 허용하는 부분허가의 일부요건에 대한 선취된 결정이므로 후행처분인 부분허가가 내려지면 그 법적 요건과 효과는 부분허가의 법적 요건과 효과에 흡수된다.

따라서 사전부지승인처분은 그 자체로서 건설부지를 확정하고 사전공사를 허용하는 법률효과를 지닌 강학상 부분허가로 보아야 한다.

Ⅲ. 설문 (2)의 해결

1. 문제의 소재

설문 (2)에서 甲의 소제기가 적법하기 위해서는 다른 소송요건은 문제되지 않고, 취소소송의 대상적격(행정소송법 제1조, 제19조, 제2조 제1호)과 원고적격(행정소송법 제12조)이 인정되는지 문제되는바, 교육과학기술부장관의 부지사전승인처분이 국민의 권리・의무에 직접 영향을 미쳐서 취소소송의 대상이 되는 처분, 즉 위법한 처분에 해당하여 대상적격이 인정되는지, 소의 대상적격이 인정된다면 그러한 처분으로 인해 제3자인 인근어민 甲의 관계법령상 보호되는 구체적 이익이 현실적으로 침해될 수 있어 그 처분의 취소를 구할 법률상 이익이 있는지를 살펴보아야 한다.

---

101) 김남진・김연태, 박균성, 정하중, 홍정선

102) 류지태

2. 소의 대상적격

교육과학기술부장관의 부지사전승인처분의 근거법령인 원자력법 제11조 제3항 및 제4항과 환경영향평가법 제4조는 대외적 구속력이 있는 법규이고, 관련 법규인 법 제12조 제2호 및 제3호 규정상 공익만을 위한 것이 아니라 국민의 생명과 신체 및 환경보호도 목적으로 하고 있다고 할 것이므로, 교육과학기술부장관의 사전부지승인처분은 국민의 권리의무에 직접 영향을 미치는 행위로서 취소소송의 대상이 되는 처분에 해당하여 항고소송의 대상적격이 인정된다.

3. 甲의 원고적격

(1) 행정소송법 제12조 소정의 '법률상 이익'의 의미와 원고적격의 인정요건

행정소송법 제12조는 '법률상 이익'이 있는 자만이 취소소송을 제기할 수 있도록 하고 있는바, 이때의 법률상 이익의 의미에 대하여는 권리침해만을 의미한다는 권리회복설, 그 이익의 실질적 내용이 보호가치가 있으면 된다는 보호가치있는 이익구제설, 행정행위의 적법성확보에 이해관계가 있으면 된다는 적법성보장설도 있다. 그러나 동 규정이 '법률상 이익'이라고 명문으로 규정하고 있고, 항고소송은 "위법한 처분 등으로 인한 국민의 권리 또는 이익침해를 구제" 하는 소송(행정소송법 제1조)이라는 점에서 법률상 보호이익구제설이라고 보는 것이 타당하다.

다만 여기에서 말하는 법률상 보호되는 이익이라 함은 당해 처분의 근거 법규 및 관련 법규에 의하여 보호되는 개별적·직접적·구체적 이익이 있는 경우를 말하며, 甲에게 원고적격이 인정되기 위해서는 이러한 원고적격으로서의 법률상 보호이익이 침해 또는 침해될 수 있어 소송을 통해 그러한 불이익을 제거할 현실적 필요성이 있어야 한다.

(2) 제3자의 원고적격

1) 제3자의 원고적격 인정 여부

사법상의 법률행위나 행정행위 아닌 공법상의 행위가 의사표시의 당사자만을 구속하는 것과는 달리 공법상 권한 있는 기관의 법적 규율로서의 행정행위는 모든 사회구성원 각자를 구속한다. 따라서 행정청의 행정처분은 그 직접 상대방은 물론 이해관계 있는 제3자도 구속하므로 행정처분의 직접 상대방이 아닌 제3자라 하더라도 당해 행정처분으로 인하여 법률상 보호이익이 침해당한 경우에는 그 처분의 취소나 무효확인을 구할 법률상 이익, 즉 원고적격이 인정된다.

2) 제3자의 원고적격 인정요건

한편 당해 처분의 근거 법률에 의하여 보호되는 직접적이고 구체적인 이익이 있는 경우라 하더라도 권리 또는 이익의 보호영역과 그 침해 여부의 불명확성 때문에 침해의 직접성과 중대성, 즉 그 수인이 기대가능하지 않은 침해가 있을 것이 요구되고, 항고소송은 위법한 처분으로 인한 자신의 권리 또는 이익침해를 구제하기 위한 절차이므로, 행정처분의 직접 상대방이 아닌 제3자로서는 원칙적으로 자신의 어떠한 이익이 그 처분 전과 비교하여 수인한도를 넘는 침해 또는 침해우려가 있음을 증명하여야 자신의 어떠한 이익 법률상 보호되는 이익으로 인정됨으로써 원고적격이 인정된다.

(3) 사안의 검토

살피건대 원자력법 제12조 제2호, 제3호 규정이 부지사전승인처분의 기준이 되고 원자력법 제12조 제3호의 취지와 원자력법 제11조, 환경영향평가법 제4조 등의 내용 등을 종합하여 보면, 사전부지승인처분의 근거법규 또는 관련법규의 취지는 인근 주민들의 방사성물질에 의한 생명·신체 침해 또는 환경영향평가대상지역 내의 주민들이 방사성물질 이외의 원인에 의한 환경침해를 받지 않고 생활할 수 있는 이익도 직접적이고 구체적인 이익으로서 그 보호대상으로 하고 있다고 할 것이다.

다만 甲이 환경영향평가대상지역 내의 주민이라면 甲의 이러한 환경상 이익은 특단의 사정이 없는 한 침해 또는 침해우려가 있는 것으로 사실상 추정되어 법률상 보호되는 이익으로 인정되어 원고적격이 인정된다 할 것이지만, 甲이 환경영향평가대상지역 밖의 주민이라면 사전부지승인처분으로 인하여 그 처분 전과 비교하여 수인한도를 넘는 환경피해를 받거나 받을 우려가 있다는 자신의 환경상 이익에 대한 침해 또는 침해우려가 있음을 입증하여 법률상 보호되는 이익으로 인정됨으로써 원고적격이 인정된다고 할 것이다.

사안의 대상판결도 주민들의 방사성물질에 의한 생명·신체침해의 주장을 이유로, 그리고 환경영향평가대상지역 내의 주민들이 방사성물질 이외의 원인에 의한 환경침해를 받지 않고 생활할 수 있는 이익도 직접적이고 구체적인 이익으로서 그 보호대상으로 하고 있으므로, 방사성물질 이외에 원전냉각수 순환시 발생되는 온배수로 인한 환경침해를 이유로 부지사전승인처분의 취소를 구할 원고적격이 인정된다고 하였다(대판 1998.9.4. 97누19588).

4. 소결

사전부지승인처분은 국민의 권리의무에 직접 영향을 미치는 행위로서 취소소송의 대상이 되는 처분에 해당하여 항고소송의 대상적격이 인정되고, 甲이 환경영향평가대상지역 내의 주민이라면 甲의 환경상 이익은 특단의 사정이 없는 한 침해 또는 침해우려가 있는 것으로 사실상 추정되어 법률상 보호되는 이익으로 인정되어 원고적격이 인정된다 할 것이며, 甲이 환경영향평가대상지역 밖의 주민이라 하더라도 사전부지승인처분으로 인하여 그 처분 전과 비교하여 수인한도를 넘는 환경피해를 받거나 받을 우려가 있다는 자신의 환경상 이익에 대한 침해 또는 침해우려가 있음을 입증하면 법률상 보호되는 이익으로 인정됨으로써 원고적격이 인정되어 甲이 제기한 소는 적법하게 될 것이다.

Ⅳ. 설문 (3)의 해결

1. 문제의 소재

설문의 경우 부지사전승인에 대한 취소소송계속중 원자로건설허가가 행해진 경우이므로 부지사전승인처분 취소의 소는 소의 이익을 잃게 되는가, 아니면 다단계행정절차에서의 부지사전승인처분의 구속력을 이유로 위 건설허가와 관계없이 부지사전승인처분에 대하여 계속하여 다툴 수 있는가 하는 것이 논란이 되고 있다.

따라서 아래에서는 권리보호필요성의 판단기준 및 다단계행정절차로에서의 부지사전승인처분과 원자로건설허가의 관계를 살펴보고, 이에 따라 부지사전승인처분의 소의 이익의 상실 여부를 살펴보겠다.

2. 취소소송에서의 협의의 소의 이익인 권리보호필요성의 판단

(1) 일반소송에서의 협의의 소의 이익인 권리보호필요성 존부의 판단

협의의 소의 이익은 "이익 없으면 소 없다"는 법언이 지적하듯이 소송제도에 필연적으로 내재하는 요청이며 이에 의하여 법원은 본안판결을 필요로 하는 사건에만 정력을 집중할 수 있다. 이러한 협의의 소의 이익의 존부에 대한 판단은 소송상 일반법리로서 정립되어 오고 있는바, 그것은 소의 종류에 따라 다르다. 즉, 이행의 소의 경우에는 이행기가 지났음에도 이행하지 않았다는 주장 자체로서 소의 이익이 인정되고, 확인의 소의 경우에는 확인의 대상이 무제한이어서 이를 제한할 필요가 있어 즉시확정의 고유의 법률상 이익이 있을 것을 요구한다. 한편 형성의 소의 경우에는 제소요건을 법률에 규정하고 있는바, 그러한 법률의 규정에 따라 소를 제기할 수 있으려면 항상 불문의 소송요건인 권리보호필요성도 함께 있어야 한다.

(2) 항고소송에서의 협의의 소의 이익인 권리보호필요성의 판단

공사법이원체계의 법제도하에서 하자있는 행정행위에 인정되는 공정력을 깨뜨리는 특수한 절차인 항고쟁송의 경우 그 제소요건을 행정쟁송법에서 특별히 규정하고 있다. 특히 항고쟁송에 있어서 쟁송을 제기할 수 있는 자를 처분 등의 취소나 확인을 구할 "법률상 이익이 있는 자"로 제한하고 있는바(행정소송법 제12조, 제35조, 제36조: 행정심판법 제9조), 이러한 법률의 규정에 따라 항고소송이나 행정심판을 제기할 수 있으려면 위와 같은 법률상 보호이익이 처분 등으로 인하여 침해될 수 있어 쟁송을 통해 그 불이익을 제거할 현실적 필요성, 즉 불문의 소송요건으로서의 협의의 소의 이익이 있어야만 한다.

3. 부지사전승인처분과 원자로건설허가처분의 관계

(1) 행정행위의 공정력과 구속력의 법리

공사법이원체계의 법제도아래서는 공익실현이라는 행정목적의 능률적 수행을 위하여 행정청에게 우월적 의사에 기한 행정행위를 하도록 하고 비록 그 행정행위에 하자가 있더라도 그것이 당연무효가 아닌 한, 권한 있는 기관이 하자 내지 위법성을 확인하여 그 위법상태를 배제할 때까지 잠정적으로 사실상 그 적법성을 추정하여 유효하게 통용시키는 공정력이 인정되는바, 이러한 잠정적으로 적법·유효한 행정행위라도 행정행위는 권한있는 기관의 법적 규율이므로 법적 안정성의 관점에서 적법·유효한 행정행위로 통용되어 그 구속력, 즉 처분청을 포함하여 모든 사회구성원 각자는 그 행정행위가 담고 있는 규율을 준수하고 그에 따라 행동하여야 하는 효력이 인정된다.[103]

(2) 선행처분의 후행처분에 대한 구속력과 하자승계의 법리

하자있는 행정처분에 인정되는 공정력을 깨뜨릴 수 있는 권한있는 기관인 처분청이라 하더라도 스스로 그 하자를 확인하여 위법상태를 배제하지 않는 한 그 하자있는 행정처분이 적법함을 전제로 그 내용에 따라 행동하여야 하는바, 특히 하나의 법적 효과를 완성해 가는 다단계 행정절차에 있어서는 선행처분은 후행처분의 일부요건에 대한 선취된 결정이므로 후행처분을 함에 있어서는 선행처분을 그 전제요건으로 삼아야 하는 선행처분의 후행처분에 대한 구속력이 발생하고 이에 따라 선행처분의 하자는 후행처분에 승계된다.

(3) 부지사전승인처분과 원자로건설허가처분의 관계

따라서 원자로 및 관계시설의 부지사전승인처분은 그 자체로서 건설부지를 확정하고 사전공사를 허용하는 법률효과를 지닌 독립한 행정처분이기는 하지만 건설허가 전에 신청자의 편의를 위하여 미리 그 건설허가의 일부 요건을 심사하여 행하는 사전적 부분건설허가처분의 성격을 갖는 것이므로, 나중에 후행처분인 건설허가처분이 있게 되면 그 건설허가처분에 흡수되어 독립적 존재가치를 상실하고, 부지사전승인처분의 하자는 원자로건설허가처분에 승계되므로 그 건설허가처분만이 쟁송의 대상이 된다.[104]

---

103) 이 경우 특히 유효한 행정행위가 존재하는 이상 모든 국가기관은 그 존재를 존중하여 판단의 기초 또는 구성요건으로 삼아야 한다는 행정행위의 구속력을 구성요건적 효력이라 한다.

104) 그런데 선행행정행위의 후행행정행위의 구속력을 행정행위의 일반적 구속력으로 보는 필자와는 달리

4. 부지사전승인처분에 대한 취소소송계속 중 원자로건설허가가 행해진 경우 부지사전승인처분의 소의 이익의 상실 여부

(1) 판례의 태도

대법원은 부지사전승인처분에 대한 취소소송 계속 중 원자로건설허가가 행해진 경우 부지사전승인 취소소송은 소의 이익을 잃는다고 판시(대판 1998.9.4. 97누19588)하였다.

즉, "원자력법 제11조 제3항에 근거한 원자로 및 관계시설의 **부지사전승인처분은 원자로 등 건설예정지로 계획 중인 부지가 원자력법의 관계규정에 비추어 적법성을 구비한 것인지를 심사하여 행하는 사전적 부분건설허가처분의 성격을 가지고 있는 것이므로**, 원자력법 제12조 제2호, 제3호로 규정한 원자로 및 관계시설의 허가기준에 관한 사항은 건설허가처분의 기준이·됨은 물론 부지사전승인처분의 기준으로 된다"고 하면서 "원자력법 제11조 제3항 소정의 부지사전승인제도는 원자로 및 관계시설을 건설하고자 하는 자가 그 계획 중인 건설부지가 원자력법에 의하여 원자로 및 관계시설의 부지로 적법한지 여부 및 굴착공사 등 일정한 범위의 공사를 할 수 있는지 여부에 대하여 건설허가 전에 미리 승인을 받는 제도로서, 원자로 및 관계시설의 건설에는 장기간의 준비공사가 필요하기 때문에 필요한 모든 준비를 갖추어 건설허가 신청을 하였다가 부적법성을 이유로 불허가 될 경우 그 불이익이 매우 크고 또한 원자로 및 관계시설 건설의 이와 같은 특성상 미리 사전공사의 허용 여부에 대한 승인을 받을 수 있게 함으로써 그의 경제적·시간적 부담을 덜어주고 유효적절한 건설공사를 행할 수 있도록 배려하는 데 그 취지가 있다고 할 것이므로, **원자로 및 관계시설의 부지사전승인처분은 그 자체로서 건설부지를 확정하고 사전공사를 허용하는 법률효과를 지닌 독립한 행정처분이기는 하지만 건설허가 전에 신청자의 편의를 위하여 미리 그 건설허가의 일부 요건을 심사하여 행하는 사전적 부분건설허가처분의 성격을 갖고 있는 것이어서 나중에 건설허가처분이 있게 되면 그 건설허가처분에 흡수되어 독립된 존재가치를 상실함으로써 그 건설허가처분만이 쟁송의 대상이 되는 것이므로, 부지사전승인처분의 취소를 구하는 소는 소의 이익을 잃게 되고, 따라서 부지사전승인의 위법성은 나중에 내려진 건설허가처분의 취소를 구하는 소송에서 이를 다투면 된다.**"고 하였다.

(2) 학설

1) 제1설[105)]

판례는 사전결정이나 부분허가의 구속력의 의미를 간과한 것이라고 하면서 판례처럼 부

선행행위의 후행행위에 대한 구속력을 기판력과 같이 보는 견해는 선행정행위의 흠은 후행행위에 구속력을 가지게 되는 때에는 승계되지 못하며, 선행처분에 일정한 사항이 완결되지 못하여 후행처분에 구속력을 미치지 못하는 경우에는 후행행위로 승계된다고 주장한다(예: 김성수, 판례평론, 홍문사, 2006, 192면 이하). 그리하여 이들 견해는 "행정행위가 일련의 절차에 따라 연속하여 행해지는 경우에 행정청은 후행행정행위를 함에 있어 선행행정행위의 규율내용과 모순되는 결정을 할 수 없고, 상대방도 후행행정행위를 다툼에 있어 선행행정행위의 규율내용과 모순된 주장을 할 수 없다."고 이해하여(김남진·김연태, I, 293면; 정하중, 총론,294면, 김성수, 행정법판례평론, 2006, 홍문사, 195면), 이와 같은 포괄적인 내용의 구속력 내지 실질적 존속력의 결과로 부지사전승인의 위법성을 건설허가에서 다투는 것은 허용되지 않는다고 한다(정하중, 저스티스, 제32권 제1호, 1993, 141면 이하;김연태, 사례연습, 제4판, 홍문사, 520면).

105) 김남진, "원자로시설부지사전승인의 처분성 등", 법률신문, 1998.12.14. 14면, ;정하중, 다단계 행정절차에 있어서 사전결정과 부분허가의 의미, 저스티스, 제32권 제1호, 1993.3. 141면 이하; 류지태, 신론, 147면; 김연태, 사례연습, 제4판, 520면

지사전승인행위의 처분성을 인정하면서도 후행의 원자로건설허가처분의 발령으로 인해 위 부지사전승인처분에 대한 취소소송을 제기할 수 없게 된다면 사전결정으로서의 부지사전승인의 독자적 존재가치를 의문스럽게 하고, 원고가 위 부지사전승인처분으로 인해 침해를 받았다면 후행하는 원자로건설허가처분이 아닌 그에 대한 취소소송을 제기하여야 하고, 부지문제에 관하여 어떠한 독자적 규율도 포함하지 않고 단지 반복적인 성격을 갖는 후행의 건설허가처분을 소송의 대상으로 하여서는 안 되며, 부지사전승인의 위법성이 인정되는 경우에는 이 부지사전승인에 근거한 건설허가처분도 법적으로 효력을 상실한다고 보아야 한다고 주장한다.

2) 제2설[106)]

사전결정은 최종결정이 내려지면 최종결정에 흡수되는바, 사전결정에 대한 취소소송이 제기되기 전에 최종결정이 내려지면 사전결정은 최종결정에 흡수되어 사전결정을 다툴 협의의 소의 이익이 없으나, 사전결정에 대한 취소소송이 계속중에 최종결정이 내려지면 심리결과를 활용하기 위하여 협의의 소의 이익을 인정하는 것이 타당하다고 한다.

(3) 검토

1) 선행처분의 후행처분에 대한 구속력과 하자승계의 법리

살피건대 다수설은 기본적으로 단계적 행정절차에서의 선행처분의 후행처분에 대한 구속력을 일반적인 행정행위의 구속력이 아닌 기판력과 유사한 효력(규준력 또는 기판력이라고 함)으로 이해하여, 그러한 선행처분의 구속력으로 인하여 선행처분의 위법성을 후행처분의 취소를 구하는 소송에서 다투는 것은 허용되지 않는다고 주장하는바, 이러한 인식은 타당하지 못하다. 왜냐하면 행정기관의 최종결정이 있기까지 여러 단계의 과정이 각각 독립한 행정행위로서 하나의 행정목적을 가지고 하나의 법률효과를 완성해가는—즉, 후행처분은 그 일부의 요건에 대하여 선취된 결정인 선행처분을 그 전제요건으로 하여 하나의 법률효과를 완성해가는—다단계행정절차는 선행처분의 후행처분에 대한 구속력이 인정되는 전형적인 경우로서 선행처분의 법적 효과는 후행처분에 승계되어 있다고 할 것이므로 후행처분을 다투는 소송에서 그 후행처분에 승계되어 있는 선행처분의 위법을 주장하여야 할 것이기 때문이다. 한편, 소수설과 같이 사전결정에 대한 취소소송계속중에 최종결정이 내려지면 소송자료를 활용하기 위하여 협의의 소의 이익을 인정하자는 주장은 소의 이익의 존부문제와 소송자료의 활용문제는 법리적으로 직접적인 관련이 없다는 점에서 문제가 있다.

2) 법치국가원리의 구성요소인 법적 안정성과 법적 정의의 조화

법적 안정성과 법적 정의는 법치국가원리의 대등한 구성요소이므로 양자는 조화되어 실

---

106) 박균성, 신경향사례연습, 삼조사, 제2판 173면

현되어야 할 것이다. 그런데 법적 규율로서의 행정행위는 공익실현을 목적으로 행해지며 당사자만을 구속하는 사법상의 법률행위와는 달리 사회구성원 각자를 구속하므로, 행정청의 어떠한 행정행위가 법적 안정성의 관점에서 인정되는 행정행위의 구속력이나 신뢰보호원칙에 반하여 위법하다고 하기 위해서는 법치국가원리의 또 다른 구성요소인 법적 정의, 즉 행정의 법률적합성 확보와 국민의 권리보호이념에 반하여 공익 또는 제3자의 정당한 이익을 현저히 해할 우려가 있는 경우가 아니어야 한다. 그러므로 행정행위의 불가쟁력이나 구속력 또는 신뢰보호원칙으로 인하여 그 행정행위의 상대방 또는 제3자에게 예측할 수 없는 수인한도를 넘는 불이익을 가져오는 경우에는 이러한 법적 안정성의 관점에서 인정되는 행정행위의 불가쟁력이나 구속력은 더 이상 인정되지 않고 법치국가원리의 또 다른 구성요소인 법적 정의의 관점, 즉 행정의 법률적합성 확보(공익실현을 목적으로 하는 공법에 있어서의 사회적 정의)와 그에 대한 사법통제 및 국민의 권리보호(개인적 정의)측면에서 그 행정행위의 상대방의 권리구제를 해주어야 한다.

(4) 사안의 경우

이러한 법리에 따라 사안을 살펴보면 부지사전승인처분에 대한 소 제기 전에 원자로건설허가처분이 내려졌다면 후행처분인 원자로건설허가처분을 다투는 소에서 선행처분인 부지사전승인처분의 위법을 주장하여야 할 것이지만, 부지사전승인처분에 대하여 이미 소가 제기되어 소송계속중 건설허가처분이 내려졌다면 법적 안정성의 관점에서 인정되는 선행처분의 후행처분에 대한 구속력은 더 이상 인정되지 않고 국민의 권리구제를 위하여 여전히 그 처분의 취소를 구할 법률상 이익을 긍정해야 할 것이다. 왜냐하면 이러한 경우에도 법적 안정성의 원리에 인정되는 선행처분의 후행처분에 대한 구속력에 의하여 선행처분의 취소를 구하는 소가 소의 이익을 잃는다고 한다면, 원고로서는 계속중인 소를 취하하고 후행처분을 별개의 소로 다툴 수밖에 없게 되고 그 별소 진행 도중 다시 후행처분이 행해지게 되면 또 새로운 별소를 제기하여야 하는 등 무익한 처분과 소송이 반복될 가능성이 있는바, 이는 법적 안정성만을 지나치게 강조한 나머지 법치국가원리의 또 다른 구성요소인 법적 정의의 관점, 즉 공익실현이라는 행정목적의 능률적 수행을 저해하고 국민의 권리구제를 전혀 도외시하는 결과를 초래하기 때문이다.

이러한 법리에 따라 최근 판례도 "선행처분과 후행처분이 단계적인 일련의 절차로 연속하여 행하여져 후행처분이 선행처분의 적법함을 전제로 이루어짐에 따라 선행처분의 하자가 후행처분에 승계된다고 볼 수 있어 이미 소를 제기하여 다투고 있는 선행처분의 위법성을 확인하여 줄 필요가 있는 경우에는 여전히 그 처분의 취소를 구할 법률상 이익을 긍정해야 할 것이다"고 판시(전합 2007.7.19. 2006두19297 참조)하고 있다.

5. 소결

다단계 행정절차에서 하자있는 선행처분이라도 권한있는 기관이 그 하자 내지 위법성을 확인하여 위법상태를 배제하지 않는 한 잠정적으로 사실상 그 적법성이 추정되어 유효하게 통용키는 공정력이 인정되고, 이에 따라 잠정적으로 적법·유효한 행정행위라도 행정행위는 권한있는 기관의 법적 규율이므로 법적 안정성의 관점에서 적법·유효한 행정행위로 통용되는바, 하나의 법률효과를 완성해가는 다단계행정절차에 있어서는 선행처분의 후행처분에 대한 구속력에 따라 처분청은 선행처분을 전제요건으로 하여 후행처분을 하여야 하고, 이러한 후행처분을 행한 경우에는 후행처분의 일부요건에 해당하는 선행처분은 후행처분에 흡수되어 그 하자도 후행행정처분에 승계되어 있으므로 甲은 후행처분을 다투는 소송에서 그 후행처분에 승계되어 있는 선행처분의 위법을 주장하여야 할 것이지만, 사안과 같이 이미 선행처분인 부지사전승인처분에 대하여 소를 제기하여 소송계속 중에 후행처분인 건설허가가 내려진 경우에는 법치국가원리의 또 다른 구성요소인 법적 정의의 관점에서 행정의 적법성 확보와 그에 대한 사법통제 및 국민의 권리구제의 측면에서 여전히 부지사전승인의 취소를 구할 법률상 이익이 있다고 보아야 한다.

따라서 법원은 부지사전승인처분에 대한 본안심리를 하여 그 위법성을 확인함으로써 甲의 권리구제를 도모해야 할 것이다.

한편 최근에는 대법원도 임원취임승인취소처분과 관련한 2007.7.19.선고 2006두19297 전원합의체판결에서, "**제소 당시에는 권리보호의 이익을 갖추었는데 제소 후 취소 대상 행정처분이 기간의 경과 등으로 그 효과가 소멸한 때, 즉 제재적 행정처분의 기간 경과, 행정처분 자체의 효력기간 경과, 특정기일의 경과 등으로 인하여 그 처분이 취소되어도 원상회복이 불가능하다고 보이는 경우라 하더라도**, 동일한 소송 당사자 사이에서 동일한 사유로 위법한 처분이 반복될 위험성이 있어 행정처분의 위법성 확인 내지 불분명한 법률문제에 대한 해명이 필요하다고 판단되는 경우, 그리고 **선행처분과 후행처분이 단계적인 일련의 절차로 연속하여 행하여져 후행처분이 선행처분의 적법함을 전제로 이루어짐에 따라 선행처분의 하자가 후행처분에 승계된다고 볼 수 있어 이미 소를 제기하여 다투고 있는 선행처분의 위법성을 확인하여 줄 필요가 있는 경우 등에는 행정의 적법성 확보와 그에 대한 사법통제, 국민의 권리구제의 확대 등의 측면에서 여전히 그 처분의 취소를 구할 법률상 이익이 있다**"고 하면서, "임시이사 선임처분에 대하여 취소를 구하는 소송의 계속중 임기만료 등의 사유로 새로운 임시이사들로 교체된 경우, 선행 임시이사 선임처분의 효과가 소멸하였다는 이유로 그 취소를 구할 법률상 이익이 없다고 보게 되면, 원래의 정식이사들로서는 계속중인 소를 취하하고 후행 임시이사 선임처분을 별개의 소로 다툴 수밖에 없게 되며, 그 별소 진행 도중 다시 임시이사가 교체되면 또 새로운 별소를 제기하여야 하는 등 무익한 처분과 소송이 반복될 가능성이 있으므로, 이러한 경우 법원이 선행 임시이사 선임처분의 취소를 구할 법률상 이익을 긍정하여 그 위법성 내지 하자의 존재를 판결로 명확히 해명하고 확인하여 준다면 위와 같은 구체적인 침해의 반복 위험을 방지할 수 있을 뿐 아니라, 후행 임시이사 선임처분의 효력을 다투는 소송에서 기판력에 의하여 최초 내지 선행 임시이사 선임처분의 위법성을 다투지 못하게 함으로써 그 선임처분을 전제로 이루어진 후행 임시이사 선임처분의 효력을 쉽게 배제할 수 있어 국민의 권리구제에 도움이 된다. **그러므로 취임승인이 취소된 학교법인의 정식이사들로서는 그 취임승인취소처분 및 임시이사**

선임처분에 대한 각 취소를 구할 법률상 이익이 있고, 나아가 선행 임시이사 선임처분의 취소를 구하는 소송 도중에 선행 임시이사가 후행 임시이사로 교체되었다고 하더라도 여전히 선행 임시이사 선임처분의 취소를 구할 법률상 이익이 있다"고 판시하고 있다.

V. 사례의 해결

설문 (1)의 경우 원자력법 및 환경영향평가법 등 관련규정은 환경영향평가대상지역 안의 주민들에게 환경침해를 받지 아니하고 생활할 수 있는 이익도 직접적이고 구체적인 이익으로서 보호하려 하고 있다고 할 것이므로 甲의 소는 적법하다.

설문 (2)의 경우 선행처분의 후행처분에 대한 구속력에 따른 하자승계의 법리에 의하여 부지사전승인처분은 그 건설허가에 흡수되어 독립된 존재가치를 상실하고 선행처분의 법적 효과는 후행처분에 승계되어 있으므로 원칙적으로 그 건설허가만이 쟁송의 대상이 되는 것으로 보아야 하나, 사안과 같이 부지사전승인에 대한 소송계속 중 위 부지에 대한 건설허가처분이 행해진 경우에는 법치국가원리의 또 다른 구성요소인 법적 정의, 즉 행정의 법률적합성 확보와 그에 대한 사법통제 및 국민의 권리구제 측면에서 여전히 부지사전승인처분의 취소를 구할 법률상 이익이 있다고 보아야 하므로, 법원은 부지사전승인처분에 대한 본안심리를 하여 그 위법성을 확인하여야 한다.

〈사례연습 23〉 사전결정의 구속력 및 신뢰보호의 원칙과 행정의 법률적합성의 원칙의 조화

청소용역주선업자인 회사 甲은 시장 乙에게 폐기물관리법시행규칙 제28조의 규정에 의하여 업종을 일반폐기물수집·운반업으로 하는 폐기물처리업의 사업계획서를 제출하자, 乙은 동 사업계획이 폐기물관리법령에 부합하는데다가 그 법령상 폐기물처리업체의 정수제한이 없고 관할지역의 신시가지 조성으로 기존 생활폐기물 처리대행업체 외에 1개 정도의 신규업체가 더 필요할 것이라고 판단하여 사업계획이 적정하니 6개월 내에 폐기물관리법시행규칙 소정의 허가요건을 갖추어 허가신청을 하라는 내용의 적합통보를 하였다. 이에 甲은 위 사업계획에 따라 폐기물관리법령 소정의 허가요건을 갖추기 위하여 합계 금 3억원을 들여 장비를 구입하고 기술인력 10명을 고용함과 아울러 사무실과 차고지를 개설하여 수집운반능력 1일 64t을 갖추는 등 법정허가요건을 완비하였다. 그 후 甲은 乙에게 폐기물처리업허가신청을 하였으나, 乙은 "① 회사 甲의 대표이사인 A가 관할교통공단에 재직하고 있는데 교통공단법에 의하면 직원의 겸직을 제한하고 있으므로 그 자격요건에 하자가 있고, ② 다수 청소업자의 난립으로 능률적이고 안정적인 청소업무수행에 지장이 있어 주민들의 공익을 저해할 소지가 있다"는 이유로 불허가처분을 하였다. 한편 乙은 甲에 대한 사업계획서 적합통보를 전후한 사이에 다른 14개 업체로부터 생활폐기물처리운반업을 위한 사업계획서를 제출받았다. 이에 甲은 폐기물처리업허가신청에 대한 불허가처분의 취소를 구하는 소를 제기하였다.

(1) 폐기물처리업사업계획서 적합통보의 법적 성질은? (10점)

(2) 甲이 제기한 소는 적법한가? (10점)

(3) 甲이 제기한 소는 인용될 수 있는가? (20점)

[참조조문]

폐기물관리법 제25조(폐기물처리업) ① 폐기물의 수집·운반 또는 처리를 업(이하 "폐기물처리업"이라한다)으로 하려는 자는 환경부령이 정하는 바에 따라 지정폐기물을 대상으로 하는 경우에는 폐기물처리사업계획서를 환경부장관에게 제출하고, 그 밖의 폐기물을 대상으로 하는 경우에는 시·도지사에게 제출하여야 한다. 환경부령이 정하는 중요사항을 변경하고자 할 때에도 또한 같다.

② 환경부장관이나 시·도지사는 제1항에 따라 제출된 사업계획서를 다음 각호의 사항에 대하여 검토한 후 그 적합 여부를 폐기물처리사업계획서를 제출한 자에게 통보하여야 한다.

1.~2.〈생략〉

3. 폐기물처리사업계획서상의 시설장비와 기술능력이 제3항에 따른 허기기준에 맞는지 여부

4. 폐기물처리시설의 설치·운영으로 상수원등 주변 환경에 미치는 영향

③ 제2항에 따라 적합통보를 받은 자는 그 통보를 받은 날로부터 2년(폐기물수집·운반업의 경우에는 6개월, 폐기물처리업 중 소각시설과 매립시설의 설치가 필요한 경우에는 3년)이내에 환경부령이 정하는 기준에 따른 시설·장비 및 기술능력을 갖추어 업종별로 시·도지사의 허가를 받아야 한다. 다만 지정폐기물을 대상으로 폐기물처리업을 하려는 자는 환경부장관의 허가를 받아야 한다.

⑥ 환경부장관 또는 시도지사는 제3항에 따라 허가를 할 때에는 대통령령으로 정하는 바에 딸 필요한 조건을 붙일 수 있다. 〈단서생략〉

폐기물관리법시행령 제10조(폐기물처리업의 허가조건) ① 법 제25조 제6항 본문에서 "필요한 조건"이란 폐기물처리업의 허가권자가 주민생활의 편익, 주변 환경의 보호 및 폐기물초리업의 효율적 관리 등을 위하여 필요하다고 인정하는 사항을 말한다.

폐기물관리법시행규칙 제28조(폐기물처리업의 허가)

① 법 제22조 제1항에 따라 폐기물처리업의 허가를 받으려는 자는 별지 제17호 서식의 폐기물처리사업계획서에 다음 각 호의 서류를 첨부하여 폐기물처리시설설치예정지(지정폐기물수집·운반업의 경우에는 주차장 소재지, 지정폐기물 외의 수집·운반업의 경우에는 연락장소 또는 사무실 조재지)를 관할하는 시·도지사 또는 지방환경관서의 장에게 제출하여야 한다. 그 허가요건에 관련되는 사업계획서의 내용을 변경할 때에도 또한 같다.

1. 처리대상폐기물의 수집·운반 또는 처리계획서(시설설치, 장비 및 기술능력의 확보계획을 포함한다)

2~5 생략

③ 법 제25조 제2항에 따라 사업계획의 적합통보를 받은 자는 시설·장비·기술능력을 갖추어 사업

계획의 적합통보를 받은 날로부터 2년(폐기물수집·운반업의 경우에는 6월, 폐기물처리업 중 매립시설 또는 소각시설의 설치가 필요한 경우에는 3년)이내에 별지 제18호 서식의 허가신청서에 다음 각 호의 서류를 첨부하여 시·도지사 또는 지방 환경관서의 장에게 제출하여야 한다.
1. 시설 및 장비명세서
2.~3.〈생략〉
4. 기술능력의 보유현황 및 그 자격을 증명하는 서류
5.~6.〈생략〉

[관련논점]

— 사업계획서 적합통보의 법적 성질
— 사전결정의 구속력
— 신뢰보호원칙
— 사전결정의 구속력과 신뢰보호의 원칙의 관계
— 법적 안정성의 원리와 행정의 법률적합성의 원리의 조화
— 재량행위에 있어 위법성판단방법
— 사정판결

[답안구성]

Ⅰ. 논점의 정리
Ⅱ. 설문 (1)의 해결
1. 적합·부적합통보제도의 의의
2. 적합 부적합통보
(1) 독립된 행정처분
(2) 사전결정
3. 소결
Ⅲ. 설문 (2)의 해결
1. 문제점
2. 대상적격
가. 취소소송의 대상
나. 대상적격의 의의
다. 국민의 처분의 신청에 대한 행정청의 거부처분이 "항고소송의 대상이 되는 처분"이 되기 위한 요건
(가) 판례의 태도
(나) 학설
(다) 검토
라. 중간결론
3. 원고적격
4. 소결
Ⅳ. 설문 (3)의 해결
1. 문제점
2. 폐기물처리업허가의 법적 성질
(1) 기속행위와 재량행위의 구별기준
(2) 폐기물처리업허가는 재량행위
3. 폐기물처리업불허가처분의 위법성 여부
(1) 문제의 소재
(2) 재량행위에 있어서 위법성판단방법
(3) 폐기물처리업사업계획의 적합통보와 폐기물처리업허가와의 관계
1) 선행처분의 후행처분에 대한 구속력
2) 폐기물처리업사업계획의 적합통보의 후행처분인 폐기물처리업허가에 대한 구속력
(4) 적합통보 후 폐기물처리업허가 신청에 대한 불허가처분의 위법성판단방법으로서 이른바 원리형량
1) "회사 甲의 대표이사인 A가 관할교통공단에 재직하고 있는데 교통공단법에 의하면 직원의 겸직을 제한하고 있으므로 그 자격요건에 하자가 있다"는 이유로 한 불허가처분의 위법성 여부
2) "다수 청소업자의 난립으로 능률적이고 안정적인 청소업무 수행에 지장이 있어 주민들의 공익을 저해할 소지가 있다"는 이유로 한 불허가처분의 위법성 여부
가. 문제점
나. 신뢰보호원칙 위반 여부
(가) 신뢰보호원칙의 의의

Ⅰ. 논점의 정리

설문 (1)에서 적합통보가 폐기물처리업허가의 일부요건에 대한 사전결정에 해당하는지 여부를 살펴보아야 한다.

설문 (2)의 경우 사안에서는 다른 소송요건은 문제되지 않으므로 불허가처분의 항고소송의 대상이 되는 처분에 해당하는지와 甲에게 원고적격이 인정되는지를 검토하여야 한다.

설문 (3)에서 甲의 소가 인용되기 위해서는 불허가처분이 위법하고 사정판결 사유가 존재하지 않아야 하는바, 당해 불허가처분의 위법 여부의 판단에 있어서는 그것이 기속행위인지 재량행위인지에 따라 그 위법성판단방법을 달리하므로 우선 폐기물처리업허가의 법적 성질을 살펴보아야 하고, 특히 폐기물처리업사업계획의 적합통보를 받은 甲이 요건을 갖추어 폐기물처리업허가신청했음에도 불구하고 乙이 불허가처분을 하는 것은 사전결정에 구속력이나 신뢰보호원칙에 반하여 위법한 것은 아닌지를 검토하여야 한다.

Ⅱ. 설문 (1)의 해결

1. 적합 · 부적합통보제도의 의의

폐기물관리법상 적합 · 부적합통보제도는 폐기물처리사업계획서상의 시설 · 장비와 기술능력이 허가기준에 맞는지 여부 및 폐기물의 설치 · 운영으로 상수원 등 주변 환경에 미치는 영향 등에 대하여 폐기물처리업허가 전에 미리 그 적합 여부에 대한 판단을 받는 제도로서, 폐기물처리업을 하기 위해서는 상당한 시설과 장비 및 기술능력이 필요하기 때문에 필요한 모든 준비를 갖추어 폐기물처리업허가 신청을 하였다가 부적합성을 이유로 불허가될 경우 그 불이익이 매우 크고 또한 폐기물처리업의 이와 같은 특성상 미리 그 적합 여부에 대한 통보를 받을 수 있게 함으로써 그의 시간적 · 경제적 부담을 덜어주고 유효적절한 준비를 할 수 있도록 배려하는데 그 취지가 있다고 할 것이다.

2. 적합 부적합통보

(1) 독립된 행정처분

甲은 폐기물관리법 제25조 규정상 폐기물처리업을 하려는 자는 사업계획서를 제출하여 그 적합 여부를 심사받도록 하고 있고, 동조 제3항에 따르면 폐기물수집운반업에 관한 적합통보를 받은 甲은 그 통보를 받은 날로부터 6개월 이내에 환경부령이 정하는 기준에 따른 시설·장비 및 기술능력을 갖추어 업종별로 시·도지사의 허가를 받을 수 있는 구체적인 지위를 가지게 되므로, 폐기물처리업허가의 일부요건에 대한 적합 여부를 심사하여 통보하는 적합통보는 행정청이 행하는 구체적 사실에 대한 법집행으로서 외부에 대하여 직접적인 법적 효과를 갖는 공권력적 단독행위에 해당하여 독립된 행정처분이라고 하겠다.

(2) 사전결정

사전결정이란 최종적인 행정결정이 있기 전에 사전적인 단계로서 그 전제요건이 되는 형식적 또는 실질적 요건의 심사에 대한 종국적인 판단으로서 내려지는 결정을 말한다.

이러한 사전결정은 비록 최종적인 행정행위 전에 행해지는 결정이기는 하나, 그 단계에서는 최종적인 법적 규율이기 때문에 그 자체로서 행정행위의 성질을 갖게 된다.

3. 소결

폐기물처리업사업계획서를 제출한 자에 대한 적합·부적합 통보는 그 자체로서 그 통보를 받은 날로부터 6개월 이내에 환경부령이 정하는 기준에 따른 시설·장비 및 기술능력을 갖추어 시·도지사의 허가를 받을 수 있는 법률효과를 지닌 독립한 행정처분이기는 하지만, 폐기물처리업허가 전에 신청자의 편의를 위하여 미리 그 폐기물처리업허가의 일부 요건을 심사하여 행하는 사전결정의 성격을 갖는다고 할 것이다.

Ⅲ. 설문 (2)의 해결

1. 문제점

불허가처분에 대한 취소를 구하는 소가 적법하기 위해서는 ⅰ) 대상적격(행정소송법 제1조, 제19조, 제2조)과 원고적격(동법 제12조)이 있어야 하고, ⅱ) 피고적격(동법 제13조), ⅲ) 제소기간(동법 제20조), ⅳ) 임의적 행정심판 및 예외적 행정심판전치주의(동법 제18조), ⅴ) 관할(동법 제9조) 등의 요건을 갖추어야 한다.

사안에서는 ⅱ)이하의 소송요건은 문제되지 않고, 불허가처분의 항고소송의 대상이 되는 처분에 해당하는지와 甲에게 원고적격이 인정될 수 있는지가 문제된다.

2. 대상적격

가. 취소소송의 대상

사안의 경우 행정심판을 거치지 않았으므로 취소소송의 대상은 원처분인 폐기물처리업 허가 신청에 대한 불허가처분이다(행정소송법 제19조, 제2조 제1호).

나. 대상적격의 의의

무릇 소송이란 구체적 사건에서 법률상 분쟁을 법에 의하여 해결함으로서 법적 안정을 기하자는 것이므로, 소의 대상적격이 인정되기 위해서는 행정청의 "처분이나 부작위"(행정소송법 제2조)가 국민의 권리의무에 직접 영향을 미쳐서 "위법한 처분이나 부작위"(행정소송법 제1조 전단)라고 주장할 수 있어야 한다.

다. 국민의 처분의 신청에 대한 행정청의 거부처분이 "항고소송의 대상이 되는 처분"이 되기 위한 요건

(가) 판례의 태도

대법원의 확립된 판례에 의하면, 처분의 신청에 대한 행정청의 거부처분이 항고소송의 대상이 되는 거부처분이 되기 위해서는 ⅰ) 국민이 행정청에 대하여 그 신청에 따른 처분(공권력의 행사 또는 이에 준하는 행정작용)을 하여 줄 것을 요구할 수 있는 법규상 또는 조리상의 신청권이 있고, ⅱ) 행정청의 공법상 행위는 국민의 권리의무에 직접 관계있는 행위일 것을 요구한다(대판 1990.9.28. 89누8101 등 참조). 이에 대하여는 헌법재판소도 같은 입장이다(헌재 1998.5.16. 98헌가121 참조). 한편 "거부처분의 처분성을 인정하기 위한 전제요건이 되는 신청권의 존부는 구체적 사건에서 신청인이 누구인가를 고려하지 않고 관계법규의 해석에 의하여 일반국민에게 그러한 신청권을 인정하고 있는가를 살펴 추상적으로 결정되는 것이다"고 판시(대판 1996.6.11. 95누12460 등 참조)하고 있다.

(나) 학설

판례가 요구하는 법규상·조리상 신청권에 대하여, 이를 ⅰ) 법문상 신청에 대하여 행정청은 일정한 처분을 하여야 할 의무가 발생하여야 한다는 점에서 신청은 신청권이 있어야 한다고 하거나,[107] 대법원은 신청권의 존부를 구체적 사건에서 신청인이 누구인가를 고려하지 않고 추상적으로 판단함을 이유로 이를 형식적 신청권으로 보아[108] **대상적격의 문제로 보는 견해**, ⅱ) 신청권 또는 처분의무의 존재 여부는 **본안에서 판단하여야 한다는 견해**,[109] ⅲ) 사인의 권리보호확대이념에 반함을 이유로 **원고적격의 문제로 보는 견해**[110] 등

107) 김동희, 박균성

108) 김남진·김연태, 행정법Ⅰ, 685면

이 대립하고 있다.

(다) 검토

살피건대 무릇 소송이란 구체적 사건에서 법률상 분쟁을 법에 의하여 해결함으로써 법적 안정을 기하자는 것이므로 행정청의 처분이 행정소송의 대상이 되는 처분(대상적격)이 되려면 단순한 행정청의 처분(행정소송법 제2조 제1항)이 있다는 것만으로는 부족하고, 위법한 처분(행정소송법 제1조 전단 참조)이라고 주장할 수 있어야 한다는 점에서 판례의 태도가 타당하다. 즉, 행정청에게는 국민의 신청에 대하여 일정한 처분을 하여야 할 법률상의 의무가 있고, 그에 대응하여 신청인은 행정청에게 일정한 처분을 요구할 수 있는 적극적 공권으로서의 개인적 공권(이를 "법규상 또는 조리상 신청권"이라고 할 수 있다)이 있어야 하며, 나아가 그 법에 따른 행정청의 행위가 국민의 권리·의무에 직접 영향을 미쳐야만, 행정청의 공법상 행위는 법규상·조리상 신청권 내지 그 성립요소로서의 법률상 보호이익[111]을 침해할 수 있어 법률상 분쟁이 발생하고, 처분의 신청인은 행정청의 거부처분을 "위법한 거부처분"이라고 주장할 수 있어 소의 대상적격이 인정된다.

라. 중간결론

폐기물관리법 제25조에 따르면 폐기물처리업을 하려는 자는 사업계획서를 제출하여 그 적합 여부를 심사받도록 하고 있는 점에 비추어 甲에게는 폐기물처리업허가를 신청할 법규상 조리상 신청권이 있다고 할 것이고, 그 신청에 대한 불허가처분은 이러한 법률상 보호되는 적극적 공권으로서의 신청권 내지 그 성립요소로서의 법률상 이익을 침해할 수 있으므로 乙의 불허가처분의 항고소송의 대상이 되는 처분에 해당한다.

3. 원고적격

나아가 폐기물처리업불허가처분은 행정청이 행하는 구체적 사실에 대한 법집행으로서 외부에 대하여 직접적인 법적 효과를 갖는 공권력적 단독행위로서 시설·장비 등을 갖추어 허가를 신청한 甲으로서는 처분의 근거법률인 폐기물관리법 제25조 제3항에 의하여 보호되는 폐기물처리업허가를 받을 수 있는 구체적 이익이 乙의 불허가처분으로 인하여 현실적으로 침해되고 있으므로 법률상 보호되는 이익으로 인정됨으로써 원고적격이 인정된다(행정소송법 제12조).

---

109) 홍준형, 행정구제법, 544면; 이상규
110) 류지태, 홍정선, 특강, 6판, 628면
111) 다만 여기서의 권리 내지 법률상 이익은 원고적격으로서의 그것과는 달리 일반 국민개인에게 인정되는 객관적·추상적 이익을 말한다.

4. 소결

甲이 제기한 폐기물처리업허가신청에 대한 불허가처분의 취소의 소는 다른 소송요건은 문제되지 않고, 소의 대상적격과 원고적격도 인정되어 적법하다.

Ⅳ. 설문 (3)의 해결

1. 문제점

甲의 소가 인용되기 위해서는 불허가처분이 위법하고 사정판결 사유가 존재하지 아니하여야 한다. 그런데 당해 불허가처분의 위법 여부의 판단에 있어서는 그것이 기속행위인지 재량행위인지에 따라 그 위법성판단방법을 달리하므로 우선 폐기물처리업허가의 법적 성질을 살펴보아야 하고, 특히 법적 안정성의 측면에서 인정되는 행정행위의 구속력 및 신뢰보호의 원칙과 법적 정의의 측면에서 인정되는 행정의 법률적합성의 원칙(사회적 정의) 및 국민의 권익보호(개인적 정의)간의 이른바 원리의 형량이 필요하다.

2. 폐기물처리업허가의 법적 성질

(1) 기속행위와 재량행위의 구별기준

이에 대해서는 종래 요건재량설과 효과재량설의 주장도 있었으나 오늘날 이러한 주장을 하는 자는 거의 없다. 행정청의 공법상 행위가 기속행위인지 재량행위인지를 구별함에 있어서도 일반적인 법해석방법론에 따라 판단하여야 할 것이다. 따라서 기속행위인지 재량행위인지를 구별함에 있어서는 당해 행위의 근거가 된 법규의 체재형식과 그 문언, 당해 행위가 속하는 행정 분야의 주된 목적과 특성, 당해 행위 자체의 개별적 성질과 유형 등을 모두 고려하여 판단하여야 한다. 판례도 이와 같다.

(2) 폐기물처리업허가는 재량행위

살피건대 폐기물관리법 제25조 제1항, 제2항에서 적합통보는 폐기물처리업을 하려는 자가 제출한 폐기물처리업 사업계획서에 대하여 시설·장비·기술능력, 주변 환경에 미치는 영향 등을 검토하여 폐기물처리업허가의 일부요건에 대한 사전결정인 적합통보를 하도록 규정하고 있는 점, 제25조 제6항에서 행정청이 허가를 할 때에는 대통령령이 정하는 바에 따라 필요한 조건을 붙일 수 있도록 규정하고 있는 점 등에 비추어 폐기물처리업허가는 재량행위라고 할 것이다. 판례도 폐기물처리업허가와 적합통보를 재량행위로 보고 있다(대판 1998.5.8. 98두4061).

3. 폐기물처리업불허가처분의 위법성 여부

(1) 문제의 소재

폐기물처리업사업계획의 적합통보는 폐기물처리업허가를 위한 전단계절차로서 독립된 행정행위인 사전결정에 해당한다. 그런데 폐기물처리업사업계획의 적합통보를 받은 甲이 요건을 갖추어 폐기물처리업허가신청했음에도 불구하고 관할청이 불허가처분을 하는 것은 사전결정의 구속력이나 신뢰보호원칙에 반하여 위법한 것은 아닌지가 문제된다.

(2) 재량행위에 있어서 위법성판단방법

재량행위의 경우 행정청의 재량에 기한 공익판단의 여지를 감안하여 법원은 독자의 결론을 도출함이 없이 당해 행위에 재량권의 일탈・남용이 있는지 여부만을 심사하게 되고, 이러한 재량권의 일탈・남용 여부에 대한 심사는 사실오인, 비례・평등원칙위배 등을 그 판단대상으로 한다(대판 2007.5.31. 2005두1329).

(3) 폐기물처리업사업계획의 적합통보와 폐기물처리업허가와의 관계

1) 선행처분의 후행처분에 대한 구속력

선행처분의 후행처분에 대한 구속력이란 하나의 법적 효과를 완성해 가는 다단계 행정절차에 있어서 선행처분은 후행처분의 일부요건에 대한 선취된 결정이므로 후행처분을 함에 있어서는 선행처분을 그 전제요건으로 삼아야 하는 효력을 말한다.

2) 폐기물처리업사업계획의 적합통보의 후행처분인 폐기물처리업허가에 대한 구속력

폐기물처리업사업계획의 적합통보는 후행처분인 폐기물처리업허가를 구속한다. 즉, 폐기물처리업사업계획에 대한 적합통보는 폐기물처리업허가의 일부요건에 대한 종국적 결정으로서 사전결정이므로 후행처분인 폐기물처리업허가를 함에 있어서는 적합통보를 전제요건으로 삼아야 한다.

(4) 적합통보 후 폐기물처리업허가 신청에 대한 불허가처분의 위법성판단방법으로서 이른바 원리형량

사전결정에 해당하는 적합통보 후 폐기물처리업허가를 불허하는 처분의 위법성 여부를 판단함에 있어 처분청이 폐기물처리업허가를 함에 있어서는 선행처분인 적합통보에 구속된다고 하더라도 적합통보는 폐기물처리업허가의 일부요건에 대한 종국적 결정에 불과하고, 법적 안정성의 관점에서 인정되는 행정행위의 구속력이나 신뢰보호의 원칙은 법치국가원칙의 또 다른 구성요소인 법적 정의의 관점, 즉 공익실현을 목적으로 하는 행정의 법률적합성 확보(사회적 정의)와 국민의 권리구제(개인적 정의)는 조화를 이루어야 하므로 양 이념을 비교·형량하여, 공익이나 제3자의 정당한 이익이 甲의 적합통보에 대한 신뢰이익보다 더 우월한 경우에는 적합통보의 구속력이나 신뢰보호원칙에 반하여 허가를 불허한다 하더라도 그것을 위법하다고 할 수는 없으므로, 이러한 법리에 따라 乙이 불허가처분의 사유로서 제시한 처분이유에 의한 불허가처분의 위법성 여부를 검토하겠다.

1) "회사 甲의 대표이사인 A가 관할교통공단에 재직하고 있는데 교통공단법에 의하면 직원의 겸직을 제한하고 있으므로 그 자격요건에 하자가 있다"는 이유로 한 불허가처분의 위법성 여부

사안에서 A가 관할교통공단에 재직하면서 甲의 대표이사를 겸하고 있는 점은 관계 법령에서 정하는 생활폐기물 수집·운반업 허가제한사유 이외의 사유이다. 또한 A가 관할교통공단에 재직하면서 甲의 대표이사를 겸하고 있다는 사실은 공익상 필요와도 무관하다. 따라서 이를 이유로 한 폐기물처리업 불허가처분은 위법하다.

2) "다수 청소업자의 난립으로 능률적이고 안정적인 청소업무 수행에 지장이 있어 주민들의 공익을 저해할 소지가 있다"는 이유로 한 불허가처분의 위법성 여부

가. 문제점

폐기물처리업사업계획의 적합통보는 후행처분인 폐기물처리업허가의 일부요건에 대한 선취된 결정이므로 乙이 사전결정인 폐기물처리업사업계획의 적합통보에 반하여 후행처분인 폐기물처리업허가를 불허한 것은 사전결정의 구속력에 반하거나 처분의 상대방인 甲의 신호보호이익을 침해할 수 있어 문제된다.

나. 신뢰보호원칙 위반 여부

(가) 신뢰보호원칙의 의의

신뢰보호원칙이란 권한 있는 기관의 법적 규율의 정당성 또는 존속성을 신뢰하고 그에 따라 행동한 국민의 신뢰이익은 보호해 주어야 한다는 원칙을 말한다.

(나) 신뢰보호의 원칙의 적용요건

일반적으로 행정처분에 신뢰보호의 원칙이 적용되기 위해서는 i) 행정기관의 일정한 선행행위가 존재하고, ii) 이에 대하여 사인이 보호가치 있는 신뢰를 하여, iii) 그 신뢰에 따라 일정한 행위를 하였는데, iv) 선행조치에 반하는 행정작용을 함으로써 그 사인의 신뢰이익이 침해되어야 한다.

(다) 사안의 검토

살피건대 甲은 乙로부터 폐기물처리사업사업계획에 관하여 적합통보를 받고 법정 허가요건을 구비하여 신청하면 폐기물수집·운반업 허가를 하여 줄 것이라고 신뢰한 나머지 상당한 자금과 노력을 투자하여 법정 허가요건을 갖추어 허가신청을 하게 된 것인데, 乙의

폐기물처리업불허가처처분으로 말미암아 거액을 들여 구비한 장비 · 사무실 등을 오랜 기간 동안 사용하지 못한 채 방치하는 등 상당한 재산상 손해를 입게 되었다. 따라서 乙의 폐기물처리업불허가처분은 신뢰보호의 원칙에 반한다.

다. 불허가처분의 위법성 여부

(가) 행정행위가 신뢰보호원칙에 반하여 위법하게 되기 위한 요건

법적 안정성과 법적 정의는 법치국가원리의 대등한 구성요소이므로 양자는 조화되어 실현되어야 한다. 따라서 어떠한 행정행위가 사전결정의 구속력이나 신뢰보호의 원칙에 반한다는 점만으로 곧 위법하다고 할 수 없다. 법적 규율로서의 행정행위는 공익실현을 목적으로 행해지는 것이고, 당사자만을 구속하는 사법상의 법률행위와는 달리 사회구성원 각자를 구속하는 것이므로, 행정청의 어떠한 행정행위가 법적 안정성의 관점에서 인정되는 행정행위의 구속력이나 신뢰보호원칙에 반하여 위법하다고 하기 위해서는 법치국가원리의 또 다른 구성요소인 법적 정의의 관점, 즉 행정의 법률적합성 확보와 국민의 권리보호이념에 반하여 공익 또는 제3자의 정당한 이익을 현저히 해할 우려가 있는 경우가 아니어야 한다.

(나) 사안의 경우

살피건대 폐기물처리업 불허가처분으로 인하여 乙이 달성하려는 "생활폐기물의 적정하고도 안정적인 처리"라는 공익과 甲이 입게 될 불이익을 비교 · 형량할 때, 생활폐기물 발생량의 변화 및 처리능력, 위 사업계획서 적합통보를 전후하여 14개 업체가 생활폐기물수집 · 운반업을 위한 사업계획서를 제출하였다는 사정만으로는 업체의 난립 및 과당경쟁으로 기존 청소질서가 파괴되어 안정적이고 효율적인 책임청소행정의 이행이 불가능함으로써 공익을 해할 것이라는 점을 인정하기 어려울 뿐만 아니라 위 불허가처분을 통하여 乙이 달성하려는 공익은 위 허가가 가능하리라고 믿은 甲이 입게 될 불이익보다도 더 크다고 보기도 어려우므로, 사안의 불허가처분은 결국 신뢰보호의 원칙 및 비례의 원칙에 반한 것으로서 재량권을 남용한 위법한 처분이라고 할 것이다.

(5) 중간결론

甲이 폐기물처리업에 대하여 사전에 관할 관청인 乙로부터 적합통보를 받고 막대한 비용을 들여 허가요건을 갖춘 다음 허가신청을 하였음에도 다수 청소업자의 난립으로 안정적이고 효율적인 청소업무의 수행에 지장이 있다는 이유로 한 불허가처분은 신뢰보호의 원칙 및 비례의 원칙에 반하는 것으로서 재량권을 남용한 위법한 처분이다(대판 1998.5.8. 98두4061).

4. 사정판결의 가능성

(1) 문제점

사안의 경우에는 乙의 "업체의 난립 및 과당경쟁으로 기존 청소질서가 파괴되어 청소에 관한 안정적이고 효율적인 책임행정의 이행이 불가능하다" 주장 속에는 사정판결을 구하는 취지가 포함되어 있다고 볼 수 있으므로 법원은 불허가처분의 위법성이 인정되는 경우에도 기각판결을 할 수도 있을 것인바, 사안의 경우가 이러한 경우에 해당하는지 문제된다.

(2) 사정판결

1) 의의 및 취지

사정판결이란 원고의 청구가 이유 있다고 인정되는 경우에도 처분 등을 취소하는 것이 현저히 공공복리에 적합하지 아니하다고 인정 되는 때에 법원이 그 청구를 기각하는 판결을 말한다. 이는 다수의 이해관계가 걸린 법률관계가 형성되거나 공공사업이 상당히 진행된 경우에 기성사실을 존중하여 공익을 보호하자는데 그 취지가 있다.

2) 요건

사정판결을 하기 위해서는 i) 처분 등이 위법하고, ii) 처분 등을 취소함이 현저히 공공복리에 적합하지 않아야 한다. 여기서 처분의 위법 여부는 처분시를 기준으로 판단하나, 현저히 공공복리에 적합하지 아니한지 여부는 위법한 행정처분을 취소·변경하여야 할 필요와 그 취소·변경으로 인하여 발생할 수 있는 공공복리에 반하는 사태 등을 비교·교량하여 판단하여야 하는데(대판 2006.9.22. 2005두2506), 이러한 공익성요건의 판단은 변론종결시를 기준으로 판단한다(대판 1970.3.24. 69누29). 왜냐하면 사정판결은 처분시에는 위법하였으나 사후의 변화된 사정을 고려하는 제도이기 때문이다.

3) 사안의 경우

사정판결은 법치주의에 대한 중대한 예외를 규정한 것이므로 원고의 권리침해에 대한 구제책도 함께 규정하고 있으나, 그 요건은 엄격히 해석되어야 할 것이다(대판 1995.6.13. 94누4660). 살피건대 위 불허가처분의 취소로 인하여 당해 관할지역을 영업구역으로 하여 폐기물을 수집·운반하여 온 기존의 동종업체에게 경쟁상대를 추가시킴으로써 일시적인 공급시설의 과잉현상이 나타나 어느 정도의 손해가 발생한 것임은 예상되지만, 그 이상으로 乙이 주장하는 바와 같이 업체의 난립 및 과당경쟁으로 기존 청소질서가 파괴되어 청소에 관한 안정적이고 효율적인 책임행정의 이행이 불가능하게 된다고는 보이지 아니하므로 위 불허가처분을 취소하는 것이 현저히 공공의 복리에 적합하지 않은 경우에 해당한다고는 할 수 없을 것이다.

(3) 중간결론

사정판결은 법치주의에 대한 중대한 예외를 규정한 것이므로 원고의 권리침해에 대한 구제책도 함께 규정하고 있으나, 그 요건은 엄격히 해석되어야 하는바, 위 불허가처분을 취소하는 것이 현저히 공공의 복리에 적합하지 않은 경우에 해당한다고 할 수 없으므로 법원은 위법성이 확인된 乙의 불허가처분을 취소하는 인용판결을 하여야 할 것이다.

5. 소결

甲이 폐기물처리업에 대하여 사전에 乙로부터 적합통보를 받고 막대한 비용을 들여 허가요건을 갖춘 다음 허가신청을 하였음에도 다수 청소업자의 난립으로 안정적이고 효율적인 청소업무의 수행에 지장이 있다는 이유로 한 불허가처분은 신뢰보호의 원칙 및 비례의 원칙에 반하는 것으로서 재량권을 남용한 위법한 처분이라 할 것이고, 위 불허가처분을 취소하는 것이 현저히 공공의 복리에 적합하지 않은 경우에 해당한다고도 할 수 없으므로 甲이 제기한 소는 인용될 수 있을 것이다.

V. 사례의 해결

설문 (1)의 경우 폐기물처리업사업계획서를 제출한 자에 대한 적합·부적합 통보는 독립한 행정처분이기는 하지만, 폐기물처리업허가 전에 신청자의 편의를 위하여 미리 그 폐기물처리업허가의 일부 요건을 심사하여 행하는 사전결정의 성격을 갖는다.

설문 (2)의 경우 甲이 제기한 폐기물처리업허가신청에 대한 불허가처분의 취소의 소는 다른 소송요건은 문제되지 않고, 소의 대상적격과 원고적격도 인정되어 적법하다.

설문 (3)의 경우 乙의 불허가처분은 신뢰보호의 원칙 및 비례의 원칙에 반하는 것으로서 재량권을 남용한 위법한 처분이라 할 것이고, 위 불허가처분을 취소하는 것이 현저히 공공의 복리에 적합하지 않은 경우에 해당한다고도 할 수 없으므로 甲이 제기한 소는 인용될 수 있을 것이다.

〈사례연습 24〉 사전결정의 구속력과 후행처분의 법적 성질 및 직권철회의 법리 등

甲은 주택건설사업등을 목적으로 하는 종합건설업체로서 7필지의 X토지를 취득하고, 그 토지상에 아파트를 건설하기 위하여, 관할 구청장 乙에게 주택건설사업계획심의신청을 하였으나, 乙은 甲의 사업계획이 A시 자연공원에 대한 환경파괴로 이어져 공익을 현저히 해칠 염려가 있다는 이유로 임지심의 및 사전결정신청을 10여 차례에 걸쳐 반려하여 왔다. 그 후 乙이 대통령비서실 경제행정규제완화점검단의 지시에 따라 甲 등의 주택건설사업계획에 대한 승인절차를 다시 추진하기로 하자, 甲은 주택건설사업계획심의신청을 하였고, 이에 乙은 10여개의 조건을 붙여 사전결정을 하였다. 甲은 그 후 乙에 대하여 총 632세대 10동의 아파트를 신축하는 내용의 주택건설사업계획승인신청을 하였는데, 乙은 3기지하철 건설노선의 미확정, 구민 대다수와 환경단체 등의 강한 반대, A시 일대의 양호한 임상과 수려한 자연경관을 유지하기 위한 도시계획사항의 전면 재검토 예정 등의 이유를 들어 위 사업계획승인신청의 처리를 유보한다는 취지의 통보를 하였고, 그 후 乙은 X토지를 공원으로 지정하는 지적승인고시를 한 다음, 도시계획 공원으로 지정된 X토지 위에 아파트를 건립하는 것은 불가하다는 이유로 甲의 사업계획승인신청을 반려하는 처분을 하였다. 다음 설문에 대하여 논하시오.

(1) 주택건설사업계획승인처분의 법적 성질은? 사전결정에 대한 개별규정이 없더라도 乙은 주택건설사업계획의 승인에 대한 사전결정을 할 수 있는가? (10점)

(2) 만약 주택건설사업계획승인처분이 재량행위라면 주택건설사업계획의 승인에 대한 사전결정이 있는 경우에도 주택건설사업계획승인처분이 여전히 재량행위라고 할 수 있는가? (10점)

(3) 甲은 "사전결정 단계에서 이미 환경침해 문제를 살펴본 바 있음에도 불구하고 또 다시 환경침해를 이유로 사업계획승인신청을 반려하는 것은 사전결정의 구속력과 신뢰보호의 원칙에 반하여 위법하다."고 주장한다. 이러한 甲의 주장이 타당성에 대하여 논평하시오. (20점)

[참조조문]

주택법 제16조(사업계획의 승인) ① 대통령령이 정하는 호수 이상의 주택건설사업을 시행하고자 하는 자 또는 대통령령이 정하는 면적 이상의 대지조성사업을 시행하고자 하는 자 사업계획승인신청서에 주택과 부대시설 및 복리시설의 배치도, 대지조성공사설계도서 등 대통령령이 정하는 서류를 첨부하여 다음 각호의 사업계획승인권자(이하 "사업계획승인권자"라 한다. 국가·대한주택공사 및 한국토지공사가 시행하는 경우와 대통령령이 정하는 경우에는 국토해양부장관을 말한다. 이하 이 조 및 제17조에서 같다)에게 제출하고 그 사업계획승인을 얻어야 한다. 다만 주택외의 시설과 주택을 동일건축물로 건축하는 경우 등 대통령령이 정하는 경우에는 그러하지 아니하다.

1. 주택건설사업 또는 대지조성사업으로서 해당 대지면적이 10만 제곱미터 이상인 경우 : 시도지사 또는 지방자치법 제175조에 따라 서울특별시와 광역시를 제외한 인구 50만 이상의 대도시의 시장
2. 주택건설사업 또는 대지조성사업으로서 해당 대지면적이 10만제곱미터 미만인 경우 : 특별시장·광역시장·특별자치도지사 또는 시장·군수

④ 제1항의 사업계획은 쾌적하고 문화적인 주거생활을 영위하는데 적합하도록 작성되어야 하며, 그 사업계획에는 부대시설 및 복리시설의 설치에 관한 계획 등이 포함되어야 한다.

주택법시행령 제15조(사업계획의 승인) ① 법 제16조 제1항 본문에서 "대통령령이 정하는 호수"라 함은 단독주택의 경우에는 20호, 공동주택의 경우에는 20세대를 말하며, "대통령령이 정하는 면적"이라 함은 1만 제곱미터를 말한다.

[관련논점]

— 기속행위와 재량행위의 구별
— 사전결정에 별도의 법적 근거를 요하는지 여부
— 사전결정의 구속력과 후행처분의 관계
— 사전결정의 구속력과 직권철회의 법리
— 사전결정의 구속력이나 신뢰보호원칙에 반하여 위법하게 되기 위한 요건
— 법적 안정성과 법적 정의의 조화

[답안구성]

Ⅰ. 논점의 정리
Ⅱ. 설문 (1)의 해결
1. 문제점
2. 주택건설사업계획승인처분의 법적 성질
(1) 기속행위와 재량행위의 구별기준
(2) 중간결론
3. 사전결정에 별도의 법적 근거를 요하는지 여부
(1) 사전결정의 개념
(2) 사전결정에 별도의 법적 근거를 요하는지 여부
(3) 중간결론
4. 소결
Ⅲ. 설문 (2)의 해결
1. 문제의 소재
2. 판례의 태도
3. 학설
4. 검토
5. 소결
Ⅳ. 설문 (3)의 해결
1. 문제의 소재
2. 사업계획승인신청거부처분이 사전결정의 구속력에 반하는지 여부
(1) 사전결정의 구속력과 사업계획승인처분의 관계
(2) 사전결정의 구속력과 직권철회의 법리
(3) 중간결론
3. 사업계획승인신청거부처분이 신뢰보호원칙에 반하는지 여부
(1) 신뢰보호원칙의 의의
(2) 신뢰보호의 원칙의 적용요건
(3) 중간결론
4. 사전결정의 구속력이나 신뢰보호원칙에 반하여 위법하게 되기 위한 요건
5. 주택건설사업계획신청 반려처분의 위법성판단 방법
6. 소결
Ⅴ. 사례의 해결

Ⅰ. 논점의 정리

설문 (1)에서는 주택사업계획승인처분이 기속행위인지 재량행위인지 문제되고, 사전결정은 최종결정의 법적 근거에 의해서 행해질 수 있는지를 살펴보아야 한다.

설문 (2)의 경우 주택건설사업계획의 승인에 대한 사전결정이 있으면 사전결정의 구속력에 의하여 후행처분은 사전결정에 구속되는지, 그렇다면 후행처분이 재량행위인 경우에 그 성질이 기속행위로 변할 수 있는지 여부를 검토하여야 한다.

설문 (3)에서는 甲의 주장의 타당성을 검토하기 위해서는 사전결정의 구속력과 사업계획승인처분의 관계 및 사업계획승인신청거부처분이 사전결정의 구속력이나 신뢰보호원칙에 반하여 위법하게 되기 위한 요건에 대하여 살펴보아야 한다.

Ⅱ. 설문 (1)의 해결

1. 문제점

첫 번째 질문과 관련해서 주택사업계획승인처분은 관계법령상 그 승인을 얻은 자만이 적법하게 주택건설사업을 영위할 수 있다는 점에서 상대방에게 권리나 이익을 부여하는 수익적 행정처분이라고 할 것인데, 다만 이것이 기속행위인지 재량행위인지 문제되고, 사전결정에 대한 개별규정이 없더라도 행정청은 주택건설사업계획승인처분의 근거법령인 주택법 제16조에 근거하여 사전결정을 할 수 있는지 문제된다.

2. 주택건설사업계획승인처분의 법적 성질

(1) 기속행위와 재량행위의 구별기준

이에 대해서는 종래 요건재량설과 효과재량설의 주장도 있었으나 오늘날 이러한 주장을 하는 자는 거의 없다. 행정청의 공법상 행위가 기속행위인지 재량행위인지를 구별함에 있어서도 일반적인 법해석방법론에 따라 판단하여야 할 것이다. 따라서 기속행위인지 재량행위인지를 구별함에 있어서는 당해 행위의 근거가 된 법규의 체재형식과 그 문언, 당해 행위가 속하는 행정 분야의 주된 목적과 특성, 당해 행위 자체의 개별적 성질과 유형 등을 모두 고려하여 판단하여야 한다. 판례도 이와 같다(대판 2002.8.23, 2002두820; 대판 2001.2.9, 98두17593 등).

(2) 중간결론

사안을 경우 주택건설사업계획승인과 관련한 주택법 제16조 제4항은 "제1항의 사업계획은 쾌적하고 문화적인 주거생활을 영위하는데 적합하도록 작성되어야 한다."고 규정하고 있는바, 여기서의 "쾌적하고 문화적인 주거생활"이라는 불확정개념을 사용하여 사업계획승인권자에게 그 승인 여부를 판단함에 있어 재량의 여지를 부여하고 있다고 할 것이고, 주택건설사업계획의 승인은 상대방에게 권리나 이익을 부여하는 효과를 수반하는 이른바 수익적 행정처분으로서 그 요건에 관하여 일의적으로 규정되어 있지도 아니하므로 행정청의 재량행위에 속한다고 하겠다.

3. 사전결정에 별도의 법적 근거를 요하는지 여부

(1) 사전결정의 개념

사전결정이란 최종적인 행정결정이 있기 전에 사전적인 단계로서 그 전제요건이 되는 형식적 또는 실질적 요건의 심사에 대한 종국적인 결정을 말한다.

(2) 사전결정에 별도의 법적 근거를 요하는지 여부

사전결정은 최종적인 행정처분의 일부요건에 대한 종국적 결정이므로 사전결정 자체에 대한 별도의 법적 근거가 없더라도 최종적인 행정처분의 법적 근거에 의하여 행해질 수 있다.

(3) 중간결론

따라서 사안의 경우 주택건설사업계획승인처분의 근거법령인 주택법 제16조에 근거하여 사업계획승인권자는 사업계획승인처분의 일부요건에 대하여 미리 사전결정을 할 수 있다.

4. 소결

주택건설사업계획승인처분은 수익적 행정행위로서 재량행위에 해당하고, 乙은 사전결정에 대한 개별규정이 없더라도 주택건설사업계획승인처분의 근거법령인 주택법 제16조에 근거하여 사전결정을 할 수 있다.

Ⅲ. 설문 (2)의 해결

1. 문제의 소재

주택건설사업계획의 승인처분의 일부요건에 대한 사전결정이 있으면 사전결정의 구속력에 의하여 후행처분은 사전결정에 구속되므로 후행처분이 재량행위인 경우에 그 성질이 기속행위로 변할 수 있는지 문제된다.

2. 판례의 태도

대법원은 "주택건설촉진법 제33조 제1항의 규정에 의한 주택건설사업계획의 승인은 상대방에게 권리나 이익을 부여하는 효과를 수반하는 이른바 수익적 행정처분으로서 행정처분의 요건에 관하여 일의적으로 규정되어 있지 아니한 이상 행정청의 재량행위에 속하고, 그 전 단계인 같은 법 제32조의4 제1항의 규정에 의한 주택건설사업계획의 사전결정이 있다 하여 달리 볼 것은 아니다. 따라서 피고가 이 사건 주택건설사업에 대한 사전결정을 하였다고 하더라도 사업승인단계에서 그 사전결정에 기속되지 않고 다시 사익과 공익을 비교·형량하여 그 승인 여부를 결정할 수 있다고 판단한 원심의 조치는 정당하고 거기에 소론과 같은 위법이 있다고 할 수 없다"고 판시(대판 1999.5.25. 99두1052)하고 있다.

3. 학설

이에 대하여 사전결정의 구속력이 인정되므로 재량행위의 경우 재량결정이 전부 사전결정에서 내려지고 기속결정만 남은 경우 최종행정행위는 기속행위가 되고 재량결정 중 일부만이 사전결정에서 내려진 경우 최종행정행위는 남은 재량의 결정의 한도 내에서 재량행위가 된다고 설명하는 견해[112]가 있다(**사전결정의 구속력 긍정설**).

그리하여 이 견해는 **사전결정의 구속력 부정설**은 사전결정에 구속력을 인정하지 않고 신뢰보호이익만 인정한다고 하면서, 사전결정의 구속력 부정설에 의하면 사정변경이 없는 경우에도 공익이 신뢰이익보다 큰 경우에는 사전결정에 배치되는 결정을 하게 되는바, 판례도 이러한 입장을 취하고 있다고 한다.

4. 검토

사전결정의 후행처분에 대한 구속력이란 하나의 법적 효과를 완성해가는 다단계 행정절차에서 선행처분인 사전결정은 후행처분의 일부요건에 대한 선취된 결정이므로 후행처분을 함에 있어서는 사전결정을 그 전제요건으로 삼아야 하는 효력을 말한다. 따라서 행정청이 사전결정을 받은 자가 주택건설사업계획승인을 신청한 경우 그 승인처분할 것인가를 결정함에 있어서는 그 일부요건에 대한 선취된 종국적 결정인 사전결정에 구속되어 사전결정을 그 전제요건으로 삼아야 하지만, 그 나머지 요건을 심사하여 부적법한 경우에는 그 신청을 반려하는 처분을 할 수 있는 것이고, 앞에서 살펴본 것처럼 주택건설사업계획승인처분은 재량행위인바, 그 일부요건에 대한 종국적 결정인 사전결정이나 그 나머지 요건을 심사하여 행하는 주택건설사업계획승인처분은 모두 재량행위이고, 사전결정의 구속력과 주택건설사업계획승인처분의 법적 성질과는 아무런 관련이 없으므로 사전결정의 구속력이 인정된다고 하여 재량행위로서의 성질이 기속행위로 변하는 것은 아니다.

판례가 주택건설사업계획승인을 재량행위라고 하면서 그 전 단계인 주택건설사업계획의 사전결정이 있다 하여 달리 볼 것은 아니라고 판시하고 있는 것은 이러한 법리에 따른 것이다.

---

112) 박균성, 강의, 제4판, 208면~409면

5. 소결

사전결정의 구속력과 후행처분이 재량행위인가는 직접 관계가 없으므로 주택건설사업계획의 사전결정이 있다 하여 재량행위인 주택건설사업계획승인처분이나 그 일부요건에 대한 사전결정의 법적 성질이 변하는 것은 아니다.

Ⅳ. 설문 (3)의 해결

1. 문제의 소재

甲의 사업계획승인신청에 대한 乙의 반려처분이 사전결정의 구속력이나 신뢰보호의 원칙에 반하여 위법한지 여부가 문제되는바, 위 반려처분이 사전결정의 구속력이나 신뢰보호원칙에 반하는지, 사전결정의 구속력과 사정변경 및 직권철회의 법리, 위 반려처분이 사전결정의 구속력이나 신뢰보호원칙에 반하여 위법하게 되기 위한 요건 및 후행처분의 위법성 판단방법에 대하여 살펴보아야 한다.

2. 사업계획승인신청거부처분이 사전결정의 구속력에 반하는지 여부

(1) 사전결정의 구속력과 사업계획승인처분의 관계

사전결정의 후행처분에 대한 구속력이란 하나의 법적 효과를 완성해가는 다단계 행정절차에서 선행처분인 사전결정은 후행처분의 일부요건에 대한 선취된 결정이므로 후행처분을 함에 있어서는 사전결정을 그 전제요건으로 삼아야 하는 효력을 말한다. 그러므로 행정청이 사전결정을 받은 甲이 주택건설사업계획승인을 신청한 경우 乙이 그 승인처분할 것인가를 결정함에 있어서는 그 일부요건에 대한 선취된 종국적 결정인 사전결정에 구속되어 사전결정을 그 전제요건으로 삼아야 하지만, 그 나머지 요건을 심사하여 부적법한 경우에는 그 신청을 반려하는 처분을 할 수 있다.

(2) 사전결정의 구속력과 직권철회의 법리

후행처분의 일부요건에 대한 사전결정이 적법·유효하게 성립한 행정행위라고 할지라도 이후 법령 또는 사실상태가 변경되어 후행처분 단계에서는 그 사전결정이 위법 또는 부당하게 되어 더 이상 존속시킬 수 없는 사정변경이 있는 때에는 그러한 하자있게 된 사전결정에 인정되는 공정력을 깨뜨릴 수 있는 권한 있는 기관인 처분청은 또 다른 행정행위로써 위법·부당하게 된 사전결정을 직권철회할 수 있다.

(3) 중간결론

살피건대 사안의 경우 乙은 사전결정 단계에서 이미 환경침해 문제를 살펴본 바 있음에도 불구하고 사업계획승인 단계에서 또 다시 환경침해를 이유로 거부처분을 한 것은 사전결정의 구속력에 반한다고 할 것이다. 다만, 사전결정 단계에서 환경침해 문제를 살펴본 바 있었다 하더라도, 사업승인 단계에서 새로이 검토한 결과 이 사안 사업계획을 승인할 경우 자연환경이 심각하게 훼손될 염려가 있는 등 사실상태의 변경이 있다면 직권철회의 법리에 따라 乙은 사업계획승인신청을 보류하거나 반려할 수 있다.

3. 사업계획승인신청거부처분이 신뢰보호원칙에 반하는지 여부

(1) 신뢰보호원칙의 의의

신뢰보호원칙이란 권한 있는 기관의 법적 규율의 정당성 또는 존속성을 신뢰하고 그에 따라 행동한 국민의 신뢰이익은 보호해 주어야 한다는 원칙을 말한다.

(2) 신뢰보호의 원칙의 적용요건

일반적으로 행정처분에 신뢰보호의 원칙이 적용되기 위해서는 i) 행정기관의 일정한 선행행위가 존재하고, ii) 이에 대하여 사인이 보호가치 있는 신뢰를 하여, iii) 그 신뢰에 따라 일정한 행위를 하였는데, iv) 선행조치에 반하는 행정작용을 함으로써 그 사인의 신뢰이익이 침해되어야 한다.

(3) 중간결론

살피건대 사안의 경우 乙의 사전결정이 존재하고 이에 대한 甲의 신뢰가 특별히 보호가치 없는 신뢰라고 볼 사정도 없으며, 사전결정에 반하여 주택건설사업계획승인을 거부한 것은 甲의 신뢰이익을 침해했다고 볼 수 있으므로 신뢰보호원칙에 반한다고 할 것이다.

4. 사전결정의 구속력이나 신뢰보호원칙에 반하여 위법하게 되기 위한 요건

법적 안정성과 법적 정의는 법치국가원리의 대등한 구성요소이므로 양자는 조화되어 실현되어야 한다. 따라서 어떠한 행정행위가 사전결정의 구속력이나 신뢰보호의 원칙에 반한다는 점만으로 곧 위법하다고 할 수 없다. 법적 규율로서의 행정행위는 공익실현을 목적으로 행해지는 것이고, 당사자만을 구속하는 사법상의 법률행위와는 달리 사회구성원 각자를 구속하는 것이므로, 행정청의 어떠한 행정행위가 법적 안정성의 관점에서 인정되는 행정행위의 구속력이나 신뢰보호원칙에 반하여 위법하다고 하기 위해서는 법치국가원리의 또 다른 구성요소인 법적 정의의 관점, 즉 행정의 법률적합성 확보와 국민의 권리보호이념에 반하여 공익 또는 제3자의 정당한 이익을 현저히 해할 우려가 있는 경우가 아니어야 한다.

5. 주택건설사업계획신청 반려처분의 위법성판단방법

사전결정은 후행처분인 주택건설사업승인처분의 일부요건에 대한 확정적인 결정뿐이므로 사업승인단계에서는 나머지 요건을 심사하여 그 승인처분요건에 부합하지 않는 경우에는 그 승인을 거부할 수 있을 뿐만 아니라, 법치국가원리의 구성요소의 하나인 법적 안정성에 근거하여 인정되는 행정행위의 구속력이나 신뢰보호의 원칙은 법치국가원리의 또 다른 구성요소인 법적 정의, 즉 공익실현을 목적으로 하는 행정의 법률적합성 확보와 국민의 권리보호이념과 조화를 이루어야 하므로 법적 안정성에 근거한 사전결정의 구속력 및 그에 대응한 사전결정의 상대방의 신뢰보호이익과 입법자로부터 부여받은 공익실현을 위한 재량권의 합법률적 행사를 통해 달성하려는 공익 및 제3자의 정당한 이익을 비교・형량하여 후행처분인 사업계획승인신청 거부처분의 위법성 여부를 판단하여야 한다.

6. 소결

乙은 이 사안 사업계획이 A시 자연공원에 대한 환경파괴로 이어져 공익을 현저히 해칠 염려가 있다는 이유로 입지심의 및 사전결정을 여러 차례에 걸쳐 반려해 오다가, 대통령비서실 경제행정규제완화점검단의 지시로 인하여 부득이 임시심의 및 사전결정을 해주지 않을 수 없었던 것임을 알 수 있는바, 그렇다면 위 입지심의 및 사전결정을 함에 있어서 이 사안 주택건설사업계획이 위 'A시'의 자연생태계를 파괴하여 지역주민 전체의 쾌적한 자연환경에 관한 권리를 현저히 침해할 염려가 있다는 점에 대한 고려가 충분히 이루어지지 않았을 개연성이 있고, 설사 사전결정 단계에서 환경침해 문제를 살펴본 바 있었다 하더라도, 사업승인 단계에서 새로이 검토한 결과 이 사안 사업계획을 승인할 경우 자연환경이 심각하게 훼손될 염려가 있다는 사실이 밝혀졌기 때문에 이러한 사정을 반영하여 이 사안 사업계획승인신청을 보류하거나 반려한 것이라고 할 것이므로, 사업계획승인신청 반려처분이 사전결정의 구속력이나 신뢰보호원칙에 배치된다는 점만으로 사전결정의 구속력과 신뢰보호의 원칙에 반하여 위법하다는 甲의 주장은 타당하지 못하다.

V. 사례의 해결

설문 (1)에서 주택건설사업계획승인처분은 수익적 행정행위로서 재량행위에 해당하고, 乙은 사전결정에 대한 개별규정이 없더라도 주택건설사업계획승인처분의 근거법령인 주택법 제16조에 근거하여 사전결정을 할 수 있다.

설문 (2)의 경우 사전결정의 구속력과 후행처분이 재량행위인가는 직접 관계가 없으므로 주택건설사업계획의 사전결정이 있다 하여 재량행위인 주택건설사업계획승인처분이나 그 일부요건에 대한 사전결정의 법적 성질이 변하는 것은 아니다.

설문 (3)에서는 사업계획승인신청 반려처분이 사전결정의 구속력이나 신뢰보호원칙에 배치된다는 점만으로 사전결정의 구속력과 신뢰보호의 원칙에 반하여 위법하다는 甲의 주장은 타당하지 못하다.

〈사례연습 25〉 인·허가의제제도 및 법정요건외의 사유에 의한 건축허가거부가능성

甲은 국토의 계획 및 이용에 관한 법률상의 도시지역으로서 녹지지역에 위치한 토지 위에 지하 1층 지상 2층(건축면적 324㎡, 연면적 1,285㎡)규모의 장례식장을 신축하는 내용의 건축허가를 신청하였다. 관할 행정청인 A시의 시장 乙은 건축위원회의 심의를 거친 다음 甲에게 사전에 통지하지 아니하고 2005.6.1. "관계법령에 규정된 허가요건들은 전부 구비되었지만 위 장례식장이 신축될 경우 관광도시로서의 위상이 크게 손상되어 공익이 현저히 침해될 우려가 있을 뿐만 아니라 허가신청서에 첨부된 주민 동의서도 대부분 위조되었다"는 이유로 甲의 건축허가신청을 반려하였다. 甲은 위 건축허가신청 번려처분을 다투는 취소소송을 제기하고자 한다. 위법사유로 주장할 수 있는 모든 사유를 들고 그 당부를 논하시오. (50점)113)

[참조조문]

구 건축법(2005.11.8. 법률 제7696호로 개정되기 전의 것)

제8조(건축허가) ① 다음 각호의 1에 해당하는 건축 또는 대수선을 하고자 하는 자는 시장·군수·구청장의 허가를 받아야한다. 다만 21층 이상의 건축물 등 대통령령이 정하는 용도·규모의 건축물을 특별시 또는 광역시에 건축하고자 하는 경우에는 특별시장 또는 광역시장의허가를 받아야 한다.

1. 국토의 계획 및 이용에 관한 법률에 의하여 지정된 도시지역 및 제2종 지구단위계획 구역 안에서 건축물을 건축하거나 대수선하고자 하는 자

2.~3.〈생략〉

④ 허가권자는 제1항의 규정에 의하여 허가를 하고자 하는 경우 당해 용도·규모 또는 형태의 건축물을 그 건축하고자 하는 대지에 건축하는 것이 제33조·제37조·제45조·제47조~제49조·제51조·제53조·제54조·제67조와 국토의 계획 및 이용에 관한 법률 제54조·제56조~제62조·제76조 내지 제82조, 개발제한구역의지정및관리에관한특별조치법 제11조 제1항 각호 외의 부분 단서 제12조·제14조 및 농지법 제34조·제36조 기타 대통령령이 정하는 관계법령의 규정에 적합한지 여부를 확인하여야 한다.

⑤ 허가권자는 위락시설 또는 숙박시설에 해당하는 건축물의 건축을 허가하는 경우 당해 대지에 건

113) (2005년 사법시험 기출문제)

축하고자 하는 건축물의 용도규모 또는 형태가 주거환경 또는 교육환경 등 주변 환경을 감안할 때 부적합하다고 인정하는 경우에는 이 법 또는 다른 법률의 규정에도 불구하고 건축위원회의 심의를 거쳐 건축허가를 하지 아니할 수 있다.
⑥ 제1항의 규정에 의한 건축허가를 받은 경우에는 다음 각 호의 허가 등을 받거나 신고한 것으로 보며, 공장건축물의 경우에는 산업집적활성화 및 공장설립에 관한 법률 제13조의2 및 제14조 규정에 의하여 관련 법률의 인·허가 등 또는 허가 등을 받은 것으로 본다.
1.~2.〈생략〉
3. 국토의 계획 및 이용에 관한 법률 제56조 규정에 의한 개발행위허가
4.~13.〈생략〉

국토의 계획 및 이용에 관한 법률

제36조(용도지역의 지정) ① 건설교통부장관 또는 시·도지사는 다음 각 호의 1의 용도지역의 지정 또는 변경을 도시관리계획으로 결정한다.
1. 도시지역 : 다음 각목의 1로 구분하여 지정한다.
라. 녹지지역 : 자연환경·농지 및 산림의 보호, 보건위생, 보안과 도시의 무질서한 확산을 방지하기 위하여 녹지의 보전이 필요한 지역

제56조(개발행위의 허가) ① 다음 각 호의 1에 해당하는 행위로서 대통령령이 정하는행위(이하 "개발행위"라 한다)를 하고자 하는 자는 특별시장·광역시장·시장 또는 군수의 허가(이하"개발행위허가"라 한다)를 받아야 한다. 다만 도시계획사업의 경우에는 그러하지 아니하다.
1. 건축물의 건축 또는 공작물의 설치

제57조(개발행위허가의 절차) ④ 특별시장·광역시장·시장 또는 군수는 개발행위허가를 하는 경우에는 대통령령이 정하는 바에 따라 당해 개발행위에 따른 기반시설의 설치 또는 그에 필요한 용지의 확보·위해방지·환경오염방지·경관·조경 등에 관한 조치를 할 것을 조건으로 개발행위허가를 할 수 있다.

[관련논점]

— 인허가 의제제도
— 건축허가의 법적 성질
— 법정요건외의 사유에 의한 건축허가거부가능성
— 기속행위와 재량행위의 구별기준
— 비례원칙위반 여부
— 거부처분의 행정절차법 제21조 사전통지대상 여부

[답안구성]

Ⅰ. 논점의 정리
Ⅱ. 당해 건축허가의 법적 성질
1. 건축허가와 개발행위허가의 관계
(1) 인·허가의제제도
1) 의의
2) 근거 및 대상
3) 의제되는 범위
가. 학설
나. 판례
다. 검토

Ⅰ. 논점의 정리

사안에서 甲이 위법사유로 주장할 수 있는 것은 절차법적 위법사유로서 사전통지를 하지 아니하고 건축허가신청을 반려한 것이 행정절차법 제21조에 반한다는 것과 실체법적 위법사유로서 법정요건을 구비했지만 ① "장례식장이 신축될 경우 관광도시로서의 위상이 크게 손상되어 공익이 현저히 침해될 우려가 있다"는 사유와 ② "허가신청서에 첨부된 주민 동의서도 대부분 위조되었다"는 사유로 건축허가를 거부한 것을 들 수 있다.

이러한 甲의 위법주장의 당부를 판단하기 위해서는 우선 당해 건축허가의 법적 성질을 규명하여야 한다.

Ⅱ. 당해 건축허가의 법적 성질

1. 건축허가와 개발행위허가의 관계

(1) 인 · 허가의제제도

1) 의의

인 · 허가의제제도란 신청인이 관련법상 유사한 수개의 인 · 허가 등을 받아야 하는 경우 개별 근거법규에 근거해 주된 인 · 허가를 받으면 관련법상의 다른 인 · 허가 등을 받은 것으로 보는 것을 말한다. 원스톱행정을 통하여 민원인의 편의를 도모하기 위한 것이다.

2) 근거 및 대상

인・허가의 의제는 행정기관의 권한에 변경을 가져오므로 법률에 명시적인 근거가 있어야 하며 인・허가가 의제되는 범위도 법률에 명시되어야 한다. 통상 의제되는 인・허가 등이 민원인이 받아야 하는 인・허가를 규율하는 법률에 열거되어 있다. 예컨대 건축법 제8조는 건축허가를 받는 경우 국토의계획및이용에관한법률 제56조의 규정에 의한 개발행위허가, 농지법 제36조 제1항의 규정에 의한 농지전용허가를 포함하여 13개의 인・허가 등을 받은 것으로 의제하고 있다.

3) 의제되는 범위

가. 학설

이에 대하여는 학설은 ⅰ) 의제되는 인・허가의 행정청의 권한만이 주된 인・허가의 권한 행정청에 이전된다는 **권한집중설**, ⅱ) 의제되는 인・허가 등의 실체적 요건에는 전면적으로 구속되지만 신청된 주된 인・허가절차만 거치면 되고 의제되는 인・허가의 절차를 거칠 필요는 없다는 **절차집중설**, ⅲ) 의제되는 인・허가 등의 실체적 요건에는 전면적으로 구속되지만 주무행정기관은 의제되는 인・허가의 절차를 모두 일일이 거칠 필요는 없고 통합적으로 거치면 된다는 **제한적 절차집중설**이 있다

나. 판례

대법원은 "건설부장관이 구 주택건설촉진법 제33조에 따라 관계기관의 장과의 협의를 거쳐 사업계획승인을 한 이상 같은 제4항의 허가・인가・결정・승인 등이 있는 것으로 볼 것이고, 그 절차와 별도로 구 도시계획법 제12조 등 소정의 중앙도시계획위원회의 의결이나 주민의 의견청취 등 절차를 거칠 필요는 없다"고 판시(대판 1992.11.10. 92누1162)하고 있다.

다. 검토

생각건대 행정계획의 집중효에 있어서는 계획수립단계에서의 관계기관 등과의 협의나 합의체기관의 심의를 거쳐 주민과 지방자치단체 등 이해관계인의 참여 등의 절차를 거치는 것(계획확정절차)과 달리, 인・허가의제제도에서는 절차적 통제가 강하게 요구됨에도 불구하고 행정계획만큼 일정한 절차가 보장되고 있지 못하다는 점을 고려할 때 이를 구별하여 행정계획의 집중효에 있어서는 절차집중설이 타당하지만, 행정행위의 인・허가 의제제도에 있어서는 제한적 절차집중설이 타당하다고 판단된다.

(2) 사안의 경우

건축법 제8조 제6항은 건축허가를 받는 경우 국토의 계획 및 이용에 관한 법률 제56조의 규정에 의한 개발행위허가를 받은 것으로 의제하고 있다. 사안의 경우 甲이 국토의 계

획 및 이용에 관한 법률상의 도시지역으로서 녹지지역에 위치한 토지위에 장례식장을 신축하는 내용의 건축허가를 신청하였으므로, 건축허가를 받으면 건축법 제8조 제6항 규정에 따라 국토의 계획 및 이용에 관한 법률 제56조 규정에 의한 개발행위허가를 받은 것으로 의제된다. 따라서 건축허가시 허가권자는 제한적 절차집중설에 따라 개발행위허가요건 충족 여부뿐만 아니라 개발행위허가절차규정도 고려하여 건축허가 여부를 결정하여야 한다.

2. 기속행위인지 재량행위인지 여부

(1) 기속행위와 재량행위의 구별기준

이에 대해서는 종래 요건재량설과 효과재량설의 주장도 있었으나 오늘날 이러한 주장을 하는 자는 거의 없다. 행정청의 공법상 행위가 기속행위인지 재량행위인지를 구별함에 있어서도 일반적인 법해석의 방법론에 따라 판단하여야 할 것이다. 따라서 입법형성의 자유를 가지는 입법자가 행정권에 재량권을 부여했는지는 당해 행위의 근거가 된 법률규정에 대한 문리적 해석과 관련규정 및 입법취지 내지 입법목적을 고려하여 합리적 해석 및 당해 행위의 성질 등을 종합적으로 고려하여 판단하여야 할 것이다.

판례도 기속행위인지 재량행위인지를 구별함에 있어서는 "당해 행위의 근거가 된 법규의 체재형식과 그 문언, 당해 행위가 속하는 행정 분야의 주된 목적과 특성, 당해 행위 자체의 개별적 성질과 유형 등을 모두 고려하여 판단하여야 한다."고 판시(대판 2002.8.23. 2002두820; 대판 2001.2.9. 98두17593 등)하고 있다.

(2) 사안의 경우

1) 건축법 제8조 제1항의 건축허가의 법적 성질

건축법 제8조 제1항의 건축허가의 법적 성질이 기속행위인지 재량행위인지를 관계법률의 해석을 통해 불가능하나 건축허가는 본래 허용된 행위의 일반적·예방적 금지를 해제시켜 주는 것으로서 강학상 허가에 해당하므로 기속행위로 보아야 한다.[114]

2) 국토의 계획 및 이용에 관한 법률상의 도시지역으로서 녹지지역에 위치한 토지위에 장례식장을 신축하는 내용의 건축허가의 법적 성질

그런데 사안의 경우와 같이 건축허가를 받으면 건축법 제8조 제6항 제3호 규정에 따라 국토의 계획 및 이용에 관한 법률 제56조 규정에 의한 개발행위허가를 받은 것으로 의제되므로 재량행위인 국토의 계획 및 이용에 관한 법률에서 정한 도시지역 안에서 토지의 형질

---

114) 다만, 개발제한구역 내에서의 건축물의 건축에 대한 허가와 같이 사회적으로 유해한 행위나 바람직하지 않은 행위를 공익상 목적을 위해 원칙적으로 금지하고 예외적으로 금지를 해제하여 건축을 허가해 주는 경우에는 그 상대방에게 수익적인 것으로서 재량행위에 속한다 할 것이다(대판 2004.7.22. 2003두7606).

변경행위를 수반하는 건축허가의 법적 성질은 재량행위로 보아야 한다.

즉, 甲은 국토의 계획 및 이용에 관한 법률상의 도시지역으로서 녹지지역에 위치한 토지위에 장례식장을 신축하는 내용의 건축허가를 신청하였으므로, 시장 乙은 국토의 계획 및 이용에 관한 법률 제56조 규정에 의한 개발행위허가요건충족 여부 및 개발행위허가절차를 고려하여 건축허가를 하여야 한다. 그런데 장례식장이 동법 제56조 제1항 제1호 소정의 "건축물"에 해당하는 경우로서 대통령령이 정하는 행위가 기속행위인지 재량행위인지가 불분명하나, 동법 제57조 제4항 소정의 "위해방지·환경오염방지·경관·조경 등에 관한 조치를 취할 것으로 조건으로 개발행위허가를 할 수 있다"는 체재형식과 문언을 고려하면 개발행위허가는 재량행위라고 할 수 있고, 또한 동법 제36조 제1항 제1호 라목 소정의 녹지지역은 자연환경이나 도시의 무질서한 확산을 방지하기 위하여 녹지의 보전이 필요한 지역으로 행정권이 판단하여 지정된 것이라는 점, 장례식장을 도시지역 안에서 이러한 녹지지역에 건축하기 위해서는 토지형질변경을 수반한다는 점 등에 비추어 보면 국토의 계획 및 이용에 관한 법률상의 도시지역으로서 녹지지역에 위치한 토지위에 장례식장을 신축하는 내용의 건축허가는 재량행위라고 판단된다.

판례도 **건축허가의 법적 성질**과 관련하여 ㉠ **건축허가권자는 건축허가신청이 건축법 등 관계법규에서 정하는 어떠한 제한에 배치되지 않는 이상 당연히 같은 법조에서 정하는 건축허가를 하여야 한다**고 판시(대판 2006.11.9. 2006두1227; 대판 2003두4.25. 2002두3201 등)하고 있으며, 다만 ㉡ "**국토의 계획 및 이용에 관한 법률에서 정한 도시지역 안에서 토지의 형질변경행위를 수반하는 건축허가는** 건축법 제8조 제1항의 규정에 의한 건축허가와 국토의 계획 및 이용에 관한 법률 제56조 제1항 제2호의 규정에 의한 **토지의 형질변경허가의 성질을 아울러 갖는 것으로 보아야 할 것이고**, 같은 법 제58조 제1항 제4호, 제3항, 같은 법 시행령 제56조 제1항 [별표1] 제1호(가)목 (3), (라)목 (1), (마)목 (1)의 각 규정을 종합하면, 같은 법 제56조 제1항 제2호의 규정에 의한 **토지의 형질변경허가는 그 금지요건이 불확정개념으로 규정되어 있어 그 금지요건에 해당하는지 여부를 판단함에 있어서 행정청에게 재량권이 부여되어 있다고 할 것이므로, 같은 법에 의하여 지정된 도시지역 안에서 토지의 형질변경행위를 수반하는 건축허가는 결국 재량행위에 속한다.**"고 판시(대판 2005.7.14. 2004두6181)하고 있다.

Ⅲ. 당해 건축허가신청반려처분의 행정절차법 제21조의 절차상 위법 여부

1. 문제점

행정절차법 제21조는 "행정청은 당사자에게 의무를 부과하거나 권익을 제한하는 처분을 하는 경우에는 미리 처분의 제목, 처분의 내용, 법적 근거 등을 당사자 등에게 통지하여야 한다."고 규정하고 있다. 그런데 여기서의 사전통지의 대상이 되는 불이익 처분에 거부처분이 포함되는지 문제된다.

2. 학설

이에 대해서는 ⅰ) 신청을 하였어도 아직 당사자에게 권익이 부여되지 아니하였으므로 신청거부는 직접 당사자의 권익을 제한하는 것이 아니며, 신청 자체가 의견진술의 기회를 준 것으로 볼 수 있다는 점에서 사전통지의 대상이 아니라는 **부정설**[115]과 ⅱ) 신청시 전혀 고려하지 않았던 사유를 거부처분사유로 삼을 경우 의견진술의 기회가 주어질 필요가 있고, 신청에 따른 처분을 기대한 것이므로 거부처분은 당사자의 권익을 제한하는 처분에 해당한다는 **긍정설**[116]의 대립이 있다.

3. 판례

대법원은 "신청에 따른 처분이 이루어지지 아니한 경우에는 아직 당사자에게 권익이 부과되지 아니하였으므로 특별한 사정이 없는 한 신청에 대한 거부처분이라 하더라도 직접 당사자의 권익을 제한하는 것은 아니어서 신청에 대한 거부처분을 여기에서 말하는 '당사자의 권익을 제한하는 처분'에 해당한다고 할 수 없는 것이어서 처분의 사전통지의 대상이 된다고 할 수 없다."고 판시(대판 2003.11.28. 2003두674)하고 있다.

4. 검토

살피건대 사전통지는 당사자 등에게 하여야 하는바, 여기서 당사자 등이라 함은 행정청의 처분에 대하여 직접 그 상대가 되는 당사자와 행정청이 직권 또는 신청에 의하여 행정절차에 참여하게 한 이해관계인을 말하므로(행정절차법 제2조 제4호) 신청인은 여기서의 당사자에 해당하지 아니하다는 점에서 부정설이 타당하다. 왜냐하면 적법절차에 있어 의견진술 기회의 보장이란 당사자의 구체적인 권익을 방어하기 위하여 인정되는 소극적·방어권적 성질을 가지는 것이고 사전통지는 이러한 당사자의 의견제출권을 보장하기 위한 전제로서 행해지는 것이므로, 설령 신청인이 행정청에 처분을 하여줄 것을 요구할 수 있는 적극적 공권으로서의 법규상·조리상 신청권이 있다고 하더라도 이러한 신청인에게 방어권으로서의 의견진술권을 인정할 수는 없기 때문이다.

요컨대 법규상·조리상 신청권 있는 신청인의 처분의 신청에 대하여 행정청이 이를 거부를 하더라도 그로 인하여 제한될 수 있는 권익은 국민개인에게 인정되는 객관적·추상적 이익으로서의 법률상 보호이익(권리보호자격으로서의 법률상 이익)에 불과하고, 사전통지의 대상

115) 김향기, 개론, 266면; 박균성, 강의, 443면

116) 김철용, Ⅰ, 347면; 정하중, 개론, 387면; 오준근, 행정절차법, 340면; 김남진·김연태

이 되는 당사자에게 제한될 수 있는 권익은 법률상 보호되는 개별적·구체적 이익(원고적격으로서의 법률상 이익)이라는 점에서 신청에 대한 거부처분을 여기에서 말하는 '당사자의 권익을 제한하는 처분'에 해당한다고 할 수 없다. 따라서 판례와 같은 부정설이 타당하고, 재임용탈락통지를 함에 있어 사전통지를 하지 않았다 하여 행정절차법 제21조에 위반되어 절차상 위법이 있다고 볼 수 없다.[117]

5. 소결

사안의 경우 건축허가신청반려처분은 거부처분으로서 행정절차법 제21조 소정의 당사자의 권익을 제한하는 처분이 아니므로 사전통지의 대상이 되지 아니하고, 따라서 乙이 건축허가신청반려처분을 함에 있어 사전통지를 하지 않은 것은 절차위법에 해당하지 아니하여 甲이 이를 위법사유로서 주장하는 것은 타당하지 못하다.

Ⅳ. 당해 건축허가신청반려처분의 내용상 위법성 여부

1. 재량행위에 있어서 위법성 판단방법

기속행위와 재량행위는 위법성판단방법이 다르다. 즉, 기속행위의 경우 그 법규에 대한 원칙적인 기속성으로 인하여 법원이 사실인정과 관련법규의 해석적용을 통하여 일정한 결

117) 한편 이와 관련하여 "유감스럽게도 대법원 판례 중 특히 중요하다고 생각하는 것에 대하여 대법원에서 편찬한 위 대법원판례(대판 2003.11.28. 2003두674)해설에서 아무런 해설이 없어, 어찌하여 행정절차법 제21조의 사전통지의 대상이 되는 처분은 법문에도 없는 '직접 당사자의 권익을 제한하는 것에 한정해야 되는 것인지, 판결문에서 말하는 사전통지의 대상이 되는 '특별한 사정'이란 어떠한 경우를 말하는지 분명하지 않다"고 의문을 제기하면서(김철용, 고시계, 2005.8. 264면~267면), "그럼에도 불구하고 답안 작성자로서는 창의력을 발휘해서 판결이 말하는 '특별한 사정'으로는 어떠한 경우를 상정할 수 있고, 나아가 구체적으로 제시되어 있는 사례가 '특별한 사정'에 해당될 수 있는지를 논급하는 것도 시도해볼 필요가 있다. 그 시도가 의외로 높은 점수를 얻을 수도 있기 때문이다"고 한바 있다. 그러면서 "행정법원 부장판사를 지낸 윤형한 변호사는 위 대법원 2003두674 판결의 판시에 반대하는 평석 중에서 「어떠한 신청을 할 법규상이나 조리상의 권한이 있어야 이에 대한 거부가 쟁송법상 처분이 된다고 하는 이상, 그러한 신청인에게는 신청을 할 권한이 있다고 하는 것이고, 그렇다면 신청에 대한 거부는 신청인이 가지고 있는 어떠한 권익에 때한 제한이라 할 수 있을 것」(사전통지의 대상과 흠결의 효과, 행정판례연구 제10호, 220쪽 참조)이라는 견해를 피력하고 있다. 이들을 참고하여 답안을 구성하면 풍부한 답안이 될 수 있을 것이다"라고 기술하고 있다.

그러나 이러한 인식이나 위에서와 같은 부정설이나 긍정설에서 논거로 제시하는 신청 자체가 의견진술의 기회를 준 것으로 볼 수 있다는 학계의 그릇된 인식은 권리보호자격으로서의 법률상 이익과 원고적격으로서의 법률상 이익을 준별하지 못하는 데서 비롯된 것이라고 할 수 있고, 이 경우 위 판례의 판시에서 말하는 "특별한 사정"으로서, 예컨대 법률상 모든 국민개인에게 구체적인 권리로서 인정되는 정보공개청구권을 들 수 있을 것이다(공공기관의 정보공개에 관한 법률 제5조). 판례도 "정보공개청구권은 법률상 보호되는 구체적인 권리이므로 청구인이 공공기관에 대하여 정보공개를 청구하였다가 거부처분을 받는 것 자체가 법률상 이익의 침해에 해당한다."고 판시(대판 2003.12.12. 2003두8050)하고 있다. 그러나 뒤의 위 대법원 2003두674 판결의 판시에 반대하는 평석과 관련하여서는 앞에서 서술한 바와 같은 이유로 타당하지 못하다고 답안을 구성할 수 있을 것이다.

론을 도출한 후 그 결론에 비추어 행정청이 한 판단의 적법 여부를 독자의 입장에서 판정하는 방식에 의하게 되나, 재량행위의 경우 행정청의 재량에 기한 공익판단의 여지를 감안하여 법원은 독자의 결론을 도출함이 없이 당해 행위에 재량권의 일탈·남용이 있는지 여부만을 심사하게 되고, 이러한 재량권의 일탈·남용 여부에 대한 심사는 사실오인, 비례평등원칙위배 등을 그 판단대상으로 한다(대판 2007.5.31. 2005두1329).

2. 법정요건 외의 사유로 건축허가를 거부할 수 있는지 여부

건축허가는 본래 허용된 행위의 일반적·예방적 금지를 해제시켜주는 것으로서 강학상 허가에 해당하므로 기속행위로 보아야 하므로 원칙적으로 요건을 갖춘 자에 대한 허가를 관계법령에서 정하는 제한 사유 이외의 사유를 들어 거부할 수는 없다고 할 것이다. 다만 건축허가는 본래 허용된 행위를 공익상의 필요를 위하여 법령상 제한사유를 두어 일반적·상대적으로 금지하고 있는바, 이러한 법령의 입법취지상 설사 법령상의 제한사유에 해당하지 않더라도 중대한 공익상 필요가 있는 경우에는 건축허가를 거부할 수 있다고 보아야 할 것이다.

따라서 건축허가권자는 건축허가신청이 건축법 등 관계 법규에서 정하는 어떠한 제한에 배치되지 않는 이상 당연히 같은 법조에서 정하는 건축허가를 하여야 하고, 중대한 공익상의 필요가 없음에도 불구하고, 요건을 갖춘 자에 대한 허가를 관계 법령에서 정하는 제한 사유 이외의 사유를 들어 거부할 수는 없다고 할 것이고(대판 2006.11.9. 2006두1227; 대판 2003.4.25. 2002두3201; 대판 1992.12.11. 92누3038 등 참조), 한편 사안의 경우와 같이 건축허가를 받으면 건축법 제8조 제6항 제3호 규정에 따라 국토의 계획 및 이용에 관한 법률 제56조 규정에 의한 개발행위허가를 받은 것으로 의제되므로 재량행위인 국토의 계획 및 이용에 관한 법률에서 정한 도시지역 안에서 토지의 형질변경행위를 수반하는 건축허가의 법적 성질은 재량행위로 보아야 하므로, 당해 건축허가권자는 당해 용도·규모 또는 형태의 건축물을 그 건축하고자 하는 용도지역에 건축하는 것이 적합한지의 여부를 확인하여 그 용도지역에 적합하지 아니한 경우 그 건축허가를 거부할 수 있다고는 할 것이다. 이와 같은 법리에 따라 사안의 경우 甲이 당해 반려처분이 위법하다고 주장할 수 있는 구체적 위법사유에 대하여 살펴보기로 한다.

(1) "허가신청서에 첨부된 주민 동의서도 대부분 위조되었다"는 사유로 한 반려처분의 위법성

사안에서 乙은 건축허가권자로서 건축허가 신청이 건축법 등 관계법규에서 정하는 어떠한 제한에 배치되지 않는 이상 같은 법조에서 정하는 건축허가를 하여야 함에도 불구하고 요건을 갖춘 자에 대하여 허가를 관계법령에서 정하는 제한 사유 이외의 "허가신청서에 첨부된 주민 동의서도 대부분 위조되었다"는 사유를 들어 거부하고 있는 바, 이는 중대한 공익상의 필요 등의 사유를 주장하는 것도 아니어서 관계법령상 개발행위허가를 포함한 건축허가거부처분의 사유가 될 수 없다. 따라서 "허가신청서에 첨부된 주민 동의서도 대부분 위조되었다"는 이유로 甲의 건축허가신청을 반려한 것은 위법하다 하겠다.

(2) "장례식장이 신축될 경우 관광도시로서의 위상이 크게 손상되어 공익이 현저히 침해될 우려가 있다"는 사유로 한 반려처분의 위법성

1) 문제의 소재

甲이 건축허가의 요건을 갖춘 자라 하더라도 甲은 국토의 계획 및 이용에 관한 법률상의 도시지역으로서 녹지지역에 위치한 토지위에 장례식장을 신축하는 내용의 건축허가를 신청하였으므로, 시장 乙은 국토의 계획 및 이용에 관한 법률 제56조 규정에 의한 개발행위허가요건 충족 여부 및 동법 제57조 규정에 의한 개발행위허가절차를 고려하여 건축허가를 할 수 있다. 그런데 장례식장을 건축하고자 하는 곳이 동법 제36조 제1항 제1호 라목 소정의 보전이 필요한 녹지지역이고, 동법 제57조 제4항 소정의 "위해방지·환경오염방지·경관·조경 등에 관한 조치를 취할 것으로 조건으로 개발행위허가를 할 수 있다"는 개발행위절차규정을 고려하여 중대한 공익상의 필요가 있는 경우에는 건축허가를 거부할 수도 있고, 건축허가시 고려해야 할 녹지지역으로서의 보전의 필요성이나 환경·경관·조경 등은 관광도시로서의 위상과 전혀 무관하다고 단정할 수도 없으므로 장례식장이 신축될 경우 관광도시로서의 위상이 크게 손상되어 공익이 현저히 침해될 우려와 건축허가불허처분으로 인하여 甲에게 초래될 수 있는 불이익을 비교·형량하여 乙의 건축허가신청반려처분이 재량권의 일탈·남용에 해당하여 위법한지 여부를 판단하기로 한다.

2) 비례의 원칙

가. 의의

비례원칙이란 행정목적을 실현하기 위한 구체적 수단의 선택에 있어서 달성하고자 하는 공익과 이로 인해 제한되는 개인의 권리 사이에 일정한 비례관계가 존재하도록 하여야 한다는 원칙을 말한다. 이는 과잉금지원칙이라고도 한다.

비례원칙은 일반·추상적인 법률을 적용함에 있어서 구체적인 경우에 가장 적절한 수단으로 개별적 정의를 실현하는 기능을 담당하게 된다.

나. 근거

일반적으로 자연법상의 형평 또는 정의에 기한 법의 일반원리로 파악되나, 헌법에 의해 제도화 되어 있는 경우(제37조 제2항)에는 헌법상의 원칙으로 볼 수 있다. 이 원칙은 경찰관직무집행법 제1조 제2항, 행정소송법 제27조 및 식품위생법 제62조 제4항 등에서 확인할 수 있으나, 개별규정이 없는 경우에도 비례원칙은 효력을 갖는다.

다. 내용

비례원칙은 합목적성, 적합성 ,필요성, 균형성의 원칙을 그 내용으로 하며, 이는 순차적 단계적 심사구조를 이룬다. 행정법에 있어서는 입법목적의 정당성(합목적성)의 원칙을 제외하고 후 3자만을 비례원칙의 내용으로 보기도 한다.

라. 사안의 검토

(가) 적합성의 원칙위배 여부 여기서는 행정기관이 취한 조치 또는 수단이 합법적인 목적달성에 일반적으로 기여할 수 있는가 여부를 심사한다. 이 경우 행정기관은 목적달성을 위하여 적합하다고 평가할 수 있는 다양한 수단 중에서 선택할 수 있는 권한을 갖는 것이므로, 행정기관이 선택한 수단보다 더 적합한 수단을 선택할 수 있었는가는 평가하지 않는다. 따라서 사안의 경우 건축허가불허처분이 이에 위배된다고 할 수 없다.

(나) 필요성의 원칙위배 여부 여기서는 선택된 수단이 당사자에게 덜 불이익한 수단인가 여부를 심사한다. 수단의 선택에 대해서는 행정기관에게 선택의 여지가 인정되고 있으므로, 이 기준의 심사를 위해서는 이러한 재량을 제약할 정도로 동일하게 효과적이면서도 덜 부담적인 수단의 선택을 요구하게 된다. 따라서 이 경우에는 구체적인 사정을 반영하여 심사하게 되는데, 이에 위반된다고 보기도 어렵다.

(다) 상당성의 원칙위배 여부 행정작용이 목적에 적합하고 최소 침해의 원칙에 부합한다 하더라도, 제한되는 당사자의 법익침해의 정도와 이러한 제한을 정당화하는 공익적 사정의 관계를 전체적으로 고려하여 선택한 수단이 비례적 관계에 있는가 여부를 심사해야 한다. 사안의 경우 비록 장례식장을 혐오시설이나 기피시설로는 볼 수 없고, 건축허가의 불허처분이 갑의 재산권행사에 불이익을 초래하는 점을 감안하더라도 갑이 장례식장을 건축하려는 곳은 도시지역에서 환경보전 등과 도시의 무질서한 확산을 방지하기 위해 보전이 필요한 녹지지역으로 지정된 것이라는 점, 그러한 녹지보전지역에 건물을 신축하다보면 환경오염발생을 무시할 수 없을 뿐만 아니라 관광도시로서의 위상에 걸맞는 경관이나 조경 등을 해칠 수 있는 점 등을 고려하면 甲의 국토의 계획 및 이용에 관한 법률상의 도시지역으로서 녹지지역에 위치한 토지위에 장례식장을 신축하는 내용의 건축허가신청에 대하여 乙이 "장례식장이 신축될 경우 관광도시로서의 위상이 크게 손상되어 공익이 현저히 침해될 우려가 있다"는 이유로 반려하였다 하여 이를 두고 재량권을 일탈·남용하여 위법한 거부처분이라고 할 수는 없다고 판단된다.

(3) 중간결론

따라서 乙의 건축허가신청반려처분은 재량권을 일탈·남용하여 위법한 것이라 할 수 없다.

3. 소결

결국 甲의 국토의 계획 및 이용에 관한 법률상의 도시지역으로서 녹지지역에 위치한 토지위에 장례식장을 신축하는 내용의 건축허가신청에 대하여 "허가신청서에 첨부된 주민 동의서도 대부분 위조되었다"는 이유로 甲의 건축허가신청을 반려한 것은 관계법령에서 정하는 제한 사유 이외의 사유를 들어 건축허가신청을 거부한 것으로 위법하고, 따라서 甲의 주장은 정당하다. 그러나 乙이 "장례식장이 신축될 경우 관광도시로서의 위상이 크게 손상되어 공익이 현저히 침해될 우려가 있다"는 이유로 반려한 것은 재량권을 일탈·남용하여 위법한 거부처분이라고 할 수는 없으므로 이에 대한 甲의 주장은 타당하지 못하다.

V. 사례의 해결

甲이 국토의 계획 및 이용에 관한 법률상의 도시지역으로서 녹지지역에 위치한 토지위에 장례식장을 신축하는 내용의 건축허가를 신청하였으므로, 건축허가를 받으면 건축법 제8조 제6항 규정에 따라 국토의 계획 및 이용에 관한 법률 제56조 규정에 의한 개발행위허가를 받은 것으로 의제된다. 따라서 건축허가시 허가권자는 제한적 절차집중설에 따라 개발행위허가요건충족 여부뿐만 아니라 개발행위허가절차규정도 고려하여 건축허가 여부를 결정하여야 하는바, 결국 시장 乙의 사안의 건축허가는 재량행위이므로 甲은 재량권을 일탈·남용했다고 판단되면 위법하다고 주장할 수 있다.

이에 사안을 검토하면 건축허가신청반려처분은 거부처분으로서 행정절차법 제21조 소정의 당사자의 권익을 제한하는 처분이 아니므로 사전통지의 대상이 되지 아니하고, 따라서 乙이 건축허가신청반려처분을 함에 있어 사전통지를 하지 않은 것은 절차위법에 해당하지 아니하여 甲이 이를 위법사유로서 주장하는 것은 타당하지 못하다.

한편, "허가신청서에 첨부된 주민 동의서도 대부분 위조되었다"는 이유로 甲의 건축허가신청을 반려한 것은 관계법령에서 정하는 제한 사유 이외의 사유를 들어 건축허가신청을 거부한 것으로 위법하고, 따라서 甲의 주장은 정당하다. 그러나 乙이 "장례식장이 신축될 경우 관광도시로서의 위상이 크게 손상되어 공익이 현저히 침해될 우려가 있다"는 이유로 반려한 것은 재량권을 일탈·남용하여 위법한 거부처분이라고 할 수는 없으므로 이에 대한 甲의 주장은 정당하지 못하다.

[참고판례] 한편 사안과는 달리 구 도시계획법상의 자연녹지지역에 위치한 토지 위에 장례식장을 신축하는 내용의 건축허가 신청을 한 경우, 장례식장에 대한 부정적인 정서와 그로 인한 공공시설의 이용 기피 등과 같은 막연한 우려나 가능성만으로 장례식장의 신축이 현저히 공공복리에 반한다고 볼 수 없

다는 이유로 위 건축허가신청을 반려한 처분은 위법하다고 판단한 원심판결을 수긍한 판례(대판 2004.6.24. 2002두3263)가 있다. 이를 소개한다.

원심은 채용 증거들에 의하여, 판시와 같은 사실을 인정한 다음, 구 건축법(2000. 1. 28. 법률 제6247호로 개정되어 2001. 1. 16. 법률 제6370호로 개정되기 전의 것) 제8조에 의한 건축허가권자는 건축허가신청이 건축법, 도시계획법 등 관계 법규에서 정하는 어떠한 제한에 배치되지 않는 이상 당연히 같은 법 조항에서 정하는 건축허가를 하여야 하고, 위 관계 법규에서 정하는 제한사유 이외의 사유를 들어 거부할 수는 없는바, **원고가 장례식장을 건축하려는 그 판시의 토지(이하 '이 사건 토지'라 한다) 부근에 2002년 월드컵축구대회의 공식연습장이나 대구-김해 간 고속도로 및 인터체인지가 건설중이거나 계획되어 있고 율하택지개발예정지구가 지정되어 있기는 하나, 이 사건 토지는 자연녹지지역에 위치하여 현재 농경지로 이용중이고, 그 주변에는 논과 밭이 있을 뿐 별다른 건물이 축조되어 있지 않으며, 위 택지개발예정지구 등 일반주거지역과는 위 논과 밭들에 의하여 구분되어 있어 이 사건 건물의 신축으로 인하여 위 일반주거지역의 쾌적한 환경이나 안온한 생활을 해칠 우려가 있을 것으로는 보이지 않고, 그 외에 이 사건 건물의 용도, 종류 및 규모를 감안하여 보면,** 이 사건 건물의 신축으로 인하여 주변의 환경·경관·미관 등이 크게 오염되거나 손상될 우려가 있다고 보기는 어렵고, 달리 원고의 이 사건 건축허가신청이 건축법, 도시계획법 등 관계 법규에서 정한 어떠한 제한에 배치된다고 볼 아무런 자료도 없으며, 나아가 이 사건 토지와 인근 토지의 이용상황, 이 사건 건물의 용도, 종류 및 규모나 고인의 죽음을 애도하고 사후명복을 기원하는 시설인 장례예식장을 혐오시설 내지 기피시설로 볼 수도 없는 점 등을 고려할 때, **장례식장에 대한 부정적인 정서와 그로 인한 공공시설의 이용 기피 등과 같은 막연한 우려나 가능성만으로 이 사건 건물의 신축이 현저히 공공복리에 반한다고 볼 수도 없다는 이유로 이 사건 건축허가신청을 반려한 이 사건 처분은 위법하다**고 판단하였다. 관련 증거를 기록에 비추어 살펴보면, 원심의 위와 같은 사실인정과 판단은 정당한 것으로 수긍이 가고, 한편 원심의 위와 같은 판단에는 이 사건 처분이 구 도시계획시설에관한규칙(2000. 8. 18. 건설교통부령 제257호로 전문 개정되기 전의 것) 제125조의3에도 위반되지 않는다는 취지의 판단까지 포함된 것으로 볼 수 있으므로, 원심의 판단에 상고이유에서 주장하는 바와 같은 심리미진으로 인하여 판단을 누락한 위법이 있다고 할 수 없다. 피고가 들고 있는 대법원 판결들은 일정한 경우에 건축허가관청이 건축허가신청을 불허할 수 있는 재량권을 가지고 있다는 취지의 것이고, 이 사건의 원심 판단은 앞서 본 제반 사정에 비추어 볼 때 이 사건 처분에 있어 건축허가관청의 재량권이 그 한계를 벗어났거나 남용되었다는 것이므로, 위 대법원판결들은 원심 판단을 비난할 선례로서 적절하지 아니하다.

〈사례연습 26〉 항고소송의 원고적격과 대상적격 및 행정개입청구권 등

관할청은 A등에게 공유수면매립법 등에 근거하여 새만금간척종합개발사업을 위한 공유수면매립면허처분 및 농지개량사업시행인가처분을 하였다. 이에 위 사업을 위한 환경영향평가대상지역 안의 주민인 甲과 환경영향평가대상지역 밖의 주민인 乙, 환경영향평가대상지역 밖에 거주하지만 대상지역 안에 토지를 소유하고 있는 丙은 공유수면매립과 농지개량사업시행으로 인하여 직접적이고 중대한 환경피해를 입고 있다고 주장하며 위 처분 에 대한 무효확인소송을 제기하였다.

한편 위 사업의 환경영향평가 대상지역 안의 주민인 丁은 공유수면매립과 농지개량사업시행으로 인하여 직접적이고 중대한 환경피해를 입고 있다고 주장하며 공유수면매립면허의 처분청에게 공유수면매립법 제32조 제8호에서 정한 취소·변경 등의 사유가 있음을 이유로 면허의 취소·변경을 요구하였다. 이에 대하여 처분청이 취소권의 행사를 거부하자, 丁은 그 거부처분의 취소를 구하는 소를 제기하였다.

(1) 甲과 乙, 丙에게 원고적격이 인정되는지에 대하여 논하시오.(25점)

(2) 丁이 제기한 소의 적법성에 대하여 논하시오. (25점)

[참조조문]

공유수면매립법

제1조(목적) 이 법은 공유수면을 지속적인 이용이 가능하도록 환경친화적으로 보전·매립하고 매립지를 효율적으로 이용하게 함으로써 공공의 이익을 증진하고 국민생활의 향상에 이바지함을 목적으로 한다.

제32조(면허의 취소 등) 면허관청은 다음 각호의 어느 하나에 해당하는 경우에는 이 법에 따른 면허 또는 실시계획승인을 취소하거나 공유수면에 설치한 건축물·시설물 그 밖의 공작물의 소유자·점유자 그 밖의 업무를 위탁받은 자에 대하여 공사의 중지를 명하거나 건축물·시설물 그 밖의 공작물의 개축·제거·수선·사용금지·사용제한·원상회복이나 그 밖의 필요한 조치를 명할 수 있다.

8. 관련 산업의 발전, 국가 또는 지방자치단체의 관련계획변경 등 공유수면과 직접 관련된 상황의 변경으로 필요한 경우

환경영향평가법

제1조(목적) 이 법은 환경영향평가 대상사업의 사업계획을 수립·시행할 때 미리 그 사업이 환경에 미칠 영향을 평가·검토하여 친환경적이고 지속가능한 개발이 되도록 함으로써 쾌적하고 안전한 국민생활을 도모함을 목적으로 한다.

제4조(환경영향평가 대상사업) ① 환경영향평가를 실시하여야 하는 사업(이하"환경영향평가 대상사업"이라 한다)은 다음 각 호와 같다.

10. 개간 및 공유수면의 매립사업

제9조(환경영향평가 대상지역) 환경영향평가는 환경영향평가 대상사업의 시행으로 영향을 받게 되는 지역으로서 환경영향을 과학적으로 예측·분석한 자료에 따라 그 범위가 설정된 지역에 대하여 실시하여야 한다.

환경정책기본법

제6조(국민의 권리와 의무) ① 모든 국민은 건강하고 쾌적한 환경에서 생활할 권리를 가진다.

② 모든 국민은 국가 및 지방자치단체의 환경보전시책에 협력하여야 한다.

③ 모든 국민은 일상생활에 따르는 환경오염과 환경훼손을 줄이고, 국토 및 자연환경의 본전을 위하여 노력하여야 한다.

헌법

제35조 ① 모든 국민은 건강하고 쾌적한 환경에서 생활할 권리를 가지며, 국가와 국민은 환경보전을 위하여 노력하여야 한다.

② 환경권의 내용과 행사에 관하여는 법률로 정한다.

[관련논점]

- 행정소송법 제35조 소정의 "확인을 구할 법률상 이익"의 의미
- 원고적격의 구체적 판단기준으로서 보호규범 3단계론과 수인한도의 법리
- 제3자의 원고적격 인정 요건
- 법규상 또는 조리상 신청권
- 권리보호자격으로서 법률상 보호이익의 판단기준으로서 예측가능성과 기대가능성의 법리
- 무하자재량행사청구권
- 행정개입청구권

[답안구성]

Ⅰ. 논점의 정리
Ⅱ. 설문 (1)의 해결
1. 항고소송의 원고적격으로서의 "법률상 이익"의 의미
2. 원고적격의 구체적 판단기준과 원고적격의 인정 요건
(1) 원고적격의 구체적 판단기준
1) 법적 규율로서의 원고적격과 보호규범 3단계론
2) 법의 일반 원리로서의 원고적격과 수인한도의 법리
(2) 원고적격의 인정 요건
1) 원고적격으로서의 법률상 이익과 불문의 소송요건으로서 권리보호필요성
2) 원고적격의 존재 요건
3. 행정소송법 제35조 소정의 "확인을 구할 법률상 이익"의 의미
(1) 문제점
(2) 학설
1) 즉시확정이익설
2) 법적보호이익설
(3) 판례
1) 종래 판례의 태도
2) 변경된 판례의 태도
(4) 검토
(5) 중간결론
4. 행정처분의 직접 상대방이 아닌 제3자의 원고적격 인정 여부 및 인정 요건
(1) 제3자의 원고적격
1) 제3자의 원고적격 인정 여부
2) 제3자의 원고적격 인정요건
(2) 행정처분의 근거 법규 또는 관련 법규에 그 처분으로써 이루어지는 행위 등 사업으로 인하여 개인의 어떠한 권익이 침해를 받으리라고 예상되는 영향권의 범위가 구체적으로 규정되어 있는 경우 제3자의 원고적격
1) 권익침해 예상 영향권 내의 주민의 경우
2) 권익침해 예상 영향권 밖의 주민의 경우
3) 설문의 경우
(3) 乙과 丙의 경우 헌법상의 환경권 또는 환경정책기본법에 근거하여 공유수면매립면허처분과 농지개량사업 시행인가처분의 무효확인을 구할 원고적격을 인정할 수 있는지 여부
1) 문제점
2) 판례의 태도
3) 검토
5. 소결
Ⅲ. 설문 (2)의 해결
1. 문제의 소재
2. 공유수면매립면허취소처분의 법적 성질
(1) 기속행위와 재량행위의 구별기준
(2) 사안의 검토
3. 丁이 제기한 소의 적법성
(1) 거부처분취소의 소의 적법요건
(2) 대상적격
1) 소송의 대상
2) 대상적격
가. 대상적격의 의의
나. 국민의 처분의 신청에 대한 행정청의 거부처분이 항고소송의 대상이 되는 처분이 되기 위한 요건
(가) 문제점
(나) 판례의 태도
(다) 학설
(라) 검토

Ⅰ. 논점의 정리

설문 (1)에서는 행정청의 적극적 처분에 대한 원고 甲과 乙, 丙의 방어소송으로서 그 처분의 무효 확인을 구할 법률상 이익으로서의 원고적격의 존부가 문제되는바, 항고소송의 원고적격으로서의 "법률상 이익"(행정소송법 제12조, 제35조, 제36조)의 의미가 무엇인지, 행정소송법 제35조 소정의 "확인을 구할 법률상 이익"의 의미가 무엇인지를 살펴보고, 특히 처분의 직접 상대방이 아닌 제3자의 원고적격이 인정되기 위한 요건이 무엇인지를 살펴보아야 한다.

설문 (2)에서는 특히 공유수면매립법 제32조에 의한 공유수면매립면허취소처분의 법적 성질이 재량행위인 경우에도 丁에게 자신의 이익을 위하여 행정청에게 일정한 행위를 요구할 법상의 힘인 적극적 공권으로서 강학상 무하자재량행사청구권이나 강학상 행정개입청구권이 있는지가 소의 대상적격 또는 원고적격과 관련하여 문제되므로 이를 검토하여야 한다.

Ⅱ. 설문 (1)의 해결

1. 항고소송의 원고적격으로서의 "법률상 이익"의 의미

이에 대하여는 학설은 권리회복설, 보호가치있는 이익구제설, 적법성보장설도 있으나, 적법성보장설은 우리 행정소송법이 취하고 있는 주관소송의 원칙에 반할 뿐 아니라 민중소송화할 우려도 있어 취하기 어렵고, 보호가치 있는 이익구제설도 보호할 가치가 있는 이익인지 여부를 법원이 판단한다는 점에서 법원에 법규창조력을 인정하게 되어 권력분립주의에 반한다. 권리회복설은 전통적 권리만을 공권으로 보아 원고적격의 범위를 너무 좁게 보아 문제가 있다. 그러므로 행정소송법이 항고소송의 원고적격에 대하여 '법률상 이익'이라고 명문으로 규정하고 있는 점, 여기서의 법률상 이익은 법에 의하여 보호되는 원고의 구체적인 권리 또는 이익침해와 관련되는 것이라는 점(행정소송법 제1조 전단 참조)에서 법률상 보호되는 이익설이 타당하다고 하겠다.

다만, 여기에서 말하는 법률상 보호되는 이익이라 함은 당해 처분의 근거 법규 및 관련 법규에 의하여 보호되는 개별적 · 직접적 · 구체적 이익이 있는 경우를 말한다. 판례도 이와 같다.

2. 원고적격의 구체적 판단기준과 원고적격의 인정 요건

(1) 원고적격의 구체적 판단기준

1) 법적 규율로서의 원고적격과 보호규범 3단계론

원고적격으로서 보호되는 개별적 · 직접적 · 구체적 이익으로서의 법률상 이익의 존부를 판단함에 있어서 입법자는 입법형성의 자유를 가지므로 먼저 국민개인의 구체적 이익을 보호하기 위한 명시적인 법률을 통해서 그를 확인하여야 하고, 개별법률의 사익보호성 여부가 불분명한 경우에는 관련법규의 목적과 취지 등을 고려하여 합리적 해석을 시도하여야 하며, 국민의 기본권에 대한 직접적이고 중대한 침해가 있음에도 불구하고 보호법규가 없는 경우에는 입법재량의 영(0)으로의 수축의 법리에 의해 직접 헌법상의 기본권규정이 그 보호규범이 된다고 보아야 한다.

2) 법의 일반 원리로서의 원고적격과 수인한도의 법리

권한 있는 기관의 어떠한 법적 규율은 예측가능성을 전제로 하는 법치국가원리의 구성요소로서의 법적 안정성의 원리, 즉 사회구성원 각자가 어떠한 법적 규율을 신뢰하고 그에 따라 행동함으로써 법적 안정성의 이익이라는 공익을 향유하기 위해서는 국민개인은 사회통념상 그 수인이 기대되는 정도의 불이익을 감수해야만 한다는 법의 일반원리에 기초한 것이다. 따라서 위법한 처분 등으로 인하여 침해된 권리 또는 이익을 구제하기 위하여 항고소송을 제기할 원고적격을 인정하기 위해서는 어떠한 법률이 개인의 구체적 권리 또는 이익을 보호하고 있는 경우에도 그 구체적 권리의 보호영역과 그 침해 여부의 불명확성 때문에 침해의 직접성과 중대성, 즉 사회통념상 그 수인이 기대가능하지 않은 침해가 있을 것을 요구된다(수인한도의 법리).

(2) 원고적격의 인정 요건

1) 원고적격으로서의 법률상 이익과 불문의 소송요건으로서 권리보호필요성

원고적격으로서의 법률상 이익은 원고의 측면에서 본 법률상 보호되는 개별적 · 구체적 이익의 문제라면 협의의 소의 이익인 권리보호필요성은 그러한 이익에 대한 직접적이고 중

대한 침해 또는 침해우려가 있어 소송을 통해 그러한 불이익을 제거할 객관적·현실적 이익의 문제로서 특히 후자는 "이익 없으면 소 없다"는 법언이 지적하듯이 소송제도에 필연적으로 내재하는 불문의 소송요건이다.

2) 원고적격의 존재 요건

따라서 항고소송의 원고적격, 즉 처분등의 취소나 무효확인 또는 부작위위법확인을 "구할 법률상 이익"이 존재하기 위해서는 처분등이나 부작위로 인하여 법률상 직접 보호되는 개별적·구체적 이익(원고적격으로서의 법률상 이익)에 대한 직접적이고 중대한 침해 또는 침해우려가 있어 소송을 통해 그러한 불이익을 제거할 객관적·현실적 필요성이 있어야 한다(불문의 소송요건으로서 권리보호필요성).

3. 행정소송법 제35조 소정의 "확인을 구할 법률상 이익"의 의미

(1) 문제점

행정소송법 제35조는 원고적격과 관련하여 "무효등확인소송은 처분등의 효력 유무 또는 존재 여부의 확인을 구할 법률상 이익이 있는 자가 제기할 수 있다"고 규정하고 있는바, 이때의 "확인을 구할 법률상 이익"이 무엇을 의미하는지에 대하여 견해가 갈리고 있다.

(2) 학설

1) 즉시확정이익설

확인소송의 보충성을 논거로 민사소송에서의 확인의 이익과 같은 즉시확정의 법률상 이익으로 이해한다. 한편 취소소송의 경우와는 달리 행정소송법 제35조는 원고적격에 대한 규정일 뿐만 아니라 협의의 소의 이익에 관한 의미도 가지고 있다고 보아 이 설을 취하는 견해도 있다.

2) 법적보호이익설

항고소송에서의 확인의 이익은 처분을 다툰다는 의미에서 확인의 이익으로 해석할 뿐이므로 민사소송에서의 확인의 이익보다 넓은 개념으로 이해해야 한다고 한다.

(3) 판례

1) 종래 판례의 태도

종래 대법원은 무효확인소송이 확인소송으로서의 성질을 가지고 있으므로 민사소송에서의 확인의 소와 마찬가지로 '보충성에 관한 확인의 이익'을 갖추어야 한다고 보아, 민사소송에서 과세처분의 무효를 전제로 기납세금에 대한 부당이득반환을 청구하거나(전합 1982.3.23. 80누476; 대판 1992.9.8. 92누4383 등), 공무원면직처분의 무효를 전제로 급료청구 또는 손해배상청구를 할 수 있으므로(대판 1991.6.28. 90누9346; 대판 1993.1.15. 91누5747) 이러한 경우 당해 처분에 대한 무효확인소송을 제기할 확인의 이익이 없다고 하였다.

2) 변경된 판례의 태도

그러나 최근 대법원은 전원합의체판결로서 이러한 견해를 변경하여 "① 행정소송은 행정청의 위법한 처분등을 취소·변경하거나 그 효력 유무 또는 존재 여부를 확인함으로써 국민의 권리 또는 이익의 침해를 구제하고, 공법상의 권리관계 또는 법적용에 관한 다툼을 적정하게 해결함을 목적으로 하는 것이므로, 대등한 주체 사이의 사법상 생활관계에 관한 분쟁을 심판대상으로 하는 민사소송과는 그 목적, 취지 및 기능 등을 달리한다. 또한 ② 행정소송법 제4조에서는 무효확인소송을 항고소송의 일종으로 규정하고 있고, ③ 행정소송법 제38조 제1항에서는 처분등을 취소하는 확정판결의 기속력 및 행정청의 재처분의무에 관한 행정소송법 제30조를 무효확인소송에도 준용하고 있으므로 무효확인판결 자체만으로도 실효성을 확보할 수 있다. 그리고 ④ 무효확인소송의 보충성을 규정하고 있는 외국의 일부 입법례와는 달리 우리나라 행정소송법에는 명문의 규정이 없어 이로 인한 명시적 제한이 존재하지 않는다. ⑤ 이와 같은 사정을 비롯하여 행정에 대한 사법통제, 권익구제의 확대와 같은 행정소송의 기능 등을 종합하여 보면, 행정처분의 근거 법률에 의하여 보호되는 직접적이고 구체적인 이익이 있는 경우에는 행정소송법 제35조에 규정된 '무효확인을 구할 법률상 이익'이 있다고 보아야 하고, 이와 별도로 무효확인소송의 보충성이 요구되는 것은 아니므로 행정처분의 무효를 전제로 한 이행소송 등과 같은 직접적인 구제수단이 있는지 여부를 따질 필요가 없다고 해석함이 상당하다"고 판시(전합 2008.3.20. 2007두6342)하였다.

(4) 검토

살피건대 하자있는 행정행위가 무효인지 취소인지는 상대적인 것이므로 그 하자가 중대하고 명백하여 무효임이 입증될 때까지 여전히 행정행위의 공정력을 인정할 것인지 여부에 따라 무효확인소송을 민사소송으로 규정할 것인지 아니면 항고소송으로 규정할 것인지는 입법정책의 문제이다. 그런데 일본 행정사건법과는 달리, 우리 현행 행정소송법은 독일(행정법원법 제43조 제2항 제2문)이나 프랑스처럼 무효등확인소송을 공정력을 깨뜨리는 절차인 항고소송으로 규정하고 있다. 그럼에도 불구하고 종래의 대법원은 무효등확인소송에 관하여 특별한 규정을 두지 아니한 구 행정소송법 아래서의 판단을 여전히 답습하고 있었던 것이다.

따라서 하자있는 행정행위의 위법성을 확인하여 적극적·소극적 위법상태를 배제하는 소송인 항고소송으로서의 무효확인소송은 당사자의 권리·의무의 존부를 공권적으로 확인하는 소송인 민사소송과는 그 목적, 취지 및 기능 등을 달리하여 그 성질을 민사소송과 동일하게 볼 수 없고, 행정소송법 제38조 제1항에서는 처분등을 취소하는 확정판결의 기속력에 관한 행정소송법 제30조를 무효확인소송에도 준용하고 있어서 무효확인판결 자체만으로도 상대방의 법률상 지위에 대한 현존하는 불안을 해소하는데 유효·적절한 수단이 될 수 있으므로, 무효등 확인을 구할 법률상 이익이 존재하기 위해서는 다른 항고소송에서와 마찬가지로 처분등으로 인하여 법률상 직접 보호되는 개별적·구체적 이익(원고적격으로서의 법률상 이익)에 대한 침해 또는 침해우려가 있어 소송을 통해 그러한 불이익을 제거할 현실적 필요성(불문의 소송요건으로서 권리보호필요성)이 있는 경우에는 행정소송법 제35조에 규정된 '확인을 구할 법률상 이익'이 있다고 보아야 하고, 행정처분의 무효를 전제로 한 이행소송 등과 같은 직접적인 구제수단이 있는지 여부를 따질 필요가 없다고 보아야 할 것이다.

(5) 중간결론

사안의 경우 甲과 乙, 丙에게 관할청이 A등에게 한 새만금간척종합개발사업을 위한 공유수면매립면허처분 및 농지개량사업시행인가처분의 근거 법률에 의하여 보호되는 개별적·직접적·구체적 이익(원고적격으로서의 법률상 이익)에 대한 현실적인 침해 또는 침해 위험이 있는 경우(불문의 소송요건으로서 권리보호필요성)에는 행정소송법 제35조에 규정된 '확인을 구할 법률상 이익'이 있다고 보아야 한다.

그런데 사안의 경우와 같이 처분의 직접 상대방이 아니고 제3자인 甲과 乙, 丙에게도 원고적격이 인정될 수 있는지, 인정된다면 그 요건은 무엇인지 살펴보아야 한다.

4. 행정처분의 직접 상대방이 아닌 제3자의 원고적격 인정 여부 및 인정 요건

(1) 제3자의 원고적격

1) 제3자의 원고적격 인정 여부

사법상의 법률행위나 행정행위 아닌 공법상의 행위가 의사표시의 당사자만을 구속하는 것과는 달리 공법상 권한 있는 기관의 법적 규율로서의 행정행위는 모든 사회구성원 각자를 구속한다. 따라서 행정청의 행정처분은 그 직접 상대방은 물론 이해관계 있는 제3자도 구속하므로 행정처분의 직접 상대방이 아닌 제3자라 하더라도 당해 행정처분으로 인하여 법률상 보호이익이 침해당한 경우에는 그 처분의 취소나 무효확인을 구할 법률상 이익, 즉 원고적격이 인정되며, 여기에서 말하는 법률상 보호되는 이익이라 함은 당해 처분의 근거 법규 및 관련 법규에 의하여 보호되는 개별적·직접적·구체적 이익이 있는 경우를 말한다.

2) 제3자의 원고적격 인정요건

한편 당해 처분의 근거 법률에 의하여 보호되는 직접적이고 구체적인 이익이 있는 경우라 하더라도 권리 또는 이익의 보호영역과 그 침해 여부의 불명확성 때문에 침해의 직접성과 중대성, 즉 그 수인이 기대가능하지 않은 침해가 있을 것이 요구되고, 항고소송은 위법한 처분으로 인한 자신의 권리 또는 이익침해를 구제하기 위한 절차이므로, 행정처분의 직접 상대방이 아닌 제3자로서는 원칙적으로 자신의 어떠한 이익이 그 처분 전과 비교하여 수인한도를 넘는 침해 또는 침해우려가 있음을 증명하여야 자신의 어떠한 이익 법률상 보호되는 이익으로 인정됨으로써 원고적격이 인정된다.[118]

(2) 행정처분의 근거 법규 또는 관련 법규에 그 처분으로써 이루어지는 행위 등 사업으로 인하여 개인의 어떠한 권익이 침해를 받으리라고 예상되는 영향권의 범위가 구체적으로 규정되어 있는 경우 제3자의 원고적격

1) 권익침해 예상 영향권 내의 주민의 경우

영향권 내의 주민들에 대하여는 당해 처분으로 인하여 직접적이고 중대한 피해를 입으리라고 예상할 수 있으며, 이와 같은 이익은 주민개개인에 대하여 개별적으로 보호되는 직접적·구체적 이익으로서 그들에 대하여는 특단의 사정이 없는 한 그러한 이익에 대한 침해 또는 침해 우려가 있는 것으로 사실상 추정되어 법률상 보호되는 이익으로 인정됨으로써 원고적격이 인정된다고 할 수 있다. 한편, 환경상 이익에 대한 침해 또는 침해우려가 있는 것으로 사실상 추정되어 원고적격이 인정되는 사람에는 환경상 침해를 받으리라고 예상되는 영향권 내의 주민들을 비롯하여 그 영향 내에서 농작물을 경작하는 등 현실적으로 환경상 이익을 향유하는 사람들도 포함된다. 그러나 단지 그 영향권 내의 건물·토지 등을 소유하거나 환경상 이익을 일시적으로 향유하는데 그치는 사람은 포함되지 않는다(대판 2009.9.24. 2009두2825 참조).

2) 권익침해 예상 영향권 밖의 주민의 경우

그러나 그 영향권 밖의 주민들은 당해 처분으로 인하여 그 처분 전과 비교하여 수인한도를 넘는 어떠한 피해를 받거나 받을 우려가 있다는 자신의 어떠한 이익에 대한 직접적인 침해 또는 침해 우려가 있음을 입증하여야만 자신의 이익이 개별적으로 보호되는 직접적·구체적 이익, 즉 법률상 보호되는 이익으로 인정되어 원고적격이 인정된다.

3) 설문의 경우

따라서 사안의 경우 환경영향평가 대상지역 안의 주민인 甲의 경우에는 특단의 사정이 없는 한 자신의 환경상 이익에 대한 침해 또는 침해 우려가 있는 것으로 사실상 추정되어 법률상 보호되는 이익으로 인정됨으로써 원고적격이 인정된다고 할 것이다. 그러나 환경영

---

118) 이러한 법리에 따라 판례도 행정처분의 직접 상대방이 아닌 자로서 그 처분에 의하여 자신의 재산상·환경상 이익이 침해받거나 침해받을 우려가 있다는 이유로 취소나 무효확인을 구하는 제3자는, 자신의 재산상·환경상 이익이 그 처분의 근거 법규 또는 관련 법규에 의하여 개별적·직접적·구체적으로 보호되는 이익, 즉 법률상 보호되는 이익임을 증명하여야 원고적격이 인정된다고 판시하고 있다(대판 2009.9.24. 2009두2825; 대판 2008.9.11. 2006두7577; 대판 2006.12.22. 2006두14001 등 참조).

향평가대상지역 밖의 주민인 乙의 경우에는 당해 처분으로 인하여 그 처분 전과 비교하여 수인한도를 넘는 환경피해를 받거나 받을 우려가 있다는 자신의 환경상 이익에 대한 침해 또는 침해 우려가 있음을 입증하여야만 법률상 보호되는 이익으로 인정되어 원고적격이 인정된다.

한편, 환경영향평가대상지역 밖에 거주하지만 대상지역 안에 토지를 소유하고 있는 丙의 경우 환경영향평가지역 내에 토지를 소유하고 있다는 사실만으로 자신의 환경상 이익에 대한 침해 또는 침해 우려가 있는 것으로 사실상 추정된다고 볼 수 없고, 처분 전과 비교하여 수인한도를 넘는 환경피해를 받거나 받을 우려가 있다는 자신의 환경상 이익에 대한 침해 또는 침해 우려가 있음을 입증하여야만 법률상 보호되는 이익으로 인정되어 원고적격이 인정된다고 할 것이다.

(3) 乙과 丙의 경우 헌법상의 환경권 또는 환경정책기본법에 근거하여 공유수면매립면허처분과 농지개량사업 시행인가처분의 무효확인을 구할 원고적격을 인정할 수 있는지 여부

1) 문제점

환경영향평가 대상지역 밖에 거주하는 주민인 乙이 당해 처분으로 인하여 그 처분 전과 비교하여 수인한도를 넘는 환경피해를 받거나 받을 우려가 있다는 자신의 환경상 이익에 대한 침해 또는 침해 우려가 있음을 입증하지 못한 경우에도, 乙에게 헌법상의 환경권 또는 환경정책기본법에 근거하여 공유수면매립면허처분과 농지개량사업 시행인가처분의 무효확인을 구할 원고적격이 인정될 수 있는지 문제된다.

2) 판례의 태도

대법원은 "헌법 제35조 제1항에서 정하고 있는 환경권에 관한 규정만으로는 그 권리의 주체 · 대상 · 내용 · 행사방법 등이 구체적으로 정립되어 있다고 볼 수 없고, 환경정책기본법 제6조도 그 규정 내용 등에 비추어 국민에게 구체적인 권리를 부여한 것으로 볼 수 없으므로 환경영향평가 대상지역 밖에 거주하는 주민에게 헌법상의 환경권 또는 환경정책기본법에 근거하여 공유수면매립면허처분과 농지개량사업 시행인가처분의 무효확인을 구할 원고적격이 없다"고 판시(전합 2006.3.16. 2006두330)하고 있다

3) 검토

항고소송의 원고적격으로서의 법률상 보호되는 권리 또는 이익은 구체적인 것이어야 한다. 그런데 헌법 제35조 제1항 "모든 국민은 건강하고 쾌적한 환경에서 생활할 권리를 가지며"라고 하고, 동조 제2항에서 "환경권의 내용과 행사에 관하여는 법률로 정한다."고 규정하고 있는바, 헌법 제35조 제1항에서 정하고 있는 환경권은 추상적 권리로서 법률에 의

하여 그 권리의 내용이 구체적으로 정립된 경우에만 소송을 통해 보호받을 수 있는 구체적 권리가 된다고 할 것이고, 마찬가지로 환경정책기본법을 근거로 원고적격으로서의 개별적・직접적・구체적 보호 이익을 도출할 수 없다고 하겠다.

따라서 乙과 丙에게 헌법상의 환경권 또는 환경정책기본법에 근거하여서도 공유수면매립면허처분의 무효확인을 구한 원고적격을 인정할 수 없다.

5. 소결

항고소송으로서의 무효확인소송은 민사소송으로서의 확인소송과는 그 본질이 다르므로 민사소송으로서의 확인소송의 경우와 같이 확인의 소의 보충성은 필요 없고, 따라서 행정소송법 제35조 소정의 "법률상 이익"의 의미도 다른 항고소송에서처럼 법률상 보호되는 개별적・직접적・구체적인 이익이 객관적・현실적으로 침해될 수 있으면 원고적격이 인정된다고 보아야 한다.

그런데 甲과 乙, 丙은 처분의 직접 상대방이 아닌 제3자인바, 이들에게 원고적격이 인정되기 위해서는 공유수면매립면허처분과 사업시행인가처분으로 인하여 자신의 환경상 이익에 대한 직접적이고 중대한 침해를 받거나 침해받을 우려가 있다는 이유로 항고소송을 제기하는 제3자는 자신의 환경상 이익이 그 처분의 근거법규 또는 관련법규인 공유수면매립법, 환경영향평가법 등에 의하여 개별적・직접적・구체적으로 보호되는 이익, 즉 법률상 보호되는 이익임을 입증하여야 한다. 다만 행정처분의 근거 법규 또는 관련 법규에 그 처분으로써 이루어지는 행위 등 사업으로 인하여 환경상 침해를 받으리라고 예상되는 영향권의 범위가 구체적으로 규정되어 있는 경우에 환경영향평가 대상지역 안의 주민인 甲에게는 환경상 이익에 대한 침해 또는 침해 우려가 있는 것으로 사실상 추정되어 법률상 보호되는 이익으로 인정됨으로써 원고적격이 인정된다고 할 수 있으나, 환경영향평가 대상지역 밖의 주민인 乙과 丙의 경우에는 비록 丙과 환경영향평가 대상지역 안에 토지를 소유하고 있다고 하더라도 당해 처분으로 인하여 법률상 보호되는 자신의 환경상 구체적 이익에 대한 수인한도를 넘는 침해 또는 침해 우려가 있음을 입증하여야 원고적격이 인정될 수 있고, 추상적 권리에 불과한 헌법상의 환경권 또는 환경정책기본법에 근거하여 공유수면매립면허처분의 무효확인을 구할 원고적격이 인정된다고 할 수는 없다.

Ⅲ. 설문 (2)의 해결

1. 문제의 소재

환경영향평가 대상지역 안의 주민 丁의 처분의 신청에 대한 행정청의 거부처분에 대한 취소를 구하는 소가 적법하기 위해서는 특히 소의 대상적격과 丁의 원고적격이 요구되는바, 우선 공유수면매립법 제32조에 의한 공유수면매립면허취소처분의 법적 성질을 살펴보고, 만약 그것이 재량행위라면 재량행위인 경우에도 국민에게 자신의 이익을 위하여 행정청에게 일정한 행위를 요구할 법상의 힘인 강학상 무하자재량행사청구권이 있는지, 특히 사안과 같이 자기가 아닌 제3자에게 일정한 행위를 하도록 요구할 법상의 힘인 강학상 행정개입청구권이 있는지, 나아가 이러한 공권은 소의 이익요건으로서 대상적격이나 원고적격단계에서 요구되는지 아니면 본안판단을 통해 성립하는 것인지를 살펴보아야 한다.

2. 공유수면매립면허취소처분의 법적 성질

(1) 기속행위와 재량행위의 구별기준

이에 대해서는 종래 요건재량설과 효과재량설의 주장도 있었으나 오늘날 이러한 주장을 하는 자는 거의 없다. 행정청의 공법상 행위가 기속행위인지 재량행위인지를 구별함에 있어서도 일반적인 법해석의 방법론에 따라 판단하여야 할 것이다. 따라서 기속행위인지 재량행위인지를 구별함에 있어서는 당해 행위의 근거가 된 법규의 체재형식과 그 문언, 당해 행위가 속하는 행정 분야의 주된 목적과 특성, 당해 행위 자체의 개별적 성질과 유형 등을 모두 고려하여 판단하여야 한다. 판례도 이와 같다.

(2) 사안의 검토

살피건대 관할청의 면허취소 등의 근거법규인 공유수면매립법 제32조는 면허관청을 수범자로 하여 면허관청은 “공유수면과 직접 관련된 상황의 변경으로 필요한 경우(제8호)”에 “이 법에 따른 면허 또는 실시계획승인을 취소하거나 …그 밖의 필요한 조치를 명할 수 있다.”고 규정하고 있는바, 동 규정의 체재형식과 그 문언에 비추어 볼 때, 공유수면매립면허취소처분은 입법자가 행정권에게 재량을 부여한 재량행위라고 판단된다.

3. 丁이 제기한 소의 적법성

(1) 거부처분취소의 소의 적법요건

거부처분의 취소를 구하는 소가 적법하기 위해서는 ⅰ) 대상적격(행정소송법 제2조, 제19, 제1조)과 원고적격(동법 제12조) 있어야 하고, ⅱ) 피고적격(동법 제13조), ⅲ) 제소기간(동법 제20조), ⅳ) 임의적 행정심판 및 예외적 행정심판전치주의(동법 제18조), ⅴ) 관할(동법 제9조) 등의 요건을 갖추어야 한다.

사안의 경우에는 피고적격이나 제소기간 등 ⅱ)이하의 요건은 문제되지 않는다. 다만 당해 처분의 직접 상대방이 아닌 제3자인 丙이 매립면허취소처분이 재량행위임에도 불구하고 관할청에게 A등에 대하여 그 취소처분을 하도록 요구할 수 있는지가 대상적격 내지 원고적격과 관련하여 문제되므로 이에 대하여 살펴보아야 한다.

(2) 대상적격

1) 소송의 대상

거부처분취소소송의 대상은 거부처분이다(행정소송법 제19조, 제2조 제1호). 사안의 경우 丙이 관할청에게 A등에 대한 공유수면매립면허취소처분을 하도록 요구했는데, 관할청은 이를 거부했다. 따라서 이는 거부처분에 해당한다.

2) 대상적격

가. 대상적격의 의의

무릇 소송이란 구체적 사건에서 법률상 분쟁을 법에 의하여 해결함으로서 법적 안정을 기하자는 것이므로, 행정청의 "처분이나 부작위(행정소송법 제2조)"가 소의 대상적격이 인정되기 위해서는 그러한 행정청의 처분이나 부작위가 국민의 권리의무에 직접 영향을 미쳐 "위법한 처분이나 부작위(행정소송법 제1조 전단)"라고 주장할 수 있어야 한다. 이는 소송 본질상 요구되는 것이다.

나. 국민의 처분의 신청에 대한 행정청의 거부처분이 항고소송의 대상이 되는 처분이 되기 위한 요건

(가) 문제점

그런데 국민의 처분의 신청에 대한 행정청의 거부처분이 항고소송의 대상이 되는 처분이 되기 위한 요건으로서 당사자에게 법규상·조리상 신청권이 있어야 하는지가 문제된다.

(나) 판례의 태도

대법원의 확립된 판례에 의하면, 처분의 신청에 대한 행정청의 거부처분이 항고소송의 대상이 되는 처분이 되기 위해서는 i) 국민이 행정청에 대하여 그 신청에 따른 처분(공권력의 행사 또는 이에 준하는 행정작용)을 하여 줄 것을 요구할 수 있는 법규상 또는 조리상의 신청권이 있고, ii) 행정청의 공법상 행위는 국민의 권리의무에 직접 관계있는 행위일 것을 요구한다(대판 1990.9.28. 89누8101 등). 이에 대하여는 헌법재판소도 같은 입장이다(헌재 1998.5.16. 98헌가121).

한편 "거부처분의 처분성을 인정하기 위한 전제요건이 되는 신청권의 존부는 구체적 사건에서 신청인이 누구인가를 고려하지 않고 관계법규의 해석에 의하여 일반국민에게 그러한 신청권을 인정하고 있는가를 살펴 추상적으로 결정되는 것이다"고 판시(대판 1996.6.11. 95누12460)하고 있다.

(다) 학설

학설은 판례가 요구하는 법규상·조리상 신청권에 대하여, 이를 i) 법문상 신청에 대하여 행정청은 일정한 처분을 하여야 할 의무가 발생하여야 한다는 점에서 신청은 신청권이 있어야 한다고 하거나,[119] 대법원은 신청권의 존부를 구체적 사건에서 신청인이 누구인가를 고려하지 않고 추상적으로 판단함을 이유로 이를 형식적 신청권으로 보아[120] **대상적격의 문제로 보는 견해**, ii) 신청권 또는 처분의무의 존재 여부는 **본안에서 판단하여야 한다는 견해**,[121] iii) 신청권의 존부를 부작위의 개념요소로 보는 것은 사인의 권리보호확대 이념에 반함을 이유로 **원고적격의 문제로 보는 견해**[122] 등이 대립하고 있다.

(라) 검토

살피건대 무릇 소송이란 구체적 사건에서 법률상 분쟁을 법에 의하여 해결함으로써 법적 안정을 기하자는 것이므로 예컨대 "행정청의 구체적 사실에 대한 법집행으로서 공권력의 행사 그 거부 등"이 있다 하더라도 그것이 위법하다고 주장할 수조차 없는 처분(예컨대 부당한 처분)이라면—행정심판을 청구할 수 있음은 별론으로 하고—소송요건을 결하여 각하하여야 할 것이다. 따라서 행정소송의 대상이 되는 처분이나 부작위(대상적격)가 되려면 단순한 행정청의 "처분이나 부작위"(행정소송법 제2조 제1항)가 있다는 것만으로는 부족하고 "위법한 처분 등이나 부작위"(행정소송법 제1조 전단 참조)라고 주장할 수 있어야 한다는 점에서 판례의 태도가 타당하다. 즉, 행정청의 행위가 위법하다고 주장할 수 있어야 한다는 소의 대상적격은 소송 본질상 요구되는 것이다.

따라서 행정청에게는 국민의 신청에 대하여 일정한 처분을 하여야 할 법률상의 의무가 있고, 그에 대응하여 신청인은 행정청에게 일정한 처분을 요구할 수 있는 적극적 공권으로서의 개인적 공권(이를 "법규상 또는 조리상 신청권"이라고 할 수 있다)이 있어야 하며, 나아가 그 법에 따른 행정청의 행위가 국민의 권리·의무에 직접 영향을 미쳐야만, 행정청의 공법상 행위는 법규상·조리상 신청권 내지 그 성립요소로서의 법률상 보호이익(다만 여기서의 권리 내지 법률상 이익은 원고적격으로서의 그것과는 달리 일반 국민개인에게 인정되는 객관적·추상적 이익을 말한다)을 침해할 수 있어 법률상 분쟁이 발생하고, 처분의 신청인은 행정청의 부작위를 "위법한 부작위"라고 주장할 수 있어 소의 대상적격이 인정된다.

(마) 사안의 경우

살피건대 입법자는 관할청의 A등에 대한 공유수면매립면허취소처분의 근거법률인 공유수면매립법 제32조에서와 같이 공유수면매립면허취소처분이 비록 재량행위라고 하더라도

---

119) 김동희, 박균성

120) 김남진·김연태, 행정법 I, 685면

121) 홍준형, 행정구제법, 544면; 이상규

122) 류지태, 홍정선, 특강, 6판, 628면

필요하다고 인정하는 경우에는 면허취소 등 필요한 조치를 명하도록 그 의무를 부과하고 있는바, 비록 동 규정이 재량규범이라 하더라도 행정청은 재량에 합당한 법적 행위의무가 있고, 또한 동법 제1조 및 환경영향평가법 등 관련규정을 종합하여 볼 때 동 조항의 취지는 공익뿐만 아니라 국민개인의 환경상의 이익 등 사익보호도 목적으로 하고 있다고 할 수 있다. 나아가 이 경우 신청권의 존부는 구체적 사건에서 신청인이 누구인가를 고려하지 않고 관계법규의 해석에 의하여 일반국민에게 그러한 신청권을 인정하고 있는가를 살펴 추상적으로 결정되는 것이므로 공유수면매립법 제1조 또는 헌법 제35조 제1항이나 환경정책기본법 제6조에 비추어 보면 국민에게는 적어도 조리상 신청권이 성립한다고 보아야 한다.

다만 앞에서 살펴본 바와 같이 매립면허취소처분은 재량행위인바, 과연 이러한 경우에도 법규상 또는 조리상 신청권이 성립할 수 있는지 이에 대하여 살펴볼 필요가 있다.

다. 국민이 신청한 처분이 재량행위인 경우에도 법규상 또는 조리상 신청권이 성립할 수 있는지 여부

(가) 문제점

사안과 같이 국민의 처분의 신청에 대하여 행정청이 그 처분을 거부한 경우 국민에게 법규상·조리상 신청권이 있어야 그 거부처분은 취소소송의 대상이 되는 처분이 되는바, 이 경우 행정청의 공법상 행위가 재량행위인 경우에도 국민에게 법규상·조리상 신청권이 성립할 수 있는지 문제된다.

(나) 무하자재량행사청구권

가) 의의

무하자재량행사청구권이라 함은 국민개인이 행정청에 대하여 자신의 이익을 위하여 하자 없는 적법한 재량처분을 요구할 수 있는 법상의 힘을 말한다. 이는 개인적 공권은 기속행위에만 인정된다는 고전적 공권론에 대한 발상의 전환을 의미한다. 즉, 행정청의 재량도 일정한 법적 한계의 준수하에서만 인정되는 재량이라는 인식이 확산되면서 사인은 비록 기속행위에서처럼 재량권을 가진 행정청에 특정한 행위의 발령을 요구할 개인적 공권은 가지지 못하지만, 행정청에 재량의 한계를 준수한 내용의 일정한 행위를 청구할 권리를 갖는다고 보는 것이다.

무하자재량행사청구권의 인정은 재량행위에도 권리보호자격을 부여함으로써 개인의 권익구제를 확대한 데에 그 의의가 있다.

나) 성격

무하자재량행사청구권은 흠 없는 재량권행사라는 재량의 적절한 절차과정으로 보는 절차적 권리가 아니다. 일반적으로 실질적 권리가 특정한 급부 또는 행위를 청구하는 것을 내용으로 하는 것을 의미함에 대하여, 무하자재량행사청구권은 재량의 법적 한계를 준수한

내용의 일정한 행위를 해줄 것을 요구한다는 점에서 형식적 권리라고 부르기도 하지만, 형식적 권리이건 실질적 권리이건 모두 개인적 공권으로서 실체법상의 권리이다.

다) 무하자재량행사청구권의 인정 여부

A. 학설

(A) **부정설**[123]은 이 권리를 인정하면 남소의 폐단이 있고 민중소송화할 우려가 있으며, 재량의 하자가 있는 경우 실체적인 권리침해가 인정되므로 그 실체적 하자를 다투면 충분하고, 현행법상 이를 인정할 근거가 없다고 한다.

부정설 중에는 무하자재량행사청구권은 재량행위에 있어서 나타나는 개인적 공권의 특성에 초점을 맞춘 표현일 뿐, 그 자체가 독자적인 권리는 아니라는 견해[124]도 있다.

(B) **긍정설**은 무하자재량행사청구권도 공권의 성립요건을 구비한 자에게만 인정되므로 민중소송화할 우려는 없고 재량영역에서 실체적 권리하자를 주장하기 어려운 경우에 이를 주장할 실익이 있다든가[125] 또는 소송상 구제방법과 관련하여 현행법상 인정실익이 없는 것이 사실이지만 재량권이 인정되는 경우에도 공권이 인정되는지 여부나 인정된다면 그것이 어떠한 내용과 의미를 가지는 공권인지를 규명하기 위해 필요하다[126]는 등을 그 이유로 들고 있다.

(C) **제한적 긍정설**은 행정청이 결정재량권을 갖지 못하고 선택재량권을 가지고 있는 경우에만 무하자재량행사청구권을 인정할 수 있다고 한다.[127]

B. 판례

대법원은 "검사의 임용에 있어서 임용권자가 임용 여부에 관하여 어떠한 내용의 응답을 할 것인지는 임용권자의 자유재량에 속하므로 일단 임용거부라는 응답을 한 이상 설사 그 응답 내용이 부당하다고 하여도 사법심사의 대상으로 삼을 수는 없는 것이 원칙이나, 적어도 재량권의 한계 일탈이나 남용이 없는 위법하지 않은 응답을 할 의무가 임용권자에게 있고 이에 대응하여 임용신청권자로서도 재량권의 한계일탈이나 남용이 없는 적법한 응답을 요구할 권리가 있다고 할 것이며, 이러한 응답신청권에 기하여 재량권 남용의 위법한 거부처분에 대하여는 항고소송으로서 그 취소를 구할 수 있다고 보아야 하므로 임용신청자가 임용거부처분이 재량권을 남용한 위법한 처분이라고 주장하면서 그 취소를 구하는 경우에 법원은 재량권 남용 여부를 심리하여 본안에 관한 판단으로서 청구인용 여부를 가려야 한다"고 판시(대판 1991.2.12. 90누5825)하고 있다.

123) 이상규, 상, 200, 180면
124) 홍정선, 연습, 신조사, 431면
125) 류지태, 신론, 84면
126) 박균성, 상, 123면
127) 김남진

C. **검토**

살피건대 위법한 처분 그밖에 공권력의 행사 불행사로 인하여 개인의 권리 또는 이익을 침해하거나 침해할 우려가 있는 자는 항고소송을 제기할 법률상 이익이 있는데(행정소송법 제1조, 제12조, 제35조, 제36조), 여기서 "위법한 처분이나 부작위"이라고 주장할 수 있는 행위에는 기속행위뿐만 아니라 재량행위도 포함되고(**소송요건문제**), 재량행위가 위법하다는 것은 재량권을 일탈·남용한 것을 말하며(행정소송법 제27조 및 제38조 제2항)(**본안판단문제**) 소송본질상 위법하다고 주장할 수조차 없는 행정청의 행위는 소송요건을 결하여 각하하여야 한다는 점에서 긍정설이 타당하다.

즉, 행정청의 거부처분이나 부작위가 항고소송의 대상이 되기 위해서는 그것이 위법할 수 있어야 한다(행정소송법 제1조, 제19조, 제2조). 그런데 행정청의 거부처분이나 부작위가 위법할 수 있기 위해서는 행정청의 행위의무를 부과한 근거법령이 공익실현뿐만 아니라 사익보호도 목적으로 하고 있어서 처분의 신청인에게 행정주체에 대하여 공법상 적법행위를 하도록 요구할 수 있는 적극적 행위청구권으로서의 적극적 공권(판례는 이를 법규상·조리상 신청권이라 한다)이 존재하여야 하는바, 여기서 행정청의 공법상행위는 기속행위인가 재량행위인가는 불문하고, 후자의 경우 국민개인이 자신의 이익을 위하여 행정청에게 재량권의 한계를 일탈하거나 남용이 없는 적법한 행위를 요구할 수 있는 적극적 공권으로서의 개인적 공권을 강학상 무하자재량행사청구권이라고 부를 수 있을 것이다.

D. **사안의 경우**

따라서 행정청의 공법상 행위가 재량행위인 경우에도 적극적 공권으로서의 법규상·조리상 신청권, 즉 강학상 무하자재량행사청구권이 성립할 수 있다. 다만 사안의 경우에는 丙이 자신의 환경상 이익을 위하여 행정청에게 제3자인 A등에 대하여 그 면허처분을 취소·변경하도록 요구하는 것이므로 이 경우에도 법규상 또는 조리상 신청권이 성립할 수 있는지 살펴볼 필요가 있다.

라. 국민이 행정청에게 제3자에게 일정한 처분을 하도록 신청한 경우 그 일정한 처분이 재량행위인 경우에도 법규상 또는 조리상 신청권이 성립할 수 있는지 여부

(가) 행정개입청구권

가) 행정개입청구권의 개념

적극적 행위청구권이란 국민이 자신의 이익을 위하여 행정청에게 일정한 행위를 '자기에게 또는 제3자에게' 하도록 요구할 수 있는 법상의 힘인 개인적 공권을 말하는바, 일반적으로 강학상 전자를 행정행위발급청구권이라 하고 후자를 행정개입청구권이라 한다.

[참고] 한편 행정개입청구권을 넓게 보아 자신에게 행정권을 발동하여 줄 것을 요구할 수 있는 권리도 포함한다는 견해도 있으나, 이는 용어 그 자체의 의미에도 부합하지 않을 뿐만 아니라 이러한 견해에

따르면 수익적 행정행위의 경우에는 모두 행정개입청구권이 존재한다는 결과가 되기 때문에 타당하지 못하다.128)

나) 행정개입청구권의 인정 여부 및 법적 성질

A. 학설

학설은 행정개입청구권은 행정청에게 특정처분을 요구할 수 있는 실질적 권리로서 기속행위의 경우에는 당연히 인정되나 재량행위의 경우에는 무하자재량행사청구권만 인정되고 행정개입청구권은 인정되지 않으며, 다만 재량권이 영(0)으로 수축하는 경우에는 무하자재량행사청구권이 행정개입청구권으로 전화되어 행정개입청구권이 인정된다고 한다.

B. 판례

대법원은 ㉠ "건축법 및 기타 관계법령에 국민이 행정청에 대하여 제3자에 대한 건축허가의 취소나 준공검사의 취소 또는 제3자 소유의 건축물에 대한 철거 등의 조치를 요구할 수 있다는 취지의 규정이 없고, 건축법 제69조 제1항 및 제70조 제1항은 소정의 사유가 있는 경우에 건축허가의 취소나 건물철거의 권한 내지 권능을 부여한 것에 불과하고 시장·군수·구청장에게 그러한 의무가 있음을 규정한 것이 아니므로 위 조항들도 그 근거 규정이 될 수 없으며, 그밖에 조리상 이러한 권리가 인정된다고 볼 수 없다"고 하면서 "원심이 같은 취지에서, 원고가 피고에 대하여 이 사건 공동주택에 대한 건축허가와 준공검사를 취소하여 달라거나 철거명령을 하여 달라고 요구할 수 있는 법규상 또는 조리상 권리가 없다는 이유로, 이 사건 회신이 행정처분에 해당함을 전제로 이 사건 회신의 취소를 구하는 이 사건 주위적 청구의 소와 이 사건 공동주택에 대한 건축허가 및 준공검사를 취소하지 아니하고 철거명령을 하지 아니하는 피고의 부작위에 대한 위법확인을 구하는 이 사건 예비적 청구의 소는 모두 부적법하다고 판단한 것은 정당하다"고 판시(대판 1999.12.7. 97누17568)하였으나, ㉡ 이른바 새만금사건에서, "환경 및 생태계의 변화, 기타 사정변경으로 인하여 당초에 예측하지 못한 환경피해를 입을 위험이 있는 개인으로서는 매립면허처분의 취소 등 행정권발동으로 위와 같은 환경상 불이익이 해소될 수 있는데, 이를 거부하는 행위는 실질적으로 그 개인의 환경상 이익을 침해하는 결과에 이를 수 있다는 점을 들어 행정청에 공유수면매립법 제32조에서 정한 취소 등 처분과 관련한 조리상 신청권이 있다"고 판시(전합 2006.3.16. 2006두330 : 제1심 서울행정법원 2005.2.4. 2001구합33563 판결을 그대로 수긍한 것임)하여, 강학상 행정개입청구권을 인정하고, 이에 따라 대상적격의 존재를 전제로 환경영향평가대상지역 안의 주민들에게 원고적격을 인정하여 본안판단을 하였다.

C. 검토

살피건대 적극적 행위청구권으로서 적극적 공권(판례상의 법규상·조리상 신청권)의 성립 여

128) 동지: 정하중, 개론, 91면

부를 판단함에 있어서 공법상 행위가 기속행위인지 재량행위인지와는 무관하므로 행정개입청구권은 기속행위의 경우나 재량이 영(0)으로 수축된 경우에만 인정된다는 통설은 타당하지 못하다. 즉, 항고소송에 있어서, 당사자의 권리의무의 존부는 민사소송이나 공법상 당사자소송에서와 같이 본안판단사항이 아니라 요건판단사항이고, 행정청의 공법상 행위가 기속행위인가 재량행위인가는 그 위법성판단방법을 달리한다는 점에서 본안판단에서 고려할 사항이므로, 소송요건단계에서 신청인의 행정청에 대한 자기 또는 제3자에의 처분요구에 대하여 행정청이 거부처분이나 부작위로 대응하는 경우에 행정청에게 행위의무를 부과하고 있는 처분의 근거법령이 공익뿐만 아니라 사익보호목적도 있어 적극적 공권(무하자재량행사청구권이나 행정개입청구권을 포함하는 법규상 또는 조리상 신청권)이 성립하고, 나아가 행정청의 공법상 행위가 국민의 권리의무에 직접 영향을 미치게 되면 법적으로 보호되는 권리 또는 이익이 침해될 수 있어 "위법한 처분이나 부작위라고 주장할 수 있는가"(대상적격)를 판단함에 있어서는 행정청의 공법상 행위가 기속행위인가 재량행위인가는 구별할 필요가 없다.

한편 공법관계에서 이른바 재량의 영(0)으로의 수축이론은 행정청의 공법상 행위가 재량행위인 경우에 처분을 신청한 개인에게 행정개입청구권이 성립하는지 여부에 관한 판단과는 아무런 관련이 없고, 행정청의 부작위가 재량권을 일탈·남용했는지 여부, 즉 재량행위에 있어 부작위의 위법성 여부를 판단하는 본안에서 적용될 수 있는 이론이다.[129)]

다) 사안의 검토

사안의 경우 관할청의 A등에 대한 공유수면매립면허취소처분이 비록 재량행위라고 하더라도 필요하다고 인정하는 경우에는 면허취소 등 필요한 조치를 명하도록 그 의무를 부과하고 있는바, 비록 동 규정이 재량규범이라 하더라도 행정청은 재량에 합당한 법적 행위의무가 있고, 관련규정을 종합하여 볼 때 동 조항의 취지는 공익뿐만 아니라 국민개인의 환경상의 이익 등 사익보호도 목적으로 하고 있다고 할 수 있다. 나아가, 이 경우 신청권의 존부는 구체적 사건에서 신청인이 누구인가를 고려하지 않고 관계법규의 해석에 의하여 일반국민에게 그러한 신청권을 인정하고 있는가를 살펴 추상적으로 결정되는 것이므로, 추상적 권리로서의 환경권을 보장하고 있는 헌법 제35조 제1항이나 환경정책기본법 제6조에 비

---

129) 행정청의 공법상 행위가 재량행위인 경우 행정청의 부작위의 위법성을 판단함에 있어서 재량권의 일탈·남용 여부는 이른바 "재량의 0으로의 수축이론"에 의하여 판단된다. 판례도 **재량의 영(0)으로의 수축이론을 본안에서 재량행위의 위법성 판단기준으로 활용**하고 있는바 "경찰은 범죄의 예방, 진압 및 수사와 함께 국민의 생명, 신체 및 재산의 보호 등과 기타 공공의 안녕과 질서유지도 직무로 하고 있고, 그 직무의 원활한 수행을 위하여 경찰관직무집행법, 형사소송법 등 관계 법령에 의하여 여러 가지 권한이 부여되어 있으므로, 구체적인 직무를 수행하는 경찰관으로서는 제반 상황에 대응하여 자신에게 부여된 여러 가지 권한을 적절하게 행사하여 필요한 조치를 취할 수 있는 것이고, **그러한 권한은 일반적으로 경찰관의 전문적 판단에 기한 합리적인 재량에 위임되어있는 것이나, 경찰관에게 권한을 부여한 취지와 목적에 비추어 볼 때 구체적인 사정에 따라 경찰관이 그 권한을 행사하여 필요한 조치를 취하지 아니한 것이 현저하게 불합리하다고 인정되는 경우에는 그러한 권한의 불행사는 직무상 의무를 위반한 것이 되어 위법하게 된다**"고 판시(대판 2004.9.23. 2003다4909)하고 있다.

추어 보면 국민에게는 적어도 조리상 신청권으로서의 강학상 행정개입청구권이 성립한다고 보아야 한다.

3) 소결

사안의 경우 환경 및 생태계의 변화, 기타 사정변경으로 인하여 당초에 예측하지 못한 환경피해를 입을 위험이 있는 개인으로서는 매립면허처분의 취소 등 행정권발동으로 위와 같은 환경상 불이익이 해소될 수 있는데, 이를 거부하는 행위는 실질적으로 그 개인의 환경상 이익을 침해하는 결과에 이를 수 있으므로 丁에게는 행정청에 공유수면매립법 제32조에서 정한 취소 등 처분과 관련한 조리상 신청권이 있고, 이에 대응하여 행정청에게는 비록 공유수면매립면허취소처분이 재량행위라고 할지라도 그 재량의 한계 내에서 일정한 행위를 할 법적 의무가 있으며, 이러한 법적 행위의무에 반하는 공법상 행위는 丁의 위와 같은 조리상의 권리를 침해할 수 있으므로 丁의 면허의 취소변경을 요구에 대한 행정청의 거부행위는 취소소송의 대상이 되는 행정처분에 해당하여 대상적격이 인정된다고 할 것이다.

(3) 원고적격

설문 (1)에서 살펴본 바와 같이 환경영향평가 대상지역 안에 거주하는 주민인 丁의 경우에는 자신의 환경상 이익에 대한 현실적 침해 또는 침해 우려가 있는 것으로 사실상 추정되어 법률상 보호되는 이익으로 인정됨으로써 원고적격이 인정된다.

4. 소결

丁의 A등에 대한 공유수면매립면허의 취소·변경요구에 대한 행정청의 거부행위는 취소소송의 대상이 되는 행정처분에 해당하여 대상적격이 인정되고, 환경영향평가 대상지역 안에 거주하는 주민인 丁의 경우에는 환경영향평가 대상지역을 규정한 그 취지상 특단의 사정이 없는 한 환경상 이익에 대한 현실적인 침해 또는 침해 우려가 있는 것으로 사실상 추정되어 법률상 보호되는 이익으로 인정됨으로써 원고적격이 인정된다. 나아가 다른 소송요건에 대하여는 사안에서 문제되지 않으므로 丁이 제기한 취소소송은 적법하다.

Ⅳ. 사례의 해결

설문 (1)의 경우 甲과 乙, 丙과 같이 공유수면매립면허처분과 사업시행인가처분으로 인하여 자신의 환경상 이익에 대한 직접적이고 중대한 침해를 받거나 침해받을 우려가 있다는 이유로 항고소송으로서의 무효확인소송을 제기하는 제3자는 자신의 환경상 이익이 그 처분의 근거법규 또는 관련법규인 공유수면매립법, 환경영향평가법 등에 의하여 개별적·

직접적·구체적으로 보호되는 이익, 즉 법률상 보호되는 이익임을 입증하여야 한다. 다만 행정처분의 근거 법규 또는 관련 법규에 그 처분으로써 이루어지는 행위 등 사업으로 인하여 환경상 침해를 받으리라고 예상되는 영향권의 범위가 구체적으로 규정되어 있는 경우에 환경영향평가 대상지역 안의 주민인 甲에게는 환경상 이익에 대한 침해 또는 침해 우려가 있는 것으로 사실상 추정되어 법률상 보호되는 이익으로 인정됨으로써 원고적격이 인정된다고 할 수 있으나, 환경영향평가 대상지역 밖의 주민인 乙과 丙의 경우에는 비록 丙과 환경영향평가 대상지역 안에 토지를 소유하고 있다고 하더라도 당해 처분으로 인하여 법률상 보호되는 자신의 환경상 구체적 이익에 대한 수인한도를 넘는 침해 또는 침해 우려가 있음을 입증하여야 원고적격이 인정될 수 있고, 추상적 권리에 불과한 헌법상의 환경권 또는 환경정책기본법에 근거하여 공유수면매립면허처분의 무효확인을 구할 원고적격이 인정된다고 할 수는 없다.

설문 (2)의 경우 丁의 A등에 대한 공유수면매립면허의 취소·변경요구에 대한 행정청의 거부행위는 취소소송의 대상이 되는 행정처분에 해당하여 대상적격이 인정되고, 환경영향평가 대상지역 안에 거주하는 주민인 丁의 경우에는 환경영향평 대상지역을 규정한 그 취지상 특단의 사정이 없는 한 환경상 이익에 대한 현실적인 침해 또는 침해 우려가 있는 것으로 사실상 추정되어 법률상 보호되는 이익으로 인정됨으로써 원고적격이 인정된다. 나아가 다른 소송요건에 대하여는 사안에서 문제되지 않으므로 丁이 제기한 취소소송은 적법하다.

[참고판례] 대법원 2008.4.17. 선고 2005두16185 전원합의체 판결[민주화운동관련자불인정처분취소][공2008상,691] '민주화운동관련자 명예회복 및 보상 심의위원회'의 보상금 등의 지급 대상자에 관한 결정이 행정처분인지 여부(적극) 및 '민주화운동관련자 명예회복 및 보상 등에 관한 법률'에 따른 보상금 등의 지급을 구하는 소송의 형태(=취소소송)

[다수의견] (가) '민주화운동관련자 명예회복 및 보상 등에 관한 법률' 제2조 제1호, 제2호 본문, 제4조, 제10조, 제11조, 제13조 규정들의 취지와 내용에 비추어 보면, 같은 법 제2조 제2호 각 목은 민주화운동과 관련한 피해 유형을 추상적으로 규정한 것에 불과하여 제2조 제1호에서 정의하고 있는 민주화운동의 내용을 함께 고려하더라도 그 규정들만으로는 바로 법상의 보상금 등의 지급 대상자가 확정된다고 볼 수 없고, '민주화운동관련자 명예회복 및 보상 심의위원회'에서 심의·결정을 받아야만 비로소 보상금 등의 지급 대상자로 확정될 수 있다. 따라서 그와 같은 심의위원회의 결정은 국민의 권리의무에 직접 영향을 미치는 행정처분에 해당하므로, 관련자 등으로서 보상금 등을 지급받고자 하는 신청에 대하여 심의위원회가 관련자 해당 요건의 전부 또는 일부를 인정하지 아니하여 보상금 등의 지급을 기각하는 결정을 한 경우에는 신청인은 심의위원회를 상대로 그 결정의 취소를 구하는 소송을 제기하여 보상금 등의 지급대상자가 될 수 있다. (나) '민주화운동관련자 명예회복 및 보상 등에 관한 법률' 제17조는 보상금 등의 지급에 관한 소송의 형태를 규정하고 있지 않지만, 위 규정 전단에서 말하는 보상금 등의 지급에 관한 소송은 '민주화운동관련자 명예회복 및 보상 심의위원회'의 보상금 등의 지급신청에 관하여 전부 또는 일부를 기각하는 결정에 대한 불복을 구하는 소송이므로 취소소송을 의미한다고 보아야 하며, 후단에서 보상금 등의 지급신청을 한 날부터 90일을 경과한 때에는 그 결정을 거치지 않고 위 소송을 제기할 수 있도록 한 것은 관련자 등에 대한 신속한 권리구제를 위하여 위 기간 내에 보상금 등의 지급 여

부 등에 대한 결정을 받지 못한 때에는 지급 거부 결정이 있는 것으로 보아 곧바로 법원에 심의위원회를 상대로 그에 대한 취소소송을 제기할 수 있다고 규정한 취지라고 해석될 뿐, 위 규정이 보상금 등의 지급에 관한 처분의 취소소송을 제한하거나 또는 심의위원회에 의하여 관련자 등으로 결정되지 아니한 신청인에게 국가를 상대로 보상금 등의 지급을 구하는 이행소송을 직접 제기할 수 있도록 허용하는 취지라고 풀이할 수는 없다(전합 2008.4.17, 2005두16185). **[대법관 김황식, 김지형, 이홍훈의 반대의견]** '민주화운동관련자 명예회복 및 보상 등에 관한 법률' 제17조의 규정은 입법자가 결정전치주의에 관하여 특별한 의미를 부여하고 있는 것으로, 심의위원회의 결정과 같은 사전심사를 거치거나 사전심사를 위한 일정한 기간이 지난 후에는 곧바로 당사자소송의 형태로 권리구제를 받을 수 있도록 하려는 데 그 진정한 뜻이 있는 것이다. 또한, 소송경제나 분쟁의 신속한 해결을 도모한다는 측면에서도 당사자소송에 의하는 것이 국민의 권익침해 해소에 가장 유효하고 적절한 수단이다. 따라서 보상금 등의 지급신청을 한 사람이 심의위원회의 보상금 등의 지급에 관한 결정을 다투고자 하는 경우에는 곧바로 보상금 등의 지급을 구하는 소송을 제기하여야 하고, 관련자 등이 갖게 되는 보상금 등에 관한 권리는 위 법이 특별히 인정하고 있는 공법상 권리이므로 그 보상금 등의 지급에 관한 소송은 행정소송법 제3조 제2호에 정한 국가를 상대로 하는 당사자소송에 의하여야 한다.

〈사례연습 27〉 행정재산의 목적외 사용관계 및 하자있는 부관에 대한 쟁송 등

甲은 서울특별시장 乙과 시설공사비와 시설물사용료가 같아지는 기간동안 무상사용하는 것을 조건으로 기부채납한다는 합의각서를 체결한 후, 서울특별시장 乙로부터 구 도시공원법 관련규정에 의하여 공원시설을 조성하도록 하는 도시계획사업(공원조성)시행허가를 받아 공원시설물을 설치하여 서울특별시에 기부채납한 다음, 서울특별시장 乙에게 시설물에 대하여 30년의 무상사용허가신청을 하였으나 시설물에 대해 20년간 무상사용·수익허가를 하였다. 한편, 지방재정법시행령 제83조 규정에 의하면 무상사용기간을 기부채납된 재산의 가액을 연간사용료로 나눈 연수의 범위 내에서 인정하고 있는데, 이에 따르면 시설공사비와 시설물사용료가 같아질 때까지의 기간은 약 30년이 걸린다.

이에 甲은 乙의 20년간의 무상사용·수익허가처분에 대하여, 주위적으로 "甲이 신청한 무상사용·수익허가기간 30년 가운데 20년을 제외한 나머지 부분에 대한 거부처분은 이를 취소한다."라는 판결을 구하고, 예비적으로 "甲에 대하여 한 乙의 무상사용·수익허가는 이를 취소한다." 하는 판결을 구하였다.

(1) 법원은 乙의 무상사용수익허가는 공법상의 행정처분이 아니라는 이유로 주위적 청구 및 예비적 청구 모두 부적법하다고 판단하였다. 이러한 법원판단의 타당성에 대하여 검토하시오. (10점)

(2) 甲이 제기한 소는 인용될 수 있는가? 인용된다면 사용·수익기간만을 취소할 수 있는가? (20점)

(3) 만약 甲이 허가처분에 대한 소송을 제기하면서 본안에서 부관인 사용·수익기간만의 취소를 구하는 소를 제기하였다면 이 소는 적법한가? (10점)

(4) 만약 甲이 자신이 원하는 무상사용기간으로 변경을 구하는 소를 제기한 경우 이는 적법한가? (10점)

[참조조문]

국유재산법

제24조(사용·수익허가) ① 행정재산은 그 용도 또는 목적에 장애가 되지 아니하는 범위 안에서 그 사용 또는 수익을 허가할 수 있다.

제25조(사용료) ① 행정재산 등의 사용·수익을 허가한 때에는 대통령령이 정하는 요율과 산출방법에 의하여 매년 사용료를 징수한다.

③ 행정재산 등의 사용·수익허가를 받은 자가 제1하의 사용료를 체납하는 때에는 관리청은 관할세무서장 또는 지방자치단체의 장에게 위임하여 국세징수법 제21조 내지 제23조 및 동법의 체납처분에 관한 규정을 준용하여 이를 징수할 수 있다.

공유재산 및 물품관리법

제19조(처분 등의 제한) ① 행정재산 및 보존재산(이하 "행정재산등"이라 한다)은 이를 대부·매각·교환·양여·신탁 또는 대물변제하거나 출자의 목적으로 하지 못하며, 이에 사권을 설정할 수 없다. 다만 다음 각호의 1에 해당하는 경우에는 그러하지 아니하다.

1. 행정재산등의 용도와 성질을 유지할 것을 조건으로 국가 또는 다른 지방자치단체에 양여하는 경우
2. 〈생략〉

② 제1항 제1호의 규정에 의하여 행정재산등을 양여하는 경우에는 양여받은 재산이 10년 이내에 그 양목적 외의 용도로 사용된 때에는 양여계약을 해제한다는 내용의 특약등기를 하여야 한다.

제20조(사용·수익허가) ① 행정재산등은 그 목적 또는 용도에 장애가 되지 아니하는 범위 안에서 그 사용 또는 수익을 허가할 수 있다.

③ 제1항의 규정에 의하여 사용수익의 허가를 받은 자는 당해 행정재산을 다른 사람으로 하여금 사용수익하게 하여서는 아니 된다. 〈단서생략〉

제21조(사용·수익허가기간) ① 행정재산등의 사용·수익허가기간은 그 허가받은 날로부터 3년 이내로 한다. 다만 제7조 제2항 단서규정에 의한 기부채납의 경우에는 공유재산으로 채납한 후 무상사용을 허가받은 날로부터 기부채납된 재산의 가액을 연간 사용료로 나눈 기간 이내로 한다.

제28조(관리 및 처분) ① 잡종재산은 이를 대부·매각·교환·양여·신탁하거나 사권을 설정할 수 있으며, 법령이나 조례로 정하는 경우에는 현물출자 또는 대물변제를 할 수 있다.

제29조(계약의 방법) ① 잡종재산을 대부 또는 매각하는 계약을 체결함에 있어서는 그 뜻을 공고하여 경쟁입찰에 붙여야 한다. 〈단서생략〉

[관련논점]

— 행정재산의 목적외 사용관계의 법적 성질
— 하자있는 부관의 독립쟁송가능성
— 신뢰보호의 원칙과 비례원칙
— 하자있는 부관의 독립취소가능성

— 부진정일부취소송 인정 여부
— 적극적 형성소송 인정 여부

[답안구성]

Ⅰ. 논점의 정리
Ⅱ. 설문 (1)의 해결
1. 문제의 소재
2. 행정재산의 목적외사용관계의 법적 성질
(1) 문제점
(2) 학설
(3) 판례
3. 소결
Ⅲ. 설문 (2)의 해결
1. 문제의 소재
2. 시설물의 무상사용・수익기간의 법적 성질
(1) 부관의 개념
(2) 부관의 종류
(3) 사안의 경우
3. 주위적 청구의 인용가능성
(1) 주위적 청구의 적법성
1) 부관의 독립쟁송가능성
2) 학설
가. 부담만에 대하여 인정하는 입장
나. 모든 부관에 대하여 인정하려는 견해
3) 판례
4) 검토
(2) 소결
4. 예비적 청구의 인용가능성
(1) 예비적 청구의 적법성
(2) 예비적 청구의 인용가능성
1) 부관의 한계
가. 부관의 가능성
(가) 기속행위와 재량행위의 구별기준
(나) 사안의 경우
나. 부관의 일반적 한계
2) 예비적 청구의 인용가능성
가. 문제점
나. 신뢰보호원칙위배 여부
(가) 의의
(나) 근거
(다) 적용요건
(라) 사안의 경우
다. 행정행위가 신뢰보호원칙에 반하여 위법하게 되기 위한 요건
라. 당해 시설물 무상사용수익허가처분의 위법성 여부
(가) 의의
(나) 근거
(다) 내용
(라) 사안의 검토
(3) 소결
5. 기한만의 독립취소가능성
(1) 문제의 소재
(2) 학설
1) 법구속정도기준설
2) 관련성정도기준설
3) 하자기준설
(3) 판례
(4) 검토
(5) 사안의 경우
6. 소결
Ⅳ. 설문 (3)의 해결
1. 문제의 소재
2. 학설
3. 판례의 태도
4. 검토
5. 소결
Ⅴ. 설문 (4)의 해결
1. 문제의 소재
2. 학설
(1) 부정설
(2) 긍정설
(3) 절충설
3. 판례
4. 검토
5. 소결
Ⅵ. 사례의 해결

Ⅰ. 논점의 정리

설문 (1)을 해결하기 위해서는 우선 서울특별시장 乙의 사용·수익허가가 공법상의 행정행위에 해당하는지 여부를 규명하여야 한다.

설문 (2)에서 甲이 제기한 소가 인용되기 위해서는 소가 적법하고, 당해 20년간 무상사용·수익허가처분이 위법해야 하며, 사정판결 사유가 없어야 한다. 소의 적법성과 관련해서는 특히 주위적 청구에서 거부된 부관부분만을 대상으로 취소소송을 제기할 수 있는지(부관의 독립쟁송가능성)가 문제되고, 만일 소가 적법하다면 그 소가 인용될 수 있는지를 살펴보아야 하며, 인용될 수 있다면 법원은 부관만을 취소할 수 있는지(부관의 독립취소가능성)를 검토하여야 한다.

설문 (3)에서는 현행법상 부진정일부취소소송이 가능한지를 살펴보아야 한다.

설문 (4)의 경우에는 적극적 형성소송이 허용될 수 있는지의 문제로서 이는 취소소송에 대한 행정소송법 제4조 제1호 소정의 '변경'의 의미를 어떻게 해석할 것인지와 관련하여 검토하여야 한다.

Ⅱ. 설문 (1)의 해결

1. 문제의 소재

시설물 사용·수익허가가 취소소송의 대상이 되기 위해서는 그것이 공법상의 행정처분이어야 하는바, 그러한 사용·수익허가에 따른 법률효과인 시설물사용관계가 공법관계인지 사법관계인지 여부를 규명해야 한다. 그런데 설문에서는 甲이 기부채납한 시설물은 공공용물인 행정재산으로서 그 목적외의 용도로 사용하는 경우이므로 결국 행정재산의 목적 외의 사용관계의 법적 성질을 규명하면 될 것이다.

2. 행정재산의 목적외사용관계의 법적 성질

(1) 문제점

따라서 행정재산의 사용관계가 공법관계인가 사법관계인가는 일차적으로 실정법의 규정에서 찾아야 하는데, 이와 관련하여 특히 국유재산법 제24조 및 공유재산 및 물품관리법 제20조에 의한 행정재산의 목적외 사용관계가 공법관계인지 사법관계인지에 대하여 다투어지고 있다.

(2) 학설

즉, 이에 대하여 학설은 i) 행정재산의 목적외사용을 발생·소멸시키는 원인이 개별법상 행정처분의 형식을 빌려 이루어지고 있고(국유재산법 제24조), 그 사용료의 징수 또한 행정상 강제징수에 의하므로(국유재산법 제25조 제3항) 공법상 법률관계라는 **공법관계설**(통설), ii) 행정재산의 수익의 내용이 오로지 사용·수익자의 사적 이익을 도모하는 데 있음을 이유로 하는 **사법관계설**,[130] iii) 사용관계의 발생·소멸 및 그 사용료 징수관계는 공법관계이나 그 외의 법률관계는 사법관계라는 **이원적 법률관계설**[131]이 있다.

(3) 판례

대법원은 "공유재산의 관리청이 행정재산의 사용·수익에 대한 허가는 순전히 사경제주체로서 행하는 사법상의 행위가 아니라 관리청이 공권력을 가진 우월적 지위에서 행하는 행정처분으로서 특정인에게 행정재산을 사용할 수 있는 권리를 설정하여 주는 강학상 특허에 해당한다."고 판시(대판 1998.2.27. 97누1105)하였다.

(4) 검토

살피건대 행정재산의 목적외사용에 관한 일반법인 현행 국유재산법 제24조나 공유재산 및 물품관리법 20조는 행정재산의 관리에 있어 행정청에 우월적 의사를 부여하여 허가를 취소 또는 철회할 수 있도록 규정하고 있고, 잡종재산대부규정의 준용방식을 채택하지 아니하고 독자적 규정을 두는 등 공법적 규율을 강화하고 있는 점 등에 비추어 행정재산의 목적외사용 관계는 공법관계로 파악하는 것이 타당하다고 판단된다.

3. 소결

사안의 시설물은 甲의 기부채납으로 서울특별시의 공유재산이 되었고, 甲의 그 시설물 사용수익허가는 甲에게 행정재산을 사용할 수 있는 권리를 설정하여 주는 강학상 특허에 해당한다. 따라서 乙의 무상사용수익허가는 공법상의 행정처분이 아니라는 이유로 부적법 각하한 법원의 판단은 타당하지 못하다.

Ⅲ. 설문 (2)의 해결

1. 문제의 소재

설문 (2)에서 甲이 제기한 소가 인용되기 위해서는 소가 적법하고, 당해 20년간 무상사

130) 이상규, 하, 472면
131) 박윤흔, 하, 507면

용 · 수익허가처분이 위법해야 하며, 사정판결 사유가 없어야 하는바, 소의 적법성과 관련해서는 특히 주위적 청구에서 거부된 부관부분만을 대상으로 취소소송을 제기할 수 있는지(부관의 독립쟁송가능성)가 문제되고, 만일 소가 적법하다면 그 소가 인용될 수 있는지를 살펴보아야 하는데 공원조성사업시행허가당시의 기부채납합의안과는 다르게 20년간 무상사용 · 수익허가한 것이 신뢰보호의 원칙에 반하여 위법한지 여부를 검토하여야 하며, 인용될 수 있다면 법원은 부관만을 취소할 수 있는지(부관의 독립취소가능성)를 검토하여야 한다.

2. 시설물의 무상사용 · 수익기간의 법적 성질

(1) 부관의 개념

행정행위의 부관이란 행정행위의 효과를 제한 또는 보충하기 위하여 행정기관에 의하여 주된 의사표시에 부가된 종된 규율을 말한다.

(2) 부관의 종류

부관에는 법령에 일반적으로 그 행위에 부여하고 있는 법률효과의 일부를 배제하는 **법률효과의 일부배제**, 행정행위의 효력발생 또는 소멸을 장래의 불확실한 사실의 성부에 의존하게 하는 **조건**, 행정행위의 효력발생 또는 소멸을 장래에 도래할 것이 확실한 사실에 의존하게 하는 **기한**, 상대방에게 의무를 부과하는 **부담**, 특정한 경우에 행정행위를 철회할 수 있는 권리를 유보하는 **철회권유보** 등이 있다.

(3) 사안의 경우

당해 사안의 부관은 주된 행정행위인 공원시설사용 · 수익허가처분의 효력의 소멸을 장래 발생이 확실한 사실에 의존케 하는 종기부 기한에 해당한다.

3. 주위적 청구의 인용가능성

(1) 주위적 청구의 적법성

1) 부관의 독립쟁송가능성

설문의 경우 甲의 주위적 청구로서 무상사용 · 수익허가처분 중 거부된 부관부분만을 취소소송의 대상으로 하는 것이 허용되는지 문제된다. 이는 행정행위에 붙여진 어떠한 부관이 독립하여 취소쟁송의 대상이 되는가의 문제로서 부관부행정행위 전체에 대하여 취소소송을 제기하면서 부관만의 취소를 구하는 부진정일부취소소송의 인정 여부의 문제가 아니라 행정행위의 부관만을 취소소송의 대상으로 하는 진정일부취소소송의 가능성의 문제이다.

2) 학설

가. 부담만에 대하여 인정하는 입장

이는 부담 이외의 부관은 그 자체로서 독자적인 행정행위성을 갖지 못하므로 부관과 함께 전체 행정행위를 행정쟁송의 대상으로 하는데 반하여, 부담은 그 자체로서 독자적인 행정행위성을 가지므로 주된 행정행위와 독립하여 별도로 쟁송의 대상이 될 수 있다고 한다.

나. 모든 부관에 대하여 인정하려는 견해

i) 부관에 위법성이 존재하는 한 또는 소의 이익이 인정되는 한[132] 또는 ii) 주된 행정행위와 분리가능성이 있는 한[133] 모든 부관에 대하여 별도의 독립쟁송이 가능하다고 한다.

3) 판례

대법원은 행정행위의 부관은 그 자체로서 법적 효과를 발생하는 독립된 처분이 아니므로 현행 행정소송제도아래서는 부관 그 자체만을 독립된 쟁송의 대상으로 할 수 없는 것이 원칙이나, 행정행위 부관 중에서도 행정행위에 부수하여 그 행정행위의 상대방에게 일정한 의무를 부과하는 행정청의 의사표시인 부담의 경우에는 다른 부관과는 달리 행정행위의 불가분적인 요소가 아니고 그 존속이 본체인 행정행위의 존재를 전제로 하는 것일 뿐이므로 부담 그 자체로서 행정소송의 대상이 될 수 있다고 판시하고 있다(대판 1992.1.21. 91누1264 등 다수).[134]

4) 검토

부관의 독립쟁송가능성은 행정청의 어떠한 행위가 취소쟁송의 대상이 될 수 있는가의 문제이므로 대상적격의 문제이고, 따라서 독립된 처분성이 인정되는 부담만이 독립하여 쟁송으로 다툴 수 있다고 보는 것이 타당하다. 부담인 부관은 다른 부관과는 달리 그 자체가 독립적인 처분인 한 본 행정행위와 분리될 수 있으므로 분리가능성을 따로 논할 필요도 없다고 할 것이다. 따라서 부담이외의 부관의 경우에는 부관이 붙은 행정행위 전체를 대상으로 쟁송을 제기하여 할 것이다.

(2) 소결

따라서 사안의 경우 시설물사용·수익기간은 부담이 아닌 종기부 기한이고, 기한만 독

---

132) 박윤흔, 상, 410면; 김남진, 고시연구, 1996.8. 120면; 이일세, 계희열교수화갑기념논문집, 1995, 655면

133) 류지태, 신론, 173면; 김철용, I, 236면

134) 그리하여 기부채납 받은 행정재산에 대한 사용·수익허가에서 공유재산의 관리청이 정한 사용·수익허가의 기간에 대해서는 독립하여 쟁송을 제기할 수 없고(대판 2001.6.15. 99두509). 다만 개발제한구역 내 허가기간연장신청을 반려하는 것은(새로운 거부처분이므로: 필자 첨가)원고가 입게 되는 불이익을 희생시켜서라도 부득이 하다고 할 정도의 공익상의 필요가 있다고 할 수 없으므로 이 사건 처분은 재량권을 남용하였거나 재량권의 범위를 일탈한 위법한 처분이라고 판시(대판 1991.8.27. 90누7920)하고 있다.

립하여 취소소송의 대상이 될 수 없으므로 甲의 주위적 청구는 부적법하여 각하될 것이므로 甲의 주위적 청구는 인용가능성이 전혀 없다.

4. 예비적 청구의 인용가능성

(1) 예비적 청구의 적법성

甲의 예비적 청구는 사용·수익허가처분 자체의 취소를 구하는 것이어서 취소소송의 대상이 되는 처분으로서 위법하다고 주장할 수 있는 처분에 해당할 뿐 아니라(행정소송법 제1조, 제19조, 제2조), 그 처분으로 인하여 甲의 재산권에 구체적·현실적 불이익을 초래하고 있으므로 원고적격도 인정되고(행정소송법 제12조), 다른 소송요건은 문제되지 않으므로 甲의 예비적 청구는 적법하다.

(2) 예비적 청구의 인용가능성

1) 부관의 한계

가. 부관의 가능성

부관의 한계와 관련하여 재량행위의 경우에는 행정권이 재량권을 가지고 있으므로 그 한도 내에서 부관이 허용되지만, 기속행위에는 부관을 붙일 수 없다고 보는 것이 통설이며 판례의 일관된 입장(대판 1993.7.27. 92누13998 등)인바, 기속행위의 경우 부관을 허용하면 국민에게 법적으로 허용되는 권익이 부관에 의해 제한될 수 있어 입법자의 의도에 반하게 되므로 부관을 붙일 수 없다고 보는 것이 타당하다.

(가) 기속행위와 재량행위의 구별기준

행정행위가 기속행위인지 재량행위인지를 구별함에 있어서는 당해 행위의 근거가 된 법규의 체재형식과 그 문언, 당해 행위가 속하는 행정 분야의 주된 목적과 특성, 당해 행위 자체의 개별적 성질과 유형 등을 모두 고려하여 판단하여야 한다(대판 2002.8.23. 2002두820 등).

(나) 사안의 경우

사안의 경우는 국유재산법 제24조 소정의 '행정재산의 용도 또는 목적에 장애가 없는 한도 내에서 사용 또는 수익을 허가할 수 있다'는 규정형식, 공원시설물 사용·수익허가는 특정인에게 공원시설물을 사용할 수 있는 권리를 설정하여 주는 강학상 특허로서 수익적 행정행위에 해당하고 그 허가 요건을 일의적으로 규정한 것도 아니라는 점 등에 비추어 이는 재량행위라고 보아야 한다. 따라서 공원시설물의 사용·수익허가에는 부관을 부가할 수 있다. 다만, 재량행위에 부관을 붙일 수 있는 경우에도 부관 자체로서의 법적 한계를 준수하여야 한다.

나. 부관의 일반적 한계

부관은 일반적으로 ⅰ) 그 내용이 성문 법규나 행정법의 일반원칙에 위반되지 않아야 하고, ⅱ) 주된 행정행위의 본질적 효력을 해하지 않아야 하며, ⅲ) 상대방이 현실적으로 이행 가능한 것이어야 한다.

2) 예비적 청구의 인용가능성

가. 문제점

사안의 경우 乙의 공원시설물의 사용·수익허가처분이 재량행위라 하더라도 乙은 재량의 한계를 준수할 의무가 있는바, 특히 합의각서의 내용과 관련하여 볼 때 시설물의 무상사용·수익허가기간을 기부채납 된 재산의 가액을 연간 사용료로 나눈 연수인 30년까지로 하여야 할 것임에도 불구하고, 합리적 근거도 없이 그 사용기간을 20년으로 정하여 무상사용·수익허가를 한 것은 신뢰보호원칙에 반하여 위법한 것인지가 문제되므로 이를 살펴보아야 한다.

나. 신뢰보호원칙위배 여부

(가) 의의

신뢰보호원칙이란 행정청이 국민에 대하여 행한 언동의 정당성 내지 계속성에 대한 보호가치 있는 개인의 신뢰는 보호해야 한다는 법원칙을 말한다.

(나) 근거

이는 법치국가원리의 구성요소인 법적 안정성의 원리를 그 근거로 한다.

(다) 적용요건

이러한 신뢰보호의 원칙이 적용되기 위해서는 ⅰ) 행정기관의 일정한 행위가 존재하고, ⅱ) 이에 대하여 사인이 보호가치 있는 신뢰를 하여, ⅲ) 그 신뢰에 따라 일정한 행위를 하였는데, ⅳ) 행정청이 그 선행조치에 반하는 행정행위를 함으로써 그 사인의 신뢰 이익이 침해되어야 한다.

(라) 사안의 경우

살피건대 乙의 무상사용허가기간에 대한 공적 견해표명이 있었고, 甲은 30년 정도는 공원시설물을 무상사용할 수 있을 것이라고 신뢰하고 기부채납을 하였으며, 乙의 합의각서체결의 선행조치에 반하는 20년 동안의 무상사용허가를 하여 甲의 신뢰이익을 중대하게 침해하고 있으므로 신뢰보호원칙의 적용 요건을 충족한다. 따라서 乙의 20년간의 무상사용·수익허가는 甲의 신뢰이익을 침해하여 신뢰보호원칙에 반한다.

다. 행정행위가 신뢰보호원칙에 반하여 위법하게 되기 위한 요건

법적 안정성과 법적 정의는 법치국가원리의 대등한 구성요소이므로 양자는 조화되어 실현되어야 한다. 따라서 어떠한 행정행위가 신뢰보호의 원칙에 반한다는 점만으로 곧 위법하다고 할 수 없다. 행정행위는 공익실현을 목적으로 행해지는 권한 있는 기관의 법적 규율이므로, 당사자만을 구속하는 사법상의 법률행위와는 달리 사회구성원 각자를 구속한다. 따라서 행정청의 어떠한 행정행위가 법적 안정성의 관점에서 인정되는 신뢰보호원칙에 반하여 위법하다고 하기 위해서는 법치국가원리의 또 다른 구성요소인 법적 정의의 관점, 즉 행정의 법률적합성 확보와 국민의 권리보호이념에 반하여 공익 또는 제3자의 정당한 이익을 현저히 해할 우려가 있는 경우가 아니어야 한다.

그러므로 당해 시설물 무상사용수익허가처분의 위법 여부를 다음과 같이 비례원칙에 위배되는지 여부를 살펴 판단하기로 하겠다.

라. 당해 시설물 무상사용수익허가처분의 위법성 여부

(가) 의의

비례원칙이란 행정목적을 실현하기 위한 구체적 수단을 선택함에 있어 달성하고자 하는 공익과 이로 인해 제한되는 사익 사이에 일정한 비례관계가 존재하도록 하여야 한다는 원칙을 말한다. 이는 구체적인 경우에 개별적 정의를 실현하는 기능을 한다.

(나) 근거

일반적으로 자연법상의 형평 또는 정의에 기한 법의 일반원리로 파악되나, 헌법에 의하여 제도화되어 있는 경우에는 헌법상의 원칙으로 볼 수 있다(제37조 제2항).

(다) 내용

비례원칙은 적합성, 필요성, 상당성의 원칙을 그 내용으로 하며, 이는 순차적·단계적 심사구조를 이룬다. 즉, 공행정작용에 있어서 행정기관이 취한 조치 또는 수단은 그 의도하는 입법목적을 달성하는데 적합해야 하고(적합성의 원칙), 행정조치는 설정된 목적을 달성하기 위하여 필요한 이상으로 행하여져서는 안 되며(필요성의 원칙), 어떠한 행정조치가 설정된 목적 실현을 위하여 필요한 경우라 할지라도 그 행정조치의 정도는 공익상 필요의 정도와 상당한 균형을 유지하여야 한다(상당성의 원칙).

(라) 사안의 검토

살피건대 사안의 경우 적합성의 원칙이나 필요성의 원칙에 반한다는 사정은 보이지 않는다. 그러나 서울특별시장 乙이 시설물사용·수익허가기간을 20년으로 단축해야 할 특별한 공익적 요청도 보이지 않을 뿐만 아니라 사용기간을 지나치게 단축함으로써 甲이 입을 수 있는 불이익이 상당할 것이므로 비례의 원칙에 반한다고 판단된다.

(3) 소결

결국 乙은 공원시설물의 무상사용·수익허가기간을 수락한 조건대로 기부채납 된 재산의 가액을 연간 사용료로 나눈 연수인 30년까지로 하여야 할 것임에도 불구하고 합리적 근거도 없이 그 사용기간을 20년으로 정하여 무상사용·수익허가를 한 것은 신뢰보호원칙 및 비례원칙에 반하는 것으로서 재량권을 남용하여 위법하다 할 것이고, 사안의 경우 이를 취소하는 것이 현저히 공공복리에 적합하지 아니한 특별한 사정도 보이지 아니하므로(행정소송법 제28조) 甲의 예비적 청구는 인용될 수 있을 것이다.

5. 기한만의 독립취소가능성

(1) 문제의 소재

甲은 예비적 청구로서 허가처분 전부의 취소를 구하는 소를 제기하였으므로 기한부 허가처분 전체를 취소하여야 할 것이지만, 이에 대하여는 법원이 심리를 통하여 부관이 위법하다고 판단할 경우에 주된 행정행위는 그대로 둔 채 부관만을 독립하여 취소할 수 있느냐에 대하여는 견해가 대립하고 있다.

(2) 학설

1) 법구속정도기준설[135]

이는 기속행위에는 행정청이 임의로 부관을 붙일 수 없으므로 부관만의 취소가 인정되나 재량행위에는 행정청의 재량권을 침해할 우려가 있어 부관만의 취소를 인정할 수 없다는 견해이다.

2) 관련성정도기준설[136]

이에는 ⅰ) 부관이 주된 행정행위에 없어서는 아니 될 중요하고 본질적인 요소인 경우에 한하여 그 부관만의 취소를 인정할 수 없다는 견해와 ⅱ) 이는 법원의 본안판단의 문제이나, 부담의 일부취소가능성을 검토해야 한다고 하면서, 부담의 경우에만 일부취소의 요건, 즉 가분적이고, 나머지 부분이 독자적 의미를 가지며, 당해 부담이 없어도 행정청이 행정행위를 발령하였을 것이 인정되는 한도에서만 독립취소가 가능하며, 나머지 부관은 모두 독립취소가 부정된다는 견해[137]가 있다.

---

135) 김동희, Ⅰ, 293면; 박균성
136) 김남진·김연태, Ⅰ, 243면; 박윤흔, 상, 402면; 석종현, 상, 312면; 이상규, 상, 391~392면
137) 김철용, Ⅰ, 237면 ; 이일세 ; 김용섭

3) 하자기준설[138)]

법원은 본안에서 당사자가 주장한 부관의 위법사유에 대해서만 판단하는 것이므로 부관에 하자가 있다면 법원은 부담부분만을 취소할 수 있다는 견해이다.

(3) 판례

판례에 의하면 부담이외의 부관은 독립하여 쟁송의 대상이 될 수 없으므로 독립취소가능성 문제는 제기되지 않는다. 다만, 대법원은 기부채납의 대가로서 발령된 도로의 점용허가에 있어서 점용기간은 행정행위의 본질적 요소에 해당하는 것으로서, 점용기간을 정함에 위법이 있으면 도로점용허가 전부가 위법하다고 판시(대판 1985.7.9. 84누604)하였고, 마찬가지로 기부채납된 행정재산에 대한 사용・수익허가기간은 행정행위의 본질적 요소에 해당한다고 볼 것이어서, 부관인 허가기간에 위법사유가 있다면 이로써 이 사건 허가 전부가 위법하게 될 것이라고 판시(대판 2001.6.15. 99두509)하고 있다.

(4) 검토

살피건대 법구속정도기준설은 부관의 가능성 문제와 부관만의 독립취소가능성 문제는 논리필연적인 연관이 없을 뿐 아니라 부관은 법률요건충족부관 이외에는 재량행위에만 붙일 수 있다는 점에서 문제가 있고, 관련성정도기준설은 주된 행정행위의 위법성은 법원의 심판대상이 아니라는 점에서 타당하지 못하다. 부관의 독립취소가능성의 문제는 항고쟁송에서 소송요건을 충족한 경우에 있어서 행정처분의 위법성 여부에 대한 본안판단 후의 문제이므로 독립된 행정처분성을 갖는 부담인 부관에 있어서만의 문제이고, 법원은 원고의 청구취지에 따라 부담의 위법성이 확인되면 사정판결의 경우를 제외하고는 그 부담만을 취소할 수 있다고 보아야 할 것이다.

다만, 위법한 부담이 취소됨으로 인하여 주된 행정행위를 더 이상 존속시킬 수 없는 중대한 공익상의 필요가 발생한 경우에는 행정청은 주된 행정행위를 직권철회하거나 새로운 적법한 부관(사후부관)을 부가할 수 있고, 부관의 취소 후에 주된 행정행위가 위법하게 되면(법률요건충족적 부관의 경우) 행정청은 이를 직권으로 취소하거나 또는 적법한 부관을 다시 부가하여 부관부 행정행위 전체를 적법하게 할 수 있다.

한편, 이러한 행정청의 직권철회나 직권취소의 경우 상대방 또는 제3자의 신뢰보호나 법률생활의 안정 내지 기득권 존중 등의 요청을 비교・형량하여야 함은 물론이다(직권취소나 직권철회의 제한 문제).

---

138) 류지태, 신론, 175면; 정하중, 개론, 242~243면 ; 장태주, 개론, 230면; 홍정선, 특강, 292면

(5) 사안의 경우

따라서 사안의 경우와 같이 부담이 아닌 기한이 위법한 경우에는 법원은 시설물 무상사용·수익허가처분은 그대로 둔 채 위법한 부관인 20년의 사용기간만을 독립하여 취소할 수는 없고 기한부허가처분 전체를 취소하여야 한다.

6. 소결

결국 사안의 경우와 같이 부담이외의 부관인 기한은 독립하여 취소소송의 대상이 될 수 없고 부관부 행정행위를 취소소송의 대상으로 하여 소를 제기할 수 있으며, 부관부 행정행위인 시설물에 대한 20년간의 무상사용·수익허가는 신뢰보호원칙 및 비례원칙에 반하는 재량권의 남용으로 위법한 바, 법원은 무상사용·수익허가처분은 그대로 둔 채 20년의 사용기간만을 독립하여 취소할 수는 없고 기한부 허가처분 전체를 취소하여야 한다.

Ⅳ. 설문 (3)의 해결

1. 문제의 소재

甲은 20년간 시설물 무상사용·수익허가처분에 대한 소송을 제기하면서 본안에서 부관인 허가기간만의 취소를 구하는 소를 제기하였는바, 이는 부진정일부취소소송에 해당하고, 이러한 부진정일부취소소송이 현행법상 인정될 수 있는지 여부가 특히 취소소송을 정의하고 있는 행정소송법 제4조 제1호 소정의 '변경'의 이미를 어떻게 해석할 것인가와 관련하여 다투어 지고 있다.

2. 학설

이에 대하여 학설은 ⅰ) 부정하는 견해와 ⅱ) 부관을 분리한 후에 남은 부분이 독립의 행정행위로서 계속 존재하기 어려운 경우에만 부진정일부취소소송이 가능하다는 제한적 긍정설(홍정선)도 있으나, ⅲ) 부담 이외의 부관의 경우에는 당해 부관이 부가된 전체 행정행위를 대상으로 소송을 제기하고 이 가운데서 부관만의 취소를 구하는 소송형태인 부진정일부취소소송을 인정할 수 있다는 것이 지배적인 견해이다. 그 이유로 행정소송법 제4조 제1호 소정의 '변경'은 일부취소를 의미하는 것이고, 부진정일부취소소송을 인정하지 않으면 부담 이외의 부관의 경우 당해 부관이 부가된 전체 행정행위를 대상으로 소송을 제기하여 승소하더라도 원고는 다시 위법한 부관이 없는 수익적 행정행위를 신청하고, 이때 행정청이 거부하면 그 거부처분취소소송을 제기하여야 하는데, 이는 절차가 번거롭고 원고의 권리구제를 너무 도외시하게 된다고 한다.

3. 판례의 태도

대법원은 "어업면허처분을 함에 있어 그 면허의 유효기간을 1년으로 정한 경우, 위 면허의 유효기간은 행정청이 위 어업면허처분의 효력을 제한하기 위한 행정행위의 부관으로서 독립해서 행정소송의 대상이 될 수 없으므로, 위 어업면허처분 중 그 면허유효기간만의 취소를 구하는 청구는 허용될 수 없다"고 판시(대판 1986.8.19. 86누202)하여, 부진정일부취소소송을 인정하지 않는다.

4. 검토

행정소송법 제4조 제1호 소정의 '변경'이 일부취소의 의미를 가진다 하더라도 일부취소의 요건, 즉, ⅰ) 가분적이고, ⅱ) 나머지 부분이 독자적 의미를 가지며, ⅲ) 당해 부관이 없어도 행정청이 행정행위를 발령하였을 것이 인정되는 한도에서만 독립취소가 가능한데, 조건·기한·철회권의 유보 등 부담 이외의 부관의 경우에는 주된 행정행위의 불가분적 구성요소가 되는 것이므로, 일부취소의 요건을 충족할 수 있는 부담과는 달리 실질적으로 일부취소의 요건을 충족할 수 없어 일부취소의 법리가 적용될 여지가 없다. 또한 항고소송의 대상은 '위법한 처분 등'이고(행정소송법 제1조) 취소를 구하는 것도 '처분등'이기 때문에(행정소송법 제12조) 독립된 처분성이 없는 부관만의 취소를 구하는 이른바 부진정일부취소소송은 현행 행정소송제도하에서는 인정할 수 없다고 보아야 한다.

그러므로 부관부 행정행위 자체를 다툼으로써 승소하더라도 자신이 원하는 수익적 행정행위 자체도 상실하게 되고, 승소 후 다시 위법한 부관이 없는 수익적 행정행위를 신청하여 행정청이 거부하면 다시 거부처분취소소송을 제기해야 하는 번거로운 우회적인 소송절차를 거칠 것이 아니라, 부관이 위법하여 행정행위가 위법하다면 처음부터 행정청에 위법한 부관이 없는 수익적 행정행위나 부관부 행정행위를 신청하고(예: 허가변경신청이나 허가갱신신청 등), 행정청이 이를 거부하면 그 거부처분에 대하여 취소소송을 제기하는 것이 우리의 현행 행정쟁송제도상 효과적인 권리구제 방법이 될 것이다.

이러한 법리에 따라 판례도 예컨대 ① 기선망어업면허를 하면서 운반선·등선 등 무속선을 사용할 수 없다는 부관을 붙였다면, 원고는 5개월 후 등선 및 운반선을 사용할 수 있도록 하는 어업허가변경신청을 하고, 이에 대해 행정청이 위 제한조건 변경불허가처분을 하면 그 불허가처분에 대한 취소소송을 제기하거나(대판 1990.4.27. 89누6808), ② 기한의 경우 기한부 행정행위를 다툴 것이 아니라 기한 만료시에 기한에 대한 연장신청(갱신신청)을 하고, 그에 대한 거부처분을 다툴 수 있다(대판 1991.8.27. 90누7920).

5. 소결

따라서 甲이 20년간의 시설물 무상사용·수익허가처분에 대한 소송을 제기하면서 본안에서 부관인 허가기간만의 취소를 구하는 이른바 부진정일부취소의 소는 우리의 현행법체계상 인정될 수 없는 소송으로서 부적법하다. 다만 甲은 공원시설물의 무상사용기간을 수락한 조건대로 기부채납된 재산의 가액을 연간사용료로 나눈 연수가 30년이므로, 그 사용기간을 20년이 아니라 30년으로 하여 줄 것을 乙에게 신청하고, 乙이 이를 거부하면 그 거부처분에 대한 취소를 구하는 소를 제기하면 될 것이다.

V. 설문 (4)의 해결

1. 문제의 소재

甲이 자신이 원하는 무상사용기간으로 변경을 구하는 소를 제기한 경우 이러한 소송의 허용 여부도 행정소송법 제4조 제1호 소정의 '변경'의 의미를 어떻게 해석할 것인지와 관련된 문제이다. 즉, '변경'의 의미를 처분의 일부취소라는 의미의 소극적 변경을 넘어 원처분에 갈음하여 새로운 처분으로 대체하는 적극적 변경까지 포함하는 것으로 볼 수 있느냐 하는 것이 문제된다.

2. 학설

(1) 부정설[139)]

권력분립의 원칙상 행정에 대한 1차적 판단권은 존중되어야 하며, 행정소송법 제4조의 항고소송의 유형은 열거적이고, 동법 제4조 제1호의 "변경"은 소극적 일부취소로 이해하여야 한다는 점 등을 이유로 든다.

(2) 긍정설[140)]

권력분립의 원칙을 내세워 의무이행소송을 부정하는 것은 국민의 권리구제라는 행정소송의 취지(제1조)에 부합되지 않고, 행정소송법 제4조의 항고소송의 종류는 예시적인 것이며, 동법 제4조 제1호의 "변경"은 적극적 변경을 포함하는 것으로 해석할 수 있다는 점 등을 그 근거로 든다.

---

139) 김남진, 김연태, Ⅰ, 641면; 김동희, Ⅰ, 626면; 류지태, 신론, 487면; 석종현, 상, 810면; 정하중, 총론, 675면

140) 강구철, 상, 836면; 김도창, 상, 740면; 홍정선, 상, 730면; 홍준형, 구제법, 400면

(3) 절충설[141)]

법정항고소송에 의해서는 실효성 있는 권익구제가 기대될 수 없는 경우에만 허용될 수 있다는 견해로, 의무이행소송의 경우에는 i) 행정청이 제1차적 판단권을 행사할 수 없을 정도로 처분요건이 일의적으로 정하여져 있고, ii) 사전에 구제하지 않으면 회복할 수 없는 손해가 발생할 수 있으며, iii) 다른 구제방법이 없는 경우에만 인정된다고 하며, 예방적 부작위청구소송은 위세가지 요건 이외에 iv) 처분이 이루어질 개연성이 있고 절박한 경우에 한하여 인정할 수 있다고 한다.

3. 판례

대법원은 일관되게 의무이행소송이나 적극적 형성판결을 구하는 소송 또는 작위의무 확인소송 및 예방적 부작위소송을 인정하지 않고 있다.

즉, "현행 행정소송법상 행정청으로 하여금 일정한 행정처분을 하도록 명하는 **이행판결을 구하는 소송**이나 법원으로 하여금 행정청이 일정한 행정처분을 행한 것과 같은 효과가 있는 **행정처분을 직접행하도록 하는 형성판결을 구하는 소송**은 허용되지 아니한다."고 판시(대판 1997.9.30. 97누3200)하였고, "단순한 부작위위법확인이 아닌 **작위의무의 확인청구**는 항고소송의 대상이 되지 아니한다 할 것인바, 원심이 같은 취지에서 애국지사의 사망일시금 및 유족생계부조수당지급의무의 확인청구는 항고소송의 대상이 되지 아니하여 부적법하다고 판단한 것은 정당하다"고 판시(대판 1989.1.24. 88누3314)하였으며, 또한 "건축건물의 준공**처분을 하여서는 아니 된다는 내용의 부작위를 구하는 청구**는 행정소송에서 허용되지 아니하는 것이므로 부적법하다"고 하거나(대판 1987.3.24. 86누182), "행정소송법상 **행정청이 일정한 처분을 하지 못하도록 그 부작위를 구하는 청구**는 허용되지 않는 부적법한 소송이다"고 판시(대판 2006.5.25. 2003두11988)하고 있다.

4. 검토

공사법이원체계하의 현행 법제도하에서 하자있는 처분등이나 부작위의 위법성을 확인하는 것을 본질로 하는 항고소송제도의 취지상 항고소송으로서 작위의무확인소송이나 의무이행소송 또는 적극적 형성판결을 구하는 소송 및 예방적 부작위소송은 인정될 수 없다. 다만 우리의 입법자는 거부처분취소소송이나 부작위위법확인소송의 기속력에 따른 재처분의무를 간접적으로 강제하는 간접강제제도(제30조 제2항, 제34조, 제38조 제2항)를 마련하고 있다. 한편 당사자소송으로서의 의무이행소송 등을 보충적으로 인정할 것인지의 여부는 입법정책의 문제이다.

---

141) 박윤흔, 상, 903면; 김철용, Ⅰ, 567면

5. 소결

행정소송법 제4조 제1호 소정의 '변경'은 처분의 일부취소라는 의미의 소극적 변경으로 이해하여야 할 것이다. 따라서 甲이 제기한 적극적 형성판결을 구하는 소를 우리의 현행행정소송법체계상 항고소송으로 인정할 수는 없으므로 수소법원은 각하판결을 하여야 할 것이다.

Ⅵ. 사례의 해결

설문 (1)에서 시설물은 甲의 기부채납으로 서울특별시의 공유재산이 되었고 甲의 그 시설물 사용관계는 공법관계에 해당하므로 이를 사법관계로 파악하여 부적법 각하한 원심판결은 타당하지 못하다.

설문 (2)의 경우, 시설물의 사용·수익허가 중 거부된 기간만을 대상으로 하는 주위적 청구는 소의 대상적격을 인정할 수 없어 부적법 각하될 것이나, 예비적 청구인 시설물에 대한 20년간의 무상사용·수익허가의 취소를 구하는 소는 대상적격과 원고적격이 인정되어 소의 적법성이 인정되고, 20년간의 무상사용·수익허가처분은 신뢰보호의 원칙 및 비례원칙에 반하는 재량권의 남용에 해당하여 위법하고 사안의 경우에는 특별히 사정판결의 사유도 보이지 아니하므로 인용될 수 있을 것이다. 그러나 인용된다 하더라도 사용·수익기간만을 취소할 수는 없고, 부관부 행정행위 전체를 취소하여야 한다.

설문 (3)의 경우, 甲이 20년간의 시설물 무상사용·수익허가처분에 대한 소송을 제기하면서 본안에서 부관인 허가기간만의 취소를 구하는 이른바 부진정일부취소의 소는 우리의 현행법체계상 인정될 수 없는 소송으로서 부적법하다.

설문 (4)에서 甲이 제기한 적극적 형성판결을 구하는 소는 우리의 현행 행정소송법체계상 인정할 수 없는 소로서 부적법한 소이다.

〈사례연습 28〉 법령의 근거 없는 사후부관과 행정행위의 직권철회의 법리

A광역시장 甲은 온천개발업자 乙에 대하여 해당 토지 중 관로 주변의 일정 면적을 기부채납할 것을 조건으로 굴착허가를 해 주었다. 甲이 乙에게 기부채납을 조건으로 굴착허가를 해 준 것은 乙이 이용하고 남은 온천수를 공동 급수할 수 있는 송수관을 설치하기 위한 면적을 확보하기 위한 것이었다. 그러나 乙이 온천공의 굴착을 예상보다 지나

치게 멀리 떨어져 하게 되자 공동급수를 위한 송수관을 연결하기 위해서는 기부채납할 토지 중 관로부분의 길이를 연장하는 것이 불가피하게 되었다. 이에 시장 甲은 기부채납할 토지 중 관로부분의 길이를 연장하는 내용의 변경조치를 乙에게 통보하였다.

이에 乙은 위와 같은 甲의 변경조치에 대하여 주위적으로 "① 법령에 근거가 없는 것으로 위법 · 무효다"라는 이유로 그 무효확인을 구하고, 예비적으로 "② 신뢰보호원칙에 반하여 위법하다"는 이유로 그 취소를 구하는 소를 제기하였다.

(1) 기부채납조건의 법적 성질은? (10점)

(2) 乙의 ① 주장에 대하여 논평하시오. (20점)

(3) 乙의 ② 주장에 대하여 검토하시오. (10점)

[관련논점]

— 조건과 부담의 구별
— 사후부관의 가능성
— 행정행위의 구속력과 구속력의 한계로서의 수인한도의 법리
— 행정행위의 공정력의 법리
— 행정행위의 직권철회의 법리
— 법적 근거 없는 부관의 사후변경가능성
— 부관의 사후변경의 제한

[답안구성]

Ⅰ. 논점의 정리
Ⅱ. 설문 (1)의 해결
1. 부관의 의의
2. 부관의 종류
3. 사안의 기부채납조건의 법적 성질
(1) 문제점
(2) 해제조건부 행정행위와 부담부 행정행위
1) 양자의 구별실익
2) 양자의 구별기준
(3) 소결
Ⅲ. 설문 (2)의 해결
1. 사후부관의 가능성
(1) 문제의 소재
(2) 학설
1) 부정설
2) 제한적 긍정설(통설)
(3) 판례
(4) 검토
(5) 중간결론
2. 법령의 근거 없이 한 甲의 사후변경부담의 위법 여부
(1) 문제의 소재
(2) 행정행위의 직권철회의 경우 법적 근거 필요성 요부
1) 문제의 소재
2) 학설
가. 근거불요설(철회자유설)
나. 근거필요설(철회제한설)
3) 판례
4) 검토
(3) 법적 근거 없는 부관의 사후변경 가능성
1) 판례의 태도
2) 학설의 입장
3) 검토
3. 소결
Ⅳ. 설문 (3)의 해결
1. 문제의 소재
2. 甲의 변경조치가 신뢰보호원칙에 위반되는지

Ⅰ. 논점의 정리

설문 (1)에서는 사안의 기부채납조건이 부관으로서 조건인지, 아니면 부담인지를 규명하여 하는바, 특히 해제조건이나 부담은 다같이 상대방에게 의무를 부과한다는 점에서 이의 구별을 어떻게 하여야 할 것인지를 살펴보아야 한다.

설문 (2)의 경우에는 甲이 법령에 근거 없이 한 사후변경부관이 위법한 것인지를 논하여야 하는바, 우선 부관의 사후변경이 가능한지를 검토할 필요가 있고, 다음 부관의 사후변경이 가능하다 하더라도 법령의 근거 없이 사후에 부관을 변경할 수 있는지를 해명하기 위해서는 행정행위의 공정력의 법리에 입각한 행정행위의 직권철회의 법리를 검토할 필요가 있다.

설문 (3)에서는 법적 근거 없는 부관의 사후변경이 가능하다 하더라도 행정행위의 구속력과 신뢰보호원칙에 반하여 위법한지 살펴보아야 한다.

Ⅱ. 설문 (1)의 해결

1. 부관의 의의

행정행위의 부관이란 행정행위의 효과를 제한 또는 보충하기 위하여 행정기관에 의하여 주된 의사표시에 부가된 종된 규율을 말한다. 행정행위의 부관은 행정실무의 보조수단으로서 행정목적 달성에 있어서 신축성을 부여하고, 절차경제를 도모하게 되며, 공익 및 제3자의 이익 보호 등 행정에 광범위한 유연성을 부여한다.

그러나 부관은 규율강화의 도구가 될 위험도 있으며, 행정편의에 치우쳐 남용되는 경우에는 오히려 상대방에게 불이익을 주는 역기능도 있을 수 있으므로 부관의 남용에 대한 실체법적·절차법적인 적절한 통제가 요청된다.

2. 부관의 종류

부관에는 법령에 일반적으로 그 행위에 부여하고 있는 법률효과의 일부를 배제하는 **법률효과의 일부배제**, 행정행위의 효력발생 또는 소멸을 장래의 불확실한 사실의 성부에 의

존하게 하는 **조건**, 행정행위의 효력발생 또는 소멸을 장래에 도래할 것이 확실한 사실에 의존하게 하는 **기한**, 상대방에게 의무를 부과하는 **부담**, 특정한 경우에 행정행위를 철회할 수 있는 권리를 유보하는 **철회권유보** 등이 있다.

3. 사안의 기부채납조건의 법적 성질

(1) 문제점

조건과 기한은 행정행위의 효과를 직접 제한하며 철회권의 유보와 더불어 행정행위의 효과의 성립·소멸에 관한 것이나, 부담은 행정행위의 효과의 시점과는 관계없이 처음부터 행정행위의 효과가 완전히 발생한다. 부담은 주된 행정행위의 구성요소가 아니라 그의 존속이 주된 행정행위에 의존할 뿐 각각 별개의 행정행위를 이루며, 부담의 이행은 행정행위의 유효요건이 아니다. 그런데 조건과 부담은 실정법상 용어가 혼용되기도 하는바, 특히 사안과 같이 상대방에게 일정한 의무부과를 조건으로 하는 경우에는 해제조건과 부담은 모두 의무를 부과하기 때문에 구별이 문제된다.

(2) 해제조건부 행정행위와 부담부 행정행위

1) 양자의 구별실익

해제조건부 행정행위는 조건성취에 의하여 당연히 그 효력을 상실하는 데 대하여, 부담부 행정행위는 상대방의 의무불이행이 있는 경우에도 당연히 그 효력이 상실되는 것은 아니고 다만 불이행을 이유로 행정청의 별개의 행정행위로써 그것을 철회하거나 행정상 강제집행 또는 처벌의 대상으로 할 수 있을 뿐이다.

2) 양자의 구별기준

이 양자를 구별함에 있어서는 행정청의 객관화된 법효과의사, 즉 행정청이 부관부과로 인하여 달성하고자 하는 행정목적에 지향된 행정청의 객관화된 의사를 탐구하여, 의무부과를 통하여 당사자로부터 기대되는 행위가 이행되지 않는 경우에는 당해 행정행위의 목적을 달성할 수 없는 경우에는 해제조건부 행정행위로 보고, 의무불이행시에도 행정행위의 목적달성에 중요한 장애가 되지 않는다고 인정되는 때에는 부담부 행정행위로 보아야 할 것이다. 다만 이러한 기준에 의해서도 양자의 구별이 곤란한 경우에는 법률생활의 안정이나 비례의 원칙상 당사자에게 최소한의 침해가 되는 처분이 행해져야 한다는 점에 비추어, 조건성취 여부가 불명료하고 경직적·획일적 수단인 조건보다는 부담으로 추정하는 것이 타당하다고 할 것이다.

(3) 소결

살피건대 사안의 기부채납부관은 甲이 온천개발업자 乙이 이용하고 남은 온천수를 공동급수할 수 있는 송수관을 설치하기 위한 면적을 확보하기 위한 목적으로 기부채납을 부가하는 것인 점에 비추어 기부채납의무부과를 통하여 당사자로부터 기대되는 행위가 이행되지 않는 경우에는 당해 온천개발허가의 목적을 달성할 수 없는 경우라고 볼 수는 없고, 기부채납의무불이행시에도 온천개발허가 자체의 목적달성에 중요한 장애가 되지 않는다고 할 것이므로 기부채납의무의 부과는 주된 행정행위인 굴착허가처분과는 독립된 작위의무를 부과하는 것으로서 부담에 해당한다고 하겠다.

Ⅲ. 설문 (2)의 해결

1. 사후부관의 가능성

(1) 문제의 소재

행정행위를 발한 후에 새로이 부관을 붙일 수 있는지, 즉 행정행위 발령 후에 새로이 부관을 추가하거나 이미 붙여진 부관을 사후에 변경·보충할 수 있는지 문제된다.

(2) 학설

1) 부정설[142)]

부관은 본체의 행정행위에 부수된 종된 것이므로, 사후부관은 부관의 부종성에 반하여 법령에 규정이 없는 한 불허된다고 한다.

2) 제한적 긍정설(통설)

일정한 요건, 즉 법령 또는 행정행위 자체가 사후부관을 허용하고 있거나 부관이 유보된 경우, 또는 상대방의 동의가 있을 경우에만 사후부관이 가능하다는 견해로, 이는 다시 ⅰ) 부담의 독립적 행정행위성을 근거로 부담의 경우에만 사후부관이 가능하다는 견해[143)]와 ⅱ) 위의 요건하에 모든 부관에 대하여 가능하다는 견해(다수설)로 나뉜다.

(3) 판례

대법원은 "행정처분이 이미 부담이 부가되어 있는 상태에서 그 의무의 범위 또는 내용 등을 변경하는 부관의 사후변경은 법률에 명문의 규정이 있거나 그 변경이 미리 유보되어 있는 경우 또는 상대방의 동의가 있는 경우에 한하여 허용되는 것이 원칙이지만, 사정변경

142) 한견우, 현대, 508면

143) 박윤흔, 상, 398면; 이상규, 상, 326면

으로 인하여 당초에 부담을 부가한 목적을 달성할 수 없게 된 경우에도 그 목적달성에 필요한 범위 내에서 예외적으로 허용된다."고 판시(대판 1997.5.30. 97누2627)하고 있다.

(4) 검토

살피건대 조건이나 기한 또는 철회권의 유보 등 부담 이외의 부관은 주된 행정행위의 불가분적 구성요소이므로 부관부 행정행위 자체를 사후 변경할 수 있음은 별론으로 하고 부관만의 변경인 사후부관이 허용될 수 없으나, 부담은 주된 행정행위에 부가한 독립한 행정행위이므로 일정한 경우에는 사후변경을 인정할 수 있다고 보아야 한다는 점에서 제한적 긍정설 중 첫 번째 견해가 타당하다. 여기서 일정한 경우란 당사자의 권리보호측면에서 원칙적으로 법률에 명문의 규정이 있거나 그 변경이 미리 유보되어 있는 경우 또는 상대방의 동의가 있는 경우에 한하여 허용되는 것으로 보아야 할 것이다.

(5) 중간결론

부담 이외의 부관은 주된 행정행위의 불가분적 구성부분이므로 사후부관이 허용될 수 없으나, 부담은 주된 행정행위에 부가한 독립한 행정행위이므로 일정한 경우에는 사후부관을 인정할 수 있는바, 사안의 기부채납의 조건은 주된 행정행위인 굴착허가처분과는 독립된 행정처분으로서 부담에 해당하므로 시장 甲은 법률에 명문의 규정이 있거나 그 변경이 미리 유보되어 있는 경우 또는 상대방의 동의가 있는 경우에는 기부채납할 토지 중 관로부분의 길이를 연장하는 내용의 변경조치를 할 수 있다.

문제는 사안과 같이 甲이 법령에 근거 없이 사정변경만을 이유로 변경조치를 할 수 있는가이다.

2. 법령의 근거 없이 한 甲의 사후변경부담의 위법 여부

(1) 문제의 소재

앞에서 살펴본 바와 같이 부관의 사후변경은 그 자체로서 독립된 행정행위인 부담의 경우에만 가능한바, 부담의 사후변경은 결국 행정행위의 폐지의 결과를 가져오기 때문에 부관의 사후변경에는 행정행위의 직권철회의 법리가 적용된다고 보아야 한다. 따라서 사안에서 甲이 법령에 근거 없이 사정변경만을 이유로 변경조치를 할 수 있는지를 규명하기 위해서는 법적 근거 없이 행정행위의 직권철회가 가능한지 여부를 살펴볼 필요가 있다.

(2) 행정행위의 직권철회의 경우 법적 근거 필요성 요부

1) 문제의 소재

행정행위의 철회에 대해서는 취소의 경우와 달리 그 사유가 법정되어 있는 것이 보통이다(예: 식품위생법 제58조, 의료법 제52조 등). 그러나 철회사유는 존재하지만 그 법적 근거가 존재하지 않는 경우에 철회권 행사를 위하여 별도의 법적 근거가 필요한지 문제된다. 특히 수익적 행정행위를 중심으로 논의 된다.

2) 학설

가. 근거불요설(철회자유설)[144]

행정행위의 철회는 그것을 존속시키기 어려운 처분 후의 새로운 사정변경에 대응하고 법률적합성이나 공익적합성에 부응하기 위한 것이고, 행정법규가 완벽하지 않은 상태에서 철회에 일일이 법적 근거를 요한다고 한다면 중대한 공익의 요청이 있는 경우에도 철회할 수 없어 공익에 반한다는 점을 그 이유로 들고 있다.

나. 근거필요설(철회제한설)[145]

침익적 행정행위의 철회는 수익적이므로 별도의 법률의 근거가 없이도 가능하지만 수익적 행정행위의 철회는 침익적이므로(또는 철회시에 상대방에게 기득권이 발생하였다고 보여지는 경우에는 철회는 권리를 제한하는 효과를 가져오므로) 법치행정의 원리와 개인의 기본권보장의 견지에서 법률의 근거가 없이 단순히 공익상의 필요만을 이유로는 철회할 수 없다고 한다. 여기에는 부담적 행정행위에 있어서는 원행정행위의 수권규정이 철회의 근거가 될 수 있다고 보는 것이 타당하다는 견해[146]도 있다.

3) 판례

대법원은 "행정행위를 한 처분청은 비록 그 처분 당시에 별다른 하자가 없었고 또 그 처분 후에 이를 취소(철회)할 별도의 법적 근거가 없다 하더라도 원래의 처분을 존속시킬 필요가 없게 될 사정변경이 생겼거나 또는 중대한 공익상의 필요가 발생할 경우에는 그 효력을 상실케 하는 별개의 행정행위로 이를 취소(철회)할 수 있다"고 판시(대판 2004.7.22. 2003두7606 : 대판 2002.11.26. 2001두2874 : 대판 1995.6.9. 95누1194 : 대판 1992.1.27. 91누3130 등 참조)하고 있다.

4) 검토

살피건대 우선 근거필요설은 철회에 법적 근거가 필요한가라는 법률유보의 문제와 철회권행사의 제한문제를 혼동하고 있다는 비판이 가능하다. 왜냐하면 상대방의 신뢰이익보호 등은 법률유보문제가 아니라 철회권행사의 제한문제로 보아야 하기 때문이다

행정행위의 직권철회는 하자있는 행정행위에 인정되는 공정력의 법리에 따른 것이므로

144) 김동희, Ⅰ, 338면; 박윤흔, 상, 465면; 한견우, Ⅰ, 427면

145) 김남진, 김연태, Ⅰ, 305면; 김성수, 일반, 314면; 김철용, Ⅰ, 283면; 류지태, 신론, 225면; 박균성, 강의, 283면; 석종현, 상, 361면; 장태주, 개론, 299면; 정하중, 총론, 308면; 홍정선, 특강, 271면; 홍준형, 총론, 343면

146) 박균성, 강의, 제4판, 386면

별도의 법적 근거가 없어도 가능하다. 즉, 당초의 적법·유효했던 행정행위가 그 후 법령 또는 사실상태의 변경으로 인하여 위법 또는 부당하게 되더라도 이러한 하자있는 행정행위에는 공정력이 발생하므로 잠정적으로 사실상 그 적법성이 추정되어 유효하게 통용되지만, 공정력을 깨뜨릴 수 있는 권한 있는 기관인 처분청은 별도의 법적 근거가 없더라도 행정행위를 더 이상 존속시킬 수 없는 중대한 공익상 필요가 발생한 경우에는 공익실현을 위해 또 다른 법적 규율인 행정행위로써 하자있게 된 행정행위의 위법성을 확인하여 그 효력을 배제할 수 있다. 한편 적법·유효했던 행정행위가 사정변경으로 인하여 중대한 공익상 필요가 발생했다 하더라도 공정력이 발생하여 잠정적으로 적법·유효하게 통용되므로 처분청 자신도 스스로 직권철회하지 않는 한 그 행정행위에 구속된다.

따라서 직권철회의 법적 근거 요부를 논함에 있어서 그 철회대상인 행정행위가 상대방의 측면에서 부담적인가 수익적인가를 고려하는 것은 타당하지 못하고, 부담적 행정행위에 있어서는 수권규정이 철회의 근거가 될 수 있다고 보는 것도 타당하지 못하다.

(3) 법적 근거 없는 부관의 사후변경 가능성

1) 판례의 태도

대법원은 "행정처분이 이미 부담이 부가되어 있는 상태에서 그 의무의 범위 또는 내용 등을 변경하는 부관의 사후변경은 법률에 명문의 규정이 있거나 그 변경이 미리 유보되어 있는 경우 또는 상대방의 동의가 있는 경우에 한하여 허용되는 것이 원칙이지만, 사정변경으로 인하여 당초에 부담을 부가한 목적을 달성할 수 없게 된 경우에도 그 목적달성에 필요한 범위 내에서 예외적으로 허용된다"고 판시(대판 1997.5.30, 97누2627)하고 있다.

2) 학설의 입장

이와 같은 판례에 대하여 학설은 대체로 제한적 긍정설의 3가지 요건 이외에도 사정변경에 의한 부관의 사후변경을 긍정하는 것은 문제라고 비판한다.

3) 검토

부관의 사후변경은 행정행위의 직권철회의 법리가 적용되므로 법적 근거 없이 행정행위의 직권철회가 가능하듯이 당초 부과했던 부담이 사정변경으로 인하여 당초에 부담을 부가한 목적을 달성할 수 없게 된 경우에는 그 목적달성에 필요한 범위 내에서 부관의 사후변경이 가능하다고 할 것이다.

3. 소결

사안의 경우 당사자의 의무가 이행되지 않는 경우 당해 행정행위의 목적을 달성할 수 없는 경우에는 행정청은 애당초 해제조건의 부관을 부가할 것이고 당사자의 의무불이행시에도 주된 행정행위의 목적달성에 중요한 장애가 되지 않는다고 인정되는 때에 한하여 독립한 행정행위로서의 부담을 부가하게 된다는 점을 고려하면 당해 기부채납조건은 부담으로 보아야 하고 부담의 경우에는 주된 행정행위와는 독립한 행정행위의 목적달성을 전제로 하여 부가되는 것이므로, 사정변경으로 인하여 당초에 부담을 부가한 목적을 달성할 수 없게 된 경우에는 행정행위의 공정력과 직권철회의 법리에 의하여 행정청은 법률의 근거 없이도 그 목적달성에 필요한 범위 내에서 예외적으로 사후부관을 부가할 수 있다고 보아야 한다.

따라서 결국 사안의 경우 시장 甲의 사후변경부담으로서의 변경조치가 법령에 근거가 없는 위법·무효라는 乙의 주장은 타당하지 못하다.

Ⅳ. 설문 (3)의 해결

1. 문제의 소재

사안의 경우 부담의 사후변경이 법적 정의의 관점에서 인정되는 행정의 법률적합성 확보의 측면에서 행정행위의 공정력과 직권철회의 법리에 따라 가능하다 하더라도, 법치국가원리의 또 다른 구성요소인 법적 규율로서의 행정행위의 내용을 신뢰하고 그에 따라 행동한 행정행위의 상대방이나 이해관계인에 대한 신뢰보호원칙에 반하여 위법한 경우에는 그 철회권 행사가 제한된다. 따라서 사안의 경우 사정변경을 이유로 甲의 변경조치가 가능하더라도 그것이 乙에 대한 신뢰보호원칙에 반하여 위법한지 여부를 검토하여야 한다.

2. 甲의 변경조치가 신뢰보호원칙에 위반되는지 여부

(1) 신뢰보호원칙의 의의

신뢰보호원칙이란 권한 있는 기관의 법적 규율의 정당성 또는 존속성을 신뢰하고 그에 따라 행동한 국민의 신뢰이익은 보호해 주어야 한다는 원칙을 말한다.

(2) 신뢰보호의 원칙의 적용요건

일반적으로 행정처분에 신뢰보호의 원칙이 적용되기 위해서는 ⅰ) 행정기관의 일정한 선행행위가 존재하고, ⅱ) 이에 대하여 사인이 보호가치 있는 신뢰를 하여, ⅲ) 그 신뢰에 따라 일정한 행위를 하였는데, ⅳ) 선행조치에 반하는 행정작용을 함으로써 그 사인의 신뢰이익이 침해되어야 한다.

(3) 중간결론

살피건대 사안의 경우 甲의 독립된 행정처분으로서의 기부채납조건의 부담이 존재하고 이에 대한 乙의 신뢰가 특별히 보호가치 없는 신뢰라고 볼 사정도 없으며, 원래의 부담내용에 반하여 변경조치를 한 것은 乙의 신뢰이익을 침해한다고 볼 수 있으므로 신뢰보호원칙에 반한다고 할 것이다.

3. 행정행위가 신뢰보호원칙에 반하여 위법하게 되기 위한 요건

법적 안정성과 법적 정의는 법치국가원리의 대등한 구성요소이므로 양자는 조화되어 실현되어야 한다. 따라서 어떠한 행정행위가 그 구속력이나 신뢰보호의 원칙에 반한다는 점만으로 곧 위법하다고 할 수 없다. 법적 규율로서의 행정행위는 공익실현을 목적으로 행해지는 것이고, 당사자만을 구속하는 사법상의 법률행위와는 달리 사회구성원 각자를 구속하는 것이므로, 행정청의 어떠한 행정행위가 법적 안정성의 관점에서 인정되는 행정행위의 구속력이나 신뢰보호원칙에 반하여 위법하다고 하기 위해서는 법치국가원리의 또 다른 구성요소인 법적 정의의 관점, 즉 행정의 법률적합성 확보와 국민의 권리보호이념에 반하여 공익 또는 제3자의 정당한 이익을 현저히 해할 우려가 있는 경우가 아니어야 한다.

4. 甲의 변경조치가 신뢰보호의 원칙에 반하여 위법한지 여부

살피건대 비록 시장 甲의 기부채납할 토지 중 관로부분의 길이를 연장하는 내용의 부담의 사후변경은 乙의 신뢰보호이익을 침해하게 된다고 하더라도, 乙이 온천공의 굴착을 예상보다 지나치게 멀리 떨어져 하였다는 점, 甲은 원래의 부담을 부가한 목적인 공동급수를 위한 송수관을 연결하기 위해서는 기부채납할 토지 중 관로부분의 길이를 연장하는 것이 불가피하게 되어 그것을 연장하고 있다는 점, 기부채납할 토지 중 관로부분의 길이를 연장하지 않으면 공동급수를 위해 송수관을 연결하기 위하여 부담을 부가한 목적이 수포로 돌아가게 된다는 점 등을 고려하면 甲의 변경조치가 신뢰보호의 원칙에 반하여 위법하다고 보기는 어렵다고 판단된다.

5. 소결

따라서 결국 甲의 변경조치가 신뢰보호의 원칙에 반하여 위법하다는 乙의 주장은 법원에 의하여 받아들여지기 어려울 것이다.

Ⅴ. 사례의 해결

설문 (1)에서 기부채납의무의 부과는 주된 행정행위인 굴착허가처분과는 독립된 작위의무를 부과하는 것으로서 기부채납부관은 부담에 해당한다.

설문 (2)에서 당해 기부채납조건은 주된 행정행위와는 독립한 행정행위의 목적달성을 전제로 하여 부가된 것이므로, 사정변경으로 인하여 당초에 부담을 부가한 목적을 달성할 수 없게 된 경우에는 행정행위의 공정력과 직권철회의 법리에 의하여 행정청은 법률의 근거 없이도 사후부관을 부가할 수 있다고 보아야 한다. 따라서 시장 甲의 사후변경부담으로서의 변경조치가 법령에 근거가 없는 위법·무효라는 乙의 주장은 타당하지 못하다.

설문 (3)에서 甲의 변경조치가 신뢰보호의 원칙에 반하여 위법하다는 乙의 주장은 법원에 의하여 받아들여지기 어려울 것이다.

〈사례연습 29〉 행정계획변경청구권과 계획재량행위의 위법성판단방법 등

문화재청장 乙은 안산시 수암동 일원에서 발견된 안산읍성을 급격한 도시화와 주변환경의 훼손으로부터 보호하기 위하여 안산읍성 내부 전체 및 성곽기단으로부터 외향 10미터까지의 토지를 문화재보호구역으로 지정·고시하였다. 이 문화재보호구역 내에 위치한 토지를 소유하고 있는 甲은 재산권행사에 제한을 받게 되자 乙에게 자신의 토지를 대상으로 하는 이 사안 문화재보호구역지정을 해제하여 달라는 신청을 하였다. 이에 대해 乙은 문화재위원의 현지조사와 경기도문화재위원회의 심의를 거쳐 "甲이 문화재보호구역 지정해제를 요청한 지역은 안산읍성 내에 포함되는 지역으로 역사적·문화적으로 보호가치가 있을 뿐만 아니라 안산읍성 보호를 위하여 보호구역해제가 불가하다"는 회신을 하였다. 甲은 이러한 회신에 대하여 그 취소를 구하는 소를 제기하였다.

(1) 甲이 제기한 취소소송은 적법한가? (30점)

(2) 만일 甲의 소가 적법하다면 甲의 청구는 인용될 수 있는가? (20점)

[참조조문]

문화재보호법

제9조(보호물 또는 보호구역의 지정) ① 문화재청장은 제5조, 제7조 또는 제8조의 규정에 따른 지정을 할 때 문화재의 보호를 위하여 특히 필요하면 이를 위한 보호물 또는 보호구역을 지정할 수 있다.
② 문화재청장은 인위적 또는 자연적 조건의 변화 등으로 인하여 제1항에 따라 지정된 보호물 또는

보호구역을 조정할 수 있다.
③ 문화재청장은 제1항 또는 제2항에 따라 보호물 또는 보호구역을 지정하거나 조정한 때에는 지정 또는 조정 후 매 10년이 되는 날 이전에 다음 각 호의 사항을 고려하여 그 지정 또는 조정의 적정성을 검토하여야 한다. 〈단서생략〉
1. 해당 문화재의 보존가치
2. 보호물 또는 보호구역의 지정이 재산권행사에 미치는 영향
3. 보호물 또는 보호구역의 주변 환경
④ 제1항부터 제3항까지의 규정에 따른 지정조정 및 적정성 검토 등에 필요한 사항은 대통령령으로 정한다.
제13조(지정 또는 인정의 해제)
①~③ 〈생략〉
④ 문화재청장은 제9조 제2항에 따른 검토 결과 보호물 또는 보호구역의 지정이 적정하지 아니하거나 그밖에 특별한 사유가 있으면 보호물 또는 보호구역의 지정을 해제하거나 그 범위를 조정하여야 한다. 국가지정문화재 지정이 해제된 경우에는 지체 없이 해당 문화재 보호물 또는 보호구역 지정을 해제하여야 한다.

[관련논점]

— 행정계획의 법적 성질
— 계획재량과 일반재량의 구별 여부
— 무하자재량행사청구권
— 행정계획변경청구권
— 재량행위의 위법성 판단방법
— 계획재량행위의 위법성 판단방법
— 형량명령의 원칙과 비례원칙

[답안구성]

Ⅰ. 논점의 정리
Ⅱ. 문화재보호구역지정 및 그 해제의 법적 성질
1. 문제의 소재
2. 문화재보호구역지정의 행위형식
(1) 행정계획의 의의
(2) 문화재보호구역지정의 행위형식
3. 행정계획의 법적 성질
(1) 학설
(2) 판례의 태도
(3) 검토 및 사안의 경우
4. 문화재보호구역지정 또는 그 해제의 법적 성질
(1) 기속행위인지 재량행위인지 여부
1) 기속행위와 재량행위의 구별기준
2) 사안의 검토
(2) 계획재량과 일반 행정재량의 구별 여부
Ⅲ. 설문(1)의 해결
1. 문제의 소재
2. 대상적격
(1). 취소소송의 대상
가. 대상적격의 의의
나. 국민의 처분의 신청에 대한 행정청의 거부처분이 "항고소송의 대상이 되는 처분"이 되기 위한 요건
(가) 판례의 태도
(나) 학설
(다) 검토

Ⅰ. 논점의 정리

설문 (1)에서 甲이 제기한 소의 적법 여부를 판단하기 위해서는 문화재청장 乙의 해제불가회신행위가 취소소송의 대상이 되는 처분에 해당하여 소의 대상적격 내지 권리보호자격이 있는지, 그리고 甲에게 원고적격이 있는지를 살펴보아야 하는데, 이를 위해서는 우선 문화재청장 乙의 당해 공행정작용인 문화재보호구역지정 및 그 해제의 법적 성질을 규명할 필요가 있다.

설문 (2)에서는 문화재보호구역지정과 그 해제의 법적 성질을 토대로 문화재보호구역지정행위의 위법성 여부를 검토하여야 한다.

Ⅱ. 문화재보호구역지정 및 그 해제의 법적 성질

1. 문제의 소재

사안에서는 甲이 이 사안 문화재보호구역지정을 해제하여 달라는 신청을 하고 문화재청장 乙이 이를 거부하였는바, 그러한 거부행위가 취소소송의 대상이 되는 처분이 되기 위해서는 甲에게 적극적 공권으로서의 법규상 또는 조리상 신청권이 있어야 하는지, 특히 문화재보호구역지정행위가 재량행위인 경우에도 甲에게 적극적 공권을 인정할 수 있는지가 문제되고, 또한 기속행위와 재량행위는 그 위법성판단방법을 달리하며, 나아가 계획재량행의 위법성판단에서는 일반재량행위의 위법성판단과는 다른 특색이 있으므로, 논의의 중복을 피하기 위하여 각 설문에 대한 구체적 해결에 앞서 문화재보호구역지정 또는 그 해제의 법적 성질을 우선 살펴보기로 한다.

2. 문화재보호구역지정의 행위형식

(1) 행정계획의 의의

행정계획이라 함은 행정에 관한 전문적·기술적 판단을 기초로 하여 도시의 건설·정비·개량 등과 같은 특정한 행정목표를 달성하기 위해 서로 관련되는 행정수단을 종합·조정함으로써 장래의 일정한 시점에 있어서의 일정한 질서를 실현하기 위한 활동기준 또는 그 설정행위라고 할 수 있다(대판 1996.11.29. 96누8567).

(2) 문화재보호구역지정의 행위형식

사안의 문화재보호구역지정의 경우 문화재를 보존하여 이를 활용함으로써 국민의 문화적 생활의 향상을 도모하고 인류문화의 발전에도 기여하려는 목적을 위한 행정수단의 종합·조정하는 작용이라고 할 수 있으므로 이는 행정의 행위형식 중 행정계획에 해당 한다.

3. 행정계획의 법적 성질

(1) 학설

행정계획의 법적 성질에 대하여는 i) 행정계획이 국민의 자유와 권리에 관계되는 법규범을 정립하는 행위(법규명령)로서 일반적 구속력을 가질 수 있다는 **입법행위설**, ii) 행정계획 중에는 법관계의 변동이라는 효과를 가져오는 행정행위로서의 성질을 가지는 것이 있다는 **행정행위설**, iii) 행정계획 중에는 법규명령적인 것도 있고, 행정행위적인 것도 있으며, 단순한 사실행위인 것도 있다는 **복수성질설**(개별검토설), iv) 행정계획은 법규범도 아니고 행정행위도 아닌 특수한 성질의 것이지만 구속력을 가진 점에서 행정행위에 준한다는 **독자성설**이 있다.

(2) 판례의 태도

대법원은 행정계획의 구체적 사례에 따라 항고소송의 대상이 되는 처분, 즉 대상적격을 인정하기도 하고 부인하기도 한다.

즉 ㉠ "도시재개발법에 의한 재개발조합은 조합원에 대한 법률관계에서 적어도 특수한 존립목적을 부여받은 특수한 행정주체로서 국가의 감독하에 그 존립목적인 특정한 공공사무를 행하고 있다고 볼 수 있는 범위 내에서는 공법상의 권리의무관계에 서 있는 것이므로 분양신청 후에 정하여진 관리처분계획의 내용에 관하여 다툼이 있는 경우에는 그 **관리처분계획은 토지 등의 소유자에게 구체적이고 결정적인**

영향을 미치는 것으로서 조합이 행한 처분에 해당하므로 항고소송의 방법으로 그 무효확인이나 취소를 구할 수 있다."고 판시(대판 2002.12.10. 2001두6333)하는가 하면, ㉡ "택지개발촉진법 제18조, 제20조의 규정에 따라 택지개발사업 시행자가 건설부장관으로부터 승인을 받아 택지의 공급방법을 결정하였더라도 **그 공급방법의 결정은 내부적인 행정계획에 불과**하여 그것만으로 택지공급 희망자의 권리나 법률상 이익에 개별적이고 구체적인 영향을 미치는 것이 아니므로, 택지개발사업시행자가 그 공급방법을 결정하여 통보한 것은 분양계약을 위한 사전준비절차로서의 사실행위에 불과하고 **항고소송의 대상이 되는 행정처분으로 볼 수 없다.**"고 판시(대판 1993.7.13. 93누36)하였다. 그러나 ㉢ "**택지개발예정지구지정처분은** 건설교통부장관이 법령의 범위 내에서 도시지역의 시급한 주택난 해소를 위한 택지를 개발·공급할 목적으로 주택정책상의 전문적·기술적 판단에 기초하여 행하는 **일종의 행정계획으로서 재량행위라 할 것이므로** 그 재량권의 일탈·남용이 없는 이상 그 처분을 위법하다고 할 수 없다."고 하였다(대판 1997.9.26. 96누10096).

(3) 검토 및 사안의 경우

행정계획은 그 종류와 내용이 매우 다양하기 때문에 모든 종류의 행정계획에 하나의 법적 성질을 부여하는 것은 불가능하고, 각 행정계획별로 개별적으로 검토하는 것이 타당하다고 판단된다.

사안의 경우 문화재청장 乙의 문화재보호구역의 지정행위는 국민의 재산권행사를 제한하여 국민의 권리의무에 직접 영향을 미치므로 행정행위에 해당한다고 할 것이다.

4. 문화재보호구역지정 또는 그 해제의 법적 성질

(1) 기속행위인지 재량행위인지 여부

1) 기속행위와 재량행위의 구별기준

이에 대해서는 종래 요건재량설과 효과재량설의 주장도 있었으나, 행정청의 공법상 행위가 기속행위인지 재량행위인지를 구별함에 있어서도 일반적인 법해석의 방법론에 따라 판단하여야 할 것이다. 따라서 입법자가 행정권에 재량권을 부여했는지는 당해 행위의 근거가 된 법규의 체재형식과 그 문언, 당해 행위가 속하는 행정 분야의 주된 목적과 특성, 당해 행위 자체의 개별적 성질과 유형 등을 모두 고려하여 판단하여야 한다. 판례도 이와 같다(대판 2002.8.23. 2002두820; 대판 2001.2.9. 98두17593 등 참조).

2) 사안의 검토

살피건대 문화재보호법 제9조 제1항, 제2항, 제3항, 제4항 등에서의 "문화재청장은…할 수 있다"는 체제형식과 동조 제1항에서의 "특히 필요하면" 또는 "제3항 각호의 사항을 고려하여" 등 그 문언, 관련규정들의 취지, 문화재보호구역지정행위의 성질 등을 종합적으로 고려해 볼 때, 문화재보호구역지정해제 신청에 대하여 행정청은 문화재보호라는 공익을 위하여 그 해제신청을 거부할 수도 있는 재량권이 부여된 것으로 판단되고, 따라서 문화재보호구역지정 또는 그 해제행위는 재량행위에 해당한다고 보아야 한다.

(2) 계획재량과 일반 행정재량의 구별 여부

그런데 사안의 경우는 문화재보호구역지정은 이라는 행정계획에서 인정되는 재량인데, 이를 일반행정재량과 구별할 것인지 문제된다.

이에 대하여 ⅰ) 계획재량은 규범구조적으로 목적-수단프로그램이고, 형량명령이라는 특수한 법리가 적용되므로 그 질적인 차이를 인정하여야 한다는 견해도 있으나, ⅱ) 규범구조적 차이로부터 재량의 질적 차이를 인정할 수는 없고, 형량명령도 비례원칙의 반영일 뿐이므로 결국 양자는 양적 차이에 불과하다고 보는 것이 타당하다고 판단된다. 왜냐하면 입법자가 행정기관에 부여하는 자유의 여지는 개별행정작용의 특성을 고려하여 부여하는 수권규범의 내용과 형식에 따라 그 정도나 범위가 달라질 수는 있으나, 그것은 요건재량이든 효과재량이든 또는 계획재량이든 본질적으로 행정기관에 재량권을 수여하는 것이라는 점에서 적어도 그 법적 성질에 있어서는 동일하다고 보아야 할 것이기 때문이다.

다만, 수권규범의 내용과 형식에 따라 부여된 재량의 범위와 그 한계를 판단하기 위해서는 계획재량이 수단의 선택에 있어서의 광범한 형성의 자유를 인정한다는 점에서 이를 별도로 논하는 것은 필요하다고 판단된다.

Ⅲ. 설문(1)의 해결

1. 문제의 소재

사안의 불가회신에 대한 취소를 구하는 소가 적법하기 위해서는 ⅰ) 대상적격(행정소송법 제1조, 제19조, 제2조)과 원고적격(동법 제12조)이 있어야 하고, ⅱ) 피고적격(동법 제13조), ⅲ) 제소기간(동법 제20조), ⅳ) 임의적 행정심판 및 예외적 행정심판전치주의(동법 제18조), ⅴ) 관할(동법 제9조) 등의 요건을 갖추어야 한다.

사안에서는 ⅱ) 이하의 소송요건은 문제되지 않고, 거부처분이 항고소송의 대상이 되는 처분에 해당하는지와 甲에게 원고적격이 인정될 수 있는지를 살펴보아야 한다.

2. 대상적격

(1) 취소소송의 대상

사안의 경우 행정심판을 거치지 않았으므로 취소소송의 대상은 원처분인 폐기물처리업허가 신청에 대한 불허가처분이다(행정소송법 제19조, 제2조 제1호).

가. 대상적격의 의의

무릇 소송이란 구체적 사건에서 법률상 분쟁을 법에 의하여 해결함으로서 법적 안정을 기하자는 것이므로, 행정청의 처분이나 부작위(행정소송법 제2조)가 소의 대상적격이 인정되기 위해서는 그러한 행정청의 처분이나 부작위가 법률상 보호이익을 침해할 수 있어 위법한 처분이나 부작위(행정소송법 제1조 전단)라고 주장할 수 있어야 한다. 이는 소송 본질상 요구되는 것이다.

나. 국민의 처분의 신청에 대한 행정청의 거부처분이 "항고소송의 대상이 되는 처분"이 되기 위한 요건

(가) 판례의 태도

대법원의 확립된 판례에 의하면, 처분의 신청에 대한 행정청의 거부처분이 항고소송의 대상이 되는 거부처분이 되기 위해서는 i) 국민이 행정청에 대하여 그 신청에 따른 처분(공권력의 행사 또는 이에 준하는 행정작용)을 하여 줄 것을 요구할 수 있는 법규상 또는 조리상의 신청권이 있고, ii) 행정청의 공법상 행위는 국민의 권리의무에 직접 관계있는 행위일 것을 요구한다(대판 1990.9.28. 89누8101 등 참조). 이에 대하여는 헌법재판소도 같은 입장이다(헌재 1998.5.16. 98헌가121 참조). 한편 "거부처분의 처분성을 인정하기 위한 전제요건이 되는 신청권의 존부는 구체적 사건에서 신청인이 누구인가를 고려하지 않고 관계법규의 해석에 의하여 일반국민에게 그러한 신청권을 인정하고 있는가를 살펴 추상적으로 결정되는 것이다"고 판시(대판 1996.6.11. 95누12460 등 참조)하고 있다.

(나) 학설

판례가 요구하는 법규상·조리상 신청권에 대하여, 이를 i) 법문상 신청에 대하여 행정청은 일정한 처분을 하여야 할 의무가 발생하여야 한다는 점에서 신청은 신청권이 있어야 한다고 하거나,[147] 대법원은 신청권의 존부를 구체적 사건에서 신청인이 누구인가를 고려하지 않고 추상적으로 판단함을 이유로 이를 형식적 신청권으로 보아[148] **대상적격의 문제로 보는 견해**, ii) 신청권 또는 처분의무의 존재 여부는 **본안에서 판단하여야 한다는 견해**,[149] iii) 사인의 권리보호확대이념에 반함을 이유로 **원고적격의 문제로 보는 견해**[150] 등이 대립하고 있다.

(다) 검토

살피건대 무릇 소송이란 구체적 사건에서 법률상 분쟁을 법에 의하여 해결함으로써 법

147) 김동희, 박균성
148) 김남진·김연태, 행정법 I, 685면
149) 홍준형, 행정구제법, 544면; 이상규
150) 류지태, 홍정선, 특강, 6판, 628면

적 안정을 기하자는 것이므로 행정청의 처분이 행정소송의 대상이 되는 처분(대상적격)이 되려면 단순한 행정청의 처분(행정소송법 제2조 제1항)이 있다는 것만으로는 부족하고, 위법한 처분(행정소송법 제1조 전단 참조)이라고 주장할 수 있어야 한다는 점에서 판례의 태도가 타당하다. 즉, 행정청에게는 국민의 신청에 대하여 일정한 처분을 하여야 할 법률상의 의무가 있고, 그에 대응하여 신청인은 행정청에게 일정한 처분을 요구할 수 있는 적극적 공권으로서의 개인적 공권(이를 "법규상 또는 조리상 신청권"이라고 할 수 있다)이 있어야 하며, 나아가 그 법에 따른 행정청의 행위가 국민의 권리·의무에 직접 영향을 미쳐야만, 행정청의 공법상 행위는 법규상·조리상 신청권 내지 그 성립요소로서의 법률상 보호이익(다만 여기서의 권리 내지 법률상 이익은 원고적격으로서의 그것과는 달리 일반 국민개인에게 인정되는 객관적·추상적 이익을 말한다)을 침해할 수 있어 법률상 분쟁이 발생하고, 처분의 신청인은 행정청의 거부처분을 "위법한 거부처분"이라고 주장할 수 있어 소의 대상적격이 인정된다.

(2) 甲의 문화재보호구역지정해제청구권 인정 여부

1) 문제의 소재

그런데 문화재청장 乙의 문화재보호구역지정 또는 그 해제행위는 행정행위로서 계획재량행위이다. 따라서 甲이 행정주체에게 자신의 이익을 위하여 재량의 한계를 준수하여 일정한 행위를 하여 줄 것을 요구할 수 있는 적극적 공권인 강학상 무하자재량행사청구권으로서 계획변경청구권이 인정될 수 있는지 문제된다.

2) 무하자재량행사청구권

가. 의의

무하자재량행사청구권이라 함은 국민개인이 행정청에 대하여 자신의 이익을 위하여 하자 없는 적법한 재량처분을 요구할 수 있는 법상의 힘을 말한다. 무하자재량행사청구권의 인정은 재량행위에도 권리보호자격을 부여함으로써 개인의 권익보장을 확대한 데에 그 의의가 있다.

나. 성격

이는 흠 없는 재량권행사라는 재량의 적절한 절차과정으로 보는 절차적 권리가 아니다. 일반적으로 실질적 권리가 특정한 급부 또는 행위를 청구하는 것을 내용으로 하는 것을 의미함에 대하여, 무하자재량행사청구권은 재량의 법적 한계를 준수한 내용의 일정한 행위를 해줄 것을 요구한다는 점에서 형식적 권리라고 부를 수 있다 하더라도 형식적 권리이건 실질적 권리이건 모두 개인적 공권으로서 실체법상의 권리이다.

다. 무하자재량행사청구권의 인정 여부

(가) 학설

가) 부정설[151] 이 권리를 인정하면 남소의 폐단이 있고 민중소송화할 우려가 있으며, 재량의 하자가 있는 경우 실체적인 권리침해가 인정되므로 그 실체적 하자를 다투면 충분하고, 현행법상 이를 인정할 근거가 없다고 한다. 부정설 중에는 무하자재량행사청구권은 재량행위에 있어서 나타나는 개인적 공권의 특성에 초점을 맞춘 표현일 뿐, 그 자체가 독자적인 권리는 아니라는 견해[152]도 있다.

나) 긍정설 무하자재량행사청구권도 공권의 성립요건을 구비한 자에게만 인정되므로 민중소송화할 우려는 없고 재량영역에서 실체적 권리하자를 주장하기 어려운 경우에 이를 주장할 실익이 있다든가[153] 또는 소송상 구제방법과 관련하여 현행법상 인정실익이 없는 것이 사실이지만 재량권이 인정되는 경우에도 공권이 인정되는지 여부나 인정된다면 그것이 어떠한 내용과 의미를 가지는 공권인지를 규명하기 위해 필요하다[154]는 등을 그 이유로 들고 있다.

다) 제한적 긍정설 행정청이 결정재량권을 갖지 못하고 선택재량권을 가지고 있는 경우에만 동 청구권을 인정할 수 있다고 한다.[155]

(나) 판례

대법원은 "검사의 임용에 있어서 임용권자가 임용 여부에 관하여 어떠한 내용의 응답을 할 것인지는 임용권자의 자유재량에 속하므로 일단 임용거부라는 응답을 한 이상 설사 그 응답 내용이 부당하다고 하여도 사법심사의 대상으로 삼을 수는 없는 것이 원칙이나, 적어도 재량권의 한계 일탈이나 남용이 없는 위법하지 않은 응답을 할 의무가 임용권자에게 있고 이에 대응하여 임용신청권자로서도 재량권의 한계일탈이나 남용이 없는 적법한 응답을 요구할 권리가 있다고 할 것이며, 이러한 응답신청권에 기하여 재량권 남용의 위법한 거부처분에 대하여는 항고소송으로서 그 취소를 구할 수 있다고 보아야 하므로 임용신청자가 임용거부처분이 재량권을 남용한 위법한 처분이라고 주장하면서 그 취소를 구하는 경우에 법원은 재량권 남용 여부를 심리하여 본안에 관한 판단으로서 청구인용 여부를 가려야 한다"고 판시(대판 1991.2.12. 90누5825)하고 있다.

(다) 검토

살피건대 위법한 처분 그밖에 공권력의 행사 불행사로 인하여 개인의 권리 또는 이익을

151) 이상규, 상, 200, 180면
152) 홍정선, 연습, 신조사, 431면
153) 류지태, 신론, 84면
154) 박균성, 상, 123면
155) 김남진

침해하거나 침해할 우려가 있는 자는 항고소송을 제기할 법률상 이익이 있는데(행정소송법 제1조, 제12조, 제35조, 제36조), 여기서 "위법한 처분이나 부작위"이라고 주장할 수 있는 행위에는 기속행위뿐만 아니라 재량행위도 포함되고(**소송요건문제**), 재량행위가 위법하다는 것은 재량권을 일탈·남용한 것을 말하며(행정소송법 제27조 및 제38조 제2항)(**본안판단문제**) 소송본질상 위법하다고 주장할 수조차 없는 행정청의 행위는 소송요건을 결하여 각하하여야 한다는 점에서 긍정설이 타당하다.

즉, 행정청의 거부처분이나 부작위가 항고소송의 대상이 되기 위해서는 그것이 위법할 수 있어야 한다(행정소송법 제1조, 제2조). 그런데 행정청의 거부처분이나 부작위가 위법할 수 있기 위해서는 행정청의 행위의무를 부과한 근거법령이 공익실현뿐만 아니라 사익보호도 목적으로 하고 있어서 처분의 신청인에게 행정주체에 대하여 공법상 적법행위를 하도록 요구할 수 있는 적극적 행위청구권으로서의 적극적 공권(판례는 이를 법규상·조리상 신청권이라 한다)이 존재하여야 하는바, 여기서 행정청의 공법상행위는 기속행위인가 재량행위인가는 불문하고, 후자의 경우 국민개인이 자신의 이익을 위하여 행정청에게 재량권의 한계를 일탈하거나 남용이 없는 적법한 행위를 요구할 수 있는 적극적 공권으로서의 개인적 공권을 강학상 무하자재량행사청구권이라고 부를 수 있을 것이다.

3) 계획변경청구권의 인정 여부

계획변경청구권이란 국민개인이 자신의 이익을 위하여 행정청에게 일정한 행위, 즉 행정계획을 변경해 달라고 요구할 수 있는 공법상의 힘이라고 할 수 있고, 이는 판례에 의하여 표현되고 있는 적극적 공권으로서의 법규상 또는 조리상 신청권을 말한다. 이때 그 신청한 처분이 재량행위인 경우에 있어서 계획변경청구권은 강학상 무하자재량행사청구권의 구체적 모습이라고 할 것이다.

그런데 행정상의 계획법규도 공익실현을 목적으로 하는 것이고, 행정계획은 장기성과 종합성이 요구되기 때문에 특히 관계법령으로부터 사익보호목적을 직접 도출할 수 없는 한 계획변경청구권은 인정될 수 없다. 판례도 도시계획시설변경신청, 국토이용계획상의 용도지역변경신청, 주택개량재개발사업계획의 변경신청 등의 사건에서 대체로 이를 부정하고 있다.[156] 그러나 처분의 근거법령상 계획재량행위라고 하더라도 국민개인이 행정청에게 일정

---

156) 그리하여 원칙적으로 대법원은 "국토이용관리법상 주민이 국토이용계획변경에 대하여 신청을 할 수 있다는 규정이 없을 뿐만 아니라, 국토건설종합계획의 효율적인 추진과 국토이용질서를 확립하기 위한 **국토이용계획은 장기성, 종합성이 요구되는 행정계획이어서 원칙적으로 그 계획이 일단 확정된 후에 어떤 사정의 변동이 있다고 하여 그러한 사유만으로는 지역주민이나 일반 이해관계인에게 일일이 그 계획의 변경을 신청할 권리를 인정하여 줄 수는 없다**"고 판시(대판 1995.4.28. 95누627)하고 있고, 헌법재판소도 "도시계획결정 등은 광범위한 지역과 상당한 기간에 걸쳐 다수의 이해관계인에게 다양한 법률적·경제적 영향을 미치게 되어 일단 도시계획시설사업의 시행에 착수한 뒤에는 시행의 지연의 따른 손해나 손실의 배상 또는 보상을 함은 별론으로 하고, 그 결정 자체의 취소나 해제를 요구할 권리를 일부의 이해관계인에게 줄 수는 없는 것이다"고 판시(헌재 2002.5.30. 2000헌바58)하고 있다.

한 행위를 요구할 법률상 이익이 있는 경우에는 당연히 법규상·조리상 계획변경청구권이 인정된다. 다만 이때에 인정되는 법률상 이익은 국민개인에게 인정되는 객관적·추상적 이익을 말한다.

판례도 ㉠ 구 도시계획법상 도시계획입안제안과 관련한 규정과 **헌법상 개인의 재산권 보장의 취지에 비추어** 도시계획구역 내의 토지 등을 소유하고 있는 주민이 도시계획입안권자에게 도시계획입안을 요구할 법규상 또는 조리상 신청권이 있다고 하였고(대판 2004.4.28. 2003두1806), ㉡ "**장래 일정한 기간 내에 관계법령이 규정하는 시설 등을 갖추어 일정한 행정처분을 구하는 신청을 할 수 있는 법률상 이익이 있는 자의 국토이용계획변경신청을 거부하는 것이 실질적으로 당해 행정처분 자체를 거부하는 결과가 되는 경우**에는 예외적으로 그 신청인에게 국토이용계획변경을 신청할 권리가 인정된다고 봄이 상당하므로, 이러한 신청에 대한 거부행위는 **항고소송의 대상이 되는 행정처분에 해당한다**"고 판시(대판 2003.9.23. 2001두10936)하고 있다.

(3) 소결

따라서 사안의 경우 甲이 乙에게 일정한 행정처분을 구하는 신청을 할 수 있는 무하자재량행사청구권 내지 법률상 이익이 있는지를 살펴보아야 한다. 살피건대 문화재보호법 제9조는 ① 문화재보호구역의 지정에 따른 재산권행사의 제한을 줄이기 위하여 행정청에게 보호구역을 지정한 경우에 일정한 기간마다 적정성 여부를 검토할 의무를 부과하고, ② 그 검토 등에 관한 사항은 대통령령으로 정하도록 위임하였으며, ③ 검토결과 보호구역지정이 적정하지 아니하거나 기타 특별한 사유가 있는 때에는 보호구역의 지정을 해제하거나 그 범위를 조정하여야 한다고 규정하고 있다. 또한 ④ 그 적정성 여부의 검토에 있어서 당해 문화재의 보존가치 외에도 보호구역의 지정이 재산권행사에 미치는 영향 등을 고려하도록 규정하고 있는 점, ⑤ 헌법상 개인의 재산권 보장(제23조)의 취지 등에 비추어 보면, 문화재보호구역 내에 있는 토지소유자 등으로서는 위 보호구역의 지정해제를 요구할 수 있는 법규상·조리상의 신청권이 있다 할 것이고, 이러한 신청권에 대한 거부행위는 항고소송의 대상이 되는 행정처분에 해당한다고 보아야 한다(대판 2004.4.27. 2003두8821 참조).

따라서 결국 甲의 문화재보호구역지정을 해제하여 달라는 신청에 대한 문화재청장의 해제불가회신행위는 국민의 신청에 대한 거절의 의사를 대외적으로 명백히 표시한 것으로 거부행위에 해당하고, 이는 위법하다고 주장할 수 있는 처분, 즉 항고소송의 대상이 되는 처분에 해당하여 대상적격 내지 권리보호자격이 인정된다.

3. 원고적격

(1) 원고적격의 의의

원고적격이란 항고소송을 제기하여 본안판결을 받을 자격을 말하는바, 하자있는 행정행위에 인정되는 공정력을 깨뜨리는 특수한 절차인 항고소송에서 특별히 원고적격을 요구하는 것은 공익실현이라는 행정목적의 능률적 수행을 위하여 행정청으로 하여금 우월적 의사에 기한 행정행위를 하도록 한 입법취지에 부응하여 법적으로 보호받을 이익을 가지지 않은 자를 소송에서 배제함으로써 법적 정의, 즉 공익실현이라는 사회적 정의와 국민의 권리구제라는 개인적 정의를 조화하고 실현하기 위한 것이라고 할 수 있다.

(2) 행정소송법 제12조 소정의 "법률상 이익"의 의미

행정소송법 제12조는 소정의'법률상 이익'의 의미에 대하여는 **권리회복설, 보호가치있는 이익구제설, 적법성보장설**도 있으나, 동 규정이'법률상 이익'이라고 명문으로 규정하고 있는 점, 항고소송은 위법한 처분 등으로 인한 국민의 권리 또는 이익 침해를 구제하는 것으로 목적으로 하는 소송이라는 점(행정소송법 제1조)에서 **법률상 보호이익구제설**이 타당하다.

판례도 법률상 보호이익구제설에 입각하고 있으며, 다만 여기에서 말하는 법률상 보호되는 이익이라 함은 당해 처분의 근거 법규 및 관련 법규에 의하여 보호되는 개별적 · 직접적 · 구체적 이익이 있는 경우를 말한다고 판시(전합 2006.3.16. 2006두330 등)하고 있다.

(3) 원고적격의 인정 요건

1) 원고적격으로서의 법률상 이익과 불문의 소송요건으로서 권리보호필요성

원고적격으로서의 법률상 이익은 원고의 측면에서 본 법률상 보호되는 개별적 · 구체적 이익의 문제라면 협의의 소의 이익인 권리보호필요성은 그러한 이익에 대한 직접적이고 중대한 침해 또는 침해우려가 있어 소송을 통해 그러한 불이익을 제거할 객관적 · 현실적 이익의 문제로서 특히 후자는 "이익 없으면 소 없다"는 법언이 지적하듯이 소송제도에 필연적으로 내재하는 불문의 소송요건이다.

2) 원고적격의 존재 요건

따라서 항고소송의 원고적격, 즉 처분등의 취소나 무효확인 또는 부작위위법확인을 "구할 법률상 이익"이 존재하기 위해서는 처분등이나 부작위로 인하여 법률상 직접 보호되는 개별적 · 구체적 이익(원고적격으로서의 법률상 이익)에 대한 직접적이고 중대한 침해 또는 침해우려가 있어 소송을 통해 그러한 불이익을 제거할 객관적 · 현실적 필요성이 있어야 한다(불문의 소송요건으로서 권리보호필요성).

(4) 사안의 경우 원고적격의 존부

따라서 사안의 경우 법률상 보호이익구제설에 따라 살펴보면, 문화재보호법은 제9조의 해석상 보호구역 내의 토지소유자 등의 구체적 권리인 재산권을 보호하려는 목적도 가지고 있다고 할 것이고(원고적격으로서의 법률상 이익), 乙의 문화재보호구역지정으로 인하여 이러한 甲의 법률상 직법 보호되는 개별적 · 구체적 권리인 재산권을 현실적으로 침해하고 있다고 할 것이므로(불문의 소송요건으로서의 권리보호필요성) 甲에게는 문화재보호구역지정해제신청 거부처분에 대하여 그 취소를 구할 법률상 이익이 있다고 하겠다(행정소송법 제12조).

4. 소결

문화재보호구역 내에 있는 토지소유자 甲에게는 위 보호구역의 지정해제를 요구할 수 있는 법규상·조리상의 신청권(무하자재량행사청구권)이 있다. 그러므로 이러한 신청권에 기한 乙의 문화재보호구역지정해제신청 거부처분은 위법하다고 주장할 수 있는 처분, 즉 항고소송의 대상이 되는 처분에 해당하여 대상적격이 인정되고, 문화재보호법령에 의하여 보호되는 甲의 구체적 재산상의 권리 또는 이익이 문화재보호구역지정으로 인하여 침해 또는 침해우려가 있으므로 원고적격도 인정된다.

따라서 설문의 경우 다른 소송요건은 문제되지 아니하므로 甲의 문화재보호구역지정해제신청 거부처분의 취소를 구하는 甲의 소는 적법하다.

Ⅳ. 설문(2)의 해결

1. 문제점

설문에서 甲의 청구가 인용되려면 문화재청장 乙의 문화재보호구역지정해제신청 거부처분이 위법하여야 하는데, 사안의 경우 문화재청장 乙은 문화재보호법 제9조 제1항의 의하여 적법한 권한이 있고, 문화재위원으로 하여금 현지조사를 행하게 하고 경기도문화재위원회의 심의를 거쳤으며, 형식상의 문제도 보이지 않는다. 따라서 주체, 절차, 형식상의 하자는 특별히 보이지 않는다. 다만 내용상 하자 여부가 문제된다.

2. 당해 문화재보호구역지정해제신청 거부처분의 위법성 여부

(1) 재량행위에 있어서 위법성 판단 방법

기속행위의 경우 그 법규에 대한 원칙적인 기속성으로 인하여 법원이 사실인정과 관련법규의 해석·적용을 통하여 일정한 결론을 도출한 후 그 결론에 비추어 행정청이 한 판단의 적법 여부를 독자의 입장에서 판정하는 방식에 의하게 되나, 재량행위의 경우 행정청의 재량에 기한 공익판단의 여지를 감안하여 법원은 독자의 결론을 도출함이 없이 당해 행위에 재량권의 일탈·남용이 있는지 여부만을 심사하게 되고, 이러한 재량권의 일탈·남용 여부에 대한 심사는 사실오인, 비례·평등원칙위배 등을 그 판단대상으로 한다(대판 2007.5.31. 2005두1329 참조).

그런데 사안의 문화재보호구역지정 또는 그 해제는 계획재량행위로서 그 위법성 여부를 판단함에 있어서는 일반재량행위에 있어 재량권의 일탈·남용 여부를 판단하는 것과 달리 형량명령원칙위반 여부에 의할 것인지 문제된다.

(2) 계획재량행위의 위법성 판단 방법

1) 비례원칙의 계획재량행위에의 적용례로서 형량명령이론

행정계획입법은 행정의 목표만을 설정하고 그 목표를 달성하기 위한 방법과 수단의 선택에 있어서 행정권에게 비교적 광범위한 형성의 자유를 부여하고 있으므로 방법의 적절성이나 수단의 필요성은 크게 문제되지 아니하다 하더라도 행정주체가 가지는 이와 같은 계획재량은 그 행정계획에 관련되는 자들의 이익을 공익과 사익 사이에서는 물론이고 공익 상호간과 사익 상호간에도 정당하게 비교·교량하여야 하고, 그 비교·교량은 비례의 원칙에 적합하도록 하여야 하는바, 이를 이른바 형량명령이론이라 한다.

따라서 행정계획에 있어서 형량명령이론은 행정계획결정에 있어서 비례원칙의 구체적인 적용례라고 할 수 있다.

2) 계획재량권의 일탈·남용으로서의 형량하자

그러므로 만약 행정주체가 행정계획을 입안·결정함에 있어서 이익형량을 전혀 행하지 아니하였거나 이익형량의 고려대상에 마땅히 포함시켜야 할 중요한 사항을 누락한 경우 또는 이익형량을 하였으나 그것이 객관성과 정당성을 상실하여 비례의 원칙에 어긋나게 된 경우에는 그 행정계획결정은 그 형량에 하자가 있어 계획재량권을 일탈·남용한 것으로 위법하다고 할 것이다.

이러한 법리에 따라 판례도 행정주체가 행정계획을 입안 결정함에 있어서 이익형량을 전혀 행하지 아니하거나 이익형량의 고려 대상에 마땅히 포함시켜야할 사항을 누락한 경우 또는 이익형량을 하였으나 정당성과 객관성이 결여된 경우에는 그 행정계획결정은 **"재량권을 일탈·남용한 것으로서 위법하다"**고 하거나(대판 2005.3.10. 2002두5474; 대판 1997.9.26. 96누10096; 대판 199611.29. 96누8567 등) **"형량에 하자가 있어 위법하다"**고 판시(대판 2006.9.8. 2003두5426 등 참조)하였다.

3) 중간결론

따라서 사안의 경우 문화재청장 乙은 문화재보호구역의 지정 또는 그 해제에 있어 제반 이익의 존재 여하에 관한 자료를 충분히 수집·분석하여, 그 분석된 제반 이익들 간의 형량을 행하는 등 비례원칙을 준수했는지 여부를 판단함으로써 乙의 거부처분의 위법성 여부를 판단하기로 한다.

(3) 형량조사와 형량에 있어 비례원칙 준수 여부

1) 형량조사

사안의 경우 문화제위원의 현지조사와 문화재위원회의 심의를 거쳤는바, 문화재청장 乙은 문화재보호구역의 지정 또는 그 해제에 있어 제반 이익의 존재 여하에 관한 자료를 충분히 수집하여 분석하였다고 판단된다.

2) 비례원칙 준수 여부

가. 적절성 행정기관이 취한 조치는 그 의도하는 입법목적을 달성하는데 적합해야 한다. 사안의 경우 문화재보호구역지정해제신청 거부처분을 안산읍성을 보호하기 위한 적절한 방법이 아니라고 할 수 없다.

나. 필요성 행정조치는 설정된 목적을 달성하기 위하여 필요한 이상으로 행하여져서는 안 된다. 사안의 경우 문화제위원의 현지조사와 문화재위원회의 심의를 거친 결과 문화재보호구역으로 존치하는 수밖에 다른 대체수단이 없다고 보여지므로 최소침해의 원칙에 반한다고 보기도 어렵다.

다. 상당성 어떠한 행정조치가 설정된 목적 실현을 위하여 필요한 경우라 할지라도 그 행정조치의 정도는 공익상 필요의 정도와 상당한 균형을 유지하여야 한다.

그런데 사안의 경우에는 비록 문화재보호구역 내의 주민인 甲의 재산권 행사가 제한될 수 있다는 사정을 감안 하더라도, 역사적·문화적으로 보호할 가치가 있는 문화재인 안산읍성을 급격한 도시화와 주변 환경의 훼손으로부터 보호할 필요성이 있고, 문화재보호법 제9조 제2항은 문화재청장으로 하여금 인위적 또는 자연적 조건의 변화 등으로 따라 지정된 보호구역을 조정할 수 있도록 하고 있는 점 등에 비추어 보면, 乙의 문화재보호구역지정해제신청 거부처분으로 인하여 甲이 입게 될 불이익이 그 거부처분으로 인하여 달성하려고 하는 역사적·문화적 보호가치 있는 안산읍성보존의 공익보다 더 크다고 보기 어렵다고 판단된다.

3. 소결

甲의 문화재보호구역지정해제신청에 대하여 문화재위원의 현지조사와 경기도문화재위원회의 심의를 거쳐 문화재보호구역해제가 불가하다는 乙의 거부처분이 공익과 사익을 비교·형량함에 있어 그 형량에 하자가 있거나 비례의 원칙에 반하여 재량권을 일탈·남용한 것으로 볼 수 없다. 따라서 甲이 제기한 취소소송은 인용되기 어려울 것이다.

V. 사례의 해결

설문 (1)의 경우 문화재보호구역 내에 있는 토지소유자 甲에게는 위 보호구역의 지정해제를 요구할 수 있는 법규상·조리상의 신청권(무하자재량행사청구권)이 있고, 이러한 신청권에 기한 乙의 문화재보호구역지정해제신청 거부처분은 항고소송의 대상이 되는 처분에 해당하여 대상적격이 인정되며, 문화재보호법령에 의하여 보호되는 甲의 구체적 재산상의 권리 또는 이익이 문화재보호구역지정으로 인하여 침해 또는 침해우려가 있으므로 원고적격도 인정되어 설문의 경우 다른 소송요건은 문제되지 아니하므로 甲의 문화재보호구역지정해제신청 거부처분의 취소를 구하는 甲의 소는 적법하다.

설문 (2)의 경우 甲의 문화재보호구역지정해제신청에 대하여 문화재위원의 현지조사와 경기도문화재위원회의 심의를 거쳐 문화재보호구역해제가 불가하다는 乙의 거부처분이 공익과 사익을 비교·형량함에 있어 그 형량에 하자가 있거나 비례의 원칙에 반하여 재량권을 일탈·남용한 것으로 볼 수 없다. 따라서 甲이 제기한 취소소송은 인용되기 어려울 것이다.

〈사례연습 30〉 행정계획의 변경과 신뢰보호의 원칙 등

甲은 A시 X지역의 낡은 단독주택을 매입하여 다가구주택을 건설하여 임대하려는 계획을 세우고, A시에 조회한 결과 4층 이하의 다가구주택의 건축이 가능한 자연녹지지역임을 알게 되었다. 그리하여 甲은 그 건물을 매입하고 그 다음 해에 건축허가를 신청하였으나, A시장은 연초에 관할도지사 乙이 국토의 계획 및 이용에 관한 법률 제36조와 같은 법 시행령 제30조에 따라 이 지역 일원 21필지에 대하여 산림과 도시민 주거지역 사이에 있는 지역으로서 근래 도시의 확산으로 산림이 점차 파괴되어가고 있는 상황에서 도시의 무질서한 확산의 방지와 도시의 자연환경 및 녹지보전 등을 위한 차단지대 및 완충지대로서의 기능을 강화하기 위하여 그 지정이 필요하다고 판단하여 보전녹지지역으로 용도지역변경을 하였기 때문에 다가구주택건축이 불가하다는 이유로 법적 절차를 거쳐 불허가처분을 하였다. 이에 甲은 "다른 지역은 규제가 완화되고 있음에도 유독 이 지역 21필지만이 규제내용이 강화되는 방향의 용도지역변경을 한 것은 형평의 원칙에 반하고, 자연녹지지역의 존속을 믿고 토지를 매입한 것이므로 신뢰보호의 원칙에 반하여 위법하다."는 이유로 乙의 위 용도지역변경의 취소를 구하는 소를 제기하였다.

(1) 이 소는 적법한가? (15점)
(2) 甲의 주장은 타당한지에 대하여 논하시오. (25점)

[참조조문]

국토의 계획 및 이용에 관한 법률 제2조(정의) 이 법에서 사용하는 용어의 정의는 다음과 같다.

4. "도시관리계획"이라 함은 특별시·광역시·시 또는 군의 개발·정비 및 보전을 위하여 수립하는 토지이용·교통·환경·경관·안전·산업·정보통신·보건·후생·안보·문화 등에 관한 다음의 계획을 말한다.

15. "용도지역"이라 함은 토지의 이용 및 건축물의 용도·건폐율·용적률·높이 등을 제한함으로써 토지를 경제적·효율적으로 이용하고 공공복리의 증진을 도모하기 위하여 서로 중복되지 아니하게 도시관리계획으로 결정하는 지역을 말한다.

제36조(용도지역의 지정) ① 국토해양부장관 또는 시·도지사는 다음 각 호의 1의 용도지역의 지정 또는 변경을 도시관리계획으로 결정한다.

1. 도시지역 : 다음 각목의 1로 구분하여 지정한다.
   가. 주거지역 : 거주의 안녕과 건전한 생활환경의 보호를 위하여 필요한 지역
   나. 상업지역 : 상업 그밖에 업무의 편익증진을 위하여 필요한 지역
   다. 공업지역 : 공업의 편익증진을 위하여 필요한 지역
   라. 녹지지역 : 자연환경·농지 및 산림의 보호, 보건위생, 보안과 도시의 무질서한 확산을 방지하기 위하여 녹지의 보전이 필요한 지역

② 국토해양부장관 또는 시·도지사는 대통령령이 정하는 바에 따라 제1항 각호 및 각호각목의 용도지역을 도시관리계획결정으로 다시 세분하여 지정하거나 이를 변경할 수 있다.

같은 법 시행령 제30조(용도지역의 세분) 국토해양부장관 또는 시·도지사는 법 제36조 제2항의 규정에 의하여 도시관리계획결정으로 주거지역·상업지역·공업지역 및 녹지지역을 다음 각호와 같이 세분하여 지정할 수 있다.

4. 녹지지역
   가. 보전녹지지역 : 도시의 환경경관산림 및 녹지공간을 보전할 필요가 있는 지역
   나. 생산녹지지역 : 주로 농업적 생산을 위하여 개발을 유보할 필요가 있는 지역
   다. 자연녹지지역 : 도시의 녹지공간의 확보, 도시확산의 방지, 장래의 도시용지의 공급 등을 위하여 보전이 필요한 지역으로서 불가피한 경우에 한하여 제한적인 개발이 필요한 지역

제71조(용도지역 안에서의 건축제한) ① 법 제76조 제1항의 규정에 의한 용도지역 안에서의 건축물의 용도종류 및 규모 등의 제한(이하'건축제한'이라 한다) 은 다음과 같다.

14. 보전녹지지역 안에서 건축할 수 있는 건축물 : 별표15에 규정된 건축물
16. 자연녹지지역 안에서 건축할 수 있는 건축물 : 별표17에 규정된 건축물

[별표15] 보전녹지지역 안에서 건축할 수 있는 건축물

2. 도시계획조례가 정하는 바에 의하여 건축할 수 있는 건축물(4층 이하에 한함)
   가. 건축법시행령 별표 1 제1호의 단독주택(다가구주택을 제외한다)

[별표17] 자연녹지지역 안에서 건축할 수 있는 건축물

1. 건축할 수 있는 건축물(4층 이하의 건축물에 한한다)

가. 건축법시행령 별표 1 제1호의 단독주택

[관련논점]

— 행정계획의 법적 성질
— 계획재량과 일반재량의 구별 여부
— 재량행위에서의 위법성 판단방법
— 계획재량에서의 위법성 판단방법
— 형평의 원칙
— 신뢰보호의 원칙
— 비례의 원칙

[답안구성]

Ⅰ. 논점의 정리
Ⅱ. 설문 (1)의 해결
1. 대상적격
(1) 취소소송의 대상
(2) 대상적격
1) 대상적격의 의의
2) 용도지역변경이 행정소송의 대상이 되는 처분에 해당하는지 여부
가. 행정계획의 의의
나. 용도지역변경의 행위형식
다. 행정계획의 법적 성질
(가) 학설
(나) 판례의 태도
(다) 검토
3) 중간결론
2. 원고적격
(1) 원고적격의 의의
(2) 행정소송법 제12조 소정의 "법률상 이익"의 의미
(3) 원고적격의 인정 요건
1) 원고적격으로서의 법률상 이익과 불문의 소송요건으로서 권리보호필요성
2) 원고적격의 존재 요건
(4) 중간결론
3. 소결
Ⅲ. 설문 (2)의 해결
1. 용도지역변경결정의 법적 성질
(1) 기속행위인지 재량행위인지 여부
1) 기속행위와 재량행위의 구별기준
2) 사안의 경우
(2) 계획재량과 일반 행정재량의 구별 여부
2. 당해 용도지역변경결정의 위법성 여부
(1) 재량행위에 있어서 위법성 판단방법
(2) 계획재량행위의 위법성 판단 방법
1) 비례원칙의 계획재량행위에의 적용례로서 형량명령이론
2) 계획재량권의 일탈·남용으로서의 형량하자
3) 중간결론
(3) 甲의 주장 중 다른 지역은 규제가 완화되고 있음에도 유독 이 지역 21필지만이 규제내용이 강화되는 방향의 용도지역변경을 한 것은 형평의 원칙에 위반하여 용도지역변경은 위법하다고 주장의 타당성
1) 형평의 원칙
가. 의의
나. 근거
다. 적용 요건
2) 사안의 검토
가. 차별의 존재
나. 합리적 차별인지 여부
(4) 甲의 주장 중 자연녹지역의 존속을 믿고 토지를 매입한 것이므로 신뢰보호의 원칙에 반하여 용도지역변경은 위법하다는 주장의 타당성
1) 신뢰보호의 원칙
가. 의의
나. 근거
다. 적용요건
라. 행정행위가 신뢰보호원칙에 반하여 위법하게 되기 위한 요건
2) 사안의 검토
3. 소결
Ⅳ. 사례의 해결

Ⅰ. 논점의 정리

설문 (1)의 경우 용도지역변경의 취소를 구하는 소가 적법하기 위해서는 ⅰ) 대상적격(행정소송법 제1조, 제19, 제2조)과 원고적격(동법 제12조)이 있어야 하고, ⅱ) 피고적격(동법 제13조), ⅲ) 제소기간(동법 제20조), ⅳ) 임의적 행정심판 및 예외적 행정심판전치주의(동법 제18조), ⅴ) 관할(동법 제9조) 등의 요건을 갖추어야 한다. 그런데 사안의 경우에는 ⅱ)이하의 요건은 특별히 문제되지 않고, 소의 대상적격과 甲의 원고적격의 존부가 문제되므로 이에 대하여 살펴보아야 한다.

설문 (2)에서 甲의 주장의 타당성을 판단하기 위해서는 용도지역변경행위가 기속행위인가 재량행위인가에 따라서 그 위법성 판단방법이 달라지기 때문에 우선 용도지역변경행위의 법적 성질을 규명한 후, 그에 따라 甲의 각 주장의 타당성 여부를 검토하기로 하겠다.

Ⅱ. 설문 (1)의 해결

1. 대상적격

(1) 취소소송의 대상

사안의 경우 행정심판을 거치지 않았으므로 취소소송의 대상은 원처분인 용도지역변경처분이다(행정소송법 제19조, 제2조 제1호).

(2) 대상적격

1) 대상적격의 의의

살피건대 무릇 소송이란 구체적 사건에서 법률상 분쟁을 법에 의하여 해결함으로써 법적 안정을 기하자는 것이므로, 행정청의 처분이나 부작위(행정소송법 제2조 제1항)가 있다 하더라도 그것이 위법하다고 주장할 수조차 없는 처분—예컨대 부당한 처분이라면 행정심판을 청구할 수 있음은 별론으로 하고—소송요건을 결하여 각하하여야 할 것이다. 따라서 행정소송의 대상이 되는 처분이나 부작위(대상적격)가 되려면 단순한 행정청의 "처분이나 부작위(행정소송법 제2조 제1항)"가 있다는 것만으로는 부족하고 "위법한 처분 등이나 부작위(행정소송법 제1조 전단 참조)"라고 주장할 수 있어야 한다. 이는 소송 본질상의 문제이기도 하다.

따라서 사안의 경우 용도지역변경결정이 소의 대상적격이 인정되기 위해서는 그것이 국민의 권리의무에 직접 영향을 미쳐 위법하다고 주장할 수 처분, 즉 행정소송의 대상이 되는 처분에 해당하여야 하는바, 이에 대하여 살펴보아야 한다.

2) 용도지역변경이 행정소송의 대상이 되는 처분에 해당하는지 여부

가. 행정계획의 의의

행정계획이라 함은 행정에 관한 전문적·기술적 판단을 기초로 하여 도시의 건설·정비·개량 등과 같은 특정한 행정목표를 달성하기 위해 서로 관련되는 행정수단을 종합·조정함으로써 장래의 일정한 시점에 있어서의 일정한 질서를 실현하기 위한 활동기준 또는 그 설정행위라고 할 수 있다(대판 1996.11.29. 96누8567).

나. 용도지역변경의 행위형식

용도지역변경은 도시관리계획으로 결정한다(국토의 계획 및 이용에 관한 법률 이하"법"이라 한다. 제36조 제1항). 따라서 용도지역변경은 행정계획의 일종이라 할 수 있다.

다. 행정계획의 법적 성질

(가) 학설

행정계획의 법적 성질에 대하여는 i) 행정계획이 국민의 자유와 권리에 관계되는 법규범을 정립하는 행위(법규명령)로서 일반적 구속력을 가질 수 있다는 **입법행위설**, ii) 행정계획 중에는 법관계의 변동이라는 효과를 가져오는 행정행위로서의 성질을 가지는 것이 있다는 **행정행위설**, iii) 행정계획 중에는 법규명령적인 것도 있고, 행정행위적인 것도 있으며, 단순한 사실행위인 것도 있다는 **복수성질설**(개별검토설), iv) 행정계획은 법규범도 아니고 행정행위도 아닌 특수한 성질의 것이지만 구속력을 가진 점에서 행정행위에 준한다는 **독자성설**이 있다.

(나) 판례의 태도

대법원은 행정계획의 구체적 사례에 따라 항고소송의 대상이 되는 처분, 즉 대상적격을 인정하기도 하고 부인하기도 한다.[157]

---

157) 즉, 예컨대 [1] "택지개발촉진법 제18조, 제20조의 규정에 따라 택지개발사업 시행자가 건설부장관으로부터 승인을 받아 택지의 공급방법을 결정하였더라도 **그 공급방법의 결정은 내부적인 행정계획에 불과하여 그것만으로 택지공급 희망자의 권리나 법률상 이익에 개별적이고 구체적인 영향을 미치는 것이 아니므로**, 택지개발사업시행자가 **그 공급방법을 결정하여 통보한 것은** 분양계약을 위한 사전준비절차로서의 사실행위에 불과하고 **항고소송의 대상이 되는 행정처분으로 볼 수 없다.**"고 판시(대판 1993.7.13. 93누36)하였으나, [2] "분양신청 후에 정하여진 관리처분계획의 내용에 관하여 다툼이 있는 경우에는 **그 관리처분계획은 토지 등의 소유자에게 구체적이고 결정적인 영향을 미치는 것으로서 조합이 행한 처분에 해당하므로** 항고소송의 방법으로 그 무효확인이나 취소를 구할 수 있다."고 판시(대판 2002.12.10. 2001두6333)하였고, [3] "**장래 일정한 기간 내에 관계법령이 규정하는 시설 등을 갖추어 일정한 행정처분을 구하는 신청을 할 수 있는 법률상 이익이 있는 자의 국토이용계획변경신청을 거부하는 것이 실질적으로 당해 행정처분 자체를 거부하는 결과가 되는 경우에는 예외적으로 그 신청인에게 국토이용계획변경을 신청할 권리가 인정된다**고 봄이 상당하므로, **이러한 신청에 대한 거부행위는 항고소송의 대상이 되는 행정처분에 해당한다.**"고 판시(대판 2003.9.23. 2001두10936)하고 있다.

(다) 검토

행정계획은 그 종류와 내용이 매우 다양하기 때문에 모든 종류의 행정계획에 하나의 법적 성질을 부여하는 것은 불가능하고, 각 행정계획의 내용이나 효과 등에 따라 구체적·개별적으로 그 성질을 결정하는 것이 타당하다고 판단된다.

3) 중간결론

살피건대 A시장의 용도지역변경은 그로 인해 용도지역 주민들의 개발행위의 제한이나 건축의 용도·층수제한 등의 제한이 따르므로 용도지역 주민들의 권리 또는 법률상 이익에 직접 영향을 미치는 것으로서 행정소송의 대상이 되는 행정처분에 해당한다고 하겠다.

판례도 "**도시계획법에 의한 용도지역변경은 행정처분으로서 독립하여 행정쟁송의 대상이 되므로**, 이에 대한 제소기간이 지난 후의 수용재결이나 이의재결의 단계에서는 용도지역변경처분에 당연무효라고 볼만한 특별한 사정이 없는 한 그 변경처분의 위법을 이유로 재결의 취소를 구할 수 없다"고 판시(대판 1997.4.8. 96누11396)하였다.

2. 원고적격

(1) 원고적격의 의의

원고적격이란 항고소송을 제기하여 본안판결을 받을 자격을 말하는바, 하자있는 행정행위에 인정되는 공정력을 깨뜨리는 특수한 절차인 항고소송에서 특별히 원고적격을 요구하는 것은 공익실현이라는 행정목적의 능률적 수행을 위하여 행정청으로 하여금 우월적 의사에 기한 행정행위를 하도록 한 입법취지에 부응하여 법적으로 보호받을 이익을 가지지 않은 자를 소송에서 배제함으로써 법적 정의, 즉 공익실현이라는 사회적 정의와 국민의 권리구제라는 개인적 정의를 조화하고 실현하기 위한 것이라고 할 수 있다.

(2) 행정소송법 제12조 소정의 "법률상 이익"의 의미

행정소송법 제12조는 소정의 '법률상 이익'의 의미에 대하여는 **권리회복설, 보호가치있는 이익구제설, 적법성보장설**도 있으나, 동 규정이'법률상 이익'이라고 명문으로 규정하고 있는 점, 항고소송은 위법한 처분 등으로 인한 국민의 권리 또는 이익 침해를 구제하는 것으로 목적으로 하는 소송이라는 점(행정소송법 제1조 전단)에서 **법률상 보호이익구제설**이 타당하다.

판례도 법률상 보호이익구제설에 입각하고 있으며, 다만 여기에서 말하는 법률상 보호되는 이익이라 함은 당해 처분의 근거 법규 및 관련 법규에 의하여 보호되는 개별적·직접적·구체적 이익이 있는 경우를 말한다고 판시(전합 2006.3.16. 2006두330 등)하고 있다.

(3) 원고적격의 인정 요건

1) 원고적격으로서의 법률상 이익과 불문의 소송요건으로서 권리보호필요성

원고적격으로서의 법률상 이익은 원고의 측면에서 본 법률상 보호되는 개별적·구체적 이익의 문제라면 협의의 소의 이익인 권리보호필요성은 그러한 이익에 대한 직접적이고 중대한 침해 또는 침해우려가 있어 소송을 통해 그러한 불이익을 제거할 객관적·현실적 이익의 문제로서 특히 후자는 "이익 없으면 소 없다"는 법언이 지적하듯이 소송제도에 필연적으로 내재하는 불문의 소송요건이다.

2) 원고적격의 존재 요건

따라서 취소소송의 원고적격, 즉 처분등의 취소를 구할 법률상 이익이 존재하기 위해서는 처분등으로 인하여 법률상 직접 보호되는 개별적·구체적 이익(원고적격으로서의 법률상 이익)에 대한 직접적이고 중대한 침해 또는 침해우려가 있어 소송을 통해 그러한 불이익을 제거할 객관적·현실적 필요성이 있어야 한다(불문의 소송요건으로서 권리보호필요성).

(4) 중간결론

甲은 용도지역주민으로서 乙의 용도지역변경으로 인하여 법률상 보호되는 구체적 권리인 재산권(원고적격으로서의 법률상 이익)을 현실적으로 침해 또는 침해할 수 있으므로(불문의 소송요건으로서 권리보호필요성), 그 용도지역변경의 취소를 구할 법률상 이익, 즉 원고적격이 인정된다.

3. 소결

사안에서 소가 적법하기 위한 요건으로서 다른 소송요건은 문제되지 않고, A시장의 용도지역변경행위는 항고소송의 대상이 되는 행정처분에 해당하며, 그로 인해 甲의 재산권을 현실적으로 침해한다고 할 것이므로 그 취소를 구할 법률상 이익을 인정할 수 있다. 따라서 결국 甲의 소는 적법하다.

Ⅲ. 설문 (2)의 해결

1. 용도지역변경결정의 법적 성질

(1) 기속행위인지 재량행위인지 여부

1) 기속행위와 재량행위의 구별기준

이에 대해서는 종래 요건재량설과 효과재량설의 주장도 있었으나, 행정청의 공법상 행위가 기속행위인지 재량행위인지를 구별함에 있어서도 일반적인 법해석의 방법론에 따라 판단하여야 할 것이다.

따라서 입법자가 행정권에 재량권을 부여했는지를 구별함에 있어서는 당해 행위의 근거가 된 법규의 체재형식과 그 문언, 당해 행위가 속하는 행정 분야의 주된 목적과 특성, 당해 행위 자체의 개별적 성질과 유형 등을 모두 고려하여 판단하여야 한다. 판례도 이와 같다.

2) 사안의 경우

용도지역의 변경과 관련한 법 제36조 제2항이 행정청을 수범자로 하여 "…변경할 수 있다"는 규범형식과 법 제36조 제1항 제1호 각목 및 법 시행령 제30조 4호 각목에서 행정청을 수범자로 하여 "…위하여 필요한 지역"이라는 문언, 특히 법 제36조 제1항에 따르면 도시계획구역 안에서의 녹지지역은 자연환경·농지 및 산림의 보호, 보건위생, 보안과 도시의 무질서한 확산을 방지하기 위하여 녹지의 보전이 필요한 때에 지정되고, 그 중 보전녹지지역은 도시의 자연환경·경관·산림 및 녹지공간을 보전할 필요가 있을 때에, 자연녹지지역은 도시의 녹지공간의 확보, 도시확산의 방지, 장래의 도시용지의 공급 등을 위하여 보전이 필요한 지역으로서 불가피한 경우에 한하여 제한적인 개발이 필요한 때 각 지정되는 점 등에 비추어 보면, 위와 같은 용도지역지정행위나 용도지역변경행위는 전문적·기술적 판단에 기초하여 행하여지는 일종의 행정계획으로서 계획재량행위라 할 것이다.

(2) 계획재량과 일반 행정재량의 구별 여부

사안의 경우는 용도지역변경이라는 행정계획에서 인정되는 재량인데, 이를 일반행정재량과 구별할 것인지 문제된다.

이에 대하여 ⅰ) 계획재량은 규범구조적으로 목적-수단프로그램이고, 형량명령이라는 특수한 법리가 적용되므로 그 질적인 차이를 인정하여야 한다는 견해도 있으나 ⅱ) 규범구조적 차이로부터 재량의 질적 차이를 인정할 수는 없고, 형량명령도 비례원칙의 반영일 뿐이므로 결국 양자는 양적 차이에 불과하다고 보는 것이 타당하다고 판단된다. 왜냐하면 입법자가 행정기관에 부여하는 자유의 여지는 개별행정작용의 특성을 고려하여 부여하는 수권규범의 내용과 형식에 따라 그 정도나 범위가 달라질 수는 있으나, 그것은 요건재량이든 효과재량이든 또는 계획재량이든 본질적으로 행정기관에 재량권을 수여하는 것이라는 점에서 적어도 그 법적 성질에 있어서는 동일하다고 보아야 할 것이기 때문이다.

다만, 수권규범의 내용과 형식에 따라 부여된 재량의 범위와 그 한계를 판단하기 위해서는 계획재량이 수단의 선택에 있어서의 광범한 형성의 자유를 인정한다는 점에서 이를 별도로 논하는 것은 필요하다고 판단된다.

2. 당해 용도지역변경결정의 위법성 여부

(1) 재량행위에 있어서 위법성 판단방법

기속행위의 경우 그 법규에 대한 원칙적인 기속성으로 인하여 법원이 사실인정과 관련법규의 해석·적용을 통하여 일정한 결론을 도출한 후 그 결론에 비추어 행정청이 한 판단의 적법 여부를 독자의 입장에서 판정하는 방식에 의하게 되나, 재량행위의 경우 행정청의 재량에 기한 공익판단의 여지를 감안하여 법원은 독자의 결론을 도출함이 없이 당해 행위에 재량권의 일탈·남용이 있는지 여부만을 심사하게 되고, 이러한 재량권의 일탈·남용 여부에 대한 심사는 사실오인, 비례·평등원칙위배 등을 그 판단대상으로 한다.

그런데 사안의 용도지역변경은 계획재량행위로서 그 위법성 여부를 판단함에 있어서는 일반재량행위에 있어 재량권의 일탈·남용 여부를 판단하는 것과 달리 형량명령원칙위반 여부에 의할 것인지 문제된다.

(2) 계획재량행위의 위법성 판단 방법

1) 비례원칙의 계획재량행위에의 적용례로서 형량명령이론

행정계획입법은 행정의 목표만을 설정하고 그 목표를 달성하기 위한 방법과 수단의 선택에 있어서 행정권에게 비교적 광범위한 형성의 자유를 부여하고 있으므로 방법의 적절성이나 수단의 필요성은 크게 문제되지 아니하다 하더라도 행정주체가 가지는 이와 같은 계획재량은 그 행정계획에 관련되는 자들의 이익을 공익과 사익 사이에서는 물론이고 공익 상호간과 사익 상호간에도 정당하게 비교·교량하여야 하고, 그 비교·교량은 비례의 원칙에 적합하도록 하여야 하는바, 이를 이른바 형량명령이론이라 한다.

따라서 행정계획에 있어서 형량명령이론은 행정계획결정에 있어서 비례원칙의 구체적인 적용례라고 할 수 있다.

2) 계획재량권의 일탈·남용으로서의 형량하자

그러므로 만약 행정주체가 행정계획을 입안·결정함에 있어서 이익형량을 전혀 행하지 아니하였거나 이익형량의 고려대상에 마땅히 포함시켜야 할 중요한 사항을 누락한 경우 또는 이익형량을 하였으나 그것이 객관성과 정당성을 상실하여 비례의 원칙에 어긋나게 된 경우에는 그 행정계획결정은 그 형량에 하자가 있어 계획재량권을 일탈·남용한 것으로 위법하다고 할 것이다.[158)]

3) 중간결론

따라서 사안의 경우 용도지역변경이 甲이 주장하는 바와 같이 다른 지역은 규제가 완화되고 있음에도 유독 이 지역 21필지만이 규제내용이 강화되는 방향의 용도지역변경을 한 것은 형평의 원칙에 반하고, 자연녹지역의 존속을 믿고 토지를 매입한 것이므로 신뢰보호의 원칙에 반하여 위법한지 여부를 살펴보아야 한다.

(3) 甲의 주장 중 다른 지역은 규제가 완화되고 있음에도 유독 이 지역 21필지만이 규제내용이 강화되는 방향의 용도지역변경을 한 것은 형평의 원칙에 위반하여 용도지역변경은 위법하다고 주장의 타당성

1) 형평의 원칙

가. 의의

형평의 원칙이란 행정기관이 행정작용을 함에 있어서 특별한 합리적 사유가 존재하지 않는 한 상대방인 국민을 차별 없이 공평하게 대우하여야 한다는 원칙을 말한다. 이는 특히 재량권행사의 한계원리로서 중요한 의미를 갖는다.

나. 근거

이는 법의 일반원칙이지만, 헌법이 명문으로 인정하고 있다(제11조).

다. 적용 요건

형평의 원칙이 적용되기 위해서는 i) 불평등한 행정기관의 조치가 있고, 다만 ii) 다르게 취급할 합리적 사유가 없어야 한다. 한편, 평등원칙 위배 여부를 심사함에 있어서 기본권에 중대한 제약이 있는 경우에는 비례원칙 등 더 엄격한 심사기준이 요구된다.

2) 사안의 검토

가. 차별의 존재

다른 지역보다 이 사건 지역이 규제내용이 강화되는 방향으로 용도지역이 변경되었으므로 차별이 존재한다.

---

158) 이러한 법리에 따라 판례도 행정주체가 행정계획을 입안 결정함에 있어서 이익형량을 전혀 행하지 아니하거나 이익형량의 고려 대상에 마땅히 포함시켜야할 사항을 누락한 경우 또는 이익형량을 하였으나 정당성과 객관성이 결여된 경우에는 그 행정계획결정은 "**재량권을 일탈·남용한 것으로서 위법하다**"고 하거나(대판 2005.3.10. 2002두5474: 대판 1997.9.26. 96누10096:대판 199611.29. 96누8567 등) "**형량에 하자가 있어 위법하다**"고 판시(대판 2006.9.8. 2003두5426 등 참조)하였다.

나. 합리적 차별인지 여부

살피건대 위와 같은 차별로 인하여 甲에게는 소유권 행사에 대한 규제가 상대적으로 강화되었다고 하더라도, 토지재산권에 대한 기본권 제한은 토지의 사회적 기속성에 따라 보다 용이하게 인정될 수 있는 점, 관계법령상 어떠한 토지를 어떠한 용도지역으로 지정할 것인지의 여부는 그 토지에 대한 도시계획상의 필요에 의하여 정하여지는 것이라는 점, 그 중 용도지역을 보전녹지지역으로 변경하는 기준에는 그 현황은 물론 무질서한 시가화 방지나 녹지보전 등을 위하여 필요한 차단지대 및 완충지대로서 적절한 위치·규모·형태를 가지고 있는지 여부도 고려되는 것인 점등에 비추어 보면, 다른 지역에 대한 규제가 완화되고 있음에도 위 21필지에 대하여서만 규제내용이 강화되는 방향의 도시계획이 결정되었다 하더라도 그러한 사정만으로 형평의 원칙에 위배된다고 보기는 어렵다 하겠다.

(4) 甲의 주장 중 자연녹지역의 존속을 믿고 토지를 매입한 것이므로 신뢰보호의 원칙에 반하여 용도지역변경은 위법하다는 주장의 타당성

1) 신뢰보호의 원칙

가. 의의

신뢰보호의 원칙이란 개인이 행정기관의 일정한 적극적소극적 행위의정당성 또는 존속성에 대하여 신뢰한 경우 그 신뢰가 보호가치가 있는 한 그 신뢰를 보호해 주어야 한다는 원칙을 말한다.

나. 근거

신뢰보호의 원칙은 법치국가원리의 구성요소의 하나인 법적 안정성의 원리로부터 도출된다.

다. 적용요건

행정처분에 신뢰보호의 원칙이 적용되기 위해서는 i) 행정기관의 일정한 선행행위가 존재하고, ii) 이에 대하여 사인이 보호가치 있는 신뢰를 하여, iii) 그 신뢰에 따라 일정한 행위를 하였는데, iv) 선행조치에 반하는 행정처분을 함으로써 그 사인의 신뢰이익이 침해되어야 한다.

라. 행정행위가 신뢰보호원칙에 반하여 위법하게 되기 위한 요건

법적 안정성과 법적 정의는 법치국가원리의 대등한 구성요소이므로 양자는 조화되어 실현되어야 한다. 따라서 어떠한 행정행위가 그 구속력이나 신뢰보호의 원칙에 반한다는 점만으로 곧 위법하다고 할 수 없다. 법적 규율로서의 행정행위는 공익실현을 목적으로 행해지는 것이고, 당사자만을 구속하는 사법상의 법률행위와는 달리 사회구성원 각자를 구속하는 것이므로, 행정청의 어떠한 행정행위가 법적 안정성의 관점에서 인정되는 행정행위의

구속력이나 신뢰보호원칙에 반하여 위법하다고 하기 위해서는 법치국가원리의 또 다른 구성요소인 법적 정의의 관점, 즉 행정의 법률적합성 확보와 국민의 권리보호이념에 반하여 공익 또는 제3자의 정당한 이익을 현저히 해할 우려가 있는 경우가 아니어야 한다.

2) 사안의 검토

살피건대 甲은 A시에 대한 조회에 의하여 이 지역이 자연보존지역이라는 것을 알고 그 존속을 믿고 건물을 매입하였는데, 용도지역변경결정으로 건축을 할 수 없게 되어 재산권이 침해되었다고 주장하면서 용도지역변경결정은 신뢰보호원칙에 반한다고 주장할 수 있다.

그러나 乙이 이 사안 토지들을 포함한 이 지역 일원 21필지에 대하여 용도지역을 자연녹지지역으로 결정한 것만으로는 위 결정 후 이 사안 토지들의 소유권을 취득한 甲에게 이 사안 토지들에 대하여 용도지역을 종래와 같이 자연녹지지역으로 유지하거나 보전녹지지역으로 변경하지 않겠다는 취지의 공적인 견해표명을 한 것이라고 볼 수 없고, 乙이 위와 같은 공적인 견해표명을 한 것으로 볼 수 없는 이상 甲이 이 사안 토지들 지상에 다가구주택을 건축하기 위한 준비행위를 하였더라도 그와 같은 사정만으로는 이 사안 토지들에 대한 용도지역을 자연녹지지역에서 보전녹지지역으로 변경하는 내용의 이 사안 용도지역변경결정이 행정청의 공적인 견해표명에 반하는 처분을 함으로써 그 견해표명을 신뢰한 개인의 이익이 침해되는 결과가 초래된 것이라고도 볼 수 없다.

나아가 도시의 건전한 발전을 도모하고 도시의 무질서한 확산의 방지와 도시의 자연환경 및 녹지보전 등을 위한 차단지대 및 완충지대로서의 기능을 하도록 하기 위하여 이 사안 토지들을 포함한 21필지를 보전녹지지역으로 지정할 필요성이 있었고, 이로 인하여 이 사안 토지들에 대한 건축상의 제한이 강화되기는 하였으나 건축이 전면적으로 금지되는 것은 아니어서 그 목적달성에 필요한 합리적인 정도에 그친 점 등에 비추어 볼 때, 이 사안 용도지역변경결정은 그 과정에서 충분한 이익형량을 거친 것이라고 할 것이고, 또한 이 결정으로 이 사안 토지들의 이용이 제한된 불이익보다는 이 사안 결정에 의하여 달성하려고 하는 공익상 필요의 정도가 현저하게 크다고 할 것이므로, 결국 이 사안 결정이 비례의 원칙에 반하여 재량권을 일탈·남용한 것으로 볼 수 없다.

따라서 乙의 용도지역변경결정이 신뢰보호의 원칙에 반하여 위법하다는 甲의 주장은 타당하지 못하다 하겠다.[159)]

---

159) 판례도 "행정청이 용도지역을 자연녹지지역으로 지정결정하였다가 그보다 규제가 엄한 보전녹지지역으로 지정결정하는 내용으로 도시계획을 변경한 경우, 행정청이 용도지역을 자연녹지지역으로 결정한 것만으로는 그 결정 후 그 토지의 소유권을 취득한 자에게 용도지역을 종래와 같이 자연녹지지역으로 유지하거나 보전녹지지역으로 변경하지 않겠다는 취지의 공적인 견해표명을 한 것이라고 볼 수 없고, 토지소유자가 당해 토지 지상에 물류창고를 건축하기 위한 준비행위를 하였더라도 그와 같은 사정만으로는 용도지역을 자연녹지지역에서 보전녹지지역으로 변경하는 내용의 도시계획변경결정이 행정청의 공적인 견해표명에 반하는 처분을 함으로써 그 견해표명을 신뢰한 개인의 이익이 침해되는 결과가 초래된 것이라고도 볼 수 없어 신뢰보호의 원칙이 적용되지 않는다."고 판시(대판 2005.3.10. 2002두5474)하였다.

3. 소결

결국 乙의 용도지역변경결정이 형평의 원칙에 반한다는 甲의 주장은 그 토지에 대한 도시계획상의 필요에 의하여 정하여지는 것으로서 다르게 취급할 합리적 이유가 있어 타당하지 못하고, 신뢰보호원칙에 반하여 위법이라는 甲의 주장은 乙이 이 사안 토지들을 포함한 이 지역 일원 21필지에 대하여 용도지역을 자연녹지지역으로 결정한 것만으로는 위 결정 후 이 사안 토지들의 소유권을 취득한 甲에게 이 사안 토지들에 대하여 용도지역을 종래와 같이 자연녹지지역으로 유지하거나 보전녹지지역으로 변경하지 않겠다는 취지의 공적인 견해표명을 한 것이라고 볼 수 없어 신뢰보호원칙에 반한다고 할 수 없을 뿐만 아니라, 이 사안 용도지역변경결정은 충분한 이익형량을 거친 것이라 할 것이므로 위법하다고 할 수 없어 甲의 주장은 타당하지 못하다.

Ⅳ. 사례의 해결

설문 (1)에서 甲의 소가 적법하기 위한 요건으로서 다른 소송요건은 문제되지 않고, A시장의 용도지역변경행위는 항고소송의 대상이 되는 행정처분에 해당하며, 그로 인해 갑의 재산권을 현실적으로 침해한다고 할 것이므로 그 취소를 구할 법률상 이익을 인정할 수 있다. 따라서 결국 甲의 소는 적법하다.

설문 (2)에서 乙의 용도지역변경결정이 형평의 원칙에 반한다는 甲의 주장은 그 토지에 대한 도시계획상의 필요에 의하여 정하여지는 것으로서 다르게 취급할 합리적 이유가 있어 타당하지 못하고, 신뢰보호원칙에 반하여 위법이라는 甲의 주장도 乙이 이 사안 토지들을 포함한 이 지역 일원 21필지에 대하여 용도지역을 자연녹지지역으로 결정한 것만으로는 위 결정 후 이 사안 토지들의 소유권을 취득한 甲에게 이 사안 토지들에 대하여 용도지역을 종래와 같이 자연녹지지역으로 유지하거나 보전녹지지역으로 변경하지 않겠다는 취지의 공적인 견해표명을 한 것이라고 볼 수 없어 타당하지 못하다.

〈사례연습 31〉 도시관리계획결정과 취소소송 인용판결의 기속력 등

행정청 乙의 관할구역 내에 있는 A도시공원을 찾는 등산객이 증가하고 있다. 등산객들이 공원입구를 주차장처럼 이용하여 공원의 경관과 이미지를 훼손하고 있다. 이에 관할 행정청 乙은 이곳에 휴게 광장을 조성하여 주민들에게 만남의 장소를 제공하고, 도시

경관을 향상시키기 위해 甲의 토지를 포함한 일단의 지역에 대해서 광장의 설치를 목적으로 하는 도시관리계획을 입안·결정하였다. 그런데 행정청 乙은 지역 발전에 대한 의욕이 앞선 나머지 인구, 교통, 환경, 토지이용 등에 대한 기초조사를 하지 않고 도시관리계획을 입안·결정하였다. 甲은 자신의 토지전부를 광장에 포함시키는 乙의 도시관리계획 입안·결정이 법적으로 문제가 있다고 보고, 위 도시관리계획결정의 취소를 구하는 소송을 제기하였다.(2009년 제51회 사법시험기출문제 제1문)

(1) 위 취소소송에서 甲의 청구는 인용될 수 있는가? (30점)

(2) 甲의 청구가 인용된 경우에 행정청 乙은 동일한 내용의 도시관리계획결정을 할 수 있는가? (20점)

[참조조문]

국토의 계획 및 이용에 관한 법률 제13조 (광역도시계획의 수립을 위한 기초조사)

①국토해양부장관, 시·도시자, 시장 또는 군수는 광역도시계획을 수립하거나 변경하려면 미리 인구, 경제, 사회, 문화, 토지 이용, 환경, 교통, 주택, 그 밖에 대통령령으로 정하는 사항 중 그 광역도시계획의 수립 또는 변경에 필요한 사항을 대통령령으로 정하는 바에 따라 조사하거나 측량하여야 한다.

②~③생략

제27조(도시관리계획의 입안을 위한 기초조사 등)

①도시관리계획을 입안하는 경우에는 제13조를 준용한다. 〈단서 생략〉

②~④생략

[관련논점]

— 행정계획의 법적 성질

— 계획재량과 일반재량의 구별 여부

— 계획재량에서의 위법성 판단방법

— 행정청의 적극적 처분에 대한 취소소송인용판결의 기속력

[답안구성]

Ⅰ. **논점의 정리**
Ⅱ. **설문 (1)의 해결**
1. 소의 적법성
(1) 문제점
(2) 대상적격
1) 취소소송의 대상
2) 대상적격
가. 대상적격의 의의
나. 도시관리계획결정이 항고소송의 대상이 되는 처분에 해당하는지 여부
(가) 행정계획의 의의
(나) 도시관리계획
(다) 행정계획의 법적 성질
가) 학설
나) 판례의 태도
다) 검토
3) 사안의 경우
(3) 원고적격
1) 원고적격의 의의
2) 행정소송법 제12조 소정의 "법률상 이익"의 의

Ⅰ. 논점의 정리

설문 (1)의 경우 설문 (1)의 경우 甲의 청구가 인용될 수 있기 위해서는 소가 적법해야 하고 당해 행정작용이 도시계획결정이 위법해야 하며 사정판결사유가 없어야 한다. 사안의 경우 소의 적법요건에서는 소의 대상적격과 甲의 원고적격의 존부가 문제되고, 도시계획결정의 위법성 여부를 판단함에 있어서는 기속행위와 재량행위는 그 위법성판단방법을 달리하기 때문에 당해 도시계획결정이 기속행위인가 재량행위인가, 나아가 재량행위라면 일반재량행위와 계획재량을 구별하여야 하는지를 우선적으로 검토하여야 한다.

설문 (2)의 경우에는 甲의 청구가 인용된 경우 행정청 乙이 동일한 내용의 도시관리계획결정을 할 수 있는지를 취소소송인용판결의 기속력과 관련해서 살펴보아야 한다.

Ⅱ. 설문 (1)의 해결

1. 소의 적법성

(1) 문제점

사안의 도시관리계획결정의 취소를 구하는 소가 적법하기 위해서는 i) 대상적격(행정소송법 제1조, 제19, 제2조)과 원고적격(동법 제12조)이 있어야 하고, ii) 피고적격(동법 제13조), iii) 제소기간(동법 제20조), iv) 임의적 행정심판 및 예외적 행정심판전치주의(동법 제18조), v) 관할(동법 제9조) 등의 요건을 갖추어야 한다.

그런데 사안의 경우에는 ii)이하의 요건은 특별히 문제되지 않고, 소의 대상적격과 甲의 원고적격의 존부가 문제되므로 이에 대하여 살펴보아야 한다.

(2) 대상적격

1) 취소소송의 대상

사안의 경우 행정심판을 거치지 않았으므로 취소소송의 대상은 도시관리계획결정이다(행정소송법 제19조, 제2조 제1호).

2) 대상적격

가. 대상적격의 의의

무릇 소송이란 구체적 사건에서 법률상 분쟁을 법에 의하여 해결함으로서 법적 안정을 기하자는 것이므로, 행정청의 "처분이나 부작위(행정소송법 제2조)"가 소의 대상적격이 인정되기 위해서는 그러한 행정청의 처분이나 부작위가 국민의 권리의무에 직접 영향을 미쳐 "위법한 처분이나 부작위(행정소송법 제1조 전단)"라고 주장할 수 있어야 한다. 소의 대상적격이 인정되는가의 문제는 소송 본질상 요구되는 것이다.

따라서 사안의 경우 도시관리계획결정이 소의 대상적격이 인정되기 위해서는 그것이 국민의 권리의무에 직접 영향을 미쳐 위법하다고 주장할 수 처분, 즉 행정소송의 대상이 되는 처분에 해당하여야 하는바, 이에 대하여 살펴보아야 한다.

나. 도시관리계획결정이 항고소송의 대상이 되는 처분에 해당하는지 여부

(가) 행정계획의 의의

행정계획이라 함은 행정에 관한 전문적·기술적 판단을 기초로 하여 도시의 건설·정비·개량 등과 같은 특정한 행정목표를 달성하기 위해 서로 관련되는 행정수단을 종합·조정함으로써 장래의 일정한 시점에 있어서의 일정한 질서를 실현하기 위한 활동기준 또는

그 설정행위라고 할 수 있다(대판 1996.11.29. 96누8567).

(나) 도시관리계획

사안의 관할 행정청 乙은 사안의 공원입구에 휴게광장을 조성하여 주민들에게 만남의 장소를 제공하고, 도시 경관을 향상시키기 위해 甲의 토지를 포함한 일단의 지역에 대해서 광장의 설치를 목적으로 하는 도시관리계획을 입안·결정하였는바, 이러한 도시관리계획은 행정계획의 일종이라 할 수 있다.

(다) 행정계획의 법적 성질

가) 학설

행정계획의 법적 성질에 대하여는 i) 행정계획이 국민의 자유와 권리에 관계되는 법규범을 정립하는 행위(법규명령)로서 일반적 구속력을 가질 수 있다는 **입법행위설**, ii) 행정계획 중에는 법관계의 변동이라는 효과를 가져오는 행정행위로서의 성질을 가지는 것이 있다는 **행정행위설**, iii) 행정계획 중에는 법규명령적인 것도 있고, 행정행위적인 것도 있으며, 단순한 사실행위인 것도 있다는 **복수성질설**(개별검토설), iv) 행정계획은 법규범도 아니고 행정행위도 아닌 특수한 성질의 것이지만 구속력을 가진 점에서 행정행위에 준한다는 **독자성설**이 있다.

나) 판례의 태도

대법원은 행정계획의 구체적 사례에 따라 항고소송의 대상이 되는 처분, 즉 대상적격을 인정하기도 하고 부인하기도 한다.[160]

다) 검토

행정계획은 그 종류와 내용이 매우 다양하기 때문에 모든 종류의 행정계획에 하나의 법적 성질을 부여하는 것은 불가능하고, 각 행정계획의 내용이나 효과 등에 따라 구체적·개별적으로 그 성질을 결정하는 것이 타당하다고 판단된다.

---

160) 즉, 예컨대 [1] "택지개발촉진법 제18조, 제20조의 규정에 따라 택지개발사업 시행자가 건설부장관으로부터 승인을 받아 택지의 공급방법을 결정하였더라도 **그 공급방법의 결정은 내부적인 행정계획에 불과하여 그것만으로 택지공급 희망자의 권리나 법률상 이익에 개별적이고 구체적인 영향을 미치는 것이 아니므로**, 택지개발사업시행자가 **그 공급방법을 결정하여 통보한 것은** 분양계약을 위한 사전준비절차로서의 사실행위에 불과하고 **항고소송의 대상이 되는 행정처분으로 볼 수 없다**."고 판시(대판 1993.7.13. 93누36)하였으나, [2] "분양신청 후에 정하여진 관리처분계획의 내용에 관하여 다툼이 있는 경우에는 **그 관리처분계획은 토지 등의 소유자에게 구체적이고 결정적인 영향을 미치는 것으로서 조합이 행한 처분에 해당하므로** 항고소송의 방법으로 그 무효확인이나 취소를 구할 수 있다."고 판시(대판 2002.12.10. 2001두6333)하였고, [3] **"장래 일정한 기간 내에 관계법령이 규정하는 시설 등을 갖추어 일정한 행정처분을 구하는 신청을 할 수 있는 법률상 이익이 있는 자의 국토이용계획변경신청을 거부하는 것이 실질적으로 당해 행정처분 자체를 거부하는 결과가 되는 경우에는 예외적으로 그 신청인에게 국토이용계획변경을 신청할 권리가 인정된다**고 봄이 상당하므로, **이러한 신청에 대한 거부행위는 항고소송의 대상이 되는 행정처분에 해당한다."** 고 판시(대판 2003.9.23. 2001두10936)하고 있다.

3) 사안의 경우

살피건대 행정청 乙의 도시관리계획결정은 관리구역 내 토지소유자들의 권리 또는 이익에 직접 영향을 미치는 행위이므로 항고소송의 대상이 되는 행정처분에 해당한다고 하겠다.

(3) 원고적격

1) 원고적격의 의의

원고적격이란 항고소송을 제기하여 본안판결을 받을 자격을 말하는바, 하자있는 행정행위에 인정되는 공정력을 깨뜨리는 특수한 절차인 항고소송에서 특별히 원고적격을 요구하는 것은 공익실현이라는 행정목적의 능률적 수행을 위하여 행정청으로 하여금 우월적 의사에 기한 행정행위를 하도록 한 입법취지에 부응하여 법적으로 보호받을 이익을 가지지 않은 자를 소송에서 배제함으로써 법적 정의, 즉 공익실현이라는 사회적 정의와 국민의 권리구제라는 개인적 정의를 조화하고 실현하기 위한 것이라고 할 수 있다.

2) 행정소송법 제12조 소정의 "법률상 이익"의 의미

행정소송법 제12조는 소정의'법률상 이익'의 의미에 대하여는 **권리회복설, 보호가치있는 이익구제설, 적법성보장설**도 있으나, 동 규정이 '법률상 이익'이라고 명문으로 규정하고 있는 점, 항고소송은 위법한 처분 등으로 인한 국민의 권리 또는 이익 침해를 구제하는 것으로 목적으로 하는 소송이라는 점(행정소송법 제1조 전단)에서 **법률상 보호이익구제설**이 타당하다.

판례도 법률상 보호이익구제설에 입각하고 있으며, 다만 여기에서 말하는 법률상 보호되는 이익이라 함은 당해 처분의 근거 법규 및 관련 법규에 의하여 보호되는 개별적 · 직접적 · 구체적 이익이 있는 경우를 말한다고 판시(전합 2006.3.16. 2006두330 등)하고 있다.

3) 원고적격의 인정 요건

가. 원고적격으로서의 법률상 이익과 불문의 소송요건으로서 권리보호필요성

원고적격으로서의 법률상 이익은 원고의 측면에서 본 법률상 보호되는 개별적 · 구체적 이익의 문제라면 협의의 소의 이익인 권리보호필요성은 그러한 이익에 대한 직접적이고 중대한 침해 또는 침해우려가 있어 소송을 통해 그러한 불이익을 제거할 객관적 · 현실적 이익의 문제로서 특히 후자는 "이익 없으면 소 없다"는 법언이 지적하듯이 소송제도에 필연적으로 내재하는 불문의 소송요건이다.

나. 원고적격의 존재 요건

따라서 취소소송의 원고적격, 즉 처분등의 취소를 구할 법률상 이익이 존재하기 위해서는 처분등으로 인하여 법률상 직접 보호되는 개별적 · 구체적 이익(원고적격으로서의 법률상 이익)에 대한 직접적이고 중대한 침해 또는 침해우려가 있어 소송을 통해 그러한 불이익을

제거할 객관적 · 현실적 필요성이 있어야 한다(불문의 소송요건으로서 권리보호필요성).

4) 사안의 경우

甲은 도시관리계획지역 주민으로서 乙의 도시관리계획결정으로 인하여 법률상 보호되는 구체적 권리인 재산권(원고적격으로서의 법률상 이익)을 현실적으로 침해 또는 침해할 수 있으므로(불문의 소송요건으로서 권리보호필요성), 그 도시관리계획결정의 취소를 구할 법률상 이익, 즉 원고적격이 인정된다.

(4) 중간결론

사안에서 소가 적법하기 위한 요건으로서 다른 소송요건은 문제되지 않고, 乙의 도시관리계획결정은 항고소송의 대상이 되는 행정처분에 해당하며, 그로 인해 甲의 재산권을 현실적으로 침해한다고 할 것이므로 甲은 그 취소를 구할 법률상 이익을 인정할 수 있다. 따라서 결국 甲의 소는 적법하다.

2. 당해 도시관리계획결정의 위법성 여부

(1) 도시관리계획결정의 법적 성질

1) 기속행위인지 재량행위인지 여부

가. 기속행위와 재량행위의 구별기준

이에 대해서는 종래 요건재량설과 효과재량설의 주장도 있었으나, 행정청의 공법상 행위가 기속행위인지 재량행위인지를 구별함에 있어서도 일반적인 법해석의 방법론에 따라 판단하여야 할 것이다.

따라서 입법자가 행정권에 재량권을 부여했는지를 구별함에 있어서는 당해 행위의 근거가 된 법규의 체재형식과 그 문언, 당해 행위가 속하는 행정 분야의 주된 목적과 특성, 당해 행위 자체의 개별적 성질과 유형 등을 모두 고려하여 판단하여야 한다. 판례도 이와 같다.

나. 사안의 경우

살피건대 도시관리계획결정은 장기성 · 종합성이 요구되는 행정계획으로서 그 성질상 재량행위라고 보아야 할 것이다. 따라서 乙의 도시관리계획입안결정은 전문적 · 기술적 · 정책적 판단에 기초하여 행하여지는 행정계획으로서 계획재량행위이다.

2) 계획재량과 일반 행정재량의 구별 여부

계획재량행위는 행정계획에서 인정되는 재량인데, 이를 일반행정재량과 구별할 것인지 문제된다.

이에 대하여 ⅰ) 계획재량은 규범구조적으로 목적-수단프로그램이고, 형량명령이라는 특수한 법리가 적용되므로 그 질적인 차이를 인정하여야 한다는 견해도 있으나 ii) 규범구조적 차이로부터 재량의 질적 차이를 인정할 수는 없고, 형량명령도 비례원칙의 반영일 뿐이므로 결국 양자는 양적 차이에 불과하다고 보는 것이 타당하다고 판단된다. 왜냐하면 입법자가 행정기관에 부여하는 자유의 여지는 개별행정작용의 특성을 고려하여 부여하는 수권규범의 내용과 형식에 따라 그 정도나 범위가 달라질 수는 있으나, 그것은 요건재량이든 효과재량이든 또는 계획재량이든 본질적으로 행정기관에 재량권을 수여하는 것이라는 점에서 적어도 그 법적 성질에 있어서는 동일하다고 보아야 할 것이기 때문이다.

다만, 수권규범의 내용과 형식에 따라 부여된 재량의 범위와 그 한계를 판단하기 위해서는 계획재량이 수단의 선택에 있어서의 광범한 형성의 자유를 인정한다는 점에서 이를 별도로 논하는 것은 필요하다고 판단된다.

(2) 당해 도시관리계획결정의 위법성 여부

1) 재량행위에 있어서 위법성 판단방법

재량행위의 경우 행정청의 재량에 기한 공익판단의 여지를 감안하여 법원은 독자의 결론을 도출함이 없이 당해 행위에 재량권의 일탈·남용이 있는지 여부만을 심사하게 되고, 이러한 재량권의 일탈·남용 여부에 대한 심사는 사실오인, 비례·평등원칙위배 등을 그 판단대상으로 한다.

그런데 사안의 용도지역변경은 계획재량행위로서 그 위법성 여부를 판단함에 있어서는 일반재량행위에 있어 재량권의 일탈·남용 여부를 판단하는 것과 달리 형량명령원칙위반 여부에 의할 것인지 문제된다.

2) 계획재량행위의 위법성 판단 방법

가. 비례원칙의 계획재량행위에의 적용례로서 형량명령이론

행정계획입법은 행정의 목표만을 설정하고 그 목표를 달성하기 위한 방법과 수단의 선택에 있어서 행정권에게 비교적 광범위한 형성의 자유를 부여하고 있으므로 방법의 적절성이나 수단의 필요성은 크게 문제되지 아니하다 하더라도 행정주체가 가지는 이와 같은 계획재량은 그 행정계획에 관련되는 자들의 이익을 공익과 사익 사이에서는 물론이고 공익 상호간과 사익 상호간에도 정당하게 비교·교량하여야 하고, 그 비교·교량은 비례의 원칙에 적합하도록 하여야 하는바, 이를 이른바 형량명령이론이라 한다.

따라서 행정계획에 있어서 형량명령이론은 행정계획결정에 있어서 비례원칙의 구체적인 적용례라고 할 수 있다.

나. 계획재량권의 일탈·남용으로서의 형량하자

그러므로 만약 행정주체가 행정계획을 입안·결정함에 있어서 이익형량을 전혀 행하지

아니하였거나 이익형량의 고려대상에 마땅히 포함시켜야 할 중요한 사항을 누락한 경우 또는 이익형량을 하였으나 그것이 객관성과 정당성을 상실하여 비례의 원칙에 어긋나게 된 경우에는 그 행정계획결정은 그 형량에 하자가 있어 계획재량권을 일탈·남용한 것으로 위법하다고 할 것이다.[161]

따라서 사안의 경우 乙이 도시관리계획을 입안결정함에 있어서 제반 이익의 존재 여하에 관한 자료를 충분히 수집·분석하여, 그 분석된 제반 이익들 간의 형량을 행하는 등 비례원칙을 준수했는지 여부를 판단함으로써 당해 도시관리계획결정의 위법성 여부를 판단하기로 한다.

3) 기초조사와 도시계획입안·결정의 관계

가. 행정조사의 의의

행정조사란 행정기관이 정책을 결정하거나 직무를 수행하는 데 필요한 정보나 자료를 수집하기 위하여 현장조사·문서열람·시료채취 등을 하거나 조사대상자에게 보고요구·자료제출요구 및 출석·진술요구를 행하는 활동을 말한다(행정조사기본법 제2조 제1호). 행정조사는 앞으로의 행정작용의 실효성을 확보하기 위한 준비적·보조적 수단으로서의 의미를 가지며 직접적으로 법적 효과를 발생하지 않는 사실행위이다. 사안의 도시계획입안을 위한 기초조사는 행정조사에 해당한다.

나. 기초조사 없이 한 도시관리계획입안·결정

(가) 계획법규의 특성

사안의 경우와 같은 도시관리계획 등 계획법규는 추상적인 행정목표와 절차만을 규정하고 있을 뿐 행정계획의 내용에 대하여는 별다른 규정을 두고 있지 아니하므로 행정청은 구체적인 행정계획을 입안·결정함에 있어서 비교적 광범위한 형성의 자유를 가진다.

(나) 사안의 검토

乙이 도시관리계획을 입안·결정함에 있어서는 우선 그 준비행위로서 국토의 계획 및 이용에 관한 법률 제27조 제1항 및 제13조에 따라 인구, 교통, 환경, 토지이용 등에 대한 기초조사를 하여야 한다. 그럼에도 불구하고 이러한 기초조사를 거치지 않고 도시관리계획을 입안·결정하였는바, 일반적으로 계획법규는 행정계획의 내용에 대하여는 별다른 규정을 두고 있지 아니하여 행정청이 구체적인 행정계획을 입안·결정함에 있어서 비교적 광범위한 형성의 자유를 가지고 있고, 또한 절차하자가 있음에도 불구하고 결과적으로 비례원

161) 이러한 법리에 따라 판례도 행정주체가 행정계획을 입안 결정함에 있어서 이익형량을 전혀 행하지 아니하거나 이익형량의 고려 대상에 마땅히 포함시켜야할 사항을 누락한 경우 또는 이익형량을 하였으나 정당성과 객관성이 결여된 경우에는 그 행정계획결정은 "**재량권을 일탈·남용한 것으로서 위법하다**"고 하거나(대판 2005.3.10. 2002두5474; 대판 1997.9.26. 96누10096; 대판 199611.29. 96누8567 등) "**형량에 하자가 있어 위법하다**"고 판시(대판 2006.9.8. 2003두5426 등 참조)하였다.

칙 등 법의 일반원리에 부합하는 경우가 있다 하더라도, 이러한 기초조사를 하지 않은 상태에서 행한 도시관리계획결정은 정당한 형량을 위한 기초자료의 수집・분석을 하지 않아 그 내용상의 하자도 인정될 여지가 크다고 할 것이다.

(3) 중간결론

乙이 도시관리계획을 입안·결정함에 있어서는 그 목적을 달성하기 위한 방법과 수단의 선택에 있어서 행정권에게 비교적 광범위한 형성의 자유를 가진다 하더라도, 휴게광장을 조성하여 주민들에게 만남의 장소를 제공하고, 도시경관을 향상시키기 위한 공익과 그 도시관리계획에 관련되는 자들의 사익을 공익과 사익 사이에서는 물론이고 공익 상호간과 사익 상호간에도 정당하게 비교・교량하여야 하고, 그 비교・교량은 비례의 원칙에 적합하도록 하여야 한다.

그럼에도 불구하고 행정청 乙은 지역발전에 대한 의욕이 앞선 나머지 당해 도시관리계획과 관계된 객관적이고 정당한 제 이익형량을 위한 전제로서의 인구, 교통, 환경, 토지이용 등에 대한 기초조사도 하지 않고 도시관리계획을 입안·결정하였다. 따라서 乙은 도시관리계획을 입안・결정함에 있어서 이익형량을 제대로 행하지 아니하였다고 볼 수 있다.

그러므로 당해 도시관리계획입안・결정은 그 절차상 하자가 있고, 나아가 형량의 하자 내지 계획재량권의 일탈・남용이 있어 위법하다고 할 것이다.

3. 소결

사안의 소는 다른 소송요건은 문제되지 않고, 도시관리계획결정은 항고소송의 대상이 되는 행정처분에 해당하며, 그로 인해 甲의 재산권을 현실적으로 침해한다고 할 것이므로 甲은 그 취소를 구할 법률상 이익도 인정할 수 있어 이 사안 소는 적법하나, 당해 도시관리계획입안・결정함에 있어서 그 절차상 하자와 형량의 하자 내지 계획재량권의 일탈・남용이 있어 위법하다 할 것이며, 나아가 사안의 경우에는 乙이 사정판결을 주장하고 있지 않을 뿐만 아니라 법원이 필요하다고 인정하여 사정판결을 할 사정도 보이지 않으므로(행정소송법 제26조, 제28조) 甲의 취소소송은 인용될 것이다.

Ⅲ. 설문 (2)의 해결

1. 문제점

사안의 경우 취소소송인용판결의 기속력 중 특히 행정청의 적극적 행위로서의 도시관리계획결정에 대한 취소를 구하는 甲의 청구가 인용된 경우 행정청 乙이 동일한 내용의 도시

관리계획결정을 할 수 있는지가 행정소송법 제30조 제1항과 관련하여 문제된다.[162]

2. 행정청의 적극적 행위에 대한 취소확정판결의 기속력

(1) 의의

인용판결의 기속력이란 소송 당사자인 행정청과 그 밖의 관계행정청이 판결의 취지에 따라 행동해야 할 실체법상 의무를 발생시키는 판결의 효력을 말한다(행정소송법 제30조). 이는 통상의 판결이 일정한 법률관계를 단순히 확정함에 그치는데 반해, 판결의 실효성을 보장하기 위하여 행정청을 판결의 취지에 의하여 기속하도록 하기 위한 것이다.

(2) 법적 성질

기판력은 소송절차의 반복과 모순된 재판의 방지라는 법적 안정성을 위하여 판결이 확정된 후에 동일 사건이 후소에서 문제되었을 때, 당사자와 법원은 전소의 확정판결의 내용과 모순된 주장이나 판단을 할 수 없게 하는, 즉 당사자에 대해서는 불가쟁, 법원에 대해서는 불가반을 내용으로 하는 소송법적 효력으로서 인용 또는 기각을 불문하고 모든 확정판결에 인정되는 효력이나, 기속력은 당사자인 행정청과 관계행정청에 대해 실체법상의 의무를 부과하는 실체법적 효력으로서 인용판결에서만 발생한다는 점에서, ⅰ) 기속력은 기판력의 한 속성에 불과한 것(**기판력설**)이 아니라, ⅱ) 항고소송의 인용판결의 실효성을 담보하기 위하여 행정소송법이 부여한 특수한 효력으로 보아야 할 것이다(**특수효력설**).

(3) 기속력의 내용

인용판결(취소판결)이 확정되면 처분 행정청을 포함한 모든 행정청은 동일한 사실관계 아래서 동일한 당사자를 대상으로 동일한 이유에 의해 종전과 동일한 내용의 처분을 할 수 없다(반복금지효: 제30조 제1항).

(4) 기속력의 범위

1) 주관적 범위

기속력은 당사자인 행정청뿐만 아니라 그 밖의 관계행정청에도 미친다. 여기에서 관계행정청이란 처분청과 같은 조직에 속하는 행정청뿐만 아니라 취소된 처분 등과 관련이 있는 모든 행정청을 가리킨다.

2) 객관적 범위

기속력은 취소판결 등의 실효성을 도모하기 위하여 인정되는 효력이므로, 처분이 위법

162) 따라서 행정청의 소극적 행위에 대한 항고소송인용판결의 기속력과 관련한 행정소송법 제30조 제2항 및 제3항, 제34조 등에 대해서는 사안의 문제해결과는 아무런 관련이 없으므로 이를 답안에 기술해서는 아니 된다.

이라는 것을 인정하는 판결주문 및 그 전제가 된 요건사실의 인정과 판단, 즉 처분 등의 구체적 위법사유에 관한 판단에만 미친다(대판 2001.3.23. 99두5238 등 참조). 그러나 판결의 결론과 관계없는 방론이나 간접사실에는 미치지 아니한다.

3) 시간적 범위

기속력은 처분 당시의 위법사유에 대해서만 미친다. 따라서 처분이후에 발생한 새로운 법령 및 사실상태의 변동은 이를 이유로 동일한 내용의 처분을 다시 하여도 기속력에 반하지 않는다.

(5) 기속력 위반의 효과

기속력에 위반한 처분은 소송법적으로는 확정판결의 기판력에 반하여 허용될 수 없고, 실체법적으로는 항고소송의 인용판결에 인정되는 효력으로서의 기속력에 저촉되어 그 하자가 중대·명백하여 당연무효가 된다(대판 1997.2.4. 96두70 등 참조). 기속력에 위반한 처분을 취소사유로 보자는 견해도 있으나 이를 단순한 취소사유로 볼 경우에는 당해 처분이 제소기간의 경과 등으로 확정력을 발생할 수 있어 행정소송법이 기속력을 인정한 취지에 반하므로 타당하지 못하다.

3. 행정청 乙이 동일한 내용의 도시관리계획결정을 할 수 있는지 여부

(1) 기속력의 객관적 범위와 처분의 동일성 판단기준

종전 처분이 판결에 의하여 취소되었다 하더라도 종전 처분시와는 다른 사유를 들어서 처분을 하는 것은 기속력에 저촉되지 않는다고 할 것이며(대판 2001.9.14. 99두3324 참조), 여기에서 동일 사유인지 다른 사유인지는 종전 처분에 관하여 위법한 것으로 판결에서 판단된 사유와 기본적 사실관계에 있어 동일성이 인정되는 사유인지 여부에 따라 판단되어야 한다.

(2) 설문의 경우

그러므로 행정청 乙은 사안의 취소확정판결에 적시된 종전 도시관리계획결정의 위법사유인 기초조사를 거치지 않은 사실과 정당한 형량을 하지 않은 사실을 보완하여 다시 도시관리계획과 관계된 제 이익의 객관적이고 정당한 형량을 위한 전제로서의 인구, 교통, 환경, 토지이용 등에 대한 기초조사를 하여 관계되는 모든 이익간의 정당한 형량을 한 후 종전과 동일한 내용의 도시관리계획을 입안·결정을 하더라도, 이러한 종전의 위법사유를 보완하여 행한 도시계획결정은 새로운 도시계획결정으로서 종전 도시계획결정과는 상호 처분의 동일성이 인정되지 아니하므로 확정판결의 기속력 및 기판력에 반하지 아니한다(따라서 갑은 이러한 새로운 도시관리계획결정에 대해서 후소로써 다툴 수 있는바, 기속력과 기판력의 관계에 대해서는 더 자세한 것은 졸저 한국행정법을 참조하라).

4. 소결

결국 乙은 사안의 취소확정판결에 적시된 종전 도시관리계획결정의 위법사유인 기초조사를 거치지 않은 사실과 정당한 형량을 하지 않은 사실을 보완하여 다시 종전과 동일한 내용의 도시관리계획을 입안·결정을 할 수 있다.

Ⅳ. 사안의 해결

설문 (1)에서 사안의 소는 다른 소송요건은 문제되지 않고, 소의 대상적격과 갑의 원고적격도 인정되어 적법하고, 당해 도시관리계획입안·결정은 그 절차상 하자와 형량의 하자 또는 계획재량권의 일탈·남용이 있어 위법하다 할 것이며, 나아가 사안의 경우에는 사정판결의 사유도 보이지 않으므로 甲의 취소소송은 인용될 것이다.

설문 (2)의 경우 乙은 사안의 취소확정판결에 적시된 종전 도시관리계획결정의 위법사유인 기초조사를 거치지 않은 사실과 정당한 형량을 하지 않은 사실을 보완하여 다시 종전과 동일한 내용의 도시관리계획을 입안·결정을 할 수 있다.

〈사례연습 32〉 종기인 기한부 허가 등에 있어 기한의 의미와 대집행·이행강제금·직접강제·행정상 강제징수

甲은 A시 B지역 대로변에 지주이용 야립간판 11개를 3년간 광고물표시허가를 받아 설치·이용하여 오다가 허가기간인 3년이 지난 후에 A시 시장 乙에게 표시기간연장허가신청을 하였다. 乙은 6개월 전에 개정된 광고물등관리법시행령의 관련규정에 따라 간판의 규격을 초과하는 불법광고물이라는 이유로 위 신청을 반려하면서, 1개월 이내로 불법간판을 자진 철거할 것과 자진철거하지 아니하면 대집행하겠다는 통지서를 보냈고, 甲이 1개월이 지나도 불법간판의 철거를 하지 아니하자 3일 이내에 자진철거하지 않으면 대집행하겠다는 통지를 하였다. 3일이 지나자 乙은 1개월 후에 대집행을 실시하겠다며 대집행책임자와 날짜 및 대집행 비용의 견적액을 甲에게 통지하였다.

(1) 甲은 광고물표시기간연장허가신청은 새로운 허가신청이 아니라 허가의 갱신에 따른 허가기간연장신청에 불과하기 때문에 개정법령에 의한 새로운 허가조건에 따른 신청반려처분은 위법한다고 주장한다. 이러한 甲의 주장의 타당성에 대하여 검토하시오. (10점)

(2) 甲은 3일의 기간은 자진철거할 수 있는 상당한 기간이 아니므로 위 통지는 위법

하다는 이유로 대집행영장에 의한 통지의 취소를 구하는 소를 제기하였다. 이러한 甲의 청구는 이유있다고 인정될 수 있는가? (20점)

(3) 甲이 위와 같은 불법간판을 철거하지 아니하는 경우 관할청은 직접강제의 방법으로 강제철거할 수 있는가? (10점)

(4) 만약 위 사안에서 철거명령을 기간 내에 이행하지 않은 甲에게 乙이 이행강제금을 부과하였고, 甲이 이행강제금 또한 납기일 내에 납부하지 아니하자 지방세법이 정하는 바에 따라 강제징수절차에 들어갔다면 甲은 이행강제금 부과처분 및 이행강제금 강제징수절차에 대하여 각각 취소소송을 제기할 수 있는가? (10점)

[참조조문]

옥외광고물등관리법 제3조(광고물등의 허가 또는 신고) ① 다음 각호의 1에 해당하는 지역장소 및 물건에 광고물 또는 게시시설 중 대통령령이 정하는 광고물 등을 표시하거나 설치하고자 하는 자는 대통령령이 정하는 바에 의하여 시장·군수 또는 구청장의 허가를 받거나 시장·군수 또는 구청장에게 신고하여야 한다.

제10조(위반에 대한 조치) ① 시장·군수 또는 구청장은 제3조 내지 제5조의 규정에 위반한 자 등에 대하여 그 광고물 등의 제거 기타 필요한 조치를 명하여야 한다.

② 시장·군수 또는 구청장은 제1항의 규정에 의한 명령을 이행하지 아니하거나 미관풍치·미풍양속 또는 공중에 대한 위해방지와 건강하고 쾌적한 생활환경을 조성을 위하여 긴급을 요한다고 인정되는 때에는 그 광고물 등의 제거 기타 필요한 조치를 하여야 한다. 이 경우 미풍양속 또는 공중에 대한 위해방지와 건강하고 쾌적한 생활환경을 조성을 위하여 긴급을 요한다고 인정되는 경우를 제외하고는 미리 상당한 기간을 정하여 이를 관리자 등에게 계고하여야 한다.

③ 제2항의 규정에 의한 광고물 등의 제거 기타 필요한 조치에 소요된 비용의 징수에 관하여 필요한 사항은 시·군 또는 자치구의 고례로 정하며, 그 징수절차에 관한 대집행법 제6조 제1항의 적용에 있어서는 "국세징수법의 예"를 "지방세체납처분의 예"로 본다.

제10조의2(행정대집행의 특례) ① 시장·군수 또는 구청장은 불법 입간판·현수막·벽보·전단 등에 대하여 행정대집행법 제3조 제1항 및 제2항의 규정에 의한 절차에 의하면 그 목적을 달성하기 곤란한 경우에는 당해 절차를 거치지 아니하고 그 광고물 등의 제거 그 밖의 필요한 조치를 명할 수 있다.

제20조(과태료) ④ 제3항의 규정에 의한 과태료처분에 불복이 있는 자는 그 처분의 고지를 받은 날로부터 30일 이내에 처분권자에게 이의를 제기할 수 있다.

⑤ 제3항의 규정에 의한 과태료처분을 받은 자가 제4항의 규정에 의하여 이의를 제기한 때에는 처분권자는 지체없이 관할법원에 그 사실을 통보하여야 하며, 그 통보를 받은 법원은 비송사건절차법에 의한 과태료의 재판을 한다.

⑥ 제4항의 규정에 의한 기간 내에 이의를 제기하지 아니하고 과태료를 납부하지 아니한 때에는 지방세체납처분의 예에 의하여 이를 징수한다.

제20조의2(이행강제금) ① 처분권자는 제10조 제1항의 규정에 의한 명령을 받은 후 그 조치기간 내에 이를 이행하지 아니한 관리자 등에 대하여는 대통령령이 정하는 바에 의하여 500만원 이하의 이행강제금을 부과·징수할 수 있다.

⑥ 제20조 제4항 내지 제6항의 규정은 이행강제금의 징수 및 이의절차에 관하여 준용한다.

같은법시행령 제9조(허가 및 신고사항의 변경과 기간연장 등) ③ 제7조의 규정에 의하여 허가를 받거나 신고를 한 자가 그 표시기간을 연장하고자 하는 때에는 시장·군수 또는 구청장의 허가를 받거나 신고하여야 하며, 그 기간 만료일 15일 전까지 별지 제3호 서식에 의하여 시장·군수 또는 구청장에게 허가신청서 또는 신고서를 제출하여야 한다.

행정대집행법 제3조(대집행의 절차) ① 전조의 규정에 의한 처분(이하 '대집행'이라 한다)을 하려함에 있어서는 상당한 이행기간을 정하여 그 기한까지 이행되지 아니할 때에는 대집행을 한다는 뜻을 미리 문서로써 계고하여야 한다.

② 의무자가 전항의 계고를 받고 그 지정기한까지 그 의무를 이행하지 아니할 때에는 당해 행정청은 대집행영장으로써 대집행을 할 시기, 대집행을 시키기 위하여 파견하는 집행책임자의 성명과 대집행에 요하는 비용의 개산에 의한 견적액을 의무자에게 통지하여야 한다.

[관련논점]

— 종기인 기한부허가 등에 있어 기한의 의미
— 철거명령과 계고처분의 결합가능성
— 제2차 계고처분의 행정처분성 여부
— 대집행계고의 하자의 승계가능성
— 대체적 작위의무위반에 대한 이행강제금부과가능성
— 대체적 작위의무에 대한 직접강제가능성
— 이행강제금부과처분에 대한 취소소송가능성

[답안구성]

Ⅰ. 논점의 정리
Ⅱ. 설문 (1)의 해결
1. 문제의 소재
2. 종기인 기한부허가 등에 있어 기한의 의미
(1) 학설
(2) 판례
(3) 검토
(4) 사안의 경우
3. 소결
Ⅲ. 설문 (2)의 해결
1. 문제의 소재
2. 대집행 요건의 충족 여부
(1) 철거명령의 법적 성질과 적법 여부
(2) 대집행의 의의 및 요건
1) 대집행의 의의
2) 대집행의 요건
(3) 중간결론
3. 대집행계고처분의 적법 여부
(1) 대집행계고의 요건
(2) 철거명령과 계고처분의 결합가능성
(3) 제2차 계고의 행정처분성 여부
(4) 중간결론
4. 계고처분과 대집행영장에 의한 통지에서 하자 승계가능성
5. 소결
Ⅳ. 설문 (3)의 해결
1. 문제의 소재
2. 직접강제의 의의 및 성질
3. 직접강제의 근거
4. 직접강제의 한계
5. 소결
Ⅴ. 설문 (4)의 해결
1. 문제의 소재
2. 이행강제금 부과처분에 대한 취소소송제기가능성
(1) 이행강제금의 의의 및 성질

Ⅰ. 논점의 정리

설문 (1)에서는 종기인 기한부 허가에 있어 기한의 의미가 허가의 존속기간인지 아니면 허가의 갱신기간인지, 갱신기간 도과 후의 허가기간연장신청의 성질이 문제되고, 이에 따라 개정법령에 따른 허가요건을 적용하여 반려한 처분의 적법 여부를 검토하여야 한다.

설문 (2)에서는 甲의 청구가 이유 있다고 인정되려면 소가 적법하고 계고처분이 위법해야 하는데, 사안의 경우 계고처분이 행해지면 행정청은 행정대집행법 제3조에 따라 대집행을 발급할 수 있는 권한을 갖게 되는 법적 효과가 발생하므로 계고는 준법률행위적 행정행위인바, 소의 적법성은 문제되지 않는다. 문제는 계고처분의 위법 여부와 관련하여 철거명령의 불이행으로 대집행의 요건을 갖추었는지, 자진철거를 명하면서 이를 이행하지 아니하면 대집행하겠다는 것을 대집행의 계고로 볼 수 있는지, 그렇다면 계고처분의 요건을 갖추었는지, 나아가 甲이 계고처분의 위법을 이유로 대집행의 영장에 의한 통지의 취소를 구하는 소를 제기하는 것이 가능한지 등을 살펴보아야 한다.

설문 (3)에서는 불법간판의 철거를 명하였음에도 불응하는 경우에 관할청에 의한 직접적인 강제철거가 가능한지를 검토하여야 한다.

설문 (4)에서는 이행강제금 부과처분이나 강제징수절차는 국민의 권익을 침해하는 행정처분으로서 취소소송의 대상이 될 수 있으나, 다만 이행강제금부과처분 또는 강제징수절차 각각에 대한 소제기절차가 어떻게 되는지 살펴보아야 한다.

Ⅱ. 설문 (1)의 해결

1. 문제의 소재

甲은 허가기간이 만료한 후에 허가기간연장신청을 하였다. 이 경우 허가의 유효기간 3년은 허가에 붙인 부관으로서 기한인 종기라 할 것인데, 기간연장을 신청하면 종전의 허가의 효력이 계속되는 것으로서 허가의 갱신인지, 아니면 종전허가의 효력은 소멸되고 새로운 허가가 되는 것인지 문제된다.

2. 종기인 기한부허가 등에 있어 기한의 의미

(1) 학설

이에 대하여 학설은 i) 허가에 붙은 종기인 기한은 허가의 존속기간으로서 그 존속기간이 도래하면 당연히 허가의 효력이 소멸한다는 **존속기간설**과 ii) 허가기간이 만료된 경우 기간연장신청에 의해 기존허가의 효력이 동일성을 유지하면서 장래에 향하여 지속하는 것이기 때문에 허가 자체의 갱신기간이라는 **갱신기간설**이 대립한다.

(2) 판례

대법원은 "행정행위인 허가 또는 특허에 붙인 조항으로서 종료의 기한을 붙인 경우 종기인 기한에 관하여는 일률적으로 기한이 왔다고 하여 당연히 그 행정행위의 효력이 상실된다고 할 것은 아니고 그 기한이 그 허가 또는 특허된 사업의 성질상 부당하게 짧은 기한을 정한 경우에 있어서는 그 기한은 그 허가 또는 특허의 조건의 존속기간을 정한 것이며 그 기한이 도래함으로써 그 조건의 개정을 고려한다는 뜻으로 해석하여야 할 것이다"고 판시(대판 1995.11.10. 94누11866)하고 있다.

(3) 검토

일반적으로 행정처분에 효력기간이 정하여져 있는 경우에는 그 기간의 경과로 그 행정처분의 효력은 상실된다. 그러나 허가기간에 붙은 기한이 그 허가된 사업의 성질상 부당하게 짧은 경우에는 이를 그 허가 자체의 존속기간이 아니라 그 허가조건의 존속기간으로 보아 그 기한이 도래함으로써 그 조건의 개정을 고려한다는 뜻으로 해석할 수 있다. 다만 이와 같이 당초에 붙은 기한을 허가 자체의 존속기간이 아니라 허가조건의 존속기간으로 보더라도 그 후 당초의 기한이 상당기간 연장되어 연장된 기간을 포함한 존속기간 전체를 기준으로 볼 경우 더 이상 허가된 사업의 성질상 부당하게 짧은 경우에 해당하지 않게 된 때에는 관계법령의 규정에 따라 허가 여부의 재량권을 가진 행정청으로서는 그때에도 허가조건의 개정만을 고려해야 하는 것은 아니고 재량권의 행사로서 더 이상 기간연장을 불허가할 수도 있는 것이며, 이로써 허가의 효력은 상실된다고 보아야 한다(대판 2004.3.25. 2003두12837). 나아가 허가조건의 존속기간(허가 자체의 갱신기간)으로 볼 수 있는 경우라 하더라도 그 허가기간이 연장되기 위해서는 그 종기가 도래하기 전에 그 허가기간의 연장에 관한 신청이 있어야 하며, 만일 그러한 연장신청이 없는 상태에서 허가기간이 만료하였다면 그 허가의 효력은 상실된다(대판 2007.10.11. 2005두12404).

(4) 사안의 경우

사안의 경우 甲은 허가기간만료 후에 기간연장 신청을 하였다. 따라서 종전의 허가가 기한의 도래로 실효한 이상 이는 새로운 허가신청으로서 현재의 관련법규에 의한 허가요건에 적합해야 한다.

판례도 "종전의 허가가 기한의 도래로 실효한 이상 원고가 종전 허가의 유효기간이 지나서 신청한 기간연장신청은 그에 대한 종전허가처분을 전제로 하여 단순히 그 유효기간을 연장하여 주는 행정처분을 구하는 것이라기보다는 종전의 허가처분과는 별도로 새로운 허가를 내용으로 하는 행정처분을 구하는 것이라고 보아야 할 것이어서, 이러한 경우 허가권자는 이를 새로운 허가신청으로 보아 법의 관계규정에 의하여 허가요건의 적법 여부를 새로이 판단하여 그 허가 여부를 결정하여야 할 것이다"고 판시(대판 1995.11.10. 94누11866)하고 있다.

3. 소결

설문의 경우 허가기간연장을 구한 종전의 허가처분의 허가기간은 3년으로서 광고의 성질상 부당하게 짧은 기한을 정하고 것이라고 볼 수 없으므로, 이는 허가조건의 존속기간(허가 자체의 갱신기간)이 아니라 허가 자체의 존속기간이라고 보아야 할 것이다. 또한 옥외광고물관리법 제3조 제1항과 같은 법 시행령 제9조 제3항에 의하면 광고물 등의 간판의 설치는 시장·군수 또는 구청장의 허가를 받아야 하고, 그와 같은 허가를 받은 자가 그 표시기간을 연장하고자 하는 때에는 그 기간 종료일 15일 전까지 시장·군수 또는 구청장의 허가를 받아야 한다고 규정하고 있을 뿐만 아니라, 설령 종전 허가처분의 허가기간 3년이 그 성질상 부당하게 짧은 기간이어서 허가조건의 존속기간(허가 자체의 갱신기간)으로 볼 수 있는 경우라 하더라도 그 허가기간이 연장되기 위해서는 그 종기가 도래하기 전에 그 허가기간의 연장에 관한 신청이 있어야 하므로 설문의 경우와 같이 그러한 연장신청이 없는 상태에서 허가기간이 만료하였다면 종전허가의 효력은 상실되었다고 할 것이다. 따라서 甲의 기간연장신청은 새로운 허가를 구하는 것이므로 개정된 법령에서 정한 허가요건에 적합한지를 판단하여 허가 여부를 결정하여야 한다.

그러므로 결국 A시장이 6개월 전에 개정된 광고물 등 관리법 시행령의 관련규정에 의해 간판의 규격을 초과하는 불법광고물이라는 이유로 위 신청을 반려한 것은 적법하고, 새로운 허가조건에 의한 신청반려처분은 위법하다는 甲의 주장은 타당하지 못하다.

Ⅲ. 설문 (2)의 해결

1. 문제의 소재

甲의 청구가 이유 있다고 인정될 수 있는지 여부를 규명하기 위해서는 철거명령의 불이행으로 대집행의 요건을 갖추었는지, 자진철거를 명하면서 이를 이행하지 아니하면 대집행하겠다는 것을 대집행의 계고로 볼 수 있는지, 그렇다면 계고처분의 요건을 갖추었는지, 나아가 계고처분과 대집행영장에 의한 통지에서 하자승계 여부를 검토해야 한다.

2. 대집행 요건의 충족 여부

(1) 철거명령의 법적 성질과 적법 여부

철거명령은 甲에게 작위의무를 부과하는 명령적 행정행위로서, 이러한 작위의무는 반드시 특정인만이 할 수 있는 성질의 것이 아니라는 점에서 대체적 작위의무를 부과하는 하명이다. 乙의 철거명령은 옥외광고물 등 관리법 제3조, 제10조 및 같은 법 시행령관련규정에 따른 것으로서 적법하다 할 것이다.

(2) 대집행의 의의 및 요건

1) 대집행의 의의

이는 대체적 작위의무를 불이행한 경우에 당해 행정청이 의무자가 행할 행위를 스스로 행하거나, 또는 제3자로 하여금 이를 행하게 하고 그 비용을 의무자로부터 징수하는 것을 말한다(행정대집행법 제2조).

2) 대집행의 요건

대집행이 가능하기 위해서는 ⅰ) 공법상의 대체적 작위의무의 불이행이 있고, ⅱ) 다른 수단으로는 그 이행확보가 곤란할 것, ⅲ) 그 불이행을 방치함이 심히 공익을 해치는 것으로 인정되어야 한다. 이러한 요건은 대집행을 계고할 때에 이미 충족되고 있어야 한다.

(3) 중간결론

살피건대 甲에 대한 불법간판철거명령은 공법상 대체적 작위의무를 부과하는 하명처분이고, 甲이 이러한 철거명령을 이행하고 있지 아니하고 있으므로 의무불이행이 존재하고 있으며, 대집행을 하는 것은 어느 다른 행정의 실효성확보수단보다 기본권침해의 정도가 약하므로 보충성의 원칙이나 비례원칙에 반한다고 할 수도 없다.

따라서 乙의 甲에 대한 불법간판철거명령의무불이행에 대한 대집행은 그 요건을 충족하였다고 할 것이다.

3. 대집행계고처분의 적법 여부

(1) 대집행계고의 요건

대집행을 하려면 상당한 이행기간을 정하여, 그때까지 이행하지 아니할 경우에는 대집행한다는 뜻을 미리 문서로서 계고하여야 한다(행정대집행법 제3조 제1항). 상당한 이행기간이란 사회통념상 이행에 필요한 기간이며, 문서에 의하지 아니한 계고는 무효이다. 또한 계고를 함에는 이행할 의무의 내용과 범위를 구체적으로 특정하여야 한다. 다만 대집행계고서에 특정되어 있지 않더라도 계고처분 전후에 송달된 문서나 기타 여러 사정을 종합하여 대집행의무자가 그 의무이행의 범위를 알 수 있을 정도이면 된다(대판 1997.2.14. 96누15428; 대판 1996.10.11. 96누8086).

(2) 철거명령과 계고처분의 결합가능성

원칙적으로 작위의무를 명하는 행정처분과 대집행계고는 독립하여 행해져야 하지만, 사안의 경우와 같이 계고서라는 명칭의 1장의 문서로서 일정기간 내에 작위의무를 행하도록 명함과 동시에 그 소정기간 내에 작위의무의 이행을 하지 아니할 때에는 대집행할 뜻을 계고한 경우라도 작위의무를 명하는 행정처분과 계고처분은 독립하여 있는 것으로서 각 그 요건이 충족하였다고 볼 것이고, 작위의무를 명하는 행정처분에서 주어진 일정기간이 그 작위의무의 명령을 이행하는데 필요한 상당한 기간이라면 그 기간 속에는 계고시에 필요한 상당한 이행기간도 포함되어 있다고 보아야 할 것이다.

(3) 제2차 계고의 행정처분성 여부

반복된 계고의 경우 제2차, 제3차 계고는 새로운 의무를 부과하는 것이 아니고 대집행의 연기 통지에 불과하므로 제1차 계고만이 행정쟁송의 대상이 된다(대판 1994.10.28. 94누5144).

(4) 중간결론

대집행의 요건은 계고시에 이미 충족되어 있어야 하는바, 1개월 이내의 철거명령의 기간에는 불법광고물의 11개를 철거함에 충분한 기간이라고 할 것이므로 상당한 이행기간을 충족하여 A시장이 문서로서 행한 불법광고물의 철거명령과 동시에 한 대집행계고처분은 적법하다고 할 것이다.

한편 甲은 2차계고시에 3일 이내로 철거하도록 한 것이 상당한 이행기간이 아니므로 위법이라고 주장하나, 2차 계고는 대집행기한의 연기통지에 불과하며 의무이행을 촉구하는 것일 뿐인 것이므로, 2차 계고에서 자진철거기한을 3일로 정한 것이 위법이라는 甲의 주장은 타당하지 못하다.

4. 계고처분과 대집행영장에 의한 통지에서 하자승계가능성

의무자가 계고를 받고도 지정된 기한까지 의무를 이행하지 아니한 경우에는 당해 행정청은 대집행영장에 의하여 대집행의 시기, 대집행책임자의 성명 및 대집행비용의 개산액을 의무자에게 통지하여야 한다(동법 제3조 제2항).

사안에서 A시장의 대집행영장에 의한 통지 자체는 위법이 있다는 특별한 사정이 없다.

그러나 대집행계고와 대집행영장에 의한 통지는 대집행이라는 동일한 목적으로 위하여 단계적인 일련의 절차로서 행해지는 것으로서, 서로 결합하여 하나의 법률효과를 발생시키는 것이므로 대집행계고의 하자는 후행처분인 대집행영장에 의한 통지에 승계된다(대판 1996.2.9. 95누12507 등). 따라서 甲이 후행처분인 대집행영장에 의한 통지에 대하여 소를 제기하면서 선행처분인 대집행계고의 위법을 주장하는 것은 가능하나, 앞에서 살펴본 바와 같이 대집행계고는 적법하므로 甲의 취소소송은 본안에서 기각될 것이다.

5. 소결

대집행의 요건은 계고시에 이미 충족되어 있어야 하는바, 1개월 이내의 철거명령의 기간에는 불법광고물의 11개를 철거함에 충분한 기간이라고 할 것이므로 상당한 이행기간을 충족하여 관할청이 문서로서 행한 불법광고물의 철거명령과 동시에 한 대집행계고처분은 적법하다고 할 것이다. 한편 2차 계고는 대집행기한의 연기통지에 불과하며, 의무이행을 촉구하는 것일 뿐인 것이므로 2차 계고에서 자진철거기한을 3일로 정한 것이 위법이라는 甲의 주장은 타당하지 못하다. 또한 대집행이라는 하나의 법적 효과를 완성해가는 단계적 절차에서 비록 선행처분인 계고처분의 하자가 후행처분인 대집행영장에 의한 통제에 승계되기 때문에 甲이 대집행영장에 의한 통지를 대상으로 취소소송을 제기하여 그 소에서 선행처분인 계고처분을 하자를 주장할 수 있지만, 그 계고처분은 적법하여 결국 甲의 주장은 이유있다고 인정될 수 없을 것이다.

Ⅳ. 설문 (3)의 해결

1. 문제의 소재

설문에서는 불법간판의 철거를 명하였음에도 불응하는 경우에 관할청에 의한 직접적인 강제철거가 가능한지를 문제된다.

2. 직접강제의 의의 및 성질

이는 행정법상의 의무불이행이 있는 경우에 직접 의무자의 신체 또는 재산에 실력을 가하여 의무의 이행이 있었던 상태를 실현하는 작용으로서 대집행 이외의 것을 말한다. 예컨대 외국인의 출국정지, 퇴거의 강제, 금지를 위반한 영업장소의 폐쇄 등이 그것이다. 이는 일체의 의무불이행의 경우에 의무자의 신체나 재산에 실력을 가하여 직접의무이행의 상태를 실현하고 의무자로부터 비용을 징수하지 않는다는 점에서 대집행과 구별된다.

3. 직접강제의 근거

이에 관한 일반법은 없으며, 개별법에서 예외적으로 인정하고 있다.163)

4. 직접강제의 한계

의무이행확보수단으로서의 벌칙은 심리적 압박을 통한 간접적 효과밖에 없으며, 의무불이행이 계속되는 경우 벌칙을 반복하여 과할 수도 없고(이중처벌금지의 원칙), 벌칙에만 의존하는 것은 전과자를 양산하는 부작용이 있으므로, 보다 확실한 방법으로서 직접강제가 필요하게 된다. 그러나 직접강제는 대집행이나 집행벌과는 달리 직접 의무자의 신체나 재산에 실력을 가하는 것이기 때문에 인권보장의 관점에서 긴급한 필요 또는 무자력 등의 이유가 있을 때, 대집행 또는 집행벌로서는 목적을 달성할 수 없는 경우에 한하여 과잉금지의 원칙의 준수하에 최후수단으로서 활용되어야만 할 것이다.

5. 소결

광고물등관리법 제10조, 같은법 제10조의2 제1항의 입법취지를 고려하면 광고물등의 제거명령의 불이행의 경우에는 원칙적으로 대집행절차에 의한다고 할 것이며, 다만 불법입간판현수막벽보전단 등 전문철거업체가 아니더라도 비교적 용이하게 제거할 수 있는 광고물로서 대집행으로는 그 목적달성이 곤란한 경우에 한하여 직접강제를 할 수 있다고 보아야 할 것이다. 그런데 사안의 경우에는 대집행절차에 의해서는 그 목적달성이 곤란하다고 볼 특별한 사정이 보이지 않으므로 乙은 甲의 광고물에 대하여 직접강제할 수 없다고 할 것이다.

V. 설문 (4)의 해결

1. 문제의 소재

이행강제금 부과처분이나 강제징수절차는 국민의 권익을 침해하는 행정처분으로서 취소소송의 대상이 되나, 다만 관계법령상 이행강제금부과처분 또는 강제징수절차 각각에 대한 소제기절차가 어떻게 되는지 문제된다.

---

163) 즉 강제퇴거(출입국관리법 제62조, 군사시설보호법 제9조 등), 강제대피(재난및안전관리기본법 제42조), 폐쇄조치(식품위생법 제62조, 공중위생관리법 제11조 제3항, 공연법 제34조 제1항, 직업안정법 제37조 제1항, 먹는물관리법 제38조 등) 등이 있다.

2. 이행강제금 부과처분에 대한 취소소송제기가능성

(1) 이행강제금의 의의 및 성질

이행강제금이란 행정법상의 비대체적 작위의무 또는 부작위의무를 불이행한 경우에 일정한 기간 안에 의무이행이 없을 때에는 일정한 금전납부의무를 부과할 것을 미리 계고하여 당사자에게 심리적 압박을 가함으로써 의무의 이행을 간접적으로 강제하기 위한 수단을 말한다. 집행벌이라고도 한다.

전통적으로 행정대집행은 대체적작위의무에 대한 장제집행수단으로, 이행강제금은 부작위의무나 비대체적 작위의무에 대한 강제수단으로 이해되어 왔으나, 이는 이행강제금의 본질에서 오는 제약은 아니며, 이행강제금은 대체적 작위의무의 위반에 대하여도 부과할 수 있다(헌재 2004.2.26. 2001헌바80). 따라서 대집행과 이행강제금을 행정청이 합리적인 재량에 의해 선택하여 활용하는 이상 중첩적인 제재에 해당한다고 볼 수 없다(헌재 2004.2.26. 2001헌바80). 집행벌은 사후적인 제재로서의 성질이 아니라 의무이행의 확보에 지향된 것이므로 행정벌과 구별된다. 이처럼 집행벌은 행정벌과 그 성질 및 목적을 달리하므로 병과할 수 있다.

(2) 이행강제금의 근거

이행강제금에 대한 일반법은 없으며, 몇몇 개별법에 규정이 있다. 예컨대 건축법 제83조, 농지법 제65조, 독점규제및공정거래에관한법률 제17조의3, 부동산실권리자명의등기에관한법률 제6조 등에서의 이행강제금이 집행벌에 해당한다.

(3) 이행강제금에 대한 불복

이행강제금의 부과처분에 불복방법으로는 두 가지 유형이 있다. 즉, 개별법에서 이행강제금에 불복하는 자는 이의를 제기할 수 있도록 하고, 이의를 제기한 경우에는 비송사건절차법에 의하여 이행강제금을 결정하도록 하는 경우가 있다. 이때에는 특별한 절차가 마련되어 있으므로 이행강제금부과처분은 행정소송의 대상이 되는 처분이 아니다(대판 2000.9.22. 2000두5722). 그러나 이와 달리 이행강제금부과처분에 대한 불복방법에 관해 아무런 규정을 두고 있지 않은 경우가 있다. 이때에는 이행강제금부과처분은 행정쟁송의 대상이 되는 처분에 해당하고, 따라서 행정심판이나 행정소송을 제기할 수 있다.

(4) 중간결론

사안의 경우 광고물등관리법 제20조의2, 제6항, 제20조의 제4항과 제5항에 따르면 이행강제금 부과처분의 당부는 최종적으로 비송사건절차법에 의한 절차에 의하여만 판단되어야 한다고 할 것이므로 사안의 이행강제금 부과처분은 행정소송의 대상이 되는 행정처분이라고 볼 수 없고, 따라서 甲은 이행강제금부과처분에 대해서는 취소소송을 제기할 수 없다.

3. 이행강제금 강제징수절차에 대한 취소소송제기가능성

(1) 이행강제금의 절차

이행강제금은 일정한 의무를 이행하지 아니하는 경우에 상당한 이행기간을 정해 그 기한 내에 시정명령 등을 이행하지 아니한 경우에 부과하는데, 그 절차는 보통 계고, 집행벌의 부과, 강제징수의 3단계로 되어 있다.

이행강제금부과처분에 대하여 법에서 정한 기간 내에 이의를 제기하지 아니하고 이행강제금을 납부기한 내에 납부하지 아니한 때에는 국세체납처분 또는 지방세체납처분의 예에 의하여 이를 강제징수한다.

(2) 중간결론

사안의 경우 이행강제금의 강제징수절차에 대한 불복에 대하여는 지방체납처분의 예에 의하여 징수하도록 되어 있다(광고물등관리법 제20조의2 제6항, 제20조 제6항). 이러한 강제징수절차에 불복이 있는 경우에는 지방자치단체의 장에게 이의를 신청하거나 또는 이의신청의 결정행정청의 상급행정청에 심사청구를 할 수 있는데(지방세법 제73조, 제74조), 국세기본법을 준용하여 이러한 이의신청이나 심사청구를 거치지 아니하면 행정소송을 제기할 수 없도록 되어 있다(지방세법 제82조). 따라서 甲은 처분청에 이의신청 또는 상급청에 심사청구를 거친 후가 아니면 바로 취소소송을 제기할 수 없다.

4. 소결

광고물등관리법 제20조의2, 제6항, 제20조의 제4항과 제5항에 따르면 이행강제금 부과처분의 당부는 최종적으로 비송사건절차법에 의한 절차에 의하여만 판단되어야 한다고 할 것이므로 甲은 이행강제금부과처분에 대해서는 취소소송을 제기할 수 없고, 이행강제금의 강제징수에 대하여는 이의신청이나 심사청구를 거치지 아니하면 행정소송을 제기할 수 없다.

Ⅵ. 사안의 해결

설문 (1)의 경우 허가기간연장을 구한 종전의 허가처분의 허가기간은 허가조건의 존속기간(허가 자체의 갱신기간)이 아니라 허가 자체의 존속기간이라고 할 것이고, 乙이 개정법령에 따라 새로운 허가조건에 따라 한 반려처분이 위법하다는 甲의 주장은 타당하지 못하다.

설문 (2)에서는 甲이 대집행영장에 의한 통지를 대상으로 취소소송을 제기하여 그 소에서 선행처분인 계고처분을 하자를 주장할 수 있지만, 그 계고처분은 적법하므로 甲의 주장은 이유있다고 인정될 수 없을 것이다.

설문 (3)의 경우 대집행절차에 의해서는 그 목적달성이 곤란하다고 볼 특별한 사정도 보이지 않으므로 A시장은 甲의 광고물에 대하여 직접강제할 수 없다고 할 것이다.

설문 (4)에서 이행강제금 부과처분의 당부는 비송사건절차법에 의한 절차에 의하여만 판단되어야 한다고 할 것이므로 甲은 이행강제금부과처분에 대해서는 취소소송을 제기할 수 없고, 이행강제금의 강제징수에 대하여는 이의신청이나 심사청구를 거치지 아니하면 행정소송을 제기할 수 없다.

〈사례연습 33〉 행정절차의 하자와 법정취소사유

H아파트 재건축조합 甲은 "A시 시장 乙이 甲이 조합설립인가신청시 제출한 재건축 추가동의서에 조합원 중 일부(6명 등)가 서명·날인한 사실이 없음을 이유로 甲에 대한 조합설립인가를 취소하면서 청문을 실시하지 아니하였다"는 이유로 乙의 조합설립인가취소처분의 취소를 구하는 소를 제기하였다.

(1) 조합설립인가처분은 적법한가? (30점)

(2) 이에 대하여 법원은 "피고는 별도의 법적 근거 없이도 직권으로 자신이 한 행정행위를 취소할 수 있고, 주택법 제34조 제2항의 사유는 후발적인 법위반만을 의미하므로 乙이 甲에 대한 조합설립인가를 취소하는 처분을 하면서 내세운 처분사유는 원고가 조합설립인가신청시 제출한 재건축 추가동의서에 조합원 중 일부(6명 등)가 서명·날인한 사실이 없음이 확인되어 제출된 재건축 관련 서류의 적법성 확인이 불투명하게 되었다."고 하면서, "이 사건 처분은 주택법 제34조 제2항에 근거한 처분이 아니므로 청문을 실시하지 않은 채 행하여진 이사건 처분은 적법하다"는 판결을 하였다. 이 판결에 대해서 논평하시오. (20점)

[참조조문]

주택법 제32조(주택조합의 설립 등) ① 다수의 구성원이 주택을 마련하거나 리모델링을 하기 위하여 주택조합을 설립하는 경우(제3항의 규정에 의한 직장주택조합의 경우를 제외한다)에는 관할 시장·군수·구청장의 인가를 받아야 한다. 인가받은 내용을 변경하거나 주택조합을 해산하고자 하는 때에도 또한 같다.

②~④〈생략〉

⑤ 제1항의 규정에 의하여 인가를 받는 주택조합의 설립방법·설립절차, 주택조합구성원의 자격기준 및 주택조합의 운영·관리 등에 관하여 필요한 사항과 제3항의 규정에 의한 직장주택조합의 설립요건 및 신고절차 등에 관하여 필요한 사항은 대통령령으로 정한다.〈단서 생략〉

제34조(주택조합에 대한 감독 등) ② 시장 · 군수 · 구청장은 주택조합 또는 그 조합의 구성원이 이 법 또는 이 법에 의한 명령이나 처분에 위반한 때에는 주택조합의 설립인가를 취소할 수 있다.
제93조(청문) 국도해양부장관 또는 지방자치단체의 장은 다음 각호의 어느 하나에 해당하는 처분을 하고자 하는 경우 청문을 실시하여야 한다.
1.~2.〈생략〉
3. 제34조 제2항의 규정에 의한 주택조합설립인가취소
행정절차법 제22조(의견청취) ① 행정청이 처분을 함에 있어서 다음 각호의 1에 해당하는 경우에는 청문을 실시한다.
1. 다른 법령 등에서 청문을 실시하도록 규정하고 있는 경우
2. 행정청이 필요하다고 인정하는 경우

[관련논점]

— 청문실시의 법적 성질
— 기속행위에 있어서 위법판단방법
— 절차하자의 독자적 위법사유 인정 여부
— 절차하자의 정도
— 절차하자의 치유
— 법정취소사유

[답안구성]

Ⅰ. 논점의 정리
Ⅱ. 설문 (1)의 해결
1. 문제의 소재
2. 청문절차위반의 위법 여부
(1) 청문제도의 의의
(2) 조합설립인가취소처분의 청문절차위반의 위법
3. 절차하자의 독자적 위법사유 인정 여부
(1) 문제의 소재
(2) 학설
1) 소극설
2) 적극설
(3) 검토 및 사안의 경우
4. 청문절차위반의 위법의 정도
5. 절차상 하자의 치유가능성
(1) 하자의 치유가능성
1) 하자의 치유의 개념
2) 문제점
3) 학설
4) 판례
5) 검토
(2) 하자의 치유시기
1) 학설
2) 판례
3) 검토
(3) 소결
6. 소결
Ⅲ. 설문 (2)의 해결
1. 문제의 소재
2. 행정행위의 취소와 철회의 개념 및 사유
(1) 행정행위의 취소와 철회의 개념
(2) 행정행위의 취소와 철회의 사유
3. 직권취소의 법적 근거 필요성 여부
(1) 문제의 소재
(2) 학설
(3) 판례
(4) 검토
(5) 사안의 경우
4. 법령에 명시된 취소사유는 처분성립 후 발생하는 후발적 사유에 한하는지 여부
5. 소결
Ⅳ. 사례의 해결

Ⅰ. 논점의 정리

설문 (1)의 경우 행정청이 당사자에게 의무를 부과하거나 권익을 제한하는 처분을 할 경우에는 그 상대방에게 사전통지와 청문이나 공청회 등의 의견청취절차를 거쳐야만 한다(행정절차법 제21조, 제22조). 그런데 사안의 경우 관할 행정청 乙이 재건축조합 甲에 대한 주택조합설립인가를 취소하면서 청문을 실시하지 않아 처분절차위반을 이유로 한 조합설립인가취소처분의 위법성 여부가 문제되고 있는바, 우선 그 처분에 절차하자가 있다면 그 절차하자가 독자적 위법사유가 되는지, 그 하자의 정도 및 하자의 치유가능성은 없는지 등을 검토하여야 한다.

설문 (2)에서 법원의 판결의 타당성을 규명하기 위해서는 직권취소에 별도의 법적 근거가 필요한지, 별도의 법적 근거 없이 직권취소가 가능하다면 법령에 명시된 취소사유는 처분성립 후 발생하는 후발적 사유에 한하는지 여부가 문제된다.

Ⅱ. 설문 (1)의 해결

1. 문제의 소재

관할 행정청 乙이 재건축조합 甲에 대한 주택조합설립인가를 취소하면서 청문을 실시하지 않아 처분절차위반을 이유로 한 조합설립인가취소처분의 위법성 여부가 문제된다. 특히 그 처분에 내용상 하자가 아닌 절차하자가 있다면 그 절차하자가 독자적 위법사유가 되는지, 그 하자의 정도 및 하자의 치유가능성은 없는지 등을 검토하여야 한다.

2. 청문절차위반의 위법 여부

(1) 청문제도의 의의

행정절차법 제22조 제1항 제1호는, 행정청이 처분을 할 때에는 다른 법령 등에서 청문을 실시하도록 규정하고 있는 경우 청문을 실시한다고 규정하고 있는바, 이러한 청문제도는 행정처분의 사유에 대하여 당사자에게 변명과 유리한 자료를 제출할 기회를 부여함으로써 위법사유의 시정가능성을 고려하고, 처분의 신중과 적정을 기하려는데 그 취지가 있다.

(2) 조합설립인가취소처분의 청문절차위반의 위법

사안의 경우 주택법 제93조 제3호는 시장・군수・구청장이 위 규정에 의하여 주택조합의 설립인가를 취소하는 처분을 하고자 하는 경우에는 청문을 실시하여야 한다고 규정하고 있어 행정절차법 제22조 제1항 제1호 소정의 청문실시사유에 해당하고, 제21조 제4항 각호 사유 및 제22조 제4항, 특히 당해 처분의 성질상 의견청취가 현저히 곤란하거나 명백히 불필요하다고 인정할만한 사유도 없어 의 청문을 실시하지 않아도 되는 예외사유에도 해당하지 않는다.

따라서 乙은 甲에게 불이익처분인 주택조합설립인가처분을 취소함에 있어서는 반드시 청문을 실시하여야 함에도 불구하고 乙은 이 사안 처분을 하면서 청문을 실시하지 아니하였으므로 이 사안 주택조합설립인가취소처분은 위법하다.

3. 절차하자의 독자적 위법사유 인정 여부

(1) 문제의 소재

일반적으로 당해 행정행위가 특히 기속행위인 경우에 절차하자만을 이유로 취소되면 다시 적법절차에 의해 동일한 처분을 하게 되어 행정경제에 반함을 이유로 절차하자가 독자적 위법사유가 되는지 문제되고 있으나, 사안의 경우와 같이 주택법 제34조 제2항 소정의 체제형식상 주택조합설립인가취소처분이 재량행위인 경우에도 그 처분을 함에 있어 청문을 실시하지 아니한 절차하자가 있는 경우 절차하자를 이유로 행정처분이 취소되더라도 다시 적법절차에 의해 동일한 처분을 할 수도 있으므로 절차하자만을 이유로 당해 행정행위가 취소될 수 있는지가 문제된다.

(2) 학설

1) 소극설

절차하자의 독자적 위법사유를 부정하는 견해로, 행정절차는 실체법적으로 적정한 행정결정의 확보를 위한 수단에 불과하다는 점, 절차하자를 이유로 처분이 취소되더라도 다시 적법절차에 의해 동일한 처분을 해도 기속력에 반하지 않으므로 행정경제 및 소송경제에 반한다는 점을 그 근거로 든다.

2) 적극설

절차하자의 독자적 위법사유를 긍정하는 견해로, 행정의 법률적합성에 부합하고, 적정한 절차는 적정한 결정을 담보한다는 점, 재처분을 할 경우 반드시 동일한 결론에 이른다는 보장이 없다는 점, 소극설을 취하면 기속행위에 대해서는 절차적 규제의 담보수단이 없어진다는 점 등을 이유로 든다.

(3) 검토 및 사안의 경우

살피건대 동일한 결론에 이를 가능성이 크다는 이유만으로 절차하자의 독자적 위법성을 부정하는 것은 절차의 적정성을 강조하는 현대적 법치주의 이념에 반하고, 우리 행정소송법은 행정청의 거부처분이나 부작위에 대한 항고소송인용판결의 기속력이 절차의 위법을 이유로 하는 경우에도 인정된다고 규정하고 있는 점(제30조 제3항. 제2항; 제38조 제1항 및 제2항) 등에 비추어 적극설이 타당하다고 할 것이다.

따라서 사안의 경우 주택조합설립인가취소처분이 비록 재량행위라고 하더라도 그 처분을 함에 있어 청문을 실시하지 아니한 절차에 하자가 있는 경우, 甲은 그 절차하자만을 이유로 당해 행정행위의 취소를 구할 수 있다.

4. 청문절차위반의 위법의 정도

청문절차하자의 위법의 정도에 대하여는 견해가 대립한다. 그러나 하자의 정도의 판단기준에 관하여 통설·판례인 중대·명백설에 따를 때 청문절차의 하자는 중대하기는 하나 절차하자가 있음에도 불구하고 결과적으로 실체법과 일치하는 경우가 있어 그 하자가 명백하다고는 보기 어렵다는 점, 하자의 정도문제는 법적 안정성 및 제3자의 신뢰보호요청과 행정의 능률적 수행 및 국민의 권익보호라는 양 이념의 조화로운 모색을 통해 해결해야 한다는 점 등에 비추어 적어도 행정절차법과 관련한 절차하자의 경우에는 취소사유에 해당한다고 보는 것이 타당하다고 판단된다. 판례도 행정절차법상 절차하차의 경우 그 위법의 정도에 관하여 취소사유로 보고 있다.

이와 같이 절차하자가 취소사유에 해당한다고 할 때 그 하자의 치유가능성을 검토할 필요가 있다.

5. 절차상 하자의 치유가능성

(1) 하자의 치유가능성

1) 하자의 치유의 개념

행정행위의 하자의 치유란 성립당시에 하자있는 행정행위가 하자의 원인이 되었던 법적 요건을 사후에 보완하거나 그 하자가 취소원인이 될만한 가치를 상실한 경우에 그 행정행위의 효력을 유지시키는 것을 말한다.

2) 문제점

절차상 하자가 있는 경우 사후에 절차를 추완하면 행정행위가 적법하게 되는지, 즉 행정행위의 하자의 치유의 법리가 절차상 하자있는 행정행위에도 적용되는가 하는 문제이다.

3) 학설

가. 긍정설 행정경제와 소송경제 그리고 행정의 효율성 확보를 중시하여 절차하자의

치유는 긍정해야 한다고 한다.

나. 부정설[164] 행정청의 자의를 억제하여 국민의 권리구제에 이바지한다는 행정절차의 절차적 통제의 취지를 고려하여 이를 부정한다.

다. 제한적 긍정설[165] 국민의 권리구제와 행정경제를 고려하여 ⅰ) 행정기관 스스로에 의한 추완행위가 존재하고, ⅱ) 일정한 시간적 한계 내에서, ⅲ) 특히 당사자에게 불이익이 없을 것을 조건으로 하여 하자치유가 가능하다고 하는 견해로 통설적 입장이다.

4) 판례

대법원은 "행정행위의 성질이나 법치주의 관점에서 볼 때 하자있는 행정행위의 치유는 원칙적으로 허용될 수 없지만, 예외적으로 행정행위의 무용한 반복을 피하고 당사자의 법적안정을 기한다는 입장에서 국민의 권리와 이익을 침해하지 않는 범위에서 허용될 수 있다할 것인데, 그것은 구체적 사정에 따라 합목적적으로 가려야 한다."고 판시(대판 1983.7.26. 82누420)하고 있다.

5) 검토

살피건대 절차상 하자의 효과 및 그 치유는 행정절차의 목적과 기능을 고려하여 국민의 권익보호와 행정의 능률적 수행을 어떻게 조화시킬 것인가의 문제라고 보아야 한다. 따라서 절차상 하자를 무효사유로 보는 견해나 절차상 하자의 치유가능성을 부정하는 견해 등은 애당초 양 이념의 조화로운 해결을 봉쇄한다는 점에서 지나치게 경직적이므로 타당하지 못하다. 따라서 국민의 권익을 침해하지 않는 범위 내에서 행정경제를 꾀할 수 있는 제한적 긍정설이 타당한데, 이러한 범위 내에서 인정하더라도 과연 어느 시점까지 절차상 하자의 치유를 인정할 것인가 문제된다.

(2) 하자의 치유시기

1) 학설

제한적 긍정설에 따른다고 할 때에도 구체적으로 하자의 치유가 가능한 시간적 한계를 언제까지로 볼 것인가에 대해서는 ⅰ) 불복 여부를 결정할 수 있는 시기인 행정심판제기 이전까지라는 견해,[166] ⅱ) 행정심판의 종결 또는 전심절차를 요하지 않는 경우 행정소송제기 이전까지라는 견해,[167] ⅲ) 소송경제를 고려하여 소송상 사실심변론종결시 이전까지라는 견해[168] 등이 대립한다.

---

164) 서원우, '행정상의 절차적 하자의 법적효과', 법학(서울대학교), 1986/9, 50면; 이상규, 상, 347면

165) 김남진, Ⅰ, 466면; 김동희, Ⅰ, 383면; 류지태, 신론, 343면; 박윤흔, 상, 510면; 석종현, 상, 590면; 한견우, Ⅰ, 590면

166) 김동희, 박균성

167) 류지태

2) 판례

대법원은 "불복 여부의 결정 및 불복신청에 편의를 줄 수 있는 상당한 기간 내에 보정행위를 하여야 그 하자가 치유된다."고 판시(대판 1997.12.26. 97누9390)하여 적어도 행정쟁송 제기 전에 하자가 치유되어야 하는 것으로 보고 있다.

3) 검토

살피건대 절차상 하자치유의 시적 한계는 당사자의 법적 안정성과 함께 국민의 권익을 침해하지 않는 범위 내에서 이루어져야 한다는 점, 행정절차는 사전절차로서 사후구제절차인 행정심판절차와는 성격·기능·내용 등이 다르다는 점, 추완할 수 있는 기관은 행정심판기관이 아니라 원처분청에 의할 것이 요구된다는 점, 흠의 사후추완은 소송단계에서도 가능한 처분사유의 사후보완과는 구별하여야 한다는 점 등에 비추어 하자의 치유는 행정심판이나 행정소송제기 이전까지만 가능하다고 보아야 할 것이다.

(3) 소결

이상에서 살펴본 바와 같이 하자치유 여부에 관한 제한적 긍정설과 그 치유시기에 관한 행정쟁송제기 이전까지 가능하다는 견해에 의할 때, 사안의 경우 乙은 甲이 乙의 조합설립인가취소처분의 취소를 구하는 소를 제기할 때까지도 하자를 치유하기 위하여 청문을 실시하지 않았으므로 절차상 하자는 치유되지 않았다.

6. 소결

결국 乙의 청문의 실시하지 아니하고 한 조합설립인가취소처분은 위법하다.

Ⅲ. 설문 (2)의 해결

1. 문제의 소재

법원의 판결의 타당성을 규명하기 위해서는 직권취소에 별도의 법적 근거의 필요성 여부, 별도의 법적 근거 없이 직권취소가 가능하다면 법령에 명시된 취소사유는 처분성립 후 발생하는 후발적 사유에 한하는지 여부에 대하여 살펴보아야 한다.

168) 송희성

2. 행정행위의 취소와 철회의 개념 및 사유

(1) 행정행위의 취소와 철회의 개념

행정행위의 취소는 일단 유효하게 성립한 행정행위를 그 행위의 위법 또는 부당한 하자가 있음을 이유로 소급하여 그 효력을 소멸시키는 별도의 행정처분이고, 행정행위의 철회는 적법요건을 구비하여 완전히 효력을 발하고 있는 행정행위를 사후적으로 그 행위의 효력의 전부 또는 일부를 장래에 향해 소멸시키는 행정처분이다.

(2) 행정행위의 취소와 철회의 사유

행정행위의 취소사유는 행정행위의 성립 당시에 존재하였던 하자를 말하고, 철회사유는 행정행위가 성립한 이후에 새로이 발생한 것으로서 행정행위의 효력을 존속시킬 수 없는 사유를 말한다.

3. 직권취소의 법적 근거 필요성 여부

(1) 문제의 소재

행정행위에 취소사유가 존재하여 당해 행정행위를 취소하는 경우, 별도의 법적 근거를 필요로 하는지 여부에 대하여는 견해가 갈리고 있다.

(2) 학설

수익적 행정행위가 대상이 되는 경우에는 침해유보설에 입각하여 법적 근거가 필요하다는 **제한적 긍정설**[169]도 있으나, 법치행정의 원칙을 이유로 법적 근거는 필요하지 않으며, 다만 수익적 행정행위의 기득권에 대한 고려는 법률유보의 문제가 아니라 취소권행사의 제한 문제로 보아야 한다는 **불요설**이 다수설이다.[170]

(3) 판례

대법원은 "행정행위를 한 처분청은 그 행위에 하자가 있는 경우에 별도의 법적 근거가 없더라도 스스로 이를 취소할 수 있는 것이며, 다만 그 행위가 국민에게 권리나 이익을 부여하는 이른바 수익적 행정행위인 때에는 그 행위를 취소하여야 할 공익상 필요와 그 취소로 인하여 당사자가 입을 기득권과 신뢰보호 및 법률생활의 안정 등 불이익을 비교교량한

169) 김철용, 행정행위의 취소, 고시계, 1977/5, 21면 이하; 서원우, "직권취소의 법적근거", 고시연구, 1987.8.4. 25면

170) 다수설은 그 이유로 하자있는 행정행위는 법치행정의 원칙에 어긋나는 것이므로 자신이 한 위법한 행정행위를 스스로 취소하도록 하는 것은 법치행정의 원리를 구체적으로 실현하는 것이기 때문이라거나(정하중, 개론, 296면), 법적합성의 원칙에 비추어 위법한 행정행위를 한 처분청에게 위법한 행위를 시정하여 적법성을 회복할 권한을 주어야 하고, 오히려 처분청에게는 적법성을 회복할 의무가 있다고 한다(박균성, 강의, 제4판, 373면).

후 공익상 필요가 당사자의 기득권 침해 등 불이익을 정당화할 수 있을 만큼 강한 경우에 한하여 취소할 수 있다"고 판시(대판 1986.2.25. 85누664)하고 있다.171)

(4) 검토

살피건대 법적 근거불요설이 타당하다. 다만, 그 근거에 대하여는 당연무효 아닌 하자있는 행정행위에 인정되는 효력인 공정력의 법리에 따라 이해해야 한다. 즉, 공정력을 깨뜨릴 수 있는 권한 있는 기관인 처분청은 별도의 법적 근거가 없더라도 공익실현을 위하여 또 다른 우월적 의사에 기한 법적 규율로서의 행정행위로서 잠정적으로 사실상 적법·유효하게 통용되던 하자있는 행정행위의 위법성을 확인하여 그 효력을 배제할 수 있는 것이다.

다만, 직권취소의 경우 수익적 행정행위의 기득권이나 제3자의 신뢰보호이익 등에 대한 고려는 법률유보의 문제가 아니라 취소권행사의 제한 문제로 보아야 한다.

(5) 사안의 경우

따라서 乙은 취소에 관한 별도의 법적 근거가 없더라도 원처분이 성립당시에 하자가 있는 경우에는 또 다른 행정행위로서 그 하자있는 원처분을 직권으로 취소할 수 있다. 그러나 사안의 경우에는 乙의 이 사안 처분은 甲이 조합설립인가신청시 제출한 재건축 추가동의서에 조합원 중 일부가 서명·날인한 사실이 없음을 이유로 甲에 대한 조합설립인가를 취소한 것이므로, 이는 甲이 조합설립인가신청을 함에 있어서 그 인가요건 및 인가신청절차를 규정하고 있는 위 주택법과 동 시행령을 위반하였다는 이유로 한 것으로 보아야 하고, 따라서 乙의 이 사안 처분은 주택법 제34조 제2항 근거한 처분으로 보아야 한다.

4. 법령에 명시된 취소사유는 처분성립 후 발생하는 후발적 사유에 한하는지 여부

행정행위의 취소사유는 일반적으로 그 사유가 법정되어 있는 철회의 경우와 달리 그 사유가 법정되어 있지 않은 것이 보통이다. 그러나 그렇다고 하여 법령에 명시된 사유는 언제나 처분 성립 후 발생하는 후발적 사유에 한한다고 보아서는 안 될 것이다. 왜냐하면 행정청이 한 행정행위가 성립당시에 하자가 있는 경우 별도의 법적 근거가 없어도 직권으로 취소할 수 있다고 하더라도 그러한 경우 이를 취소할 수 있는 사유가 법령에 규정되어 있는 경우에는 오히려 그 법에 따라 처분을 하여야 함은 법치행정의 원칙상 너무나 당연하기 때문이다.

---

171) 한편 판례는 변상금부과처분에 대한 취소소송이 진행 중이라도 그 부과권자로서는 위법한 처분을 스스로 취소하고 그 하자를 보완하여 다시 적법한 부과처분을 할 수도 있지만(대판 2006.2.10. 2003두5686), 행정처분을 한 행정청이 직권취소를 할 수 있다는 사정만으로 이해관계인에게 처분청에 대하여 그 취소를 요구할 신청권이 부여된 것으로 볼 수는 없다고 판시(대판 2006.6.30. 2004두701)하고 있다.

5. 소결

따라서 사안의 경우 甲이 조합설립인가신청을 함에 있어서 그 인가요건 및 인가신청절차를 규정하고 있는 법령을 위반하였다는 이유로 한 乙의 이 사안 조합설립인가취소처분은 법 제34조 제2항 근거한 처분으로 보아야 하고, 이 사안 처분이 청문을 실시하지 않아도 되는 예외적인 경우에 해당한다고 볼 수 없으므로 乙이 주택법 제93조에 따른 청문을 실시하지 않은 채 이 사안 처분을 한 것은 위법하다고 하여야 한다. 그럼에도 불구하고 법원은 위 판시와 같은 이유만으로 법 제34조 제2항의 사유가 후발적인 법위반만을 의미한다는 전제하에 이 사안 처분은 법 제34조 제2항에 근거한 처분이 아니라고 함으로써, 청문을 실시하지 않은 채 행하여진 이 사안 처분이 적법하다고 판시하였는바, 거기에는 법 제34조 제2항에서 정한 취소사유에 관한 법리를 오해한 위법이 있다고 할 것이다(대판 2007.11.16. 2005두15700 참조).

Ⅳ. 사례의 해결

설문 (1)의 경우 관할 행정청 乙이 재건축조합 甲에 대한 주택조합설립인가를 취소하면서 청문을 실시하지 않아 처분절차위반을 이유로 한 조합설립인가취소처분의 위법성 여부가 문제되고 있는바, 절차하자도 독자적 위법사유가 되고, 청문절차하자의 정도는 취소사유에 해당하여 하자의 치유가능하다고 하겠으나, 사안에서는 제소 전까지 청문을 실시하지 아니하여 이러한 하자가 치유되었다고도 볼 수 없다. 따라서 청문절차를 실시하지 아니한 채 한 조합설립인가취소처분은 위법하다.

설문 (2)의 경우 甲이 조합설립인가신청을 함에 있어서 그 인가요건 및 인가신청절차를 규정하고 있는 법령을 위반하였다는 이유로 한 乙의 이 사안 조합설립인가취소처분은 법 제34조 제2항 근거한 처분으로 보아야 하고, 이 사안 처분이 청문을 실시하지 않아도 되는 예외적인 경우에 해당한다고 볼 수 없으므로 乙이 주택법 제93조에 따른 청문을 실시하지 않은 채 이 사안 처분을 한 것은 위법하다. 따라서 법원의 판결은 타당하지 못하다.

[참고판례] 대법원은 개인택시운송사업면허취소처분등 사건에서 **개인택시운송사업자인 망인이 음주운전을 하다가 사망한 경우 음주운전을 이유로 망인의 개인택시운송사업면허를 취소할 수 있는지 여부(소극)**와 관련하여, "여객자동차운수사업법(2007. 7. 13. 법률 제8511호로 개정되기 전의 것, 이하 '법'이라고 한다) 제76조 제1항 제15호, 법 시행령 제29조에는 **관할관청은 개인택시운송사업자의 운전면허가 취소된 때에 그의 개인택시운송사업면허를 취소할 수 있도록 규정되어 있을 뿐 그에게 운전면허 취소사유가 있다는 사유만으로 개인택시운송사업면허를 취소할 수 있도록 하는 규정은 없으므로**, 관할관청으로서는 비록 개인택시운송사업자에게 운전면허 취소사유가 있다 하더라도 그로 인하여 운전면허 취소처분

이 이루어지지 않은 이상 개인택시운송사업면허를 취소할 수는 없다 할 것이고, 망인이 음주운전을 하다가 사망하였다면 망인에 대하여 음주운전을 이유로 한 운전면허 취소처분은 불가능하고, **음주운전은 운전면허 취소사유에 불과할 뿐 개인택시운송사업면허 취소사유가 될 수는 없으므로 피고의 이 사건 개인택시운송사업면허 취소처분은 취소사유 없이 행해진 처분으로서 위법하다.**"고 판시(대판 2008.5.15. 2007두26001)하였다.

〈사례연습 34〉 하자의 치유와 쟁송취소에서의 취소권 행사 제한 및 처분사유의 추가 · 변경 등

甲은 LPG 충전사업허가를 신청하였다. 이에 대하여 A시장은 "인근 주민들의 반대여론이 있고 甲의 충전소설치예정지역 인근도로가 낭떠러지에 접한 S자 커브의 언덕길로 되어 있어서 교통사고시 충전소폭발의 위험이 초래될 수 있다"는 이유로 사업허가를 거부하였다. 그런데 A시장은 乙이 신청한 LPG 충전사업에 대하여 허가를 하였다. 한편 관련 법령에 의하면 A시장의 관할구역에는 1개소의 LPG 충전사업만이 가능하고, 충전소의 외벽으로부터 100m 이내에 있는 건물주의 동의를 받도록 되어 있는데 乙은 이에 해당하는 건물주로부터 동의를 얻지 아니한 채 위의 허가신청을 하였다. 이에 甲은 A시장이 乙에게 한 LPG 충전사업허가처분의 취소를 구하는 소를 제기하였다.

(1) 甲이 제기한 위 소는 적법한가? (15점)

(2) 만약 乙이 처분이 내려진 후에 인근 주민의 동의를 받았다면 위의 허가처분에 대한 하자는 치유될 수 있는가? (10점)

(3) 만약 위 취소소송 제1심판결에서 甲이 승소하였고, 이에 A시장이 불복하여 제2심소송에서 A시장은 '① 이 사안 허가처분은 수익적 행정행위에 속하는 것으로서 이를 취소함으로써 乙이 입게 될 손해는 원고가 입은 손해보다 현저하게 크다 할 것이고 이를 취소할 별다른 공익성과 필요성도 없고, 또한 ② 액화석유가스의 안전 및 사업관리법시행령 제3조 제1항 제1호에서 "공공의 안전과 이익을 저해하지 아니할 것"을 허가기준의 하나로 정하고 있으며, 허가를 거부한 것은 이와 같은 규정에 근거한 것'이라고 주장한다. A의 위와 같은 주장에 대해서 논평하시오. (25점)

[관련논점]

— 경원관계에서의 원고적격

— 행정행위 하자의 치유

— 쟁송취소에서의 취소권 행사 제한

— 처분사유의 추가 · 변경

[답안구성]

Ⅰ. 논점의 정리
Ⅱ. LPG 충전사업허가의 법적 성질 및 甲과 乙의 관계
1. 수익적 행정처분
2. 경원관계
Ⅲ. 설문 (1)의 해결
1. 소의 적법요건
2. 대상적격
(1) 취소소송의 대상
(2) 소의 대상적격
(3) 중간결론
3. 원고적격
(1) 원고적격의 의의
(2) 행정소송법 제12조 소정의 "법률상 이익"의 의미
1) 학설
2) 판례
3) 검토
(3) 원고적격 인정요건
(4) 행정처분의 직접 상대방이 아닌 제3자의 원고적격
(5) 경쟁자소송에서의 원고적격
(5) 중간결론
4. 소결
Ⅳ. 설문 (2)의 해결
1. 문제의 소재
2. 행정행위 하자의 치유
(1) 개념
(2) 허용범위
(3) 인정요건
1) 취소할 수 있는 하자일 것
2) 경미한 하자일 것
(4) 하자의 치유의 사유
(5) 하자의 치유의 시한
(6) 하자의 치유의 효과
3. 소결
Ⅴ. 설문 (3)의 해결
1. 문제의 소재
2. A시장의 ①주장의 타당성 여부
(1) 쟁송취소에서 취소권 행사의 제한
(2) 취소가 제한되지 않는 경우
(3) 중간결론
3. A시장의 ②주장의 타당성
(1) 문제점
(2) 처분사유의 추가·변경
1) 처분사유의 추가·변경의 의의
2) 구별개념
3) 처분의 이유제시제도와의 관계
4) 위법판단의 기준시와의 관계
(3) 허용 여부 및 허용한계
1) 문제점4
2) 판례의 태도
3) 학설
가. 부정설
나. 제한적 긍정설(다수설)
다. 처분이유의 보충·변경만 허용된다는 견해
4) 검토
5) 사안의 경우
가. 시적 범위
나. 객관적 범위
(4) 중간결론
4. 소결
Ⅵ. 사례의 해결

Ⅰ. 논점의 정리

설문 (1)의 경우에는 다른 요건은 특별히 문제되지 않고, 다만 소의 대상적격과 甲의 원고적격이 인정되는지를 살펴보아야 한다. 특히 제3자의 원고적격으로서 경원자관계에서의 원고적격 인정 여부가 문제된다.

설문 (2)의 경우 乙이 처분 후에 해당 인근 주민의 동의를 받으면 위 허가처분의 하자가 치유되는지를 검토하여야 한다.

설문 (3)의 경우 A시장의 ① 주장에 대해서는 행정행위의 직권취소에 있어서 취소권 행사가 제한되듯이 쟁송취소에 있어서도 취소권 행사가 제한될 수 있는지, 제한될 수 있다

면 사안의 경우 취소권 제한사유에 해당하는지가 문제되고, A시장의 ②주장에 대해서는 취소소송계속 중 A의 새로운 적법사유의 주장이 처분사유 추가·변경으로서 허용될 수 있는지를 살펴보아야 한다.

Ⅱ. LPG 충전사업허가의 법적 성질 및 甲과 乙의 관계

1. 수익적 행정처분

사안의 경우 관계법령에 의하면 관할구역이 1개소의 LPG 충전사업만이 가능하다는 점에 비추어 관할 행정청의 LPG 충전사업허가는 甲 또는 乙에게 LPG 충전사업을 독점적으로 경영할 권리를 부여한다는 점에서 수익적 행정행위로서 특허라 할 것이다. 한편 이러한 수익적 행정행위는 원칙적으로 법령에 처분의 요건에 대하여 일의적으로 규정하고 있지 아니한 이상 재량행위라고 할 것이다.[172)]

2. 경원관계

경원관계란 면허나 인·허가 등의 수익적 행정처분을 신청한 수인이 있어서 일방에 대한 허가 등의 처분이 타방에 대한 불면허·불인가·불허가 등으로 귀결될 수밖에 없는 경우의 관계를 말한다. 예컨대 동일 대상지역에 대한 공유수면매립면허나 도로점용허가 혹은 일정지역에 있어서의 영업허가 등에 관하여 거리제한 규정이나 업소개수제한 규정 등이 있는 경우를 들 수 있다.

사안의 관련 법령에 의하면 A시의 관할구역에는 1개소의 LPG 충전사업만이 가능한 점에 비추어 甲과 乙은 이러한 경원관계에 있다.

---

172) 따라서 위 사안에서는 참조조문이 주어지지 않아 LPG 충전사업허가행위의 법적 성질이 기속행위인지 재량행위인지를 명확하게 판단할 수 없다. 또한 설문을 해결함에 있어 LPG 충전사업허가행위의 법적 성질이 기속행위인지 재량행위인지를 판단할 필요도 없다. 행정청의 공행정작용이 기속행위인지 재량행위인지를 구별하는 실익은 본질적으로 본안에서 양자의 위법성 판단방법이 다르다는 데에 있다. 다만 요구소송의 경우에 항고소송의 대상적격과 관련하여 공행정작용의 근거법령이 재량규범인 경우에도 무하자재량행사청구권이나 행정개입청구권이 성립하는지에 대하여 학설상 대립이 있으므로 양자를 구별할 필요가 있지만, 설문의 경우에는 甲이 A시장이 乙에게 한 LPG 충전사업허가처분의 취소를 구하는 소(제3자방어소송)의 적법성을 묻고 있으므로 이러한 논의는 불필요하고, 따라서 결국 LPG 충전사업허가행위의 법적 성질이 기속행위인지 재량행위인지를 판단할 필요는 없는 것이다.

Ⅲ. 설문 (1)의 해결

1. 소의 적법요건

취소소송을 적법하게 제기하기 위해서는 ⅰ) 대상적격(행정소송법(이하'법'이라 한다) 제1조, 제2조, 제19조)과 원고적격(법 제12조)이 있어야 하고, ⅱ) 피고적격(법 제13조), ⅲ) 제소기간(법 제20조), ⅳ) 임의적 행정심판 및 예외적 행정심판전치주의(법 제18조), ⅴ) 관할(법 제9조) 등의 요건을 갖추어야 한다.

사안의 경우에는 ⅱ) 이하의 요건은 특별히 문제되지 않고, 甲이 제기한 A의 乙에 대한 LPG 충전사업허가가 위법한 처분이라고 주장할 수 있어 항고소송의 대상이 되는 처분에 해당하는지, 甲에게 행정소송법 제12조 소정의'처분의 취소를 구할 법률상 이익'이 존재하는지를 살펴보아야 한다.

2. 대상적격

(1) 취소소송의 대상

취소소송의 대상은 乙에 대하여 한 LPG 충전사업허가처분이다.

(2) 소의 대상적격

살피건대 무릇 소송이란 구체적 사건에서 법률상 분쟁을 법에 의하여 해결함으로써 법적 안정을 기하자는 것이므로, 행정청의 처분이나 부작위(행정소송법 제2조 제1항)가 있다 하더라도 그것이 위법하다고 주장할 수조차 없는 처분—예컨대 부당한 처분이라면 행정심판을 청구할 수 있음은 별론으로 하고—소송요건을 결하여 각하하여야 할 것이다. 따라서 행정소송의 대상이 되는 처분이나 부작위(대상적격)가 되려면 단순한 행정청의 "처분이나 부작위(행정소송법 제2조 제1항)"가 있다는 것만으로는 부족하고 "위법한 처분 등이나 부작위(행정소송법 제1조 전단 참조)"라고 주장할 수 있어야 한다. 이는 소송 본질상의 문제이기도 하다.

(3) 중간결론

살피건대 사안의 경우는 행정청이 LPG충전사업허가처분을 적극적으로 행한 경우이므로 처분의 근거법령에서 국민을 수범자로 하여 처분의 상대방이 허가요건을 갖춘 경우에 LPG충전사업허가를 해 주도록 규정하고 있는 경우에는 이는 법규성 있는 법령에 해당하고, 이에 따른 행정청의 LPG 충전사업허가는 국민개인의 권리 또는 이익에 직접 영향을 미치므로 항고소송의 대상이 되는 위법한 처분이 될 수 있어 대상적격이 인정된다.

나아가 이러한 행정청의 적극적 처분이 특정개인인 甲의 관계법령에 의하여 보호되는 개별적·구체적 이익을 현실적으로 침해할 수 있다면 원고적격으로서의 법률상 이익도 존재한다고 할 것이므로 이를 살펴보겠다.

3. 원고적격

(1) 원고적격의 의의

원고적격이라 함은 하자있는 행정행위에 인정되는 공정력을 깨뜨리는 특수한 절차인 항고소송을 제기하여 본안판결을 받을 수 있는 자격을 말하는바, 항고소송에서 특별히 원고적격을 요구하는 것은 공익실현이라는 행정목적의 능률적 수행을 위하여 행정청으로 하여금 우월적 의사에 기한 행정행위를 하도록 한 입법취지에 부응하여 법적으로 보호받을 이익을 가지지 않은 자를 소송에서 배제함으로써 법적 정의, 즉 공익실현이라는 사회적 정의와 국민의 권리구제라는 개인적 정의를 조화하고 실현하기 위한 것이라고 할 수 있다.

(2) 행정소송법 제12조 소정의 "법률상 이익"의 의미

행정소송법 제12조 소정의 '법률상 이익'의 의미에 대해서는 아무런 언급이 없어서 그 해석과 관련하여 학설상 견해의 대립이 있다.

1) 학설

가. 권리회복설 취소소송의 목적이 위법한 처분으로 인하여 야기된 개인의 권리회복에 있다는 전제하에 권리가 침해된 자만이 소송을 제기할 수 있다는 견해이다.

나. 법률상 보호이익구제설 위법한 처분으로 인해 개인의 이익이 침해되는 경우에 관계 법률에 의해 그 이익이 보호되는 것이라면 이러한 이익의 피해자도 행정청의 처분을 다툴 수 있어야 한다는 견해이다.

다. 보호가치 있는 이익구제설 법에 의해 보호되는 이익이 아니라고 하여도 그 이익의 실질적 내용이 재판상 보호할 가치가 있다고 판단되는 경우에는 그러한 이익이 침해된 자도 소송을 제기할 수 있어야 한다는 견해이다.

라. 적법성보장설 원고가 다투는 이익의 성질이 아니라 당해 처분에 대한 소송에서 행정처분의 시정 또는 행정행위의 적법성확보에 이해관계를 가지는 자가 소송을 제기할 수 있다는 견해이다.

2) 판례

대법원은법률상 보호이익구제설의 입장에 입각하여"여기에서 말하는 법률상 보호되는 이익이라 함은 당해 처분의 근거 법규 및 관련 법규에 의하여 보호되는 개별적·직접적·구체적 이익이 있는 경우를 말하고, 공익보호의 결과로 국민일반이 공통적으로 가지는 일반적·간접적·추상적 이익이 생기는 경우에는 법률상 보호되는 이익이 있다고 할 수 없다"고 판시(대판 2006.7.28. 2004두6716 등)하고 있다.

3) 검토

살피건대 적법성보장설은 우리 행정소송법이 취하고 있는 주관소송의 원칙에 반할 뿐 아니라 민중소송화할 우려도 있어 취하기 어렵고, 보호가치 있는 이익구제설도 보호할 가치가 있는 이익인지 여부를 법원이 판단한다는 점에서 법원에 법규창조력을 인정하게 되어 권력분립주의에 반한다. 권리회복설은 전통적 권리만을 공권으로 보아 원고적격의 범위를 너무 좁게 보아 문제가 있다. 그러므로 동 규정이 '법률상 이익'이라고 명문으로 규정하고 있는 점, 여기서의 법률상 이익은 법에 의하여 보호되는 원고의 구체적인 권리 또는 이익 침해와 관련되는 것이라는 점(행정소송법 제1조 전단 참조)에서 법률상 보호이익구제설이 타당하다고 하겠다.

다만, 여기에서 말하는 법률상 보호되는 이익이라 함은 당해 처분의 근거 법규 및 관련 법규에 의하여 보호되는 개별적·직접적·구체적 이익이 있는 경우를 말한다.

(3) 원고적격 인정요건

항고소송의 원고적격, 즉 처분등의 취소나 무효확인 또는 부작위위법확인을"구할 법률상 이익"이 존재하기 위해서는 처분등이나 부작위로 인하여 법률상 직접 보호되는 개별적·구체적 이익(원고적격으로서의 법률상 이익)에 대한 직접적이고 중대한 침해 또는 침해우려가 있어 소송을 통해 그러한 불이익을 제거할 객관적·현실적 필요성이 있어야 한다(불문의 소송요건으로서 권리보호필요성).

(4) 행정처분의 직접 상대방이 아닌 제3자의 원고적격

사법상의 법률행위나 행정행위 아닌 공법상의 행위가 의사표시의 당사자만을 구속하는 것과는 달리 공법상 권한 있는 기관의 법적 규율로서의 행정행위는 모든 사회구성원 각자를 구속한다. 따라서 행정청의 행정처분은 그 직접 상대방은 물론 이해관계 있는 제3자도 구속하므로 행정처분의 직접 상대방이 아닌 제3자라 하더라도 당해 행정처분으로 인하여 법률상 보호이익이 침해당한 경우에는 그 처분의 취소나 무효확인을 구할 법률상 이익, 즉 원고적격이 인정되며, 여기에서 말하는 법률상 보호되는 이익이라 함은 당해 처분의 근거 법규 및 관련 법규에 의하여 보호되는 개별적·직접적·구체적 이익이 있는 경우를 말한다.

(5) 경쟁자소송에서의 원고적격

일반적으로 면허나 인·허가 등의 수익적 행정처분의 근거가 되는 법률이 공공복리를 증진함과 동시에 해당업자들 사이의 과당경쟁으로 인한 경영의 불합리를 방지하는 것도 그 목적으로 하고 있는 경우에는 면허나 인·허가 등의 수익적 행정처분을 받은 기존영업자는 그러한 처분에 의하여 부여된 경영상의 구체적인 권리 내지 이익을 향유하고 있는 자이므로 다른 경쟁업자에 대하여 이루어진 면허처분은 곧 기존업자의 법률상 보호이익을 현실적으로 침해하게 되어 그러한 처분의 취소를 구할 법률상 이익, 즉 원고적격이 있다고 보아야 한다(**경업자소송에서 기존업자의 원고적격**).

이러한 법리는 일방에 대한 면허나 인·허가 등의 행정처분이 타방에 대한 불면허·불인가·불허가 등으로 귀결될 수밖에 없는 경우인 경원자관계에서도 그대로 적용된다. 왜냐하면 수인의 신청을 받아 일부에 대하여만 면허나 인·허가 등의 수익적 행정처분을 할 수 있는 경우에 법령이 요구하는 요건을 갖추어 신청했음에도 불구하고 면허나 인·허가 등을 받지 못한 자는 타방에 대한 면허나 인·허가로 인해 자신이 얻을 수 있었던 배타적인 구체적 이익이 침해된다고 할 수 있기 때문이다(**경원자소송에서 불허가 등의 자의 원고적격**).173)

(5) 중간결론

살피건대 사안의 경우 관련 법령에 의하면 A시장의 관할구역에서는 1개소의 LPG 충전사업만이 가능하여 동 관할 구역에 있는 甲과 乙은 경원관계에 있다 할 것이므로 甲에게는 LPG충전사업허가처분의 취소를 구할 당사자적격이 있다고 하여야 함은 물론 나아가 A시장이 乙에게 한 LPG충전사업허가처분이 취소된다면 허가요건을 갖춘 甲이 허가를 받을 수 있는 지위에 있음에 비추어 처분의 취소를 구할 권리보호필요성도 있다고 보아야 한다. 따라서 甲은 A시장이 乙에게 한 LPG충전사업허가처분의 취소를 구할 법률상의 이익, 즉 원고적격이 있다고 하겠다.

4. 소결

사안의 경우는 행정청이 어떠한 처분을 적극적으로 행한 경우이므로 처분의 근거법령에서 처분의 상대방이 허가요건을 갖춘 경우에 LPG충전사업허가를 해 줄 수 있도록 규정하고 있는 경우에는 이는 법규성 있는 법령에 해당하고, 이에 따른 행정청의 LPG 충전사업허가는 국민개인의 권리 또는 이익에 직접 영향을 미치므로 항고소송의 대상이 되는 위법한 처분이 될 수 있어 대상적격이 인정되며, 나아가 관련법령에 의하면 A시장의 관할구역에서는 1개소의 LPG 충전사업만이 가능하여 동 관할 구역에 있는 甲과 乙은 경원관계에 있다 할 것이므로 甲은 A시장의 乙에 대한 LPG 충전사업허가처분에 대하여 취소소송을 제기할 수 있다.

---

173) 판례도 "면허나 인허가 등의 수익적 행정처분을 신청한 수인이 서로 경쟁관계에 있어서 일방에 대한 면허나 인허가 등의 행정처분이 타방에 대한 불면허·불인가·불허가 등으로 귀결될 수밖에 없는 경우에 면허나 인허가 등을 받지 못한 사람 등은 비록 경업자나 경원자에 대하여 이루어진 면허나 인허가 등 행정처분의 상대방이 아니라하더라도 당해 행정처분의 취소를 구할 당사자적격이 있다."고 판시(대판 1999.10.12. 99두6026)하고 있다.

Ⅳ. 설문 (2)의 해결

1. 문제의 소재

관련 법령에 의하면 A시장은 LPG 충전사업허가요건으로 충전소의 외벽으로부터 100m 이내에 있는 건물주의 동의를 받도록 되어 있음에도 불구하고 乙은 이에 해당하는 건물주로부터 동의를 얻지 아니한 채 위의 허가신청을 하였는바, 乙이 처분 후에 위 인근 주민의 동의를 받으면 위 허가처분의 하자가 치유되는지 문제된다.

2. 행정행위 하자의 치유

(1) 개념

행정행위의 하자의 치유란 성립 당시에 하자 있는 행정행위가 ⅰ)사후에 하자원인인 법정요건의 흠결을 추완·보충되거나, ⅱ) 흠이 경미하거나 기타 사유로 취소할 필요가 없는 것으로 인정되는 경우에 그 하자에도 불구하고 그 행정행위의 효력을 다툴 수 없게 유지하는 것을 말한다.

(2) 허용범위

행정행위는 그 성립에 관할규정이나 절차규정 또는 형식규정 등 형식적 하자가 있음에도 불구하고 결과적으로 실체법과 일치하는 경우가 있고, 또한 관계자에게 중대한 손실을 주는 것이 아닌 절차적 하자에 대하여 그 하자만을 이유로 행정행위를 취소해야 한다면 극단적인 형식주의에 치우쳐 행정비경제를 초래할 수 있을 것이다. 이러한 점에서 흠 있는 행정행위의 치유는 당사자에게 법적 안정성을 보장하고 동시에 행정경제와 효율성에 이바지할 수 있으나 다른 한편 법치행정의 원리를 회피할 위험성이 존재하게 되므로, 사항적·시간적으로 엄격하게 한정되고, 상대방의 권익침해가 없는 범위에서만 인정하여야 할 것이다.

판례도 하자 있는 행정행위의 치유나 전환은 행정행위의 성질이나 법치주의의 관점에서 볼 때 원칙적으로 허용될 수 없는 것이지만, 행정행위의 무용한 반복을 피하고 당사자의 법적 안정성을 위해 이를 허용하는 때에도 국민의 권리와 이익을 침해하지 않는 범위에서 구체적 사정에 따라 합목적적으로 인정해야 할 것이라고 판시하고 있다(대판 2002.7.9. 2001두10684; 대판 2001.6.26. 99두11592; 대판 1983.7.26. 82누420 등).

(3) 인정요건

1) 취소할 수 있는 하자일 것

이와 관련해서는 i) 무효와 취소의 구별의 상대화를 전제로 무효인 행정행위의 치유도 인정할 수 있다는 견해[174]도 있으나, ii) 통설과 판례는 흠 있는 행정행위의 치유는 취소할 수 있는 행정행위에 대해서만 인정된다고 한다.

살피건대 무효인 행정행위는 어떠한 효력도 발생하지 않기 때문에 그의 치유는 인정될 수 없다고 보아야 하고, 이를 인정하는 것은 오히려 관계인의 신뢰 및 법률생활의 안정을 저해할 것이라는 점에서 통설이 타당하다.[175]

2) 경미한 하자일 것

하자는 행정행위의 내용·절차상의 하자에 모두 인정될 수 있으나, 주로 경미한 흠에 해당하는 절차상의 하자의 경우에 인정된다는 것이 다수설이나, 내용상 하자는 국민의 권익침해 가능성이 크므로 부정하고, 형식상·절차상의 하자에 한정하는 것이 타당하다고 판단된다.[176],[177]

(4) 하자의 치유의 사유

행정청이 명백히 절차적·형식적 하자가 있는 행정행위를 한 경우 내용적 하자로도 추정되어 상대방은 내용적으로 적법하다는 것을 쉽게 납득하기 어려울 것이다. 따라서 하자의 치유의 요건은 엄격하게 해석되어야 한다.

(5) 하자의 치유의 시한

하자의 치유는 언제까지 가능한가? 이에 대하여는 견해가 대립한다. 즉, i) 독일 행정절차법상의 입법례(동법 제45조 제1항, 제2항)와 소송계속 중에도 처분사유의 추가·변경을 하자의 치유의 한 형태로 파악하여 소송경제를 위해 소송종결 전까지 가능하다는 견해[178]와 ii) 행정심판의 종결이전 또는 행정소송의 제기이전까지는 가능하다는 견해[179]도 있으나, iii) 늦어도 처분에 대한 불복 여부의 결정 및 불복신청에 편의를 줄 수 있는 상당한 기간

---

174) 김철용, 무효인 행정행위와 취소할 수 있는 행정행위의 구별기준과 구별실익, 고시연구, 1975/10, 29면

175) 판례도 "원고가 국가공무원으로 임용된 뒤 명예퇴직하였으나, 임용 전에 당시 국가공무원법상의 임용결격사유가 있었으면 국가의 과실에 의하여 이를 밝혀내지 못하였다고 하더라도 그 임용행위는 당연무효이고 그 하자가 치유되는 것은 아니어서 퇴직급여청구신청을 반려하는 처분은 적법하다."고 판시(대판 1996.4.12. 95누18857)하고 있다.

176) 같은 취지, 홍준형, 행정행위의 하자의 치유, 고시계, 2000/8, 61면

177) 판례도 "이 사건 처분에 대한 하자가 행정행위의 내용에 관한 것이고 새로운 노선면허가 이 사건 소제기 이후에 이루어진 사정 등에 비추어 하자의 치유를 인정하지 않는 원심의 판단은 정당하고, 거기에 소론이 지적하는 바와 같은 법리오해의 위법이 있다 할 수 없다."고 판시(대판 1991.5.28. 90누1359)하고 있다.

178) 홍정선, 특강, 222면

179) 류지태

인 행정쟁송 제기 전까지로 보는 것이 타당하다고 판단된다(다수설 및 판례). 왜냐하면 흠의 사후추완은 소송단계에서의 처분사유의 사후보완과는 구별하여야 할 뿐만 아니라 추완행위를 할 수 있는 기관은 원처분청이고, 사후구제절차 이전에 치유되어야 할 것이기 때문이다.

(6) 하자의 치유의 효과

치유의 효과는 소급적이며, 처음부터 적법한 행위로서의 효력을 가진다.

3. 소결

하자 있는 행정행위의 치유는 행정행위의 성질이나 법치주의의 관점에서 볼 때 원칙적으로 허용될 수 없는 것이고 예외적으로 행정행위의 무용한 반복을 피하고 당사자의 법적 안정성을 위해 이를 허용하는 때에도 국민의 권리나 이익을 침해하지 않는 범위에서 구체적 사정에 따라 합목적적으로 인정하여야 할 것인데 이 사안에 있어서는 甲의 적법한 허가신청이 乙의 신청과 경합되어 있어 이 사안 처분의 치유를 허용한다면 甲에게 불이익하게 되므로 이를 허용할 수 없다고 할 것이다. 따라서 乙이 처분이 내려진 후에 인근 주민의 동의를 받았다 하더라도 위의 허가처분에 대한 하자는 치유되지 않는다.

판례도 경원관계에 있는 자가 제기한 허가처분의 취소소송에서 인근주민의 동의를 받아야 하는 요건을 결여하였다가 처분 후에 동의를 받은 경우에 하자의 치유를 인정하는 것은 원고에게 불이익하게 되므로 이를 허용할 수 없다고 하였다(대판 1992.5.8. 91누13274).

V. 설문 (3)의 해결

1. 문제의 소재

A시장의 ①주장에 대해서는 행정행위의 직권취소에 있어서 취소권 행사가 제한되듯이 쟁송취소에 있어서도 취소권 행사가 제한될 수 있는지 문제되고, A시장의 ②주장에 대해서는 취소소송계속 중 A시장의 새로운 적법사유의 주장이 처분사유추가·변경으로서 허용될 수 있는지 문제된다.

2. A시장의 ①주장의 타당성 여부

(1) 쟁송취소에서 취소권 행사의 제한

행정행위의 직권취소에 있어서 취소권 행사가 제한되는 법리는 쟁송취소에 있어서도 마찬가지라 할 것이므로 쟁송취소의 경우에도 취소권 행사가 제한될 수 있다고 보아야 한다. 따라서 쟁송취소의 경우에는 주로 부담적 행정행위가 대상이고, 이때의 취소권의 행사는 처분의 상대방에게는 권리구제의 의미를 갖게 되어 공공복리를 이유로 하는 경우(사정재결: 행정심판법 제33조, 사정판결: 행정소송법제28조)를 제외하고는 원칙적으로 자유롭게 인정되지만, 하자있는 행정행위가 이른바 수익적 행정행위인 경우에는 취소하여야 할 공익상 필요와 취소로 인하여 그 처분의 상대방 및 이해관계인이 입게 될 기득권과 신뢰보호 및 법률생활안정의 침해 등 불이익을 비교형량한 후 공익상 필요와 제3자의 정당한 이익에 대한 침해보다 처분의 상대방이 입을 불이익이 더 큰 경우에 한하여 취소할 수 있다고 할 것이다.

(2) 취소가 제한되지 않는 경우

그러나 수익적 행정행위가 수익자의 사기 · 강박 · 증뢰 및 부정 · 부실신고의 방법으로 얻어진 경우나 수익자가 행정행위의 위법을 알았거나 중대한 과실로 알지 못한 경우에는 수익자는 신뢰를 주장하지 못하고 취소가 가능하다. 왜냐하면 수익적 행정처분의 하자가 당사자의 사실은폐나 기타 사위의 방법에 의한 신청행위에 기인한 것이라면 당사자는 처분에 의한 이익이 위법하게 취득되었음을 알아 취소가능성도 예상하고 있었다고 보아야 하기 때문이다.

(3) 중간결론

설문의 경우 乙은 충전소설치예정지로부터 100미터 내에 있는 건물주의 동의를 모두 얻지 아니하였음에도 불구하고 이를 갖춘 양 허가신청을 하여 그 허가를 받아 낸 것이므로, 처분의 하자가 乙의 사실은폐 내지 사위의 방법에 의한 신청행위에 기인한 것이라 할 것이어서 그 처분에 의한 이익이 위법하게 취득되었음을 알아 그 취소가능성도 능히 예상하고 있었다고 보아야 할 것이다.

따라서 갑이 허가요건을 갖추고도 허가를 받지 못함으로써 입은 불이익에 비하여 제3자 乙의 신뢰보호이익은 정당한 이익이라 할 수 없으므로 乙의 불이익을 이유로 취소권이 제한되어야 한다는 A시장의 ①주장은 타당하지 못하다.

3. A시장의 ②주장의 타당성

(1) 문제점

취소소송계속 중에 A시장의 새로운 위 적법사유의 주장은 처분사유의 추가 · 변경에 해당되는바, 이러한 A시장의 주장이 타당한지 문제된다.

(2) 처분사유의 추가 · 변경

1) 처분사유의 추가변경의 의의

처분사유의 추가 · 변경이라 함은 처분시에 객관적으로 존재하였으나 행정청이 처분사유로 제시하지 아니한 사유를 소송 도중에 처분의 근거로 추가·변경하는 것을 말한다. 그 사유가 실제로 처분시에 참작되었는지는 불문한다. 처분사유의 추가·변경을 허용할 것인가의 문제에는 분쟁의 일회적 해결이라는 소송경제이념의 적극적 관점과 원고의 방어권보장이라는 소극적 관점이 게재되어 있다.

2) 구별개념

하자의 치유는 성립당시에 요건불비의 위법이 있는 처분이라 하더라도 사후에 그 요건이 추완되거나 사정변경으로 인하여 처분을 취소할 가치가 없게 된 경우 그 효력을 유지하도록 하는 제도로서 처분시 이후에 발생한 사유를 대상으로 한다는 점에서, 처분시에 객관적으로 존재하였던 사유만을 대상을 하는 처분사유의 추가·변경과 구별된다.

3) 처분의 이유제시제도와의 관계

처분이유제시제도에는 새로운 사유로 처분을 유지할 수 없다는 절차적 보장까지 부여되어 있는 것으로 보아야 한다는 점을 근거로 처분사유의 추가·변경을 부정하는 견해가 있다.[180]

그러나 처분의 이유제시의무가 불이행 된 경우, 즉 처분에 전혀 이유가 제시되지 않았거나 이유가 제시되었지만 불명확 또는 불충분함으로 말미암아 절차적 위법이 발생한 경우에는 그러한 절차상의 하자가 치유(이유제시의 추완)되는지의 문제만 발생하고, 그러한 의무가 이행된 경우 또는 하자의 치유가 긍정된 경우에 비로소 소송계속 중에 처분사유의 추가·변경이 가능한지가 문제된다고 할 것이므로 처분사유의 추가·변경의 허용 여부 및 범위문제와 처분의 이유제시제도는 그 제도의 본질상 논리필연적인 연관은 없다고 보아야 한다.

4) 위법판단의 기준시와의 관계

처분사유의 추가·변경문제는 당초 처분시에 객관적으로 존재하고 있었으나 처분청이 몰랐거나 내세우지 않았던 사실 및 법 상태에 관한 처분사유를 사실심변론종결시까지 제출할 수 있도록 할 것인가의 문제로서, 처분시에는 존재하지 않았지만 판결시에 이르기까지 새로이 생긴 사실 및 법 상태를 어떻게 취급할 것인가에 관한 위법판단의 기준시에 있어서 처분시설(통설 및 판례)을 전제로 한다.

(3) 허용 여부 및 허용한계

1) 문제점

처분사유의 추가·변경에 대한 명문규정이 없으므로 이를 허용할 것인가, 허용한다면 이를 어느 범위 내에서 허용할 것인가가 문제된다.

---

180) 김철용, 행정법(상), 520면

2) 판례의 태도

확립된 판례에 의하면, "행정처분의 취소를 구하는 항고소송에 있어서는 실질적 법치주의와 행정처분의 상대방인 국민에 대한 신뢰보호라는 견지에서 처분청은 당초 처분의 근거로 삼은 사유와 기본적 사실관계에 있어서 동일성이 있다고 인정되는 한도 내에서는 다른 사유를 추가하거나 변경할 수 있고, 여기서 기본적 사실관계의 동일성 유무는 처분사유를 법률적으로 평가하기 이전의 구체적인 사실에 착안하여 그 기초가 되는 사회적 사실관계가 기본적인 점에서 동일한지 여부에 따라 결정된다."고 판시(대판 2007.7.27. 2006두9641; 대판 1995.10.12. 95누4704; 대판 2001.3.23. 99두6392 등)하고 있다. 그리하여 사실관계는 변경 없이 단순히 근거법령을 추가하거나(대판 1988.1.19. 87누603; 대판 2005.3.30. 2002두9285), 또는 추상적이거나 불명확한 당초의 처분이유를 구체화하는 경우(대판 1989.7.25. 88누11926등)에만 기본적 사실관계의 동일성을 인정하고 있다.

3) 학설

가. 부정설

처분이유제시제도에는 새로운 사유로 처분을 유지할 수 없다는 절차적 보장까지 부여되어 있는 것으로 보아야 한다는 점을 근거로 처분사유의 추가·변경을 부정한다.[181]

나. 제한적 긍정설(다수설)

원칙적으로 처분사유와 기본적 사실관계의 동일성이 인정되는 범위 내에서 인정하되, 처분의 동일성 내지 소송물범위 내에서 이를 제한하여야 한다고 한다.

다. 처분이유의 보충·변경만 허용된다는 견해

소송단계에서의 처분이유의 보완은 처분이유의 추완과는 달리 처분시에 제시된 이유·근거를 보충·정정하는 한도에서만 허용되어야 한다고 한다.

4) 검토

살피건대 부정설은 처분사유의 추가·변경의 허용 여부 및 범위문제와 처분의 이유제시제도는 그 제도의 본질상 논리필연적인 연관은 없다는 점에서 문제가 있다. 그리고 처분의 동일성 내지 소송물의 범위 내에서 이를 허용하자는 견해는 처분사유의 추가·변경의 법리를 오해한 잘못이 있다고 할 것이다. 즉, 처분이 적법하다는 기각판결에 있어서 기판력의 객관적 범위인 처분의 동일성은 '당초 처분과의 기본적 사실관계에 있어 동일성'을 말하지만, 처분을 취소하는 확정판결에 있어서의 기판력의 객관적 범위인 처분의 동일성은 '취소판결에 적시된 위법사유와 기본적 사실관계의 동일성'을 말하는 것으로서 '당초 처분의 근

181) 김철용, 행정법(상), 520면

거사유와 기본적 사실관계가 동일성'이 인정하는 범위 내에서만 다른 처분사유의 추가·변경을 허용하자는 것과는 준별하여야 하고, 오히려 위 견해가 인식하고 있는 것과는 반대로 기각판결의 경우와는 달리 인용판결의 경우에는 기속력이 발생하여, 기속력의 객관적 범위가 취소판결에 적시된 위법사유와 기본적 사실관계에 있어서 동일성이 인정되는 범위 내에서 인정되고(B), 이에 따라 취소판결의 기판력의 객관적 범위가 취소판결에 적시된 위법사유와 기본적 사실관계에 있어서 동일성(처분의 동일성)이 인정되는 범위 내로 제한되는 (C) 이유는 실질적 법치주의와 국민의 신뢰보호를 위하여 당초 처분의 근거사유와 기본적 사실관계의 동일성이 있는 범위 내에서만 처분사유의 추가·변경을 허용(A)하기 때문이라고 보아야 한다. 그러므로 위 (A)와 (B), 그리고 (C)의 명제 사이에는 논리적으로 '(A)이면 (B)이고, (B)이면 (C)이다'는 명제는 참이지만, 그 역은 성립하지 아니한다.

따라서 결국 처분사유의 추가·변경은 취소소송의 직권탐지주의적 성격 및 행정의 1차적 판단권 존중 그리고 소송경제 내지는 분쟁의 일회적 해결이라는 측면에서 이를 허용하되, 실질적 법치주의의 측면에서 원고의 방어권보장과 처분의 상대방인 국민에 대한 신뢰보호의 견지에서 이를 제한하여야 하는바, 그 범위는 처분시에 객관적으로 존재한 법령·사실(**시적 범위**)에 대하여, 당초 처분의 근거로 삼은 사유와 기본적 사실관계에 있어서 동일성이 인정되는 범위 내(**객관적 범위**)에서만 사실심변론종결시까지 허용된다고 보아야 한다. 그러므로 결국 판례의 태도와 같은 처분이유의 보충·변경만 허용된다는 견해가 타당하다.

5) 사안의 경우

처분사유의 추가·변경은 당초 처분의 근거로 삼은 사유와 기본적 사실관계에 있어서 동일성이 인정되는 범위 내의 사실이어야 한다. 여기서 기본적 사실관계의 동일성 유무는 처분사유를 법률적으로 평가하기 이전의 구체적인 사실에 착안하여 그 기초가 되는 사회적 사실관계가 기본적인 점에서 동일한지 여부에 따라 결정되는바, 이는 시간적·장소적 근접성, 행위의 태양·결과 등의 제반 사정을 종합적으로 고려하여 개별사안에 따라 구체적으로 판단하여야 한다고 한다. 이에 따라 사안을 살펴본다.

가. 시적 범위

액화석유가스의안전및사업관리법시행령 제3조 제1항 제1호 소정의 "공공의 안전과 이익을 저해하지 아니할 것"을 허가기준은 처분시의 객관적인 법 상태이므로 이 요건은 충족한다.

나. 객관적 범위

A가 당초 위 반려처분의 근거로 삼은 사유인 "인근주민들의 반대 여론이 있고, 충전소 설치예정지역 인근도로가 낭떠러지에 접한 S자 커브의 언덕길로 되어 있어서 교통사고로 인한 충전소폭발의 위험이 있어 허가하지 아니하였다"는 사실과 "액화석유가스의안전및사

업관리법시행령 제3조 제1항 제1호에서 '공공의 안전과 이익을 저해하지 아니할 것'을 허가기준의 하나로 정하고 있다"는 사유는 양자 모두 법률적으로 평가하면 공공의 안전과 이익을 확보하기 위한 사유라고 할 수 있지만, 처분사유의 추가·변경이 허용되는 당초 처분사유와 기본적 사실관계의 동일성이란 처분사유를 법률적으로 평가하기 이전의 구체적인 사실에 착안하여 그 기초가 되는 사회적 사실관계가 기본적인 점에서 동일한지 여부에 따라 결정되는 것이므로, 그 기본적 사실관계에 있어서 동일성이 인정되지 아니하는 별개의 사유라고 보아야 한다.

(4) 중간결론

결국 A시장의 주장은 당초 반려처분의 근거로 삼은 사유와 그 기본적 사실관계에 있어서 동일성이 인정되지 아니하는 별개의 사유에 해당하여, 그러한 사유를 들어 원고의 신청이 허가요건을 구비하지 아니하여 자신이 한 처분이 적법하다고 주장할 수 없다. 따라서 A시장의 ②주장도 타당하지 못하다.

4. 소결

설문의 경우 쟁송취소에서도 취소권행사가 제한될 수 있지만 乙은 충전소설치예정지로부터 100미터 내에 있는 건물주의 동의를 모두 얻지 아니하였음에도 불구하고 이를 갖춘 양 허가신청을 하여 그 허가를 받아 낸 것으로서 그 취소가능성을 능히 예상할 수 있었으므로 乙의 불이익을 이유로 취소권이 제한되어야 한다는 A시장의 ①주장은 타당하지 못하고, 당초 반려처분의 근거로 삼은 사유와 그 기본적 사실관계에 있어서 동일성이 인정되지 아니하는 별개의 사유를 들어 자신이 한 처분의 적법성을 주장할 수 없다 할 것이므로 A시장의 ②주장도 타당하지 못하다.

Ⅵ. 사례의 해결

설문 (1)의 경우 다른 소송요건은 문제되지 않고, 처분의 근거법령에서 처분의 상대방이 허가요건을 갖춘 경우에 LPG충전사업허가를 해 줄 수 있도록 규정하고 있는 경우에는 이는 법규성 있는 법령에 해당하여 이에 따른 행정청의 LPG 충전사업허가는 국민개인의 권리 또는 이익에 직접 영향을 미치므로 항고소송의 대상이 되는 위법한 처분이 될 수 있어 대상적격이 인정되며, 나아가 관련법령에 의하면 A시장의 관할구역에서는 1개소의 LPG 충전사업만이 가능하여 동 관할 구역에 있는 甲과 乙은 경원관계에 있다 할 것이므로 A시장의 乙에 대한 LPG 충전사업허가처분에 대한 취소를 구하는 甲의 소는 적법하다.

설문 (2)의 경우 甲의 적법한 허가신청이 乙의 신청과 경합되어 있어 이 사안 처분의 치유를 허용한다면 甲에게 불이익하게 되므로 乙이 처분이 내려진 후에 인근 주민의 동의를 받았다 하더라도 위의 허가처분에 대한 하자는 치유되지 않는다.

설문 (3)의 경우 쟁송취소에서도 취소권행사가 제한될 수 있지만 乙은 사실은폐 내지 허위의 방법으로 허가신청을 하여 그 허가를 받아 낸 것이어서 그 취소가능성을 능히 예상할 수 있었으므로 乙의 불이익을 이유로 취소권이 제한되어야 한다는 A시장의 ①주장은 타당하지 못하고, 당초 반려처분의 근거로 삼은 사유와 그 기본적 사실관계에 있어서 동일성이 인정되지 아니하는 별개의 사유를 들어 자신이 한 처분의 적법성을 주장할 수 없다 할 것이므로 A시장의 ②주장도 타당하지 못하다.

〈사례연습 35〉 재량행위에 있어 법령에 명시적 제한사유가 없는 경우의 거부처분가능성과 처분사유의 추가 · 변경

주택사업과 건설업 등을 영위하는 주식회사 甲은 60필지의 단독주택단지를 재개발하여 아파트 4개동 300세대를 건축하기로 하고 위 60필지의 토지를 매수하는 작업을 하였으나, 매매대금의 차이로 60필지 중 10필지만을 매수하는데 그쳤다. 甲은 위 10필지의 토지에 12층 규모 72세대의 아파트를 건축하기로 하고 주택법 제16조 제1항 및 주택법시행령 제15조 제1항의 규정에 의하여 관할 행정청인 乙에게 주택건설사업승인신청을 하였다. 위 60필지 토지는 직사각형 모양의 단독주택단지이고 그 중 위 10필지는 전체 60필지 중 남서쪽 모퉁이에 위치하고 있으며, 위 10필지 외 다른 토지의 소유자들은'60필지의 토지소유자 중 80%이상의 동의로 아파트재개발사업을 추진하고 있는 상황에서 위 10필지에만 따로 아파트를 건설하는 것은 주위환경과 여건에 맞지 않으므로 반대한다.'는 취지의 의견서를 乙에게 제출하였다. 이에 乙은 甲에게 위 10필지 외 다른 토지의 소유자들과 충분히 협의할 것을 요청하였으나, 甲은 일부 토지소유자들의 과도한 요구로 협의가 결렬되었다면서 전체의 개발은 하지 않고 위 10필지만을 개발하겠다고 하였다. 그러나 법령에 명시적인 근거규정이 없음에도 乙은 "60필지중 위 10필지만을 개발하는 것은 도시미관과 지역 여건을 고려하지 않은 불합리한 계획으로서 지역의 균형개발을 저해한다."라는 이유로 甲의 주택건설사업승인신청을 반려하는 처분을 하였다.

甲은 이 반려처분의 취소를 구하는 행정소송을 제기하였고, 이 행정소송에서 乙은 "① 위 반려처분에는 아무런 하자가 없을 뿐만 아니라, ② 더욱이 위 60필지의 지역은 관계법령에 의하여 5층 이상의 건축이 불가능한 제1종일반주거지역으로 지정되어 있으므로 이 점에서도 위 반려처분은 적법하다."고 주장하였다. 乙의 위와 같은 주장에 관하여 논평하시오. (30점)(2008 제50회 사법시험기출문제)

[참조조문]

주택법

제16조 (사업계획의 승인) ① 대통령령이 정하는 호수 이상의 주택건설사업을 시행하고자 하는 자 또는 대통령령이 정하는 면적 이상의 대지조성사업을 시행하고자 하는 자는 사업계획승인신청서에 주택과 부대시설 및 복리시설의 배치도, 대지조성공사설계도서 등 대통령령이 정하는 서류를 첨부하여 시·도지사(국가·대한주택공사 및 한국토지공사가 시행하는 경우와 대통령령이 정하는 경우에는 국토해양부장관을 말한다. 이하 이 조 및 제17조에서 같다)에게 제출하고 그 사업계획승인을 얻어야 한다. 〈단서 생략〉

②~⑦〈생략〉

주택법시행령

제15조 (사업계획의 승인) ①법 제16조 제1항 본문에서 "대통령령이 정하는 호수"라 함은 단독주택의 경우에는 20호, 공동주택의 경우에는 20세대를 말하며, "대통령령이 정하는 면적"이라 함은 1만 제곱미터를 말한다.

[관련논점]

— 주택건설사업계획승인의 법적 성질

— 재량행위에 있어 법령에 명시적 제한사유가 없는 경우의 거부처분가능성

— 재량행위에 있어 위법성 판단기준

— 처분사유의 추가·변경

[답안구성]

Ⅰ. 논점의 정리
Ⅱ. 주택건설사업계획승인의 법적 성질
1. 강학상 허가인지 특허인지 여부
(1) 양자의 구별기준
(2) 사안의 검토
2. 기속행위인지 재량행위인지 여부
(1) 기속행위와 재량행위의 구별기준
(2) 사안의 검토
3. 소결
Ⅲ. 乙의 주장의 당부
1. 반려처분에 아무런 하자가 없다는 주장에 대하여
(1) 문제점
(2) 처분의 근거법규가 재량규범인 경우에 행정청의 수익적 처분의 공익성 판단과 거부처분
(3) 주택건설사업승인신청을 반려하는 처분의 위법 여부
1) 문제점
2) 재량행위에 있어서 위법성 판단방법
3) 당해 주택건설사업승인신청 반려처분의 위법 여부
가. 평등원칙위배 여부
(가) 의의
(나) 근거
(다) 적용 요건
(라) 사안의 검토
나. 비례원칙 위반 여부
(가) 비례원칙의 의의
(나) 근거
(다) 내용
(4) 소결
2. 乙의 위 60필지의 지역은 관계법령에 의하여 5층 이상의 건축이 불가능한 제1종일반주거지역으로 지정되어 있다는 주장에 대하여
(1) 문제점
(2) 처분사유의 추가·변경
1) 처분사유의 추가·변경의 의의
2) 구별개념
3) 처분의 이유제시제도와의 관계
4) 위법판단의 기준시와의 관계
(3) 처분사유의 추가·변경의 허용 여부 및 허용 한계

Ⅰ. 논점의 정리

첫째, 주택건설사업승인신청 반려처분이 아무런 하자가 없다는 乙의 주장의 당부를 판단하기 위해서는 우선 주택건설사업계획승인행위의 법적 성질을 규명하여야 하고, 그것이 재량행위라면 법령에 명시적인 근거가 없는 경우에도 공익상 필요를 이유로 주택건설사업승인신청 반려처분을 할 수 있는지, 나아가 그것이 재량권의 일탈·남용으로 위법하지는 않은지를 살펴보아야 한다.

다음, 취소소송계속 중 위 60필지의 지역은 관계법령에 의하여 5층 이상의 건축이 불가능한 제1종일반주거지역으로 지정되어 있다는 乙의 새로운 위 적법사유의 주장의 당부를 판단하기 위해서는 처분사유의 추가·변경의 허용 여부를 검토하여야 한다.

Ⅱ. 주택건설사업계획승인의 법적 성질

1. 강학상 허가인지 특허인지 여부

(1) 양자의 구별기준

허가란 질서유지차원에서 일반적·예방적 금지를 하였다가 이를 상대적으로 해제하는 것이지만, 특허는 공공복리를 위해 일반적으로 특정한 권리를 설정해 주는 것으로서 그 제도적 취지를 달리한다. 한편 행위의 성질과 관련하여 허가는 일반적으로 기속행위의 성질이 강하지만 특허는 일정한 공익상의 필요에 따라 특정인에게 권리를 부여하는 설권행위이기 때문에 법령에서 그 요건을 일의적으로 규정하고 있지 않는 한 공익성 판단을 위해 재량행위에 속하는 것이 원칙이다.

(2) 사안의 검토

사안의 경우 주택건설사업계획의 승인은 상대방에게 권리나 이익을 부여하는 효과를 수반하는 이른바 수익적 행정처분으로서 甲에게 권리를 부여하는 특허에 해당한다고 하겠다.

2. 기속행위인지 재량행위인지 여부

(1) 기속행위와 재량행위의 구별기준

이에 대해서는 종래 요건재량설과 효과재량설의 주장도 있었으나 오늘날 이러한 주장을 하는 자는 거의 없다. 행정청의 공법상 행위가 기속행위인지 재량행위인지를 구별함에 있어서도 일반적인 법해석의 방법론에 따라 입법자가 행정권에 재량권을 부여했는지 여부를 판단하여야 할 것이다. 따라서 행정청의 행위가 기속행위인가 재량행위인가의 구별함에 있어서는 당해 행위의 근거가 된 법규의 체재형식과 그 문언, 당해 행위가 속하는 행정 분야의 주된 목적과 특성, 당해 행위 자체의 개별적 성질과 유형 등을 모두 고려하여 판단하여야 한다. 판례도 이와 같다(대판 2002.8.23. 2002두820; 대판 2001.2.9. 98두17593 등).

(2) 사안의 검토

살피건대 사안의 경우, 주택건설사업계획승인의 근거규정인 주택법 제16조 제1항은 비록 그 법규의 체제형식이 주택건설사업을 시행하고자 하는 자는 시·도지사 등의 사업계획승인을 얻어야 한다고만 규정하고 있어 이에 의하면 기속행위인지 재량행위인지를 판단하기가 불분명하나, 사업계획신청서에 주택과 부대시설 및 복리시설의 배치도, 대지조성공사 설계도서 등 대통령령이 정하는 서류를 첨부하여 제출하도록 하고 행정청은 그에 따라 공익적합성 여부를 판단하여 승인 여부를 결정하도록 하고 있는 취지 및 주택건설사업계획의 승인은 그 성질상 상대방에게 권리나 이익을 부여하는 효과를 수반하는 이른바 수익적 행정처분으로서 법령에 행정처분의 요건에 관하여 일의적으로 규정되어 있지 아니한 이상 행정청의 재량행위에 속한다고 하겠다.

3. 소결

주택건설사업계획의 승인은 상대방에게 권리나 이익을 부여하는 효과를 수반하는 이른바 수익적 행정처분으로서 甲에게 권리를 부여하는 특허에 해당하고, 그 처분요건에 관하여 일의적으로 규정하고 있지 아니하므로 재량행위에 해당한다.

Ⅲ. 乙의 주장의 당부

1. 반려처분에 아무런 하자가 없다는 주장에 대하여

(1) 문제점

乙은 법령에 승인을 받으려는 주택건설사업계획의 제한사유에 대한 명시적인 근거규정이 없음에도 "60필지중 위 10필지만을 개발하는 것은 도시미관과 지역여건을 고려하지 않은 불합리한 계획으로서 지역의 균형개발을 저해한다."라는 이유로 甲의 주택건설사업승인 신청을 반려하는 처분을 하였는바, 이러한 반려처분이 위법한지 문제된다.

(2) 처분의 근거법규가 재량규범인 경우에 행정청의 수익적 처분의 공익성 판단과 거부처분

주택건설사업계획승인은 행정청의 상대방에게 권리나 이익을 부여하는 효과를 수반하는 이른바 수익적 행정처분으로서 행정청에게 공익성 판단에 대한 재량을 부여한 재량행위이므로, 주택법 제16조 규정상 乙은 사업계획신청서와 주택과 부대시설 및 복리시설의 배치도, 대지조성공사설계도서 등을 참작하여 甲이 계획한 주택건설사업으로 인하여 도시미관이나 지역 여건 등 중대한 공익상 필요가 있다고 인정될 때에는 신청을 거부할 수 있고, 그 경우 법규에 명문의 근거가 없더라도 거부처분을 할 수 있다.[182]

(3) 주택건설사업승인신청을 반려하는 처분의 위법 여부

1) 문제점

승인을 받으려는 주택건설사업계획이 관계법령에 제한사유가 없는 경우에도 주택건설사업계획승인이 재량행위인 경우에는 공익상 필요가 있어 처분권자는 그 승인 신청에 대하여 번려처분을 할 수 있다 하더라도 그러한 주택건설사업승인신청을 반려처분이 위법하지는 않은지 문제된다.

2) 재량행위에 있어서 위법성 판단방법

기속행위의 경우 그 법규에 대한 원칙적인 기속성으로 인하여 법원이 사실인정과 관련 법규의 해석 · 적용을 통하여 일정한 결론을 도출한 후 그 결론에 비추어 행정청이 한 판단의 적용 여부를 독자의 입장에서 판정하는 방식에 의하게 되나, 재량행위의 경우 행정청의 재량에 기한 공익판단의 여지를 감안하여 법원은 독자의 결론을 도출함이 없이 당해 행위에 재량권의 일탈 · 남용이 있는지 여부만을 심사하게 되고, 이러한 재량권의 일탈 · 남용 여부에 대한 심사는 사실오인, 비례 · 평등원칙위배 등을 그 판단 대상으로 한다(대판 2007.5.31. 2005두1329).

---

182) 판례도 "주택건설촉진법 제33조(주택법 제16조)에 의한 주택건설사업계획승인은 상대방에게 권리나 이익을 부여하는 효과를 수반하는 이른바 수익적 행정처분으로서 법령에 해정처분의 요건에 관하여 일의적으로 규정되어 있지 아니한 이상 행정청의 재량행위에 속한다 할 것이고, 이러한 승인을 받으려는 주택건설사업계획이 관계법령의 제한에 배치되는 경우는 물론이고 그러한 제한사유가 없는 경우에도 공익상 필요가 있으면 처분권자는 그 승인 신청에 대하여 반려를 하거나 불허가 결정을 할 수 있다고 할 것이다"고 판시(대판 2003.6.10. 2002두11318; 대판 2005.4.15. 2004두10883)하였다.

3) 당해 주택건설사업승인신청 반려처분의 위법 여부

사안의 경우에는 甲의 주택건설사업승인신청을 반려하는 처분에 있어서 특별히 사실오인이 있다는 사정은 보이지 않으므로 당해 반려처분의 위법 여부를 판단하기 위해서는 비례·평등원칙위반 여부를 검토하기로 한다.

가. 평등원칙위배 여부

(가) 의의

평등의 원칙이란 행정기관이 행정작용을 함에 있어서 특별한 합리적 사유가 존재하지 않는 한 상대방인 국민을 차별 없이 공평하게 대우하여야 한다는 원칙을 말한다. 이는 특히 재량권행사의 한계원리로서 중요한 의미를 갖는다.

(나) 근거

이는 법의 일반원칙이지만, 헌법이 명문으로 인정하고 있다(제11조).

(다) 적용 요건

형평의 원칙이 적용되기 위해서는 i) 불평등한 행정기관의 조치가 있고, 다만 ii) 다르게 취급할 합리적 사유가 없어야 한다. 한편, 평등원칙 위배 여부를 심사함에 있어서 기본권에 중대한 제약이 있는 경우에는 비례원칙 등 더 엄격한 심사기준이 요구된다.

(라) 사안의 검토

살피건대 전체 60필지 중 이 사안 10필지 외 다른 토지의 소유자들은 주택건설사업승인을 받아 아파개발사업을 추진하고 있으나, 甲은 주택건설사업승인을 받지 못하고 있으므로 차별이 존재한다. 그러나 乙이 甲의 주택건설사업계획승인 신청을 반려한 것은 위 10필지 외 다른 토지의 소유자들의 반대가 있을 뿐만 아니라 60필지중 위 10필지만을 개발하는 것은 도시미관과 지역 여건을 고려하지 않은 불합리한 계획으로서 지역의 균형개발을 저해한다는 것인바, 이를 두고 불합리한 차별이라고 보기 어려우므로 당해 주택건설사업승인신청 반려처분이 평등원칙에 위배된다고 볼 수 없다.

나. 비례원칙 위반 여부

(가) 비례원칙의 의의

비례원칙이란 행정목적을 실현하기 위한 구체적 수단의 선택에 있어서 달성하고자 하는 공익과 이로 인해 제한되는 개인의 권리 사이에 일정한 비례관계가 존재하도록 하여야 한다는 원칙을 말한다. 이는 일반·추상적인 법률을 적용함에 있어서 구체적인 경우에 가장 적절한 수단으로 개별적 정의를 실현하는 기능을 담당하게 된다.

(나) 근거

비례원칙은 일반적으로 자연법상의 형평 또는 정의에 기한 법의 일반원리로 파악되나, 헌법에 의해 제도화 되어 있는 경우(제37조 제2항)에는 헌법상의 원칙이다.

(다) 내용

비례원칙은 적합성 ,필요성, 상당성의 원칙을 그 내용으로 하며, 이는 순차적·단계적 심사구조를 이룬다.

가) 적합성의 원칙 행정기관이 취한 조치 또는 수단이 합법적인 목적달성에 일반적으로 기여할 수 있는가 여부를 심사하는 것이다. 사안의 경우 주택건설사업계획승인신청을 반려함으로써 도시미관과 지역균형개발이라는 목적에 일반적으로 기여할 수 있다는 점에서 이에 반한다고 할 수 없다.

나) 필요성의 원칙 선택된 수단이 당사자에게 덜 불이익한 수단인가 여부를 심사하는 것이다. 사안의 경우 수단의 선택에 있어 행정청에게는 재량이 인정되는바, 乙의 주택건설사업계획승인신청에 대한 반려처분이 이러한 재량을 제약할 정도로 동일하게 효과적이면서도 덜 부담적인 수단의 선택을 요구하게 된다고 보기 어렵다.

다) 상당성의 원칙 이는 협의의 비례원칙이라고도 하며, 제한되는 당사자의 법익침해의 정도와 이러한 제한을 정당화하는 공익적 사정의 관계를 전체적으로 고려하여 선택한 수단이 비례적 관계에 있는가 여부가 심사된다. 살피건대 甲이 10필지만에 대하여 주택개발사업을 할 수 없는 불이익을 감안하더라도 도시미관 및 지역여건에 따른 지역균형개발이라는 공익과 위 60필지 중 甲이 주택을 건설하려는 10필지 이외의 토지소유자들의 정당한 이익 등을 고려할 때, 乙의 이 사안 반려처분이 비례원칙에 위배된다고 보기 어렵다.

(4) 소결

乙은 법령에 승인을 받으려는 주택건설사업계획의 제한사유에 대한 명시적인 근거규정이 없는 경우에도 주택건설사업계획승인이 재량행위인 경우에는 공익상 필요에 따라 거부처분을 할 수 있고, 사안의 경우 반려처분은 지역주민의 쾌적한 생활권을 보호하고 지역의 효율적이고 균형 있는 발전을 위한 공익상의 목적을 위하여 필요한 범위 내에서 행하여진 것으로서 평등원칙이나 비례원칙에 반하여 재량권의 일탈·남용한 위법이 있다고 볼 수 없으므로 乙의 "위 반려처분에는 아무런 하자가 없다"는 주장이 부당하다고 할 수 없다.

2. 乙의 위 60필지의 지역은 관계법령에 의하여 5층 이상의 건축이 불가능한 제1종일반주거지역으로 지정되어 있다는 주장에 대하여

(1) 문제점

취소소송계속 중에 乙의 새로운 위 적법사유의 주장은 처분사유의 추가·변경에 해당되는바, 이러한 乙의 주장이 타당한지 문제된다.

(2) 처분사유의 추가·변경

1) 처분사유의 추가변경의 의의

처분사유의 추가·변경이라 함은 처분시에 객관적으로 존재하였으나 행정청이 처분사유로 제시하지 아니한 사유를 소송 도중에 처분의 근거로 추가·변경하는 것을 말한다. 그 사유가 실제로 처분시에 참작되었는지는 불문한다. 처분사유의 추가·변경을 허용할 것인가의 문제에는 분쟁의 일회적 해결이라는 소송경제이념의 적극적 관점과 원고의 방어권보장이라는 소극적 관점이 게재되어 있다.

2) 구별개념

하자의 치유는 성립당시에 요건불비의 위법이 있는 처분이라 하더라도 사후에 그 요건이 추완되거나 사정변경으로 인하여 처분을 취소할 가치가 없게 된 경우 그 효력을 유지하도록 하는 제도로서 처분시 이후에 발생한 사유를 대상으로 한다는 점에서 처분시에 객관적으로 존재하였던 사유만을 대상을 하는 처분사유의 추가·변경과 구별된다.

3) 처분의 이유제시제도와의 관계

처분이유제시제도에는 새로운 사유로 처분을 유지할 수 없다는 절차적 보장까지 부여되어 있는 것으로 보아야 한다는 점을 근거로 처분사유의 추가·변경을 부정하는 견해가 있다.183) 그러나 처분의 이유제시의무가 불이행 된 경우, 즉 처분에 전혀 이유가 제시되지 않았거나 이유가 제시되었지만 불명확 또는 불충분함으로 말미암아 절차적 위법이 발생한 경우에는 그러한 절차상의 하자가 치유(이유제시의 추완)되는지의 문제만 발생하고, 그러한 의무가 이행된 경우 또는 하자의 치유가 긍정된 경우에 비로소 소송계속 중에 처분사유의 추가·변경이 가능한지가 문제된다고 할 것이므로 처분사유의 추가·변경의 허용 여부 및 범위문제와 처분의 이유제시제도는 그 제도의 본질상 논리필연적인 연관은 없다고 보아야 한다.

4) 위법판단의 기준시와의 관계

처분사유의 추가·변경문제는 당초 처분시에 객관적으로 존재하고 있었으나 처분청이

183) 김철용, 행정법(상), 520면

몰랐거나 내세우지 않았던 사실 및 법 상태에 관한 처분사유를 사실심변론종결시까지 제출할 수 있도록 할 것인가의 문제로서, 처분시에는 존재하지 않았지만 판결시에 이르기까지 새로이 생긴 사실 및 법 상태를 어떻게 취급할 것인가에 관한 위법판단의 기준시에 있어서 처분시설(통설 및 판례)을 전제로 한다.

(3) 처분사유의 추가 · 변경의 허용 여부 및 허용한계

1) 문제점

처분사유의 추가 · 변경에 대한 명문규정이 없으므로 이를 허용할 것인가, 허용한다면 이를 어느 범위 내에서 허용할 것인가가 문제된다.

2) 판례의 태도

확립된 판례에 의하면, "행정처분의 취소를 구하는 항고소송에 있어서는 실질적 법치주의와 행정처분의 상대방인 국민에 대한 신뢰보호라는 견지에서 처분청은 당초 처분의 근거로 삼은 사유와 기본적 사실관계에 있어서 동일성이 있다고 인정되는 한도 내에서는 다른 사유를 추가하거나 변경할 수 있고, 여기서 기본적 사실관계의 동일성 유무는 처분사유를 법률적으로 평가하기 이전의 구체적인 사실에 착안하여 그 기초가 되는 사회적 사실관계가 기본적인 점에서 동일한지 여부에 따라 결정된다."고 판시(대판 2007.7.27. 2006두9641; 대판 1995.10.12. 95누4704; 대판 2001.3.23. 99두6392 등)하고 있다. 그리하여 사실관계는 변경 없이 단순히 근거법령을 추가하거나(대판 1988.1.19. 87누603; 대판 2005.3.30. 2002두9285), 또는 추상적이거나 불명확한 당초의 처분이유를 구체화하는 경우(대판 1989.7.25. 88누11926등)에만 기본적 사실관계의 동일성을 인정하고 있다.

3) 학설

가. 부정설

처분이유제시제도에는 새로운 사유로 처분을 유지할 수 없다는 절차적 보장까지 부여되어 있는 것으로 보아야 한다는 점을 근거로 처분사유의 추가 · 변경을 부정한다.[184]

나. 제한적 긍정설(다수설)

원칙적으로 처분사유와 기본적 사실관계의 동일성이 인정되는 범위 내에서 인정하되, 처분의 동일성 내지 소송물범위 내에서 이를 제한하여야 한다고 한다.

다. 처분이유의 보충 · 변경만 허용된다는 견해

소송단계에서의 처분이유의 보완은 처분이유의 추완과는 달리 처분시에 제시된 이유 · 근거를 보충 · 정정하는 한도에서만 허용되어야 한다고 한다.

---

184) 김철용, 행정법(상), 520면

4) 검토

살피건대 부정설은 처분사유의 추가·변경의 허용 여부 및 범위문제와 처분의 이유제시 제도는 그 제도의 본질상 논리필연적인 연관은 없다는 점에서 문제가 있다. 그리고 처분의 동일성 내지 소송물의 범위 내에서 이를 허용하자는 견해는 처분사유의 추가·변경의 법리를 오해한 잘못이 있다고 할 것이다. 즉, 처분이 적법하다는 기각판결에 있어서 기판력의 객관적 범위인 처분의 동일성은 '당초 처분과의 기본적 사실관계에 있어 동일성'을 말하지만, 처분을 취소하는 확정판결에 있어서의 기판력의 객관적 범위인 처분의 동일성은 '취소판결에 적시된 위법사유와 기본적 사실관계의 동일성'을 말하는 것으로서 '당초 처분의 근거사유와 기본적 사실관계가 동일성'이 인정하는 범위 내에서만 다른 처분사유의 추가·변경을 허용하자는 것과는 준별하여야 하고, 오히려 위 견해가 인식하고 있는 것과는 반대로 기각판결의 경우와는 달리 인용판결의 경우에는 기속력이 발생하여, 기속력의 객관적 범위가 취소판결에 적시된 위법사유와 기본적 사실관계에 있어서 동일성이 인정되는 범위 내에서 인정되고(B), 이에 따라 취소판결의 기판력의 객관적 범위가 취소판결에 적시된 위법사유와 기본적 사실관계에 있어서 동일성(처분의 동일성)이 인정되는 범위 내로 제한되는(C) 이유는 실질적 법치주의와 국민의 신뢰보호를 위하여 당초 처분의 근거사유와 기본적 사실관계의 동일성이 있는 범위 내에서만 처분사유의 추가·변경을 허용(A)하기 때문이라고 보아야 한다. 그러므로 위 (A)와 (B), 그리고 (C)의 명제 사이에는 논리적으로 '(A)이면 (B)이고, (B)이면 (C)이다'는 명제는 참이지만, 그 역은 성립하지 아니한다.

따라서 결국 처분사유의 추가·변경은 취소소송의 직권탐지주의적 성격 및 행정의 1차적 판단권 존중 그리고 소송경제 내지는 분쟁의 일회적 해결이라는 측면에서 이를 허용하되, 실질적 법치주의의 측면에서 원고의 방어권보장과 처분의 상대방인 국민에 대한 신뢰보호의 견지에서 이를 제한하여야 하는바, 그 범위는 처분시에 객관적으로 존재한 법령·사실(**시적 범위**)에 대하여, 당초 처분의 근거로 삼은 사유와 기본적 사실관계에 있어서 동일성이 인정되는 범위 내(**객관적 범위**)에서만 사실심변론종결시까지 허용된다고 보아야 한다. 그러므로 결국 판례의 태도와 같은 처분이유의 보충·변경만 허용된다는 견해가 타당하다.

(4) 처분사유 추가·변경으로서 乙의 주장의 당부

처분사유의 추가·변경은 당초 처분의 근거로 삼은 사유와 기본적 사실관계에 있어서 동일성이 인정되는 범위 내의 사실이어야 한다. 여기서 기본적 사실관계의 동일성 유무는 처분사유를 법률적으로 평가하기 이전의 구체적인 사실에 착안하여 그 기초가 되는 사회적 사실관계가 기본적인 점에서 동일한지 여부에 따라 결정되는바, 이는 시간적·장소적 근접성, 행위의 태양·결과 등의 제반 사정을 종합적으로 고려하여 개별사안에 따라 구체적으로 판단하여야 한다. 이에 따라 사안을 살펴본다.

1) 시적 범위

사안의 60필지의 지역이 관계법령에 5층 이상의 건축이 불가능한 제1종일반주거지역으로 지정되어 있는 것은 처분시의 객관적인 법 상태이므로 이 요건은 충족한다.

2) 객관적 범위

사안의 경우에 반려처분의 이유로서 당초 제시한 "60필지중 위 10필지만을 개발하는 것은 도시미관과 지역여건을 고려하지 않은 불합리한 계획으로서 지역의 균형개발을 저해한다."라는 이유와 위 60필지의 지역은 관계법령에 의하여 5층 이상의 건축이 불가능한 제1종일반주거지역으로 지정되어 있다는 사유는 당초 제시한 처분사유와 사실관계는 변경 없이 단순히 근거법령만을 추가하고 있다고 보아야 하므로 그 기초가 사회적 사실관계에 있어서 기본적으로 동일하다고 판단된다.

(5) 소결

따라서 사안에서의 乙이 소송계속 중 위와 같은 적법 주장은 당초 처분의 근거로 삼은 사유와 기본적 사실관계에 있어서 동일성이 인정되는 범위 내의 사실에 대한 것으로서 처분사유의 추가·변경으로서 허용될 수 있으므로 乙의 주장은 타당하다고 하겠다.

판례도 주택신축을 위한 산림형질변경허가신청에 대하여 거부처분을 하면서 당초 거부처분의 근거로 삼은 준농림지역에서의 행위제한이라는 사유와 나중에 거부처분의 근거로 추가한 자연환경 및 생태계의 교란, 국토 및 자연의 유지와 환경보전 등 중대한 공익상의 필요라는 사유는 그 기본적 사실관계에 있어서 동일성이 인정된다고 보았다(대판 2004.11.26. 2004두4482).

한편 주택건설사업계획승인신청서반려처분취소사건에서의 대상판결은 "무릇 행정처분의 취소를 구하는 항고소송에 있어서 그 처분의 적법 여부는 처분 당시를 기준으로 판단하여야 하는 것이고, 처분청은 당초 처분의 근거로 삼은 사유와 기본적 사실관계에 있어서 동일성이 있다고 인정되지 않는 별개의 사실을 들어 처분사유로 주장함은 허용되지 않는다 할 것인데, **이 사건 토지가 제1종 일반주거지역으로 지정된 것은 이 사건 처분 이후에 새로이 발생한 사정으로** 당초처분사유와 기본적 사실관계의 동일성이 있다고 보기 어려워, 피고가 이를 이 사건 처분의 적법 여부를 판단하는 근거로 주장하는 것은 당초처분사유를 보완하는 간접사실을 부가하여 주장하는데 불과하다고 할 수는 없고 새로운 처분사유의 주장에 해당하여 허용될 수 없다고 할 것이므로, 원심이 이 사건 토지가 제1종 일반주거지역으로 지정된 사실까지 이 사건 처분의 적법 여부를 판단함에 있어서 처분사유를 보완하는 사정으로 고려한 것은 일단 잘못된 것이라고 하겠다.

그러나 주택건설촉진법 제33조에 의한 주택건설사업계획의 승인은 상대방에게 권리나 이익을 부여하는 효과를 수반하는 이른바 수익적 행정처분으로서 법령에 행정처분의 요건에 관하여 일의적으로 규정되어 있지 아니한 이상 행정청의 재량행위에 속한다 할 것이고, 이러한 승인을 받으려는 주택건설사업계획이 관계법령에 정하는 제한에 배치되는 경우는 물론이고 그러한 제한사유가 없는 경우에도 공익상 필요가 있으면 처분권자는 그 승인신청에 대하여 불허가 결정을 할 수 있다고 할 것인바(대법원 2003.6.10. 선고 2002두11318 판결 참조), 이 사건 토지가 제1종 일반주거지역으로 지정되었다는 사정을 제외하고 원심이 인정한 이 사건 토지의 위치와 형상, 주위의 상황 및 이 사건 신청의 내용과 규모 등 기록에 나타난 이 사건 처분 당시의 제반 사정만을 고려하더라도, 앞에서 본 법리에 비추어 볼 때 이 사건 처분은 지역주민의 쾌적한 생활권을 보호하고 지역의 효율적이고 균형있는 발전을 위한 공익상의 목적을 위하여 필요한 범위 내에서 행하여진 것으로서 재량권을 일탈·남용하였다고 볼 수 없다"고 하였다(대판 2005.4.15, 2004두10883).

Ⅳ. 결론

주택건설사업계획승인은 재량행위에 해당하고, 주택건설사업계획승인이 재량행위인 경우에는 승인을 받으려는 주택건설사업계획이 관계법령의 제한에 배치되는 경우는 물론이고 그러한 제한사유가 없는 경우에도 공익상 필요가 있으면 처분권자는 그 승인 신청에 대하여 불허가 결정을 할 수 있다고 할 것이고, 사안의 경우 지역균형발전 등 공익상 필요를 위해 반려처분을 한 것이 재량을 일탈·남용한 것으로 볼 수도 없으므로 乙의 "위 반려처분에는 아무런 하자가 없다"는 주장이 부당하다고 볼 수 없다.

또한 소송계속 중 위 60필지의 지역은 관계법령에 의하여 5층 이상의 건축이 불가능한 제1종일반주거지역으로 지정되어 있다는 사유는 당초 제시한 처분의 근거사유와 기본적 사실관계에 있어 동일성이 인정되므로 乙의 주장은 처분사유의 추가·변경으로서 타당하다고 평가할 수 있다.

〈사례연습 36〉 위헌인 법률에 근거한 행정처분의 효력 등

관할 세무서장은 甲, 乙, 丙에게 각각 부부간 자산소득합산규정에 의하여 그들 각각의 처의 소득을 甲, 乙, 丙의 종합소득에 합산하여 종합소득세 부과처분을 하였다. 이에 甲은 종합소득세 부과처분이 있는 후 1개월 후에 위 종합소득세 부과처분의 근거가 되었던 소극세법 제80조 제1항 제2호의 자산소득합산과세규정은 혼인한 부부에 대한 차별규정으로서 평등원칙 등에 반한다는 이유로 종합소득세부과처분취소소송을 제기하여 관할 지방법원에 위헌법률심판제청신청을 하였는바, 이를 동 지방법원이 받아들여 헌법재판소에 위법법률심판을 제청하였고 헌법재판소는 결국 동 규정을 위헌으로 결정하였다. 한편 乙은 甲보다 1개월 뒤에 평등원칙위반을 이유로 위 종합소득세부과처분에 대하여 불복하여 행정소송으로 다투고 있는 중에 있다.

(1) 종합소득세 부과처분의 근거법률조항이 위헌결정이 난 경우, 甲, 乙, 丙에게 위헌결정의 효력이 미치는가? (10점)

(2) 丙이 위 종합소득세를 납부한 경우, 근거법률의 위헌을 이유로 그 처 소유의 부동산소득에 해당하는 종합소득세납부부분을 부당이득반환청구소송으로 반환받을 수 있는지

에 대하여 논하시오. (20점)

(3) 丙이 위 종합소득세를 납부하지 아니하여 국세징수법에 따라 丙의 부동산이 압류당한 경우, 丙은 위 위헌결정을 근거로 그 압류해제를 요구할 수 있는가? 이 경우 丙이 위 종합소득세를 납부한 경우와 비교하여 제기될 수 있는 문제점 및 그 해결방안에 대하여 논하시오. (20점)

[참조조문]

소득세법(1994.12.22. 법률 제4803호로 전문개정되기 전의 것) 제80조(자산소득합산과세) ① 생계를 같이하는 동거가족으로서 다음 각호에 해당하는 거주자 중 이자소득·배당소득과 부동산소득이 있는 자가 있는 때에는 그 자산합산대상가족의 그 소득이 대통령령이 정하는 주된 소득자에게 있는 것으로 보고 이를 주된 소득자의 종합소득에 합산하여 세액을 계산한다.

1. 주된 소득자
2. 주된 소득자의 배우자

국세징수법 제53조(압류해제의 요건) ① 세무서장은 다음 각 호의 1에 해당하는 경우에는 그 압류를 해제하여야 한다.

1. 납부, 충당, 공매의 중지, 부과의 취소 기타의 사유로 압류의 필요가 없게 된 때

헌법재판소법 제47조(위헌결정의 효력) ① 법률의 위헌결정은 법원 기타 국가기관 및 지방자치단체를 기속한다.

② 위헌으로 결정된 법률 또는 법률의 조항은 그 결정이 있는 날로부터 효력을 상실한다. 다만, 형벌에 관한 법률 또는 법률의 조항은 소급하여 그 효력을 상실한다.

[관련논점]

— 위헌결정의 소급효 인정범위
— 위헌법률에 근거한 행정처분의 효력
— 위헌법률에 근거한 기납세금에 대한 부당이득반환청구가능성
— 위헌법률에 근거한 행정처분의 집행력과 위헌결정의 기속력
— 무효와 취소의 구별

[답안구성]

Ⅰ. 논점의 정리
Ⅱ. 설문 (1)의 해결
1. 문제의 소재
2. 위헌결정의 소급효 인정 범위
(1) 판례의 태도
1) 대법원의 입장
2) 헌법재판소의 입장
(2) 검토
3. 소결

Ⅲ. 설문 (2)의 해결
1. 문제의 소재
2. 제소기간이 경과한 일반사건의 경우 소급효의 인정 여부
(1) 판례의 태도 및 검토
(2) 사안의 경우
3. 위헌법률에 근거한 丙에 대한 종합소득세부과처분이 당연무효인지 여부
(1) 문제점

Ⅰ. 논점의 정리

설문 (1)의 경우에는 위헌법률에 근거하여 종합소득세부과처분을 받은 甲, 乙, 丙에게 위헌결정에 소급효가 인정될 수 있는지가 문제된다.

설문 (2)에서는 丙의 부당이득반환청구소송 가능성 유무는 위헌 결정의 소급효가 인정되는지 여부와 위헌법률에 근거한 처분의 효력이 무효인지 취소사유에 불과한지 여부에 따라 결정되므로 이를 살펴보아야 한다.

설문 (3)에서는 丙이 종합소득세를 납부하지 아니함으로써 체납처분절차가 진행되어 재산압류가 있게 된 상황에서 그 조세부과의 근거법률이 위헌결정이 난 경우 그 과세처분의 후속절차인 압류의 효력은 어떻게 되는지, 또한 丙이 부과된 세금을 납부한 경우와 비교하여 발생할 수 있는 불합리 및 그 해결방안에 대해서 살펴보아야 한다.

Ⅱ. 설문 (1)의 해결

1. 문제의 소재

위헌인 법률에 근거한 행정처분의 효력에 대하여, 헌법재판소법은 위헌결정으로 결정된 법률 또는 법률조항에 대하여는 형벌에 관한 법률 등의 경우를 제외하고는 장래효를 규정하고 있다(헌법재판소법 제47조 제2항). 따라서 이에 대한 문리해석에 의하면 그 법률 또는 법률조항에 대하여 위헌제청을 한 당해 사건의 경우에도 그 법률은 여전히 합헌적인 것이 되어 유효하게 적용된다는 불합리한 결과를 초래하게 된다. 그리하여 대법원과 헌법재판소는 실질적 정의를 고려하여 당해 사건을 포함한 일정한 경우에 위헌결정의 소급효를 인정하고 있다.

2. 위헌결정의 소급효 인정 범위

(1) 판례의 태도

위헌결정의 소급효 인정범위와 관련하여 대법원과 헌법재판소는 i) 위헌제청을 한 당해 사건, ii) 위헌결정이 있기 전에 이와 동종의 위헌 여부에 관하여 헌법재판소에 위헌제청을 하였거나 법원에 위헌제청신청을 한 경우 당해 사건, iii) 따로 위헌제청신정은 하지 아니하였지만 당해 법률 또는 법률조항이 재판의 전제가 되어 법원에 계속 중인 사건에 관하여는 양자 모두 위헌결정의 소급효를 인정하고 있다.

문제는 위헌결정이후에 위와 같은 이유로 제소된 일반 사건에도 위헌결정의 소급효를 인정할 수 있는가이다.

1) 대법원의 입장

이에 대해 대법원은 위헌결정이후에 위와 같은 이유로 제소된 일반 사건에도 인정된다고 하나(대판 1993.1.15. 92다12377), 다만 "이미 취소소송의 제기기간이 경과하여 확정력이 발생한 행정처분에는 위헌결정의 소급효가 미치지 않는다."고 판시(대판 1994.10.28. 92누9463)하고 있으며, 최근에는 "구체적 타당성의 요청에 비하여 법적 안정성이나 신뢰보호요청이 현저하게 우월한 경우에는 위헌결정의 소급효가 제한된다."고 판시(대판 2005.11.10. 2005두7570)하거나, "이러한 소급효의 제한은 법치주의 원칙상 요청되는 바라 할 것이다"라고 판시(대판 2006.6.15. 2005두10569)하고 있다.

2) 헌법재판소의 입장

그러나 헌법재판소는 "당사자간의 권리구제를 위한 구체적 타당성의 요청이 현저한 반면에 소급효를 인정하여도 법적 안정성을 해할 우려가 없고, 나아가 구법에 의하여 형성된 신뢰이익을 크게 해칠 사안이 아닌 경우로서, 소급효의 부인이 오히려 정의와 형평 등 헌법적 이념에 심히 배치될 경우에는 예외적으로 소급효가 인정된다."판시(헌재결 1993.5.13. 92헌가10)하고 있다.

(2) 검토

일반사건에 대한 소급효인정 여부에 대하여 대법원은 원칙적 인정·예외적 제한의 입장이라면 헌법재판소는 원칙적 불인정·예외적 인정의 입장이라고 볼 수도 있으나, 결국 양자는 법치주의 원리의 구성요소인 법적 안정성과 국민의 권리구제를 조화하려고 한다는 점에서는 그 괘를 같이 한다고 할 수 있다.

그러나 법치국가원리의 대등한 구성요소인 법적 안정성과 법적 정의는 조화되어 실현되어야 할 것이므로, 대법원처럼 제소기간이 경과하여 불가쟁력이 발생했다고 하여 언제나 소급효가 제한된다고 보는 것은 법적 안정성만을 도모하고 법적 정의, 즉 국민의 권리구제를 도외시하는 결과를 초래한다는 점에서 타당하지 못하다. 따라서 불가쟁력도 법적 안정성의 원리에 근거하여 인정되는 이상 법적 안정성과 국민의 권리구제를 조화하여 구체적 타당성을 도모하는 헌법재판소의 입장이 타당하다고 판단된다.

3. 소결

사안의 경우 甲은 헌법재판소에 법률의 위헌결정을 위한 계기를 부여한 당해 사건의 당사로서, 乙은 따로 위헌제청신청은 아니하였지만 당해 법률 또는 법률의 조항이 재판의 전제가 되어 법원에 계속 중인 사건의 당사자로서 각각 위헌결정의 소급효가 미친다고 할 것이다.

그러나 丙의 경우에는 대법원이나 헌법재판소가 위헌결정의 소급효를 공통으로 인정하는 범위에 해당하지 않을 뿐만 아니라 위헌결정 이후에 위와 같은 이유로 제소된 일반 사건에도 해당하지 않으므로 위헌결정의 소급효가 미치지 않고, 장래적으로만 위헌결정의 효력을 받는다.

Ⅲ. 설문 (2)의 해결

1. 문제의 소재

위헌결정 이후에 당해 법률조항의 위헌을 이유로 丙이 제소한 부당이득반환청구소송이 가능하기 위해서는 우선 위헌결정의 소급효가 인정되어야 하고, 나아가 위헌법률에 근거한 처분의 효력이 무효이어야 한다. 왜냐하면 위헌결정의 효력이 취소사유에 불과한 경우에는 항고소송을 제기할 수 있음은 별론으로 하고 부당이득반환청구소송을 제기할 수 없을 뿐만 아니라 사안의 경우에는 종합소득세부과처분을 한지 1년이 지났으므로 불가쟁력이 발생하여 항고소송으로서 무효확인소송을 제기할 수는 있지만 취소소송은 제기할 수는 없게 되기 때문이다.

2. 제소기간이 경과한 일반사건의 경우 소급효의 인정 여부

(1) 판례의 태도 및 검토

이에 대하여 대법원은 일반사건의 경우에도 소급효를 인정하지만 이미 취소소송의 제기기간이 경과하여 확정력이 발생한 행정처분에는 위헌결정의 소급효가 미치지 않는다고 하나, 앞에서 살펴본 것처럼 불가쟁력도 법적 안정성의 원리에 의하여 인정되는 것이므로 일률적으로 그렇게 볼 것은 아니고, 당사자간의 권리구제를 위한 구체적 타당성의 요청이 현저한 반면에 소급효를 인정하여도 법적 안정성을 해할 우려가 없고, 나아가 구법에 의하여 형성된 신뢰이익을 크게 해칠 사안이 아닌 경우로서, 소급효의 부인이 오히려 정의와 형평 등 헌법적 이념에 심히 배치될 경우에는 예외적으로 소급효가 인정된다고 보는 헌법재판소의 입장이 타당하다.

(2) 사안의 경우

살피건대 사안의 경우에는 납세를 아니 하고 다투었던 사람과 달리 성실히 납세의무를 다한 丙에게 그 위헌결정의 소급효가 미치지 않는다고 하면 심히 정의와 형평에 부합하지 않을 뿐만 아니라 그 위헌법률에 의하여 형성된 기득권자의 이득을 해할 우려도 없다. 따라서 사안의 경우에는 법적 안정성의 요청보다도 丙과 같은 성실히 납세의무를 다한 자들의 권리구제의 요청이 보다 우월하다고 판단된다.

그러므로 사안의 경우는 비록 丙이 제소기간이 경과하여 당해 법률조항의 위헌을 이유로 부당이득반환청구소송을 제기하였다 하더라도 丙에게는 위헌결정의 소급효가 미친다고 보는 것이 타당하고 할 것이다.

3. 위헌법률에 근거한 丙에 대한 종합소득세부과처분이 당연무효인지 여부

(1) 문제점

다만 甲에게 위헌결정의 소급효가 미친다 하더라도 甲의 부당이득반환청구소송이 받아들여지려면 위헌법률에 근거한 처분의 효력이 무효이어야 하는바, 과연 그렇게 볼 수 있는지 문제된다.

(2) 무효와 취소의 구별기준

하자있는 행정행위는 그 위법의 정도에 따라 무효인 행위와 취소할 수 있는 행위로 나누어 지고 있다. 그런데 무효와 취소의 구별기준에 관한 논의는 법적 안정성 및 제3자의 신뢰보호와 행정의 능률적 수행 및 국민의 권리구제라는 양 이념을 어떻게 합리적으로 조정할 것인가의 문제라고 할 수 있다.

1) 학설

가. 중대 · 명백설(통설 및 판례)

행정행위의 하자가 중대한 법규위반이고 또한 그것이 외관상 명백한 때에는 무효이고, 그렇지 않은 경우에는 취소할 수 있음에 그친다고 한다.[185)]

나. 중대설

이 설은 하자가 중대하면 무효이며, 하자가 중대하고도 명백한 경우에는 부존재라고 한다.[186]

다. 명백성보충요건설

이 설은 중대성은 필수요건이지만 명백성은 항상 요구되는 것은 아니고 행정의 법적 안정성이나 제3자의 신뢰보호요청 등 이익상황의 여하에 따라 중대성의 요건에 가중된 보충요건이라고 한다.[187]

2) 검토

살피건대 중대설이나 명백성보충요건설은 무효의 요건을 완화하여 국민의 권리구제에 유리한 측면이 있으나, 법적 안정성이나 제3자의 신뢰보호를 해칠 수 있다. 그러므로 중대·명백설과 같이 하자가 중대하고 명백한 경우에만 처음부터 아무런 효력을 발생하지 않는 무효인 행정행위로 보고, 그 외의 경우에는 비록 하자가 있더라도 공정력을 인정하여 권한 있는 기관이 그 위법성을 확인하여 효력을 부인할 수 있는 취소사유로 보는 것이 법적 안정성 및 신뢰보호의 요청과 공익실현을 목적으로 하는 행정의 능률적 수행이 및 국민의 권리구제를 적절히 조화하는 이론이라고 할 것이다.

(3) 위헌법률에 근거한 처분의 효력

1) 대법원의 입장

대법원은 "위헌결정의 소급효와 이에 근거한 행정처분이 무효인지 여부는 별개의 문제로서, 위헌결정의 소급효가 인정된다고 하여 위헌인 법률에 근거한 행정처분이 당연무효가 될 수 없다"고 판시(대판 1995.12.5. 95다39137 등 참조)하면서, "하자있는 행정처분이 당연무효가 되기 위하여는 그 하자가 중대할 뿐만 아니라 명백한 것이어야 하는데, 일반적으로 법률이 헌법에 위반된다는 사정이 헌법재판소의 위헌결정이 있기 전에는 객관적으로 명백한 것이라고 할 수 없으므로 헌법재판소의 위헌결정 전에 행정처분의 근거가 되는 당해 법률이 헌

185) 여기서 하자의 중대성은 행정행위가 중요한 법률요건에 위반하여 그 하자가 내용적으로 중요한 경우를 의미하며, 이의 판단을 위해서는 당해 법규의 목적, 의미, 기능 등을 목적론적으로 고찰함과 동시에 구체적 사안 자체의 특수성에 대해서도 합리적인 고찰을 행하여 정하게 된다(대판 2004.11.26. 2003두2403; 대판 1991.10.22. 91다26690). 또한 하자의 명백성이란 행정행위 자체에 하자가 존재함이 행정행위의 성립당시부터 객관적으로 행정기관의 인식 여부와 관계없이 통상인의 판단에 의해서도 인정될 수 있을 정도로 분명하다는 의미이다. 따라서 사실관계의 자료를 정확히 조사하여야 비로소 그 하자 유무가 밝혀질 수 있는 경우에는 그 하자는 외관상 명백하다고 할 수 없다(대판 1992.4.28. 91누6863).

186) 절대적 무효원인이 있는 경우에는 그 행정행위가 무효가 되어야 한다는 것은 추상적으로 거의 명백하기 때문에 일반 평균인의 정상적인 판단에 의하여 구체적 사정에 따라 위법이라는 것이 명백한지를 심리할 필요는 없다고 한다.

187) 따라서 법적 안정성이나 행정의 원활한 수행 및 신뢰보호의 요청이 없고 국민의 권리구제가 강하게 요청된다면 명백성은 특별히 요구할 필요가 없다고 한다(전합 1995.7.11. 94누4615 소수의견).

법에 위반된다는 사유는 특별한 사정이 없는 한 그 행정처분의 취소소송의 전제가 될 수 있을 뿐 당연무효사유는 아니라고 봄이 상당하다."고 한다고 판시(대판 1994.10.28. 92누9463 등)하고 있다.[188)]

2) 헌법재판소의 입장

헌법재판소는 위헌법률에 근거한 처분은 원칙적으로 당연무효는 아니나, 예외적으로 법적 안정성을 크게 해치지 않고 그 하자가 중대하여 그 구제가 필요한 경우에는 무효를 인정한다. 즉, "일반적으로 행정처분의 근거가 되는 법규범이 상위법규범에 위반되어 무효인가 하는 점은 그것이 헌법재판소 또는 대법원에 의하여 유권적으로 확정되기 전에는 어느 누구에게도 명백한 것이라고 할 수 없으므로 원칙적으로 행정처분의 당연 무효사유에는 해당될 수 없으나, 그 처분이 위헌인 법률에 근거하여 내려진 것이고 그 행정처분의 목적을 달성하기 위해서는 후행행정처분이 필요한데 후행행정처분은 아직 이루어지지 않은 경우에 그 행정처분을 무효로 하더라도 법적 안정성을 크게 해치지 않는 반면에 그 하자가 중대하여 그 구제가 필요한 경우에는 예외적으로 이를 당연무효로 보아서 쟁송기간이 경과한 후에라도 무효확인을 구할 수 있다."고 판시(헌재 1994.6.30. 92헌바23)하고 있다.

3) 검토

살피건대 위헌법률에 근거한 행정처분은 원칙적으로 당연무효라고는 할 수 없고, 취소할 수 있는 행정처분이라고 보아야 할 것이다. 그런데 하자있는 행정처분을 당연무효로 볼 것인가 취소사유에 불과한 것으로 볼 것인가의 문제는 법치주의의 원리의 대등한 구성요소인 법적 안정성과 법적 정의의 조화의 문제이고, 나아가 오늘날과 같은 실질적 법치주의아래에서의 "행정의 법률적합성의 원칙"이란 "행정의 합헌적 법률적합성"을 의미한다는 점 등에 비추어 보면, 당해 행정처분을 무효로 하더라도 법적 안정성을 크게 해치지 않는 반면에 그 하자가 중대하여 국님의 권리구제가 필요한 경우에는 예외적으로 이를 당연무효로 보아서 쟁송기간이 경과한 후에라도 무효확인을 구할 수 있는 것으로 보아야 할 것이다.

(4) 중간결론

丙에 대한 종합소득세부과처분의 근거법률이 나중에 위헌결정을 받았으므로 그 조세부과처분은 중대한 하자가 있다고 할 수 있으나, 그 위헌 여부는 헌법재판소의 위헌결정이 있기 전에는 객관적으로 명백한 것이 아니므로 그 조세부과처분은 명백한 하자가 있다고는

188) 다만 특별한 사정이 있는 경우가 어떠한 경우인지에 대해서는 구체적으로 논하고 있지 않는데, 대법원이 위헌결정된 국가보위입법회의법 부칙 제4항 후단의 규정에 의하여 이루어진 원고에 대한 1980.11.16.자 면직처분(대판 1993.2.26. 92누12247)과 상위법령에 근거가 없어 무효인 국세청 훈령 제20 등에 기초한 행정처분(대판 1980.12.23. 79누382)에 대하여 그 위법의 하자가 중대하고 명백하여 당연무효라고 판시하고 있는 점에 비추어 볼 때, "특별한 사정이 있는 경우"라 함은 법률의 위헌성이 명백한 경우를 의미한다고 판단된다.

할 수 없고, 따라서 위헌인 법률에 따른 종합소득세부과처분은 당연무효라고 할 수는 없고 취소할 수 있는 위법에 불과하다고 할 수도 있을 것이다. 그러나 이는 결국 위헌법률에 근거한 위법한 처분을 당연무효로 보아서 제소기간 경과에 관계없이 국민의 권리구제를 해줄 것인가 아니면 법적 안정성을 위해서 취소할 수 있는 행정처분으로 보아 쟁송기간이 경과한 경우에는 더 이상 국민의 권리구제를 도외시할 것인가의 문제로 귀착된다.

그런데 처분의 근거법률에 대한 위헌결정이 있는 이상 오늘날과 같은 실질적 법치주의 아래에서는 행정의 합헌적 법률적합성원칙도 함께 고려하여야 한다는 점, 법적 안정성만을 내세워 쟁송기간의 경과를 이유로 성실히 납세한 丙의 소득세반환청구를 불허한다면 이와 달리 위헌결정 이후까지 과세납부를 하지 않은 자에게는 위헌결정의 기속력에 의하여 더 이상 체납처분절차를 진행할 수도 없는 경우와 심히 정의와 형평에 반하게 된다는 점 등에 비추어 보면, 사안과 같은 경우에는 예외적으로 위헌법률에 근거한 과세처분을 당연무효로 보아 쟁송기간이 경과했더라도 무효확인을 구할 수 있는 것으로 보는 것이 실질적 법치주의 원리에 부합하는 해석이라고 판단된다.

4. 소결

비록 丙이 위헌결정 이후에 제소기간이 경과하여 부당이득반환청구소송을 제기하였다 하더라도 丙에게는 위헌결정의 소급효가 미친다고 보는 것이 타당하고, 다만 甲에게 위헌결정의 소급효가 미친다 하더라도 甲의 부당이득반환청구소송이 받아들여지려면 위헌법률에 근거한 처분의 효력이 무효이어야 하는바, 사안과 같은 경우에는 예외적으로 위헌법률에 근거한 과세처분을 당연무효로 보아 쟁송기간이 경과했더라도 무효확인을 구할 수 있다고 할 것이다. 따라서 결국 丙은 처의 부동산소득에 대한 종합소득세납부부분을 부당이득반환청구소송을 통해 반환받을 수 있다.

Ⅳ. 설문 (3)의 해결

1. 문제의 소재

설문에서는 우선 丙이 종합소득세를 납부하지 아니함으로써 체납처분절차가 진행되어 재산압류가 있게 된 상황에서 그 조세부과의 근거법률이 위헌결정이 난 경우, 위헌법률에 근거한 행정처분의 집행력을 계속 인정할 수 있는지 문제되고, 만약 집행력이 인정되지 않는다면 丙이 성실하게 조세납부의무를 다한 경우와의 형평성 문제를 어떻게 해결하여야 할지 문제된다.

2. 丙의 위헌결정을 근거로 한 압류해제의 요구가능성

(1) 문제점

행정처분의 근거법률에 대하여 위헌결정이 난 후, 그 위헌법률에 근거한 행정처분의 집행력은 계속 인정할 수 있는지 문제된다.

(2) 학설

1) 집행력 긍정설

위헌인 법률에 근거한 과세처분은 취소사유에 불과하므로 제소기간이 경과한 경우에는 더 이상 다툴 수 없고, 당해 과세처분은 공정력에 의하여 유효한 것이 되므로 후행처분인 체납처분도 적법한 것이 되고, 과세처분과 체납처분 사이에는 하자기 승계되지 아니하므로 체납처분을 다툴 수 없다고 한다.

2) 집행력 부정설

위헌인 법률에 근거한 과세처분을 위헌결정 이후에도 유효한 것으로 보아 계속 집행력을 부여하게 되면 위헌결정의 기속력에 반하게 되므로 행정청은 과세처분 이후의 체납처분 절차를 진행할 수 없다고 한다.

(3) 판례

대법원은 "위헌법률에 기한 행정처분의 집행이나 집행력을 유지하기 위한 행위는 위헌결정의 기속력에 위반되어 허용되지 않는다."고 하면서 위헌결정 이후의 새로운 대체압류처분(대판 2002.6.28. 2001두1925), 징수처분(대판 2002.6.28. 2001다60873) 등은 당연무효라고 하고 있다.

(4) 검토

살피건대 위헌결정 이후에도 위헌법률에 근거한 위법한 처분을 계속 적법·유효한 것으로 보아 집행력을 부여하게 되면 위헌결정의 기속력에 반하게 되므로 집행력 부정설이 타당하다. 따라서 위헌결정 이후까지 납세의무를 이행하지 않은 자는 더 이상 집행에 복종할 의무가 없을 뿐만 아니라 국세징수법 제53조 제1항 제1호 소정의 '기타사유'로서 압류의 해제를 요구할 수 있을 것이다.[189]

189) 한편 "위헌결정 이전에 이미 부담금부과처분과 압류처분 및 이에 기한 압류등기가 이루어지고 위 각 처분이 확정되었다고 하여도, 위헌결정 이후에는 별도의 행정처분인 매각처분 분배처분 등 후속 체납처분 절차를 진행할 수 없는 것은 물론 기존의 압류등기나 교부청구만으로는 다른 사람에 의하여 개시된 경매절차에서 배당받을 수도 없다"고 하면서, "국세징수법 제53조 제1항 제1호는 압류의 필요적 해제사유로 '납부, 충당, 공매의 중지, 부과의 취소 기타의 사유로 압류가 필요 없게 된 때'에 해당하는 사유를 예시적으로 열거한 것이라고 할 것이므로 **'기타의 사유'**는 법정사유와 같이 납세의무가 소멸되거나 혹은 체납을 하여도 체납세액에 충당할 잉여가망이 없게 된 경우(대판 1996.6.11. 95누5189; 대판 1996.12.20. 95누15193 등 참조)는 물론 **과세처분 및 그 체납처분 절차의 근거법령에 대한 위헌결정으로 후속 체납처분을**

3. 위헌결정 전까지 위헌법률에 근거한 과세처분에 의하여 부과된 과세납부의무를 성실히 수행한 자와 체납한 자 사이의 불합리의 해결방법

(1) 문제점

대법원의 입장에 따르면 위헌법률에 근거한 행정처분은 그 하자가 중대하나 위헌결정 전까지는 그 하자가 명백한 것이 아니므로 취소사유에 불과하여 위헌결정 전까지 성실하게 납부한 자는 쟁송기간이 도과로 이미 납부한 세액의 반환청구를 할 수 없는데 반해, 위헌결정 전까지 체납한 자는 위헌결정의 기속력에 의하여 더 이상 집행당하지도 않게 되는바, 이는 심히 정의와 형평에 반하는 것이라고 할 수 있다. 이러한 불합리를 해결하기 위한 방법들에 대하여는 여러 가지 견해가 대립하고 있다.

(2) 학설

즉, 예외적으로 원처분에 대하여 헌법소원을 인정하자는 견해, 국가배상을 통해 해결하자는 견해, 하자승계이론을 활용하자는 견해, 행정청의 재심사와 직권취소를 통해 해결하자는 견해 등이 주장되고 있다.

(3) 검토

살피건대 위와 같은 불합리가 발생하는 근본적인 이유는 법치국가원리의 대등한 구성요소인 법적 안정성의 원리에서 인정되는 제3자의 신뢰보호나 행정행위의 불가쟁력과 법적 정의의 원리에서 인정되는 행정의 법률적합성 확보와 국민의 권리구제의 이념을 조화롭게 해석하고 있지 못한 대법원의 태도에서 비롯된 것이라고 할 것이다. 즉, 대법원이 법적 안정성의 관점에서 인정되는 불가쟁력에만 치중하여 제소기간이 경과된 경우에는 일률적으로 소급효를 인정하지 않는다든지, 또는 위헌인 법률 근거한 행정처분의 효력을 구체적 타당성을 고려하지 않고 취소사유로만 해석하는 것이 이러한 불합리를 초래한 것이고, 한편 대법원의 이러한 경직된 해석은 오늘날과 같은 실질적 법치주의아래서의 행정의 합헌적 법률적합성의 원칙에도 반하는 측면이 있다.

따라서 대법원의 입장처럼 일률적으로 불가쟁력이 발생한 처분에는 소급효가 미치지 않는다고 볼 것은 아니고, 당사자간의 권리구제를 위한 구체적 타당성의 요청이 현저한 반면에 소급효를 인정하여도 법적 안정성을 해할 우려가 없고, 나아가 구법에 의하여 형성된 신뢰이익을 크게 해칠 사안이 아닌 경우로서, 소급효의 부인이 오히려 정의와 형평 등 헌법적 이념에 심히 배치될 경우에는 예외적으로 소급효가 인정된다고 보는 헌법재판소의 입

진행할 수 없어 체납세액에 충당할 가망이 없게 되는 등으로 압류의 근거를 상실하거나 압류를 지속할 필요성이 없게 된 경우도 포함하는 의미라고 새겨야 할 것이다"고 판시(대판 2002.7.12. 2002두3317)하고 있다.

장이 타당하고, 또한 위헌법률에 근거한 행정처분의 위법의 정도를 판단함에 있어서도 대법원이 입장처럼 형식적으로 그 하자의 중대·명백성을 판단할 것이 아니라, 오늘날과 같은 행정의 합헌적 법률적합성의 원칙의 관점도 함께 고려하여 행정처분의 근거법률이 위헌으로 판단된 이상 헌법재판소의 입장처럼 그 행정처분을 무효로 하더라도 법적 안정성을 크게 해치지 않는 반면에 그 하자가 중대하여 그 구제가 필요한 경우에는 예외적으로 이를 당연무효로 보아서 쟁송기간이 경과한 후에라도 위헌법률에 근거한 행정처분의 무효확인을 구할 수 있다고 해석한다면 위헌결정 전까지 위헌법률에 근거한 과세처분에 의하여 부과된 납부의무를 성실히 수행한 자와 체납한 자 사이에 심히 실질적 정의와 형평에 반하는 결과를 초래하지는 않을 것이다.

[참고] 국세기본법 제45조의2(경정 등의 청구) ① 과세표준신고서를 법정신고기한내에 제출한 자는 다음 각 호의 1에 해당하는 때에는 최초신고 및 수정신고한 국세의 과세표준 및 세액(각 세법에 따른 결정 또는 경정이 있는 경우에는 당해 결정 또는 경정 후의 과세표준 및 세액을 말한다)의 결정 또는 경정을 법정신기한 경과 후 3년(각 세법에 따른 결정 또는 경정이 있는 경우에는 이의신청, 심사청구 또는 심판청구기간을 말한다)이내에 관할 세무서장에게 청구할 수 있다.[개정 2007.12.31. 시행일 2008.1.1.]

1~2.〈생략〉

② 과세표준신고서를 법정신고기한내에 제출한 자 또는 국세의 과세표준 및 세액의 결정을 받은 자는 다음 각 호의 1에 해당하는 사유가 발생한 때에는 제1항에서 규정하는 기간에 불구하고 그 사유가 발생한 것을 안 날부터 2월 이내에 결정 또는 경정을 청구할 수 있다.[개정 2007.12.31. 시행일 2008.1.1.]

1. 최초의 신고, 결정 또는 경정에 있어서 과세표준 또는 세액의 계산근거가 된 거래 또는 행위 등이 그에 관한 소송에 대한 판결(판결과 동일한 효력을 가지는 화해 기타행위를 포함한다)에 의하여 다른 것으로 확정된 때

2~5. 〈생략〉

4. 소결

위헌결정 이후에도 위헌법률에 근거한 위법한 처분을 계속 적법·유효한 것으로 보아 집행력을 부여하게 되면 위헌결정의 기속력에 반한다는 점에서 집행력 부정설이 타당하므로 甲은 국세징수법 제53조 제1항 제1호 소정의 '기타사유'로서 압류의 해제를 요구할 수 있다.

한편 위헌결정 전까지 위헌법률에 근거한 과세처분에 의하여 부과된 납부의무를 성실히 수행한 자와 그렇지 않은 자사이의 불합리는 법치국가원리의 대등한 구성요소인 법적 안정성의 원리에서 인정되는 제3자의 신뢰보호나 행정행위의 불가쟁력과 법적 정의의 원리에서 인정되는 행정의 법률적합성 확보와 국민의 권리구제의 이념을 조화롭게 해석하고 있지 못한 대법원의 태도에서 비롯된 것이라고 할 수 있는바, 헌법재판소의 태도와 같이 법적 안정성의 이익과 국민의 권리보호이익을 조화롭게 해석한다면 위헌결정 전까지 성실하게 납부한 자는 쟁송기간이 도과로 이미 납부한 세액의 반환청구를 할 수 없는데 반해, 위헌결

정 전까지 납부하지 않은 자는 위헌결정의 기속력에 의하여 더 이상 집행당하지도 않는 불합리한 상황은 발생하지 않을 것이다.

V. 사안의 해결

설문 (1)에서 甲은 헌법재판소에 법률의 위헌결정을 위한 계기를 부여한 당해 사건의 당사로서, 乙은 따로 위헌제청신청은 아니하였지만 당해 법률 또는 법률의 조항이 재판의 전제가 되어 법원에 계속 중인 사건의 당사자로서 각각 위헌결정의 소급효가 미치지만, 丙의 경우에는 위헌결정이후에 위와 같은 이유로 제소된 일반 사건에도 해당하지 않으므로 위헌결정의 소급효가 미치지 않고, 장래적으로만 위헌결정의 효력을 받는다.

설문(2)의 경우 비록 丙이 위헌결정 이후에 제소기간이 경과하여 부당이득반환청구소송을 제기하였다 하더라도 丙에게는 위헌결정의 소급효가 미친다고 보는 것이 타당하고, 사안과 같은 경우에는 예외적으로 위헌법률에 근거한 과세처분을 당연무효로 보아 쟁송기간이 경과했더라도 무효확인을 구할 수 있어, 丙은 처의 부동산소득에 대한 종합소득세납부부분을 부당이득반환청구소송을 통해 반환받을 수 있다.

설문 (3)에서는 위헌결정 이후에도 위헌법률에 근거한 위법한 처분에 집행력을 부여하게 되면 위헌결정의 기속력에 반하므로 甲은 국세징수법 제53조 제1항 제1호 소정의 '기타 사유'로서 압류의 해제를 요구할 수 있다. 한편, 헌법재판소의 태도와 같이 법적 안정성의 이익과 국민의 권리보호이익을 조화롭게 해석한다면 위헌결정 전까지 성실하게 납부한 자는 쟁송기간이 도과로 이미 납부한 세액의 반환청구를 할 수 없는데 반해, 위헌결정 전까지 납부하지 않은 자는 위헌결정의 기속력에 의하여 더 이상 집행당하지도 않는 불합리한 상황은 발생하지 않을 것이다.

〈사례연습 37〉 개정법령의 적용에 있어서 신뢰보호의 원칙, 신의성실의 원칙과 위법판단의 기준시

甲은 A군 관내에 있는 자신의 토지에 가옥을 건축하기 위하여 건축관계 법령상의 건축허가요건을 갖추어 A군의 군수에게 건축허가를 신청하였다. 그러나 A군의 공무원 정기인사로 인하여 업무의 공백이 발생하여 건축허가절차가 지연되면서 그 사이에 건축관계 법령이 개정·시행되었으며, 개정된 법령에 의하면 건축허가 요건을 갖추지 못하게 되었다. 이 경우 A군의 군수는 개정된 법령에 따라 건축허가를 거부할 수 있는가? (20점)(2009년도 행시 재경 및 기타직렬 제2문)

[관련논점]

— 개정법령의 적용과 신뢰보호의 원칙

— 거부처분의 위법판단의 기준시

— 신의성실의 원칙과 위법판단의 기준시

[답안구성]

Ⅰ. 논점의 정리
Ⅱ. 개정법령의 적용에 있어서 신뢰보호원칙 위배 여부
1. 신뢰보호의 원칙의 개념 및 근거
2. 소급입법의 한계원리로서의 신뢰보호의 원칙
3. 소결
Ⅲ. 행정관청이 허가신청을 수리하고도 합리적 이유 없이 그 처리를 늦추어 그 사이에 허가요건에 관한 법령이 개정된 경우 건축허가에 적용될 법률
1. 거부처분의 경우 위법판단의 기준시
(1) 문제의 소재
(2) 판례의 태도
(3) 학설
1) 처분시설
2) 판결시설
3) 절충설
(4) 검토
2. 행정청이 행정행위를 함에 있어 준수해야 할 신의성실의 원칙과 위법판단의 기준시
3. 소결
Ⅳ. 결론

Ⅰ. 논점의 정리

행정관청이 허가신청을 수리하고도 합리적 이유 없이 그 처리를 늦추어 그 사이에 허가기준이 변경된 경우 개정법령에 따라 건축허가를 거부한 것이 타당한지를 판단하기 위해서는 개정법령의 적용이 신뢰보호원칙에 의하여 제한될 수 있는지를 검토하여야 하고, 거부처분의 경우 위법성판단의 기준시에 대하여 살펴보아야 한다.

Ⅱ. 개정법령의 적용에 있어서 신뢰보호원칙 위배 여부

1. 신뢰보호의 원칙의 개념 및 근거

신뢰보호의 원칙이란 권한 있는 기관의 어떠한 법규범 내지 법적 규율에 대하여 그 정당성과 존속을 신뢰하고, 그에 따라 일정한 법적 지위나 생활관계를 형성해온 국민의 신뢰이익은 보호해 주어야 한다는 원칙을 말한다. 신뢰보호의 원칙은 헌법의 기본원리인 법치주의 원리의 구성요소의 하나인 법적 안정성의 원칙으로부터 도출된다.

2. 소급입법의 한계원리로서의 신뢰보호의 원칙

새로운 입법으로 이미 종료된 사실관계 또는 법률관계에 작용케 하는 진정 소급입법은

개인의 신뢰보호를 내용으로 하는 법치국가원리에 의하여 특단의 사정이 없는 한 헌법적으로 허용되지 아니한다(헌재 1999.7.22. 97헌바50,51,52,54,55(병합)). 그러나 현재 진행 중인 사실관계 또는 법률관계에 작용케 하는 부진정 소급입법은 원칙적으로 허용된다. 다만 소급효를 요구하는 공익상의 사유와 개인의 신뢰보호의 요청 사이의 교량과정에서 신뢰보호의 관점이 입법자의 형성권에 제한을 가할 수 있다. 이 경우 입법자는 경과규정을 두거나 하는 방법 등으로 개인의 신뢰를 보호해 주어야 한다. 즉, 법률의 개정에 있어서 구 법률의 존속에 대한 당사자의 신뢰가 합리적이고도 정당하며, 법률의 개정으로 야기되는 당사자의 손해 내지 이익 침해가 극심하여 새로운 법률로 달성하고자 하는 공익적 목적이 그러한 신뢰의 파괴를 정당화할 수 없다면, 입법자는 경과규정을 두는 등 당사자의 신뢰를 보호할 적절한 조치를 하여야 하며, 이와 같은 적절한 조치 없이 새 법률을 그대로 시행하거나 적용하는 것은 허용될 수 없고, 그러한 법률부분은 헌법에 위반되어 무효이다(전합 2006.11.16. 2003두12899 등 참조).

3. 소결

사안과 같이 건축허가기준에 관한 관계 법령의 규정이 개정된 경우, 새로이 개정된 법령의 경과규정에서 달리 정함이 없는 한 처분 당시에 시행되는 개정 법령에서 정한 기준에 의하여 건축허가 여부를 결정하는 것이 원칙이고, 개정 전 법령의 존속에 대한 국민의 신뢰가 개정 법령의 적용에 관한 공익상의 요구보다 더 보호가치가 있다고 인정되는 경우에 그러한 국민의 신뢰를 보호하기 위하여 그 적용이 제한될 수 있으므로(전합 2007.10.29. 2005두4649 등 참조), 이러한 경우에는 A군수가 개정된 법령에 따라 건축허가를 거부하는 것은 허용될 수 없다.

Ⅲ. 행정관청이 허가신청을 수리하고도 합리적 이유 없이 그 처리를 늦추어 그 사이에 허가요건에 관한 법령이 개정된 경우 건축허가에 적용될 법률

1. 거부처분의 경우 위법판단의 기준시

(1) 문제의 소재

행정소송에서 행정처분의 위법 여부는 행정처분이 있을 때의 법령과 사실상태를 기준으로 판단하여야 하고, 처분 후의 법령의 개폐나 사실상태의 변동의 의하여 영향을 받지 않는다.

그런데 거부처분취소판결의 기속력에 따른 재처분의무와 관련하여 거부처분의 경우에도 처분시가 위법판단의 기준시가 되면 거부처분취소판결의 기속력도 처분시를 기준으로 발생하고, 따라서 행정청은 처분시 이후의 사정변경을 이유로 그 기속력을 면할 수 있다는 점이 문제되고 있다.

(2) 판례의 태도

신청시 허가요건을 갖추었더라도 그 후 허가가 있기 전에 법령 및 사실상태의 변경으로 허가요건을 갖추지 못하게 되면 행정청은 허가를 거부해야 하며, 거부처분취소판결의 기속력은 처분시를 기준으로 발생하므로 거부처분 후에 법령이 개정되어 시행된 경우, 개정된 법령 및 허가기준을 새로운 사유로 들어 다시 이전의 신청에 대한 거부처분을 할 수 있으며 그러한 처분도 행정소송법 제30조 제2항에 규정된 재처분에 해당한다(대판 1998.1.7. 97두22). 이러한 법리는 적극적 처분(대판 1996.12.20. 96누10877등)과 거부처분(대판 1989.3.28. 88누1225등)을 구별하지 않는다.

(3) 학설

1) 처분시설[190)]

취소소송의 본질상 거부처분의 경우에도 위법판단의 기준시는 처분시의 법령 및 사실상태를 기준으로 하여야 한다.

2) 판결시설[191)]

거부처분취소소송에서의 취소판결은 보통의 취소판결과는 달리 이행판결로서의 성질도 아울러 가지므로 거부처분 취소판결의 기속력을 존중하기 위해서는 판결시를 위법판단의 기준시로 하여야 한다고 한다.

3) 절충설

여기에는 원칙적으로 처분시를 기준으로 하되 청구의 인용 여부에 대한 판단의 기준시는 판결시로 보아야 한다는 견해[192)]와 처분시에 거부처분이 위법하면 이를 취소하되, 판결시까지 사정변경에 의해 행정청의 처분발급의무가 소멸하였는지 여부를 판단하여 판결이유에 명시하면 판결시를 기준으로 거부처분취소판결의 기속력이 발생한다는 견해[193)] 등이 있다.

---

190) 이상규, 상, 738면 등 다수설

191) 정하중, 취소소송에서 처분의 위법판단의 기준시점, 인권과 정의, 2004.11. 112면 이하; 정하중, 개론 782면

192) 박균성

193) 박정훈

(4) 검토

살피건대 행정청의 하자있는 행정행위에 인정되는 공정력을 깨뜨리는 절차로서의 항고소송은 관할법원이 객관적·사후적으로 처분 등의 위법성을 확인하여 그 위법상태를 배제하는 소송이므로—일정한 경우에 당사자소송으로서 의무이행소송을 인정하여 항고소송과 병합하여 제기할 수 있도록 하는 입법론적 결단이 있는 경우는 별론으로 하고—항고소송만으로 법원이 처분시 이후의 개정법령을 고려하여 행정청에 의무이행을 명하는 것은 항고소송의 본질에 반한다. 따라서 항고소송인 취소소송에 있어 위법판단의 기준시는 적극적 처분이든 소극적 처분이든 처분행위시에 처분의 근거법령에의 위반 여부를 사후심사하는 것이라고 보는 처분시설이 타당하다.

따라서 신청시 허가요건을 갖추었더라도 그 후 허가가 있기 전에 법령 및 사실상태의 변경으로 허가요건을 갖추지 못하게 되면 행정청은 원칙적으로 허가를 거부해야 한다.

2. 행정청이 행정행위를 함에 있어 준수해야 할 신의성실의 원칙과 위법판단의 기준시

그런데 행정청은 직무를 수행함에 있어서 신의에 따라 성실히 하여야 한다(행정절차법 제4조 제1항). 따라서 건축허가신청이후 법령 및 사실상태가 신청인에게 불리하게 변경된 경우에도 행정관청이 허가신청을 수리하고도 합리적 이유 없이 그 처리를 늦추어 그 사이에 허가기준이 변경된 경우 등 처분시의 법령적용을 잠탈하는 결과를 초래하게 되는 경우에는 행정행위의 적법 여부는 그 행정처분 당시를 기준으로 판단하여야 한다.

3. 소결

따라서 사안과 같이 A군의 공무원 정기인사로 인하여 업무의 공백이 발생하여 건축허가절차가 지연되면서 그 사이에 개정된 법령에 따라 건축허가를 거부하는 것은 허용될 수 없다고 할 것이다.[194]

Ⅳ. 결론

건축허가기준에 관한 관계 법령의 규정이 개정된 경우, 새로이 개정된 법령의 경과규정에서 달리 정함이 없는 한 처분 당시에 시행되는 개정 법령에서 정한 기준에 의하여 건축

194) 판례도 "건축허가신청이후 법령 및 사실상태가 신청인에게 불리하게 변경된 경우에도 행정관청이 허가신청을 수리하고도 합리적 이유 없이 그 처리를 늦추어 그 사이에 허가기준이 변경된 경우 등 특단의 사정이 있는 경우에는 신청시의 법령에 따라서 건축허가를 하여야 할 것이다" 고 판시(대판 1984.5.12. 84누77 등 참조)하고 있다.

허가 여부를 결정하는 것이 원칙이지만, 개정 전 법령의 존속에 대한 국민의 신뢰가 개정 법령의 적용에 관한 공익상의 요구보다 더 보호가치가 있다고 인정되는 경우에 그러한 국민의 신뢰를 보호하기 위하여 그 적용이 제한될 수 있을 뿐 아니라, 사안과 같이 甲이 건축관계 법령상의 건축허가요건을 갖추어 A군의 군수에게 건축허가를 신청하였음에도 A군의 내부사정에 의하여 합리적 이유 없이 건축허가 절차가 지연되면서 그 사이에 건축관계 법령이 개정·시행되었다면, 이는 신의성실의 원칙에 반하여 처분시의 법령적용을 잠탈하는 결과를 초래하는 것으로서 허용될 수 없고, A군의 군수는 건축허가 신청당시의 법령에 의하여 건축허가를 하여야 하며, 개정된 법령에 따라 건축허가를 거부할 수 없다.

〈사례연습 38〉 거부처분취소판결의 기속력과 간접강제 및 취소판결의 기판력

甲은 A시의 X지역 토지에 공동주택 및 근린시설을 건축하는 내용의 주택건설사업계획승인신청을 하였는데, A시는 "공원지역으로서의 용도지역변경을 추진 중에 있고, 시민단체 등 일반 여론이 보존의 목소리가 높은 곳이며, 도시설계구역으로 지정되어 도시설계용역 중에 있으며 이후 공고·시행되는 도시설계에 적합하게 사업계획을 수립해야 하므로 그 승인을 유보한다"는 사유로 사업승인신청반려처분(종전 거부처분)을 하였다. 이에 甲은 이 반려처분의 취소를 구하는 소송을 제기하여, "거부처분사유에 나타난 공익상의 필요를 감안하더라도 거부처분으로 인한 신청인의 불이익이 훨씬 크므로 거부처분은 재량권을 남용하여 위법하다"는 이유로 취소판결을 받았고, A시가 이에 불복하여 항소하였으나 기각되어 2008.9.21 위 판결이 그대로 확정되었다. 그런데 위 항소심계속 중 관련법이 개정되어 A시는 이에 근거하여 2008.6.18. 위 X지역 토지에 개발행위허가제한구역으로 결정·고시하였고, 위 확정판결 이후인 2008.10.19. A시는 이 지역이 개발행위허가제한구역으로 결정되었다는 점을 이유로 또다시 위 사업승인신청서를 반려하였다(새 거부처분).

(1) A시의 새 거부처분은 적법한가? (10점)

(2) 새 거부처분의 근거법령 부칙에 "이 법 시행 당시 개발행위허가를 신청 중인 때에는 당해 개발행위에 관하여는 종전의 규정을 적용한다."는 경과규정을 두고 있는 경우에, 甲은 수소법원에 간접강제를 신청할 수 있는가? (10점)

(3) 만약 위 설문 (2)에서 간접강제결정에서 정한 의무이행기한이 경과한 후에야 비로소 A시가 확정판결의 취지에 따른 재처분을 하였다면 甲은 배상금을 추심을 할 수 있는가? (10점)

(4) 甲은 새 거부처분에 대하여 또다시 취소소송을 제기할 수 있는지에 대하여 논하

시오. (20점)

[참조조문]

행정소송법 제30조(취소판결의 기속력) ② 판결에 의하여 취소되는 처분이 당사자의 신청을 거부하는 것을 내용으로 하는 경우에는 그 처분을 행한 행정청은 판결의 취지에 따라 다시 이전의 신청에 대한 처분을 하여야 한다.

제34조(거부처분취소판결의 간접강제) ① 행정청이 제30조 제2항의 규정에 의한 처분을 하지 아니한 때에는 제1심 수소법원은 당사자의 신청에 의하여 결정으로서 상당한 기간을 정하고 행정청이 그 기간 내에 이행하지 아니한 때에는 그 지연기간에 따라 일정한 배상을 명하거나 즉시 손해배상을 할 것을 명할 수 있다.

[관련논점]

— 거부처분취소판결의 기속력과 재처분의무

— 간접강제신청요건

— 행정소송법 제34조 제1항 소정의 손해배상의 법적 성질

— 항고소송의 확정판결에서의 기판력의 범위 2분론

— 취소판결의 기판력이 미치는 범위

[답안구성]

Ⅰ. 논점의 정리
Ⅱ. 취소판결의 기속력
1. 의의
2. 법적 성질
3. 거부처분취소판결의 기속력의 내용
(1) 행정청의 재처분의무
(2) 간접강제
4. 기속력의 범위
(1) 주관적 범위
(2) 객관적 범위
(3) 시적 범위
5. 기속력위반의 효과
Ⅲ. 설문 (1)의 해결
Ⅳ. 설문 (2)의 해결
1. 문제의 소재
2. 개정법령의 적용에 기속력에 따른 재처분의무
3. 소결
Ⅴ. 설문 (3)의 해결
1. 문제의 소재
2. 행정소송법 제34조 소정의 간접강제결정에 기한 배상금의 법적 성질
3. 소결
Ⅵ. 설문 (4)의 해결
1. 문제의 소재
2. 기판력의 의의 및 범위
(1) 기판력의 의의
(2) 기판력의 범위 : 항고소송에서 기판력의 범위 2분론(이에 대하여 더 자세한 것은 졸저, 한국행정법을 참조하라)
1) 주관적 범위
2) 객관적 범위
가. 기각판결의 경우
나. 인용판결의 경우
3) 시적 범위
가. 기각판결의 경우
나. 인용판결의 경우
3. 소결
Ⅶ. 사례의 해결

Ⅰ. 논점의 정리

설문 (1), (2), (3)의 경우에는 A시의 새 거부처분은 종전 거부처분취소판결의 기속력에 반하는지가 문제되고 있는바, 우선 기속력의 의미와 내용 및 범위를 검토하여 그 위반 여부를 규명할 필요가 있다. 그리하여 설문 (1)과 설문 (2)은 각각 기속력의 내용으로서 재처분의무에 반하는지, 나아가 설문 (2)의 경우에는 새 거부처분이 기속력에 반한다면 기속력에 반하는 처분의 효력은 어떠한지, 甲은 간접강제신청을 할 수 있는지, 설문 (3)에서는 만약 甲의 간접강제신청이 가능하다면 A시가 간접강제결정에서 정한 의무이행기한 경과 후에 비로소 재처분의무를 이행한 경우에도 甲은 여전히 그 배상금을 추심할 수 있는지를 살펴보아야 한다.

한편, 설문 (4)에서는 甲이 새 거부처분에 대하여 취소소송을 제기하는 것이 종전 거부처분취소판결의 기판력에 저촉되는지 여부를 특히 기속력과 기판력의 관계, 기판력의 객관적 범위 및 시적 범위와 관련하여 검토할 필요가 있다.

Ⅱ. 취소판결의 기속력

1. 의의

기속력이란 소송당사자인 행정청과 그 밖의 관계 행정청이 판결의 취지에 따라 행동해야할 실체법상의 의무를 발생시키는 판결의 효력을 말한다(행정소송법 제30조). 이는 통상의 판결이 일정한 법률관계를 단순히 확정함에 그치는데 반해, 판결의 실효성을 보장하기 위하여 행정청을 판결의 취지에 의하여 기속하도록 하기 위한 것이다.

2. 법적 성질

기판력은 소송절차의 반복과 모순된 재판의 방지라는 법적 안정성을 위하여 판결이 확정된 후에 동일 사건이 후소에서 문제되었을 때, 당사자와 법원은 전소의 확정판결의 내용과 모순된 주장이나 판단을 할 수 없게 하는, 즉 당사자에 대해서는 불가쟁, 법원에 대해서는 불가반을 내용으로 하는 소송법적 효력으로서 인용 또는 기각을 불문하고 모든 확정판결에 인정되는 효력이나, **기속력**은 당사자인 행정청과 관계행정청에 대해 실체법상의 의무를 부과하는 실체법적 효력으로서 인용판결에서만 발생한다는 점에서 기속력은 기판력의 한 속성에 불과한 것(**기판력설**)이 아니라, 항고소송의 인용판결의 실효성을 담보하기 위하여 행정소송법이 부여한 특수한 효력으로 보아야 할 것이다(**특수효력설**).

3. 거부처분취소판결의 기속력의 내용

(1) 행정청의 재처분의무

사안과 같이 판결에 의하여 취소되는 처분이 거부처분인 경우에는 그 처분을 행한 행정청은 판결의 취지에 따라 다시 이전의 신청에 대한 새로운 처분, 즉 신청의 인용 또는 선행의 거부처분과는 다른 별개의 이유에 의한 거부처분을 하여야 한다(행정소송법 제30조 제2항). 그러나 이러한 의무는 재처분의 구체적 내용까지 기속하는 것은 아니다. 또한 신청에 따른 처분이 제3자의 제소에 의하여 절차에 위법이 있음을 이유로 취소하는 경우에는 행정청은 판결의 취지에 따른 적법한 절차에 의하여 신청에 대한 재처분을 하여야 한다(동 제3항).

(2) 간접강제

간접강제란 행정청이 거부처분취소판결에 따른 재처분의무를 이행하지 않는 경우에 제1심 수소법원이 일정기간을 정하여 의무이행을 명하고, 이 기간 내에도 이행하지 않는 때에는 손해배상을 명함으로써 간접적으로 재처분을 강제할 수 있는 것을 말한다(제34조 제1항).

4. 기속력의 범위

(1) 주관적 범위

취소판결은 소송당사자인 행정청 기타 관계 행정청을 기속한다. 여기서 관계 행정청이란 피고와 동일한 사무계통에 있는 행정청에 한하지 않고 취소된 처분을 기초로 하여 이와 관련된 처분 또는 부수하는 행위를 할 수 있는 모든 행정청을 말한다.

(2) 객관적 범위

기속력은 취소판결 등의 실효성을 담보하기 위하여 인정되는 효력이므로, 처분이 위법이라는 것을 인정하는 판결주문 및 그 전제가 된 요건사실의 인정과 판단, 즉 처분 등의 구체적 위법사유에 관한 판단에만 미친다(대판 2001.3.23. 99두5238). 그러나 판결의 결론과 관계없는 방론이나 간접사실에는 미치지 아니한다. 따라서 법원이 위법하다고 판단한 동일한 사유에 기한 동일한 내용의 처분을 하는 것은 기속력에 반한다.

(3) 시적 범위

기속력은 처분당시까지의 위법사유에 대하여만 미친다. 따라서 처분 이후에 발생한 새로운 법령 및 사실상태의 변동을 이유로 동일한 내용의 처분을 다시 하는 것은 기속력에 반하지 아니한다.[195]

5. 기속력위반의 효과

취소판결이 확정된 후에 그 기속력에 위반하여 행한 동일한 처분(반복금지의무위반) 또는 재처분의무를 위반한 처분의 위법의 정도에 대하여는 다른 견해도 있으나, 그 하자가 중대·명백하여 당연무효라고 보아야 한다(통설, 대판 1990.12.11. 90누3560 등). 왜냐하면 이를 단순한 취소사유로 볼 경우에는 당해 처분이 제소기간의 경과 등으로 확정력을 발생할 수 있어 행정소송법이 기속력을 인정한 취지에 반하기 때문이다.

Ⅲ. 설문 (1)의 해결

사안의 경우 종전 거부처분 사유와 새 거부처분 사유는 다르므로 새 거부처분은 기속력에 반하지 아니하며, 또한 기속력은 처분당시의 위법사유에 대하여만 미치므로 사안의 경우와 같이 A시가 처분 이후에 개정·시행된 새로운 법령에 따라 X지역 토지가 개발행위허가제한구역으로 결정되었다는 이유로 동일한 내용의 거부처분을 다시 하는 것은 기속력에 반하지 아니한다. 따라서 A시의 새 거부처분은 적법하다.

판례도 "행정처분의 적법 여부는 그 행정처분이 행하여진 때의 법령과 사실을 기준으로 하여 판단하는 것이므로, 거부처분 후에 법령이 개정·시행된 경우에는 개정된 법령 및 허가기준을 새로운 사유로 들어 다시 이전의 신청에 대한 거부처분을 할 수 있으며, 그러한 처분도 법 제30조 제2항에 규정된 재처분에 해당된다."고 판시(대판 1998.1.7. 97두22)하고 있다.

Ⅳ. 설문 (2)의 해결

1. 문제의 소재

甲이 행정소송법 제34조에 따른 간접강제를 신청하기 위해서는 행정청이 거부처분취소판결의 취지에 따라 다시 이전의 신청에 대한 처분의 하지 않은 경우이어야 한다. 그런데 A시는 甲에 대하여 개정된 법령을 적용하여 새 거부처분을 하였다. 따라서 甲이 간접강제를 신청하기 위해서는 새 거부처분이 당연무효이어야 하는바, 사안의 경우 이에 해당하는

195) 기속력의 시적 범위는 항고소송의 위법판단의 기준시를 어떻게 볼 것인가에 따라서 달라질 수 있는데, 통설·판례인 처분시설에 의하면 기속력의 시적 범위는 처분시이다. 즉, 당사자인 피고 행정청은 처분 당시에 객관적으로 존재한 사실상태를 기준으로 사실심변론종결시까지 소송자료를 제출할 수 있고, 법원의 종국판결도 그때까지 제출된 모든 자료를 종합하여 처분 당시 객관적으로 존재한 사실상태를 확정하고 그 사실에 기초하여 처분의 위법 여부를 사후적으로 판단한다. 따라서 처분시 이후의 법령 및 사실상태의 변경을 이유로 동일한 처분을 하더라도 기속력에 반하지 않는다.

지 문제된다.

2. 개정법령의 적용에 기속력에 따른 재처분의무

제·개정 법률의 적용에 있어서는 법률불소급이 원칙이지만 아직 완성되지 아니하고 현재 진행 중인 사실 또는 법률관계에 적용하는 부진정소급효는 원칙적으로 허용된다. 다만 이러한 경우에도 국민의 신뢰보호를 위해 신·구법관계를 조정하는 경과규정을 부칙에 두는 것이 보통이다.

설문의 경우에도 상대방의 신뢰보호를 위해 경과규정을 두고 있기 때문에 그 경과규정에 따라 종전의 규정을 적용하여야 한다. 그럼에도 불구하고 A시는 개정법령 시행 당시 개발행위허가를 신청 중인 甲에 대하여 개정된 법령을 적용하여 새 거부처분을 하였는바, 이는 기속력에 저촉되는 처분으로서 위법·무효이다. 따라서 A시는 기속력에 따른 재처분의무를 이행하지 않은 것이 되어 甲은 간접강제를 신청할 수 있다.

판례도 거부처분취소판결이 확정된 경우, 행정청이 판결의 취지에 따라 다시 이전의 신청에 대한 처분을 하지 아니하거나, 재처분을 하였더라도 그것이 종전의 거부처분에 대한 취소의 확정판결의 기속력에 반하는 등으로 당연무효인 경우에 간접강제를 신청할 수 있다(대판 2002.12.11. 2002무22 참조).

3. 소결

설문의 경우 종전 거부처분에 대한 취소판결의 기속력에 따른 행정청의 재처분의무는 경과규정에 따라 이루어져야 할 것이므로, A시가 내세운 X지역이 개발행위허가제한구역으로 결정되었다는 새 거부처분의 사유는 확정된 종전 거부처분의 취소판결의 기속력이 미치지 않는 법령의 개정에 따른 새로운 사유라고는 할 수 없다. 따라서 새 거부처분은 확정된 종전 거부처분취소판결의 기속력에 저촉되는 것으로 그 하자가 중대하고 명백하여 당연무효라고 보아야 한다. 나아가 새로운 거부처분이 종전 거부처분에 대한 취소의 확정판결의 기속력에 반하는 등으로 당연무효라면 이는 아무런 재처분을 하지 아니한 때와 마찬가지라 할 것이므로 이러한 경우에는 행정소송법 제30조 제2항, 제34조 제1항 등에 의한 간접강제신청에 필요한 요건을 갖춘 것으로 보아야 한다. 따라서 甲은 간접강제신청을 할 수 있다.

V. 설문 (3)의 해결

1. 문제의 소재

행정청이 행정소송법 제30조 제2항에 의한 재처분을 하지 아니한 때에는 제1심 수소법원은 당사자의 신청에 의하여 결정으로서 상당한 기간을 정하고 그 기간 내에 이행하지 아니한 때에는 그 지연기간에 따라 일정한 배상을 할 것을 명하거나 즉시 배상할 것을 명할 수 있는바(제34조 제1항), 간접강제결정에서 정한 의무이행기한이 경과하면 甲은 배상금을 추심할 수 있을 것이다. 그런데 그 의무이행기한이 경과한 후 A시가 확정판결의 취지에 따른 재처분을 한 경우에도 여전히 甲은 배상금을 추심을 할 수 있는지가 문제된다.

2. 행정소송법 제34조 소정의 간접강제결정에 기한 배상금의 법적 성질

행정소송법 제34조에 따른 간접강제결정에 기한 배상금은 확정판결의 취지에 따른 재처분의 지연에 대한 제재나 손해배상이 아니고 재처분의 이행에 관한 심리적 강제수단에 불과한 것으로 보아야 한다.

3. 소결

따라서 설문의 경우 특별한 사정이 없는 한 간접강제결정에서 정한 의무이행기한이 경과한 후에라도 확정판결의 취지에 따른 재처분의 이행이 있으면 처분의 상대방은 더 이상 배상금을 추심하는 것은 허용되지 않는다고 보아야 한다. 왜냐하면 간접강제결정에서 정한 의무이행기한이 경과한 후에라도 확정판결의 취지에 따른 재처분의 이행이 있으면 배상금을 추심함으로써 심리적 강제를 꾀할 목적이 상실되었기 때문이다. 따라서 결국 甲은 더 이상 배상금을 추심할 수 없다.

판례도 "간접강제결정에 기한 배상금은 확정판결의 취지에 따른 재처분의 지연에 대한 제재나 손해배상이 아니고 재처분의 이행에 관한 심리적 강제수단에 불과한 것으로 보아야 하므로, 특별한 사정이 없는 한 간접강제결정에서 정한 의무이행기한이 경과한 후에라도 확정판결의 취지에 따른 재처분의 이행이 있으면 배상금을 추심함으로써 심리적 강제를 꾀할 목적이 상실되어 처분 상대방이 더 이상 배상금을 추심하는 것은 허용되지 않는다."고 판시(대판 2004.1.15. 2002두2444)하고 있다.

Ⅵ. 설문 (4)의 해결

1. 문제의 소재

설문 (1)에서 검토한 바와 같이 설문의 경우 A시의 새 거부처분은 기속력에 반하지 않는바, 甲이 새 거부처분에 대하여 취소소송을 제기하는 것이 종전 거부처분취소판결의 기판력에 저촉되는지 여부가 특히 기판력의 객관적 범위 및 시적 범위와 관련하여 문제된다.

2. 기판력의 의의 및 범위

(1) 기판력의 의의

기판력이란 행정소송의 대상인 소송물에 대한 법원의 판단이 내려져서 이 판단이 형식적 확정력을 갖게 된 경우에는 법원은 동일한 소송물을 대상으로 하는 후소에서 종전의 판단에 모순되는 결정을 할 수 없으며, 소송의 당사자와 그 승계인들도 종전의 판단에 반하는 주장을 할 수 없는 효력을 말한다. 이는 법적 안정성의 관점에서 인정된다.

(2) 기판력의 범위 : 항고소송에서 기판력의 범위 2분론(이에 대하여 더 자세한 것은 졸저, 한국행정법을 참조하라)

1) 주관적 범위

판결의 기판력이 미치는 인적범위는 소송의 당사자와 그 승계인에 한정된다. 항고소송의 피고는 권리주체가 아닌 처분행정청이므로 기판력은 피고인 행정청이 속하는 국가나 공공단체에 미친다. 여기서 승계인은 변론종결 후의 승계인을 말한다(민사소송법 제218조 제1항).

2) 객관적 범위

확정판결의 기판력은 그 물적 범위에 있어서 소송물에 한정되며, 판결의 주문에 포함된 것에 한한다(민사소송법 제216조 제1항).

가. 기각판결의 경우

기각판결이 확정된 경우에는 기속력이 발생하지 않고, 원고는 변론종결시까지 당초처분의 위법사유를 제한 없이 주장할 수 있었으므로 확정판결의 대상이 된 당초의 처분과 기본적 사실관계에 있어 동일성이 인정되는 범위 내에서 당초 처분이 적법하다는 점에 기판력이 발생하고, 따라서 원고는 다른 위법사유로서 당초 처분의 위법을 주장할 수 없다. 다만, 무효확인소송에서 본안패소판결이 확정되었더라도 취소소송에는 기판력이 미치지 아니하므로 다른 제 요건을 갖추어 취소소송을 제기할 수 있으나, 취소소송에서 청구가 기각된 확정판결의 기판력은 그 과세처분의 무효확인을 구하는 소송에도 미친다.

나. 인용판결의 경우

그러나 행정처분에 대한 취소판결이 확정된 경우 실질적 법치주의와 처분의 상대방인 국민에 대한 신뢰보호의 견지에서 처분사유의 추가·변경을 당초 처분의 근거사유와의 기본적 사실관계와 동일성이 인정되는 범위 내에서만 허용한 결과, 처분청 및 관계행정청에게 미치는 취소판결의 기속력은 판결에서 적시된 위법사유에 한해서 미치고, 이에 따라 취소판결의 기판력도 확정판결에 적시된 위법사유와 기본적 사실관계에서 동일성이 미치는 범위 내(처분의 동일성)에서만 미친다.

이러한 법리에 따라 판례도 [1] **"행정처분에 위법이 있어 행정처분을 취소하는 판결이 확정된 경우 그 확정판결의 기판력은 거기에 적시된 위법사유에 한하여 미치는 것이므로, 행정관청이 그 확정판결에 적시된 위법사유를 보완하여 행한 새로운 행정처분은 확정판결에 의하여 취소된 종전의 처분과는 별개의 처분으로서 확정판결의 기판력에 저촉된다고 할 수 없다"**고 판시(대판 1997.2.11. 96누13057)하고 있다. 그리하여 [2] "행정처분에 위법이 있어 행정처분을 취소하는 판결이 확정된 경우 그 확정판결의 기판력은 확정판결에 적시된 위법사유에 한하여 미치는 것이므로 **과세처분권자가 과세처분을 취소하는 확정판결에 적시된 위법사유를 보완하여 행한 새로운 과세처분은 확정판결에 의하여 취소된 종전의 과세처분과는 별개의 처분으로서 상호 처분의 동일성이 인정되지 아니하므로 확정판결의 기판력 내지 기속력에 저촉된다고 할 수 없다"**고 판시(대판 2002.5.31. 2000두4408)하고 있으며, [3] "과세처분의 취소소송은 과세처분의 실체적·절차적 위법을 그 취소원인으로 하는 것으로서 그 심리 대상은 과세관청의 과세처분에 의하여 인정된 조세채무인 과세표준 및 세액의 객관적 존부, 즉 당해 과세처분의 적부가 심리대상이 되는 것이며, **과세처분취소청구를 기각하는 판결이 확정되면 그 처분이 적법하다는 점에 관하여 기판력이 생기고, 그 후 원고가 이를 무효라 하여 무효 확인을 소구할 수 없는 것이어서, 과세처분의 취소소송에서 청구가 기각된 확정판결의 기판력은 그 과세처분의 무효 확인을 구하는 소송에도 미친다."**고 판시(대판 1998.7.24. 98다10854 ; 대판 2003.5.16. 2002두3669)하고 있다.

3) 시적 범위

가. 기각판결의 경우

기각판결의 경우 기판력의 시적 범위는 민사소송이나 행정소송이나 모두 법원이 판결을 내리는 데에 근거가 되는 자료의 제출시한이 사실심변론종결시까지이므로 원칙적으로 이 시점을 기준으로 발생한다. 따라서 항고소송 기각판결의 경우에는 변론종결시 이전에 존재했던 사실관계에 기인한 주장은 기판력에 반하여 더 이상 허용되지 않는다.

나. 인용판결의 경우

그러나 인용판결, 즉 취소확정판결의 경우에는 실질적 법치주의와 처분의 상대방인 국민에 대한 신뢰보호의 견지에서 처분사유의 추가·변경을 당초 처분의 근거사유와 기본적 사실관계의 동일성이 인정되는 범위 내에서만 허용한 결과, 취소판결의 기속력은 처분 당시의 위법사유에 대해서만 미치고, 따라서 처분 이후에 발생한 새로운 법령 및 사실상태의 변동을 이유로 동일한 내용의 처분을 다시 하는 것은 종전 처분과는 별개의 처분이 되어 기속력 및 기판력에 반하지 않는다.

3. 소결

근거법령의 개정으로 인하여 개발행위허가제한구역이라는 새 거부처분의 이유는 종전 거부처분 이후에 발생한 사유로서 기속력 및 기판력의 시적 범위에 해당하지 않아 종전 처분에 대한 취소판결의 기속력 및 기판력은 새로운 거부처분에는 미치지 않으므로 사안의 새 거부처분은 실체법적으로는 취소확정판결의 기속력에 저촉되지 않을 뿐만 아니라 소송법적으로는 기판력에 저촉되지 아니하여 후소에서 甲은 새 거부처분이 위법하다고 주장하며 그 취소를 구하는 취소소송을 제기할 수 있고, A시는 새 거부처분이 적법하다고 주장할 수 있다.

Ⅶ. 사례의 해결

설문 (1)의 경우 기속력은 처분당시의 위법사유에 대하여만 미치므로 사안의 경우와 같이 A시가 처분 이후에 개정·시행된 새로운 법령에 따라 X지역 토지가 개발행위허가구역으로 결정되었다는 이유로 동일한 내용의 거부처분을 다시 하는 것은 기속력에 반하지 아니한다.

설문 (2)의 경우 종전 거부처분에 대한 취소판결의 기속력에 따른 행정청의 재처분의무는 경과규정에 따라 이루어져야 할 것이므로, 새 거부처분은 확정된 종전 거부처분취소판결의 기속력에 저촉되는 것으로 그 하자가 중대하고 명백하여 당연무효이고, 이는 아무런 재처분을 하지 아니한 때와 마찬가지라 할 것이므로 이러한 경우에는 행정소송법 제30조 제2항, 제34조 제1항 등에 의한 간접강제신청에 필요한 요건을 갖춘 것으로 보아야 한다. 따라서 甲은 간접강제신청을 할 수 있다.

설문 (3)의 경우 간접강제결정에서 정한 의무이행기한이 경과한 후에라도 확정판결의 취지에 따른 재처분의 이행이 있으면 배상금을 추심함으로써 심리적 강제를 꾀할 목적이 상실되었기 때문에 甲은 더 이상 배상금을 추심할 수 없다.

설문 (4)의 경우 근거법령의 개정으로 인하여 개발행위허가제한구역이라는 새 거부처분의 이유는 종전 거부처분 이후에 발생한 사유로서 기판력의 시적 범위에 해당하지 않아 종전 처분에 대한 취소판결의 기판력은 새로운 거부처분에는 미치지 않으므로 후소에서 甲은 새 거부처분이 위법하다고 주장하며 그 취소를 구하는 취소소송을 제기할 수 있다.

〈사례연습 39〉 취소판결의 기속력

> 유흥주점 영업허가를 받아 주점을 경영하는 甲은 청소년인 乙을 유흥접객원으로 고용하여 유흥행위를 하게 하였다는 이유로 관할 행정청인 A시로부터 위 유흥주점 영업허가를 취소하는 처분을 받았다. 甲은 이에 불복하여 행정소송을 제기하여 위 취소처분을 취소하는 판결을 선고받아 그 판결이 확정되었다. 다음의 경우 A의 처분의 위법 여부와 그 논거를 검토하시오(30점)(2007년도 제49회 사법시험문제 제2문의1)
>
> (1) 위 확정판결은 A가 청문절차를 거치지 아니하였다는 이유로 위 영업허가취소처분을 취소하는 것이었다. A는 위 판결확정 후 청문절차를 거친 다음 위 영업허가를 취소하는 처분을 하였다.
>
> (2) 위 확정판결은 乙이 청소년임을 인정할 증거가 없다는 이유로 위 영업허가취소처분을 취소하는 것이었다. A는 위 판결확정 후 乙이 청소년임을 인정할만한 증거가 새로이 발견되었다는 이유로 다시 위 영업허가를 취소하는 처분을 하였다.
>
> (3) 위 확정판결은 乙을 유흥접객원으로 고용하였다는 점을 인정할 증거가 없다는 이유로 위 영업허가취소처분을 취소하는 것이었다. A는 甲이 청소년 丙을 유흥접객원으로 고용하여 유흥행위를 하게한 사실이 있었다는 이유로 다시 위 영업허가를 취소하는 처분을 하였다.
>
> (4) 위 확정판결은 영업허가취소처분이 甲에게는 지나치게 가혹하여 재량을 일탈·남용하였다는 이유로 취소하는 것이었다. A는 위 판결확정 후 새로이 甲에게 영업정지 3개월의 처분을 하였다.

[관련논점]

— 취소판결의 기속력의 내용으로서 반복금지의무

— 취소판결의 기속력과 기판력의 관계

[답안구성]

Ⅰ. 논점의 정리
Ⅱ. 기속력의 내용으로서 반복금지효
1. 기속력의 의의
2. 기속력의 법적 성질
3. 기속력의 범위
(1) 주관적 범위
(2) 객관적 범위
(3) 시적 범위
4. 반복금지효에 위반된 행정처분의 효력
Ⅲ. 설문의 검토
1. 설문 (1)의 경우
(1) A의 처분의 위법 여부
(2) 논거
2. 설문 (2)의 경우
(1) A의 처분의 위법 여부
(2) 논거

Ⅰ. 논점의 정리

설문은 행정청의 처분에 대한 취소확정판결의 기속력에 반하는 처분이어서 위법한지 여부를 묻고 있는바, 일반적으로 행정소송 인용판결에 인정되는 기속력의 내용으로는 반복금지의무(행정소송법 , 이하 '법'이라'한다. 제30조 제1항), 재처분의무(법 제30조 제2항 및 제3항과 제34조), 결과제거의무가 있으나, 사안은 행정청의 적극적 처분에 대한 취소확정판결이 있었으므로 설문 (1)부터 (4)까지 모두 반복금지의무에 위반되었는지 여부만 문제되고 있다. 따라서 먼저 기속력의 내용으로서의 반복금지효에 대한 일반적인 검토를 한 후, 각 설문의 경우를 검토하기로 하겠다.

Ⅱ. 기속력의 내용으로서 반복금지효

1. 기속력의 의의

항고소송 인용판결의 기속력이란 처분이나 재결을 취소하는 판결이 확정되면 소송당사자인 행정청과 관계행정청에게 판결의 취지에 따라 행동할 의무를 지우는 효력을 말한다. 따라서 처분에 대한 취소소송에서 처분을 취소하는 판결이 확정되면 행정청은 동일한 사실관계 하에 동일한 이유로 동일인에 대해 동일한 내용의 처분을 해서는 아니 된다(반복금지효).

행정소송법은 '처분 등을 취소하는 확정판결은 그 사건에 관하여 당사자인 행정청과 관계행정청을 기속한다'고 규정(제30조 제1항)하고, 이를 무효등확인소송과 부작위위법확인소송 및 당사자소송에 준용하고 있다(제38조 제1항, 제2항, 제44조 제1항).

이는 행정의 적법성통제와 국민의 권리구제라는 행정재판제도의 실효성을 담보하기 위하여 인정되는 것으로서 항고소송 인용판결에 대해서만 인정되고 원고패소의 기각판결의 경우에는 인정되지 아니한다.

2. 기속력의 법적 성질

기판력은 소송절차의 반복과 모순된 재판의 방지라는 법적 안정성을 위하여 판결이 확정된 후에 동일 사건이 후소에서 문제되었을 때, 당사자와 법원은 전소의 확정판결의 내용과 모순된 주장이나 판단을 할 수 없게 하는, 즉 당사자에 대해서는 불가쟁, 법원에 대해서는 불가반을 내용으로 하는 소송법적 효력으로서 인용 또는 기각을 불문하고 모든 확정판결에 인정되는 효력이나, **기속력**은 당사자인 행정청과 관계행정청에 대해 실체법상의 의무를 부과하는 실체법적 효력으로서 인용판결에서만 발생한다는 점에서 기속력은 기판력의 한 속성에 불과한 것(**기판력설**)이 아니라, 항고소송의 인용판결의 실효성을 담보하기 위하여 행정소송법이 부여한 특수한 효력으로 보아야 할 것이다(**특수효력설**).

3. 기속력의 범위

(1) 주관적 범위

취소판결은 소송당사자인 행정청 기타 관계 행정청을 기속한다. 여기서 관계 행정청이란 피고와 동일한 사무계통에 있는 행정청에 한하지 않고 취소된 처분을 기초로 하여 이와 관련된 처분 또는 부수하는 행위를 할 수 있는 모든 행정청을 말한다.

(2) 객관적 범위

기속력은 취소판결 등의 실효성을 담보하기 위하여 인정되는 효력이므로, 처분이 위법이라는 것을 인정하는 판결주문 및 그 전제가 된 요건사실의 인정과 판단, 즉 처분 등의 구체적 위법사유에 관한 판단에만 미친다(대판 2001.3.23. 99두5238). 그러나 판결의 결론과 관계없는 방론이나 간접사실에는 미치지 아니한다. 따라서 법원이 위법하다고 판단한 동일한 사유에 기한 동일한 내용의 처분을 하는 것은 기속력에 반한다.

(3) 시적 범위

기속력은 처분당시까지의 위법사유에 대하여만 미친다. 따라서 처분 이후에 발생한 새로운 법령 및 사실상태의 변동을 이유로 동일한 내용의 처분을 다시 하는 것은 기속력에 반하지 아니한다.

4. 반복금지효에 위반된 행정처분의 효력

취소판결이 확정된 후에 그 기속력에 위반하여 행한 처분의 위법의 정도에 대하여는 취소사유로 보아야 한다는 견해도 있으나, 그 하자가 중대·명백하여 당연무효라고 보아야 한다(통설, 대판 1990.12.11. 90누3560 등). 왜냐하면 이를 단순한 취소사유로 볼 경우에는 당해 처분이 제소기간의 경과 등으로 확정력을 발생할 수 있어 행정소송법이 기속력을 인정한 취지에 반하기 때문이다.

Ⅲ. 설문의 검토

1. 설문 (1)의 경우

(1) A의 처분의 위법 여부

거부처분취소판결의 사유가 절차하자인 경우에 판결의 기속력은 위법사유로 된 절차의 위법에 한하여 미친다 할 것이므로 행정청은 적법한 절차를 갖추어 다시 동일한 내용의 처분을 하는 것은 기속력에 반하지 않는다.

따라서 설문의 경우 A는 법원이 지적한 청문절차를 보완하여 재차 동일한 내용의 영업허가취소처분을 한 것이므로 종전 처분에 대한 취소확정판결의 기속력에 반하지 않아 적법하다.

(2) 논거

왜냐하면 기속력은 취소판결 등의 실효성을 담보하기 위하여 인정되는 효력이므로, 처분이 위법이라는 것을 인정하는 판결주문 및 그 전제가 된 요건사실의 인정과 판단, 즉 처분 등의 구체적 위법사유에 관한 판단에만 미치므로 취소판결에서 위법이라고 판시한 위법사유를 보안하여 행한 새로운 처분은 기판력의 객관적 범위에 해당되지 않기 때문이다.

2. 설문 (2)의 경우

(1) A의 처분의 위법 여부

취소소송의 심리과정에서 乙이 청소년이라는 사실을 A가 입증할 수 없었기 때문에 취소판결이 확정된 경우에는 이후에 乙이 청소년이라는 새로운 증거가 나타났다는 이유로 동일한 처분을 하면 취소판결의 기속력에 반한다.

따라서 설문의 경우 A의 당해 허가취소처분은 취소판결의 기속력에 반하여 위법 · 무효이다.

(2) 논거

법원의 취소확정판결은 사실심변론종결시까지 제출된 모든 자료를 종합하여 처분 당시 객관적으로 존재한 사실상태를 확정하고 그 사실에 기초하여 처분 당시의 위법 여부를 사후적으로 판단하는 것이다. 그런데 확정판결은 처분 당시 "을이 청소년이 아니다"라는 사유로 취소판결이 내려진 것이므로 확정판결 이후 을이 청소년임을 인정할만한 새로운 증거가 발견되었다 하더라도 새로운 증거는 처분시에 존재했던 사실에 대한 입증자료일뿐 처분시 이후에 발생한 새로운 사실이 아니다. 따라서 사안의 경우에는 A의 영업허가취소는 "처분 당시 을이 청소년이다"라는 사유로 한 동일한 내용의 처분이므로 종전 처분과 기본적 사실관계가 동일하여 기속력에 반한다.

3. 설문 (3)의 경우

(1) A의 처분의 위법 여부

취소확정판결에서 판단된 위법사유와 기본적 사실관계가 동일하지 않은 새로운 사유에 의한 동일한 내용의 처분은 기속력에 반하지 않는다.

따라서 설문의 경우 A의 당해 허가취소처분은 종전 처분사유와는 다른 사유를 들어 처분한 것이므로 판결에서 종전 처분에 대하여 판단한 위법사유와 기본적 사실관계의 동일성이 인정되지 않는 새로운 별개의 처분으로서 취소판결의 기속력에 반하지 아니하여 적법하다.

(2) 논거

왜냐하면 취소판결에서 종전의 처분에 관하여 위법한 것으로 판단된 사유는 乙을 유흥접객원으로 고용하였다는 사실을 인정할 수 없다는 것이었고, A의 당해 허가취소처분사유는 甲이 청소년 丙을 유흥접객원으로 고용하여 유흥행위를 하게한 사실이 있었다는 것이므로 취소확정판결에서 판단된 위법사유와 기본적 사실관계에 있어서 동일성이 인정되지 아니하기 때문이다.

4. 설문 (4)의 경우

(1) A의 처분의 위법 여부

처분의 동일성이 유지되는지 여부는 기속행위와 재량행위에 있어서 차이가 있는바, 재량행위의 경우 취소확정판결에서 판단된 위법사유보다 국민의 권익침해정도가 완화된 처분은 기속력에 반하지 않는다.

따라서 설문의 경우에는 영업허가취소처분이 재량권을 일탈·남용하였다는 취소판결이 난 후 A가 새로이 甲에게 영업허가취소보다 완화된 영업정지 3개월의 처분을 하였으므로 위 취소판결의 기속력에 반하지 아니하여 적법하다.

(2) 근거

왜냐하면 법원은 행정행위 행위에 대하여 객관적 사후심사만 할 수 있는 것이고, 재량행위의 경우 취소확정판결에서 판단된 위법사유보다 국민의 권익침해정도가 완화된 처분은 위법사유를 적법한 방향으로 시정하여 한 새로운 재량처분으로서 취소확정판결의 취지에 부합하기 때문이다.

Ⅳ. 사안의 해결

설문 (1)의 경우 취소확정판결에서 적시된 위법사유인 청문절차를 보완하여 취소처분을 한 것이므로 종전처분과는 별개의 처분이 되고, 설문 (3)에서는 청소년 乙을 고용한 사유와 청소년 丙을 고용한 사유로 인한 처분은 별개의 처분이 되며, 설문 (4)에서도 취소판결의 취지에 따른 처분이므로 기속력에 반하지 않아 적법하다. 그러나 설문 (2)의 경우에는 기속력에 반하는 처분이므로 위법·무효이다.

〈사례연습 40〉 항고소송 인용판결의 효력으로서 제3자효의 의미 등

A광역시의 도시계획담당공무원이 토지구획정리사업을 시행함에 있어서 지적측량을 잘못하여 乙 소유토지에 대하여는 과다한 환지를 부여하고 丙 소유토지에 대하여는 과소한 환지를 부여하였다가 다시 법률상 아무런 근거 없는 환지계획변경처분을 한 직무상의 과실로 인하여 위 환지계획변경처분에 의하여 丙에게 환지로 부여된 토지를 전전 매수한 甲은 그 후 위 환지계획변경처분이 취소됨에 따라 위 토지들에 대한 소유권을 상실하는 손해를 입게 되었다. 그런데 甲이 토지소유권상실의 손해를 입게 된 것은 위 환지의 변경으로 인하여 불이익을 받게 된 乙이 A광역시를 상대로 위 환지계획변경처분의 취소를 구하는 행정소송을 제기한 결과 환지확정처분이 일단 공고되어 그 효과가 발생한 후에 있어서는 도지사의 사업인가를 받아 환지처분전체의 절차를 다시 밟기 전에는 사업시행자의 인가 또는 재가만으로 환지처분은 변경할 수 없다는 이유로 2004.10.7 위 환지계획변경처분을 취소하는 乙 승소의 판결이 확정되고 이에 따라 乙은 2005.4.30 甲과 그 전소유자들을 상대로 위 환지계획변경처분으로 인하여 丙에게 환지로 부여된 토지에 대한 소유권이전등기의 말소청구소송을 제기하여 2005.10.28 甲(소유권이전등기말소청구소송의 피고)패소의 1심 판결이 선고되고 이에 대한 甲의 항소와 상고가 각 기각됨으로써 위 판결이 2006.9.13자로 확정되었기 때문이다.

이에 甲은 2009.8.11. A광역시에 대하여 위 손해의 배상을 구하는 국가배상청구소송을 제기하였다.

(1) 甲이 토지의 소유권을 상실하는 손해를 입었음을 이유로 A광역시를 상대로 한 손해배상청구소송을 제기한 경우, 법원은 환지계획변경처분의 위법성을 심사할 수 있는가? (20점)

(2) 위 국가배상청구소송에서 법원은 "甲은 乙이 위 환지계획변경처분취소의 판결이 확정되었음을 이유로 하여 甲을 상대로 위와 같이 변경 환지된 토지들에 대한 소유권이 전등기말소를 구하는 소를 제기하여 그 소장의 부본이 甲에게 송달되었을 때인 2005.10.28. 위 환지계획변경처분이 취소된 사실과 아울러 그 소유권상실로 인한 손해를 알게 되었다고 할 것인 바, 甲의 위 손해배상청구권은 甲이 그 손해를 안날부터 3년이 경과함으로써 이미 시효로 소멸하였다."고 판단하였다. 이러한 법원의 판단에 대하여 논평하시오. (30점)

[관련논점]

— 국가배상청구소송에서의 선결문제
— 행정행위의 공정력과 구성요건적 효력의 관계
— 취소판결의 형성력 및 소급효의 근거
— 항고소송의 본질과 제3자효
— 행정소송법 제29조 제1항 소정의 제3자효의 의미

[답안구성]

Ⅰ. **논점의 정리**
Ⅱ. **설문 (1)의 해결**
1. 문제의 소재
2. 공정력의 개념
(1) 제1설 및 판례
(2) 제2설
(3) 검토
3. 선결문제의 논의방법
(1) 선결문제의 의의
(2) 선결문제의 논의 방법
1) 학설
가. 제1설 및 판례
나. 제2설(새로운 견해)
2) 검토
4. 민사법원이 선결문제로서 행정행위의 위법성 여부를 심리·판단할 수 있는지 여부
(1) 문제점
(2) 학설
1) 소극설
2) 적극설(다수설)
(3) 판례
(4) 검토
5. 소결
Ⅲ. **설문 (2)의 해결**
1. 문제의 소재
2. 행정소송법 제29조 제1항의 해석론과 취소판결의 효력으로서의 형성력과 소급효 및 제3자효
(1) 형성력
1) 의의
2) 형성력의 근거
가. 학설
나 검토
(2) 소급효
1) 문제점
2) 학설
3) 검토
(3) 제3자효
1) 제3효의 인정취지 및 제3자의 범위
가. 학설
나. 검토
2) 항고소송 인용판결의 효력으로서의 제3자효의 의미
3. 소결
Ⅳ. **사안의 해결**

Ⅰ. 논점의 정리

설문 (1)에서는 행정청의 처분의 위법을 이유로 국가배상을 청구하는 경우에 관할(민사)법원이 배상책임의 요건인 처분의 위법성 여부를 심리·판단할 수 있는지 문제된다. 이는 민사법원이 선결문제로서 행정행위의 위법성 여부를 확인하는 것이 공정력 또는 구성요건적 효력에 배치되는가의 문제로서 논의되고 있으므로, 그 논의의 전제로서 행정행위의 공정력과 구성요건적 효력에 대하여 살펴보아야 한다.

설문 (2)에서는 국가배상청구권의 소멸시효기간의 경과 여부가 문제된다. 국가배상청구권의 단기소멸시효기간은 그 손해를 안날부터 3년이다. 따라서 甲의 국가배상청구권이 소멸시효기간이 경과하여 시효소멸하였다는 법원의 판단의 타당성을 검토하기 위해서는 그 소멸시효의 기산점, 즉 甲에게 국가배상청구권이 언제 발생하였는지를 판단하여야 한다. 그런데 소멸시효의 기산점은 "처분 등을 취소하는 확정판결은 제3자에 대하여도 효력이 있다"고 규정하고 있는 행정소송법 제29조 제1항을 어떻게 해석할 것인가에 따라 2005.10.28. 또는 2006.9.13.으로 달라질 수 있는바, 동 조문의 해석과 관련하여 취소판결의 효력으로서의 제3자효의 규정취지 및 그 의미가 무엇인지를 살펴보아야 한다.

Ⅱ. 설문 (1)의 해결

1. 문제의 소재

설문에서는 민사법원이 국가배상청구소송의 선결문제로서 행정청(공무원)의 처분의 위법성을 심사할 수 있는지가 공정력 또는 구성요건적 효력과 관련하여 문제되는바, 이를 해명하기 위해서는 공정력과 구성요건적 효력이 무엇인지, 양자는 어떠한 관계에 있는지를 살펴볼 필요가 있고, 이에 따라 민사법원이 국가배상청구소송의 선결문제로서 행정청(공무원)의 처분의 위법성을 심사할 수 있는지를 검토하여야 한다.

2. 공정력의 개념

(1) 제1설 및 판례

행정행위는 공정력에 의하여 그 하자가 중대하고 명백하여 당연무효가 아닌 한 적법한 행정쟁송절차나 다른 행정행위에 의하여 적법히 취소될 때까지는 단순히 취소할 수 있는 사유가 있는 것만으로는 누구나 그 효력을 부인할 수 없다고 한다(대판 1991.4.23. 90누8756; 대판 1993.11.9. 93누14271). 이러한 입장에 의하면 공정력은 상대방은 물론 다른 행정청과 법원에도 발생하는 것으로 본다.

(2) 제2설

공정력은 행정행위가 당연무효가 아닌 한 그 적법·위법 여부에 관계없이 인정되는 잠정적 유효성 통용력을 말하고, 공정력은 "행정행위의 상대방 및 이해관계인에게만 인정되는 구속력"이며, "취소권을 가진 기관 이외의 다른 국가기관에 미치는 구속력"은 구성요건적 효력이라고 하는 새로운 견해가 있다.[196]

(3) 검토

살피건대 사법이든 공법이든 강행법규에 위배된 행위는 위법·무효이다(법의 대명제). 따라서 법치행정의 원리가 지배하고 강행규정원칙의 공법관계에서 행정청의 어떠한 행위가 유효하다는 것은 법률상이든 사실상이든 또는 잠정적이든 반드시 그 행위가 적법하다는 것을 전제하는 것이다. 그리하여 공사법이원체계의 법제도를 가진 국가에서는 법적 정의의 관점에서 공익실현이라는 행정목적의 능률적 수행을 위하여(공정력의 이론적 근거로서 이른바 행정정책설) 행정청으로 하여금 우월적 의사에 기한 행정행위를 하도록 하고, 그 행정행위가 비록 강행규정에 위반의 하자가 있더라도 당연무효가 아닌 한 권한있는 기관(처분청, 재결청, 항고소송수소법원)이 그 하자 내지 위법성을 확인하여 적극적·소극적 위법상태를 배제할 때까지 잠정적으로 사실상 그 적법성을 추정하여 유효하게 통용시키는 효력인 공정력을 인정하고 있는 것이고, 이러한 공정력에 따라 잠정적으로 적법·유효한 행정행위라도 행정행위는 권한 있는 기관의 법적 규율이므로 법적 안정성의 관점에서 적법·유효한 행정행위처럼 통용되어 그 내용상 효력인 구속력이나 그 형식상의 존속력이 인정되는 것이다. 따라서 공정력과 구속력은 그 근거와 그 차원을 달리하는 것이므로 판례의 태도가 타당하고 제2설은 타당하지 못하다.

3. 선결문제의 논의방법

(1) 선결문제의 의의

선결문제란 특정한 소송사건에 관하여 그 판결을 하기 위한 전제로서 우선 결정을 요하는 문제를 말한다. 행정행위의 위법 또는 효력유무를 항고소송의 관할법원의 결정 없이 항고소송의 관할법원 이외의 다른 법원이 스스로 심리·판단할 수 있는가의 문제이다.

---

196) 김남진·김연태, I, 255면; 류지태, 신론, 168면; 박균성, 상, 87면; 석종현, 상, 322면; 장태주, 개론, 243면; 홍정선, 특강, 229면

(2) 선결문제의 논의 방법

1) 학설

가. 제1설 및 판례

제1설과 판례는 선결문제를 공정력과 관련된 문제로 이해하여 공정력은 행정행위의 상대방 및 이해관계인은 물론 다른 행정청이나 법원에도 발생하는 것으로 본다.

나. 제2설(새로운 견해)

공정력의 개념을 행정행위의 적법·위법 여부에 관계없이 권한 있는 기관에 의하여 취소되기까지 인정되는 행정행위의 잠정적 유효성 통용력이라고 새롭게 정의하고, 공정력을 행정행위의 직접 상대방 및 이해관계인에 대한 구속력으로 보는 견해에서는 선결문제를 취소권을 가진 기관 이외의 다른 국가기관에 미치는 구속력인 구성요건적 효력의 문제라고 한다.[197)]

2) 검토

공정력을 깨뜨리는 특수한 절차로서의 항고소송은 하자있는 처분이나 부작위의 위법성을 확인하여 그 적극적·소극적 위법상태를 배제하는 소송이고, 선결문제논의는 항고소송이 아닌 민·형사사건 등의 수소법원이 스스로 하자있는 행정처분 등의 위법성을 확인하여 그 효력을 배제할 수 있는가, 즉 공정력을 깨뜨릴 수 있는가의 문제이므로 제1설 및 판례의 태도가 타당하다.

4. 민사법원이 선결문제로서 행정행위의 위법성 여부를 심리·판단할 수 있는지 여부

(1) 문제점

예컨대 허가취소나 철거처분 등의 위법을 이유로 국가배상을 청구하는 경우에 관할 민사법원이 배상책임의 요건인 처분의 위법성 여부를 스스로 심리·판단할 수 있는지에 대하여 견해가 대립한다.

(2) 학설

1) 소극설[198)]

행정행위는 공정력이 있으므로 법원을 포함한 모든 국가기관은 그 효력에 구속되며, 행

197) 김남진/김연태, I, 255면; 류지태, 신론, 168면; 박균성, 상, 87면; 석종현, 상, 322면; 장태주, 개론, 243면; 홍정선, 특강, 229면

198) 이상규, 상, 358면

정소송법 제11조 제1항이 민사소송에서의 선결문제의 심리가능성을 처분 등의 효력 유무 또는 존재 여부에 한정하고 있음을 논거로 당연무효인 행정행위가 아닌 한 민사법원은 위법성 여부를 심리·판단할 수 없다고 한다.

2) 적극설(다수설)

여기에는 ⅰ) 공정력은 법적 안정성의 관점에서 인정된 절차적 통용력이며 처분의 적법·위법 여부와는 관계가 없고, 행정소송법 제11조는 예시적 규정에 불과하다고 하거나(류지태), ⅱ) 구성요건적 효력은 취소권 있는 국가기관이외의 국가기관에 대한 구속력으로서 행정소송법상 행정행위의 효력을 상실시키는 취소소송의 경우에만 행정법원의 배타적 관할권이 인정되고 권한 있는 기관이 당해 행위의 효력 유무의 유권적 판단권만을 배타적으로 갖는 것이므로 행정행위의 효력을 부인하는 것이 아닌 한 위법성판단은 가능하다고 하며,[199] 한편 ⅲ) 손해배상청구소송에서는 행정행위의 효력에 대한 부인에까지 이르지 않고, 다만 당해행위의 위법성만이 문제되는 것이므로 수소법원인 민사법원이 직접 위법성 여부를 심리·판단할 수 있다고 하는 견해도 있다.[200]

(3) 판례

대법원은 "변론의 전 취지에 의하여 본건 계고처분인 행정처분이 위법임을 이유로 배상을 청구하는 취의로 인정될 수 있는 본건에 있어 미리 그 행정처분의 취소판결이 있어야만 그 행정처분의 위법임을 이유로 피고에게 배상을 청구할 수 있는 것은 아니라고 해석함이 상당할 것임에도 불구하고 행정처분의 취소가 있어 그 효력이 상실되어야만 배상을 청구할 수 있는 법리인 것 같이 판단한 원판결에는 〈배상청구와 행정처분 취소판결과의 관계에 관한 법리를 오해〉한 위법이 있다 할 것이다"고 판시(대판 1972.4.28. 72다337)하여 적극설의 입장에 있다.

(4) 검토

살피건대 항고소송으로서의 부작위위법확인소송은 배타적 관할이지만(행정소송법 제38조 제2항, 제9조), 행정청의 부작위로 인하여 손해를 입은 피해자가 국가배상을 청구하는 경우에 민사법원이 선결문제로서 행정청의 부작위의 위법성을 확인할 수 있다. 그러나 그 이유는 항고소송에서의 처분이나 부작위의 위법내용과 국가배상청구소송에서의 처분이나 부작위의 위법내용은 다르기 때문이다. 즉, 하자있는 처분이나 부작위에 인정되는 공정력을 깨뜨리는 특수한 절차로서 처분이나 부작위의 위법성을 확인하여 적극적·소극적 위법상태를 배제하는 소송인 항고소송과 당사자의 권리·의무의 존부 내지 책임 유무를 공권적으로 확인하는

199) 김남진; 김연태, 사례연습, 202면 등; 박균성, 강의, 86면; 이광윤, "행정행위의 공정력과 선결문제, 고시연구, 2000/10, 36면

200) 김동희

일반소송은 그 목적과 기능 및 성질이 달라서 소송에 들어가는 요건부터 다르고, 민·형사소송에서는 항고소송에는 없는 고의·과실이라는 또 다른 불법요소[201]를 고려해서 행정처분의 위법성을 판단해야 하기 때문에 설령 공무원이 법규에 위반하는 행위(행위불법)로서 국민개인의 법익을 침해(결과불법)했다 하더라도 고의·과실의 불법이 없는 정당방위나 긴급피난 등 사회상규에 위배되지 아니한 정당한 행위인 경우, 즉 법질서 전체의 입장에서 보아 객관적 정당성을 상실하지 않는 경우에는 그 위법성이 조각될 수도 있다. 그러나 공정력을 깨뜨리는 특수한 절차인 항고소송에서는 고의·과실의 불법은 위법내용에 포함되지 아니하므로 행정청의 행위규범위반의 행위불법으로 일반국민개인의 객관적 법익을 침해할 수 있으면 **객관적 위법**이 인정되고, 그러한 위법한 처분이나 부작위가 다시 특정 개인인 원고의 구체적인 법익을 침해할 수 있으면 **원고와의 관련아래서 파악된 위법**이 인정되어 전체적으로 처분이나 부작위의 위법성이 인정된다.[202]

5. 소결

하자있는 행정행위의 위법성을 확인하여 위법상태를 배제하는 소송인 항고소송과 법률관계의 당사자의 권리의무의 존부를 공권적으로 판단하는 일반소송은 그 본질이 다르므로 민사소송에서의 위법내용과 항고소송에서의 위법내용은 서로 전혀 달라서, 甲이 토지의 소유권을 상실하는 손해를 입었음을 이유로 A광역시를 상대로 한 국가배상청구소송을 제기한 경우, 법원은 甲에게 국가배상청구권이 성립하기 위한 요건으로서 환지계획변경처분의 위법 여부를 당연히 심사할 수 있다.

Ⅲ. 설문 (2)의 해결

1. 문제의 소재

甲의 국가배상청구권이 소멸시효기간이 경과하여 시효로 소멸하였다는 법원의 판단의 타당성을 검토하기 위해서는 그 소멸시효의 기산 점, 즉 甲에게 국가배상청구권이 언제 발생하였는지를 판단하여야 한다. 그런데 소멸시효의 기산점은 "처분 등을 취소하는 확정판결은 제3자에 대하여도 효력이 있다"고 규정하고 있는 행정소송법 제29조 제1항을 어떻게

201) 참고로 고의·과실은 불법구성요소와 책임요소로서 이중적으로 기능하는바, 여기서의 고의·과실은 불법구성요소로서의 고의·과실을 말한다. 한편 불법구성요소로서의 과실의 내용은 객관적 주의의무위반을 말하고 책임요소로서의 과실의 내용은 주관적 주의의무위반을 말한다.

202) 이러한 법리에 따라 판례도 "〈계고처분이 위법임을 이유로 배상을 청구〉하는 취지로 인정될 수 있는 사건에 있어서는 〈그 행정처분에 대한 취소판결이 있는 경우에만 그 위법임을 이유로 처분청에게 배상을 청구〉할 수 있는 것은 아니다"고 판시하여 계고처분에 대한 국가배상청구소송에서의 위법내용과 취소소송에서의 위법내용은 다르다는 것을 보여주고 있는 것이다.

해석할 것인가에 따라 2004.10.28. 또는 2005.9.13.으로 달라질 수 있는바, 동 조문의 해석과 관련하여 취소판결의 효력으로서의 형성력 내지 제3자효 및 그 의미가 살펴보아야 한다. 그런데 행정소송법 제29조 제1항 소정의 제3자효의 의미를 파악하기 위해서는 먼저 취소판결의 형성력과 소급효의 근거규정 및 항고소송의 본질을 검토할 필요가 있다.

2. 행정소송법 제29조 제1항의 해석론과 취소판결의 효력으로서의 형성력과 소급효 및 제3자효

(1) 형성력

1) 의의

형성판결의 효력으로서 형성력이란 처분청의 별도의 행위를 매개로 하지 않고 판결 그 자체의 내용에 따라 기존 법률관계 또는 법률상태를 발생·변경·소멸시키는 효력을 말한다. 따라서 형성의 소인 취소소송에서 취소판결이 확정되면 처분 등의 효력은 처분청의 별도의 행위를 기다릴 것이 없이 당연히 그 효력이 소멸된다.[203]

2) 형성력의 근거

가. 학설

통설[204]은 행정소송법에 이에 관한 직접적 규정은 없으나, 제3자효를 규정한 제29조 제1항은 이를 전제로 한 규정이라고 보고 있다. 그리하여 이 견해는 취소판결의 형성력이 당사자 사이에서만 발생하는가 아니면 제3자에도 미치는가에 대하여 종래 다툼이 있었으나, 행정소송법 제29조 제1항은 "처분 등을 취소하는 확정판결은 제3자에 대하여도 효력이 있다"고 규정하여, 취소판결의 형성력이 제3자에 대하여도 미친다는 것을 명시하였다고 주장하고 있다. 더 나아가 형성력의 내용으로서 제3자효뿐 아니라 소급효까지 포함하는 견해[205]도 있다.

나 검토

살피건대 일반적으로 판결의 형성력이라 함은 형성의 소를 인용하는 형성판결이 확정됨으로써 판결내용에 따른 법률관계의 발생·변경·소멸을 낳은 효력을 말한다. 그러나 항고소송은 본질적으로 민사소송이나 당사자소송에서와 같이 일정한 법률관계를 공권적으로 확

203) 판례도 "**행정처분을 취소한다는 확정판결이 있으면 그 취소판결의 형성력에 의하여** 당해 행정처분의 취소나 취소통지 등의 별도의 절차를 요하지 아니하고 **당연히 취소의 효과가 발생한다**고 할 것이고 별도의 취소의 절차를 취할 필요는 없을 것이다. 따라서 이 사건 보상토지에 관한 종전의 1987.4.1.자 이의재결이 위법하다하여 이를 취소하는 확정판결이 있었음에도 동 재결의 취소절차를 취하지 아니하고 한 이 사건 이의재결이 위법하다는 논지는 이유 없다"고 판시(대판 1991.10.11. 90누5443)하고 있다.

204) 김동희, I, 제13판, 743면; 박균성, 행정법론(상), 제6판, 1042면; 장태주, 제5판, 780면; 홍정선, 상, 902면 등

205) 홍정선 등

정하는 소송이 아니라 행정청의 처분등이나 부작위의 위법성을 확인(확인의 소의 성질)하여 적극적·소극적 위법상태를 배제(형성의 소의 성질)하는 소송이고, 다만 취소소송이나 무효확인소송은 처분등의 위법성을 확인하여 그 처분등의 법적 효과를 배제한다는 점에서 형성의 소의 성질이 강하다고 할 수 있다. 그런데 항고소송에서의 형성의 소의 의미는 민사소송에서의 형성의 소와 같이 법률관계의 변동을 요구하는 소의 의미가 아니라 위법한 행정처분의 법적 효과의 배제를 요구하는 소라는 의미에서 소극적 형성의 소이므로 행정처분을 취소하는 확정판결이 있으면 그 취소판결 자체의 형성력에 의하여 처분의 효력은 처분청의 별도의 행위를 기다릴 것이 없이 당연히 소멸되지만, 그로 인하여 당해 처분을 기초로 한 법률관계에 변동을 초래하게 되더라도 이는 취소판결 자체의 형성력에 의한 것이 아니다. 따라서 행정소송법 제20조 제1항의 제3자효를 취소판결의 형성력이 제3자에 대하여도 미친다는 것을 규정한 것으로 해석해서는 아니된다.

행정소송법 제29조 제1항의 제3자효는 취소판결뿐만 아니라 무효등확인소송과 부작위위법확인소송의 인용판결에도 인정되는 효력으로서 모든 항고소송에 인정되지만(제38조 제1항, 제2항), 당사자소송에는 인정되지 않는 이유도 여기에 있다(제44조 제1항 참조).

(2) 소급효

1) 문제점

의사표시에 관한 규정은 그 성질에 반하지 않는 한 민법규정이 유추적용되므로 행정행위의 직권취소의 경우 그 취소의 효과에 대하여는 의사표시의 취소에 관한 민법 제141조가 유추적용되어 따라 소급효를 가진다. 그런데 취소판결의 효력이 소급효를 갖는지 갖는다면 그 근거규정이 무엇인지에 대하여는 견해가 대립한다.

2) 학설

다수설은 행정소송법 제29조 제1항을 들어 취소판결의 형성력의 효과로 설명하나,[206] 최근에는 소급효에 관한 명문의 규정은 없지만 취소소송제도의 본질상 인정되는 효력이라고 보거나[207] 법률관계의 안정을 위하여 특별한 규정이 없는 한 취소소송은 원칙적으로 장래적 형성소송이라는 견해[208] 등이 나타나고 있다.

3) 검토

그러나 이러한 견해 등은 타당하지 못하다. 취소소송은 형성의 소이기 때문에 취소판결에 당연히 형성력이 인정되지만 당연히 소급효도 있다고 할 수는 없는 것이다. 그것은 입

---

206) 예 : 홍정선, 특강, 제6판, 694면 등
207) 박균성, 강의, 제4판, 970면
208) 장태주, 개론, 2007, 705면

법정책의 문제인데, 독일과 달리 우리 입법자는 항고소송의 취소판결에 있어서는 법적 안정성보다는 국민의 권리구제를 더욱 중시하여 행정소송법 제12조 제2문 및 행정심판법 제9조 제1항 제2문에서 취소판결이나 취소재결에 소급효가 있음을 규정하고 있다고 보아야 한다(이에 대한 자세한 것은 전술한 "행정소송법 제12조 제2문의 규정취지" 부분을 참조하라).

(3) 제3자효

1) 제3효의 인정취지 및 제3자의 범위

처분 등을 취소하는 확정판결은 당해 소송의 당사자뿐만 아니라 제3자에 대해서도 효력을 미친다(행정소송법 제29조 제1항). 이러한 취소판결의 제3자효 규정은 집행정지의 결정 또는 집행정지결정의 취소결정은 물론 무효등확인소송과 부작위위법확인소송의 인용판결에도 준용된다(행정소송법 제29조 제2항, 제38조 제1항, 제2항).

그런데 이와 같이 제3자에 대하여 항고소송의 인용판결의 효력을 인정한 취지 및 제3자의 의미에 대하여는 학설이 대립하고 있다.

가. 학설

제3자효의 인정취지에 대해서는 i) 승소자의 권리를 확실히 보장하기 위한 것으로 보는 견해[209]와 ii) 형성판결의 내용에 따르는 법률관계 등을 통일적으로 확보하려는 데에 있다는 견해[210]가 대립하고 있고, **제3자의 범위**와 관련하여서는 i) 소송에 참가하여 재판상 청문권을 행사할 기회를 갖지 않은 제3자에게 형성력이 미치는 것은 재판받을 권리를 침해하는 것이므로 소송에 참가한 제3자에게만 형성력이 미친다는 상대적 형성력설[211]과 ii) 행정법관계의 획일적인 규율의 요청과 법률상태변경의 명확화 요청에 비추어 소송에 참사하지 못한 일반 제3자에게도 형성력이 미친다는 절대적 형성력설[212]이 대립한다.

나. 검토[213]

살피건대 당사자의 의사표시를 구성요건으로 하는 법률행위는 그 당사자만을 구속하고 그 당사자의 법률관계에 관한 민사소송에서 판결의 효력은 소송당사자에게만 미치지만, 법적 규율로서의 행정행위(처분이나 부작위)는 사회구성원 각자, 즉 처분의 상대방뿐만 아니라 이해관계 있는 제3자도 구속하기 때문에 행정소송법 제29조 제1항은 그 행정행위에 대한 항고소송인용판결의 효력은 소외의 제3자에게도 미친다고 규정하고 있는 것으로 보아야 한다. 그리하여 행정소송법은 소송에 관여하지 않은 제3자가 불의의 손해를 입지 않도록 하

209) 홍정선, 특강, 제6판, 694면

210) 박균성, 강의, 제4판, 971면; 정하중, 개론, 제3판, 761면 등

211) 김동희, I, 711면

212) 김철용, I, 737면; 박윤흔, 최신(상), 1007면 등 다수설

213) 작금의 우리 행정법학계의 이와 같은 논란 역시 본질적으로 법률행위와 행정행위를 구별하지 못하고 민사소송과 항고소송을 구별하지 못하고 있는데서 비롯된 것이라고 할 것이다.

기 위하여 판결의 효력을 받는 제3자의 소송참가를 인정하고(제16조), 자기에게 책임없는 사유로 소송참가를 하지 못함으로써 판결결과에 영향을 미칠 공격·방어방법을 제출하지 못한 때에는 이를 이유로 확정된 종국판결에 대하여 제3자의 재심청구를 인정하고 있는 것이다(행정소송법 제31조). 따라서 일반 제3자에게도 판결의 효력이 미친다고 보아야 할 것이다.

다만 제3자에게 미치는 판결의 효력은 — 작금의 학설이 인식하고 있는 것처럼 취소판결 자체의 형성력이 아니라 — 인용판결의 기판력의 반사적 효력이 제3자에게 미친다고 보아야 한다. 그렇다면 당사자 이외의 제3자에게 미치는 항고소송 인용판결의 기판력의 반사적 효력의 의미는 무엇인지를 구체적으로 규명할 필요가 있다.

2) 항고소송 인용판결의 효력으로서의 제3자효의 의미

앞에서 살펴본 바와 같이 항고소송에서의 행정처분의 위법성을 확인하여 그 위법상태를 배제하는 확정판결인 인용판결을 있게 되면 취소소송의 경우 형성력에 의하여 〈행정처분〉의 효과가 소멸된다고 하더라도 〈그 행정처분을 기초로 하여 형성된 제3자의 권리관계〉에까지 취소판결 자체의 형성력이 미치는 것이라고 볼 수는 없다. 그런데 당연무효 아닌 하자있는 행정행위에는 권한 있는 기관이 그 위법성을 확인하여 위법상태를 배제할 때까지 사실상 그 적법성을 추정하여 유효하게 통용시키는 공정력이 인정되므로 이러한 잠정적으로 적법·유효한 행정행위라도 행정행위는 권한 있는 기관의 법적 규율이므로 법적 안정성의 관점에서 사회구성원 각자는 그 행정행위를 신뢰하고 그것을 기초로 하여 새로운 법률관계가 형성될 수 있다. 그리하여 이러한 행정행위를 기초로 하여 형성된 법률관계를 통일적으로 확보하기 위하여 행정소송법은 판결의 효력이 제3자에게도 미친다고 규정하고 있는 것이다.

그런데 일반적으로 확정판결을 받은 당사자와 실체법상 특수한 의존관계에 있는 제3자에게 판결의 효력이 이익 또는 불이익하게 영향을 미치는 경우를 반사적 효력이라 하는바, 이는 법률에서 판결의 존재를 요건사실로 하여 일정한 법률효과의 발생을 규정한 법률요건적 효력의 일종이다. 다만 이러한 반사적 효력은 사실상 기판력의 제3자에 대한 확장을 뜻하므로 명문의 규정이 필요하다고 할 것인바, 행정소송법 제29조 제1항은 이를 규정한 것이라고 보아야 한다. 이는 사단관계에서의 분쟁을 통일적으로 해결하기 위해 "회사설립무효 또는 취소판결은 제3자에 대하여도 그 효력이 있다"고 규정(상법 제190조 본문)하여 제3자에게도 판결의 반사적 효력을 미치게 한 것과 같은 법리이다.[214)]

이러한 법리에 따라 판례도 "처분 등을 취소하는 확정판결이 제3자에 대하여도 효력이 있다고 하더라도 일반적으로 판결의 효력은 주문에 포함한 것에 한하여 미치는 것이니 그

214) 참고로 행정소송법 제29조 제1항과 같은 규정이 없는, 사적자치의 원칙이 지배하는 민사소송에 있어서는 예컨대 제3자인 채무자가 채권자대위권에 의한 소송이 제기된 것을 알았을 경우에는 그 확정판결의 효력은 채무자에게도 미친다고 보고 있다(전합 1975.5.13. 74다1164; 1991.12.27. 91다23486 등).

취소판결 자체의 효력으로써 그 행정처분을 기초로 하여 새로 형성된 제3자의 권리까지 당연히 그 행정처분 전의 상태로 환원되는 것이라고 할 수 없고, 단지 취소판결의 존재와 취소판결에 의하여 형성되는 법률관계를 소송당사자가 아니었던 제3자라 할지라도 이를 용인하지 않으면 아니 된다는 것을 의미하는 것에 불과하다 할 것이며, 따라서 취소판결의 확정으로 인하여 당해처분을 기초로 새로 형성된 제3자의 권리관계에 변동을 초래하는 경우가 있더라도 이는 취소판결 자체의 형성력에 의한 것이 아니라 취소판결의 위와 같은 의미에서의 효력의 반사적 효과로서 그 취소판결이 제3자의 권리관계에 대하여 그 변동을 초래할 수 있는 새로운 법률요건이 되는 까닭이라 할 것이다"고 판시(대판 1986.8.19. 83다카2022 참조)하고 있는 것이다.[215]

3. 소결

위와 같은 법리에 따라 사안을 검토해 보면, 환지계획변경처분을 취소하는 판결이 확정됨으로써 이 사안 토지들에 대한 甲 명의의 소유권이전등기가 그 원인 없는 것으로 환원되는 결과가 초래되었다 하더라도 동 소유권이전등기는 위 취소판결 자체의 효력에 의하여 당연히 말소되는 것이 아니라 乙이 위 취소판결의 존재를 법률요건으로 주장하여 甲에게 그 말소를 구하는 소송을 제기하여 승소의 확정판결을 얻어야 비로소 말소될 수 있는 것이며, 위 말소청구소송에서의 승패 또한 위 취소판결의 존재가 주장되었다는 한 가지 사실만으로 미처 판가름 나 있는 것이라 할 수 없고 당사자의 주장 · 입증 내용에 따라 달라질 여지가 있는 것이라 할 것이므로 甲은 乙이 甲을 상대로 한 위 말소청구의 소장부본을 송달받은 때가 아니라 위 말소청구의 소에서 甲의 패소가 확정됨으로써 비로소 그 손해를 알게 되었다고 보아야 한다. 따라서 乙이 甲을 상대로 하여 제기한 소유권이전등기말소청구의 소에서 甲의 패소가 확정된 날이 2006.9.13이고 甲이 그로부터 3년이 경과하기 전인 2009.8.11. A광역시에 대하여 위 손해의 배상청구에 이르렀다면 甲의 손해배상청구권은 아직 그 소멸시효가 완성되지 않았다고 보아야 한다.

---

215) 그리하여 판례는 〈환지계획변경처분에 의해 취득한 토지를 제3자에게 양도한 후 동 환지계획변경처분이 취소된 경우 취소소송을 제기한 자가 동 취소판결을 근거로 동 토지를 양수한 제3자에 대한 소유권이전등기말소청구소송에서 제3자가 패소하여 소유권을 상실함으로 인하여 발생한 손해의 배상을 청구한 제3자의 국가배상청구사건〉에서, "이 사건에 있어서 위 환지계획변경처분을 취소하는 판결이 확정됨으로써 이 사건 토지들에 대한 원고들 명의의 소유권이전등기가 그 원인없는 것으로 환원되는 결과가 초래되었다 하더라도 동 소유권이전등기는 위 취소판결 자체의 효력에 의하여 당연히 말소되는 것이 아니라 소외 이석구가 위 취소판결의 존재를 법률요건으로 주장하여 원고들에게 그 말소를 구하는 소송을 제기하여 승소의 확정판결을 얻어야 비로소 말소될 수 있는 것이며, 위 말소청구소송에서의 승패 또한 위 취소판결의 존재가 주장되었다는 한 가지 사실만으로 미처 판가름 나 있는 것이라 할 수 없고 당사자의 주장 입증 내용에 따라 달라질 여지가 있는 것이라 할 것이므로 원고등은 소외 이석구가 원고등을 상대로 한 위 말소청구의 소장부본을 송달받은 때가 아니라 위 말소청구의 소에서 원고들의 패소가 확정됨으로써 비로소 그 손해를 알게 되었다고 봄이 상당하다."고 판시(대판 1986.8.19. 83다카2022)하였다.

결국 설문의 법원이 甲의 손해배상청구권이 이미 그 소멸시효가 완성된 것으로 판단하였음은 행정소송법 제29조 제1항 소정의 처분 등을 취소하는 확정판결의 효력으로서의 제3자효의 의미를 잘못 파악하거나 불법행위로 인한 손해배상청구권의 단기소멸시효의 기산점에 관한 법리를 오해한 나머지 판결결과에 영향을 미친 위법을 저지른 것이라 평가할 수 있을 것이다.

Ⅳ. 사안의 해결

설문 (1)에서 하자있는 행정행위의 위법성을 확인하여 위법상태를 배제하는 소송인 항고소송과 법률관계의 당사자의 권리의무의 존부를 공권적으로 판단하는 일반소송은 그 본질이 다르므로 민사소송에서의 위법내용과 항고소송에서의 위법내용은 서로 전혀 달라서, 甲이 토지의 소유권을 상실하는 손해를 입었음을 이유로 A광역시를 상대로 한 국가배상청구소송을 제기한 경우, 법원은 甲에게 국가배상청구권이 성립하기 위한 요건으로서 환지계획변경처분의 위법 여부를 당연히 심사할 수 있다.

설문 (2)에서 법원이 甲의 손해배상청구권이 이미 그 소멸시효가 완성된 것으로 판단하였음은 행정소송법 제29조 제1항 소정의 처분 등을 취소하는 확정판결의 효력으로서의 제3자효의 의미를 잘못 파악하거나 불법행위로 인한 손해배상청구권의 단기소멸시효의 기산점에 관한 법리를 오해한 나머지 판결결과에 영향을 미친 위법을 저지른 것이라 평가할 수 있다.

제 5 절 행정상 손해전보

〈사례연습 41〉 국가배상법과 자배법의 관계, 국가배상법 제2조 책임의 성질과 공무원의 대외적 책임 인정 여부

공무원 乙은 2008. 8. 8. 21:40경 공무를 집행하기 위해 그 소유의 엑셀승용차를 운전하고 인천 서구 시천동 46의 2 앞 편도 1차 도로를 계양동 방면에서 시천삼거리 방면으로 시속 약 50km로 진행하게 되었는바, 그 곳은 약 15% 정도의 굽이길이므로 속도를 줄이고 전방을 잘 살피면서 조향장치를 정확하게 조작하여 안전하게 운전하여야 함에도 이를 게을리한 채 졸면서 같은 속도로 그대로 진행한 과실로 위 승용차가 반대차선을 지나 농수로 복개 지점에 전복되게 하여 위 차량의 운전석 옆좌석에 탑승하고 있던 甲으로 하여금 차 밖으로 튕겨져 나가 농수로에 빠져 익사하게 하였다.

(1) 공무원 乙은 甲의 유족들에게 직접 자동차손해배상보장법상 배상책임을 지는가? 만약 위 사안에서 공무원 乙이 운전한 차량이 관용차량이었다면 공무원 乙이 甲의 유족들에게 자동차손해배상보장법상 배상책임을 지는가? (15점)

(2) 甲의 유족들은 공무원 乙에게 인적 손해 이외의 손해에 대한 배상을 청구할 수 있는가? (15점)

[참조조문]

헌법 제29조 ① 공무원의 직무상 불법행위로 손해를 받은 국민은 법률이 정하는 바에 의하여 국가 또는 공공단체에 정당한 배상을 청구할 수 있다. 이 경우 공무원 자신의 책임은 면제되지 아니한다.

국가배상법 제2조(배상책임) ① 국가 또는 지방자치단체는 공무원이 그 직무를 집행함에 당하여 고의 또는 과실로 법령에 위반하여 타인에게 손해를 가하거나, 자동차손해배상보장법의 규정에 의하여 손해배상의 책임이 있는 때에는 이법에 의하여 그 손해를 배상하여야 한다. 〈단서생략〉

② 제1항 본문의 경우에 공무원이 고의 또는 중대한 과실이 있는 때에는 국가 또는 지방자치단체는 그 공무원에게 구상할 수 있다.

제8조(타법과의 관계) 국가 또는 지방자치단체의 손해배상책임에 관하여는 이 법의 규정에 의한 것을 제외하고는 민법의 규정에 의한다. 다만 민법이외의 법률에 다른 규정이 있을 때에는 그 규정에 의한다.

자동차손해배상보장법 제3조(자동차손해배상책임) 자기를 위하여 자동차를 운행하는 자는 그 운행으로 인하여 다른 사람을 사망하게 하거나 부상하게 한 때에는 그 손해를 배상할 책임을 진다. 다만, 다음 각 호의1에 해당하는 경우에는 그러하지 아니하다.

1. 승객이 아닌 자가 사망하거나 부상한 경우에 있어서 자기와 운전자가 자동차의 운행에 관하여 주의를 게을리 하지 아니하고, 피해자 또는 자기 및 운전자외의 제3자에게 고의 또는 과실이 있으며, 자동차의 구조상의 결함 또는 기능에 장해가 없었다는 것을 증명한 때
2. 승객이 사망하거나 부상한 경우에 있어서 그 사망 또는 부상이 그 승객의 고의나 자살행위로 인한 것인 때

도로교통법 제48조(안전운전의 의무) 모든 차의 운전자는 차의 조향장치 · 제동장치와 그 밖의 장치를 정확하게 조작하여야 하며, 도로의 교통상황과 차의 구조 및 성능에 따라 다른 사람에게 위험과 장애를 주는 속도나 방법으로 운전하여서는 아니 된다.

[관련논점]

— 국가배상법과 자동차손해배상보장법의 관계

— 국가배상법 제2조 제1항 본문 후단의 해석

— 공무원이 운전하다 인신사고를 낸 경우 자배법상 손해배상책임의 주체

— 국가배상법 제2조의 법적 성질과 공무원개인의 대외적 책임인정 여부

[답안구성]

Ⅰ. 논점의 정리
Ⅱ. 설문 (1)의 해결
1. 문제의 소재
2. 국가배상법과 자배법의 관계
(1) 국가배상법 제2조 제1항 본문 후단의 의미
(2) 국가배상법과 다른 법과의 관계
(3) 자배법상 책임의 인정 요건
(4) 자배법상 손해배상책임의 범위
3. 공무원 乙이 공무를 수행하기 위하여 자기소유 차량을 운전하다가 인신사고가 발생한 경우 자배법상 손해배상책임의 주체
4. 공무원 乙이 공무를 수행하기 위하여 관용차량을 운전하다가 인신사고가 발생한 경우 자배법상 손해배상책임의 주체
5. 소결
Ⅲ. 설문 (2)의 해결
1. 문제의 소재
2. 국가배상법 제2조 제1항 본문의 요건 충족 여부
3. 공무원 乙의 甲의 유족들에 대한 국가배상책임 인정 여부
(1) 문제점
(2) 국가배상책임의 성질과 가해공무원의 대외적 책임
1) 학설
가. 대위책임설
나. 자기책임설
다. 중간설
라. 절충설
2) 판례
가. 다수의견
나. 별개의견
다. 반대의견
3) 검토
가. 과실책임주의
나. 면제되지 아니하는 공무원 자신의 책임의 내용
다. 결론
(3) 사안의 경우
4. 소결
Ⅳ. 사안의 해결

Ⅰ. 논점의 정리

설문 (1)의 경우 국가배상법 제2조 제1항 본문 후단의 의미와 관련하여 자배법상 책임

의 주체가 누구인지, 국가배상책임과 자배법상 책임의 관계가 문제된다.

설문 (2)에서는 공무원의 직무상 불법행위로 인하여 국가배상책임이 성립한 경우에 피해자인 국민이 공무원 개인에게 손해배상을 청구할 수 있는지 여부가 문제되고 있는바, 이를 규명하기 위해서는 헌법 제29조 제1항 및 국가배상법 제2조의 취지 및 책임의 성질 등을 살펴보아야 한다.

Ⅱ. 설문 (1)의 해결

1. 문제의 소재

자동차 운행으로 말미암아 타인에게 인적 손해를 입힌 경우에는 자배법의 적용을 받게 된다. 한편 국가배상법의 적용범위와 관련하여 제8조는 국가배상에 관한 특별법이 있는 경우에는 특별법이 적용되고 국가배상법 및 특별법 이외의 사항에 대하여는 민법이 적용된다고 규정하고 있다. 그런데 국가배상법 제2조 제1항 본문은 "국가 또는 지방자치단체는 공무원이 그 직무를 집행함에 당하여 고의 또는 과실로 법령에 위반하여 타인에게 손해를 가하거나, 자동차손해배상보장법에 의하여 손해배상책임이 있는 때에는 이 법에 의하여 손해를 배상하여야 한다."고 규정하고 있는바, 이 경우 동 조항 후단의 의미를 어떻게 해석해야 할지가 문제된다.

2. 국가배상법과 자배법의 관계

(1) 국가배상법 제2조 제1항 본문 후단의 의미

국가배상법 제2조 제1항 본문 중 후단의 해석과 관련하여서는 ⅰ) 공무원이 자배법상 손해배상책임이 있는 경우 국가 등이 국가배상책임을 진다고 보거나 ⅱ) 공무원이 직무집행에 당하여 자배법상 책임이 있는 경우 국가 등의 책임을 지는 것으로 볼 수도 있으나, ⅲ) 국가배상법 제2조 제1항 본문 후단의 주체를 '국가 또는 지방자치단체'로 보아 국가 등에게 자배법상의 책임이 인정되는 경우, 그 손해배상청구절차를 국가배상법에 의한 절차에 따르도록 규정하고 있다고 해석하는 것이 문리적으로 타당할 뿐 아니라 자동차손해배상보장법에 의하여 국가가 손해배상책임이 있을 때에도 국가배상법의 적용을 받게 하려는 입법취지에 부합한다고 할 것이다.

따라서 공무원의 자동차운행에 대한 국가의 운행지배가능성이 인정되면 국가는 특별법인 자동차손해배상보장법상의 손해배상책임을 지며, 국가배상법 제2조 제1항 본문 후단에 따라 다만 그 청구절차는 국가배상법에 의한 절차에 따라야 한다.

(2) 국가배상법과 다른 법과의 관계

국가배상법의 적용범위와 관련하여 국가배상법 제8조는 국가배상에 관한 특별법이 있는 경우에는 특별법이 적용되고 국가배상법 및 특별법 이외의 사항에 대하여는 민법이 적용된다고 규정하고 있다.

이러한 국가배상법 제8조와 자동차손해배상보장법의 입법취지에 비추어 볼 때, 자배법 제3조는 자동차의 운행이 사적인 용무를 위한 것이건 국가 등의 공무를 위한 것이건 구별하지 아니하고 민법이나 국가배상법에 우선하여 적용된다고 보아야 한다.

따라서, 일반적으로 공무원의 공무집행상의 위법행위로 인한 공무원 개인의 책임의 내용과 범위는 국가배상법의 규정과 해석에 따라 정하여 질 것이지만, 자동차의 운행으로 말미암아 다른 사람을 사망하게 하거나 부상하게 함으로써 발생한 인적 손해에 대한 공무원의 손해배상책임의 내용과 범위는 자동차손해배상보장법이 정하는 바에 의할 것이다.

(3) 자배법상 책임의 인정 요건

이러한 자배법상 책임이 인정되기 위해서는 i) 자기를 위하여 자동차를 운행할 것, ii) 다른 사람의 인체에 대하여 손해가 발생할 것, iii) 인체의 손해가 자동차의 운행으로 생길 것, iv) 면책사유가 없을 것 등의 요건이 필요하다(자배법 제3조). 따라서 자배법상의 손해배상책임은 면책사유가 없는 한 과실유무에 관계없이 책임을 지는 사실상의 무과실책임이라 할 수 있다.

여기서 자배법 제3조 소정의 "자기를 위하여 자동차를 운행하는 자"는 자동차에 대한 운행을 지배하여 그 이익을 향수하는 책임주체로서의 지위를 가지는 자를 가리키는 것이고, 운행지배와 운행이익은 통상적으로 자동차의 소유주에게 귀속된다(대판 1986.12.23. 86다카556 등).

(4) 자배법상 손해배상책임의 범위

자배법상 손해배상책임은 인적 손해에 한하여 손해를 전보하는 것이므로, 일반손해에 대하여는 원래의 청구권의 근거규범, 즉 국가배상법이나 민법에 의하여야 한다(제4조).

3. 공무원 乙이 공무를 수행하기 위하여 자기소유차량을 운전하다가 인신사고가 발생한 경우 자배법상 손해배상책임의 주체

공무원 乙이 위 사고 당시 운전한 차량이 乙 개인 소유인 이상 비록 이 사안 사고 당시에 공무를 수행하기 위하여 위 차를 운행하였다고 하더라도 乙 개인이 자배법 제3조의 '운행자'라고 할 것이므로, 앞에서 본 공무원 개인책임에 관한 일반적 법리에 앞서 자배법이 우선하여 적용되는 결과, 乙 개인이 자배법 제3조 소정의 손해배상책임을 부담하게 된다.

특히 이 사안의 경우와 같이 승객이 사상한 사고의 경우에는 자배법 제3조 단서 제2호에 사고가 승객의 고의 또는 자살행위에 기하지 아니하는 한 운행자는 배상책임을 면할 수 없도록 규정하고 있으므로 면책사유도 인정될 수 없다고 하겠다.

4. 공무원 乙이 공무를 수행하기 위하여 관용차량을 운전하다가 인신사고가 발생한 경우 자배법상 손해배상책임의 주체

자배법 제3조 소정의 "자기를 위하여 자동차를 운행하는 자"는 자동차에 대한 운행을 지배하여 그 이익을 향수하는 책임주체로서의 지위를 가지는 자를 가리키는 것이고, 운행지배와 운행이익은 통상적으로 자동차의 소유주에게 귀속되는 것이므로, 乙이 운전한 차량이 관용차량일 경우 대한민국이 그 운행자이므로 대한민국이 자배법상의 손해배상책임을 지게 된다.

판례도 "공무원이 그 직무를 집행하기 위하여 국가 또는 지방자치단체 소유의 관용차를 운행하는 경우, 그 자동차에 대한 운행지배나 운행이익은 그 공무원이 소속한 국가 또는 지방자치단체에 귀속된다고 할 것이고, 그 공무원이 개인적으로 그 자동차에 대한 운행지배나 운행이익을 가지는 것이라고 볼 수 없으므로, 그 공무원이 자기를 위하여 관용차를 운행하는 자로서 같은 법조 소정의 손해배상책임의 주체가 될 수 없는 것이다"고 판시(대판 1992.2.25. 91다12356)하였다.

5. 소결

결국 국가배상법 제8조와 자동차손해배상보장법의 입법취지에 비추어 볼 때, 자배법 제3조는 자동차의 운행이 사적인 용무를 위한 것이건 국가 등의 공무를 위한 것이건 구별하지 아니하고 민법이나 국가배상법에 우선하여 적용된다고 보아야 한다. 따라서 공무원 乙이 공무를 수행하기 위하여 자기소유차량을 운전하다가 인신사고가 발생한 경우에는 공무원 乙이 자배법상 책임의 주체로서 甲의 유족들에 대하여 자배법상 손해배상책임을 지고, 공무원 乙이 공무를 수행하기 위하여 관용차량을 운전하다가 인신사고가 발생한 경우에는 운해지배와 운행이익은 대한민국에게 귀속되므로 甲의 유족들은 자배법상 손해배상책임을 국가배상법이 정하는 절차에 따라 국가에 대하여 그 손해배상을 청구하여야 할 것이다.

Ⅲ. 설문 (2)의 해결

1. 문제의 소재

사안의 경우 국가배상책임이 성립하는지, 성립한다면 甲의 유족들은 乙에게 손해배상을 청구할 수 있는지가 문제되는바, 이를 해명하기 위해서는 헌법 제29조 제1항 및 국가배상법 재2조의 취지 및 국가배상법 제2조 책임의 법적 성질 등을 살펴보아야 한다.

2. 국가배상법 제2조 제1항 본문의 요건 충족 여부

국가배상책임이 성립하기 위해서는 i) 공무원이 ii) 직무를 집행함에 당하여 iii) 고의 또는 과실로 법령에 위반한 행위로써 iv) 타인에게 손해를 가하였을 것을 요한다.

사안의 경우 공무원 乙이 공무를 집행하기 위하여 자기소유 차량을 운전하고 가다가 과실로 도로교통법 제48조 등의 안전의무에 위반하여 甲을 익사하게 하는 피해를 발생하게 하였으므로 국가배상책임이 성립한다.

따라서 사망한 甲의 유족들은 인적 손해에 대하여는 자동차손해배상보장법상의 손해배상책임을, 그 밖의 재산적·정신적 손해에 대해서는 국가배상책임을 청구할 수 있는바, 후자의 경우 공무원 乙 개인에게 이러한 손해배상책임을 직접 청구할 수 있는지가 문제된다.

3. 공무원 乙의 甲의 유족들에 대한 국가배상책임 인정 여부

(1) 문제점

국가 등에게 국가배상책임이 성립하는 경우 가해공무원 개인에게 별도로 손해배상을 청구할 수 있는지가 문제된다. 이 문제는 가해공무원의 대외적 책임은 헌법 제29조 제1항 단서 소정의 "이 경우 공무원 자신의 책임은 면제되지 아니한다"는 규정 또는 국가배상법 제2조 제2항 규정을 가해공무원의 대외적 책임규정으로도 해석할 수 있는가의 문제로서 국가배상책임의 성질론과도 관련된 문제라고 할 수 있다.

(2) 국가배상책임의 성질과 가해공무원의 대외적 책임

1) 학설

가. 대위책임설

배상책임은 원래 가해공무원 자신이 부담하여야 할 책임이나 국가 또는 지방자치단체가 이를 대신하여 지는데 불과하다고 한다. 공무원의 위법행위는 국가 등의 기관으로서의 행위로 볼 수 없으며, 배상능력이 충분한 국가 등이 배상하는 것이 피해구제목적에 합당하고 공무원의 부담을 경감시켜 행정의 원활한 수행을 도모할 수 있다는 것이 그 논거이다. 이 견해에 의하면 공무원에게 불법행위책임이 성립되어야만 이를 대신하는 국가책임이 성립되기 때문에 과실책임주의에 입각하게 된다.

따라서 가해공무원의 책임과 관련하여서는 그 논리적 귀결로서 대외적으로 국민에 대한 공무원의 개인책임을 부정하고, 대내적인 국가의 구상권 행사는 긍정하게 된다.

나. 자기책임설

배상책임은 국가 등의 기관(공무원)의 행위라는 형식을 통하여 국가 등이 직접 부담하는 자기책임이며, 민사상 법인의 불법행위책임에 해당한다고 한다. 이는 국가 등은 그 기관인 공무원을 통하여 행위를 하기 때문에 공무원의 행위의 효과는 위법·적법 여부에 관계없이 국가에 귀속되고 국가배상책임은 위험책임의 성질을 갖는다는 데에 근거를 두고 있다.

따라서 이 입장에서는 국가의 기관책임과 공무원의 개인책임이 별도로 존재하므로 선택적 청구를 긍정하나, 국가의 구상권 행사에 대하여는 논리적으로 부정하게 된다.

다. 중간설

공무원의 위법행위가 고의 또는 중과실에 기인하는 경우에는 기관의 행위로서의 성질을 상실하여 대위책임이지만, 경과실에 의한 경우에는 기관의 행위로 보아야 하므로 국가 등의 자기책임이라고 한다. 법 제2조 제2항을 그 근거로 든다.

따라서 이 입장에서는 공무원의 위법행위가 경과실에 의한 경우에만 피해자의 선택적 청구를 긍정하고, 국가 등의 구상권 행사는 고의·중과실에 의한 경우에만 긍정한다.

라. 절충설

공무원의 위법행위가 경과실에 의한 경우에는 자기책임이나, 고의·중과실의 경우의 배상책임은 공무원 개인의 책임이고, 다만 당해 행위가 직무행위로서 외형을 갖추고 있는 한 피해자 구제에 만전을 기하기 위하여 국가 등도 일종의 자기책임을 부담한다고 한다.

그런데 이 견해는 국가 등의 구상권 행사는 고의·중과실의 경우에만 긍정하나, 피해자의 선택적 청구에 대해서는 공무원의 위법행위가 고의·중과실의 경우 선택적 청구를 긍정하고, 경과실로 인한 경우에는 이를 부정한다.

2) 판례

가. 다수의견

1996년 대법원전원합의체 판결의 다수의견은 "국가배상법 제2조 제1항 본문 및 제2항의 입법취지에 비추어 공무원의 경과실에 기한 행위는 국가 등의 기관의 행위로 보아 그로 인한 손해에 대한 배상책임도 국가 등에만 귀속되고, 반면 고의·중과실에 기한 행위는 기관으로서의 품격을 상실하여 공무원 개인에게 배상책임을 부담시키되, 외관상 공무원의 직무수행으로 보여질 때에는 피해자보호를 위해 국가 등이 공무원 개인과 중첩적으로 배상책임을 부담하되, 국가 등이 배상책임을 지는 경우에는 공무원 개인에게 구상할 수 있도록 함으로써 궁극적으로 그 책임이 공무원 개인에게 귀속되도록 하려는 것이라고 봄이 합당하다"고 판시(전합 1996.2.15. 95다38677)하였다.[216]

216) 대법원 전원합의체 판결의 다수의견에 대하여, 학설은 일반적으로 절충설을 취하고 있는 것으로 보고

나. 별개의견

한편, 별개의견은 "헌법 제29조 제1항 단서의 공무원의 개인책임은 그 본문과 연관하여 보면 직무상 불법행위를 한 그 공무원 개인의 불법행위책임임이 분명하며, 국가배상법 제2조 제2항은 국가 등과 공무원 사이의 대내적 구상관계만을 규정함으로써, 즉 경과실의 경우에는 공무원에 대한 구상책임을 면제하는 것만으로써 공무집행의 안전성을 확보하려는 것이고, 피해자인 국민과 공무원 사이의 대외적 책임관계를 규율하는 취지로는 볼 수 없다"고 하면서, "공무원의 직무상 경과실로 인한 불법행위의 경우에도 공무원 개인의 피해자에 대한 손해배상책임은 면제되지 아니한다고 해석하는 것이 타당하다"고 하였다.

다. 반대의견

이에 대해 반대의견은 "헌법 제29조 제1항 및 국가배상법 제2조 제1항의 규정이 공무원의 직무상 불법행위에 대하여 자기의 행위에 대한 책임에서와 같이 국가 등의 무조건적인 배상책임을 규정한 것은 오로지 변제 자력이 충분한 국가 등으로 하여금 피해자구제에 만전을 기한다는 것에 그치는 것이 아니라, 더 나아가 공무원들로 하여금 적극적이고 능동적으로 공무를 수행하게 하기 위하여 공무원 개인의 배상책임을 면제한다는 것에 초점이 있다고 보아야 한다."면서 "공무원 개인은 고의·중과실이 있는 경우에도 피해자에 대하여 손해배상책임을 지지 않는 것으로 보아야 한다."고 하여 대위책임설의 입장을 피력하였다.

3) 검토

국가배상의 성질을 파악하기 위해서는 근본적으로 실정법인 헌법 제29조 제1항과 이에 따라 규정된 국가배상법 제2조의 해석에 의하여야 한다.

가. 과실책임주의

그런데 헌법 제29조 제1항과 이에 따른 국가배상법 제2조 제1항은 국가배상책임을 과실책임으로 규정하고 있다. 이 점에서 보면 우선 과실책임주의를 전제로 하는 대위책임설이 타당하고, 위험책임을 전제로 하는 자기책임설은 타당하지 못하다.

나. 면제되지 아니하는 공무원 자신의 책임의 내용

헌법 제29조 제1항은 본문에서 '피해자는 국가 등에 손해배상을 청구할 수 있다'고 규정

있다. 즉 공무원의 경과실의 경우 공무원의 행위를 기관의 행위로 보고 있기 때문에 자기책임이라고 보는 것이 논리적이라고 한다(박균성, 행정법 강의, 460면 특히 판례의 다수의견의 입장을 자신의 견해로 취하여 신자기책임설이라고 명명한다). 그러나 판례의 다수의견은 국가배상법 제2조 제2항의 취지를 고려하여 경과실에 의한 공무원의 행위를 기관의 행위로 보지만, 자기책임설과는 달리 공무원 개인의 피해자에 대한 직접적인 배상을 부정하고 — 이에 대하여 심지어 자기책임설의 입장에서, 경과실의 경우 가해공무원의 개인책임을 전적으로 부정하는 것은 헌법 제29조 1항의 해석상 부당하다는 비판도 있다(홍준형, 행정구제법, 1999, 777면) — 오히려 대위책임설과 같이 국가 등에게만 배상책임을 인정하고 있는 점에서 이러한 주장은 타당하지 못하다.

하고 있고, 국가배상법 제2조 제1항 본문은 '국가 등은 그 손해를 배상하여야 한다.'고 규정하고 있으며, 헌법 제29조 제1항 단서는 "이 경우 공무원 자신의 책임은 면제되지 아니한다."고 규정하고 있는바, 여기서 "이 경우"는 국가 등이 손해배상책임을 지는 경우를 말하고, "공무원 자신의 책임은 면제되지 아니한다."는 것은 반대해석상 공무원 개인도 책임을 지거나 그 책임이 감경될 수 있음을 규정한 것이라고 보아야 한다. 이러한 문리해석이 타당하다면 헌법 제29조 제1항 단서를 공무원의 대외적 책임규정으로 보는 것은 법치주의원리 내지 평등의 원칙에 반한다. 왜냐하면 불법행위책임에 있어서 국민에 대한 대외적 책임을 특별히 공무원에 대해서만 감경할 수는 없다고 할 것이기 때문이다. 그러므로 결국 헌법 제29조 제1항 단서는 가해공무원의 대내적 책임을 규정한 것이라고 해석하여야 한다. 즉, 헌법 제29조 제1항은 공무원의 불법행위로 국가 등이 배상책임을 지는 경우에(본문) 가해공무원 개인은 감경될 수도 있는 구상책임을 진다는 것(단서)을 규정하고 있는 것이고, 이에 따라 국가배상법 제2조 제1항 본문은 공무원의 불법행위로 인하여 피해를 입은 국민에게 국가 등의 배상책임을 규정하고, 동조 제2항은 공무원이 고의·중과실이 있는 경우에만 대내적인 구상책임을 지도록 규정하고 있다고 보는 것이 헌법 제29조 제1항과 국가배상법 제2조 제1항 본문 및 제2항의 입법취지에 부합하는 해석이라고 할 것이다.

다. 결론

결국 헌법 제29조 제1항 단서 소정의 "공무원 자신의 책임은 면제되지 아니한다."는 것은 공무원의 감경될 수도 있는 대내적 책임을 규정한 것이라고 해석하여야 하므로 가해공무원 자신의 대외적 책임을 긍정하는 자기책임설이나 판례의 별개의견은 타당하지 못하고, 피해자인 국민에 대하여는 언제나 국가 등만이 배상책임을 진다는 대위책임설 및 반대의견이 타당하다. 또한 국가배상법 제2조 제2항은 면제되지 않는 공무원 개인의 대내적 책임에 대하여 고의·중과실의 경우에만 구상할 수 있도록 규정하고 있는 것이므로, 동 조항을 근거로 하여 공무원 개인의 대외적 책임 여부를 파악하는 절충설이나 판례의 다수의견은 타당하지 못하다. 한편 여기서 주의할 것은 공무원의 행위를 국가기관의 행위로 보는 문제와 국가배상책임의 성질을 어떻게 볼 것인가의 문제는 별개의 문제로 보아야 한다는 점이다. 왜냐하면 대위책임설도 공무원의 행위를 국가기관의 행위로 보는 것을 부정하는 것이 아니고, 다만 공무원의 위법한 행위는 기관으로서의 품격을 상실하여 국가 등의 기관으로서의 행위로 볼 수 없기 때문에 그러한 경우에는 국가 등이 대위책임을 진다는 주장이기 때문이다.

(3) 사안의 경우

헌법 제29조 제1항 단서 소정의 "공무원 자신의 책임은 면제되지 아니한다."는 것은 공무원의 감경될 수도 있는 대내적 책임을 규정한 것이라고 해석하여야 하고, 국가배상법 제2조 제2항은 면제되지 않는 공무원 개인의 대내적 책임에 대하여 고의·중과실의 경우에만 구상할 수 있도록 규정하고 있을 뿐이므로, 공무원 乙은 甲의 유족들에 대하여 국가배상법 제2조 제1한 본문 소정의 공무원의 직무상 불법행위에 대하여 공무원 乙이 직접 손해배상 책임을 지지 않는다.

4. 소결

결국 공무원 乙이 공무를 집행하기 위하여 자기소유 차량을 운전하고 가다가 과실로 도로교통법 제48조 등의 안전의무에 위반하여 甲을 익사하게 하는 피해를 발생하게 하였으므로 국가배상책임이 성립한다. 이 경우 사망한 甲의 유족들은 인적 손해에 대하여는 자동차 손해배상보장법상의 손해배상책임을 乙에게 직접 청구하여야 하지만, 그 밖의 재산적·정신적 손해에 대해서는 대위책임설에 입각하여 공무원 乙 개인에게 직접 손해배상책임을 청구할 수 없고, 변제 자력이 충분한 국가 등에게 청구하여야 한다.

Ⅳ. 사안의 해결

설문 (1)의 경우 국가배상법 제8조와 자동차손해배상보장법의 입법취지에 비추어 볼 때, 자배법 제3조는 자동차의 운행이 사적인 용무를 위한 것이건 국가 등의 공무를 위한 것이건 구별하지 아니하고 민법이나 국가배상법에 우선하여 적용된다고 보아야 한다. 따라서 공무원 乙이 공무를 수행하기 위하여 자기소유차량을 운전하다가 인신사고가 발생한 경우에는 공무원 乙이 자배법상 책임의 주체로서 甲의 유족들에 대하여 자배법상 손해배상책임을 지고, 공무원 乙이 공무를 수행하기 위하여 관용차량을 운전하다가 인신사고가 발생한 경우에는 운해지배와 운행이익은 대한민국에게 귀속되므로 甲의 유족들은 자배법상 손해배상책임을 국가배상법이 정하는 절차에 따라 국가에 대하여 그 손해배상을 청구하여야 할 것이다.

설문 (2)에서는 공무원 乙이 공무를 집행하기 위하여 자기소유 차량을 운전하고 가다가 과실로 도로교통법 제48조 등의 안전의무에 위반하여 甲을 익사하게 하는 피해를 발생하게 하였으므로 국가배상책임이 성립한다. 이 경우 사망한 甲의 유족들은 인적 손해이외의 재산적·정신적 손해에 대해서는 대위책임설에 입각하여 공무원 乙 개인에게 직접 손해배상책임을 청구할 수 없고, 변제 자력이 충분한 국가 등에게 청구하여야 한다.

〈사례연습 42〉 조리에 의한 작위의무인정 여부 및 조리에 부작위의 위법성 인정요건 및 그 판단기준

A郡소유의 임야에 25가구가 주택을 지어 살고 있다. 이 주택가 내에는 어린이들의 놀이터로 사용되어 온 약 10여 평 정도의 공터가 있고 공터의 뒤편에는 암벽이 있는데, 이 암벽은 높이가 약 3미터로서 그 상층부가 하단부보다 약 1미터가량 앞으로 튀어나와 있다. 지역 주민들은 이 암벽이 붕괴 위험이 있으므로 이를 보수해 달라는 민원을 수차례 제기하였으나, A군은 아무런 조치를 취하지 않았다. 그런데 해빙기에 얼었던 암벽이 녹아 균열이 생기면서 상층부의 암벽이 붕괴되어 이 공터에서 놀던 어린이 3명이 사망하였다. 사고 후 사망한 어린이의 부모 甲 등은 A군을 상대로 국가배상청구소송을 제기하였다.

이 경우 A군에 대하여 국가배상법 제2조의 배상책임요건 중 위법·과실을 인정할 수 있는 것인가(지방자치단체가 붕괴 위험이 있는 암벽에 대한 안전관리조치를 취하여야 한다는 법령규정은 존재하지 않는다)? (20점)(2009년도 제51회 사법시험기출문제 제2문의2)

[관련논점]

— 조리에 의한 국가나 관련공무원의 작위의무 인정 여부
— 국가배상법 제2조 책임요건으로서 '고의 또는 과실로 법령에 위반'의 의미
— 조리에 의한 부작위의 위법성 인정요건 및 그 판단기준

[답안구성]

Ⅰ. 논점의 정리
Ⅱ. A군의 부작위가 "고의 또는 과실로 법령에 위반하여"에 해당하는지 여부
1. 조리에 의한 작위의무 인정 여부
(1) 문제점
(2) 학설
(3) 판례
(4) 검토
2. 국가배상법 제2조의 책임요건으로서 "고의·과실로 법령에 위반하여"의 의미
(1) 학설
(2) 판례
(3) 검토
3. 조리에 의한 부작위의 위법성
(1) 문제점
(2) 부작위의 위법성 인정요건
(3) 조리에 의한 부작위의 위법성 인정요건
(4) 조리상 공무원의 부작위의 위법성판단기준
4. 소결
Ⅲ. 결론

Ⅰ. 논점의 정리

공무원의 부작위로 인한 국가배상책임을 인정하기 위하여는 공무원의 작위로 인한 국가배상책임을 인정하는 경우와 마찬가지로 'ⅰ) 공무원이 ⅱ) 그 직무를 집행함에 당하여 ⅲ) 고의 또는 과실로 법령에 위반하여 ⅳ) 타인에게 손해를 가한 때'라고 하는 국가배상법 제2조 제1항의 요건이 충족되어야 한다.

사안의 경우에는 형식적 의미의 법령에 안전관리의무를 부과하는 규정이 없음에도 A군의 작위의무를 인정할 수 있는지, 작위의무를 인정할 수 있다하더라도 지역주민들의 붕괴위험이 있는 암벽에 대한 수차례의 보수 민원이 있었음에도 A군이 아무런 조치를 취하지 아니 한 부작위가 "고의 또는 과실로 법령에 위반하여"에 해당하는지를 살펴보아야 한다.

Ⅱ. A군의 부작위가 "고의 또는 과실로 법령에 위반하여"에 해당하는지 여부

1. 조리에 의한 작위의무 인정 여부

(1) 문제점

형식적 의미의 법령에 안전관리의무를 부과하는 규정이 없음에도 A군의 관련공무원에게 작위의무를 인정할 수 있는지 문제된다.

(2) 학설

이에 대해 학설은 ⅰ) 법치행정의 원칙상 법률상 근거를 결하는 작위의무는 인정할 수 없다는 **부정설**과 ⅱ) 피해자 구제를 위해 국가배상책임은 민법상 불법행위책임과 성질이 같은 것으로 보아야 하므로 공서양속·조리·건전한 사회통념상의 작위의무를 인정할 수 있다는 **긍정설**, 그리고 ⅲ) 단순히 조리나 사회통념으로부터 법적 작위의무를 인정하는 것은 타당하지 않고, 행정 각 분야에서의 객관적 법질서 및 인권존중으로부터 도출해야 한다는 **절충설**이 있다.

(3) 판례

대법원은 "'법령에 위반하여'라고 하는 것이 엄격하게 형식적 의미의 법령에 명시적으로 공무원의 작위의무가 규정되어 있는데도 이를 위반하는 경우만을 의미하는 것은 아니고, 국민의 생명·신체·재산 등에 대하여 절박하고 중대한 위험상태가 발생하였거나 발생할 우려가 있어서 국민의 생명·신체·재산 등을 보호하는 것을 본래적 사명으로 하는 국가가 초법규적·일차적으로 그 위험 배제에 나서지 아니하면 국민의 생명·신체·재산 등을 보호할 수 없는 경우에는 형식적 의미의 법령에 근거가 없더라도 국가나 관련 공무원에 대하여 그러한 위험을 배제할 작위의무를 인정할 수 있을 것이다"고 판시(대판 2005.6.10. 2002다53995 등 참조)하고 있다.

(4) 검토

국가배상법상 "법령에 위반하여"의 법령에는 헌법도 포함되나, 공무원의 작위의무의 구체화는 입법자에게 위임되어 있고 입법자는 입법형성의 자유를 가지므로 원칙적으로 헌법 제10조 후단의 기본권보호의무로부터 곧바로 공무원의 작위의무를 인정할 수는 없다. 그러나 국민의 중대한 기본권 침해가 명백함에도 국가의 보호의무가 다른 실정법상의 방법으로 충족될 수 없는 경우에는 직접 헌법 제10조 후단의 기본권보호의무로부터 국가나 관련 공무원에게 그러한 침해위험을 배제할 작위의무가 도출된다고 보아야 할 것이다(입법재량의 영(0)으로의 수축의 법리).

다만, 조리에 의해 A군의 작위의무가 인정된다 하더라도 관련공무원의 부작위의 위법성이 인정되려면 공무원의 작위의 위법성을 인정하는 경우와 마찬가지로 "고의 또는 과실로 법령에 위반하여"에 해당하여야 한다.

2. 국가배상법 제2조의 책임요건으로서 "고의·과실로 법령에 위반하여"의 의미

(1) 학설

학설은 i) 국가배상법상의 위법은 침해행위의 결과인 손해의 불법을 의미한다고 보고, 위법성의 판단은 국민이 받은 손해가 결과적으로 시민법상의 원리에 비추어 수인되어야할 것인가의 여부가 그 기준이 된다는 **결과불법설** ii) 국가배상법의 위법은 행위의 법규범에의 위반을 의미한다는 행위불법설은 다시 항고소송에서의 위법성과 같이 공권력 행사 자체의 법에의 위반으로 이해하는 **협의의 행위불법설**과 국가작용 자체의 위법뿐만 아니라 조리상 또는 헌법상 인정되는 공무원의 일반적 손해발생방지의무 위반을 포함하는 개념으로 이해하는 **광의의 행위불법설**이 있으며 iii) 국가배상법상의 위법성은 행위자체의 적법·위법뿐만이 아니라 피침해 이익의 성격과 침해의 정도 및 가해행위의 태양 등을 종합적으로 고려하여 행위가 객관적 정당성을 결여한 경우를 의미한다는 **상관관계설(이원설)**이 대립한다.

(2) 판례

대법원은 "어떠한 행정처분이 후에 항고소송에서 취소되었다고 할지라도 그 기판력에 의하여 당해 행정처분이 곧바로 공무원의 고의 또는 과실로 인한 것으로서 불법행위를 구성한다고 단정할 수는 없는 것이고, 그 행정처분의 담당공무원이 보통 일반의 공무원을 표준으로 하여 객관적 주의의무를 결하여 그 행정처분이 객관적 정당성을 상실하였다고 인정될 정도에 이른 경우에 국가배상책임의 요건을 충족하였다고 봄이 상당할 것이며, 이 때 〈객관적 정당성이 상실하였는지 여부〉는 피침해 이익의 종류 및 성질, 침해행위가 되는 행정처분의 태양 및 그 원인, 행정처분의 발동에 대한 피해자 측의 관여 유무, 정도 및 손해의 정도 등 제반 사정을 종합하여 손해의 전보책임을 국가 또는 지방자치단체에게 부담시켜야 할 실질적인 이유가 있는지 여부에 의하여 판단하여야 한다."고 판시(대판 2000.5.12. 99다70600; 대판 2003.11.27. 2001다33789 등 참조)하고 있다.

(3) 검토

국가배상법 제2조의 직무행위의 위법성은 고의·과실로 법령에 위반할 때 인정되는 것이고, "고의·과실로 법령에 위반하여"라는 불법의 구체적인 내용은 고의 또는 과실로 행위법규를 위반한 행위불법으로 법익침해라는 결과불법을 야기한 것이다. 따라서 행정청의 작위의무규정을 위반한 행위불법으로 일반국민개인의 법익침해라는 결과불법을 야기하면 행위(작위·부작위)의 위법이 징표되지만, 그렇다고 하여 곧바로 행위의 위법성이 인정되는 것이 아니라 고의·과실이라는 또 다른 불법요소가 행위불법과 결과불법에 상호 작용하게 되므로 피해법익의 종류 및 성질, 손해의 정도, 행정처분의 태양 및 그 원인, 행정처분의 발동에 대한 피해자측의 관여유무나 정도 등을 종합적으로 고려하여 법질서 전체의 입장에서 객관적 정당성을 상실했는지 여부에 따라 일도양단으로 행위의 위법성을 판단하여야 한다는 점에서 상관관계설이 타당하다(국가배상책임이나 민형사상 책임에 있어서 행위의 위법내용과 위법성판단구조에 대하여 더 자세한 것은 〈사례연습 1〉을 참조하라).

3. 조리에 의한 부작위의 위법성

(1) 문제점

조리에 의해 A군의 작위의무가 인정된다 하더라도 관련공무원의 부작위의 위법성이 인정되려면 공무원의 작위의 위법성을 인정하는 경우와 마찬가지로 "고의 또는 과실로 법령에 위반하여"에 해당하여야 하는바, 조리에 의한 부작위의 위법성 인정요건과 그 판단기준이 문제된다.

(2) 부작위의 위법성 인정요건

일반적으로 과실책임에 있어서 행위자의 과실은 불법요소(그 내용은 객관적 주의의무위반)뿐만 아니라 책임요소(그 내용은 주관적 주의의무위반)로서도 기능한다(이를 고의·과실의 이중적 기능이라고 한다). 따라서 부작위가 작위와의 동가치성이 인정되어 부작위의 위법성이 인정되기 위해서는 ⅰ) 행위규범을 위반으로 인한 법익 침해 또는 침해의 위험이 있고, ⅱ) 그 결과를 방지하기 위한 일반적·객관적 행위가능성과 개별적·구체적 행위가능성이 있어야 한다.

그러나 사법상의 과실책임과는 달리 공법상의 과실책임에 있어서는 외부적·객관적으로 나타난 바를 중시해야 하는 공법관계의 특수성에 비추어 그 성질상 책임요소로서의 고의(심정반가치로서의 고의) 또는 과실(주관적 주의의무위반)은 문제되지 아니하므로, 공법상의 과실책임은 행위자가 고의·과실로 행위법규를 위반하여 법익침해를 야기함으로써 타인에게 손해를 발생케 하면 인정되고, 행위자의 주관적 사정은 고려할 필요가 없다. 따라서 공법상의 행위책임에 있어 행위자의 부작위가 작위와의 동가치성이 인정되어 부작위의 위법성이 인정되기 위해서는 ⅰ) 행위규범을 위반으로 인한 법익 침해 또는 침해의 위험이 있고, ⅱ) 그 결과를 방지하기 위한 일반적·객관적 행위가능성이 있어야 한다.

(3) 조리에 의한 부작위의 위법성 인정요건

관련 공무원에 대하여 작위의무를 명하는 법령의 규정이 없는 경우, 절박하고 중대한 위험상태가 발생하였거나 발생할 우려가 있는 경우가 아니라면 원칙적으로 공무원이 관련 법령을 준수하여 직무를 수행하였다면 그와 같은 공무원의 부작위를 가지고 '고의 또는 과실로 법령에 위반'하였다고 할 수는 없을 것이므로, 조리에 의한 부작위의 위법성이 인정되기 위해서는 ⅰ) 중대한 법익해의 위험, 즉 국민의 생명·신체·재산 등에 대하여 절박하고 중대한 위험상태가 발생하였거나 발생할 우려가 있고, ⅱ) 관련공무원이 그와 같은 결과를 예견하여 그 결과를 회피하기 위한 조치를 취할 수 있는 가능성이 있어야 할 것이다.

(4) 조리상 공무원의 부작위의 위법성판단기준

따라서 조리상 공무원의 부작위로 인한 국가배상책임을 인정할 것인지 여부를 판단함에 있어서는 공무원의 부작위로 인하여 침해된 국민의 법익 또는 국민에게 발생한 손해가 어느 정도 심각하고 절박한 것인지, 관련 공무원이 그와 같은 결과를 예견하여 그 결과를 회피하기 위한 조치를 취할 수 있는 가능성이 있는지 등을 종합적으로 고려하여야 한다.

이러한 법리에 따라 판례도 "공무원의 부작위로 인한 국가배상책임을 인정할 것인지 여부가 문제되는 경우에 관련 공무원에 대하여 작위의무를 명하는 법령의 규정이 없다면 공무원의 부작위로 인하여 침해된 국민의 법익 또는 국민에게 발생한 손해가 어느 정도 심각하고 절박한 것인지, 관련 공무원이 그와 같은 결과를 예견하여 그 결과를 회피하기 위한 조치를 취할 수 있는 가능성이 있는지 등을 종합적으로 고려하여 판단하여야 할 것이다"고 판시(대판 2008.10.9. 2007다40031; 대판 2005.6.10. 2002다53995; 대판 2001.4.24. 2000다57856; 대판 2004.6.25. 2003다69652 등)하고 있다.

4. 소결

살피건대 주택가 내에는 어린이들의 놀이터로 사용되어 온 공터의 뒤편에 있는 사안의 붕괴위험이 있는 암벽은 그 상층부가 하단부보다 약 1미터가량 앞으로 튀어나와 있어 공터에서 놀고 있는 어린이들의 생명·신체에 대한 절박하고 중대한 위험상태가 발생하였거나 발생할 우려가 있다고 판단된다. 또한 일반인들인 지역주민들이 보기에도 이 암벽이 붕괴위험이 있으므로 이를 보수해달라는 민원을 수차례 제기하였던 점에 비추어 보면 관련공무원이 그와 같은 결과를 예견할 수 없었다고 할 수 없고, 나아가 특별히 그 결과를 회피하기 위한 조치를 취할 수 있는 가능성이 없다고 할 수도 없다.

따라서 사안의 경우에는 관련공무원의 부작위의 위법성을 인정하는 것이 상당하다 할 것이므로 A군은 관련공무원의 부작위로 인하여 발생한 손해에 대하여 甲등에게 국가배상책임을 져야 할 것이다.

Ⅲ. 결론

결국 형식적 의미의 법령에 근거가 없더라도 헌법 제10조 기본권보호의무에 기초하여 조리상 국가나 관련 공무원에 대하여 고러한 위험을 배제할 작위의무를 인정할 수 있는바, 사안의 경우에는 A군의 국가배상책임의 요건으로서 공무원의 "고의 또는 과실로 법령에 위반하여"에 해당할 수 있어 A군은 관련공무원의 부작위로 인하여 발생한 손해에 대하여 甲등에게 국가배상책임을 져야 할 것이다.

〈사례연습 43〉 국가배상법 제5조 및 제2조 배상책임관련 종합

甲은 화물자동차를 운전하여 A광역시 관할구역 소재 국도를 진행하던 중 위 도로에 쌓여있던 폐아스콘 더미를 피하기 위해 중앙선을 침범하여 진행하다가 반대 차선에서 마주오던 화물자동차와 충돌하여 사망하였다. 위 폐아스콘은 인근 버스회사에서 도로변에 적치하여 두었던 것인데, 이날 내린 집중호우로 인해 도로로 흘러내려 한 쪽 차선의 절반 정도를 차지하게 되었다. 한편 사고 당시 위 도로상에 위와 같은 장애물이 있음을 알리는 경고판이나 위험표지판 등은 세워져 있지 않은 채 장시간 방치되어 있었고, 통행제한조치도 취해지지 않았으며, 당해 도로는 차량통행량이 특히 많은 구간이었다.

(1) 이에 甲의 유족들은 A광역시와 대한민국을 상대로 손해배상을 청구하려고 한다. 甲의 유족들에게 국가배상청구권이 발생하는가? (30점).

(2) 甲의 유족들에게 국가배상청구권이 발생한다면 A광역시와 대한민국 중 누구를 상대로 손해배상을 청구해야 하는지 검토하시오. (15점)

(3) 만약 甲의 유족들이 A광역시를 상대로 손해배상을 청구하여 손해 전액을 배상받

은 후 A광역시가 대한민국을 상대로 구상금청구소송을 제기한 경우 청구의 인용가능성을 논하시오. (10점)

(4) 만약 사고가 난 도로를 포함한 일부구간의 포장공사를 국토해양부 국토관리청이 시행하고 이를 준공한 후 A광역시에 이관하려 하였으나 서류미비 기타 사유로 이관이 이루어지지 않던 중 당해 사고가 발생한 것인 경우 최종적인 배상책임의 주체는? (10점)

[참조조문]

국가배상법 제5조(공공시설 등의 하자로 인한 책임) ① 도로, 하천 기타 공공의 영조물의 설치 또는 관리에 하자가 있기 때문에 타인에게 손해를 발생하게 하였을 때에는 국가 또는 지방자치단체는 그 손해를 배상하여야 한다. 이 경우에는 제2조 제1항 단서, 제3조 및 제3조의2의 규정을 준용한다.

제6조(비용부담자 등의 책임) ① 제2조·제3조 및 제5조의 규정에 의하여 국가 또는 지방자치단체가 손해를 배상할 책임이 있는 경우에 공무원의 선임·감독 또는 영조물의 설치·관리를 맡은 자와 공무원의 봉급·급여 기타의 비용 또는 영조물의 설치·관리의 비용을 부담하는 자가 동일하지 아니한 경우에는 그 비용을 부담하는 자도 손해를 배상하여야 한다.

② 제1항의 경우에 손해를 배상한 자는 내부관계에서 그 손해를 배상할 책임이 있는 자에게 구상할 수 있다.

도로법(법률 제8976호로 전면개정, 2008.3.21)제20조(도로관리청) ① 도로의 관리청은 다음 각호의 구분에 따른다.

1. 국도 : 국토해양부장관
2. 국가지원지방도 : 도지사·특별자치도지사(특별시·광역시에 있는 구간은 당해 시장)
3. 그 밖의 도로 : 해당 노선을 인정한 행정청

② 제1항에도 불구하고 특별시·광역시·특별자치도 또는 시가 관할하는 구역의 상급도로(고속국도, 읍·면 지역의 국도 및 지방도는 제외한다)는 특별시장·광역시장·특별자치도지사 또는 시장이 관리청이 된다.

제23조(도로의 공사와 유지 등) ① 도로의 신설·개축·수선에 관한 공사와 그 유지는 이 법 또는 다른 법률에 특별한 규정이 있는 경우를 제외하고는 당해 도로의 관리청이 이를 행한다. 다만 국도(제22조 제2항의 규정이 적용되는 국도를 제외한다)의 수선 및 유지에 관한 업무는 대통령령이 정하는 바에 의하여 도지사 또는 특별자치도지사가 수행하도록 할 수 있다.

제26조(상급관청의 공사대행) ① 국토해양부장관이 특히 필요하다고 인정할 때에는 대통령령이 정하는 바에 의하여 관계행정청이 관리하는 도로공사를 시행할 수 있다. 다만, 시도·군도 및 구도는 그러하지 아니하다.

② 특별시장·광역시장 또는 도지사는 특히 필요하다고 인정할 때에는 시장·군수 또는 구청장이 관리하는 도로공사를 시행할 수 있다.

제35조(권한의 대행) 국토해양부장관·특별시장·광역시장 또는 도지사는 제26조의 규정에 의하여 도로공사를 시행하는 경우에는 대통령령이 정하는 바에 의하여 당해 도로의 관리청의 권한을 대행할 수 있다.〈후문생략〉

제59조(차량의 운행제한) ① 관리청은 도로의 구조를 보전하고 운행의 위험을 방지하기 위하여 필요

하다고 인정하는 때에는 대통령령이 정하는 바에 의하여 차량의 운행을 제한할 수 있다

제67조(비용부담의 원칙) 도로에 관한 비용은 이 법 또는 다른 법률에 특별한 규정이 있는 경우를 제외하고는 국토해양부장관이 관리하는 도로에 관한 것은 국고의, 그 밖의 도로에 관한 것은 관리청이 속하는 지방자치단체의 부담으로 한다. 다만 제23조 제1항 단서의 경우에 있어서 필요한 비용은 국고의 부담으로 한다.

지방재정법 제21조 ② 국가가 스스로 행하여야 할 사무를 지방자치단체 또는 그 기관에 위임하여 수행하는 경우에, 그 소요되는 경비는 국가가 그 전부를 당해 지방자치단체에 교부하여야 한다.

지방자치법 제141조(경비의 지출) 지방자치단체는 그 자치사무의 수행에 필요한 경비와 위임된 사무에 관하여 필요한 경비를 지출할 의무를 진다. 다만 국가사무 또는 지방자치단체의 사무를 위임하는 때에는 이를 위임한 국가 또는 지방자치단체에서 그 경비를 부담하여야 한다.

[관련논점]

— 국가배상법 제5조 배상책임의 성질
— 국가배상법 제5조 소정의 "영조물의 설치·관리에 하자"의 의미
— 국가배상법 제5조 책임에서 불가항력으로 인한 면책사유를 인정할 수 있는지 여부
— 국가배상법 제2조 책임과 관련하여 공무원의 위법한 부작위로 인한 손해발생시 반사적 이익론 적용 여부
— 국가배상법 제5조와 제2조 책임의 경합 여부
— 국가배상법 제6조 제1항 소정의 "비용부담자"에 실질적 비용부담자도 포함되는지 여부
— 국가배상법 제6조 제2항 소정의 "내부관계에서 그 손해를 배상할 책임이 있는 자"의 의미

[답안구성]

Ⅰ. 논점의 정리
Ⅱ. 설문 (1)의 해결
1. 국가배상법 제5조 책임인정 여부
(1) 국가배상법 제5조 책임의 성질
(2) 배상책임의 요건
1) 설치·관리의 하자
가. 하자의 개념
나. 하자의 의미와 판단기준
(가) 문제점
(나) 학설
(다) 판례의 태도
(라) 검토
2) 면책사유 인정 여부
가. 학설의 입장
나. 판례의 태도
다. 검토
(3) 중간결론
2. 국가배상법 제2조 제1항의 책임인정 여부
(1) 국가배상법 제2조 제1항의 손해배상책임요건
(2) 부작위로 인한 국가배상과 반사적 이익론의 적용 여부
1) 문제의 소재
2) 학설
가. 부정설(다수설)
나. 긍정설
3) 판례
4) 검토
(3) 중간결론
3. 국가배상법 제5조와 제2조의 관계
(1) 문제점

Ⅰ. 논점의 정리

설문 (1)에서는 甲의 유족들에게 국가배상법 제5조 제1항 및 제2조 제1항에 의한 손해배상청구권이 발생하는지를 검토하여야 하는바, 국가배상법 제5조 제1항의 책임요건과 관련하여서는 도로의 설치 또는 관리에 하자가 있는지, 집중호우가 불가항력으로서 면책사유가 되는지, 국가배상법 제2조 제1항의 책임요건과 관련하여서는 공무원의 부작위의 위법성이 인정되는지, 그리고 국가배상법 제5조와 제2조의 요건에 각각 해당할 경우 이들 청구권을 경합적으로 행사할 수 있는지 등을 살펴보아야 한다.

설문 (2)에서는 도로관리사무가 국가로부터 자치단체장에게 위임된 기관위임사무의 경우 도로의 하자로 인한 손해가 발생하였을 때 배상책임의 주체가 누구인지, 특히 국가배상법 제6조 제1항의 해석론을 살펴볼 필요가 있다.

설문 (3)의 경우 갑의 유족들에게 손해 전액을 배상한 A광역시가 대한민국을 상대로 구상할 수 있는지가 문제되고 있는바, 이는 국가배상법 제6조 제2항 '내부관계에서 그 손해를 배상할 책임이 있는 자'가 누구인지를 살펴보아야 한다.

설문 (4)에서는 설문과 같은 경우에도 국가배상법 제6조 제2항의 해석론이 적용되는지, 누가 최종책임을 지는지 살펴보아야 한다.

Ⅱ. 설문 (1)의 해결

1. 국가배상법 제5조 책임인정 여부

(1) 국가배상법 제5조 책임의 성질

국가배상법 제5조는 관리가능성의 존재를 전제로 한다는 점에서 행위의 위법·적법과는 무관하게 인정되는 위험책임이라고 볼 수는 없고, 당해 행위가 객관적으로 위법하다는 사실에 기초한 무과실책임이라고 할 것이다.

그리하여 판례도 "국가배상법 제5조의 책임은 무과실책임이고 나아가 민법 제758조 소정의 공작물의 점유자의 책임과는 달리 면책사유도 규정하고 있지 않으므로, 국가 등은 영조물의 설치·관리상의 하자로 인하여 타인에게 손해를 가한 경우에 그 손해의 방지에 필요한 주의를 해태하지 아니하였다 하여 면책을 주장할 수 없다"고 판시(대판 1994.11.22. 94다32924; 대판 1992.9.22. 92다30219; 대판 1967.2.21. 66다1723)하고 있다.

(2) 배상책임의 요건

동조항의 배상책임이 인정되려면, i) 도로·하천 기타 공공의 영조물에 대하여, ii) 설치 또는 관리에 하자가 있어, iii) 타인에게 손해가 발생할 것이라는 요건이 충족되어야 한다.

사안의 경우 甲의 유족들에게 손해가 발생하였고, 여기서 영조물이란 국가 등에 의해 공공의 목적으로 사용되는 유체물 내지 물적 설비를 말하는바, 도로가 인공공물로서 공공의 영조물이라는 점은 분명하다. 문제는 도로의 설치·관리에 하자가 있는가이다.

1) 설치·관리의 하자

가. 하자의 개념

영조물의 설치·관리의 하자란 영조물이 통상 갖추어야 할 안전성을 결여한 것을 의미한다. 즉, 설치의 하자란 원시적 안전성의 결여로서 설계상 또는 축조상의 하자를 말하고, 관리의 하자란 후발적 하자로서 유지·수선상의 불완전을 의미한다.

나. 하자의 의미와 판단기준

(가) 문제점

문제는 통상적으로 갖추어야 할 안전성이란 무엇인가 하는 것이다.

(나) 학설

가) 객관설(다수설) 설치·관리의 하자란 객관적으로 영조물의 설치와 그 후의 유지·수선에 불완전함이 있어서 사회통념상 일반적으로 갖추어야 할 물적 안전성을 결여한 것이

므로, 법문언의 "설치·관리의 하자"를 영조물 자체의 물적 하자를 의미한다고 한다. 이는 동조의 책임은 행위책임이 아니라 상태책임이고, 과실책임이 아니라 위험책임임을 근거로 한다.

나) 주관설(관리의무위반설)[217] 설치 또는 관리의 하자란 "영조물을 안전하고 양호한 상태로 보전해야 할 작위 또는 부작위 의무를 지고 있는 관리자가 그 관리의무를 위반함"을 의미 한다고 한다. 제5조가 순수한 결과책임 또는 절대적 무과실책임은 아니고, 법문이 "영조물의 하자"가 아니고 "설치·관리의 하자"로 되어 있는 점을 그 이유로 들고 있다.

다) 절충설 영조물의 설치·관리의 하자는 i) 영조물 자체의 객관적인 물적 상태의 하자뿐만이 아니라 관리자의 안전관리의무의 위반이라는 주관적 요소도 함께 고려하여 판단하여야 한다고 한다.[218] 여기에는 영조물의 설치·관리의 하자는 ii) 영조물 자체의 안정성의 결여뿐만 아니라 관리자의 관리의무위반도 포함하여야 한다는 견해[219]도 있다.

라) 위법·무과실책임설[220] 본조의 책임을 영조물의 물적 상태에 초점을 두는 객관설과는 달리 행위책임으로 보고, 안전관리의무를 위반함으로써 발생한 손해에 대한 행정주체의 위법·무과실책임이라고 한다. 즉 민법 제758조에 의한 점유자의 책임이 위법·유책의 책임인데 비하여 제5조는 위법·무과실의 책임이라고 한다.

(다) 판례의 태도

대법원은 "국가배상법 제5조 제1항 소정의 영조물의 설치 또는 관리의 하자라 함은 영조물이 그 용도에 따라 통상 갖추어야 할 안전성을 갖추지 못한 상태에 있음을 말하는 것으로서, 영조물이 완전무결한 상태에 있지 아니하고 그 기능상 어떠한 결함이 있다는 것만으로 영조물의 설치 또는 관리에 하자가 있다고 할 수는 없는 것이고, 위와 같은 안전성의 구비 여부를 판단함에 있어서는 당해 영조물의 용도, 그 설치장소의 현황 및 이용 상황 등 제반사정을 종합적으로 고려하여 설치·관리자가 그 영조물의 위험성에 비례하여 사회통념상 일반적으로 요구되는 정도의 방호조치의무를 다하였는지 여부를 그 기준으로 삼아야 할 것이며, 객관적으로 보아 시간적·장소적으로 영조물의 기능상 결함으로 인한 손해발생의 예견가능성과 회피가능성이 없는 경우, 즉 그 영조물의 결함이 영조물의 설치·관리자의 관리행위가 미칠 수 없는 상황아래에 있는 경우에는 영조물의 설치·관리상의 하자를 인정할 수 없다"고 판시(대판 2007.9.21. 2005다65678; 대판 2001.7.27. 2000다56822 등)하고 있다.[221]

217) 김동희, 행정법 I, 511~512면
218) 박윤흔, 행정법(상), 734면
219) 박균성, 행정법 강의, 494면
220) 정하중, 행정판례연구Ⅲ, 1996, 215면
221) 이와 같은 판례의 태도에 대하여 학설은 i) 우리 판례가 관리의무위반설의 입장에 있다는 견해와 ii) 위법·무과실책임설의 입장에 있다는 견해, iii) 여전히 객관설의 입장에 있으며, 영조물의 설치·관리상의 하자를 주관적으로 파악한 것은 아니고 주관적 요소를 소극적으로만 개입시키는 점으로 보아 면책사유가 확장된 것뿐이라는 견해(다수설), iv) 판례는 과거에는 객관설의 입장에 있었으나 최근에는 변형된

(라) 검토

살피건대 우선 국가배상법 제5조는 제2조와 달리 위법의 내용이 되는 불법구성요건으로서 고의·과실을 요구하지 않는 점에서, 영조물의 이용으로부터 발생한 손해에 대하여 영조물의 "설치·관리상의 하자"가 있는 이상 널리 국가 등의 배상책임을 인정하려는데 그 입법취지가 있다고 할 것이므로 무과실책임이라고 보아야 할 것이다. 즉, 국가배상법 제5조의 책임은 행위의 위법·적법과는 무관하게 인정되는 위험책임의 일종으로서 당해 행위가 객관적으로 위법하다는 사실에 기초하는 무과실책임이다. 한편 과실책임(이때 과실개념은 책임요소로서의 주관적 과실이 아니라 불법요소로서의 객관적 과실을 의미한다)에 있어서의 불법내용은 객관적 주의의무위반이고, 객관적 주의의무위반은 위험예견의무위반과 위험회피의무위반을 그 내용으로 하며, 위험예견의무와 위험회피의무는 각각 객관적인 위험예견가능성과 위험회피가능성을 전제로 한다.

그런데 무과실책임이란 당해 행위의 위법·적법 여부와는 관계가 없지만 '객관적으로 위법하다는 사실'에 기초한 책임이므로 영조물의 설치·관리로 인하여 타인에게 손해가 발생한 경우라 하더라도 객관적으로 보아 영조물의 설치·관리자의 위험예견가능성과 위험회피가능성이 없는 경우에는 그 설치·관리행위에 하자가 없는 것이고, 영조물의 설치·관리자의 위험예견가능성과 위험회피가능성이 있는 경우에는 그 설치·관리행위에 하자가 있는 것이다. 이 경우 객관적으로 보아 영조물의 기능상 결함으로 인한 손해발생의 예견가능성과 회피가능성, 즉 영조물의 설치·관리상의 하자의 유무의 판단은 설치·관리자가 그 영조물의 위험성에 비례하여 사회통념상 일반적으로 요구되는 정도의 방호조치의무를 다하였는지 여부를 그 기준으로 삼아야 한다. 즉, 사회통념상 요구되는 정도의 방호조치의무를 다하였는지는 영조물의 설치·관리의 하자를 판단하는 기준이 될 뿐이고, 그를 통해 판단하고자 하는 것은 — 과실책임에서와 같은 안전관리의무위반 여부가 아니라 — 설치·관리자의 영조물의 결함으로 인한 손해발생의 예견가능성과 그 회피가능성 유무이다.

이러한 무과실책임의 법리에 따라 판례는 객관적으로 보아 시간적·장소적으로 영조물의 기능상 결함으로 인한 손해발생의 예견가능성과 회피가능성이 없는 경우, 즉 그 영조물의 결함이 영조물의 설치·관리자의 관리행위가 미칠 수 없는 상황아래에 있는 경우에는 영조물의 설치·관리상의 하자를 인정할 수 없다고 판시하고 있는 것이다

2) 면책사유 인정 여부

가. 학설의 입장

사회통념상 일반적인 안전성을 갖추어 설치·관리의 하자가 없음에도 불구하고, 인력으

객관설 또는 객관화된 주관설 내지 일종의 절충설의 입장에 있다는 견해(장태주, 행정법 개론, 593면 : 박균성, 행정법강의, 495면)가 대립하고 있다.

로 막을 수 없는 재난이 원인이 되어 영조물에 의한 가해행위가 있는 경우에는 불가항력으로 면책된다고 한다. 즉, 여기서의 불가항력이란 영조물의 설치·관리에 하자가 없음을 전제로 한 개념으로서 자연재해를 원인으로 하는 경우에 있어서 예견할 수 없는 불가항력에 의한 손해는 면책된다는 의미라고 한다.[222)]

나. 판례의 태도

판례는 산비탈 부분이 308.5집중호우mm의 집중호우에 무너져 내린 사건에서 "우리나라의 기후 여건에서 그 정도는 예측 가능하므로 천재지변이라고 할 수 없다"고 하였고(대판 1993.6.8. 93다11678), "50년 빈도의 최대강우량에 해당한다는 사실만으로 전혀 예측할 수 없는 불가항력에 기인한 것으로 볼 수 없다"고 하였다(대판 2000.5.26. 99다53247). 그러나 "강우량이 600년 또는 1000년 발생빈도의 강우량이어서 계획홍수위보다 무려 1.6m 정도가 넘는 수위의 유수에 의한 범람은 예측가능성 및 회피가능성이 없으므로 그 영조물의 관리청에게 책임을 물을 수 없다"고 판시 하였다(대판 2003.10.23. 2001다48057).

다. 검토

살피건대 불가항력에 의한 면책사유를 인정하는 학설은 하자가 없음을 전제로 한다고는 하나 어떠한 이유로든지 면책사유를 인정하여, 결과적으로 무과실책임으로서 면책사유도 인정하고 있지 않은 국가배상법 제5조의 책임의 성질과 그 요건에 반하는 해석을 하고 있는 것이다. 이는 학설의 해석론 그 자체의 한계를 스스로 반증하는 것이다.

일반적으로 과실책임에 있어서 행위자의 과실은 불법요소(그 내용은 객관적 주의의무위반)뿐만 아니라 책임요소(그 내용은 주관적 주의의무위반)로서도 기능한다(이를 고의·과실의 이중적 기능이라고 한다). 그러나 사법상의 과실책임과는 달리 공법상의 과실책임에 있어서는 외부적·객관적으로 나타난 바를 중시해야 하는 공법관계의 특수성에 비추어 그 성질상 책임요소로서의 고의(심정반가치로서의 고의) 또는 과실(주관적 주의의무위반)은 문제되지 아니한다. 따라서 공법상의 과실책임은 행위자가 고의·과실로 행위법규를 위반하여 법익침해를 야기함으로써 타인에게 손해를 발생케 하면 인정되고, 행위자의 주관적 사정은 고려할 필요가 없다.

이러한 법리에 따라 우리의 입법자는 국가배상법 제5조의 책임성립요건과 관련하여 불법요소로서 고의·과실을 요하지 않는 무과실책임을 규정하고 있으면서도 공법관계에서는 책임요소로서의 고의·과실은 요하지 않기에 때문에 민법 제758조처럼 면책사유도 규정하고 있지 않은 것이다.

---

222) 그리하여 관리자의 과실유무와 관계없이 배상책임을 인정하고 피해자의 구제의 폭을 넓힐 수 있다는 측면에서 객관설이 타당하다고 하면서, 다만 국가배상책임의 범위가 무한정으로 확대되는 것을 적정한 범위에서 한정하기 위하여 구체적인 사안에서 면책사유를 인정하여 공물의 관리주체의 책임범위를 조정하는 것으로 구체적 타당성을 꾀하여야 한다고 보는 것이 최근의 다수견해라고 보기도 한다(예컨대 김연태, 사례연습, 제4판, 424면).

따라서 국가배상법 제5조의 책임과 관련하여 학설처럼 그 어떤 사유로든 면책사유를 따로 인정해서는 아니 되고, 판례의 태도와 같이 불가항력이나 재정사정 등도 영조물의 설치·관리의 하자를 판단함에 있어 고려하고 있는 예측가능성과 회피가능성의 존부에 따라 하자 여부를 판단하여, 하자가 있으면 국가 등에게 무과실책임을 지우는 것이 무과실책임을 규정한 국가배상법 제5조의 입법취지에 합당하다.

(3) 중간결론

사안의 경우 설치·관리자가 그 영조물의 위험성에 비례하여 사회통념상 일반적으로 요구되는 정도의 방호조치의무를 다하였는지를 기준으로 손해발생의 예견가능성과 회피가능성이 있었는지 여부를 살펴보면, 평소 페아스콘 더미가 도로변에 적치되어 있어 집중호우 시 도로로 무너져 내릴 개연성이 충분히 예견되는 점, 미리 이에 대한 조치를 취할 수 있었음에도 불구하고 장시간 이를 방치하였다는 점, 우리나라의 기후 여건에서 집중호우가 내렸다는 사실만으로는 이를 전혀 예측할 수 없다고 할 수 없는 점, 특히 통행량이 많은 구간이어서 사고발생위험성이 높다는 점 등에 비추어, 객관적으로 보아 시간적·장소적으로 영조물의 기능상 결함으로 인한 손해발생의 예견가능성과 회피가능성이 없다고 볼 수 없으므로 영조물의 설치·관리상의 하자가 인정되어 甲의 유족들에게는 국가배상법 제5조의 손해배상청구권이 발생한다고 할 것이다.

2. 국가배상법 제2조 제1항의 책임인정 여부

(1) 국가배상법 제2조 제1항의 손해배상책임요건

국가배상법 제2조 제1항에 의한 손해배상청구권이 발생하기 위해서는 i) 공무원이, ii) 직무를 집행함에 당하여, iii) 고의 또는 과실로 법령에 위반하여 iv) 타인에게 손해가 발생하고 직무행위와 손해발생 사이에 인과관계가 인정되어야 한다.

사안의 경우 당해 도로를 점유·관리하고 있는 A광역시의 담당자는 공무원이고, 통행량이 많은 도로구간에 페아스콘 더미를 장시간 방치한 부작위는 직무행위로서 직무관련성이 인정되며, 甲의 유족들의 손해발생 및 그 위법한 직무행위와 상당인과관계가 인정됨에 문제가 없다.

다만 위 담당공무원들의 부작위가 '고의 또는 과실로 법령에 위반'되는지가 문제된다.

(2) 부작위로 인한 국가배상과 반사적 이익론의 적용 여부

1) 문제의 소재

항고소송에서의 소의 적법요건으로서 본안판결을 받을 법률상 이익의 존부를 판단함에 있어서 적용되는 이른바 "반사적 이익론"이 공무원의 부작위로 인한 국가배상문제에 적용될 수 있는가에 대하여 견해가 대립한다.

2) 학설

가. 부정설(다수설)

반사적 이익론은 행정처분의 효력을 상실시키기 위한 소송에서의 원고적격의 문제, 즉 항고소송의 위법배제청구권과 관련해서만 효용을 갖는 개념이기 때문에 국가배상의 문제에는 적용될 수 없다고 보고, 국민이 반사적 이익밖에 갖지 못하더라도 그것만으로 곧 당해 사건에 있어 국가에 작위의무가 없다고 할 수 없기 때문에 반사적 이익론이 국가배상책임을 부인하는 근거는 될 수 없다고 한다. 그러면서 국가배상책임의 적절한 제한은 인과관계론에 의해야 한다고 한다.

나. 긍정설

긍정설은 다시 i) 행정권의 작위의무규정법령이 공익뿐만 아니라 국민개인의 이익도 보호하는 것을 목적으로 하는 경우에만 그 행정권의 작위의무는 법적인 작위의무가 되고 그 위반만이 국가배상법상 위법한 것이 된다고 하면서 항고소송에서의 반사적 이익론은 원고적격의 문제이나 국가배상에서의 반사적 이익론은 위법성의 문제가 된다고 하는 견해[223]와 ii) 직무상 의무를 규정하는 법령의 제3자 보호성을 국가배상책임의 요건으로 보고 그 논거를 국가배상책임의 요건인 손해에서 찾으면서, 손해란 법익침해를 의미하므로 반사적 이익 또는 사실상 이익침해는 손해에 포함되지 않는다고 주장하는 견해[224]가 있다.

3) 판례

대법원은 1990년대 이후 공무원에게 부과된 직무상 의무의 내용이 공익뿐만 아니라 국민 개개인의 이익을 보호하기 위한 것이어야 한다는 요건을 꾸준히 요구하고 있다.

예컨대 낙동강하천수취수장 수질사건에서 "〈국가 등에 일정한 기준에 따라 상수원의 수질을 유지하여야 할 의무를 부과하고 있는 법령의 규정은 국민에게 양질의 수돗물이 공급되게 함으로써 국민 일반의 건강을 보호하여 공공 일반의 전체적인 이익을 도모하기 위한 것이지, 국민 개개인의 안전과 이익을 직접적으로 보호하기 위한 규정이 아니므로〉, 국민에게 공급된 수돗물의 상수원의 수질이 수질기준에 미달한 경우가 있고, 이로 말미암아 국민이 법령에 정하여진 수질기준에 미달한 상수원수로 생산된 수돗물을 마심으로써 건강상 위해발생에 대한 염려 등에 따른 〈정신적 고통을 받았다고 하더라도, 이러한 사정만으로 〈국가 또는 지방자치단체가 국민에게 손해배상책임을 부담하지 아니한다〉"고 하면서, "한편 위와 같이 국가 등의 배상책임이 인정될 수 없는 이상 이 사건에서 상수원에 관한 원고들

223) 손지열, 홍준형
224) 김남진, 박균성

의 권리나 이익을 사법상 구제가 가능한 구체적 환경권으로 볼 수 없고, 또 환경정책기본법 제31조가 사업자에 대하여 환경오염의 피해에 관한 무과실책임을 규정하고 있음을 근거로 하여 국가 등의 책임을 물을 수도 없다"고 판시(대판 2001.10.23. 99다36280)하고 있다.225)

4) 검토

살피건대 우선, 긍정설 중 ii)설은 손해란 법익침해를 의미한다고 하는데, 국가배상책임 요건으로서의 손해란 고의 또는 과실로 행위규정에 위반한 법익침해행위(불법행위)에 의하여 발생한 결과일 뿐 손해(사실상의 개념) 자체를 법익침해(결과불법이라는 불법의 내용으로서 법적 평가의 개념)라고 할 수는 없다는 점에서 타당하지 못하다. 다만 고의 또는 과실로 행위규정에 위반한 법익침해행위(불법행위)와 상당인과관계가 인정되는 범위 내에서 발생한 손해에 대해서만 배상책임을 질뿐이다(배상책임의 제한문제).

다음, 항고소송에서 반사적 이익이 아닌 "법률상 이익"은 공정력을 깨뜨리는 특수한 절차인 항고소송을 제기할 수 있는 자인 원고적격으로서의 법률상 이익(특정개인의 개별적·구체적 이익)만이 아니라 행정청의 처분이나 부작위가 "위법한 처분이나 부작위라고 주장할 수 있는" 소의 대상적격과 관련하여 요구되는 권리보호자격으로서의 법률상 이익(누구인가를 고려하지 않고 관계법규의 해석에 의하여 추상적으로 결정되는 국민개인의 객관적·추상적 이익)도 있다. 여기서 권리보호자격으로서의 법률상 이익은 구체적 사건에서 법률상 분쟁을 법에 의하여 해결함으로써 법적 안정을 기하자는 소송본질상의 문제로서 항고소송뿐만 아니라 모든 주관소송에서 요구되어지는 것이다. 따라서 항고소송이 아닌 국가배상청구소송에서도 공무원의 부작위가 "위법하다고 주장할 수 있는 부작위"가 되려면 공무원에게 행위의무를 부과하고 있는 법령이 단순히 공공일반의 이익을 위한 것이거나 행정기관 내부의 질서를 규율하기 위한 것이 아니고 전적으로 또는 부수적으로 사회 구성원 개인의 안전과 이익을 보호하기 위한 것이어야 하고, 단순히 공공일반의 이익만을 위한 것이라면 그러한 법령에 반하는 부작위(행위불법)가 있다 하여도 국민개인의 보호법익을 침해(결과불법)할 수 없어 공무원의 부작위의 위법성(이때의 위법성은 일반소송에서의 객관적 위법성을 말한다)을 인정할 여지가 없으므로 국가 등의 배상책임을 인정할 수 없게 된다.

---

225) 그리하여 "**공무원에게 부과된 직무상 의무의 내용이 단순히 공공일반의 이익을 위한 것이거나 행정기관 내부의 질서를 규율하기 위한 것이 아니고 전적으로 또는 부수적으로 사회 구성원 개인의 안전과 이익을 보호하기 위하여 설정된 것이라면, 공무원이 그와 같은 직무상 의무를 위반함으로 인하여 피해자가 입은 손해에 대하여는 상당인과관계가 인정되는 범위 내에서 국가가 배상책임을 지는 것이고** 이 때 상당인과관계의 유무를 판단함에 있어서는 일반적인 결과발생의 개연성은 물론 직무상 의무를 부과하는 법령 기타 행동규범의 목적, 그 수행하는 직무의 목적 내지 기능으로부터 예견 가능한 행위 후의 사정, 가해행위의 태양 및 피해의 정도 등을 종합적으로 고려하여야 한다."고 판시하고 있다(대판 1993.2.12. 91다43466; 대판 2003.4.25. 1002다59842).

(3) 중간결론

사안의 경우 우선, 도로관리업무와 관련하여 도로법 제54조 제1항은 통행의 위험을 방지하기 위하여 필요한 경우 통행제한조치를 취할 수 있다고 규정하여 도로관리청에게 비록 재량권을 부여하고 있으나 재량의 범위 내에서 적법한 행위를 하도록 법적 행위의무를 부과하고 있고, 다음, 위 도로법조항 등의 취지는 공익뿐만 아니라 도로를 운행하는 운전자 등 국민개개인의 안전을 보호하기 위한 것이라 할 것이므로 사익보호성도 인정된다고 하겠다.

따라서 A광역시의 도로관리업무담당공무원이 위험방지를 위하여 통행제한 조치 등을 행할 법적 행위의무가 있음에도 불구하고 아무런 필요한 조치를 취하지 않음으로 인하여 손해를 입은 甲(그 유족들)은 국가배상법 제2조 제1항에 따른 손해배상을 청구할 수 있다.

3. 국가배상법 제5조와 제2조의 관계

(1) 문제점

국가배상법 제2조의 공무원의 직무상의 불법행위와 제5조의 영조물의 설치·관리의 하자가 경합하여 손해가 발생한 경우에 피해자는 제2조와 제5조 중 어느 것에 의하여 배상청구를 해야 하는지 문제된다. 이 경우 각 배상책임자가 다르면 그들 간에 부진정연대책임관계에 있게 될 것이고, 배상책임자가 동일인이라면 배상책임의 경합의 문제가 발생한다. 이는 제5조의 영조물의 설치·관리의 하자의 의미를 중심으로 한 제5조와 제2조의 책임의 근거 및 성격을 어떻게 보느냐에 따라 그 결론이 달라진다.

(2) 학설

1) 청구권경합설

제5조의 하자에 관리자의 주의의무위반을 포함시키는 견해에 의하면 국가배상법 제5조와 제2조의 책임은 서로 경합하게 되어 피해자는 양조 중 선택적으로 청구할 수 있다고 한다. 제5조의 하자의 의미에 대한 주관설, 위법·무과실책임설, 절충설 중 제2설은 여기에 해당 한다.

2) 법조경합설

그러나 제5조의 하자에 관리자의 주의의무위반을 포함시키지 않는 견해에 의하면 영조물의 설치·관리의 하자로 인한 손해에 대해서는 제5조를, 공무원의 관리의무위반인 경우에 대해서는 제2조의 책임을 진다고 보게 되므로 양책임은 원칙적으로 경합하지 않으나, 영조물의 객관적 하자가 관리자의 관리의무위반으로 인한 경우에는 두 책임이 서로 경합할 수 있다고 한다. 제5조의 하자의 의미에 대한 객관설과 절충설 중 제1설, 그리고 판례의 입장이 여기에 해당한다.

(3) 판례

대법원은 횡단보도에서 보행자신호와 차량신호가 동시에 녹색등이 들어와 신고가 있었음에도 방치되어 보행자가 사고를 당한 사안에서, 공무원의 신호기 관리상 과실 및 신호기의 하자가 있으므로 법 제2조 및 제5조에 따른 손해배상책임을 인정한 바 있다(대판 1999.6.25. 99다11120).

(4) 검토

살피건대 국가배상법 제2조는 과실책임주의를 국가배상법 제5조는 무과실책임주의를 취하고 있어 어떠한 하나의 행위가 양 조 요건에 동시에 해당할 수 없으므로 법조경합설이 타당하다. 다만 영조물의 객관적 하자가 관리자의 관리의무위반으로 인한 경우에는 두 책임이 서로 경합할 수 있는바, 피해자는 손해배상청구권을 경합적으로 행사할 수 있으나 일반적으로 무과실책임인 제5조의 책임을 묻는 것이 고의·과실의 입증이 필요 없어 피해자에게 유리할 것이다.

(5) 중간결론

사안의 경우에는 공공 영조물의 하자를 도로관리업무담당공무원이 방치함으로써 손해가 발생하였는바, 이와 같이 국가배상법 제5조뿐만 아니라 제2조의 요건에도 해당하는 경우에는 양 청구권을 경합적으로 행사할 수 있다(통설 및 판례). 따라서 甲의 유족들은 국가배상법 제5조 및 제2조에 따른 손해배상청구권을 경합적으로 행사할 수 있다. 다만 일반적으로 무과실책임인 제5조의 책임을 묻는 것이 고의·과실의 입증이 필요 없어 피해자에게 유리할 것이다.

4. 소결

결국 사안의 경우 甲의 유족들에게는 객관적으로 보아 시간적·장소적으로 영조물의 기능상 결함으로 인한 손해발생의 예견가능성과 회피가능성이 없다고 볼 수 없으므로 영조물의 설치·관리상의 하자가 인정되어 국가배상법 제5조의 손해배상청구권이 발생할 뿐만이 아니라 A광역시의 도로관리업무담당공무원이 위험방지를 위하여 통행제한 조치 등을 행할 법령상의 행위의무가 있음에도 불구하고 아무런 필요한 조치를 취하지 않음으로 인하여 손해를 입었으므로 국가배상법 제2조 제1항에 따른 손해배상청구건도 발생하는바, 양 조의 배상책임에 대한 선택적 청구가 가능하지만 일반적으로 무과실책임인 제5조의 책임을 묻는 것이 고의·과실의 입증이 필요 없어 피해자에게 유리할 것이다.

Ⅲ. 설문 (2)의 해결

1. 문제의 소재

국가배상법상 배상책임자는 국가 또는 지방자치단체이다. 즉, 당해 사무의 귀속주체에 따라 그것이 국가사무인 경우에는 국가가, 지방자치단체의 사무인 경우에는 지방자치단체가 배상책임을 부담함이 원칙이다. 국가배상법 제2조, 제3조 및 제5조의 배상책임이 성립되면 공무원의 선임·감독자 또는 영조물의 설치·관리자와 비용부담자가 다른 경우 비용부담자도 손해배상책임을 부담한다(제6조 제1항). 이것은 배상책임자가 불분명하여 피해자의 배상책임자 선택의 부담을 완화하여 피해구제를 용이하게 하려는 취지이다.

그런데 사안에서는 국도 중 도로법 제20조 제2항에 따른 상급도로의 경우에는 특별시장·광역시장·특별자치도지사·시장이 관리청이 되는데, 동 조항에 의해 시장 등이 관리청으로 처리하는 사무의 성질이 기관위임사무인가 단체위임사무인가가 문제되고, 기관위임사무로 볼 경우에는 도로법 제67조와 지방재정법 제21조 제2항이 상충하게 된다고 하면서 도로법 제67조를 우선하여 해석하면 이 경우 비용부담자는 관리청이 속하는 지방자치단체(특별시·광역시·시)가 될 것이나 지방재정법 제21조 제2항을 우선하여 해석하면 국가가 되므로 어느 조항을 우선할 것인가 하는 논의가 있다.[226] 이는 도로법 제67조 규정을 일반적 기관위임사무에 있어서 실질적 비용부담에 관한 지방재정법 제21조 제2항의 규정에 대한 예외 규정으로 보는 것과 관련된 논의이기도 하다. 따라서 아래에서는 이에 대하여 살펴보고 甲의 유족들은 A광역시와 대한민국 중 누구를 상대로 손해배상을 청구해야 하는지에 대하여 검토하기로 하겠다.

2. 도로법 제20조 제2항 규정에 따른 국도관리위임사무의 성질

(1) 학설

이에 대해 ⅰ) 도로법의 관계규정, 비용부담관계 등을 고려할 때 법체계상 **단체위임사무로 보아야 한다는 견해**와 ⅱ) 위 조항이 특별시·광역시·특별자치도·시에 위임하지 않고 그 집행기관인 특별시장·광역시장·특별자치도지사·시장에게 위임하고 있고, 일반국도는 국가 전체의 교통망을 통일적·종합적으로 관리하기 위해서 지정된 것이므로 지방자치단체가 각기 다른 방식으로 관리하는 것은 바람직하지 않다는 점을 이유로 **기관위임사무라고 보는 견해**, ⅲ) 도로법 제20조 제2항은 권한의 위임규정이 아니라 국가와 지방자치단

---

226) 홍준형, 홍정선 등

체 사이의 권한의 배분에 관한 규정으로 보아 동 규정에 따른 사무를 **자치사무로 보는 견해**가 대립한다.

(2) 검토

살피건대 동 조항은 자치단체가 아닌 시장 등이 관리청이 된다고 규정하고 있는 점, 지방자치법 제11조 제4호가 지방자치단체가 처리할 수 있는 국가사무로서 전국적 규모의 사업을 규정하면서 일반국도를 예로 들고 있다는 점, 일반국도라는 명칭 때문에 국가가 사무의 귀속주체라는 외관을 야기하고 있으므로 피해자 보호의 관점을 우선하지 않을 수 없다는 점에서 기관위임사무로 보는 것이 타당하다고 판단된다.

3. 국가배상법 제6조 제1항 소정의 '비용부담자'의 의미

(1) 문제점

국가배상법 제6조 제1항의 비용부담자의 의미와 관련하여 문제되는 것은 대외적으로 비용을 지급할 책임이 있는 자와 내부관계에서 실질적으로 그 비용을 부담하는 자가 서로 다른 경우에 실질적 부담자도 여기서 말하는 비용부담자에 포함되는가 하는 점이다.

(2) 학설

1) 형식적 비용부담자설

법 제6조 제1항의 비용부담자는 그 실질적 비용부담관계를 고려함이 없이 대외적으로 비용을 지출하는 자라는 견해이다. 실질적 비용부담자와 형식적 비용부담자가 일치하지 않는 경우 실질적 비용부담자는 여기에 해당하지 않는다.

2) 병합설

피해자 보호의 견지에서 형식적 비용부담자뿐만 아니라 실질적 비용부담자도 포함시킬 수 있다는 견해이다. 배상책임자의 선택의 곤란을 제거할 필요는 내부적으로라도 법령상 부담구분이 이루어져 비용부담이 업무에 결부되어 있는 경우에는 배상책임의 주체를 오인할 우려가 있으며, 부담의무가 법령상 규정되어 있으나 배상책임의 범위가 무한정 확대되는 것도 아니라는 것을 이유로 한다.

(3) 판례

대법원은 기관위임사무에 있어 "국가배상법 제6조 제1항 소정의 '공무원의 봉급, 급여, 기타의 비용'이란 공무원의 인건비만을 가리키는 것이 아니라 당해 사무에 필요한 일체의 경비를 의미한다고 할 것이고, **적어도 대외적으로 그러한 경비를 지출하는 자는 경비의 실질적·궁극적 부담자가 아니더라도 그러한 경비를 부담하는 자에 포함된다.** (구)지방자치법(현행 제141조), (구)지방재정법(현행 제21조 제2항)의 규정상 지방자치단체의 장이 기관위임된 국가행정사무를 처리하는 경우 그에 소요되는 경비의 실질적·궁극적 부담자는 국가라고 하더라도 당해 지방자치단체는 국가로부터 내부적으로 교부된 금원으로 그 사무에 필요한 경비를 대외적으로 지출하는 자이므로 이러한 경우 지방자치단체는 국가배상법 제6조 제1항의 비용부담자로서 공무원의 불법행위로 인한 동법에 의한 손해를 배상할 책임이 있다"고 판시(대판 1994.12.9. 94다38137)하여 적어도 형식적 비용부담자를 동조의 비용부담자로 인정하고 있음은 분명하다.[227)]

(4) 검토

살피건대 실질적 비용부담과 형식적 비용부담의 구별이 용이하지 않으며, 피해자구제를 위한 편의적 규정이라는 동조의 입법취지를 고려할 때 병합설이 타당하다고 판단된다.[228)]

4. 소결

따라서 사안에서 일반국도의 관리사무는 국토해양부장관의 권한이므로 국가사무인데(도로법 제20조 제1항), 당해 도로는 광역시에 소재한 일반국도로서 광주광역시장이 관리청이 되었으므로(동법 제20조 제2항) 이는 국가사무가 A광역시장에게 기관위임된 기관위임사무로서 당해 도로관리사무의 귀속주체 및 설치관리자는 대한민국이 된다. 그런데 도로법 제67조는 도로에 관한 비용은 국토해양부장관이 관리하는 도로 이외의 도로에 관한 것은 관리청이

---

227) 이러한 판례의 태도가 실질적 비용부담자도 포함하는 입장인지에 대하여는, i) 대외적 경비지출자만을 동조의 비용부담자로 보는 형식적 비용부담자설을 따른 것으로 보는 견해와 ii) 병합설을 취하고 있다고 보는 견해가 대립한다.

그러나 판례가 '경비의 실질적·궁극적 부담자가 아니더라도 그러한 경비를 부담하는 자에 포함된다.'는 표현을 쓴 것은 경비의 실질적·궁극적 비용부담자 또한 비용부담자에 해당한다는 것을 전제한 것으로 볼 수 있고, 기관 위임된 국도의 유지·관리의 사무에 관하여 도로법 제67조에 의하여 실질적 비용을 부담하는 서귀포시의 배상책임을 인정한 판례(대판 1993.1.25. 92다2684)에 비추어 보면 병합설을 취하고 있다고 보아야 할 것이다.

228) 기관위임사무의 경우 형식적 비용부담자설에 의하면 선임·감독자는 국가나 상급자치단체이고 비용부담자는 수임자인 자치단체가 되므로 피해자는 위임자인 국가 등이나 수임자인 자치단체에 대해 선택적으로 손해배상청구를 할 수 있게 되어 국가배상법 제6조의 취지에 부합한다는 것이나, 병합설은 선임·감독자는 위임자인 국가 등이고 비용부담자란 형식적 비용부담자로서 비용을 대외적 형식적으로 지출하는 자인 수임자인 자치단체뿐 아니라 실질적 비용부담자로서 지방자치법 제141조나 지방재정법 제21조 제2항에 따라 그 비용을 궁극적으로 부담해야 하는 위임자인 국가 등도 포함한다는 것으로서, 이에 따르면 피해자는 당연히 국가 등 위임자나 자치단체인 수임자에게 선택적으로 손해배상청구를 할 수 있게 된다. 따라서 이와 같이 기관위임사무의 경우에는 제6조 제1항의 비용부담자에 형식적 비용부담자설을 취하든 병합설을 취하든 위임자인 국가 등과 수임자인 자치단체가 손해배상책임을 지게 된다는 점에 차이가 없다.

그러나 단체위임사무의 경우에는 사무의 귀속주체가 수임자인 자치단체이고 형식적으로 대외적인 비용을 지출하는 자도 자치단체이므로 형식적 비용부담자설에 의하면 국가 등은 손해배상책임을 지지 않게 되나 병합설에 의하면 자치단체는 현실적 비용부담자로서, 국가 등 위임자는 지방자치법 제141조나 지방재정법 제21조 제2항에 따른 실질적·궁극적 비용부담자로서 손해배상책임을 지게 된다는 점에서 병합설이 위임사무의 경우 피해자의 입장에서 피고선택의 부담을 완화하려는 국가배상법 제6조 제1항의 취지에 더욱 부합한다고 보아야 할 것이다.

속하는 지방자치단체의 부담으로 하도록 규정하고 있는바, A광역시 소재 일반국도의 관리비용부담자는 그 위임된 관리사무에 관한 한 관리를 위임받은 광역시장이 속하는 A광역시가 되고, 이 경우 A광역시는 도로에 관한 한 실질적 비용부담자이다.

그러나 앞에서 살펴본 것처럼 국가배상법 제6조 제1항 소정의 비용부담자에는 형식적 비용부담자뿐만 아니라 실질적 비용부담자도 포함된다고 보아야 하므로, 甲의 유족들은 대한민국 뿐 아니라 A광역시에 대하여도 각각 손해배상을 청구할 수 있다고 하겠다.

Ⅳ. 설문 (3)의 해결

1. 문제의 소재

설문에서 甲의 유족들에게 손해 전액을 배상한 A광역시가 대한민국을 상대로 구상할 수 있는지를 묻고 있는바, 이는 국가배상법 제6조 제2항 '내부관계에서 그 손해를 배상할 책임이 있는 자'가 누구인지에 대한 그 해석이 문제된다.

2. 국가배상법 제6조 제2항의 궁극적 배상책임자의 의미

(1) 문제점

제1항의 경우(즉, 공무원의 선임·감독 또는 영조물의 설치·관리를 맡은 자와 비용부담자가 동일하지 아니한 경우)에 손해를 배상한 자는 내부관계에서 그 손해를 배상할 책임이 있는 자에게 구상할 수 있는데(동법 제6조 제2항), 내부적으로 최종적인 배상책임자가 누구인지에 대하여는 견해가 대립하고 있다.

(2) 학설

1) 관리주체설(사무귀속자설)[229)]

손해를 방지할 위치에 있는 관리주체의 잘못으로 인하여 손해가 발생했으므로 책임원칙에 따라 관리책임의 주체가 최종적 책임자가 되어야 한다는 견해로, 그에게 책임을 부담시킴으로써 장래 손해방지를 위한 경각심을 불러일으킬 수 있으며, 비용부담자가 부담하는 비용에는 손해배상금은 포함되지 않는다는 점을 그 근거로 들고 있다.

2) 비용부담자설[230)]

실질적인 비용부담자가 최종적 배상책임자라고 보는 견해로, 내부관계에서 손해배상비용도 비용부담자가 부담해야 할 비용에 포함되고, 실제 관리자가 경합되는 경우 관리자간

229) 김남진, Ⅰ, 580면; 박윤흔, 상, 741면 등 다수설
230) 서원우, 국가배상법상제도의 제문제(법무자료 제141집), 1991, 5~27면

의 부담비율을 정하는 것이 어려우며, 비용부담비율에 따라 배상액의 분배가 용이하다는 점을 논거로 든다.

3) 관리주체부담우선설[231)]

제6조의 입법취지를 살리기 위해서는 동조 제1항과 제2항을 통합적으로 해석하여야 하므로 제1항의 비용부담자의 의미는 병합설에 의하고, 제2항의 최종적 배상책임자는 특별규정이 없는 한 관리주체가 진다고 보는 견해이다. 다만 관리책임자가 자신의 부담비율을 초과하여 배상한 경우에는 실질적 비용부담자에게 그 초과부담비율을 구상할 수 있다고 한다.

4) 기여도설[232)]

책임의 원리 및 배상의 원리에 따라 당해 손해발생에 대한 기여한 정도에 비례하여 책임을 분담하여야 한다는 견해이다.

5) 종합설[233)]

제6조 제2항의 궁극적 배상책임자는 어느 한 유형으로 한정할 필요는 없고, 손해발생의 기여도, 비용부담 관계 등 개별적·구체적 모든 사정을 반영하여 해결해야 한다는 견해이다.

(3) 판례

대법원은 "지방자치단체의 비용부담 하에 지방경찰청장(국가)에게 위임하여 지방경찰청장이 설치·관리하고 있던 횡단보도에 설치된 교통신호기의 하자로 인해 손해가 발생한 사건에서"이 사건 교통신호기의 관리사무는 원고(지방자치단체)가 안산경찰서장에게 그 권한을 기관위임한 사무로서 피고(안산경찰서장)소속 경찰공무원들은 원고의 사무를 처리하는 지위에 있으므로, 원고가 그 사무에 관하여 선임·감독자에 해당하고, 그 교통신호기시설은 지방자치법 제132조 단서의 규정에 따라 원고의 비용으로 설치·관리되고 있으므로, 그 신호기의 설치·관리의 비용을 실질적으로 부담하는 비용부담자의 지위도 아울러 지니고 있는 반면, 피고는 단지 그 소속 경찰공무원에게 봉급만을 지급하고 있을 뿐이므로, 원고와 피고 사이에서 이 사건 손해배상의 궁극적인 책임은 전적으로 원고에게 있다고 봄이 상당하다" 고 판시하고 있다(대판 2001.9.25. 2001다41865).

(4) 검토

국가배상법 제6조 제2항의 해석과 관련하여 문제가 되는 것은 사무의 귀속주체나 영조물의 관리주체와 비용부담의 주체가 다른 경우에 누구를 최종적인 배상책임자로 볼 것인가 이다.[234)]

231) 홍준형, 국가배상법 제6조에 대한 소고, 서울대 행정논총 35(1), 1997/6, 188면
232) 강구철, 고시계, 2001/10, "국가배상법 제6조상의 비용부담자";박균성, 상, 594면
233) 류지태, 신론, 371면

살피건대 실정법적으로는 국가배상법 제6조 제1항의 "그 비용을 부담한 자도 손해를 배상하여야 한다."는 규정 형식과 본 조항의 취지로 보아 원칙적으로 사무귀속자 내지 관리주체가 배상책임을 진다고 해석하여야 하고, 이론적으로도 공평의 원칙상 사무 또는 영조물의 관리로 인하여 이익을 얻는 자가 그로 인하여 발생하는 손해도 부담하는 것이 타당할 뿐 아니라 사무귀속주체와 설치·관리자가 다른 경우에도 사무귀속주체는 설치·관리자의 선임·감독자에 해당하므로 책임원칙에도 합당하다는 점 등에 비추어 사무귀속주체설(관리주체설)이 타당하다.

3. 소결

결국 사안에서 대한민국은 도로관리사무의 주체로서 그리고 A광역시는 실질적 비용부담자로서 대외적으로 배상책임을 지는 자인데, 甲의 유족들에게 손해 전액을 배상한 A광역시는 국가배상법 제6조 제2항에 따라 내부관계에서 궁극적으로 배상책임이 있는 사무귀속주체인 대한민국을 상대로 구상할 수 있다.

V. 설문 (4)의 해결

1. 문제의 소재

설문에서는 사고가 난 도로를 포함한 일부구간의 포장공사를 국토해양부 국토관리청이 시행하고 이를 준공한 후 A광역시에 이관하려 하였으나 서류미비 기타 사유로 이관이 이루어지지 않던 중 당해 사고가 발생한 것인 경우 국가배상법 제6조 제2항의 내부관계에서 그 손해를 배상할 책임이 있는 자가 누구인지 문제된다.

2. 판례의 태도

대법원은 "원래 광역시가 점유 관리하던 일반국도 중 일부구간의 포장공사를 국가가 대행하여 광역시에 도로의 관리를 이관하기 전에 교통사고가 발생한 경우, 광역시는 그 도로의 점유자 및 관리자, 도로법 제56조, 제55조, 도로법시행령 제30조에 의한 도로관리비용 등의 부담자로서의 책임이 있고, 국가는 그 도로의 점유자 및 관리자, 관리사무귀속자, 포장공사비용부담자로서의 책임이 있다고 할 것이며, 이와 같이 광역시와 국가 모두가 도로의 점유자 및 관리자, 비용부담자로서의 책임을 중첩적으로 지는 경우에는 광역시와 국가

234) 예컨대 자치사무나 단체위임사무의 경우 그 사무처리 비용을 국가가 전부나 일부 부담하거나, 기관위임사무의 경우 그 사무에 관한 비용을 지방자치단체가 전부 또는 일부 부담하는 경우에 누구를 최종적 배상책임자로 할 것인가에 있다.

모두가 국가배상법 제6조 제2항 소정의 궁극적으로 손해를 배상할 책임이 있는 자라고 할 것이고, 결국 광역시와 국가의 내부적인 부담부분은 그 도로의 인계·인수 경위, 사고의 발생 경위, 광역시와 국가의 그 도로에 관한 분담비용 등 제반 사정을 종합하여 결정함이 상당하다."고 판시(대판 1998.7.10. 96다42819)하였다.

3. 학설

국가배상법 제6조 제2항의 궁극적 배상책임자가 누구인지와 관련하여 위 판례에 대하여 기여도설 또는 종합설의 입장이라거나 비용부담자설이라는 등의 학설의 입장이 분분하다.[235]

4. 검토 및 소결

살피건대 설문과 같이 도로법 제26조에 따라 사고가 난 도로를 포함한 일부구간의 포장공사를 국토해양부 국토관리청이 시행하고 이를 준공한 후 A광역시에 이관이 이루어지지 않던 중 당해 사고가 발생한 경우에는 A광역시는 당해 도로의 간접점유자 및 관리자, 도로법 제67조에 의한 도로관리비용의 부담자로서 책임이 있고, 국가는 도로법 제35조에 의하여 당해 도로의 직접점유자 및 관리자, 관리사무귀속자, 포장공사의 비용부담자로서의 책임이 있다.

이와 같이 A광역시와 대한민국 모두가 도로의 관리자겸 비용부담자로서의 책임을 중첩적으로 지는 경우에는 양자 모두가 국가배상법 제6조 제2항 소정의 궁극적으로 손해를 배상할 책임이 있는 자에 해당한다고 할 것이다. 다만 A광역시와 대한민국 간에 내부적인 부담부분을 정함에 있어서는 도로의 인수인계 경위, 당해 사고의 발생 경위, 양자의 당해 도로에 관한 분담비용 등 제반사정을 종합하여 결정하여야 할 것이다.

Ⅵ. 사례의 해결

설문 (1)의 경우 객관적으로 보아 시간적·장소적으로 영조물의 기능상 결함으로 인한 손해발생의 예견가능성과 회피가능성이 없다고 볼 수 없으므로 영조물의 설치·관리상의 하자가 인정되어 국가배상법 제5조의 손해배상청구권이 발생할 뿐만이 아니라 A광역시의 도로관리업무담당공무원이 위험방지를 위하여 통행제한 조치 등을 행할 법적 행위의무가 있음에도 불구하고 아무런 필요한 조치를 취하지 않음으로 인하여 甲은 손해를 입었으므로

235) 그러나 판례사안은 광역시와 국가가 동시에 관리자이면서 비용부담자에 해당하는 경우이므로 광역시와 국가는 모두 궁극적인 공동책임자로서 내부적인 부담부분은 제반사정을 종합하여 결정해야 한다고 판시하고 있는 것이다.

국가배상법 제2조 제1항에 따른 손해배상청구건도 발생하여 甲의 유족들은 양 조의 배상책임에 대한 선택적 청구가 가능하다.

설문 (2)의 경우 국가배상법 제6조 제1항 소정의 비용부담자에는 형식적 비용부담자뿐만 아니라 실질적 비용부담자도 포함된다고 보아야 하므로, 甲의 유족들은 사무귀속 주체인 대한민국 뿐 아니라 도로관리비용에 대한 실질적 비용부담자인 A광역시에 대하여도 각각 손해배상을 청구할 수 있다.

설문 (3)에서 대한민국은 도로관리사무의 주체로서, 그리고 A광역시는 실질적 비용부담자로서 대외적으로 배상책임을 지는 자인데, 甲의 유족들에게 손해 전액을 배상한 A광역시는 국가배상법 제6조 제2항에 따라 내부관계에서 궁극적으로 배상책임이 있는 사무귀속주체인 대한민국을 상대로 구상할 수 있다.

설문 (4)의 경우 A광역시와 대한민국 모두가 국가배상법 제6조 제2항 소정의 궁극적으로 손해를 배상할 책임이 있는 자에 해당한다.

〈사례연습 44〉 행정상 손실보상에 대한 불복방법 등

A시는 10여 년 전까지 석탄산업으로 번창하던 도시였으나, 최근 석탄산업의 쇠퇴로 현저하게 인구가 줄어들고 있다. 건설교통부장관은 관광레저형기업도시를 건설하려는 민간기업인 주식회사 甲과 지역개발을 위해 이를 유치하려는 A시장의 공동제안에 따라 A시 외곽지역에 개발구역을 지정·고시하고, 甲을 개발사업의 시행자로 지정하였다. 그 후 甲은 개발사업의 시행을 위해 필요한 토지 면적의 55%를 확보한 후, 해당지역의 나머지 토지에 대한 소유권을 취득하기 위하여 토지소유자 乙·丙 등과 합의하였으나 협의가 성립되지 않자 중앙토지위원회에 수용재결을 신청하였고, 동 위원회는 수용재결을 하였다.236)

(1) 甲이 추진하는 관광레저형기업도시를 건설하기 위한 토지수용에 있어서 '공공필요'를 검토하시오(10점).

(2) 乙은 甲에게 생활대책에 필요한 대체용지의 공급을 포함하는 이주대책의 수립을 신청하였지만 상당한 기간이 경과하였는데도 甲은 이주대책을 수립하지 않고 있다. 이에 乙은 이주대책의 수립을 구하는 의무이행심판을 청구하였다. 심판청구의 인용가능성 유무와 재결의 형식을 검토하시오(20점).

(3) 丙은 자신의 토지가 위 개발사업에 필요한 토지가 아니므로 수용재결이 위법하다

236) 2007. 제49회 사법시험기출문제 제1문

고 주장한다. 丙이 자신의 토지를 수용당하지 않기 위하여 제기할 수 있는 불복방법을 논하시오(20점).

[참조조문]

기업도시개발특별법

제1조(목적) 이 법은 민간기업인 산업·연구·관광·레저분야 등에 걸쳐 계획적·주도적으로 자족적인 도시개발을 규정하여 국토의 계획적인 개발과 민간기업의 투자를 촉진함으로써 공공복리를 증진하고 국민경제와 국가균형발전에 기여함을 목적으로 한다.

제2조(정의) 이 법에서 사용하는 용어의 정의는 다음과 같다.

1. 기업도시라 함은 산업입지와 경제활동을 위하여 민간기업(법인에 한하며, 제48조 제2항의 규정에 의하여 대체 지정된 시행자를 포함한다)이 산업·연구·관광·레저업무 등의 주된 기능과 주거·교육·의료·문화 등의 자족적 복합기능을 고루 갖추도록 개발하는 도시를 말하며, 다음과 같이 구분한다.

다. 관광레저형 기업도시 : 관광·레저·문화 위주의 기업도시

제4조(개발구역지정의 제안) ① 제10조 제3항의 기준에 적합한 민간기업 및 다음 각호에 해당하는 자(민간기업과 협의된 경우에 한한다)는 관할 광역시장·시장 또는 군수(광역시 관할구역에 있는 군수를 제외하며, 이하 '시장·군수'라 한다)와 공동으로 건설교통부장관에게 개발구역의 지정을 제안할 수 있다. (단서 및 각호 생략)

제10조(개발사업의 시행자 지정 등) ① 건설교통부장관은 제4조의 규정에 의하여 개발구역의 지정을 제안한 민간기업 등을 개발사업의 시행자로 지정한다.

제14조(토지 등의 수용·사용) ① 시행자는 개발구역 안에서 개발사업의 시행을 위하여 필요한 때에는 공익사업을위한토지등의취득및보상에관한법률 제3조의 규정에 의한 토지물건 또는 권리(이하 '토지등'이라고 한다)를 수용 또는 사용(이하 '수용등'이라 한다)할 수 있다.

③ 공익사업을위한토지등의취득및보상에관한법률 제28조 규정에 의한 재결의 신청은 개발구역 토지면적의 50퍼센트 이상에 해당하는 토지를 확보(토지소유권을 취득하거나 토지소유자로부터 사용동의를 얻는 것을 말한다)후에 이를 할 수 있다. (단서생략)

⑤ 제1항의 규정에 의한 토지 등의 수용에 관한 재결의 관할 토지수용위원회는 중앙토지수용위원회가 된다.

⑥ 시행자는 공익사업을위한토지등의취득및보상에관한법률이 정하는 바에 따라 개발사업의 시행에 필요한 토지 등을 제공함으로 인하여 생활의 근거를 상실하게 되는 자에 대하여 주거단지 등을 조성·공급하는 등 이주대책을 수립·시행하여야 한다.

⑦ 제6항의 규정에 의하여 수립하는 이주대책에는 이주대상 주민과 협의하여 당초 토지 등의 소유상황과 생업 등을 감안하여 생활대책에 필요한 용지를 대체하여 공급하는 등 대통령령이 정하는 사항을 포함하여야 한다.

⑩ 제1항의 규정에 의한 토지 등의 수용 등에 관하여 이 법에 특별한 규정이 있는 경우를 제외하고는 공익사업을위한토지등의취득및보상에관한법률을 준용한다.

[관련논점]

— 헌법 제23조 제3항 소정의 공공필요의 의미와 과잉금지원칙(헌법 제37조 제2항)

— 의무이행심판의 대상 및 청구인적격, 재결의 형식

— 수용재결에 대한 불복절차

[답안구성]

Ⅰ. 논점의 정리
Ⅱ. 설문 (1)의 해결
1. 문제점
2. 공공필요의 의미
3. 공공필요의 구체적 판단기준으로서의 비례원칙
4. 소결
Ⅲ. 설문 (2)의 해결
1. 문제의 소재
2. 이주대책의 법적 성질
(1) 이주대책의 법적 성질
3. 의무이행심판청구의 적법성 여부
(1) 의무이행심판청구의 적법요건
(2) 청구인적격의 존부
가. 문제점
나. 학설
다. 검토
(가) 항고소송의 대상적격과 행정심판의 대상
(나) 항고쟁송의 원고적격 내지 청구인적격
(다) 소결
라. 사안의 경우
(3) 소결
4. 청구의 인용가능성
5. 인용재결의 형식
6. 소결
Ⅳ. 설문 (3)의 해결
1. 문제점
2. 이의신청
(1) 이의신청의 제기
(2) 이의신청에 대한 재결
1) 재결의 내용
2) 재결의 효력
3. 행정소송
(1) 丙이 제기할 수 있는 행정소송
1) 제소기간
2) 소의 대상
3) 피고적격과 관할법원
4. 판결(재결)의 실효성 확보방법으로서 가구제의 가능성
(1) 집행정지신청
1) 집행정지의 의의
2) 집행정지의 요건
3) 사안의 경우
(2) 가처분의 신청
1) 가처분의 의의
2) 사안의 경우
(3) 소결
Ⅴ. 사례의 해결

Ⅰ. 논점의 정리

설문 (1)에서는 헌법 제23조 제3항에 근거한 공용수용의 요건으로서의 "공공필요"의 의미 및 그 판단기준에 대하여 검토하여야 한다.

설문 (2)에서는 우선 심판청구가 인용되기 위해서는 청구가 적법하고, 사안의 부작위가 위법하며, 나아가 사정재결사유도 없어야 하는바, 이를 검토할 필요가 있고, 다음 심판청구가 인용되는 경우에 재결청의 재결의 형식으로서 처분재결과 이행명령재결에 대하여 검토하여야 한다.

설문 (3)에서는 기업도시개발특별법 제14조 제10항은 토지 등의 수용 등에 관하여 이법

에 특별한 규정이 있는 경우를 제외하고는 공익사업을위한토지등의취득및보상에관한법률(이하 '공토법'이라 한다)을 준용하고 있으므로, 丙의 수용재결에 대한 불복절차는 토지보상법 규정에 따라 이의신청(제83조)과 행정소송(제85조)에 대하여 살펴보아야 한다.

Ⅱ. 설문 (1)의 해결

1. 문제점

사안에서는 甲이 추진하는 관광레저형기업도시를 건설하기 위한 토지수용에 있어서 '공공필요'의 요건을 충족하는지 문제된다.

2. 공공필요의 의미

헌법 제23조 제3항은 '공공필요에 의한 재산권의 수용사용 또는 제한 및 그에 대한 보상은 법률로써 하되, 정당한 보상을 지급하여야 한다.'고 규정하고 있다. 여기서의 공공필요의 의미에 대해서는 특정 공익사업을 위한 필요에서부터, 공공복리를 위한 필요, 나아가 널리 공공목적을 위한 필요도 포함된다는 견해 등 다양한 견해가 있다.

오늘날 사회경제적 여건의 변화에 따라 공공필요의 개념이 점차 확대되는 경향에 있다. 공토법 제4조는 공익사업에 관하여 자세한 규정을 두고 있으나 공공필요의 개념을 획일적으로 확정할 수는 없고, 구체적 사안에 따라 공용침해를 필요로 하는 공익과 침해되는 사익을 비교·형량하여 공공필요에의 해당 여부를 결정해야 할 것이다.

3. 공공필요의 구체적 판단기준으로서의 비례원칙

국민의 재산권의 제한도 다른 기본권제한과 마찬가지로 헌법 제37조 제2항의 과잉금지원칙에 반하지 아니하여야 한다.

따라서 재산권제한 법률의 입법목적이 정당하고(목적의 정당성), 그 목적을 실현하기 위하여 방법 또는 수단이 적합하여야 하며(방법의 적합성), 필요한 한도 이상의 침해여서는 안 된다(침해의 최소성). 나아가 공익실현이라는 행정목적을 달성하기 위하여 적합하고 필요한 것이라 하더라도 행정작용으로 인하여 달성하고자 하는 공익이 그로 인하여 침해되는 다른 공익이나 사익보다 커야 한다(법익 균형성).

특히 공용수용에 있어서 수용을 위한 공익과 피수용자인 재산권자의 사익이 정당하게 형량되어야 함은 물론 수용을 통해 실현되는 공익과 수용으로 인하여 훼손되는 환경상의 이익이나 문화재보호이익 등의 공익 등도 함께 고려되어야 한다. 토지보상법 제19조 제2항도 수용할 수 있는 사업에 이용되고 있는 토지에 대한 수용에 있어서는 공익간의 이익형량을 필요로 한다고 규정하고 있다.237)

4. 소결

사안의 경우 기업도시개발특별법 제1조, 제2조, 제14조에 따르면 공공복리증진 및 국민경제와 국가 균형발전에의 기여를 위해 기업도시의 건설을 위한 개발사업을 시행할 수 있도록 하고, A시는 석탄산업의 쇠퇴로 현저하게 인구가 줄어들고 있어 지역경제의 활성화 및 고용증대가 필요하다고 할 수 있으며, A시의 자체적인 재원으로는 관광레저형도시의 개발이 어려운 상황에 있는 점 등을 고려할 때 수단의 적합성과 필요성이 인정된다 하겠다. 나아가 당해 사업수행으로 인해 침해되는 乙·丙 등의 사익을 감안하더라도 그로 인한 지역경제의 활성화 및 고용증대 등의 공익이 상당하다고 판단되므로 당해 사업을 위하여 토지수용을 할 공공필요가 있다고 하겠다.

Ⅲ. 설문 (2)의 해결

1. 문제의 소재

의무이행심판이란 행정청의 위법 또는 부당한 거부처분이나 부작위에 대하여 일정한 처분을 하도록 하는 심판을 말한다(행정심판법 제4조 제3호). 설문에서는 우선 이러한 의무이행심판의 인용가능성을 묻고 있으므로 청구가 인용되기 위해서는 청구 적법하고, 부작위가 위

---

237) 우리 헌법재판소는 하천법 제2조 제1항 제2호 나목(헌재에 의해 제3조로 심판대상이 변경되었음) 위헌소원사건에서 다음과 같이 판시하고 있다. "이 사건 토지들은 양천제의 제외지로서 공부상 각 청구인들의 소유로 등재되어 있었다가, 이 법(하천법 제3조)의 시행으로 말미암아 일제히 국유로 되었는바, 하천관리라는 공익목적을 위하여 국민의 특정재산권을 직접 법률에 의하여 강제적으로 국가가 취득하였으므로 이는 헌법 제23조 제3항에 규정된 재산권의 '수용'에 해당한다. 이러한 공용수용은 ⅰ) 국민의 재산권을 그 의사에 반하여 강제적으로라도 취득해야할 공익적 필요성이 있을 것, ⅱ) 수용과 그에 대한 보상은 모두 법률에 의할 것, ⅲ) 정당한 보상을 지급할 것의 요건을 충족하여야 한다(헌재 1994.2.24. 92헌가15등 참조). 그런데 ⅰ) 하천관리 등을 위하여 필요한 토지를 수용할 것인가 아니면 필요에 대응하여 사소유권의 이용·처분에 제한을 가하는 것에 그칠 것인가는 **입법자가 효율적인 하천관리라는 공익적 필요성의 정도와 이를 위해 국민의 재산권이 희생되고 제한되는 정도를 조화롭게 형량하여 결정할 문제이므로, 이에 대한 사실적 평가와 가치판단은 일차적으로 입법자의 몫이며, 그것이 현저히 자의적이거나 비례성을 벗어나는 것이라고 보이지 않는 한 이를 존중하여야 할 것이므로** 입법자가 이법 제3조로써 제외지를 일률적으로 국유화한 것은 **나름대로 합리적 이유가 있고 공익과 사익을 합목적적으로 교량한 결과인 것으로 보인다.** 또한 ⅱ) 청구인들의 제외지는 이법 제3조에 의하여 직접 국유로 되었으므로(소위 입법적 수용), 법률에 의하여 수용하라는 헌법적 요청을 충족한 것이 분명하다. 또한 이법 시행으로 당연히 국유화된 제외지의 종전소유자들에 대하여 비록 이법 자체(1961.12.30 법률 제892호, 하천법 제4조)에는 보상규정이 없었으나 1984년 개정하천법에 의하여 뒤늦게나마 보상 법률이 마련되었고, 후속시행령에 의하여 대다수의 제외지 소유자들이 이미 손실보상을 받기에 이르렀으므로, 결과적으로 이 사건 법률조항은 법률에 의한 보상의 요건을 충족하여 헌법에 위반된다고 볼 수 없다. 그리고 ⅲ) 정당한 보상의 원리에도 위배되는 것으로 보이지 않아 재판관전원의 일치된 의견으로 합헌결정을 한다"고 판시(헌재 1998.3.26. 93헌바12)하였다.

법하며, 나아가 사정재결사유도 없어야 하는바, 이에 대한 해명을 위해서 그 전제로서 먼저 이주대책의 법적 성질을 살펴보아야 하며, 다음 乙의 청구가 인용되는 경우에 있어서 재결의 형식이 명령적 재결형태를 취하여야 하는지 형성적 재결형식을 취하여야 하는지를 검토하여야 한다.

2. 이주대책의 법적 성질

(1) 이주대책의 법적 성질

이주대책은 개발사업시행에 필요한 토지 등을 제공함으로써 생활의 근거를 상실한 자에게 대체용지의 공급결정 등을 내용으로 하는 것으로서 사업시행자의 이주대책실시로 인해 관계법령에 따라 이주대책대상자에게 특정한 토지의 소유권 또는 수분양권 등의 공법상 권리를 부여하거나 확정하는 구속적 행정계획의 성격을 갖는 것으로서 처분에 해당한다고 보아야 한다. 이주대책은 재산권보상과는 다른 차원의 문제이므로 이는 협의의 생활보상으로서 우리 헌법 제34조 인간다운 생활을 할 권리에서 그 근거를 찾을 수 있다.

한편 기업도시개발특별법 제14조 제6항과 제7항의 규정상 개발사업의 시행에 필요한 토지 등을 제공함으로 인하여 생활의 근거를 상실하게 되는 자에 대한 이주대책의 수립실시는 의무적이고, 다만 그 내용 형성행위는 재량행위로 판단된다.

3. 의무이행심판청구의 적법성 여부

(1) 의무이행심판청구의 적법요건

의무이행심판청구가 적법하기 위해서는 i) 행정청의 위법 또는 부당한 거부처분 또는 부작위에 대하여(제1조, 제3조 제1항 : 대상적격), ii) 일정한 처분을 구할 법률상 이익이 있는 자(제9조 제3항 : 청구인적격)가, iii) 거부처분이나 부작위를 한 행정청을 상대로(피청구인적격), iv) 거부처분인 경우에는 처분이 있음을 안날로부터 90일 또는 있은 날로부터 180일 이내에 제기하여야 한다.

사안의 경우에는 사업시행자인 甲은 민간기업이지만 기업도시개발특별법 제14조 제6항에 의하여 이주대책의 수립・실시라는 처분권한을 부여받은 공무수탁사인으로서 행정청에 해당하고(행정심판법 제2조 제2항), 당해 심판의 대상은 乙은 甲에게 생활대책에 필요한 대체용지의 공급을 포함하는 이주대책의 수립을 신청하였지만 상당한 기간이 경과하였는데도 甲은 이주대책을 수립하지 않고 있으므로 거부처분이 아니라 부작위이고, 따라서 청구기간의 제한은 없다(행정심판법 제18조 제7항). 문제는 청구인적격의 존부이다

(2) 청구인적격의 존부

행정청의 부작위가 위법 또는 부당할 수 있어 행정심판의 대상이 된다고 하더라도 하자 있는 행정행위에 인정되는 공정력을 깨뜨리는 절차인 항고쟁송으로서의 행정심판을 청구하기 위해서는 행정청의 부작위가 청구인의 법률상 보호되는 개별적·구체적 이익에 대한 현실적인 침해(우려)가 있어야만 한다. 그리하여 행정심판법은 행정소송법에서의 원고적격과 동일하게 청구인적격을 법률상 이익이 있는 자로 한정하고 있다(행정심판법 제9조). 따라서 여기서의 "법률상 이익"의 의미는 항고소송에서의 원고적격에서와 같이 법률상보호이익으로서 법에 의하여 보호되는 개별적·직접적·구체적 이익을 말한다.

가. 문제점

그런데 행정심판에 있어서 행정심판법상 심판의 대상으로서의 부당한 처분을 포함시키면서도(제1조, 제4조 제1호와 제3호) 청구인적격으로서의 법률상 이익을 항고소송에서의 원고적격과 동일하게 규정한 것(제9조)이 입법상 잘못인지에 대하여 견해가 대립하고 있다.

나. 학설

(가) 입법과오설 부당한 행위로는 법률상 이익이 침해될 수 없기 때문에 제9조 제1항이 사실상 이익이 침해된 경우에도 심판청구를 할 수 있도록 규정하지 않은 것은 제4조 제1호의 취지를 반영하지 못한 것으로서 입법상의 과오라고 한다.[238]

(나) 입법비과오설 위법·부당 여부는 본안심리결과 내려지는 법원의 최종적 평가차원의 문제이고 법률상 이익의 존재 여부는 소송요건의 문제로서 양자는 차원을 달리하는 것이며, 또한 위법성과 부당성의 구별가능성 내지 의의는 크지 않다고 한다.[239]

(다) 입법미비설 침해의 대상인 법률상 이익은 위법한 행위뿐만 아니라 부당한 행위 또는 적법한 행위에 의해서도 침해될 수 있으므로 입법상 과오는 아니지만, 반사적 이익침해를 이유로 다툴 수 있는 가능성을 완전히 배제하는 듯한 표현은 입법적으로 미흡하다고 한다.[240]

다. 검토

(가) 항고소송의 대상적격과 행정심판의 대상

행정심판이 아닌 행정소송에서 행정청의 처분 등이 위법할 수 있어야 한다는 소의 대상적격의 요구는 구체적 사건에서의 법률적 분쟁을 법에 의하여 해결함으로써 법적 안정성을 기하자는 소송 본질상의 문제이다. 그러나 행정심판은 소송이 아니기 때문에 합법성 통제뿐만 아니라 행정심판법 제1조 후단의 규정에서 보는 바와 같이 합목적성 통제도 그 목적

238) 김남진, I, 593면; 류지태, 신론, 481면; 홍준형, 구제법, 412면
239) 김동희, I, 574면
240) 홍정선, 상, 738면

으로 하고 있으므로 행정청의 행위가 공익실현을 목적으로 하는 공법에 반하기만 하면, 그 공법이 사익보호목적도 있어 위법한 행위이든 공익보호목적만 있어 공익에 반하는 부당한 행위이든 상관없이 행정심판의 대상이 되는 것이다.

(나) 항고쟁송의 원고적격 내지 청구인적격

한편, 행정심판법이 청구인적격을 항고소송에서의 원고적격과 동일하게 규정하고 있는 것은 항고쟁송은 "공익실현이라는 행정목적의 능률적 수행을 위하여" 행정청의 우월적 의사에 기한 법적 규율로서의 행정행위에 인정되는 공정력을 깨뜨리는 특수한 쟁송절차이기 때문에, 이러한 공정력의 인정 취지에 부응하여 항고쟁송을 제기할 수 있는 자를 법률상 보호이익, 즉 법에 의하여 보호되는 개별적·직접적·구체적 이익이 있는 자로 특별히 제한하고 있는 것이며, 따라서 특정개인이 하자있는 행정행위의 공정력을 깨뜨리기 위하여 행정심판을 청구하기 위해서는 항고소송에 있어서 원고적격과 마찬가지로 자신의 법률상 직접 보호되는 구체적 이익이 행정청의 처분이나 부작위로 인하여 현실적으로 침해될 수 있어야 한다.

(다) 소결

결국 공정력을 깨뜨리는 절차로서 특수한 소송인 항고소송에 있어서 소의 이익으로서 행정청의 처분 등이 "위법한 처분 등"이 될 수 있는가(소의 대상적격 내지 권리보호자격으로서의 법률상 이익의 존재 : 소송본질상의 문제)하는 문제와 그로 인하여 특정 개인의 법률상 보호되는 구체적인 권리 또는 이익이 현실적으로 침해될 수 있는가(원고적격으로서의 법률상 이익 및 권리보호필요성 : 공정력을 깨뜨리는 절차로서 항고쟁송의 특수한 문제)하는 문제는 그것을 요구하는 제도적 취지를 달리하여 본질적으로 전혀 별개의 문제이다.[241)]

그러므로 특수한 쟁송인 항고쟁송에 있어서는 행정청의 위법·부당(**객관적 위법·부당성**)은 곧 원고의 구체적인 법적 권익침해(**특정개인인 원고와의 주관적 관련아래서 파악된 위법성**)라는 등식은 성립하지 아니하고, 나아가 특정개인인 원고의 법률상 보호되는 구체적인 권익에 대한 침해는 법규성 있는 법령에 근거한 위법한 처분에 의해서 뿐만 아니라 법규성 없는 법령에 근거한 부당한 처분 또는 적법한 처분에 의해서도 발생할 수 있다. 그러므로 결국 행정심판법상의 청구인적격규정은 아무런 입법상의 잘못이 없다.[242)]

---

241) 이러한 법리를 명확히 한 것이 대법원 2006.6.22. 선고 2003두1684 전원합의체판결의 취지이기도 하다.

242) 그럼에도 불구하고 공사법이원체계의 법제도 본질상 인정되는 특수한 쟁송구조인 항고쟁송구조를 올바로 인식하지 못하고 항고소송구조를 일반소송구조와 같은 것으로 보아"권리침해는 위법차원의 문제이므로 위법이 아닌 부당한 처분에 의해서는 권리가 침해되는 경우란 있을 수 없다"며, 우리 행정심판법 제9조가 입법과오라는 주장을 끊임없이 제기하고 있는 견해(김남진·김연태, 행정법, 제12판, 606면 등)가 있다. 그리하여 최근에도 "그동안의 여러 차례의 법률개정에도 불구하고 행정심판법이 행정심판의 청구인적격을 아직도'법률상 이익이 있는 자'에 한정하고 있음은 중대한 입법상의 착오로서 조속히 개정되어야 함을 다시 한번 강조하는 바이다"라고 주장하고 있다(김남진, 법률상 이익·사실상 이익 구분 필요성, 법률신문, 2008.5.19. 제3651호). 게다가 이러한 견해는 처분등이나 부작위의 위법성확인을 본질로 하는 항고

라. 사안의 경우

사안의 경우 乙은 사업시행자에게 이주대책을 수립·실시의무를 규정하고 있는 기업도시개발특별법 제14조 제6항 등 규정에 따라 취득한 추상적 권리가 사업시행자 甲의 이주대책수립·실시로 인하여 '구체화될 수 있는 일정한 권리 내지 법률상 보호되는 개별적·직접적·구체적 이익'이 있다고 할 것이므로, 乙은 개발사업시행에 필요한 토지 등을 제공함으로써 생활의 근거를 상실하게 되었음에도 사업시행자인 甲이 이주대책을 수립·실시하지 아니함으로 인하여 위와 같은 법률상 보호되는 구체적인 이익에 대한 현실적이 침해가 있다고 할 것이므로 의무이행심판을 청구할 법률상 이익이 인정된다고 할 것이다.

(3) 소결

따라서 사안의 경우 이주대책을 수립하고 있지 않는 사업시행자인 甲에 대한 의무이행심판은 乙의 청구인적격이 존재하고 기타 청구요건도 모두 충족하므로 乙의 의무이행심판 청구는 적법하다.

4. 청구의 인용가능성

설문에서는 甲의 이주대책을 수립하지 아니한 부작위에 특별히 주체·형식·절차상의 문제는 보이지 않는다. 따라서 乙의 심판청구가 인용되려면 甲의 부작위가 위법·부당하고 그로 인하여 乙의 법률상 보호되는 구체적 권익을 침해하여 부작위의 위법성이 인정되어야만 한다.

그런데 사안의 경우 乙은 개발사업시행에 필요한 토지 등을 제공함으로써 생활의 근거를 상실하게 되었음에도 甲이 기업도시특별법 제14조 제4항에 반하여 이주대책을 수립·실시하지 아니하고 있는 것은 위법한 부작위라고 할 것이고, 그러한 부작위로 인하여 청구인 乙은 사업시행자에게 이주대책을 수립·실시의무를 규정하고 있는 기업도시개발특별법 제14조 제6항 등 규정에 따라 취득한 추상적 권리가 사업시행자 甲의 이주대책수립·실시로 인하여 '구체화될 수 있는 일정한 권리 내지 법률상 보호되는 개별적·직접적·구체적 이익'에 대한 침해 또는 침해우려가 있다고 할 것이므로 甲의 부작위는 그 위법성을 인정할 수 있을 것이며, 나아가 특별히 사정재결사유도 보이지 아니하므로 乙의 청구는 인용될 것이다.

소송구조를 올바로 인식하지 못한 채 항고소송의 본질을 마치 민사소송에서처럼 "권리의 존부를 공권적으로 확정하는 소송"으로 보고 있으며(김연태, 사례연습, 제4판, 13면등), 나아가 항고소송으로서의 부작위위법확인소송의 본안심리내용과 관련하여 "처분의무의 유무 및 이에 대응한 원고의 처분을 구할 실체법상 청구권의 유무가 본안심리의 내용을 이루게 된다."라고 기술하고 있다(위의 책, 29면 등). 이처럼 공사법이원체계의 법제도에 대한 기본적인 인식마저 결여되어 있는 이들을 주장을 관찰하노라면 이분들이 도대체 행정법이 뭔지 알고나 있을까 하는 의구심을 갖지 않을 수 없다.

5. 인용재결의 형식

일반적으로 재결청은 의무이행심판이 이유 있다고 인정할 때에는 지체 없이 스스로 신청에 따른 처분을 하거나(형성재결 또는 처분재결), 처분청으로 하여금 처분을 할 것을 명하는 재결을 하게 된다((이행명령재결 또는 처분명령재결)(행정심판법 제32조 제5항). 후자의 경우에는 행정청은 지체 없이 그 재결의 취지에 따라 다시 이전의 신청에 대한 처분을 하여야 한다. 이 경우 재결청은 당해 행정청이 처분을 행하지 아니하는 때에는 당사자의 신청에 따라 기간을 정하여 서면으로 시정을 명하고 그 기간 내에 이행하지 아니한 경우에는 당해 처분을 할 수 있다(제37조 제2항). 여기서 '신청에 대한 처분'이란 반드시 청구인의 신청 내용대로의 처분을 의미하는 것이 아니고, 신청에 대한 거부 또는 기타의 처분도 이에 포함된다. 예컨대 심판청구의 대상이 된 행위가 기속행위인 경우에는 청구인의 신청대로 처분을 하거나 처분청에게 이를 하도록 명하여야 하나, 재량행위인 경우에는 그러하지 아니하다. 다만 재량이 영으로 수축하는 경우에는 신청 내용대로 재결하여야 할 것이다.

사안의 경우에는 이주대책수립은 그 성질상 사업시행자가 하여야 하고 재결청인 토지수용위원회가 직접 이주대책을 수립하는 것은 적절하지 않기 때문에 이행명령재결의 방식으로 재결을 하여야 할 것이다. 이행명령재결에 대하여 처분청이 이행하지 않을 경우 재결청은 당사자의 신청에 따라 일정한 기간을 정하여 서면으로 시정을 명하고 그 기간 내에 이행하지 아니하는 경우에는 당해 처분을 할 수 있다(제37조 제2항).

6. 소결

乙은 개발사업시행에 필요한 토지 등을 제공함으로써 생활의 근거를 상실하게 되었는바, 甲이 기업도시특별법 제14조 제4항에 반하여 이주대책을 수립·실시하지 아니하고 있는 것은 위법·부당한 부작위라고 할 것이고, 그러한 부작위로 인하여 청구인 乙의 사업시행자에게 이주대책을 수립·실시의무를 규정하고 있는 기업도시개발특별법 제14조 제6항 등 규정에 따라 취득한 추상적 권리가 사업시행자 甲의 이주대책수립·실시로 인하여'구체화될 수 있는 일정한 권리 내지 법률상 보호되는 개별적·직접적·구체적 이익'에 대한 침해 또는 침해우려가 있다고 할 것이므로 청구인적격이 인정되어 행정심판청구는 적법하고, 나아가 甲의 부작위는 그 위법성을 인정할 수 있을 것이며, 특별히 사정재결사유도 보이지 아니하므로 乙의 청구는 인용될 것이다. 이 경우 재결청인 토지수용위원회가 직접 이주대책을 수립하는 것은 적절하지 않으므로 이행명령재결의 방식으로 재결을 하여야 할 것이다.

Ⅳ. 설문 (3)의 해결

1. 문제점

사안의 경우 丙이 자신의 토지가 위 개발사업에 필요한 토지가 아니므로 수용재결이 위법하다고 주장하고 있는바, 토지수용위원회의 재결도 처분으로서의 성질을 가지므로 위법한 재결에 불복하는 경우에는 행정쟁송을 제기할 수 있다(행정소송법 제1조, 제2조 제19조). 그런데 기업도시개발특별법 제14조 제10항은 토지 등의 수용에 관하여 이 법에 특별한 규정이 있는 경우를 제외하고는 공토법을 준용하도록 하고 있어, 결국 토지수용에 따른 불복절차는 공토법 규정에 따른다고 할 것이다. 이에 따르면 丙의 불복수단으로는 이의신청과 행정소송이 된다. 다만 공토법은 토지수용과 관련한 분쟁의 일회적 해결을 도모하기 위하여 특별한 규정을 두고 있으므로 이를 살펴볼 필요가 있다.

2. 이의신청

(1) 이의신청의 제기

공토법에 의하면 손실보상 및 이주대책 등 토지 등의 수용과 사용에 관한 재결은 토지수용위원회의 관할이고, 기업도시개발특별법 제14조 제5항에 의하면 개발구역 안에서의 개발사업 시행을 위한 토지 등의 수용에 관해서는 중앙토지수용위원회에서 재결을 관할하므로 丙은 중앙토지수용위원회의 재결에 대하여 재결서의 정본을 송달받은 날로부터 30일 이내에 중앙토지수용위원회에 이의를 신청할 수 있다(토지보상법 제 83조 제1항, 제3항).

(2) 이의신청에 대한 재결

1) 재결의 내용

중앙토지수용위원회는 丙의 이의신청이 있는 경우 수용재결이 위법 또는 부당하다고 인정하는 때에는 그 재결의 전부 또는 일부를 취소한다(토지보상법 제84조 제1항).

2) 재결의 효력

제85조 제1항의 규정에 의한 기간 이내에 소송이 제기되지 아니하거나 그 밖의 사유로 이의신청에 대한 재결이 확정된 때에는 민사소송법상의 확정판결이 있는 것으로 보며, 재결서 정본은 집행력이 있는 판결정본과 동일한 효력을 가진다(토지보상법 제86조 제1항). 제83조 규정에 의한 이의신청이나 제85조 규정에 의한 행정소송의 제기는 사업의 진행 및 토지의 수용 또는 사용을 정지시키지 아니한다(토지보상법 제88조).

3. 행정소송

(1) 丙이 제기할 수 있는 행정소송

丙이 제기할 수 있는 행정소송의 종류로는 ① 수용재결의 취소나 무효확인을 구하는 항고소송과 ② 보상금의 증액 또는 감액만을 청구하는 보상금증감청구소송인 형식적 당사자소송의 두 가지가 있다.

사안의 경우 丙이 자신의 토지를 수용당하지 않기 위하여 제기할 수 있는 소송은 전자에 해당한다.

1) 제소기간

이의 신청은 임의적 절차이므로 丙이 중앙토지수용위원회의 수용재결에 불복이 있는 경우에는 재결서를 받은 날로부터 60일 이내에, 이의신청재결을 거친 때에는 이의신청에 대한 재결을 받은 날로부터 30일 이내에 각각 행정소송을 제기할 수 있다(토지보상법 제85조 제1항).

2) 소의 대상

丙이 이의신청재결에 대하여 취소소송을 제기하는 경우에 수용재결이 취소소송의 대상이 되는지 아니면 이의신청재결이 취소소송의 대상이 되는지에 대하여는 견해가 대립하고 있다.

즉, 중앙토지수용위원회의 이의재결과 관련하여, ⅰ) 구 토지수용법 제75조의2 소정의 "중앙토지수용위원회의 이의신청에 대한 재결에 불복이 있는 자는 행정소송을 제기할 수 있다"를, 판례는 재결주의를 취하고 있는 것으로 보았으나(대판 2001.1.19. 98두17582; 대판 1995.12.8. 95누5561; 헌재 2001.6.28. 2000헌바27), ⅱ) 현행 토지보상법 제85조 제1항 제1문은 "사업시행자·토지소유자 또는 관계인은 제34조의 규정에 의한 재결에 대하여 불복이 있는 때에는 재결서를 받은 날로부터 60일 이내에, 이의신청을 거친 때에는 이의신청에 대한 재결서를 받은 날부터 30일 이내에 각각 행정소송을 제기할 수 있다"고 규정하고 있는바, 토지보상법 제34조에 규정에 의한 재결에 불복하는 소송은 원처분에 대한 행정소송임이 명백하지만, 중앙토지수용위원회의 이의재결을 거친 후 행정소송을 제기하는 경우에는 소의 대상과 관련하여 구 토지수용법의 경우와 같은 논쟁의 여지가 있다.

생각건대 현행 공토법이 필요적 전치절차였던 이의신청을 임의절차로 규정하였고, 재결소송은 예외적인 것이므로 제한적으로 새겨야 하는데 토지보상법 제85조 제1항이 명시적으로 재결소송을 규정하고 있지 않다는 점과 그 규정형식에 비추어 원처분주의가 적용된다고 보아야 할 것이다. 다만 이의신청재결 자체에 고유한 위법이 있는 경우에는 이의신청재결을 취소소송의 대상으로 할 수 있다(행정소송법 제19조 단서). 결국 丙은 중앙토지수용위원회의 수용재결에 대하여 행정소송을 제기할 수 있다.

3) 피고적격과 관할법원

丙이 재결에 대하여 제소하는 경우에는 재결청을, 이의재결에 대하여 제소하는 경우에는 중앙토지수용위원회를 각각 피고로 한다. 관할법원은 행정법원이다(행정소송법 제9조, 제38조 제1항).

4. 판결(재결)의 실효성 확보방법으로서 가구제의 가능성

(1) 집행정지신청

1) 집행정지의 의의

丙의 이의신청이나 취소소송의 제기는 원칙적으로 중앙토지수용위원회의 수용재결의 효력이나 그 집행 또는 절차의 속행에 영향을 주지 않는다(행정심판법 제21조 제1항, 행정소송법 제23조 제1항 : 집행부정지의 원칙). 그러나 행정쟁송법은 이와 같이 집행부정지의 원칙을 채택하여 행정의 원활한 운영을 기하면서도 권리구제의 실효성을 확보하기 위하여 재결청이나 수소법원은 당사자의 신청 또는 직권에 의하여 처분등의 효력이나 그 집행 또는 절차의 속행의 전부 또는 일부의 정지를 결정할 수 있도록 규정하고 있다(행정심판법 제21조 제2항, 행정소송법 제23조 제1항).

2) 집행정지의 요건

집행정지가 인용되기 위해서는 ⅰ) 집행정지의 대상인 처분 등의 존재, ⅱ) 적법한 본안소송의 계속, ⅲ) 회복하기 어려운 손해발생의 우려, ⅳ) 긴급한 필요의 존재, ⅴ) 공공복리에 중대한 영향을 미칠 우려가 없을 것, ⅵ) 본안청구가 이유 없음이 명백하지 않을 것(다수설과 판례)등의 요건을 충족하여야 한다.

3) 사안의 경우

사안의 경우 수용재결도 처분이므로 ⅰ)과 ⅱ)의 요건은 충족되나, 특히 丙의 토지소유권 상실로 인한 손해는 회복하기 어려운 손해발생의 우려가 있는 경우에 해당한다고 볼 수 없고, 수용재결의 집행정지로 인해 공공복리에 중대한 영향을 미칠 우려가 있다고 보아야 하므로 丙의 집행정지신청은 인용되기 어려울 것이다.

(2) 가처분의 신청

1) 가처분의 의의

가처분이란 특정한 급부를 목적으로 하는 청구권 보전을 위한 보전처분과 다툼이 있는 권리관계에 관해 임시의 지위를 정함을 목적으로 하는 보전처분을 말한다(민사집행법 제300

조). 이러한 민사집행법상의 가처분제도를 행정쟁송에서도 준용할 수 있는지에 대하여는 견해가 대립하고 있다.

2) 사안의 경우

그러나 집행정지제도는 침익적 행정행위의 효력 등을 정지시켜 권리구제의 실효성을 확보하기 위한 것이라면 가처분제도는 수익적 행정행위를 거부 또는 부작위하는 경우에 인정될 수 있는 것이다. 그런데 사안의 경우에는 중앙토지위원회의 수용재결이라는 침익적 처분이 적극적으로 행해진 경우이므로 丙의 가처분의 신청은 그 대상적격을 인정할 수 없다.

(3) 소결

결국 丙이 자신의 토지를 수용당하지 않기 위하여 집행정지나 가처분과 같은 가구제의 신청을 통한 불복방법은 부적절하거나 인용될 수 없을 것이다.

V. 사례의 해결

설문 (1)의 경우 기업도시개발특별법 제1조, 제2조, 제14조에 따르면 공공복리증진 및 국민 경제와 국가 균형발전에의 기여를 위해 기업도시의 건설을 위한 개발사업을 시행할 수 있도록 하고, A시는 석탄산업의 쇠퇴로 현저하게 인구가 줄어들고 있어 지역경제의 활성화 및 고용증대가 필요하다고 할 수 있으며, A시의 자체적인 재원으로는 관광레저형도시의 개발이 어려운 상황에 있는 점 등을 고려할 때 당해 사업수행으로 인해 침해되는 乙·丙 등의 사익을 감안하더라도 그로 인한 지역경제의 활성화 및 고용증대 등의 공익이 상당하다고 판단되므로 당해 사업을 위하여 토지수용을 할 공공필요가 있다고 하겠다.

설문 (2)의 경우 乙은 개발사업시행에 필요한 토지 등을 제공함으로써 생활의 근거를 상실하게 되었는바, 甲이 기업도시특별법 제14조 제4항에 반하여 이주대책을 수립·실시하지 아니하고 있는 것은 위법·부당한 부작위라고 할 것이고, 그러한 부작위로 인하여 청구인 乙의'구체화될 수 있는 일정한 권리 내지 법률상 보호되는 개별적·직접적·구체적 이익'에 대한 침해 또는 침해우려가 있다고 할 것이므로 청구인적격이 인정되어 행정심판청구는 적법하고, 나아가 甲의 부작위는 그 위법성을 인정할 수 있을 것이며, 특별히 사정재결사유도 보이지 아니하므로 乙의 청구는 인용될 것이다. 이 경우 재결청인 토지수용위원회가 직접 이주대책을 수립하는 것은 적절하지 않으므로 이행명령재결의 방식으로 재결을 하여야 할 것이다.

설문 (3)의 경우 丙은 공토법 제83조에 따라 수용재결서를 받은 날로부터 30일 이내에 중앙토지수용위원회에 이의신청을 할 수 도 있고, 같은 법 제85조에 따라 이의 신청의 재결서를 받은 날로부터 30일 이내에, 또는 수용재결서를 받은 날로부터 60일 이내에 이의신청 없이 바로 행정소송을 제기할 수도 있다.

〈사례연습 45〉 행정절차의 하자, 정보공개청구권, 간접손실보상

산업자원부장관은 중 · 저준위방사성폐기물 처분시설(이하 "처분시설"이라 한다)이 설치될 지역을 관할하는 지방자치단체의 지역(이하 "유치지역"이라 한다)에 대한 지원계획 및 유치지역시행계획을 수립한 후, 처분시설 유치지역을 선정하고자 하였다. 이에 A시와 A시로부터 20킬로미터 밖에 위치한 B군, C군 등 3개 지역이 처분시설의 유치를 신청하였다. 산업자원부장관은 B군과 C군에 대하여는 [중 · 저준위방사성폐기물 처분시설의 유치지역에 관한 특별법] 제7조 제3항에 따른 설명회를 개최하였으나, A시에 대하여는 주민반대를 이유로 설명회나 토론회를 개최하지 아니하였다. 그 뒤 위 3개 지역에 대하여는 주민투표를 실시한 결과 A시가 81.35%, B군이 55.24%, C군이 61.17%의 찬성을 얻게 되자, 산업자원부장관은 부지선정위원회의 자문을 거쳐 A시를 최종 유치지역으로 선정하였다.[243)]

(1) A시 주민 甲은 유치지역선정과 관련하여 해당지역 주민들을 대상으로 설명회나 토론회를 개최하지 않아 행정절차의 하자(흠)가 있다고 주장한다. 이러한 甲의 주장은 타당한가? (10점)

(2) 유치지역선정에 반대하는 A시 주민 甲과 B군 주민 乙이 유치지역선정의 위법성을 소송상 다투고자 하는 경우 원고적격이 인정되는가? (15점)

(3) B군 주민 乙이 부지선정위원회의 선정기준, 선정과정에 관한 회의록 및 각 위원의 자문의견에 대한 정보공개를 요구하는 경우 이를 공개하여야 하는가? (10점)

(4) 처분시설이 건설 · 운영된 이후 처분시설로 통하는 진입도로에 연접한 곳에서 그 이전부터 활어횟집을 영위하여 온 A시 주민 丙이 고객의 급감으로 더 이상 영업을 계속할 수 없다고 주장하면서 처분시설의 건설운영자에 대하여 손실보상을 청구하는 경우 이를 인정할 수 있는가? (15점)

[참조조문]

중·저준위방사성폐기물 처분시설의 유치지역지원에 관한 특별법 제1조(목적) 이 법은 중 · 저준위 방사성폐기물 처분시설을 유치한 지역에 대한 지원체계를 마련하여 유치지역의 발전 및 주민의 생활향상에 기여함을 목적으로 한다.

243) 2006 제48회 사법시험기출문제

제7조(유치지역의 선정 등) ①산업자원부장관은 주민투표법 제8조의 규정에 의한 주민투표를 거쳐 유치지역을 선정하여야 한다.
②산업자원부장관은 유치지역 선정계획, 부지조사결과, 선정과정 등을 공개적이고 투명하게 진행하여야 한다.
③산업자원부장관은 유치지역의 선정과 관련하여 해당지역 주민을 대상으로 한 설명회 또는 토론회를 실시하여야 한다.
제8조(유치지역특별지원금의 지원)
①산업자원부장관은 전기사업법 제12조 제1항 제3호의 규정에 따른 원자력발전사업자로 하여금 유치지역을 위한 특별지원금(이하"지원금"이라 한다)을 관할지방자치단체에 지원하게 할 수 있다. 다만, 대통령령이 정하는 바에 따라 설치지역의 5킬로미터 이내에 위치하는 곳으로서 다른 시군구의 읍면동에 대하여도 지원금을 지원하게 할 수 있다.
②~③생략
제14조(지역주민의 우선 고용 및 참여) 처분시설의 설치 및 운영과 지원을 위하여 시행하는 사업에는 유치지역의 주민을 우선하여 고용 또는 참여시킬 수 있다.
주민투표법 제8조(국가정책에 대한 주민투표)
①중안행정기관의 장은 지방자치단체의 폐치분합 또는 구역변경, 주요시설의 설치 등 국가정책의 수립에 관하여 주민의 의견을 듣기위하여 필요하다고 인정하는 때에는 주민투표의 실시구역을 정하여 관계지방자치단체의 장에게 주민투표의 실시를 요구할 수 있다. 이 경우 중앙행정기관의 장은 미리 행정차지부장관과 협의 하여야 한다.
②~④생략

[관련논점]

— 절차하자와 하자의 치유가능성
— 항고소송의 원고적격 및 제3자의 원고적격 인정범위
— 정보공개청구권
— 보상규정이 없는 경우의 권리구제방법
— 간접손실보상청구권

[답안구성]

Ⅰ. 논점의 정리
Ⅱ. 설문 (1)의 해결
1. 문제의 소재
2. 유치지역선정행위의 법적 성질
(1) 독립적 행정행위 및 제3자효 행정행위
(2) 재량행위
3. 유치지역 선정행위의 행정절차상 하자 유무
(1) 청문이나 공청회 등의 실시의무
(2) 사안의 검토
4. 유치지역선정에 있어 절차상 하자의 치유가능성
(1) 문제점
(2) 하자의 치유가능성
(3) 사안의 경우
5. 소결
Ⅲ. 설문 (2)의 해결
1. 문제의 소재
2. 항고소송의 원고적격으로서의 "법률상 이익"의 의미
3. 원고적격의 구체적 판단기준과 원고적격의 인정 요건

(1) 원고적격의 구체적 판단기준
1) 법적 규율로서의 원고적격과 보호규범 3단계론
2) 법의 일반 원리로서의 원고적격과 수인한도의 법리
(2) 원고적격의 인정 요건
1) 원고적격으로서의 법률상 이익과 불문의 소송요건으로서 권리보호필요성
2) 원고적격의 인정 요건
4. 행정처분의 직접 상대방이 아닌 제3자의 원고적격 인정 여부 및 인정 요건
(1) 제3자의 원고적격
1) 제3자의 원고적격 인정 여부
2) 제3자의 원고적격 인정요건
5. 설문의 검토
6. 소결
Ⅳ. 설문 (3)의 해결
1. 문제의 소재
2. B군 주민인 乙의 정보공개청구권 유무
(1) 정보공개청구권 및 정보공개청구권자
(2) 정보공개청구의 상대방 및 공개대상정보
(3) 설문의 경우
3. 산업자원부장관의 乙의 정보공개청구에 대한 거부가능성
(1) 문제점
(2) 비공개대상정보인지 여부
1) 부지선정위원회의 선정기준
2) 선정과정에 대한 회의록 및 각 위원의 자문의견
가. 문제점
나. 선정과정에 대한 회의록 및 각 위원의 자문의견
(3) 설문의 검토
4. 소결
Ⅴ. 설문 (4)의 해결
1. 문제의 소재
2. 간접손실보상
(1) 의의
(2) 인정 근거
(3) 간접손실보상청구권의 성립요건
3. 보상규정이 없는 경우의 권리구제방법
(1) 문제점
(2) 헌법 제23조 제3항의 불가분조항 여부
1) 학설
가. 불가분조항으로 보는 견해
나. 불가분조항이 아니라는 견해
2) 판례의 태도
3) 검토
(3) 보상규정이 없는 경우의 권리구제 방법
1) 학설
가. 직접효력설
나. 유추적용설
다. 위헌무효설
라. 보상입법부작위위헌설
2) 판례의 태도
3) 검토
4. 소결
Ⅵ. 사례의 해결

Ⅰ. 논점의 정리

설문 (1)에서는 중·저준위 방사성폐기물 처분시설의 유치지역이 A시로 결정된 상황에서 유치지역 선정과정에 절차상 하자가 있는지, 나중에 주민투표를 실시함으로써 하자가 치유될 수는 없는지 여부가 문제된다.

설문 (2)에서는 유치지역선정과 같은 처분 등의 위법성을 소송상 다투고자 하는 소송은 항고소송이다. 따라서 항고소송의 원고적격의 인정범위와 관련하여 유치지역으로 선정된 A시의 주민 甲의 경우와 그로부터 20킬로미터 떨어진 B군의 주민인 乙의 경우 각각 유치지역선정의 위법성의 확인을 구할 법률상 이익이 있는지 여부를 검토하여야 한다.

설문 (3)의 경우에는 유치지역에서 탈락한 B군 지역의 주민인 乙에게 정보공개청구권이 인정되는지, 인정된다면 그 범위는 어디까지인지를 살펴보아야 한다.

설문 (4)에서는 A시 주민 丙의 영업상 손실에 대한 보상의 요건과 관련하여 보상의 근

거법률의 존부를 파악하여 그 여부에 따라 손실보상청구의 인정 여부를 검토하여야 한다.

Ⅱ. 설문 (1)의 해결

1. 문제의 소재

중·저준위 방사성폐기물 처분시설의 유치지역이 A시로 결정된 상황에서 유치지역 선정과정에 절차상 하자가 있는지, 나중에 주민투표를 실시하였는바, 하자가 치유되었다고 볼 수 없는지 여부가 문제된다. 이를 해명하기 위해서는 우선 유치지역선정행위가 행정절차법상 처분에 해당하는지를 규명하여야 한다.

2. 유치지역선정행위의 법적 성질

(1) 독립적 행정행위 및 제3자효 행정행위

중·저준위 방사성폐기물 처분시설의 유치지역으로 선정되면 선정된 일정한 주민들에게 방사성폐기물에 의한 오염의 우려와 함께 방사성폐기물에 따른 불편 등 일정한 불이익을 수인해야할 의무가 발생할 뿐만 아니라 중·저준위방사성폐기물처리시설의유치지역지원에관한특별법(이하 '특별법'이라 한다)이 정하는 바에 따라 특별지원금지역주민의 우선 고용 및 참여 등 일정한 구체적인 권리 또는 이익도 발생한다. 따라서 유치지역선정행위는 일정한 지역주민들의 법률상 지위에 변동을 가져오는 행정청의 공권력 행사로서 항고소송의 대상이 되는 처분에 해당할 뿐만 아니라 일정한 주민들에게 구체적인 법적 규율을 가져오는 공권력적 단독행위로서 행정행위에 해당한다.

(2) 재량행위

한편, 이러한 유치지역 선정행위에 대하여는 특별법이 그 구체적인 선정요건을 규정하고 있지 않고 산업자원부장관이 유치지역 선정계획, 부지조사 결과, 선종과정 등을 거쳐 독자적인 판단에 따라 선정행위를 할 수 있도록 하고 있으므로(특별법 제7조 제2항 참조), 이는 재량행위라고 할 것이다.

3. 유치지역 선정행위의 행정절차상 하자 유무

(1) 청문이나 공청회 등의 실시의무

행정청은 불이익처분을 함에 있어 ⅰ) 법령 등에서 청문 또는 공청회를 실시하도록 규정하고 있는 경우와 ⅱ) 행정청이 필요하다고 인정하는 경우에는 청문 또는 공청회를 실시하여야 한다(행정절차법 제22조 제1항, 제2항). 다만 행정절차법 제21조 제4항 각호사유와 제22조

제4항에 해당하는 사유가 있는 경우에는 제외된다.

(2) 사안의 검토

특별법 제7조 제3항에서는 "산업자원부장관은 유치지역의 선정과 관련하여 해당지역 주민들을 대상으로 한 설명회 또는 토론회를 실시하여야 한다."고 규정하고 있다. 또한 사안의 경우에는 특별한 예외사유에 해당할만한 특별한 사정도 보이지 않는다.

따라서 산업자원부장관은 유치지역선정행위를 함에 있어서 A시 지역 주민들을 대상으로 한 설명회 또는 토론회를 실시하여야 함에도 불구하고 주민 반대를 이유로 이를 행하지 아니하였는바, 특별법상 절차규정을 위반한 하자가 있다.

다만 절차하자가 인정된다고 할 때, 나중에 주민투표를 실시함으로써 하자가 치유될 수는 없는지 여부가 문제된다.

4. 유치지역선정에 있어 절차상 하자의 치유가능성

(1) 문제점

행정행위의 하자의 치유란 성립당시에 하자있는 행정행위가 하자의 원인이 되었던 법적 요건을 사후에 보완하거나 그 하자가 취소원인이 될만한 가치를 상실한 경우에 그 행정행위의 효력을 유지시키는 것을 말한다. 사안의 경우 유치지역선정과정에서의 절차하자가 그 후에 주민의 의견청취절차로서 주민투표(주민투표법 제8조)를 실시한 것에 의하여 이러한 하자가 치유된다고 볼 수 있는지 문제된다.

(2) 하자의 치유가능성

절차하자의 치유를 인정할 것인가는 행정행위의 성질이나 법치주의 관점에서 볼 때 하자있는 행정행위의 치유는 원칙적으로 허용될 수 없지만, 예외적으로 행정행위의 무용한 반복을 피하고 당사자의 법적 안정을 기한다는 입장에서 국민의 권리와 이익을 침해하지 않는 범위에서 허용될 수 있다할 것인데, 그것은 구체적 사정에 따라 합목적적으로 가려야 한다고 할 것이다. 통설 및 판례도 이와 같다(대판 1983.7.26. 82누420 등 참조).

(3) 사안의 경우

살피건대 사안의 경우 설명회나 토론회를 통한 올바른 정보의 제공이 결여된 상태에서 주민투표가 실시되었다는 점, 특별법 제7조는 방폐장 선정에 주민투표와 함께 설명회 또는 토론회를 모두 거치도록 하고 있다는 점 등에 비추어 보면 설명회나 토론회 없이 한 주민투표만으로 국민의 권리와 이익이 침해될 여지가 있으므로 하자가 치유된다고 볼 수 없다.

5. 소결

유치지역선정행위는 특별법 제7조 제3항 소정의 설명회 또는 토론회를 실시하지 아니하여 절차위반의 하자가 있고, 이는 나중에 주민투표를 했더라도 치유되지 않으므로 행정절차에 하자가 있다는 甲의 주장은 타당하다.

Ⅲ. 설문 (2)의 해결

1. 문제의 소재

유치지역선정과 같은 처분 등의 위법성을 소송상 다투고자하는 소송은 항고소송이다. 특히 유치지역 선정행위는 행정청의 적극적 처분 등에 의한 것이므로 취소소송이나 무효등 확인소송을 통해 유치지역선정행위의 위법성을 확인받을 수 있을 것이다. 다만 항고소송의 원고적격의 인정범위가 문제된다.

2. 항고소송의 원고적격으로서의 "법률상 이익"의 의미

이에 대하여는 학설은 권리회복설, 보호가치있는 이익구제설, 적법성보장설도 있으나, 적법성보장설은 우리 행정소송법이 취하고 있는 주관소송의 원칙에 반할 뿐 아니라 민중소송화할 우려도 있어 취하기 어렵고, 보호가치 있는 이익구제설도 보호할 가치가 있는 이익인지 여부를 법원이 판단한다는 점에서 법원에 법규창조력을 인정하게 되어 권력분립주의에 반한다. 권리회복설은 전통적 권리만을 공권으로 보아 원고적격의 범위를 너무 좁게 보아 문제가 있다. 그러므로 행정소송법이 항고소송의 원고적격에 대하여'법률상 이익'이라고 명문으로 규정하고 있는 점, 여기서의 법률상 이익은 법에 의하여 보호되는 원고의 구체적인 권리 또는 이익침해와 관련되는 것이라는 점(행정소송법 제1조 전단 참조)에서 법률상 보호되는 이익설이 타당하다고 하겠다.

다만, 여기에서 말하는 법률상 보호되는 이익이라 함은 당해 처분의 근거 법규 및 관련 법규에 의하여 보호되는 개별적·직접적·구체적 이익이 있는 경우를 말한다. 판례도 이와 같다.

3. 원고적격의 구체적 판단기준과 원고적격의 인정 요건

(1) 원고적격의 구체적 판단기준

1) 법적 규율로서의 원고적격과 보호규범 3단계론

원고적격으로서 보호되는 개별적·직접적·구체적 이익으로서의 법률상 이익의 존부를 판단함에 있어서 입법자는 입법형성의 자유를 가지므로 먼저 국민개인의 구체적 이익을 보호하기 위한 명시적인 법률을 통해서 그를 확인하여야 하고, 개별법률의 사익보호성 여부가 불분명한 경우에는 관련법규의 목적과 취지 등을 고려하여 합리적 해석을 시도하여야 하며, 국민의 기본권에 대한 직접적이고 중대한 침해가 있음에도 불구하고 보호법규가 없는 경우에는 입법재량의 영(0)으로의 수축의 법리에 의해 직접 헌법상의 기본권규정이 그 보호규범이 된다고 보아야 한다.

2) 법의 일반 원리로서의 원고적격과 수인한도의 법리

권한 있는 기관의 어떠한 법적 규율은 예측가능성을 전제로 하는 법치국가원리의 구성요소로서의 법적 안정성의 원리, 즉 사회구성원 각자가 어떠한 법적 규율을 신뢰하고 그에 따라 행동함으로써 법적 안정성의 이익이라는 공익을 향유하기 위해서는 국민개인은 사회통념상 그 수인이 기대되는 정도의 불이익을 감수해야만 한다는 법의 일반원리에 기초한 것이다. 따라서 위법한 처분 등으로 인하여 침해된 권리 또는 이익을 구제하기 위하여 항고소송을 제기할 원고적격을 인정하기 위해서는 어떠한 법률이 개인의 구체적 권리 또는 이익을 보호하고 있는 경우에도 그 구체적 권리의 보호영역과 그 침해 여부의 불명확성 때문에 침해의 직접성과 중대성, 즉 사회통념상 그 수인이 기대가능하지 않은 침해가 있을 것을 요구된다(수인한도의 법리).

(2) 원고적격의 인정 요건

1) 원고적격으로서의 법률상 이익과 불문의 소송요건으로서 권리보호필요성

원고적격으로서의 법률상 이익은 원고의 측면에서 본 법률상 보호되는 개별적·구체적 이익의 문제라면 협의의 소의 이익인 권리보호필요성은 그러한 이익에 대한 직접적이고 중대한 침해 또는 침해우려가 있어 소송을 통해 그러한 불이익을 제거할 객관적·현실적 이익의 문제로서 특히 후자는 "이익 없으면 소 없다"는 법언이 지적하듯이 소송제도에 필연적으로 내재하는 불문의 소송요건이다.

2) 원고적격의 인정 요건

따라서 항고소송의 원고적격, 즉 처분등의 취소나 무효확인 또는 부작위위법확인을 "구할 법률상 이익"이 존재하기 위해서는 처분등이나 부작위로 인하여 법률상 직접 보호되는 개별적·구체적 이익(원고적격으로서의 법률상 이익)에 대한 직접적이고 중대한 침해 또는 침해 우려가 있어 소송을 통해 그러한 불이익을 제거할 객관적·현실적 필요성이 있어야 한다(불문의 소송요건으로서 권리보호필요성).

4. 행정처분의 직접 상대방이 아닌 제3자의 원고적격 인정 여부 및 인정 요건

(1) 제3자의 원고적격

1) 제3자의 원고적격 인정 여부

사법상의 법률행위나 행정행위 아닌 공법상의 행위가 의사표시의 당사자만을 구속하는 것과는 달리 공법상 권한 있는 기관의 법적 규율로서의 행정행위는 모든 사회구성원 각자를 구속한다. 따라서 행정청의 행정처분은 그 직접 상대방은 물론 이해관계 있는 제3자도 구속하므로 행정처분의 직접 상대방이 아닌 제3자라 하더라도 당해 행정처분으로 인하여 법률상 보호이익이 침해당한 경우에는 그 처분의 취소나 무효확인을 구할 법률상 이익, 즉 원고적격이 인정되며, 여기에서 말하는 법률상 보호되는 이익이라 함은 당해 처분의 근거 법규 및 관련 법규에 의하여 보호되는 개별적·직접적·구체적 이익이 있는 경우를 말한다.

2) 제3자의 원고적격 인정요건

한편 당해 처분의 근거 법률에 의하여 보호되는 직접적이고 구체적인 이익이 있는 경우라 하더라도 권리 또는 이익의 보호영역과 그 침해 여부의 불명확성 때문에 침해의 직접성과 중대성, 즉 그 수인이 기대가능하지 않은 침해가 있을 것이 요구되고, 항고소송은 위법한 처분으로 인한 자신의 권리 또는 이익침해를 구제하기 위한 절차이므로, 행정처분의 직접 상대방이 아닌 제3자로서는 원칙적으로 자신의 어떠한 이익이 그 처분 전과 비교하여 수인한도를 넘는 침해 또는 침해우려가 있음을 증명하여야 자신의 어떠한 이익 법률상 보호되는 이익으로 인정됨으로써 원고적격이 인정된다.[244]

5. 설문의 검토

유치지역선정의 근거법률인 특별법은 주민의 생활향상에 기여함을 목적으로 하고 있고(제1조), 주민들이 가지고 있는 구체적인 권리 또는 이익에 대한 방어기회를 보장하기 위하여 주민투표와 설명회 또는 토론회를 실시하도록 하고 있으며(제7조), 당해 지역주민에게

244) 이러한 법리에 따라 판례도 행정처분의 직접 상대방이 아닌 자로서 그 처분에 의하여 자신의 재산상·환경상 이익이 침해받거나 침해받을 우려가 있다는 이유로 취소나 무효확인을 구하는 제3자는, 자신의 재산상·환경상 이익이 그 처분의 근거 법규 또는 관련 법규에 의하여 개별적·직접적·구체적으로 보호되는 이익, 즉 법률상 보호되는 이익임을 증명하여야 원고적격이 인정된다고 판시하고 있다(대판 2009.9.24. 2009두2825; 대판 2008.9.11. 2006두7577; 대판 2006.12.22. 2006두14001 등 참조).

지원 및 우선 고용의 기회 등을 부여하고 있는 점(제8조, 제14조) 등을 종합적으로 고려하면, 당해 특별법의 취지는 유치지역으로 선정된 A시의 주민인 甲 등의 사업시행 전과 비교하여 환경피해 등을 받지 아니하고 쾌적한 환경에서 생활할 수 있는 개별적인 이익까지도 보호하려는 데에 있다고 할 것이므로 유치지역의 주민인 甲의 경우에는 특단의 사정이 없는 한 자신의 환경상 이익에 대한 침해 또는 침해 우려가 있는 것으로 사실상 추정되어 법률상 보호되는 이익으로 인정됨으로써 원고적격이 인정된다고 할 것이다.

그러나 특별법이 처분시설의 유치지역의 지원을 목적으로 하고 있고(제1조), 설치지역으로부터 5킬로미터 이내에 위치한 곳의 주민에게만 특별지원금을 지원하고 있는 점(제8조) 등에 비추어 보면, 유치지역으로부터 20킬로미터 밖에 위치한 B군 주민인 乙의 경우에는 당해 처분으로 인하여 그 처분 전과 비교하여 수인한도를 넘는 환경피해를 받거나 받을 우려가 있다는 자신의 환경상 이익에 대한 침해 또는 침해 우려가 있음을 입증하여야만 법률상 보호되는 이익으로 인정되어 원고적격이 인정된다고 할 것이다. 또한 헌법상의 환경권은 추상적 기본권에 불과하므로 乙은 헌법 제35조의 환경권에 근거하여 유치지역선정의 위법성을 다툴 원고적격을 인정할 수도 없다.

6. 소결

유치지역선정과 관련한 관계법령에 비추어 보면 유치지역으로 선정된 A시의 주민인 甲 등의 사업시행 전과 비교하여 환경피해 등을 받지 아니하고 쾌적한 환경에서 생활할 수 있는 개별적인 이익까지도 보호하려는 데에 있다고 할 것이므로 유치지역의 주민인 甲의 경우에는 특단의 사정이 없는 한 자신의 환경상 이익에 대한 침해 또는 침해 우려가 있는 것으로 사실상 추정되어 법률상 보호되는 이익으로 인정됨으로써 원고적격이 인정된다고 할 것이지만, 유치지역으로부터 20킬로미터 밖에 위치한 B군 주민인 乙의 경우에는 당해 처분으로 인하여 그 처분 전과 비교하여 수인한도를 넘는 환경피해를 받거나 받을 우려가 있다는 자신의 환경상 이익에 대한 침해 또는 침해 우려가 있음을 입증하여야만 법률상 보호되는 이익으로 인정되어 원고적격이 인정된다고 할 것이다.

Ⅳ. 설문 (3)의 해결

1. 문제의 소재

B군 주민인 乙에게 유치지역선정과 관련하여 정보공개를 청구할 수 있는 청보공개청구권이 인정되는지, 정보공개청구권이 인정된다 하더라도 비공개대상정보에는 해당하지 않는

지가 문제되는바, 이와 관련하여 부지선정위원회의 선정기준, 선정과정에 관한 회의록 및 각 위원의 자문의견 각각에 대하여 구체적인 검토가 필요하다.

2. B군 주민인 乙의 정보공개청구권 유무

(1) 정보공개청구권 및 정보공개청구권자

정보공개청구권이란 사인이 공공기관에 대하여 정보를 제공해 줄 것을 요구할 수 있는 개인적 공권으로서 자기와 직접적인 이해관계 있는 특정 사안에 관한 개별적 정보공개청구권과 자기와 직접 이해관계가 없는 일반적 정보공개청구권으로 구분된다. 공공기관의 정보공개에 관한 법률(이하 '정보공개법'이라 한다)상의 정보공개청구권은 양자를 포함하는 개념이다.

정보공개청구권은 모든 국민이 그 주체가 되며, 외국인의 경우에는 대통령령으로 정하도록 하고 있다(제5조). 정보공개청구권은 법률상 보호되는 구체적인 권리이므로 청구인이 공공기관에 대하여 정보공개를 청구하였다가 거부처분을 받는 것 자체가 법률상 이익의 침해에 해당한다(대판 2003.12.12. 2003두8050).

(2) 정보공개청구의 상대방 및 공개대상정보

정보공개의무기관은 공공기관이며, 이에는 국가, 지방자치단체, 정부투자기관, 기타 대통령령이 정하는 기관이 해당된다(제2조 제3호).

(3) 설문의 경우

B군 주민인 乙은 대한민국 국민으로서 정보공개청구권을 가진다. 또한 乙은 정보공개법 제5조 제1항에 따라 국가기관인 부지선정위원회에 대하여 선정기준 등의 정보의 공개를 청구한 것이므로 오로지 상대방을 괴롭힐 목적으로 정보공개를 구하고 있다는 등의 특별한 사정도 찾아볼 수 없어 乙의 정보공개청구권행사를 권리남용이라고 볼 수도 없다.[245]

3. 산업자원부장관의 乙의 정보공개청구에 대한 거부가능성

(1) 문제점

정보공개법은 원칙적으로 공공기관이 보유하는 정보에 관하여는 그 공개를 원칙으로 하고, 제9조 제1항에서 비공개대상정보를 열거하여 공공기관으로 하여금 이들 정보에 대하여는 공개하지 아니할 수 있도록 규정하고 있다. 따라서 사안의 경우 비공개대상정보에 해당하는지를 검토하여야 한다. 다만 이러한 비공개사유에 해당하는 점은 공공기관이 주장·입증하여야 하며, 개괄적인 사유만을 들어 공개를 거부하는 것은 허용되지 아니한다.

245) 정보공개법의 목적, 규정내용 및 취지에 비추어 보면 정보공개청구의 목적에 특별한 제한이 없으므로, 오로지 상대방을 괴롭힐 목적으로 정보공개를 구하고 있다는 등의 특별한 사정이 없는 한 정보공개의 청구가 권리남용에 해당한다고 할 수 없다(대판 2006.8.24. 2004두2783).

(2) 비공개대상정보인지 여부

1) 부지선정위원회의 선정기준

부지선정위원회의 부지선정에 관한 기준은 공개된다 하더라도 국가, 국민 또는 공공의 이익을 침해할 우려가 없으므로 정보공개법 제9조 제1항의 비공개대상정보에 해당하지 아니한다.

2) 선정과정에 대한 회의록 및 각 위원의 자문의견

가. 문제점

이와 관련해서는 정보공개법 제9조 제1항 제5호 소정의 의사결정과정 등에 관한 사항으로서 공개될 경우 업무의 공정한 수행 등에 현저한 지장을 초래한다고 인정할 만한 상당한 이유가 있는 정보에 해당하는지가 문제된다.

나. 선정과정에 대한 회의록 및 각 위원의 자문의견

판례는 감사・감독・검사・시험・규제・입찰계약・기술개발・인사관리 등의 의사결정과정 또는 내부검토과정에 있는 사항은 비공개대상정보를 예시적으로 열거한 것이라고 할 것이므로 의사결정과정에 제공된 회의관련자료나 의가결정과정이 기록된 회의록 등은 의사가 결정되거나 더 이상 의사결정과정에 있는 사항 그 자체라고는 할 수 없으나, 의사결정과정에 있는 사항에 준하는 사항으로서 비공개대상정보에 포함될 수 있다고 한다(대판 2000.5.30. 99추85).[246)]

(3) 설문의 검토

설문의 경우 산업자원부장관은 이미 부지선정위원회의 자문을 거쳐 A시를 최종유치지역으로 선정하였으므로 선정과정에 관한 회의록이나 각 자문위원의 자문의견은 공개되더라도 업무의 공정한 수행에 지장을 초래할 염려가 없어 비공개대상정보에 해당하지 아니한다고 하겠다. 그러나 각 자문위원의 자문의견 중 발언자의 인적 사항 부분에 관한 정보는 의사가 결정되거나 집행된 경우라고 하더라도 자문업무를 수행함에 있어 솔직하고 자유로운 의사표현을 할 수 없게 할 우려가 있다는 점에서 의사결정과정에 준하는 사항으로 보아 비

---

246) 그리하여 ㉠ 지방자치단체의 도시공원에 관한 조례에서 규정된 도시공원위원회의 심의사항에 관하여 위원회의 심의를 거친 후 시장이나 구청장이 위 사항들에 대한 결정을 대외적으로 공표하기 전에 위 위원회의 회의관련자료 및 회의록이 공개된다면 업무의 공정한 수행에 현저한 지장을 초래한다고 할 것이므로 정보공개법 제9조 제1항 제5호의 비공개사유에 해당한다고 보았으나, 시장 등의 결정이 대외적으로 공표된 이후에는 회의록 등이 공개되더라도 업무의 공정한 수행에 지장을 초래할 염려가 없다고 보아 공개대상이 된다고 판시(대판 2000.5.30. 99추85)하였고, ㉡ 학교환경위생구역 내 금지행위해제결정에 관한 학교환경위생정화위원회의 회의록에 기재된 발언내용에 대한 해당 발언자의 인적사항 부분에 관련된 정보는 의사가 결정되거나 집행된 경우라고 하더라도 의사결정과정에 준하는 사항으로서 공개될 경우 공정한 업무수행이 객관적으로 현저하게 지장을 받을 것이라는 고도의 개연성이 존재하는 경우라고 보아 비공개대상정보에 해당하는 것으로 보았다(대판 2003.8.22. 2002두12946).

공개대상정보에 해당한다고 보아야 할 것이다.

한편, 乙이 공개를 청구한 정보 중 자문의견에 대한 해당위원의 인적사항에 관한 부분은 비공개대상정보에 해당하므로 산업자원부장관은 이를 제외한 나머지 부분을 공개하여야 한다.

4. 소결

B군 주민인 乙에게 유치지역선정과 관련하여 부지선정위원회의 선정기준, 선정과정에 관한 회의록 및 각 위원의 자문의견 각각에 대하여 정보공개를 청구할 수 있는 정보공개청구권이 인정된다. 다만, 자문의견에 대한 해당위원의 인적사항에 관한 부분은 비공개대상정보에 해당하므로 산업자원부장관은 이를 제외한 나머지 부분을 공개하여야 한다.

V. 설문 (4)의 해결

1. 문제의 소재

처분시설의 진입도로에 연접한 곳에서 영업을 하는 주민 갑은 처분시설의 건설로 인하여 고객이 급감하였다며 영업손실에 대한 보상을 청구하고 있는바, 이는 처분시설지역인 공익사업지역의 밖에서 영업손실을 입은 경우 간접손실보상이 인정될 수 있는지의 문제이다.

2. 간접손실보상

(1) 의의

이는 대규모 공공사업의 시행 또는 완성후의 시설이 간접적으로 사업지 범위 밖에 위치한 타인의 토지 등의 재산에 손실을 가하는 경우의 보상을 말한다.

(2) 인정 근거

간접손실은 공익사업으로 인하여 발생되는 부수적인 재산적 손실로서의 의미를 가지므로 헌법상의 손실보상인 재산권 보장의 유형으로 볼 수 있다. 판례도 간접손실을 헌법 제23조 제3항에 규정한 손실보상의 대상이 된다고 보고 있다(대판 1999.11.15. 99다27231).

(3) 간접손실보상청구권의 성립요건

간접손실이 보상되기 위해서는 우선 행정상 손실보상청구권이 성립하기 위한 일반적 요건을 충족하여야 한다. 즉, i) 피해가 수용에 따른 직접적 결과는 아니나 직접적인 수용의 결과로서 나타난 것이어야 하고, ii) 당사자에게 특별한 희생에 해당하여야 한다.

나아가 헌법 제23조 제3항에 따라 보상은 법률로 하여야 하고, 입법자가 보상입법을 함에 있어서는 공익사업 시행 등으로 인하여 개인에게 발생할 수 있는 손실을 예측하여 규율하는 것이므로 간접손실보상청구권이 성립하기 위해서는 위의 요건 외에도 i) 공공사업의 시행으로 사업시행지 이외의 제3자가 입은 손실이어야 하고, ii) 그 손실이 공공사업의 시행으로 인하여 발생하리라는 것이 예견되어야 하며, iii) 그 손실의 범위가 구체적으로 확정될 수 있어야 한다.[247)]

3. 보상규정이 없는 경우의 권리구제방법

(1) 문제점

공익사업법은 간접손실의 문제를 법제화하는 것에 대하여 상당부분 개별적인 근거규정을 두면서도 그 밖의 간접손실보상에 대해서는 "기타 공익사업의 시행으로 인하여 발생하는 손실보상 등에 대하여는 건설교통부령이 정하는 기준에 따라 보상된다"고 규정(제79조 제2항)하여 간접적이나마 포괄적인 근거규정도 마련하고 있고, 시행규칙 제45조는 공익사업의 시행으로 인하여 배후지의 3분의2 이상이 상실되어 종전의 영업을 계속할 수 없는 경우의 손실보상을 규정하고 있다. 따라서 공익사업법령상의 간접손실보상에 관한 규정을 유추적용할 수 있으면 이에 의할 것이나, 유추적용할 보상규정 없는 경우의 권리구제방법이 문제된다.

(2) 헌법 제23조 제3항의 불가분조항 여부

1) 학설

가. 불가분조항으로 보는 견해[248)]

이 견해는 그 이유로 재산권을 제한하기 위한 법률에 보상에 관한 사항을 함께 두는 것은 재산권 보호의 의미도 있지만, 재산권을 제한하려는 법률 집행자에게 재산권 제한의 결과(재정부담)에 대하여 경고하는 의미도 있다는 것을 들고 있다.

나. 불가분조항이 아니라는 견해[249)]

독일 기본법 제14조 제3항과는 달리 우리 헌법 제23조 제3항은 공용침해로서 수용뿐만이 아니라 사용 및 제한도 규정하고 있는데 이는 재산권의 공용침해가 언제나 보상을 해야 하는 것은 아니며, 그 보상여부도 입법자의 재량에 달려 있다고 한다.

---

247) 판례도 간접손실이 되기 위하여는 i) 공공사업의 시행으로 사업시행지 이외의 토지소유자(제3자)가 입은 손실이어야 하고, ii) 그 손실이 공공사업의 시행으로 인하여 발생하리라는 것이 예견되어야 하며, iii) 그 손실의 범위가 구체적으로 확정될 수 있어야 한다고 한다(대판 1999.12.24. 98다57419,57426 참조).

248) 류지태, 신론, 422면; 허영, 한국헌법론, 463면; 홍정선, 특강, 501면

249) 석종현, 손실보상법론, 2003, 108면; 홍준형, 구제법, 245면

2) 판례의 태도

헌법재판소는 하천법 제2조 제1항 제2호 나목(헌재에 의해 제3조로 심판대상이 변경되었음) 위헌소원 사건(헌재 1998.3.26. 93헌바12)에서 "청구인들의 제외지는 이 법 제3조에 의하여 직접 국유로 되었으므로(소위 입법적 수용), 법률에 의하여 수용하라는 헌법적 요청을 충족한 것이 분명하다. 또한 이 법 시행으로 당연히 국유화된 제외지의 종전소유자들에 대하여 비록 이 법 자체(1961.12.30 법률 제892호, 하천법 제4조)에는 보상규정이 없었으나 1984년 개정하천법에 의하여 뒤 늦게나마 보상 법률이 마련되었고, 후속 시행령에 의하여 대다수의 제외지 소유자들이 이미 손실보상을 받기에 이르렀으므로, 결과적으로 이 사건 법률조항은 법률에 의한 보상의 요건을 충족하여 헌법에 위반된다고 볼 수 없다"고 판시하였다.

3) 검토

살피건대 우리 헌법 제23조 제3항은 불가분조항이 아니라고 보아야 한다. 우리 헌법 제23조 3항은 "수용"만 규정하고 있는 것이 아니라 "사용 및 제한"도 함께 규정함으로써, 재산권을 제한하는 입법에 있어서도 언제나 보상규정을 두어야 하는 것이 아니라, 그것이 비록 재산권의 사회적 제약이나 공용침해라 하더라도 수용적 효과로 전환(헌법 제37조 제2항의 기본권 제한의 한계 위반)되는 시점까지만 보상규정을 두면 되도록 규정한 것이다. 이러한 헌법의 규정 취지는 정책 환경의 변화로 말미암아 재산권의 제한이 수용적 효과를 초래할지 여부를 적어도 입법 당시에는 예견하기 어렵다는 점을 고려한 것이라고 할 것이다.

(3) 보상규정이 없는 경우의 권리구제 방법

1) 학설

가. 직접효력설

헌법 제23조 제3항은 직접 국민에 대한 효력을 갖는 규정으로 보아, 개별 법률에 보상규정이 없으면 동 헌법 조항을 직접 근거로 하여 손실보상을 청구할 수 있다고 한다.

나. 유추적용설

개별규정에 보상규정이 없는 경우보상에 관한 관계규정을 유추적용하고, 관계규정이 없는 경우 동 헌법 조항을 유추 적용하여 손실보상을 청구할 수 있다고 한다. 이러한 유추적용의 실정법적 근거로 헌법 제11조 평등원칙과 제23조 제1항의 재산권보장 조항을 들고, 이론적 근거로는 수용유사침해의 법리를 든다.

다. 위헌무효설

헌법 제23조 제3항이 결부조항임을 전제로 공용침해규정은 있으나 보상규정이 없는 법률은 위헌무효이고, 그에 근거한 행정처분도 위법하므로 그 행정처분에 대하여 취소소송이나 국가배상을 청구할 수 있다고 한다.

라. 보상입법부작위위헌설

헌법 제23조 제3항을 불가분조항이 아니라고 보아야 한다고 하면서, 개별 법률에 보상규정이 없는 경우 그 공용제한자체가 헌법에 위반되는 것은 아니고 손실보상을 규정하지 않은 보상입법부작위가 헌법 제23조 제3항에 위반되므로 그 피해자는 보상입법부작위에 대한 헌법소원으로서 자신의 권익을 구제받아야 한다는 견해이다.

2) 판례의 태도

대법원은 헌법개정(1972.7차 개정헌법) 이후, "개정 헌법 제20조 제3항에 의하면 공공필요에 의한 재산권의 수용사용 또는 제한 및 그 보상의 기준과 방법은 법률로 정한다."고 명하고 있어서 적어도 개정 헌법시행이후에 있어서는 개정 전 헌법 제20조 제3항(공공필요에 의한 재산권의 수용사용 또는 제한은 법률로써 하되 정당한 보상을 지급하여야 한다. 필자첨가)의 경우와는 달리 손실보상을 청구하려면 그 손실보상의 기준과 방법을 정한 법률에 의해서만 가능하다고 풀이하여야 한다."고 판시(대판 1976.10.12. 76다1443)하고 있다.[250]

3) 검토

살피건대 직접효력설은 헌법 제23조가 보상은 법률로써 하라고 규정하고 있어 명문에 반할 뿐만 아니라 당사자가 법원에 손실보상을 청구하였을 경우 대법원이 판단할 구체적 기준이 없어 사실상 법관에 의한 결정을 인정하게 되는데, 이는 헌법에 반한다는 점에 부당하다. 한편 유추적용설은 수용유사침해이론은 독일과 같은 희생보상에 관한 관습법이 없는 우리의 경우 도입하기 어렵다는 점, 제23조 제3항은 문언상 보상여부에 대하여도 입법자에게 유보하고 있다는 점에서 타당하다고 할 수 없다. 위헌무효설은 우리 헌법제23조 제3항이 불가분 조항이 아닐 뿐만 아니라, 위헌법률에 의한 공용침해가 위법하더라도 법령심사권이 없는 공무원에게는 과실이 있다고 보기 어렵고, 과실을 객관화한다 하더라도 주관적 요소를 배제할 수는 없어 손해배상책임요건을 충족하기도 어렵다. 그리고 보상입법부작위위헌설은 부진정입법부작위는 헌법소원의 대상이 되지 못하여 부적법 각하되기 때문에 문제이다.

결국 위의 학설들은 어느 것도 타당한 구제방법이 되지 못한다. 따라서 현행법상 보상규정 없는 경우의 권리구제방법으로는 다음과 같은 방법을 모색할 수 있다.

---

250) 그리고 헌법재판소는 "기본권보장을 위한 법규정이 불완전하여 보충을 요하는 경우에는 그 불완전한 법규 자체를 대상으로 하여 그것이 헌법위반이라는 적극적 헌법소원을 청구함은 별론으로 하고, 입법부작위를 헌법소원의 대상으로 삼을 수는 없다"고 하면서, 도시계획법 제21조에 정당한 보상을 지급하는 법률을 제정하지 아니한 입법부작위가 청구인의 기본권을 침해하였다는 이유로 청구된 헌법소원 사건에서 "이는 부진정입법부작위에 해당하는 것이므로 헌법소원의 대상으로 할 수 없는 입법부작위를 그 대상으로 한 것으로서 부적법하다"고 하여 각하하였다(헌재 1999.1.28. 97헌마9).

우선 앞에서 설명한 바와 같이 헌법 제23조 제3항은 불가분조항이 아니므로 재산권제한 법률이 보상규정을 두고 있지 않더라도 곧 그 법률을 위헌이라고 볼 수는 없다. 그러나 재산권의 제한이 수용적 효과로 전환되는 시점, 즉 보상의무가 발생하는 시점에도 보상규정을 마련하지 않았다면 보상이 필요한 공용침해가 되고 그때 비로소 그 재산권제한 법률은 위헌적인 법률이 된다. 그런데 헌법 제23조 제3항은 공용침해에 대해서는 그 보상을 법률로 하라고 규정하고 있으므로, 이러한 공용침해를 받은 자는 보상입법에 의하여 손실보상을 받아야 하는데, 그 재산권제한 법률은 헌법재판소에 의하여 위헌으로 결정되기 전까지는 아직은 위헌법률이라고 단정할 수 없다. 따라서 〈재산권제한 법률로 인하여 직접 수인한도를 넘는 재산권의 침해를 받고 있는 자〉는 그 재산권침해가 자기관련성, 현재성, 직접성과 보충성의 예외 등에 해당하여 헌법소원심판청구요건을 갖추고 있는 한 법령헌법소원을 제기할 수 있을 뿐만 아니라, 〈보상규정 없는 재산권제한 법률에 따른 구체적 법집행으로서의 행정처분으로 인하여 수인할 수 없는 재산적 침해를 받고 있는 자〉는 그 행정처분에 대한 취소소송을 제기하거나 또는 예컨대 개발제한구역으로 지정된 토지에 있어서 건축허가 등을 신청하고 그것이 거부되었을 경우 그 거부처분취소소송을 제기하여(특히 후자는 취소소송의 제소기간이 경과한 후에도 가능하다는 점에 그 방법론적 의의가 있다), 그 소송에서 헌법 제107조 제1항에 따라 재판의 전제가 되고 있는 (거부)처분의 근거가 된 재산권제한 법률조항에 대한 위헌법률심판제청신청을 하면(만약 그 신청이 거부되면 헌법재판소법 제68조 제2항의 위헌소원을 청구하면 된다), 헌법재판소로부터 위헌결정(이 경우 헌법재판소는 사회적 혼란 등을 이유로 헌법불합치 결정을 할 것이다)을 받을 수 있고, 그 위헌결정의 효력에 따라 침해행위는 중지되고 보상입법을 기다려 보상을 받을 수 있다. 이와 같은 해석이 공공필요에 의한 재산권의 수용·사용 또는 제한 및 보상은 법률로써 하라는 우리 헌법 제23조의 규범정신에 가장 합당한 해석일 뿐만 아니라 실효적인 구제책이라 할 것이다.[251]

4. 소결

사업시행지 밖의 丙의 경우 유치지역선정에 관한 근거법률에 특별히 손실보상에 관한 보상규정이 없더라도 공익사업의 시행으로 인하여 특별한 희생을 입었다면 보상입법을 통해서 보상을 하여야 한다. 그러나 간접손실에 대한 보상입법을 하기 위해서는 그 손실이 공공사업의 시행으로 인하여 발생하리라는 것이 예견되어야 하고, 그 손실의 범위가 구체적으로 확정될 수 있어야 하는바, 방폐장처리시설이 들어서면 환경오염의 우려가 있어 예

---

251) 헌재는 "투기과열지구로 지정된 지역에서의 주택재건축사업의 경우 조합설립인가 후 당해 재건축사업의 토지 등을 양수한 자는 조합원이 될 수 없도록 한 구 '도시 및 주거환경정비법' 제19조 제2항 본문(2003. 12. 31. 법률 제7056호로 개정되고 2005. 3. 18. 법률 제7392호로 개정되기 전의 것)이 재산권을 침해하지 않는다."고 판시(헌재 2008.9.25. 2004헌마155·237병합)하였다.

컨대 활어양식업에 손실이 발생할 수 있을 것이라는 것과는 달리 활어를 공급받아 활어횟집을 하는 경우에 있어서 고객이 급감하리라고 쉽게 예견할 수 없을 뿐만 아니라 그 손실의 범위를 특정하기도 어려워 설문에서와 같이 丙이 주장하는 활어횟집의 고객급감으로 인한 손실보상청구권은 인정하기 어렵다고 할 것이다.

Ⅵ. 사례의 해결

설문 (1)의 경우 산업자원부장관의 A시에 대한 유치지역선정행위는 특별법 제7조 제3항의 설명회 또는 토론회를 실시하지 않은 절차상의 하자가 있으며, 이러한 하자의 치유를 인정할 수도 없으므로 甲의 주장은 타당하다.

설문 (2)에서 유지지역선정과 관련한 관계법령에 비추어 보면 유치지역으로 선정된 A시의 주민인 甲은 원고적격이 인정된다고 할 것이지만, B군 주민인 乙의 경우에는 당해 처분으로 인하여 그 처분 전과 비교하여 수인한도를 넘는 환경피해를 받거나 받을 우려가 있다는 자신의 환경상 이익에 대한 침해 또는 침해 우려가 있음을 입증하여야만 법률상 보호되는 이익으로 인정되어 원고적격이 인정된다고 할 것이다.

설문 (3)의 경우 B군 주민인 乙에게 유치지역선정과 관련하여 부지선정위원회의 선정기준, 선정과정에 관한 회의록 및 각 위원의 자문의견 각각에 대하여 정보공개를 청구할 수 있는 정보공개청구권이 인정된다. 다만, 자문의견에 대한 해당위원의 인적사항에 관한 부분은 비공개대상정보에 해당하므로 산업자원부장관은 이를 제외한 나머지 부분을 공개하여야 한다.

설문 (4)에서는 방폐장처리시설이 들어서면 환경오염의 우려가 있어 예컨대 활어양식업에 손실이 발생할 수 있을 것이라는 것과는 달리 활어를 공급받아 활어횟집을 하는 경우에 있어서 고객이 급감하리라고 쉽게 예견할 수 없을 뿐만 아니라 그 손실의 범위를 특정하기도 어려워 설문에서와 같이 丙이 주장하는 활어횟집의 고객급감으로 인한 손실보상청구권은 인정하기 어렵다고 할 것이다.

〈사례연습 46〉 생활보상과 이주대책

丙과 丁은 서울특별시 은평구 A지역에 X주택을 신축하였다. X 주택은 신축될 당시 지층 2세대, 지상 1층 2세대, 지상 2층 2세대 등 모두 6세대가 각 독립적으로 주거를 영위할 수 있도록 설계 및 건축되었다. 丙과 丁은 X 부동산을 각 세대별로 甲과 乙 등에게 매도하였는데, 등기는 지분에 대한 소유권이전등기의 형식으로 경료해 주었고, 각종

제세공과금도 각 세대별로 부과되었는바, 위 다가구주택은 甲과 乙외 4인의 공동소유로 등기되어 있으나, 그 실질은 구분소유로 등기가 되어 있는 다세대주택과 다름이 없다. 한편 甲은 X 주택 중 지상 1층 102호를, 乙은 지상 2층 202호를 각 매입 또는 증여받아 지분등기를 경료하고 독립적으로 거주하고 있다. 그런데 서울특별시 은평구청장 戊는 은평구 청사 별관을 신축하는 도시계획사업이 시행되어 그 사업구역 내에 위치한 위 다가구주택을 철거하였다.

(1) 공익사업을 위한 토지 등의 취득 및 보상에 관한 법률(이하 '공익사업법'이라 한다)상 이주대책의 법적 성질은? (10점)

(2) 위 다가구주택의 소유자들인 甲과 乙은 이주대책대상자에 포함될 수 있는가? (10점)

(3) 만약 甲과 乙이 戊에게 "甲과 乙 각자에게 국민주택 특별분양권을 부여해 달라"는 취지의 신청을 하자, 戊가 "甲 등은 다세대주택과는 달리 공동주택의 특정 호실을 각자 소유하는 것이 아니고 다가구용 단독주택을 공동소유하는 경우에 해당하므로 甲 등 각자에게 국민주택 특별분양권을 부여할 수 없다"는 이유로 거부하였다면, 이러한 거부처분은 적법한가? (10점)

(4) 甲은 국민주택 특별분양권의 확인을 구하는 소를 제기할 수 있는가? (10점)

[참조조문]

공익사업을 위한 토지 등의 취득 및 보상에 관한 법률 제78조 제1항(이주대책의 수립 등) ① 사업시행자는 공익사업의 시행으로 인하여 주거용 건축물을 제공함에 따라 생활의 근거를 상실하게 되는 자(이하 '이주대책대상자'라 한다)를 위하여 대통령령이 정하는 바에 따라 이주대책을 수립 · 실시하거나 이주정착금을 지급하여야 한다.

②~③〈생략〉

④ 이주대책의 내용에는 이주정착지(이주대책의 실시로 건설하는 주택단지를 포함한다)에 대한 도로 · 급수시설 · 배수시설 그 밖의 공공시설 등 통상적인 수준의 생활기본시설이 포함되어야 하며, 이에 필요한 비용은 사업시행자의 부담으로 한다. 다만 행정청이 아닌 사업시행자가 이주대책을 수립 · 실시하는 경우에는 지방자치단체는 비용의 일부를 보조할 수 있다.

공익사업을 위한 토지 등의 취득 및 보상에 관한 법률시행령 제40조(이주대책의 수립·실시) ① 사업시행자가 법 제78조 제1항에 의한 이주대책(이하'이주대책'이라 한다)을 수립하고자 하는 때에는 미리 그 내용을 동항의 규정에 의한 이주대책대상자(이하'이주대책대상자'라 한다)에게 통지하여야 한다.

② 이주대책은 국토해양부령이 정하는 부득이한 사유를 제외하고는 이주대책대상자 중 이주를 희망하는 자가 10호 이상인 경우에 수립 · 실시한다. 다만 사업시행자가 택지개발촉진법 또는 주택법 등 관계법령에 의하여 이주대책대상자에게 택지 또는 주택을 공급하는 경우(사업시행자의 알선에 의하여 공급하는 경우를 포함한다)에는 이주대책을 수립 · 실시한 것으로 본다.

③ 다음 각호의 1에 해당하는 자는 이주대책대상자에서 제외한다.
1. 허가를 받거나 신고를 하고 건축하여야 하는 건축물을 허가를 받지 아니하거나 신고를 하지 아니하고 건축한 건축물의 소유자
2. 당해 건축물에 공익사업을 위한 관계법령에 의한 고시 등이 있은 날부터 계약체결일 또는 수용재결일까지 계속하여 거주하고 있지 아니한 건축물의 소유자. 다만, 질병으로 인한 요양, 징집으로 인한 입영, 공무, 취학 그 밖에 이에 준하는 부득이한 사유로 인하여 거주하지 아니한 경우에는 그러하지 아니하다.
3. 타인이 소유하고 있는 건축물에 거주하는 세입자
④〈생략〉

주택공급에 관한 규칙 제19조(주택의 특별공급) ① 사업주체가 국민주택등의 주택을 건설하여 공급하는 경우에는 제4조의 규정에 불구하고 입주자모집공공일 현재 무주택세대주로서 다음 각호의 어느 하나에 해당하는 자에게 관련기관의 장이 정하는 우선순위기준에 따라 1호(제3호, 제4호, 제4호의2에 해당하는 경우는 제외한다)한정하여 그 건설량의 10퍼센트 의 범위에서 특별공급할 수 있다. 다만, 시도지사의 승인을 받은 경우에는 10퍼센트를 초과하여 특별공급할 수 있다(제12호의2에 해당하는 자는 제외한다).
3. 다음 각 목의 1에 해당하는 주택(관계법령에 의하여 허가를 받거나 신고를 하고 건축하여야 하는 경우에 허가를 받거나 신고를 하지 아니하고 건축한 건물을 제외한다. 이하 이조에서 같다)을 소유하고 있는 자로서 당해 특별시장·광역시장·시장 또는 군수가 인정하는 자. 〈단서생략〉
다. 도시계획사업(도시 및 주거환경정비법에 의한 주택재개발사업 및 주택재건축시업을 제외한다)으로 철거되는 주택

[관련논점]

— 생활보상의 헌법적 근거
— 이주대책의 법적 성질
— 이주대책대상자의 판단방법
— 이주대책상 분양받을 권리(수분양권)의 발생시기 및 수분양권의 확인방법
— 원고적격으로서 구체적 권리와 구체적 이익의 준별

[답안구성]

Ⅰ. 논점의 정리
Ⅱ. 설문 (1)의 해결
1. 문제의 소재
2. 생활보상
(1) 의의
(2) 헌법적 근거
1) 학설
2) 검토
(3) 생활보상의 성격
3. 이주대책의 법적 성질
(1) 판례의 태도
(2) 검토
4. 소결
Ⅲ. 설문 (2)의 해결
1. 문제점
2. 다가구 1주택의 경우 당해 지분소유자(공유자)들을 각자 이주대책대상자에 포함시킬 수 있는지 여부
(1) 공익사업법상 이주대책의 입법취지
(2) 판단기준

Ⅰ. 논점의 정리

설문(1)의 경우 이주대책의 법적 성질을 규명하기 위해서는 생활보상 및 그 헌법적 근거에 대하여 살펴보아야 한다.

설문 (2)에서는 다가구주택에서 각자 독립된 주거생활을 영위하고 있으며 동시에 그 소유권은 지분등기의 형식으로 경료되어 있는 때에 당해 지분소유자(공유자)들을 각자 이주대책대상자에 포함시킬 수 있는지 문제된다.

설문 (3)에서는 甲과 乙 각자에게 국민주택 특별분양권의 부여 신청을 거부한 처분이 적법한지 여부를 판단하기 위해서는 기속행위와 재량행위는 그 위법성판단방법을 달리하므로 사업시행자의 이주대책수립·실시행위가 기속행위인지 재량행위인지를 먼저 살펴보아야 한다.

설문 (4)의 경우 甲이 국민주택 특별분양권의 확인을 구하는 소를 제기할 수 있는지를 해명하기 위해서는 甲이 특별분양권을 가지고 있어야 하므로 특별분양권의 발생시기에 대하여 검토하여야 한다.

Ⅱ. 설문 (1)의 해결

1. 문제의 소재

주택법의 위임을 받아 제정된 '주택공급에 관한 규칙' 제19조 제1항 제3호 (다)목은 '도시계획사업으로 철거되는 주택의 소유자'에게 국민주택 등을 특별공급할 수 있다는 취지로 규정하고 있다. 한편, '공토법시행령' 제40조 제2항 단서는 '사업시행자가 택지개발촉진법 또는 주택법 등 관계 법령에 의하여 이주대책대상자에게 택지 또는 주택을 공급한 경우에는 이주대책을 수립·실시한 것으로 본다'고 규정하고 있으므로, 위와 같은 국민주택 등의 특별공급은 공토법 제78조 제1항에서 정한 이주대책에 갈음하는 성질을 가진다. 그런데 이러한 이주대책은 생활보상의 한 형태로 논의되고 있는바, 그 법적 성질을 규명하기 위해서는 손실보상과 생활보상의 관계 및 생활보상의 헌법적 근거가 무엇인지를 살펴보아야 한다.

2. 생활보상

(1) 의의

생활보상이란 재산권 침해로 인하여 생활의 근거를 상실하게 되는 재산권의 피수용자 등 에 대하여 생존배려적 측면에서 생활재건에 필요한 정도의 보상을 해주는 것을 말한다.

(2) 헌법적 근거

1) 학설

가. 제23조와 제34조설(다수설) 제23조 제3항의 정당한 보상의 내용은 원래 수용 목적물인 재산권과 이와 관련되는 부대적 손실을 보상의 내용으로 하는 것이고, 공공사업 이전의 생활상태를 회복하게 하는 내용의 생활권 보상은 헌법 제34조에 근거한 것이라고 한다.

나. 제34조설 제23조 제3항은 재산권의 수용 등에 따른 보상에 대한 것으로서 생활보상의 직접적인 근거가 될 수 없고 생존권적 기본권 보장 조항인 제34조에 근거한다고 한다.

다. 구별설 생활권 보상의 헌법적 근거는 제23조와 제34조에 근거하지만 생활보상의 헌법적 근거는 제34조에 근거한다고 한다.

2) 검토

살피건대 생활보상과 생활권보상의 개념이 구분된다면 구별설이 타당하다. 따라서 이주대책 등 생활재건조치의 경우에는 헌법 제34조에 근거하여 최소한의 물질적 보장 이상을 하여야 하나, 부대적 손실이나 이농비와 같은 재산권 보상의 경우에는 헌법 제23조를 근거로 하여 법령에 규정이 있는 한 완전보상을 하여야 한다.

(3) 생활보상의 성격

생활보상은 침해가 없었던 것과 같은 생활상태의 확보를 위한 것으로서 생활권적 성격을 가지며, 나아가 공공사업의 시행이 없었던 것과 같은 생활상태를 재건할 수 있게 해주는 보상이라는 점에서 원상회복적 성격을 가진다고 할 수 있다.

3. 이주대책의 법적 성질

(1) 판례의 태도

대법원은 이주대책제도는 "그 본래의 취지에 있어 이주자들에 대하여 종전의 생활상태를 원상으로 회복시키면서 동시에 인간다운 생활을 보장하여 주기위한 이른바 생활보상의 일환으로 국가의 적극적이고 정책적인 배려에 의하여 마련된 제도이다"고 판시(전합 1994.5.24. 92다35783; 대판 2003.7.25. 2001다57778 등 참조)하고 있다.252)

(2) 검토

이주대책은 헌법 제23조 제3항의 정당한 보상에 포함되는 것이라기보다는 정당한 보상에 부가하여, 이주자들에게 종전의 생활상태를 회복시키기 위한 생활보상의 일환으로서 헌법 제34조에 의하여 인정되는 제도라고 보아야 할 것이다.253)

4. 소결

이주대책은 정당한 보상에 포함되는 것이라기보다는 정당한 보상에 부가하여, 이주자들에게 종전의 생활상태를 회복시키기 위한 생활보상의 일환으로서 그 실시 여부 및 그 실시 방법은 입법자의 입법정책적 재량행위이다(헌재 2006.2.23. 2004헌마19). 따라서 공익사업법 제78조 제1항, 동법 시행령 제40조 제2항에 따른 이주대책은 공익사업의 시행에 필요한 토지 등을 제공함으로 인하여 생활의 근거를 상실하게 되는 이주자들을 위하여 사업시행자가 '기본적인 생활시설이 포함된' 택지를 조성하거나 그 지상에 주택을 건설하여 이주자들에게 이를 '그 투입비용 원가만의 부담하에' 개별 공급하는 것으로서, 그 본래의 취지에 있어 이주자들에 대하여 종전의 생활상태를 원상으로 회복시키면서 동시에 인간다운 생활을 보장하여 주기 위한 이른바 생활보상의 일환으로 국가의 적극적이고 정책적인 배려에 의하여 마련된 제도이다(대판 2003.7 25. 2001다57778 참조).

---

252) 헌법재판소도 이주대책은 생활보호차원의 제도로서 헌법상 재산권보상과는 무관한 제도이므로 헌법 제23조상의 정당한 보상의 논의는 적용될 수 없다고 하였고(헌재 1993.7.29. 92헌마30), "이주대책은 헌법 제23조 제3항에 규정된 정당한 보상에 포함되는 것이라기보다는 이에 부가하여 이주자들에게 종전의 생활 상태를 회복시키기 위한 생활보상의 일환으로서 국가의 정책적인 배려에 의하여 마련된 제도라고 볼 것이다. 따라서 이주대책의 실시 여부는 입법자의 입법정책적 재량의 영역에 속하므로 공익사업을위한토지등의취득및보상에관한법률시행령 제40조 제3항 제3호가 이주대책의 대상자에서 세입자를 제외하고 있는 것이 세입자의 재산권을 침해하는 것이라 볼 수 없다"고 판시(헌재 2006.2.23. 2004헌마19)하고 있다.

253) 따라서 동 헌법조항에 근거한 사회적 기본권은 사법부의 입장에서는 인간의 존엄에 상응하는 생활에 필요한 최소한의 물질적인 생활유지에 필요한 급부를 요구할 수 있는 구체적인 권리가 상황에 따라서는 직접 도출된다고 할 수 있어도, 동 기본권이 직접 그 이상의 급부를 내용으로 하는 구체적인 권리를 발생하게 한다고는 볼 수 없으나(헌재 2003.5.15. 2002헌마90), 입법부나 행정부는 가능한 범위 안에서 최대한으로 모든 국민이 물질적인 최저생활을 넘어서 인간의 존엄성에 상응하는 건강하고 문화적인 생활을 누릴 수 있도록 하여야 할 의무를 부담한다 할 것이다.

Ⅲ. 설문 (2)의 해결

1. 문제점

이주대책대상자는 공익사업의 시행으로 인하여 주거용 건축물을 제공함에 따라 생활의 근거를 상실하게 되는 자이다. 공익사업법은 이주대책대상자를 구체적으로 열거하지 않고 있으며, 다만 공익사업법시행령은 무허가 주택 소유자, 미거주 주택 소유자, 세입자를 이주대책대상자에서 제외하고 있다(제40조 제3항). 따라서 위의 제외사유에 해당하지 않는 경우로서 주거용 건축물을 제공하는 자는 원칙적으로 이주대책대상자로 보아야 한다.

한편, 공익사업법은 이주대책대상자를 결정함에 있어서 주거용 건축물의 소유형식에 대하여 별도의 규정을 두고 있지 않다. 1가구 단독주택의 경우 그 소유자가, 공동주택의 경우 그 전유부분의 구분소유자 각자가 이주대책대상자에 해당함은 분명하다. 그런데 건축물의 물리적 구조가 독립되어 각자 주거생활을 영위할 수 있도록 되어 있는 다가구 1주택의 경우, 즉 다가구주택에서 각자 독립된 주거생활을 영위하고 있으며 동시에 그 소유권은 지분등기의 형식으로 경료되어 있는 때에 당해 지분소유자(공유자)들을 각자 이주대책대상자에 포함시킬 수 있는지 문제된다.

2. 다가구 1주택의 경우 당해 지분소유자(공유자)들을 각자 이주대책대상자에 포함시킬 수 있는지 여부

(1) 공익사업법상 이주대책의 입법취지

우선 이주대책대상자를 결정함에 있어서 주택법, 건축법 소정의 단독주택, 공동주택의 개념을 도입하여 그 해당 여부에 따라 대상자 수를 획일적으로 결정하는 것은 공익사업의 신속, 효율적 진행에 도움이 된다. 그러나 주택법은 쾌적한 주거생활, 국민의 주거안정, 주거수준의 향상을 목적으로 하고, 건축법은 건축물의 구조 및 설비의 기준, 용도 등을 정하여 건축물의 기능·환경 및 미관을 향상시킴으로써 공공복리의 증진에 이바지함을 목적으로 하지만, 공익사업법은 토지 등을 협의취득하거나 수용함에 따른 손실보상을 규정함으로써 공익사업의 효율적 수행을 통한 공공복리의 증진과 재산권의 적정한 보호를 목적으로 한다. 즉, 양 법률은 입법취지가 서로 다르다. 주택법과 건축법은 건물의 구조, 기능과 미관 등 형식적인 요소를 중시하고 있는 반면에 공익사업법은 재산권 및 인간다운 생활을 할 권리(헌법 제34조 제1항) 등 실질적인 요소를 중시하고 있다. 특히 공익사업법상의 이주대책은 생활보장이라는 측면을 중시하여 생활의 근거를 상실하는 자에 대하여 적어도 종전 주거환경에 상응하는 주거생활을 누릴 수 있도록 하는 데 중점이 있다. 재산권의 박탈에 수반되는 정당한 보상 이외에 이에 부가하여 인간다운 생활을 할 권리로서 정책적으로 제공되는 것이다.

(2) 판단기준

따라서 다가구 1주택의 경우 당해 지분소유자(공유자)들을 각자 이주대책대상자에 포함시킬 수 있는지 여부는 그 형식적 요소에 얽매일 것이 아니라 생활의 근거를 상실한 자에 대한 생활보장이라는 점을 고려하여 실질적으로 판단하여야 할 것이다.

3. 소결

살피건대 사안의 경우, ① 공익사업법에 의한 주거용 건축물의 수용은 당해 소유자의 동의 여부에 관계없이 이루어지고, ② 이주대책제도의 취지는 국민의 생활보장이라는 측면을 중시하여 자신의 의사에 반하여 생활의 근거를 상실하는 자에 대하여 적어도 종전 주거환경에 상응하는 주거생활을 누릴 수 있도록 하려는 데 있고, ③ 다가구주택 중에서도 물리적 구조가 구분되어 각자 독립된 주거생활을 영위할 수 있는 주택은 그 실질에 있어서는 공동주택과 큰 차이가 없고, ④ 또한 공익사업법은 이주대책대상자들의 주거용 건축물의 소유형식에 대하여 특별한 제한을 두고 있지 않으며, ⑤ 다가구주택의 소유자들도 영구적으로 생활의 근거를 상실하게 된다는 점을 고려하면, 다가구주택의 소유권자로서 실질적으로 각자 독립된 주거를 갖고 있는 자도 각자 공익사업법 소정의 이주대책대상자에 포함된다고 보아야 할 것이다.

Ⅳ. 설문 (3)의 해결

1. 문제점

앞에서 살펴본 것처럼 다가구주택 소유자들인 甲과 乙은 이주대책대상자이다. 그런데 다가구주택 소유자들인 甲과 乙 각자에게 국민주택 특별분양권의 부여 신청을 거부한 처분이 적법한지 여부를 판단하기 위해서는 기속행위와 재량행위는 그 위법성판단방법을 달리하므로 사업시행자의 이주대책수립·실시행위가 기속행위인지 재량행위인지를 먼저 살펴보아야 한다.

2. 이주대책수립·실시의 법적 성질

이주대책은 헌법 제23조 제3항에 규정된 정당한 보상에 포함되는 것이라기보다는 이에 부가하여 이주자들에게 종전의 생활 상태를 회복시키기 위한 생활보상의 일환으로서 국가의 정책적인 배려에 의하여 마련된 제도이므로 그 실시 여부는 입법자의 입법정책적 재량의 영역에 속한다. 이는 그 실시방법에 있어서도 마찬가지이다(헌재 2006.2.23. 2004헌마19). 그런데 공익사업법 제78조 제1항은 사업시행자는 대통령령이 정하는 바에 따라 이주대책을 수립하거나 이주정착금을 지급하여야 한다고 규정하고 있어, 이주대책대상자에 대한 사업시행자의 이주대책의 수립·실시는 의무적이지만, 재량행위라고 할 것이다.

3. 재량행위의 위법성판단방법

재량행위의 경우 행정청의 재량에 기한 공익판단의 여지를 감안하여 법원은 독자의 결론을 도출함이 없이 당해 행위에 재량권의 일탈·남용이 있는지 여부만을 심사하게 되고, 이러한 재량권의 일탈·남용 여부에 대한 심사는 사실오인, 비례·평등원칙위배 등을 그 판단대상으로 한다(대판 2007.5.31. 2005두1329 참조).

4. 소결

살피건대 ① '주택공급에 관한 규칙' 제19조 제1항 제3호 (다)목이 '도시계획사업으로 인하여 철거되는 주택의 소유자'에게 국민주택 등을 특별공급할 수 있다는 취지로 규정하면서 다가구주택을 일반적인 단독주택과 동일하게 취급하도록 규정하고 있지는 않은 점, ② 당해 다가구주택은 설계 및 건축 단계에서부터 6세대가 독립적으로 생활할 수 있도록 물리적으로 구획되어 있고 매매도 각 세대별로 이루어졌으며 제세공과금도 각 세대별로 부과되었다는 것이므로, 그 실질은 다세대주택과 유사한 공동주택으로 볼 여지가 많은 점, ③ 공익사업법에서 정한 이주대책은 이주자들에 대하여 종전의 생활상태를 원상으로 회복시키면서 동시에 인간다운 생활을 보장하여 주기 위한 이른바 생활보상의 일환으로 국가의 적극적이고 정책적인 배려에 의하여 마련된 제도이므로, 등기의 형식만을 근거로 다가구주택과 다세대주택의 소유자들 사이에 국민주택 등의 특별공급과 관련하여 차이를 두는 것은 합리적인 차별로 보기 어려운 점 등에 비추어 보면, 실질에 있어 다세대주택과 같은 다가구주택 소유자들 각자에게 국민주택 특별분양권의 부여 신청을 거부한 처분은 재량권의 범위를 벗어난 것으로서 위법하다 할 것이다(대판 2007.11.29. 2006두8495 참조).

V. 설문 (4)의 해결

1. 문제점

甲이 국민주택 특별분양권의 확인을 구하는 소를 제기할 수 있는지를 해명하기 위해서는 甲이 특별분양권을 가지고 있어야 하므로 특별분양권의 발생시기 및 그 확인방법에 대하여 살펴보아야 한다.

2. 특별분양권의 발생시기 및 그 확인방법에 대한 판례의 태도

대법원은 "구 공공용지의취득및손실보상에관한특례법 제8조에 의한 이주대책은 공공사업에 협력한 자에게 특별공급의 기회를 요구할 수 있는 법적인 이익을 부여하고 있는 것으로 그들에게는 특별공급신청권이 인정되며, 사업시행자가 이주대책에 관한 구체적인 계획을 수립하여 이를 해당자에게 통지 내지 공고한 후 이주자가 수분양권을 취득하기를 희망하여 이주대책에 정한 절차에 따라 사업시행자에게 이주대책대상자 선정신청을 하고 사업시행자가 이를 받아들여 이주대책대상자로 확인·결정하면 구체적인 수분양권이 발생하게 된다"고 판시(전합 1994.5.24. 92다35783; 대판 1999.8.20. 98두17043)하고 있다.

그리하여 수분양권이 발생하기 전에는 민사소송이나 당사자소송으로 수분양권의 확인을 소구할 수 없으므로, 분양신청에 대해 사업시행자가 거부한 경우에만 거부처분에 대해 취소소송을 제기할 수 있다고 판시(전합1994.5.24. 92다35783 등)하고 있다.

3. 판례의 태도에 대한 검토

(1) 판례의 태도에 대한 의문의 제기

판례의 태도에 따르면 항고소송은 위법한 처분 등으로 인한 국민의 권리 또는 이익침해를 구제하는 소송이고(행정소송법 제1조 전단), 이주자가 취소소송을 제기하기 위해서는 처분으로 인한 법률상 보호되는 구체적인 권리 또는 이익에 대한 침해가 있어야 하므로 구체적 권리로서 수분양권이 없는 이주자에게 취소소송을 제기할 수 있다고 하는 것은 모순이 아닌가 하는 의문을 제기할 수 있다.

(2) 판례의 태도에 대한 평가

살피건대 다음과 같은 이유로 위와 같은 판례의 태도는 타당하다.

1) 공법상 권리와 이익의 구별

오늘날 공권인 권리개념을 넓게 이해하는 한, 이에는 법적으로 보호되는 이익이 포함된다고 볼 수 있으며, 이러한 점에서 공권과 법률상 이익은 서로 구별할 필요가 없다고 보고 있다(통설). 우리 행정소송법도 항고소송의 목적을 "행정청의 위법한 처분 그밖에 공권력의 행사·불행사 등으로 인한 국민의 '권리 또는 이익'의 침해를 구제"하는 소송이라고 하여 권리와 이익을 특별히 구별하지 않는다(행정소송법 제1조 전단). 그러나 위 문제를 법리적으로 이해하기 위해서는 권리와 이익을 구별해야 할 필요가 있고, 행정소송법도 국민의 "권리 또는 이익" 침해를 구제한다고 규정하고 있으므로 이러한 구별이 실정법에 반하는 것도 아니다.

2) 거부처분취소소송의 대상적격과 원고적격

이주자의 분양신청에 대해 사업시행자가 거부한 경우에 이주자가 그 거부처분에 대해 취소소송을 제기할 수 있으려면 이주자에게는 위법한 거부처분이라고 주장할 수 있는 소의 대상적격이 인정되기 위한 전제요건으로서 법규상·조리상 신청권에 해당하는 분양신청권이 있어야 할 뿐만 아니라, 사업시행자의 거부처분은 이주자의 원고적격으로서 법률상 보호되는 개별적·직접적·구체적 이익이 침해될 수 있어야 한다(행정소송법 제12조).

3) 이주자의 분양받을 권리의 성질 및 이주자의 원고적격

이주자의 분양받을 권리는 사업시행자에게 이주대책을 수립·실시하도록 규정하고 있는 법에 따라 취득한 추상적인 권리가 사업시행자의 이주대책대상자 확인·결정으로 '구체화될 수 있는 일정한 권리 내지 법에 의하여 보호되는 개별적·직접적·구체적 이익'으로 보아야 할 것이다. 따라서 사업시행자의 거부처분은 이주자의 법률상 보호되는 개별적·직접적·구체적 이익이 침해될 수 있어 이주자에게는 원고적격이 인정된다.

4) 결론

따라서 사업시행자의 이주대책대상자확인·결정 이전에라도 이주자의 분양신청에 대해 사업시행자가 거부한 경우에는 이주자의 이러한 법률상 보호되는 개별적·직접적·구체적 이익이 현실적으로 침해될 수 있어 위 거부처분에 대해 취소소송을 제기할 수 있으나, 사업시행자의 이주대책대상자확인·결정 이전에는 그러한 이주자의 분양받을 권리는 입주권 등 아직 구체적인 모습의 권리로서 확정된 것이 아니므로 민사소송이나 당사자소송으로 구체적 권리인 수분양권의 확인을 소구할 수는 없다고 보아야 할 것이다.

4. 소결

따라서 설문의 경우 甲은 국민주택 특별분양권을 부여해 달라는 신청을 하고, 그에 대해 사업시행자인 戊가 이를 거부하면 그 거부처분에 대해서 취소소송을 제기할 수 있음은 별론으로 하고, 민사소송이나 당사자소송으로 국민주택 특별분양권의 확인을 구하는 소를 제기할 수 없다.

Ⅵ. 사안의 해결

설문 (1)에서 이주대책은 정당한 보상에 포함되는 것이라기보다는 정당한 보상에 부가하여, 이주자들에게 종전의 생활상태를 회복시키기 위한 생활보상의 일환으로서 그 실시 여부 및 그 실시방법은 입법자의 입법정책적 재량행위이다.

설문 (2)의 경우 다가구주택의 소유권자로서 실질적으로 각자 독립된 주거를 갖고 있는 자도 각자 공익사업법 소정의 이주대책대상자에 포함된다고 보아야 할 것이다.

설문 (3)의 경우 甲은 민사소송이나 당사자소송으로 국민주택 특별분양권의 확인을 구하는 소를 제기할 수 없다.

설문 (4)에서는 실질에 있어 다세대주택과 같은 다가구주택 소유자들인 甲과 乙 각자에게 국민주택 특별분양권의 부여 신청을 거부한 처분은 재량권의 범위를 벗어난 것으로서 위법하다.

제 6 절 행정조직법과 개별행정작용법

〈사례연습 47〉 행정재산의 목적외 사용관계, 위임전결과 위법한 처분에 대한 권리구제

甲은 A시 청사의 지하층 일부에 대한 사용허가를 받아 식당을 운영하고 있다. A시의 시장은 청사의 사용허가에 대한 권한을 B국장에게 내부적으로 위임(위임전결)하였고, 이에 따라 B국장은 자신의 명의로 甲에 대한 청사의 사용허가를 취소하였다. 甲은 이러한 사용허가의 취소가 위법하다고 생각하여 이를 다투려고 한다. 甲은 어떠한 소송유형을 선택하여 이를 다툴 수 있는가? (20점)

[관련논점]

— 행정재산의 목적외 사용관계의 법적 성질
— 위임전결
— 위법한 처분에 대한 권리구제

[답안구성]

Ⅰ. 논점의 정리
Ⅱ. A시의 청사 지하층 일부에 대한 사용허가 및 사용허가취소의 법적 성질
1. 행정재산의 목적 외 사용관계
2. 행정재산의 목적외사용관계의 법적 성질
(1) 문제점
(2) 학설
(3) 판례
(4) 검토 및 사안의 경우
3. 사용허가취소의 법적 성질
(1) 직권취소와 직권철회의 구별
(2) 사안의 경우
Ⅲ. 사용허가취소의 위법 여부 및 위법의 정도
1. 사용허가취소의 위법 여부
(1) 위임전결의 법적 성격
(2) 사안의 경우
2. 위법의 정도
(1) 문제점
(2) 무효와 취소의 구별기준
(3) 사안의 경우
Ⅳ. 甲이 제기할 수 있는 소송유형
1. 피고적격
2. 甲이 제기할 수 있는 소송유형
(1) B국장의 위법한 처분을 무효사유에 해당한다고 볼 경우
(2) B국장의 위법한 처분을 취소사유에 해당한다고 볼 경우
Ⅴ. 사안의 해결

Ⅰ. 논점의 정리

A시의 청사지하층일부에 대한 B의 사용허가취소에 대한 소송유형을 결정하기 위해서는 우선 그에 대한 사용허가나 그 취소의 법적 성질을 검토하여야 한다. 즉, 공법관계인지 사법관계인지 여부를 규명하여야 한다.

다음 사용허가취소가 甲이 주장하는 바와 같이 위법한지, 위법하다면 그 위법의 정도는 어떠한지를 검토할 필요가 있다. 즉, 甲이 제기할 수 있는 소송유형을 결정하기 위해서는 내부위임의 수임기관이 자신의 명의로 한 사용허가취소가 위법한지, 위법하다면 그 정도는 어떠한지를 살펴보아야 한다.

Ⅱ. A시의 청사 지하층 일부에 대한 사용허가 및 사용허가취소의 법적 성질

1. 행정재산의 목적 외 사용관계

행정재산은 그 용도, 목적 등에 장애가 되지 않는 범위 내에서 사용·수익을 허가할 수 있는데, 이러한 허가에 의한 사용관계를 행정재산의 목적외 사용관계라 한다.

사안에서 A시의 청사지하층일부에 대한 甲의 사용관계는 이러한 행정재산의 목적외 사용관계에 해당한다.

2. 행정재산의 목적외사용관계의 법적 성질

(1) 문제점

따라서 행정재산의 사용관계가 공법관계인가 사법관계인가는 일차적으로 실정법의 규정에서 찾아야 하는데, 이와 관련하여 특히 국유재산법 제24조 및 공유재산 및 물품관리법 제20조에 의한 행정재산의 목적외 사용관계가 공법관계인지 사법관계인지에 대하여 다투어지고 있다.

(2) 학설

즉, 이에 대하여 학설은 ⅰ) 행정재산의 목적외사용을 발생·소멸시키는 원인이 개별법상 행정처분의 형식을 빌려 이루어지고 있고(국유재산법 제24조), 그 사용료의 징수 또한 행정상 강제징수에 의하므로(국유재산법 제25조 제3항) 공법상 법률관계라는 **공법관계설**(통설), ⅱ)

행정재산의 수익의 내용이 오로지 사용·수익자의 사적 이익을 도모하는 데 있음을 이유로 하는 **사법관계설**,[254] iii) 사용관계의 발생·소멸 및 그 사용료 징수관계는 공법관계이나 그 외의 법률관계는 사법관계라는 **이원적 법률관계설**[255]이 있다.

(3) 판례

대법원은 "공유재산의 관리청이 행정재산의 사용·수익에 대한 허가는 순전히 사경제주체로서 행하는 사법상의 행위가 아니라 관리청이 공권력을 가진 우월적 지위에서 행하는 행정처분으로서 특정인에게 행정재산을 사용할 수 있는 권리를 설정하여 주는 강학상 특허에 해당한다."고 판시(대판 1998.2.27. 97누1105)하였다.

(4) 검토 및 사안의 경우

이러한 법률관계의 성질을 판단함에 있어서는 우선 근거법률의 검토에서부터 출발하여야 하는데, 사안의 경우에는 참조조문이 나와 있지 않다. 다만 사안에서 행정행위에 특유한 사용허가나 그 취소라는 용어를 사용하고 있는 점, 행정재산의 목적외 사용관계는 행정주체에게 공권력 행사를 인정하고 특정인에게 행정재산을 사용할 수 있는 권리를 설정하여 준다는 점 등에 비추어 볼 때 공법관계이고 그 사용·수익의 허가는 강학상 특허의 성질을 갖는 것으로 보는 것이 타당하다고 판단된다.

따라서 결국 사안의 사용허가는 항고소송의 대상이 되는 처분의 성질을 가진다.

3. 사용허가취소의 법적 성질

(1) 직권취소와 직권철회의 구별

행정행위의 직권취소는 일단 유효하게 성립한 행정행위를 그 행위의 위법 또는 부당한 하자가 있음을 이유로 소급하여 그 효력을 소멸시키는 별도의 행정처분이고, 행정행위의 직권철회는 적법요건을 구비하여 완전히 효력을 발하고 있는 행정행위를 사후적으로 그 행위의 효력의 전부 또는 일부를 장래에 향해 소멸시키는 행정처분이므로, 행정행위의 취소사유는 행정행위의 성립 당시에 존재하였던 하자를 말하고, 철회사유는 행정행위가 성립한 이후에 새로이 발생한 것으로서 행정행위의 효력을 존속시킬 수 없는 사유를 말한다.

(2) 사안의 경우

사안의 경우에는 사용허가취소사유가 명확하게 나타나 있지 않으므로 직권취소 또는 직권철회에 해당할 것이다. 그러나 직권취소나 직권철회는 모두 별도의 행정처분이라 할 것이므로 B국장의 사용허가취소는 항고소송의 대상이 되는 처분의 성질을 가진다고 하겠다.

---

254) 이상규, 하, 472면

255) 박윤흔, 하, 507면

다만 사안의 경우를 직권철회로 본다면 견해에 따라서는 사안과 같이 수익적 행정행위의 직권철회의 경우 법적 근거가 없으면 위법이 될 것이다.

Ⅲ. 사용허가취소의 위법 여부 및 위법의 정도

1. 사용허가취소의 위법 여부

(1) 위임전결의 법적 성격

행정권한의 내부위임 또는 위임전결은 행정청의 내부적인 사무처리 편의를 도모하기 위하여 그의 보조기관 또는 하급행정관청으로 하여금 그 권한을 사실상 행사하도록 하는데 그치는 것이므로 수임관청은 위임관청의 이름으로만 그 권한을 행사할 수 있을 뿐 자기의 이름으로 그 권한을 행사할 수 없다(대판 1989.9.12. 89누671). 내부위임이나 위임전결은 동일한 의미를 가지고 있으나, 일반적으로 내부위임은 상하행정청간에 행해지며, 위임전결은 행정청과 보조기관 간에 행해지는 경우를 말한다.

(2) 사안의 경우

사안의 경우는 위임전결에 해당하고, 행정권한의 위임전결은 권한이 수임기관에 위임되는 행정청의 권한의 위임과는 달리 행정청의 내부적인 사무처리 편의를 도모하기 위하여 그의 보조기관으로 하여금 그 권한을 실질적으로 행사하도록 하는데 그치고 권한은 여전히 위임청의 권한으로 되어 있으므로, B국장이 위임전결 받은 권한을 자신의 명의로 甲에 대한 사용허가를 취소한 것은 위법한 처분이다.

2. 위법의 정도

(1) 문제점

B국장의 위임전결 받은 권한을 자신의 명의로 행사한 위법한 처분이 취소사유에 해당하는지 무효사유에 해당하는지에 따라 甲이 제기할 수 있는 소송유형이 달라지므로, 이를 규명할 필요가 있다.

(2) 무효와 취소의 구별기준

법적 안정성 및 신뢰보호의 요청과 공익실현을 목적으로 하는 행정의 능률적 수행이 및 국민의 권리구제를 적절히 조화하는 중대명백설이 타당하다. 중대명백설에 의하면 행정행위의 하자가 중대한 법규위반이고 또한 그것이 외관상 명백한 때에는 무효이고, 그렇지 않은 경우에는 취소할 수 있음에 그친다.[256]

(3) 사안의 경우

판례는 석유판매허가취소권을 내부위임기관이 위임행정청 명의로 취소권을 행사하지 않고 스스로의 명의로 권한행사를 한 사건에서 석유판매허가취소처분이 무효라고 판시(대판 1986.12.9. 86누569)하고 있다. 다만 "전결과 같은 행정권한의 내부위임은 법률이 위임을 허용하지 않는 경우에도 인정되는 것이므로, 설사 행정기관 내부의 사무처리규정에 불과한 전결규정에 위반하여 원래의 결재권자가 아닌 보조자 등이 처분권자인 행정관청의 이름으로 행정처분을 하였다 하더라도 그 처분이 권한 없는 자에 의하여 행하여진 무효인 처분이라고 할 수 없다"고 판시(대판 1998.2.27. 97누1105)하였다.

그러나 위임전결은 행정권한이 중앙 또는 상부기관에 치중되어 있는 상태에서 그 권한의 위임에 관한 명문의 근거가 없음을 인해 파생된 제도이므로 무효와 취소의 구별기준에 관한 통설·판례의 입장에 중대명백설에 의할 때 위임전결을 받은 자가 자신의 명의로 위임받은 사항에 관한 처분권한을 행사함으로써 당해 처분은 권한 없는 자에 의하여 행하여진 것과 마찬가지로 되어 그 하자가 중대하다고 할 것이나, 이러한 하자는 제3자의 입장에서 객관적으로 명백하다고 보기는 어려우므로 원칙적으로 취소사유에 해당한다고 보는 것이 타당하다고 판단된다. 다만 구체적인 사안에 따라서는 이를 무효로 보아야 할 경우도 있다 할 것이므로 B국장이 권한 없이 행한 사용허가취소처분의 위법의 정도가 무효인 경우와 취소인 경우로 나누어 甲이 제기할 수 있는 소송유형을 검토하기로 하겠다.

Ⅳ. 甲이 제기할 수 있는 소송유형

1. 피고적격

B국장의 위법한 처분에 대하여 甲이 제기할 수 있는 소송은 항고소송이다. 여기서 누구를 피고로 하여 소송을 제기하여야 하는지 문제된다. 위임전결의 경우에는 행정청의 권한이 여전히 위임청에게 있기 때문에 원칙적으로 위임청이 피고가 된다고 하겠으나, 외부위임과 내부위임의 구별이 어렵고, 국민의 소송편의를 위한 관점에서 피고적격을 규정하고 있는 행정소송법 제13조의 규정취지를 고려할 때, 사안의 경우 판례처럼 처분명의에 따라(대판 1980.11.25. 80누217; 대판 1991.10.8. 91누520) B국장을 피고로 하여 항고소송을 제기할 수 있

256) 여기서 하자의 중대성은 행정행위가 중요한 법률요건에 위반하여 그 하자가 내용적으로 중요한 경우를 의미하며, 하자의 명백성이란 행정행위 자체에 하자가 존재함이 행정행위의 성립 당시부터 객관적으로 행정기관의 인식 여부와 관계없이 통상인의 판단에 의해서도 인정될 수 있을 정도로 분명하다는 의미이다(대판 2004.11.26. 2003두2403; 대판 1991.10.22. 91다26690). 따라서 사실관계의 자료를 정확히 조사하여야 비로소 그 하자 유무가 밝혀질 수 있는 경우에는 그 하자는 외관상 명백하다고 할 수 없다(대판 1992.4.28. 91누6863).

을 것이다.

2. 甲이 제기할 수 있는 소송유형

(1) B국장의 위법한 처분을 무효사유에 해당한다고 볼 경우

B국장의 위법한 사용허가취소처분은 그 하자가 중대하고 명백하여 무효사유에 해당한다고 볼 경우에는 무효확인소송이나 무효선언을 구하는 의미의 취소소송을 제기할 수 있다. 다만 후자의 경우에는 제소기간 등 취소소송의 적법요건을 갖추어야 할 것이다.

(2) B국장의 위법한 처분을 취소사유에 해당한다고 볼 경우

B국장의 위법한 사용허가취소처분을 취소사유에 해당한다고 볼 경우에는 甲은 취소소송을 제기할 수 있을 것이다.

V. 사안의 해결

행정재산의 목적외 사용관계는 행정주체에게 공권력 행사를 인정하고 특정인에게 행정재산을 사용할 수 있는 권리를 설정하여 준다는 점 등에 비추어 볼 때 공법관계이고 그 사용·수익의 허가는 강학상 특허의 성질을 갖는다. 따라서 사안의 사용허가는 항고소송의 대상이 되는 처분의 성질을 가진다. 그런데 B국장이 위임전결 받은 권한을 자신의 명의로 甲에 대한 사용허가를 취소한 것은 위법한 처분이다. 따라서 甲은 B국장의 사용허가취소처분의 위법의 정도에 따라 무효확인소송이나 무효선언을 구하는 의미의 취소소송 또는 취소소송을 제기할 수 있다.

〈사례연습 48〉 지방자치단체장의 공무원승진임용처분에 대한 감독청의 직권취소와 지방자치법 제169조 제1항 후문 소정의 '법령위반'의 의미 등

A광역시 소재 B구청장 乙은 2009년 11월 전국공무원노동조합 총파업에 참가하고 복귀명령에 불응한 공무원들에 대한 A광역시장 甲의 징계의결요구를 두 차례나 거부한 뒤 이듬해 2월 징계의결이 요구된 공무원 丙 등 6명을 승진시켰다. 이를 알게 된 A광역시장 甲은 집단행동에 참가한 다른 공무원들과의 전국적인 징계의 형평성이나 공직사회 또는 일반 국민들에게 미치는 영향 등을 고려하여 "위 공무원들의 행위는 지방공무원법 제58조의 집단행위금지, 제49조의 복종의무, 제50조의 직장이탈금지 등의 의무위반으로 징계사유에 해당하므로 지방공무원법 제69조, 지방공무원징계 및 소청규정 제2조에 의하

여 징계의결을 요구하여야 함에도 乙이 이를 이행하지 않은 채 오히려 징계의결요구대상자를 승인임용발령한 것은 재량권의 범위를 일탈하였고, 관계법령에 위반하여 징계의결요구를 하지 않음으로써 지방공무원임용령 제34조의 승진인용제한요건이 발생되지 않게 하여 승진임용한 것은 위법을 기초로 한 무효에 해당한다."는 이유로 지방자치법 제169조 제1항에 따라 甲이 직접 乙이 행한 승진처분을 취소하였다. 이에 乙은 "A광역시장 甲이 구청 공무원에 대한 구청장의 승진처분을 취소한 것은 부당하다"며 甲을 상대로 대법원에 승진임용직권취소처분 취소소송을 제기하였다.

(1) 甲이 乙의 공무원승진임용을 직접 취소한 것은 적법한가? (35점)

(2) 乙이 甲을 상대로 대법원에 제기한 승진임용직권취소처분의 취소를 구하는 소송의 법적 성질에 대하여 논하시오. (15점)

[참조조문]

지방자치법 제169조(위법부당한 명령처분의 시정) ① 지방자치단체의 사무에 관한 그 장의 명령이나 처분이 법령에 위반되거나 현저히 부당하여 공익을 해친다고 인정되면 시·도에 대하여는 주무부장관이 시·군 및 자치구에 대하여는 시·도지사가 기간을 정하여 서면으로 시정할 것을 명하고, 그 기간에 이행하지 아니하면 이를 취소하거나 정지할 수 있다. 이 경우 자치사무에 관한 명령이나 처분에 대하여는 법령에 위반한 것이 한한다.

② 지방자치단체의 장은 제1항에 따른 자치사무에 관한 명령이나 처분의 취소 또는 정지에 대하여 이의가 있으면 그 취소처분 또는 정지처분을 통보받은 날로부터 15일 이내에 대법원에 소를 제기할 수 있다.

지방공무원법 제49조(복종의 의무) 공무원은 직무를 수행함에 있어 소속 상사의 직무상의 명령에 복종하여야 한다. 다만 이에 대한 의견을 진술할 수 있다.

제50조(직장이탈금지) ① 공무원은 소속 상사의 허가 또는 정당한 이유없이 직장을 이탈하지 못한다.

제58조(집단행위의 금지) ① 공무원은 노동운동 기타 공무 이외의 일을 위한 집단행위를 하여서는 아니 된다. 다만 사실상 노무에 종사하는 공무원은 그러하지 아니하다.

제69조(징계사유) ① 공무원이 다음 각호의 1에 해당하는 때에는 징계의결의 요구를 하여야 하고, 동 징계의결의 결과에 따라 징계처분을 하여야 한다.

1. 이 법 또는 이에 의한 명령이나 지방자치단체의 조례 또는 규칙에 위반한 때
2. 직무상의 의무에 위반하거나 직무를 태만하였을 때
3. 공무원의 품위를 손상하는 행위를 한 때

지방공무원임용령 제34조(승진임용의 제한) ① 공무원이 다음 각호의 1에 해당하는 경우에는 승진 임용될 수 없다

1. 징계의결요구·징계처분·직위해제·휴직 또는 시보임용기간 중에 있는 경우

지방공무원징계및소청규정 제2조(징계의결의 요구) ① 법 제7조 제1항의 규정에 의한 임용권자는 소속공무원이 법 제69조 제1항 각호의 1에 해당하는 사유가 있다고 인정될 때에는 지체 없이 당해 징계사건을 관할하는 위원회에 징계의결을 요구하여야 한다.

[관련논점]

— 지방공무원법상 공무원의 징계사유
— 임용권자의 징계의결요구의 성질
— 임용권자의 승진임용의 법적 성질
— 징계사유에 해당함에도 징계의결요구를 하지 아니하고 한 승진임용의 적법 여부
— 지방자치법 제169조 제1항 후문 소정의 '법령위반'의 의미
— 지방자치법 제169조 제2항 소정의 소송의 법적 성질

[답안구성]

Ⅰ. 논점의 정리
Ⅱ. 설문 (1)의 해결
1. 丙 등이 징계의결요구 대상자인지 여부
(1) 공무원 丙 등의 행위는 지방공무원법 제58조의 집단행위금지, 제49조의 복종의무, 제50조의 직장이탈금지 등의 의무위반으로 징계사유에 해당하는지 여부
1) 공무원징계의 의의
2) 징계사유
3) 사안의 경우
(2) 징계의결요구의 성질
(3) 중간결론
2. 乙의 丙 등에 대한 승진인용의 적법 여부
(1) 승진임용의 의의 및 성질
1) 승진임용의 의의
2) 승진임용의 성질
가. 판단여지 또는 요건재량행위
나. 자치사무
(2) 승진임용의 제한
(3) 징계사유에 해당함에도 징계의결요구를 하지 아니하고 한 승진임용의 적법 여부
1) 문제의 소재
2) 학설
가. 적극설
나. 소극설
3) 판례의 태도
4) 검토
(4) 중간결론
3. 甲의 乙의 처분에 대한 시정명령과 직권취소
(1) 시정명령
(2) 취소·정지권
(3) 지방자치법 제169조 1항 후문의 '법령위반'의 의미
1) 문제의 소재
2) 견해의 대립
가. 적극설(광의설)
나. 소극설(협의설)
3) 검토
4. 甲의 乙의 승진임용처분에 대한 직권취소의 적법 여부
(1) 문제점
(2) 감독청의 취소·정지권 행사에 있어서 재량권의 일탈·남용 여부의 판단기준
(3) 중간결론
5. 소결
Ⅲ. 설문 (2)의 해결
1. 문제의 소재
2. 학설
3. 검토
Ⅳ. 사안의 해결

Ⅰ. 논점의 정리

설문 (1)에서는 乙의 공무원승진임용이 재량권의 일탈로서 위법하여 상급지방자치단체의 장인 甲이 이러한 승진임용처분에 대한 시정명령을 내리고 직접 취소할 수 있는지, 사안의 경우 甲의 승인임용처분직권취소가 위법한 것은 아닌지가 문제된다. 이를 해명하기

위해서는 우선 乙에 의하여 승진 임용된 丙 등 공무원들이 전국공무원노동조합의 총파업에 참여한 것이 지방공무원법상의 의무를 위반하여 징계사유가 되는지, 만일 징계사유가 되는 경우에도 징계의결 요구를 하지 아니하였다면 징계요구권자의 이러한 행위는 적법한지, 나아가 乙이 징계사유 있는 공무원을 승진 임용한 것이 위법한 것인지를 살펴보아야 한다.

설문 (2)에서는 지방자치법(이하 "법"이라 한다) 제169조 제2항의 소송의 성질이 무엇인지를 검토하여야 한다.

Ⅱ. 설문 (1)의 해결

1. 丙 등이 징계의결요구 대상자인지 여부

(1) 공무원 丙 등의 행위는 지방공무원법 제58조의 집단행위금지, 제49조의 복종의무, 제50조의 직장이탈금지 등의 의무위반으로 징계사유에 해당하는지 여부

1) 공무원징계의 의의

공무원의 징계란 공무원이 공무원관계에서 부담하는 의무를 위반한 경우에 국가 등 징계권자가 공무원관계의 질서를 유지하기 위하여 그 위반에 대하여 과하는 제재를 말한다.

2) 징계사유

징계처분은 공무원의 비위사실이 존재하여야 하고, 그 비위사실이 법이 규정하고 있는 징계사유인 구성요건에 해당하여야 한다.

지방공무원법상 징계사유는 ⅰ) 이 법 또는 이에 의한 명령이나 지방자치단체의 조례 또는 규칙에 위반한 때, ⅱ) 직무상의 의무에 위반하거나 직무를 태만하였을 때, ⅲ) 공무원의 품위를 손상하는 행위를 한 때 등이다(제69조 제1항).

3) 사안의 경우

B구청 소속공무원인 丙 등은 전국공무원노동조합(이하 '전공노'라 한다)의 총파업에 참가하였으므로 지방공무원법 제58조 집단행위금지의무를 위반한 것이 분명하고, 전공노의 파업에 무단으로 참가하였으므로 지방공무원법상의 복종의무와 직장이탈금지의무를 위반한 점도 인정될 수 있다.[257] 그렇다면 丙 등은 지방공무원법 제58조, 제49조, 제50조 등을 위반하여 지방공무원법 제69조의 징계사유 제1호에 해당하고, 공무원의 직무상 의무를 적

257) 6급 이하의 일반직 공무원과 기능직 공무원 및 고용직 공무원은 공무원 노동조합에 가입할 수 있으며(공무원의 노동조합설립 및 운영 등에 관한 법률 제6조 제1항), 노동조합과 총합원은 단체교섭권을 행사할 수 있으나 파업·태업 그밖에 업무의 정상적인 운영을 저해하는 일체의 행위 등 쟁의행위는 금지되고 있는바(같은 법 제8조, 제11조), 공무원의 노동조합설립 및 운영 등에 관한 법률 제11조를 위반한 것도 사실이다.

법 · 타당하게 수행하지 아니하였으므로 징계사유 제2호에도 해당한다고 할 수 있다.

(2) 징계의결요구의 성질

지방공무원의 임용권자인 지방자치단체의 장은 소속공무원이 지방공무원법에서 정한 징계사유에 해당하는 때에는 소속 인사위원회에 징계의결을 요구하여야 한다(제69조 제1항).

징계처분에 있어서 공무원이 비위행위를 범한 때에 비위사실을 확인하여 징계사유에 해당하는지를 판단함에 있어서는 징계권자의 판단재량 내지 판단의 여지가 있다고 할 것이나, 징계권자가 징계사유가 있다고 판단한 때에는 지체 없이 징계의결의 요구를 하여야 하며, 징계의결의 결과에 따라 징계처분을 한다. 징계처분에 대해서는 징계권자의 재량사항에 속하나, 이러한 징계재량은 재량권의 한계를 준수하여야 하고, 정상참작사유가 있는 경우 이를 고려해야만 한다.

(3) 중간결론

결국 징계권자인 乙은 공무원의 비위행위가 징계사유에 해당하는지에 대하여 판단재량을 가지고 있다 하더라도 징계사유에 해당하는 것이 명백한 경우에는 임용권자는 징계를 요구할 의무가 있다고 할 것이다(대판 2007.7.12. 2006도1390). 따라서 乙은 丙 등의 징계사유에 대한 충분한 조사를 한 다음 사안의 경우와 같이 징계사유에 해당하는 것이 명백한 경우에는 인사위원회에 丙 등에 대하여 징계의결을 요구할 의무가 있다고 하겠다.

2. 乙의 丙 등에 대한 승진인용의 적법 여부

(1) 승진임용의 의의 및 성질

1) 승진임용의 의의

임용이란 공무원관계를 발생변경소멸시키는 모든 행위를 말하며, 승진임용이란 동일직렬 내의 상위급류의 직에 임용하는 것을 말한다.

2) 승진임용의 성질

가. 판단여지 또는 요건재량행위

근무성적 · 경력평정 기타 능력의 실증 등에 대한 판단에는 임용권자에게 재량의 여지가 있다고 할 것이므로 임용권자의 소속공무원의 승진임용은 판단여지 내지 재량행위라 할 것이다.

나. 자치사무

공무원의 승진임용은 지방자치단체의 조직에 관한 사항으로서 그 존립목적을 달성하기 위한 본래적 사무라 할 것이고, 지방자치단체의 조직에 관한 사무 중 소속공무원의 인사에 관한 사무이므로 지방자치법 제9조 제1항 제1호 마목에 속하여 지방자치단체의 자치사무에 해당한다.

(2) 승진임용의 제한

지방공무원임용령 제34조 제1항 제1호에 따르면 공무원은 징계의결요구·징계처분·직위해제·휴직 또는 시보임용기간 중에 있는 경우 등에는 승진 임용될 수 없다.

(3) 징계사유에 해당함에도 징계의결요구를 하지 아니하고 한 승진임용의 적법 여부

1) 문제의 소재

승진임용 여부는 임용권자의 판단재량에 속하는 사항이라고 하더라도 승진제한사유인 징계사유에 해당함에도 불구하고 징계요구를 하지 아니하고 승진 임용한 것이 임용권자의 재량권을 일탈·남용한 것인지에 대하여는 견해가 대립한다.

2) 학설

가. 적극설

임용권자인 지방자치단체의 장은 징계사유가 있는 소속공무원에 대하여 인사위원회에 징계의결을 요구할 의무가 있음에도 이에 위반하여 오히려 승진 임용시킨 것은 법률이 임용권자에게 부여한 재량권의 범위를 현저하게 일탈한 것으로서 위법한 처분이라고 한다.

나. 소극설

승진처분은 공무원의 일순간의 과오만이 아니라 근속기간이나 경력, 근무성적, 상훈 등을 두루 살펴서 행해지는 것으로서 임용권자의 판단과 재량에 전적으로 존중되어야 하는 바, 임용권자인 지방자치단체의 장이 당해 공무원에 대한 징계의결요구를 하여야 하나 하지 아니하였다는 이유만으로 당해 공무원에 대한 승진처분이 재량을 일탈·남용한 것이라고 단정할 수는 없는 것이라고 한다.

3) 판례의 태도

대법원은 "지방공무원법 제69조 제1항 및 지방공무원징계 및 소청규정 제2조의 규정에 의거 지체 없이 징계의결을 요구하여야 하는 사유에 해당된다고 하더라도 현실적으로 징계의결 요구를 하지 아니한 이상 지방공무원임용령 제34조 제1항 제1호 소정의 승진임용제한사유인 직위해제·징계의결요구 중에 있는 경우라 할 수 없다"고 판시(대판 1998.7.10. 97추67)하였다.[258]

---

258) 한편 "소속공무원의 행위가 그 임용권자에게 징계의결요구의무가 인정될 정도의 징계사유에 해당함이 명백한 경우에는 임용권자인 지방자치단체장이 그 의무를 이행하였더라면 지방공무원임용령 제34조 제1항 제1호 소정의 제한규정으로 인해 당해 공무원의 승진임용이 원천적으로 불가능한 것이었는데, 지방자치단체장이 징계절차상의 의무를 이행하지 아니한 채 오히려 당해 공무원을 승진시킴으로써 위 제한 규

4) 검토

지방공무원의 승진임용과 관련하여, 지방공무원 임용령 제34조 제1항 제1호 규정은 공무원에게 해당 사유가 있는 경우 승진임용을 제한한다는 것으로서 당사자의 권익을 제한하는 규정인바, 그처럼 권익을 제한하는 규정은 엄격하게 해석하여야 할 것이다. 위 규정에서 승진제한사유로 규정한 것은 '징계의결요구 중'이라고만 되어 있을 뿐인데, 이를 확대해석하여 임용권자가 '징계의결요구를 하여야 할 의무를 이행하지 않은 때'까지로 넓혀서 해석할 수는 없다. 판례도 현실적으로 징계의결요구를 하지 아니한 이상 당해 공무원이 승진임용 제한사유인 징계의결요구 중에 있는 경우라고 할 수 없다고 판시(대판 1998. 7. 10. 97추67 참조)한 바 있다.

따라서 乙이 징계의결요구를 할 의무가 있는데 이를 이행하지 않았으니 외형상 징계의결요구가 없었지만 징계의결의 요구가 있었던 것과 같이 다루어야 한다는 전제는 어느 모로 보나 성립될 수 없는 것이므로, 乙이 당해 공무원들에게 징계의결요구를 하지 않았다고 하여 이 사안 승진처분이 법령을 위반한 것이라고 볼 수는 없다.

(4) 중간결론

징계권자인 乙은 공무원의 비위행위가 징계사유에 해당하는지에 대하여 판단재량을 가지고 있다 하더라도 사안의 경우와 같이 징계사유에 해당하는 것이 명백한 경우에는 임용권자는 징계를 요구할 의무가 있다. 그러나 지방공무원 임용령 제34조 제1항 제1호는 공무원에게 해당 사유가 있는 경우 승진임용을 제한한다는 것으로서 당사자의 권익을 제한하는 규정이므로 엄격하게 해석하여야 하는바, 乙이 당해 공무원들에게 징계의결요구를 하지 않았다고 하여 이 사안 승진처분이 법령을 위반한 것이라고 볼 수는 없다.

3. 甲의 乙의 처분에 대한 시정명령과 직권취소

(1) 시정명령

시정명령은 지방자치단체의 사무(단체위임사무와 자치사무)에 관하여 그 장의 명령이나 처분이 법령에 위반되거나 현저히 부당하여 공익을 해한다고 인정될 때에 감독기관이 서면으로 상당한 기간을 정하여 시정을 명하는 사후적·소극적 감독수단이다(지방자치법 제169조 제1항).

시정명령의 내용은 시정할 개별적 내용을 포함하지 않는다.[259] 시정명령을 받은 지방자치단체의 장은 그 명령이나 처분을 시정할 법적 의무를 지고, 시정명령을 받은 명령이나

정을 잠탈하는 결과를 초래하였다는 점에서 그 재량권의 일탈·남용의 정도가 매우 심하다고 할 수 있다"고 판시(전합 2007.3.22. 2005추62 다수의견)하였다.

259) 류지태, 신론, 698면; 이기우, 지방자치행정법, 128면

처분을 집행하여서 안 된다. 그러나 이미 집행된 처분이나 명령은 시정명령에도 불구하고 유효하다.

(2) 취소 · 정지권

지방자치단체의 장이 감독청의 시정명령을 받고 기간 내에 이행하지 않을 경우 감독청이 지방자치단체의 장의 명령이나 처분을 취소 · 정지할 수 있는 권한이다(지방자치법 제169조 제1항). 취소 · 정지는 당해 지방자치단체의 장의 별도의 행위를 거치지 않고 처분의 효력을 직접 상실시키므로 형성적 행정행위에 속한다. 다만, 이러한 감독청의 시정명령이나 취소 · 정지권의 행사는 자치사무에 관한 명령이나 처분에 대하여는 법령을 위반한 것에 한한다(법 제169조 제1항 후문).

(3) 지방자치법 제169조 1항 후문의 '법령위반'의 의미

1) 문제의 소재

감독청의 시정명령이나 취소 · 정지권의 행사는 자치사무에 관한 명령이나 처분에 대하여는 법령을 위반한 것에 한하는바, 여기서의 "법령위반"에 재량권의 일탈 · 남용도 포함되는지 문제된다. 왜냐하면 재량권의 일탈 · 남용도 여기서의 법령위반에 포함되어야만 甲의 승인임용처분직권취소가 적법할 수 있는 전제요건을 충족하기 때문이다.

2) 견해의 대립

가. 적극설(광의설)

지방자치법 제169조 제1항 전문 및 후문의 '사무에 관한 그 장의 명령이나 처분이 법령에 위반되는 경우'라 함은 명령이나 처분이 현저히 부당해 공익을 해치는 경우, 즉 합목적성을 결하는 경우와 대비되는 개념이며, 여기에는 시 · 군 · 구의 장의 사무의 집행이 명시적인 법령의 규정을 구체적으로 위반한 경우뿐만 아니라 그러한 사무의 집행이 재량권을 일탈 · 남용해 위법하게 되는 경우를 포함한다고 한다. 그리하여 재량권의 일탈 · 남용은 지방자치법 제169조 제1항 전문의 '현저히 부당하여 공익을 해하는 것'과 구별되는 것으로 이것에서 더 나아가 법의 규정뿐만 아니라 일반조리 · 평등원칙 · 비례원칙 · 신뢰보호의 원칙 등 법의 일반원칙을 위반한 것을 의미한다고 한다(전합 2007.3.22. 2005추62, 8인 다수의견).

나. 소극설(협의설)

헌법이 보장하는 지방자치제도의 본질상 재량판단의 영역에서는 국가나 상급 지방자치단체가 하급 지방자치단체의 자치사무 처리에 개입하는 것을 엄격히 금지하여야 할 필요성이 있으므로, 지방자치법 제157조 제1항 후문은 지방자치제도의 본질적 내용이 침해되지 않도록 헌법합치적으로 조화롭게 해석하여야 하는바, 일반적으로 '법령위반'의 개념에 '재량권의 일탈·남용'도 포함된다고 보고 있기는 하나, 지방자치법 제157조 제1항에서 정한 취소권의 행사요건은 위임사무에 관하여는 '법령에 위반되거나 현저히 부당하여 공익을 해한다고 인정될 때', 자치사무에 관하여는 '법령에 위반하는 때'라고 규정되어 있어, 여기에서의 '법령위반'이라는 문구는 '현저히 부당하여 공익을 해한다고 인정될 때'와 대비적으로 쓰이고 있고, 재량권의 한계 위반 여부를 판단할 때에 통상적으로는 '현저히 부당하여 공익을 해하는' 경우를 바로 '재량권이 일탈·남용된 경우'로 보는 견해가 일반적이므로, 위 법조항에서 '현저히 부당하여 공익을 해하는 경우'와 대비되어 규정된 '법령에 위반하는 때'의 개념 속에는 일반적인 '법령위반'의 개념과는 다르게 '재량권의 일탈·남용'은 포함되지 않는 것으로 해석하여야 한다고 한다(위 5인 판대의견).

3) 검토

살피건대 지방자치단체의 자치권이 최대한 보장되어야 하며 주민자치와 단체자치의 본질적 내용이 침해되어서는 안된다. 다만 지방자치단체가 처리하는 사무의 결과는 일반 국민의 이해에 직접적인 영향을 주며 지방자치의 운영은 국가의 행정에 중대한 영향을 미치는 것이므로 국가가 지방자치단체에 대하여 헌법과 법률에 따라 일정한 감독과 통제를 가하는 것 또한 불가피하다. 헌법 제117조 제1항과 지방자치법 제22조 본문은 위와 같은 원리를 천명하는 것이다. 그러므로 지방자치단체는 고유의 자치사무라 하더라도 법령에 위반하여 그 사무를 처리할 수 없는 것이다(지방자치법 제8조 제3항 참조).

그러나 일반적으로 법조문의 '법령위반'의 의미에 관하여는 행정관청의 위법한 행정행위로 인하여 국민이 입게 된 권리침해에 대한 권리구제를 위한 측면에서 행정쟁송을 통한 그 구제의 대상적격을 확대하기 위하여 법질서 위반 등을 포함한 넓은 의미로서 '위법'과 같은 개념으로 해석하고 있고, '재량권의 일탈·남용'이 이에 포함됨은 당연하며, 광의설 역시 이러한 입론을 전제로 하고 있으나 이러한 전제에는 문제가 있다. 왜냐하면 지방자치법 제169조의 규정은 위법한 행정처분에 대한 국민의 권리구제를 위하여 그 대상적격의 범위를 규정하는 것이 아니고, 국가나 상급 지방자치단체가 지방자치단체의 자치사무에 대한 지도·지원이란 한도 내에서 시정조치를 할 수 있는 통제관여범위에 관한 규정이기 때문이다. 따라서 그 통제의 범위에 관하여는 헌법과 지방자치법이 보장하고 있는 자치권의 확보를 위하여 제한적으로 해석하여야 할 것이고, 지방자치법상의 '법령위반'의 개념은 '재량권의 일탈·남용' 등 법질서 위반을 뜻하는 광의의 의미로서 '위법'이라는 개념과 동일한 의미를 갖는다고 해석해서는 안될 것이다.

그러므로 자치사무에 관한 한 국가나 상급 지방자치단체와 지방자치단체의 관계가 상하의 감독관계에서 상호보완적 지도·지원의 관계로 변화된 지방자치법의 취지와 국가나 상급 지방자치단체의 감독권 발동은 지방자치단체의 구체적인 법령위반을 전제로 하여 작동

되도록 제한되어 있는 점 등을 고려하면 국민의 권리구제를 위한 행정쟁송에 있어서는 재량권의 일탈과 남용을 구별할 필요가 없지만(행정소송법 제27조 참조), 지방자치법 제169조 제1항 소정의 '법령위반'의 개념을 해석함에 있어서는 지방자치단체장이 재량권을 행사함에 있어 실정법의 허용범위를 넘어서 재량의 외부적 한계를 위반한 '재량의 일탈'과 목적위반·사실오인이나 행정법의 일반원리위배 등 재량의 내부적 한계를 위반한 '재량의 남용'의 경우를 구별하여, 재량의 일탈의 경우에만 '법령위반'의 개념에 포함시키고 재량의 남용의 경우는 '현저히 부당하게 공익을 해치는 경우'에 포함시켜 여기서의 '법령위반'의 개념에서 제외하는 것이 타당하다고 판단된다. 그리고 이러한 해석은 행정소송법 제46조 소정의 "기관소송으로서 처분 등의 취소를 구하는 소송에는 그 성질에 반하지 아니 하는 한 취소소송에 관한 규정을 준용한다."는 규정에도 어긋나지 아니한다 할 것이다.

4. 甲의 乙의 승진임용처분에 대한 직권취소의 적법 여부

(1) 문제점

사안의 경우 乙의 승진처분이 재량권을 일탈하여 위법한 것이고, 이를 취소한 甲의 처분이 적법하다고 하기 위해서는 甲의 이 사안 취소권행사 또한 재량권을 일탈·남용하지 않아야 한다. 즉, 乙의 자치사무 수행내용의 위법성 여부 외에도 甲의 감독권 행사의 위법성 여부도 독자적으로 판단되어야 한다.

(2) 감독청의 취소·정지권 행사에 있어서 재량권의 일탈·남용 여부의 판단기준

공무원 승진임용은 임용권자의 판단이나 재량이 특히 존중되어야 하는 분야이고, 기본적으로 지방자치단체의 자치사무에 해당하는 사무이며, 자치사무에 관한 한 국가나 상급 지방자치단체와 지방자치단체의 관계가 상하의 감독관계에서 상호보완적 지도·지원의 관계로 변화된 지방자치법의 취지와 국가나 상급 지방자치단체의 감독권 발동은 지방자치단체의 구체적인 법령위반을 전제로 하여 작동되도록 제한되어 있는 점에 비추어 국가 등의 자치사무에 대한 감독권 행사는 지방자치를 보장하는 범위 내에서 최소한도로 이루어지는 것이 헌법합치적인 해석이다. 따라서 자치사무에 대한 취소권의 행사는 지방자치단체의 자율적인 책임 수행을 제한하지 않는 범위 내에서 취소권 행사의 구체적 결과가 자치사무 수행에 관한 지방자치단체의 결정권을 크게 위축시키거나 무의미하게 하지 않는 방향으로 이루어져야 하고, 이를 넘어선 경우 그 취소권의 행사가 오히려 재량권의 일탈·남용에 해당하게 된다고 보아야 할 것이다.

(3) 중간결론

앞에서 살펴본 바와 같이 지방자치법 제169조 제1항 후문이 규정하는 '법령위반'에 '재량권의 일탈'도 포함하는 것이라고 해석하여야 하지만, 乙의 승진임용처분이 지방공무원임용령 제34조의 승진제한규정을 명백하게 위반한 것은 아니라는 점에서 임용재량권을 일탈하였고 단정할 수 없어 지방자치법 제169조 제1항 후단의 '법령위반'에 해당한다고 보기 어렵다는 점, 나아가 甲의 승진임용직권취소처분은 이 사안 집단행동에 참가한 다른 공무원들과의 전국적인 징계의 형평성이나 공직사회 또는 일반 국민들에게 미치는 영향 등 甲의 입장에서 본 정책적 목적에서 행사된 것이고, 그러한 甲의 취소권 행사는 이 사안 승진처분 자체가 갖고 있는 위법성의 차원이 아니라 甲의 가치기준에 따른 공익목적의 차원에서 판단된 결과라고 보이는바, 이는 위 법조항의 입법 취지와 헌법상 지방자치제도의 기본이념에 반하는 것이라는 점 등에 비추어 보면 甲의 이 사안 취소권 행사는 재량권을 일탈하거나 남용한 것으로서 위법한 것이라고 판단된다.

5. 소결

징계권자인 乙은 공무원의 비위행위가 징계사유에 해당하는지에 대하여 판단재량을 가지고 있다 하더라도 사안의 경우와 같이 징계사유에 해당하는 것이 명백한 경우에는 임용권자는 징계를 요구할 의무가 있다. 그러나 지방공무원 임용령 제34조 제1항 제1호는 공무원에게 해당 사유가 있는 경우 승진임용을 제한한다는 것으로서 당사자의 권익을 제한하는 규정이므로 엄격하게 해석하여야 하는바, 위 규정에서 승진제한사유로 규정한 것은 '징계의결요구 중'이라고만 되어 있을 뿐인데, 이를 확대해석하여 임용권자가 '징계의결요구를 하여야 할 의무를 이행하지 않은 때'까지로 넓혀서 해석할 수는 없는 것이므로, 乙이 당해 공무원들에게 징계의결요구를 하지 않았다고 하여 이 사안 승진처분이 법령을 위반한 것이라고 볼 수 없다.

한편 국민의 권리구제를 위한 행정쟁송의 경우와는 달리, 자치사무에 관한 통제 또는 관여범위에 관한 지방자치법 제169조 제1항 소정의 '법령위반'의 개념을 해석함에 있어서는 지방자치단체장이 재량권을 행사함에 있어 실정법의 허용범위를 넘어서 재량의 외부적 한계를 위반한 '재량의 일탈'과 목적위반·사실오인이나 행정법의 일반원리위배 등 재량의 내부적 한계를 위반한 '재량의 남용'의 경우를 구별하여, 재량의 일탈의 경우에만 '법령위반'의 개념에 포함시키고 재량의 남용의 경우는 '현저히 부당하게 공익을 해치는 경우'에 포함시켜 여기서의 '법령위반'의 개념에서 제외하여야 할 것이다.

그런데 사안의 경우 지방자치법 제169조 제1항 후문이 규정하는 '법령위반'에 '재량권의 일탈'도 포함하는 것이라고 해석하더라도 乙의 승진임용처분이 지방공무원임용령 제34조의 승진제한규정을 명백하게 위반한 것은 아니라는 점에서 임용재량권을 일탈하였고 단정할 수 없고, 또한 甲의 취소권 행사가 재량행위의 위법성을 제거 또는 시정하기 위한 목적에서 행사되는 것이 아니라 국가나 상급 지방자치단체의 다른 정책적 또는 공익적 고려를 위하여 행사된 것으로 보이는바, 이는 위 법조항의 입법 취지와 헌법상 지방자치제도의 기본이념에 반하는 것이라는 점 등에 비추어 보면 甲의 이 사안 취소권 행사는 재량권을 일탈하거나 남용한 것으로서 위법한 것이라고 할 것이다.

Ⅲ. 설문 (2)의 해결

1. 문제의 소재

지방자치단체의 장은 지방자치법 제169조 제1항에 따른 자치사무에 관한 명령이나 처분의 취소 또는 정지에 대하여 이의가 있으면 그 처분취소 또는 정지처분을 통보받은 날로부터 15일 이내에 대법원에 소를 제기할 수 있다. 이러한 지방자치법 제169조 제2항에 의한 소송의 성질을 어떻게 볼 것인가가 문제된다.

2. 학설

이에 대하여 i) 기관소송으로 보는 견해, ii) 국가나 광역지방자치단체의 감독권이라는 권한 행사와 지방자치단체의 자치권의 충돌의 문제이므로 헌법재판인 권한쟁의심판과 중복되므로 이 규정을 삭제하여 권한쟁의심판의 대상이 되도록 하여야 한다는 견해,[260] iii) 동일한 지방자치단체 내에 있는 기관 간의 소송이 아니므로 기관소송으로 볼 수 없고, 특수한 형태의 항고소송으로 보아야 한다고 하면서,[261] 이렇게 볼 때 자치사무에 대한 명령이나 취소·정지는 행정소송법상 처분에 해당한다고 볼 수 있고,[262] 지방자치단체는 독립한 법주체로서 지방자치단체의 장에게 지방자치단체를 대표하여 항고소송을 제기할 수 있는 원고적격을 인정할 수 있고,[263] 특히 이 소송은 행정소송법 제9조 제1항의 특칙으로서 그 관할 법원을 대법원으로 하고 있다[264]는 견해가 대립한다.

3. 검토

살피건대 기관소송설이 타당하다. 우선 ii)의 견해는 제169조 제2항의 성질을 국가나 광역지방자치단체의 감독권이라는 권한 행사와 지방자치단체의 자치권의 충돌의 문제로 보

260) 류지태, 신론, 762면
261) 朴正勳, "地方自治團體의 自治保障을 위한 行政爭訟", 地方自治法硏究 제1권 제2호, 18면, 박균성, 강의, 895면; 장태주, 개론, 1006면; 홍정선, 특강, 883면
262) 홍정선, 특강, 883면
263) 박균성, 강의, 895면
264) 이기우, 지방자치행정법, 164면

고 있으나, 본 조항의 소송의 원인은 그 본질이 감독기관의 권한 행사와 지방자치단체의 장의 권한 행사(즉, 지방자치단체의 자치권이 아니라 그 기관의 권한 행사) 간의 다툼에 있다. 그리고 기관소송이란 국가 또는 지방자치단체의 기관 상호 간에 있어서의 권한의 존부 또는 그 행사에 관하여 다툼이 있을 때 제기하는 소송으로서 헌법재판소법 제2조에 의하여 헌법재판소의 관장사항으로 되는 소송(국가기관 상호 간, 국가기관과 지방자치단체 상호 간, 지방자치단체 상호 간의 권한쟁의)을 제외하는 소송(행정소송법 제3조 제4호)을 말하는 바, 지방자치법 제169조 제2항의 소송은 국가기관 또는 상급지방자치단체의 장(기관)과 지방자치단체의 장(기관) 간의 권한행사에 대한 다툼이므로 우리 행정소송법 제3조 제4호가 명문으로 인정하는 기관소송이다. 즉 우리 행정소송법상 기관소송은 동일한 법 주체 내의 기관 간 소송으로 한정하지 않고 있으며, 국가 또는 지방자치단체의 기관 상호 간 소송 중 국가기관 상호 간의 다툼만 제외하고 있으므로 국가기관과 지방자치단체의 기관 간의 다툼은 기관소송에 해당하는 것이다.

한편 자치사무에 대한 명령이나 취소·정지는 행정소송법상 처분에 해당한다고 볼 수 있으나, 지방자치단체는 독립한 법주체로서 지방자치단체의 장에게 지방자치단체를 대표하여 항고소송을 제기할 수 있는 원고적격을 인정할 수 있다는 견해는 논리의 비약이거나 법리를 오해한 잘못이 있다 할 것이다. 왜냐하면 취소·정지가 처분에 해당한다는 것은 자치단체의 장의 위법(부당)한 명령이나 처분의 상대방에 대하여 직접 그 처분의 효력을 상실시키기 때문에 그렇다는 것이지, 감독청의 취소·정지는 자치단체의 장의 권한 행사를 제약하거나 침해할 뿐 지방자치단체에 대하여 처분에 해당하는 것은 아니기 때문이다.[265] 즉, 감독기관의 위법한 처분에 의하여 침해되는 법률상 이익이 있는 자는 원래의 지방자치단체장의 처분의 상대방이지 지방자치단체가 아니며, 다만 감독청의 위법한 취소·정지로 인해 지방자치단체의 기관인 자치단체의 장의 권한 행사가 제약 또는 침해되기 때문에 그를 다투기 위해 자치단체의 장이 대법원에 그 처분 등의 취소를 구하는 기관소송을 제기하는 것이라고 보아야 한다.

Ⅳ. 사안의 해결

설문 (1)에서 지방자치법 제169조 제1항 후문이 규정하는 '법령위반'을 '재량권의 일탈'도 포함하는 것이라고 해석하더라도, 甲의 취소권의 행사가 재량행위의 위법성을 제거 또

265) 따라서 이와 같은 입장에서 지방자치단체는 감독기관의 위법한 처분에 대하여 행정심판이나 행정소송을 제기하여야 한다고 하면서(박정훈, 행정소송의 구조와 기능, 2006, 박영사, 27면, 347면; 홍정선, 특강, 883면) 지방자치법 제169조 제2항은 대법원을 관할 법원으로 하고 있는 행정소송법 제9조의 특칙규정으로 보아, 이는 심급이익을 박탈하는 것으로 문제라는 지적(이기우, 지방자치행정법, 164면)과 이에 동조하는 견해(장태주, 개론, 1009면) 등은 타당하지 못하다.

는 시정하기 위한 목적에서 행사되는 것이 아니라 국가나 상급 지방자치단체의 다른 정책적 또는 공익적 고려를 위하여 행사되는 것은 위 법조항의 입법 취지와 헌법상 지방자치제도의 기본이념에 반하는 것이므로 甲의 이 사안 취소권 행사는 재량권을 일탈하거나 남용한 것으로서 위법하다.

설문 (2)에서 지방자치법 제169조 제2항에 의한 소송의 원인은 그 본질이 감독기관의 권한 행사와 지방자치단체의 장의 권한 행사(즉, 지방자치단체의 자치권이 아니라 그 기관의 권한 행사) 간의 다툼에 있고, 우리 행정소송법상 기관소송은 동일한 법 주체 내의 기관 간 소송으로 한정하지 않고 있으며, 국가 또는 지방자치단체의 기관 상호 간 소송 중 국가기관 상호 간의 다툼만 제외하고 있으므로 국가기관과 지방자치단체의 기관 간의 다툼은 기관소송에 해당하는 것이다. 따라서 지방자치법 제169조 제2항에 의한 소송은 행정소송법상 기관소송이다.

〈사례연습 49〉 경찰공공의 원칙과 경찰비례의 원칙, 취소의 취소와 공정력

경기도 지방경찰청장 乙은 술에 취한 상태에서 운전한 甲이 순찰 중이던 경찰의 음주측정요구에 불응하였다는 이유로 행정안전부령이 정하는 기준에 따라 2009.3.1. 운전면허취소처분을 하였다. 한편 자신의 차량을 이용하여 외판업을 하는 甲은 민박집 주인이 국도에 진입하기 위하여 사비를 들여서 개설한 사설도로(위 사설도로의 한쪽은 등산로와 연결되어 있으며 그 등산로는 봄부터 가을까지는 등산객의 통행이 빈번하다) 위에 자신의 차를 주차시켜 놓고 친구들과 함께 술을 마시고 있었던 중 다른 손님의 차를 빼기 위하여 甲은 음주상태에서 위 사설도로상에서 자신의 차량을 운전하여 그 바로 옆에 있는 다른 민박집의 마당으로 약 25m 정도 운전을 하다가 때마침 순찰중인 교통경찰관이 음주측정을 요구한 것이었다. 그 후 관할 지방검찰청은 2009.4.28. 甲의 도로교통법 제44조 위반(음주운전)의 범행에 대하여 무혐의 처분을 하였다. 이에 乙은 2009.6.18. 甲이 위와 같은 무혐의처분을 받았음을 이유로 운전면허취소처분을 철회하였다. 그런데 甲은 가족의 생계를 위한 외판업을 중단할 수 없어 2009.5.11. 자신의 자동차를 운전하다가 적발되어 무면허운전죄로 공소 제기되었다.

(1) 甲은 "① 위 사설도로상에서 경찰관이 음주측정을 할 수 없고, ② 자신의 차량 뒤에 주차한 다른 차량의 진로를 열어주기 위하여 부득이 당해 음주운전을 하게 되었고 그 운전 거리도 약 25m에 불과한 경우까지 음주측정을 요구한 것은 과도한 것이라며 운전면허취소처분은 위법하다."고 주장한다. 이러한 甲의 주장의 타당성에 대하여 검토하시오.(20점)

(2) 만약 甲이 운전면허취소처분에 대한 취소소송에서 승소확정판결을 받았고, 그 후 甲의 위 무면허운전죄로 공소 제기된 사건에서 형사법원이 甲의 무죄를 선고하였다면 이러한 법원의 판단이 타당하지를 공정력과 관련하여 검토하시오. (15점)

(3) 甲의 무면허운전죄로 공소 제기된 사건에서 제1심과 제2심 형사법원은 甲의 유죄를 선고하였다. 이러한 법원의 판결에 대하여 논평하시오. (15점)

[참조조문]

도로교통법

제1조(목적) 이법은 도로에서 일어나는 교통상의 모는 위험과 장애를 방지하고 제거하여 안전하고 원활한 교통을 확보함을 목적으로 한다.

제2조(정의) 이법에서 사용하는 용어의 정의는 다음과 같다.

1. "도로"라 함은 다음 각목의 곳을 말한다.

가. 「도로법」에 의한 도로

나. 「유료도로법」에 의한 유로도로

다. 그밖에 현시적으로 불특정 다수의 사람 또는 차마의 통행을 위하여 공개된 장소로서 안전하고 원활한 교통을 확보할 필요가 있는 장소

제44조(술에 취한 상태에서의 운전금지) ① 누구든지 술에 취한 상태에서 자동차 등을 운전하여서는 아니 된다.

② 경찰공무원(자치경찰공무원은 제외한다. 이하 이항에서 같다)은 교통의 안전과 위험방지를 위하여 필요하다고 인정하거나 제1항의 규정을 위반하여 술에 취한 상태에서 자동차를 운전하였다고 인정할 만한 상당한 이유가 있는 때에는 운전자가 술에 취하였는지 여부를 호흡조사에 의하여 측정할 수 있다. 이 경우 운전자는 경찰공무원의 측정에 응하여야 한다.

③~④〈생략〉

제93조(운전면허의 취소·정지) ① 지방경찰청장은 운전면허(연습운전면허를 제외한다. 이하 이 조에서 같다)를 받은 사람이 다음 각호의 어느 하나에 해당하는 때에는 행정안전부령이 정하는 기준에 의하여 운전면허를 취소하거나 1년 이내의 범위 내에서 운전면허의 효력을 정지시킬 수 있다. (단서생략)

1. 제44조 제1항의 규정을 위반하여 술에 취한 상태에서 자동차 등의 운전을 한 때

2.〈생략〉

3. 제44조 제2항 후단의 규정에 위반하여 술에 취한 상태에 있다고 인정할 만한 상당한 이유가 있음에도 불구하고 경찰공무원의 측정에 응하지 아니한 때

제148조의2(벌칙) 다음 각호의 어느 하나에 해당하는 사람은 3년 이하의 징역이나 1천만원 이하의 벌금에 처한다.

1. 제44조 제1항의 규정을 위반하여 술에 취한 상태에서 자동차 등을 운전한 사람

2. 술에 취한 상태에 있다고 인정할 만한 상당한 이유가 있는 사람으로서 제44조 제2항에 따른 경찰공무원의 측정에 응하지 아니한 사람[본조신설 2009.4.1][시행일 2009.10.2]

[관련논점]

— 경찰공공의 원칙
— 경찰비례의 원칙
— 행정행위 공정력과 운전면허처분의 쟁송취소
— 공정력의 내용과 이론적, 실체법적, 절차법적 근거
— 행정행위 공정력과 직권취소

[답안구성]

Ⅰ. 논점의 정리
Ⅱ. 설문 (1)의 해결
1. 경찰권의 한계
2. 경찰공공의 원칙 위배 여부
(1) 문제의 소재
(2) 도로교통법 제93조 제1항 제3호 소정의 "음주측정불응"이 성립하기 위한 요건
(3) 도로교통법 제2조 제1호 소정의 도로의 개념으로 정한 "일반교통에 사용되는 모든 곳"의 의미
(4) 소결
3. 경찰비례의 원칙 위배 여부
(1) 경찰비례의 원칙
1) 의의
2) 근거
3) 내용
(2) 소결
4. 소결
Ⅲ. 설문 (2)의 해결
1. 공정력의 개념
(1) 제1설 및 판례
(2) 제2설
(3) 검토
2. 취소판결의 형성력과 소급효
(1) 문제의 소재
(2) 학설
(3) 판례
(4) 검토
3. 행정행위의 공정력을 명문으로 규정해야 하는지 여부
(1) 학설
(2) 검토1
4. 소결
Ⅳ. 설문 (3)의 해결
1. 문제의 소재
2. 도로교통법위반(무면허운전)사건에서 음주운전으로 운전면허취소처분을 받은 자가 자동차를 운전하였다고 하더라도 그 후 피의사실에 대하여 무혐의 처분을 받고 이를 근거로 행정청이 운전면허취소처분을 철회한 경우 철회의 의미
(1) 행정행위의 취소와 철회
1) 행정행위의 취소와 철회의 개념
2) 행정행위의 취소와 철회의 사유
(2) 중간결론
3. 행정행위의 취소의 취소
(1) 문제점
(2) 학설
(3) 판례의 태도
(4) 검토 및 사안의 경우
4. 소결
Ⅴ. 사례의 해결

Ⅰ. 논점의 정리

설문 (1)에서는 사설도로에서 음주운전단속을 하는 것이 경찰공공의 원칙에 반하지 않는지, 경찰공공의 원칙에 반하지 않더라도 경찰비례의 원칙에 반하는지는 않는지를 살펴보아야 한다.

설문 (2)에서는 운전면허취소처분이 쟁송취소 되고 그 취소가 소급효를 갖는다면 운전

면허취소처분은 그 처분시에 소급하여 효력을 잃게 되므로 甲의 2009.4.18. 운전은 무면허 운전이 아니게 될 것인바, 행정행위의 공정력과 쟁송취소의 효력이 소급효를 갖는지 장래효를 갖는지, 그 근거는 무엇인지에 대하여 검토하여야 한다.

설문 (3)에서는 행정행위의 공정력과 행정행위의 취소의 취소 또는 철회의 취소에 대하여 살펴보아야 한다.

Ⅱ. 설문 (1)의 해결

1. 경찰권의 한계

경찰작용은 주로 권력적인 명령·강제작용으로서 국민의 권리와 자유를 침해하는 가장 전형적인 작용이므로 경찰권 발동은 반드시 법규에 근거해야 하고 법규의 한도 내에서만 발동되어야 한다. 그러나 경찰은 공공의 안녕과 질서에 대한 위험과 장해를 예방·제거하는 작용이고, 장래에 발생할 위해를 모두 예측하여 규정한다는 것은 입법기술상 불가능하여 경찰법규는 경찰권발동의 법적 기초만을 제시하고, 그의 구체적인 발동조건 및 정도 등에 관하여는 탄력성 있는 불확정 개념을 사용함으로써 경찰기관에 재량의 여지를 허용하는 경우가 많다. 이러한 경우의 재량은 헌법상의 일반원칙이나 경찰의 목적 및 성질에 비추어 필요한 일정한 한계 내에 있다고 할 것이다. 조리상의 한계를 넘는 경찰권의 발동은 재량권의 일탈·남용으로 위법하며, 이러한 경찰권의 조리상의 한계로는 경찰소극의 원칙, 경찰공공의 원칙 경찰책임의 원칙, 경찰비례의 원칙, 경찰평등의 원칙이 있다. 사안에서는 특히 경찰공공의 원칙과 경찰비례의 원칙이 문제된다.

2. 경찰공공의 원칙 위배 여부

이는 경찰권은 사회공공의 안녕질서를 유지하지 위해서만 발동할 수 있으며, 그것과 직접 관련이 없는 생활관계에 원칙적으로 관여할 수 없다는 원칙이다. 사생활자유의 원칙이라고도 한다. 여기에는 사회질서에 아무런 영향을 끼치지 않는 개인의 사생활은 경찰의 대상에서 제외된다는 사생활불가침의 원칙, 사적자치원칙의 적용되는 민사관계는 경찰의 관여사항이 아니라는 민사관계불간섭의 원칙 및 사주소불가침의 원칙이 있다.

(1) 문제의 소재

사안의 경우에는 사주소불가침의 원칙과 관련하여 문제된다. 경찰은 공공질서유지를 직접 목적으로 하므로 직접 공중과 접촉하지 아니하는 사주소 내에는 관여할 수 없다. 다만 일정한 조건하에 불특정다수인의 이용에 개방된 장소(예 : 극장·여관·음식점·유흥장 등)는 그 개방시간 중에는 이에 속하지 아니하며 경찰권이 개입될 수 있다. 교통경찰관이 음주측정을 하기 위해서는 위 사설도로가 교통질서유지 등을 목적으로 하는 일반 교통경찰권이 미치는 공공성이 있는 도로교통법상의 도로에 해당해야 하는바, 음주측정불응이 성립하기 위한 요건과 위 사설도로가 이에 해당하는지를 검토할 필요가 있다.

(2) 도로교통법 제93조 제1항 제3호 소정의 "음주측정불응"이 성립하기 위한 요건

도로교통법 제93조 제1항 제3호 소정의 음주측정거부를 이유로 운전면허를 취소하려면, 같은 법 제44조 제2항의 규정에 위반하여 술에 취한 상태에 있다고 인정할 만한 상당한 이유가 있음에도 불구하고 경찰공무원의 측정에 불응하여야 하고, 한편 같은 법 제44조 제2항에서 규정하는 경찰공무원의 음주측정은 "교통안전과 위험방지를 위하여 필요하다고 인정하거나" 또는 "같은 법 제41조 제1항의 규정에 위반하여 술에 취한 상태에서 자동차를 운전하였다고 인정할 만한 상당한 이유가 있는 때"로 규정되어 있으므로, 경찰공무원은 교통안전과 위험방지의 필요성이 인정되지 아니한 경우에도 음주측정 요구 당시의 객관적 사정을 종합하여 볼 때 운전자가 술에 취한 상태에서 자동차 등을 운전하였다고 인정할 만한 상당한 이유가 있고 운전자의 주취운전 여부를 확인하기 위하여 필요한 경우에는 사후의 음주측정에 의하여 주취운전 여부를 확인할 수 없음이 명백하지 않는 한 당해 운전자에 대하여 음주측정을 여전히 요구할 수 있다고 할 것이다.

(3) 도로교통법 제2조 제1호 소정의 도로의 개념으로 정한 "일반교통에 사용되는 모든 곳"의 의미

대법원은 "구 도로교통법 제2조 제1호에 의하면 '운전'이라 함은 도로에서 차를 본래의 사용방법에 따라 사용하는 것을 말하고, '도로'라 함은 (유료)도로법에 의한 (유료)도로, 그 밖의 일반교통에 사용되는 모든 곳을 말한다고 규정하고 있는데, 여기서 '일반 교통에 사용되는 모든 곳이라 함은 현실적으로 불특정다수의 사람 또는 차량의 통행을 위하여 공개된 장소로서 교통질서유지 등을 목적으로 하는 일반교통경찰권이 미치는 공공성이 있는 곳을 의미하고, 특정인들 또는 그들과 관련된 특정한 용건이 있는 자들만이 사용할 수 있고 자주적으로 관리되는 장소는 이에 포함되지 않는다"고 판시(대판 2001.7.13. 2000두6909)하였다.

(4) 소결

사안의 경우 甲이 술에 취하여 있었다고 보이는 상태에서 승용차를 운전한 장소는 민박집을 경영하는 개인이 사비를 들여 개설한 교통로이기는 하지만 그 교통로의 한쪽은 등산로와 연결되어 있으며 그 등산로는 봄부터 가을까지는 등산객의 통행이 빈번한 점을 엿볼 수 있는바, 사실관계가 이와 같다면 위 교통로는 현실적으로 불특정 다수의 사람 또는 차량의 통행을 위하여 공개된 장소로서 교통질서유지 등을 목적으로 하는 일반 교통경찰권이 미치는 공공성이 있는 도로교통법상의 도로에 해당한다고 보아야 할 것이고, 운전자가 술에 취한 상태에서 자동차 등을 운전하였다고 인정할 만한 상당한 이유가 있고 운전자의 주취운전 여부를 확인하기 위하여 필요한 경우라고 할 것이므로 甲에 대하여 음주측정을 여전히 요구할 수 있다고 하겠다.

3. 경찰비례의 원칙 위배 여부

(1) 경찰비례의 원칙

1) 의의

이는 경찰권은 사회질서유지를 위하여 묵과할 수 없는 위해 또는 위해발생의 위험을 제거하기 위하여 필요한 최소한도 내에서만 발동될 수 있다는 원칙을 말한다. 비례원칙은 일반・추상적인 법률을 적용함에 있어서 구체적인 경우에 가장 적절한 수단으로 개별적 정의를 실현하는 기능을 담당하게 된다.

2) 근거

일반적으로 자연법상의 형평 또는 정의에 기한 법의 일반원리로 파악되나, 헌법에 의하여 제도화되어 있는 경우(헌법 제37조 제2항)에는 헌법상의 원칙으로 볼 수 있다. 이 원칙은 경찰관직무집행법 제1조 제2항과 같은 개별규정이 없는 경우에도 비례원칙은 효력을 갖는다.

3) 내용

비례원칙은 합목적성, 적합성, 필요성, 상당성의 원칙을 그 내용으로 하며, 이는 순차적 단계적 심사구조를 이룬다.

(2) 소결

사안의 경우 교통질서유지 등을 목적으로 하는 음주운전을 한 상당한 이유가 있는 자에 대한 음주측정과 음주 운전자에 대한 운전면허취소처분이 합목적성의 원칙이나 적합성의 원칙 및 필요성의 원칙에 반한다고 보기 어렵다. 다만 상당성의 원칙위반 여부와 관련하여 살펴볼 때, 甲은 자신의 차량 뒤에 주차한 다른 차량의 진로를 열어주기 위하여 부득이 이 사건 음주운전을 하게 되었고 그 운전 거리도 약 25m에 불과한 점, 甲에게는 이 사건 처분으로 가족의 생계에 중대한 지장을 초래하게 되는 점 등을 감안하면, 甲의 운전면허를 취소함으로써 달성하려는 공익에 비하여 그로 인하여 甲이 입게 될 불이익이 막대하여 甲에게 지나치게 가혹하다 할 것이므로 이 사건 처분은 운전면허취소에 관한 재량권을 남용한 위법이 있다고 판단된다. 따라서 甲의 주장은 타당하다고 하겠다.

4. 소결

사안의 사설도로는 일반 교통경찰권이 미치는 공공성이 있는 도로교통법상의 도로에 해당하므로 甲에 대하여 음주측정을 여전히 요구할 수 있다고 보아야 하므로 경찰공공의 원칙에 반하지 않지만, 운전면허취소처분은 비례원칙에 반하여 운전면허취소에 관한 재량권을 남용한 위법이 있다고 하겠다.

Ⅲ. 설문 (2)의 해결

1. 공정력의 개념

(1) 제1설 및 판례

행정행위는 공정력에 의하여 그 하자가 중대하고 명백하여 당연무효가 아닌 한 적법한 행정쟁송절차나 다른 행정행위에 의하여 적법히 취소될 때까지는 단순히 취소할 수 있는 사유가 있는 것만으로는 누구나 그 효력을 부인할 수 없다고 한다(대판 1991.4.23. 90누8756; 대판 1993.11.9. 93누14271). 이러한 입장에 의하면 공정력은 상대방은 물론 다른 행정청과 법원에도 발생하는 것으로 본다.

(2) 제2설

공정력은 행정행위가 당연무효가 아닌 한 그 적법·위법 여부에 관계없이 인정되는 잠정적 유효성 통용력을 말하고, 공정력은 "행정행위의 상대방 및 이해관계인에게만 인정되는 구속력"이며, "취소권을 가진 기관 이외의 다른 국가기관에 미치는 구속력"은 구성요건적 효력이라고 하는 새로운 견해가 있다.[266)]

(3) 검토

살피건대 사법이든 공법이든 강행법규에 위배된 행위는 위법·무효이다(법의 대명제). 따라서 법치행정의 원리가 지배하고 강행규정원칙의 공법관계에서 행정청의 어떠한 행위가 유효하다는 것은 법률상이든 사실상이든 또는 잠정적이든 반드시 그 행위가 적법하다는 것을 전제하는 것이다. 그리하여 공사법이원체계의 법제도를 가진 국가에서는 법적 정의의 관점에서 공익실현이라는 행정목적의 능률적 수행을 위하여 행정청으로 하여금 우월적 의사에 기한 행정행위를 하도록 하고, 그 행정행위가 비록 강행규정에 위반의 하자가 있더라도 당연무효가 아닌 한 권한있는 기관(처분청, 재결청, 항고소송수소법원)이 그 하자 내지 위법성

---

266) 김남진·김연태, I, 255면; 류지태, 신론, 168면; 박균성, 상, 87면; 석종현, 상, 322면; 장태주, 개론, 243면; 홍정선, 특강, 229면

을 확인하여 적극적·소극적 위법상태를 배제할 때까지 잠정적으로 사실상 그 적법성을 추정하여 유효하게 통용시키는 효력인 공정력을 인정하고 있는 것이고, 이러한 공정력에 따라 잠정적으로 적법·유효한 행정행위라도 행정행위는 권한 있는 기관의 법적 규율이므로 법적 안정성의 관점에서 적법·유효한 행정행위처럼 통용되어 그 내용상 효력인 구속력이나 그 형식상의 존속력이 인정되는 것이다. 따라서 공정력과 구속력은 그 차원을 달리하는 것이므로 판례의 태도가 타당하고 제2설은 타당하지 못하다.

2. 취소판결의 형성력과 소급효

(1) 문제의 소재

형성의 소인 취소소송에 있어서 행정처분을 취소한다는 확정판결이 있으면 그 취소판결의 형성력에 의하여 당해 행정처분의 취소나 취소통지 등의 별도의 절차를 요하지 아니하고 당연히 취소의 효과가 발생한다. 즉, 취소소송은 소극적 형성판결을 목적으로 하는 형성의 소이기 때문에 취소판결의 효력으로서 당연히 형성력이 인정되는 것이다.

한편, 행정행위의 직권취소의 경우 그 취소의 효과에 대하여는 의사표시에 관한 만법규정은 그 성질에 반하지 않는 한 준용 내지 유추적용되므로 의사표시의 취소에 관한 민법 제141조가 준용되어 소급효를 가진다. 그런데 취소판결(재결)의 효력이 소급효를 갖는지, 갖는다면 그 근거규정이 무엇인지에 대하여는 견해가 대립한다.

(2) 학설

학설의 일반적 견해는 취소판결의 소급효를 당연히 인정되는 것으로 보고 있고, 취소판결의 소급효를 행정소송법 제29조 제1항을 들어 취소판결의 형성력의 효과로 설명하고 있었으나,[267] 최근에는 소급효에 관한 명문의 규정은 없지만 취소소송제도의 본질상 인정되는 효력이라고 보거나[268] 법률관계의 안정을 위하여 특별한 규정이 없는 한 취소소송은 원칙적으로 장래적 형성소송이라는 견해[269] 등이 나타나고 있다.

(3) 판례

대법원은 "피고인이 행정청으로부터 자동차운전면허취소처분을 받았으나 나중에 그 행정처분 자체가 행정쟁송절차에 의하여 취소되었다면, 위 운전면허취소처분은 그 처분시에 소급하여 효력을 잃게 되고, 피고인은 위 운전면허취소처분에 복종할 의무가 원래부터 없었음이 후에 확정되었다고 봄이 타당할 것이고, 행정행위에 공정력이 인정된다고 하여 행정소송에 의하여 적법하게 취소된 운전면허취소처분이 단지 장래에 향하여서만 효력을 잃

---

267) 예컨대 정하중, 개론, 제3판, 761면; 홍정선, 특강, 제6판, 694면 등 통설
268) 박균성, 강의, 제4판, 970면
269) 장태주, 개론, 제5판, 705면

게 된다고 볼 수는 없다"고 판시(대판 1999.2.5. 98도4239)하고 있다. 그러나 이러한 경우 독일의 판례는 유죄를 선고(BGHSt 23,86)하고 있다.[270]

(4) 검토

살피건대 취소소송은 형성의 소이기 때문에 형성판결인 취소판결은 당연히 형성력을 가지지만 당연히 소급효도 있다고 할 수는 없는 것이다. 왜냐하면 형성판결의 효력을 법적 안정성을 중시하여 장래효로 규정할 것인가 아니면 국민의 권리구제를 더욱 중시하여 소급효로 규정할 것인가는 입법정책적 결단의 문제이기 때문이다. 우리 입법자는 항고쟁송인 취소쟁송에 있어서 법적 안정보다도 국민의 권익구제를 더욱 중시하여 취소판결(재결)에 소급효를 선택하였고, 그 근거규정이 바로 처분등의 효과가 소멸한 후에도 취소쟁송을 제기할 수 있다고 규정한 행정소송법 제12조 후문과 행정심판법 제9조 제1항 후문인 것이다.[271]

3. 행정행위의 공정력을 명문으로 규정해야 하는지 여부

(1) 학설

작금의 우리 학계의 상당수의 견해[272]는 독일 행정절차법 제43조 제2항에 대하여 "독일의 입법자는 우리와 달리 단순위법의 하자에도 발생하는 효력(fehlerunabhängige Wirksamkeit)인 이른바 행정행위의 공정력을 명문으로 부여하고 있다"고 보고 있다. 그리하여 이러한 견해는 "앞의 우리나라의 판례는 우리나라에서는 독일에서와 같은 실체적 공정력이 인정되지 않는다는 단적인 근거가 된다"고 주장하기도 하고,[273] "우리는 실체적 공정력을 규정한

---

270) 박정훈, 행정소송의 구조와 기능, 2006, 박영사, 169면

271) 만약에 우리 입법자가 독일처럼 국민의 권리구제보다 법적 안정성을 더욱 중시하여 취소판결(재결)로서 하자있는 행정행위의 효력을 배제시키되 소급효가 아닌 불소급효로 규정하였다면(독일 행정절차법 제43조 제2항 참조) 처분등의 효과가 기간의 경과 등으로 인하여 소멸한 이후에는 더 이상 취소소송은 허용될 수 없게 되고, 다만 과거의 위법을 확인하는 특수한 확인소송을 인정할 수밖에 없을 것이다(독일 행정법원법 제113조 제1항 제4문 참조). 즉, 독일의 경우에는 국민의 권리구제보다는 법적 안정성을 더욱 중시하는 입법적 결단을 하여 독일 행정절차법 제43조 제2항을 통해 행정행위가 무효가 아닌 한, "직권취소·철회 또는 다른 방법으로 폐지되거나 시간의 경과 또는 다른 방법으로 종료될 때까지는 유효하다"(Ein Verwaltungsakt bleibt wirksam, solange und soweit er nicht zurückgenommen, widerrufen, anderweitig aufgehoben oder druch Zeitablauf oder auf andere Weise erledigt ist)고 규정하고 있기 때문에 공정력을 깨뜨릴 수 있는 권한 있는 기관이 처분등의 위법성을 확인하여 그 효력을 배제하더라도 장래적으로만 배제할 수 있다.

그러나 우리의 입법자는 법적 안정성보다는 국민의 권리구제를 더욱 중시하여 쟁송취소의 경우 행정소송법 제12조 후문과 행정심판법 제9조 제1항 후문을 통해 어떠한 사유로 처분등의 효과가 소멸한 경우에도 취소소송을 제기할 수 있도록 하여 취소판결이나 취소재결에 소급효가 있음을 규정하고 있고, 우리 실정법상 공정력을 깨뜨릴 수 있는 권한 있는 기관 중 하나인 처분청의 직권취소의 경우에도 우리는 독일 행정절차법 제43조 제2항과 같은 규정을 두고 있지 아니하므로 행정청의 의사표시에 관한 것은 그 성질에 반하지 않는 한 민법규정이 준용되어 민법 제141조 규정에 따라 직권취소에 소급효가 인정되는 것이다.

272) 예컨대 박정훈, 행정소송의 구조와 기능, 박영사, 2006, 166면 이하; 김중권, 행정행위의 공정력과 취소판결의 소급효간의 충돌에 대한 소고, 법률신문, 제3634호, 2008.3.17.

셈인 독일 행정절차법 제43조 제2항과 같은 조항이 없음에도 불구하고 우리 판례와 문헌은 행정행위의 공정력의 존재를 통해서 행정행위의 적법성과 유효성의 불합치를 인정하고 있는바 공정력의 근거와 그 내용이 문제된다"며, 판례사안과 관련하여 "여기서 쟁송취소의 소급효에 관해서도 생각할 점이 있다. 비록 공정력에 관한 명문의 규정이 없더라도, 취소판결의 효력을 독일처럼 원칙·예외의 관계에서 접근했으면,[274] 사안처럼 중간에 법사실이 생겼더라도 이상에서 지적한 법적 평가의 불합리한 불평등을 피할 수 있었을 것이다. 나아가 근원적으로 공정력의 인정에 대한 대응기저로 집행정지의 원칙이 채용되었으면, 사안의 전개가 전혀 달랐을 것이다."라고 하면서, "사안에선 공정력, 취소판결의 효력, 그리고 집행정지와 관련한 문제점이 종합적으로 표출된 셈이다"라고 주장하기도 한다.[275]

(2) 검토

살피건대 독일 행정절차법 제43조 제2항은 국민의 권리구제보다 법적 안정성을 더욱 중시하여 직권취소나 철회 또는 쟁송취소에 있어서 그 취소의 효력에 대한 장래효를 규정한 것이고, 장래효를 규정하고 있기 때문에 독일에서는 취소판결의 효력을 원칙 · 예외의 관계로 접근하고 또한 집행정지를 원칙으로 하는 것일 뿐, 위 독일 행정절차법 제43조 제2항이 공정력을 규정한 것이 아니므로, 위와 같은 학설의 주장 내지 인식은 타당하지 못하다. 그리고 앞에서 살펴본 것처럼 행정행위의 공정력은 어떠한 법률상의 적법성이나 유효성이 아니라 공사법이원체계의 법제도 본질상 인정되는 것으로서 공익실현이라는 행정목적의 능률적 수행을 위하여(이론적 근거로서 행정정책설) 행정청으로 하여금 우월적 의사에 기한 행정행위를 하도록 하고(실체법적 근거) 당연무효 아닌 하자있는 행정행위라도 권한 있는 기관(처분청, 재결청, 항고소송수소법원)이 스스로(직권취소나 직권철회) 또는 하자있는 행정행위로 인하여 구체적 권익침해를 받는 자가 일정한 절차에 따라 쟁송을 제기하여(절차법적 근거) 그 하자 내지 위법성을 확인하여 그 효력을 배제할 때까지 잠정적으로 사실상 그 적법성을 추정하여 유효하게 통용시키는 효력일 뿐이므로 행정행위에 공정력이 인정된다고 하여 취소판결의 효력이 장래효가 있는 것은 아니다.

4. 소결

甲이 운전면허취소처분에 대한 취소소송에서 승소확정판결을 받았다면,[276] 그 운전면허취소처분은 그 처분시에 소급하여 효력을 잃게 되므로 甲의 무면허운전행위는 죄로 되지

273) 박정훈, 위의 책, 169면

274) Hufen, VerwProzR, 2003, 38 Rn.31; Schoch/Schmidt-ABmann/Pietzner, VwGO, 1999, ?113 Rn.34

275) 김중권, 위의 글

276) 우리 입법자는 독일 입법자와 같이 법적 안정성을 중시한 독일 행정절차법 제43조 제2항과 같은 규정을 두고 있지 아니하고 오히려 국민의 권리구제를 더욱 중시하여 행정소송법 제12조 후문과 행정심판법 제9조 제1항 후문을 두어 쟁송취소판결이나 재결에 소급효있음을 천명하고 있으므로

아니한다고 할 것이다.

그러므로 이와 같은 취지에서 피고인 甲에 대하여 무죄를 선고한 법원의 조치는 정당하고, 행정행위에 공정력이 인정된다고 하여 행정소송에 의하여 적법하게 취소된 운전면허취소처분이 단지 장래에 향하여서만 효력을 잃게 된다고 볼 수도 없는 것이다.

Ⅳ. 설문 (3)의 해결

1. 문제의 소재

판례는 도로교통법위반(무면허운전)사건에서 음주운전으로 운전면허취소처분을 받은 자가 자동차를 운전하였다고 하더라도 그 후 피의사실에 대하여 무혐의 처분을 받고 이를 근거로 행정청이 운전면허 취소처분을 철회하였다면, 위 운전행위는 무면허운전에 해당하지 않는지 여부가 문제된다.

2. 도로교통법위반(무면허운전)사건에서 음주운전으로 운전면허취소처분을 받은 자가 자동차를 운전하였다고 하더라도 그 후 피의사실에 대하여 무혐의의 처분을 받고 이를 근거로 행정청이 운전면허 취소처분을 철회한 경우 철회의 의미

(1) 행정행위의 취소와 철회

1) 행정행위의 취소와 철회의 개념

행정행위의 취소는 일단 유효하게 성립한 행정행위를 그 행위의 위법 또는 부당한 하자가 있음을 이유로 소급하여 그 효력을 소멸시키는 별도의 행정처분이고, 행정행위의 철회는 적법요건을 구비하여 완전히 효력을 발하고 있는 행정행위를 사후적으로 그 행위의 효력의 전부 또는 일부를 장래에 향해 소멸시키는 행정처분이다.

2) 행정행위의 취소와 철회의 사유

행정행위의 **취소사유**는 행정행위의 성립 당시에 존재하였던 하자를 말하고, **철회사유**는 행정행위가 성립한 이후에 새로이 발생한 것으로서 행정행위의 효력을 존속시킬 수 없는 사유를 말한다.

(2) 중간결론

살피건대 원칙적으로 처분당시에 그 처분에 하자가 있는 경우에는 공정력을 깨뜨릴 수 있는 권한 있는 기관인 처분청이 그 하자 내지 위법성을 확인하여 취소함으로써 그 위법상태를 배제할 수 있는데, 처분청이 한 당초의 운전면허취소처분에 하자가 있었으나 그 하자

있는 사유를 나중에 알게 되어 그를 이유로 그 운전면허취소처분을 철회하였다면, 이는 형식만 철회일 뿐 그 실질은 취소와 같이 보아야 할 것이다.

3. 행정행위의 취소의 취소

(1) 문제점

도로교통법위반(무면허운전)사건에서 음주운전으로 운전면허취소처분을 받은 자가 자동차를 운전하였다고 하더라도 그 후 피의사실에 대하여 무혐의 처분을 받고 이를 근거로 행정청이 운전면허 취소처분을 철회한 경우 철회의 의미가 강학상 취소라면, 사안의 경우 운전면허취소처분에 대한 직권취소가 되어 운전면허취소에 하자가 있는 경우에 이를 다시 취소하여 원래의 행정행위인 운전면허처분의 효력을 회복시킬 수 있지 않은가가 문제된다.

(2) 학설

1) **소극설** 법령에 명문의 규정이 없는 한 취소에 의하여 소멸된 행정행위를 다시 소생시킬 수는 없으므로 취소에 의하여 원행정행위를 소생시키려면 원행정행위와 같은 내용의 행정행위를 다시 하는 수밖에 없다고 한다.

2) **적극설**[277] 취소처분이 그 행정행위의 효력을 확정적으로 상실시키는 것이 아니고 오직 정지적 효력밖에 발생하지 않는 것으로 해석하거나 또는 취소처분도 행정행위의 일종인 만큼 취소처분의 재취소도 취소의 일반원칙에 따라 가능하므로 재취소로서 원행정행위를 소생시킬 수 있다고 한다.

3) **제한적 긍정설**[278] 원처분을 회복하려는 전제에서 출발하는 것이 재취소라고 하면서, 다만 이의 허용 여부는 수익적 행정행위이건 부담적 행정행위이건 이익형량의 결과로서 이해되어야 하므로 형량의 결과에 따라 가부를 결정하여야 한다고 한다.

(3) 판례의 태도

대법원은 "설사 부과의 취소에 위법사유가 있다고 하더라도 당연무효가 아닌 한 일단 유효하게 성립하여 부과처분을 확정적으로 상실시키는 것이므로, 과세관청은 부과의 취소를 다시 취소함으로써 원부과처분을 다시 소생시킬 수는 없으며 이를 다시 소생시키기 위해서는 원행정행위와 동일한 내용의 새로운 처분을 할 수밖에 없다."고 판시(대판 1995.3.10. 94누7027; 같은 취지: 대판 1980.4.8. 80누27; 대판 2002.5.28. 2001두9653)하여 부정설을 취하고 있다.[279]

---

277) 김향기, 개론, 245면; 박균성, 강의, 322면; 정하중, 개론, 291면 등 다수설

278) 류지태, 신론, 223면

279) 다만, [1] 행정처분이 취소되면 소급효에 의하여 처음부터 처분이 없었던 것과 같은 효과를 발생하게 되는바, 행정청이 의료법인의 이사에 대한 이사취임승인취소처분을 직권으로 취소한 경우에는 그로 인하여 이사가 소급하여 이사로서의 지위를 회복하게 되고, 그 결과 위 제1처분과 제2처분사이에 법원에 의하여 선임 결정된 임시이사들의 지위는 법원의 해임결정이 없더라도 당연히 소멸된다(대판 1997.1.21. 96누

(4) 검토 및 사안의 경우

살피건대 취소의 취소가 가능하다는 것과 재취소로 인하여 원처분을 소생시킬 수 있느냐 또는 재취소가 제한되느냐의 문제는 각각 별개의 문제로 보아야 한다. 즉, 행정행위의 직권취소도 행정행위이므로 행정행위의 취소의 취소도 취소의 일반원칙에 따라 취소할 수 있는 것은 당연한 것이다. 그러나 그렇다고 하여 이미 취소처분에 의하여 이미 효력이 상실된 원처분을 소생시킬 수는 없는 것이다.

다만, 사안의 경우(철회의 취소)와 같이 운전면허취소처분이 원처분인 운전면허처분 당시에 하자가 있어 이를 취소한 것이 아니라 적법한 운전면허처분을 받은 자가 음주운전을 했다는 이유로 취소한 경우 등에 있어서의 그 취소는 강학상 철회에 해당하고, 강학상 철회는 장래에 향하여 그 효력을 상실시키는 것이므로 이러한 운전면허취소처분 당시 하자가 있어 이를 직권취소하면 운전면허취소처분의 효력은 소급적으로 상실하여 운전면허처분의 효력은 되살아난다.[280]

4. 소결

적법하게 운전면허를 받은 甲이 그 후 음주운전을 했다는 이유로 지방경찰청장으로부터

3401)는 판례와 [2] "피고가 일단 취소처분을 한 후에 새로운 이해관계인이 생기기 전에 취소처분을 취소하여 그 광업권의 회복을 시켰으면 모르되, 피고가 본건 취소처분을 한 후에 원고가 본건 광구에 대하여 선출원을 적법하게 함으로써 이해관계인이 생긴 이 사건에 있어서, 피고가 취소처분을 취소하여 광업권을 복구시키는 조치는 원고의 선출원권을 침해하는 위법한 처분이라고 하지 않을 수 없다."고 판시(대판 1967.10.23. 67누126)하고 있다.

280) 〈**재취소도 취소의 일반원칙에 따라 가능하므로 재취소로서 원행정행위를 소생시킬 수 있다**〉는 인식이나 〈**원처분을 회복하려는 전제에서 출발하는 것이 재취소**〉라는 인식은 독일 실정법에서나 가능한 입론이고, 우리 실정법아래서는 철회의 철회의 경우를 제외하고는 위와 같은 입론은 결코 생길 여지가 없다. 이른바 취소의 취소로서 원처분이 소생한다는 위 학설들의 논지의 주장들은 독일 국민의 대표자인 독일의 입법자가 만든 독일 실정법으로 우리 국민의 대표자인 우리의 입법자가 독일과는 달리 정립한 우리 실정법을 재단하려는 전형적인 경우의 하나라고 할 것이다.

독일의 입법자는 국민의 권리구제보다 법적 안정성을 더욱 중시하여 독일 행정절차법 제43조 제2항을 통해 행정행위가 당연무효가 아닌 한 "직권취소나 철회 등으로 폐지되거나 시간의 경과 또는 다른 방법(항고쟁송의 재결이나 판결 등)으로 종료될 때까지는 유효하다"고 규정함으로써 행정행위에 대한 직권취소나 취소쟁송으로 그 행정행위의 하자 내지 위법성을 확인하여 그 효력을 배제시키되 장래적으로만 배제시킬 수 있도록 하고 있다. 따라서 독일에서는 — 처분의 효력이 소멸한 후에는 더 이상 취소소송을 제기할 수 없을 뿐만 아니라 — 원처분에 대한 직권취소나 철회를 다시 취소하거나 철회하면 원처분이 소생할 수 있는가 하는 논의가 발생할 수 있다.

그러나 우리 입법자는 법적 안정성보다는 국민의 권리구제를 더욱 중시하여 위 독일 행정절차법 제43조 제2항과 같은 규정을 두고 있지 아니하므로 의사표시에 관한 규정은 그 성질에 반하지 않는 한 민법의 규정이 준용되므로 직권취소의 경우에는 의사표시취소에 관한 민법 제141조 규정에 따라 그 효력은 소급효가 있고, 취소쟁송의 경우에는 행정심판법 제9조 제1항 후문과 행정소송법 제12조 후문을 통해 처분 등의 효력이 소멸한 경우에도 취소쟁송을 제기할 수 있도록 함으로써 취소쟁송을 통해 하자있는 행정행위의 위법성을 확인하여 그 효력을 배제시키되 소급적으로 배제시킬 수 있도록 하여 취소재결이나 취소판결에 소급효가 있음을 규정하고 있으므로 우리 실정법아래에서는 독일에서와 같은 취소를 취소함으로써 원처분이 소생할 수 있는가 하는 문제는 발생할 여지가 없다.

운전면허취소처분(여기서 취소는 강학상 철회)을 받았으나 그 운전면허취소처분에 하자가 있었고, 그 하자있는 사유를 나중에 알게 되어 그를 이유로 그 운전면허취소처분을 철회하였다면 이는 형식만 철회일 뿐 그 실질은 취소라 할 것이므로, 운전면허취소처분을 받은 자가 그 후 자동차를 운전(무면허운전)하였다고 하더라도 그 피의사실에 대하여 무혐의 처분을 받고 이를 근거로 관할 행정청이 운전면허취소처분을 철회(강학상 취소)하였다면, 위 운전행위는 무면허운전에 해당하지 않는다. 따라서 甲의 음주운전죄로 공소 제기된 사건에서 제1심과 제2심 형사법원이 甲의 유죄를 선고하였다면 그러한 판결에는 운전면허취소처분의 철회의 효력 및 무면허운전에 관한 법리를 오해하여 판결에 영향을 미친 위법이 있다고 할 것이다.281)

V. 사례의 해결

설문 (1)의 경우 운전면허취소처분은 경찰공공의 원칙에 반하지 않지만, 운전면허취소처분은 비례원칙에 반하여 운전면허취소에 관한 재량권을 남용한 위법이 있다고 하겠다.

설문 (2)에서 甲이 운전면허취소처분에 대한 취소소송에서 승소확정판결을 받았다면, 그 운전면허취소처분은 그 처분시에 소급하여 효력을 잃게 되므로 甲의 무면허운전행위는 죄로 되지 아니하므로 피고인 甲에 대하여 무죄를 선고한 법원의 조치는 정당하고, 행정행위에 공정력이 인정된다고 하여 행정소송에 의하여 적법하게 취소된 운전면허취소처분이 단지 장래에 향하여서만 효력을 잃게 된다고 볼 수도 없다.

설문 (3)의 경우 도로교통법위반(무면허운전)사건에서 음주운전으로 운전면허취소처분을 받은 자가 자동차를 운전하였다고 하더라도 그 후 피의사실에 대하여 무혐의 처분을 받고 이를 근거로 행정청이 운전면허 취소처분을 철회한 경우 위 운전행위는 무면허운전에 해당하지 않는다. 따라서 법원의 판결에는 운전면허취소처분의 철회의 효력 및 무면허운전

281) 대법원은 "피고인은 1997. 8. 23. 전라남도 지방경찰청장으로부터 피고인이 특정범죄 가중처벌 등에 관한 법률 위반(도주차량)의 범행을 저질렀다는 이유로 자동차 운전면허 취소처분(이하 '이 사건 운전면허 취소처분'이라 한다)을 받은 사실, 그 후 창원지방검찰청 진주지청은 1997. 11. 28. 피고인의 위 특정범죄 가중처벌 등에 관한 법률 위반(도주차량)의 범행에 대하여 무혐의 처분을 한 사실, 전라남도지방경찰청장은 2007. 6. 8. 피고인이 위와 같이 무혐의처분을 받았음을 이유로 이 사건 운전면허 취소처분을 철회한 사실 등을 알 수 있는바, 이와 같이 피고인이 특정범죄 가중처벌 등에 관한 법률 위반(도주차량)의 범행을 저지른 사실이 없음을 이유로 전라남도 지방경찰청장이 이 사건 운전면허 취소처분을 철회하였다면, 이 사건 운전면허취소처분은 행정쟁송절차에 의하여 취소된 경우와 마찬가지로 그 처분시에 소급하여 효력을 잃게 되고, 피고인은 그 처분에 복종할 의무가 당초부터 없었음이 후에 확정되었다고 봄이 타당하다(대판 2002.11.8. 2002도4597). 따라서 피고인이 2007. 4. 9.에 한 자동차 운전행위는 무면허운전에 해당하지 않는데도, 원심은 판시와 같은 이유로 무면허운전에 해당한다고 오인하여 이 사건 공소사실을 유죄로 인정한 제1심판결을 그대로 유지하였으니, 원심판결에는 운전면허 취소처분의 철회의 효력 및 무면허운전에 관한 법리를 오해하여 판결에 영향을 미친 위법이 있고, 이를 지적하는 상고이유의 주장은 이유 있다"고 판시(대판 2008.1.31. 2007도9220)하였다.

에 관한 법리를 오해하여 판결에 영향을 미친 위법이 있다.

〈사례연습 50〉 도로점용허가, 도로법상 변상금부과처분

주유소를 경영하는 甲은 도로에서 자신의 주유소로 드나드는 차량을 위하여 주유소 앞 차도와 인도사이의 경계턱을 없애고 인도부분을 차도에서 완만한 오르막 경사를 이루도록 시공하여 이를 주유소 진출입통로로 사용하는 내용의 도로점용허가를 도로관리청인 A시의 시장 乙에게 신청하였으나 상당한 기간이 지났음에도 불구하고 아무런 응답을 하지 않고 있다. 이에 甲은 이 진입로에 해당하는 도로를 무단으로 사용하였다.

(1) 도로점용허가의 법적 성질을 설명하시오. (10점)

(2) 위 사례에서 A시가 도로부지의 소유권자가 아닌 경우, 乙이 甲에게 도로법상의 변상금을 부과할 수 있는지 여부를 설명하시오. (10점)

[참조조문]

도로법

제38조 (도로의 점용) ①도로의 구역 안에서 공작물·물건 기타의 시설을 신축·개축·변경 또는 제거하거나 기타의 목적으로 도로를 점용하고자 하는 자는 관리청의 허가를 받아야 한다.

② 제1항의 규정에 의하여 허가를 받을 수 있는 공작물·물건 기타 시설의 종류와 점용허가에 관하여 필요한 사항은 대통령령으로 정한다.

③~⑥〈생략〉

제39조 (공익사업을 위한 도로의 점용) 관리청은 법률의 규정에 따라 토지를 수용하거나 사용할 수 있는 공익사업을 위한 도로의 점용허가를 거절할 수 없다. 〈단서생략〉

제94조 (변상금의 징수) 제40조의 규정에 의한 도로점용허가를 받지 아니하고 도로를 점용한 자에 대하여는 그 점용기간에 대한 점용료의 100분의 120에 상당하는 금액을 변상금으로 징수할 수 있다. 이 경우에 그 징수방법은 도로점용료징수의 예에 의한다.

도로법시행령

제24조 (점용의 신청)①~④〈생략〉

⑤법 제38조 제2항의 규정에 의하여 도로의 점용허가를 받을 수 있는 공작물 기타 시설의 종류는 다음 각호와 같다.

6. 지하상가·지하실·통로·육교 기타 이와 유사한 것

[관련논점]

— 도로점용허가의 법적 성질

— 도로의 사용관계

— 공물의 일반사용과 특별사용의 병존가능성
— 도로법상 변상금부과처분

[답안구성]

I. **논점의 정리**
II. **설문 (1)의 해결**
1. 도로의 법적 성질
2. 공물과 소유주체의 관계
3. 甲이 사용하는 진입로 확보의 법적 성질
4. 도로점용허가의 법적 성질
(1) 문제점
(2) 도로의 사용관계
(3) 일반사용과 특별사용의 병존가능성
(4) 도로법 제38조 제1항에 의한 도로사용의 법적 성질
(5) 甲에 대한 도로점용허가의 법적 성질
1) 공물사용권의 특허
가. 학설
나. 판례
다. 검토 및 사안의 경우
2) 공물사용특허행위의 성질
5. 소결
III. **설문 (2)의 해결**
1. 변상금부과처분의 법적 성질
2. 도로에 대한 소유권 여부와 변상금부과
(1) 문제점
(2) 학설
(3) 판례
(4) 검토 및 사안의 경우
3. 소결
IV. **결론**

I. 논점의 정리

설문 (1)에서 도로점용허가의 법적 성질을 파악하기 이해서는 도로의 의미와 공물의 성질, 도로의 사용관계 등을 살펴보아야 한다.

설문 (2)에서는 도로에 대한 소유권 여부와 변상금부과의 관계를 규명하기 위해서는 공물관리권의 성질과 도로법 제94조 소정의 변상금부과처분의 법적 성질을 검토할 필요가 있다.

II. 설문 (1)의 해결

1. 도로의 법적 성질

도로는 직접 일반 공중의 공동사용에 제공된 물건이므로 공공용물로서 공물이다.

2. 공물과 소유주체의 관계

공물은 행정주체에 의하여 직접 행정목적에 공용되는 개개의 물건으로서, 그 관리주체와 목적에 착안한 관념이므로 소유주체와는 관계가 없으며, 관리주체는 국가·공공단체 등

행정주체이어야 한다.

3. 甲이 사용하는 진입로 확보의 법적 성질

甲의 진입로 확보는 인도의 일정부분을 점유하고 있다고 할 수 있고, 진입로의 사용은 도로점용에 해당한다.

4. 도로점용허가의 법적 성질

(1) 문제점

甲이 무단 사용하는 차량진입로는 도로의 점용에 해당하는바, 이것이 어떠한 사용관계에 속하는지 문제된다.

(2) 도로의 사용관계

도로의 사용관계는 도로주체와 사용자와의 사이에 발생하는 법률관계를 말한다. 여기에는 도로사용방법을 표준으로 하여 도로를 공중이 그 본래의 목적에 따라 자유로이 사용하는 **일반사용**과 일반사용의 범위를 넘어서 사용이 허용된 **특별사용**으로서 허가사용과 특허사용이 있다.

한편 일반사용의 경우에도 도로의 인접주민은 일반인들에게는 인정되지 아니하는 강화된 일반사용이 인정된다.

(3) 일반사용과 특별사용의 병존가능성

도로의 특별사용은 독점적·배타적인 것이 아니므로 공물의 사용목적에 따라서는 일반사용과 병존이 가능하다. 판례는 도로를 유형적·고정적으로 특정한 목적을 위하여 사용하는 경우 특별사용으로 보며, 이러한 특별사용이 일반 공중의 교통에 공용되는 보통의 도로사용을 감수하고 사용하는 경우라면 도로의 특허사용과 일반사용이 동시에 병존할 수 있다고 본다. 다만 도로의 점용을 특별사용으로 볼 것인지 아니면 일반사용으로 볼 것인지는 그 도로의 주된 용도와 기능이 무엇인지에 따라 가려져야 한다고 한다(대판 1995.2.14. 94누5830).

(4) 도로법 제38조 제1항에 의한 도로사용의 법적 성질

도로법 제38조 제1항은 일정한 도로점용에 있어서 일반사용과는 별도로 관리청의 허가를 받도록 함으로써 도로의 특별사용관계를 규정하고 있다(대판 1998.9.22. 96누7342).

(5) 甲에 대한 도로점용허가의 법적 성질

1) 공물사용권의 특허

가. 학설

이에 대하여는 학설은 i) 인접주민은 수인의무를 부담하는 대신 자기의 수요에 맞게 강화된 일반사용이 가능하고, 특허나 허가에는 기간제한이 있는데 이 경우 도로법 제38조에는 사용기간의 제한이 없음을 그 논거로 인접주민의 강화된 일반사용으로 보는 견해도 있으나, ii) 특별사용관계로 보는 견해도 있다.

나. 판례

대법원은 "차도와 인도 사이의 경계턱을 없애고 인도부분을 차도에서부터 완만한 오르막 경사를 이루도록 시공하는 방법으로 건물 앞 인도부분에 차량진출입로를 개설하여 건물에 드나드는 차량들의 편익에 제공함으로써, 일반 보행자들이 인도부분을 불편을 감수하면서 통행하고 있는 경우, 인도부분이 일반 공중의 통행에 공용되고 있다고 하여도 도로의 특별사용에 해당한다."고 판시(대판 1999.5.14. 98두17906)하고 있다.

다. 검토 및 사안의 경우

인도 위에 차량진입로의 설치사용이 어떠한 사용관계에 해당하는지는 그 차량 진출입로의 위치와 구조, 원고소유건물 및 일반도로와의 연결관계 및 일반인의 이용상황 등 제반사정을 구체적으로 심리하여 판단하여야 한다(대판 1990.11.27. 90누5221).

사안의 경우 甲은 자신의 주유소영업을 위해 그 주요소에로의 진입로를 확보하여 일반인의 도로통행에 고정적·지속적인 불편을 주게 되는 점, 이 경우의 도로사용은 독점적·배타적인 것은 아니지만 그 도로의 원래의 사용 목적에 따라 일반사용과 병존이 가능하다는 점에서 특별사용인 특허사용이라고 보는 것이 타당하다고 판단된다.

2) 공물사용특허행위의 성질

한편 이러한 공물사용의 특허는 당해 공물의 일반사용이나 기타 공익에 미치는 영향을 고려하여 구체적으로 판단하여 결정되어야 할 성질의 것일 뿐 아니라 상대방에게 권리 또는 이익을 부여하는 수익적 행정행위로서 관계법령에서 그 요건에 관하여 일의적으로 규정하고 있지 않는 한 재량행위인바, 사용특허에 명시적으로 기속성을 부여하고 있는 도로법 제39조의 공익사업을 위한 도로의 점용허가와는 달리 재량행위이다.

5. 소결

설문에서 甲의 도로점용은 도로의 특별사용에 해당하고, 도로점용허가는 특허에 해당하며, 그 특허행위는 관리청의 재량행위이다. 따라서 甲은 진입로에 해당하는 도로를 사용하기 위해서는 도로법 제38조 제1항에 의하여 허가를 받아야 한다.

Ⅲ. 설문 (2)의 해결

1. 변상금부과처분의 법적 성질

도로법은 제38조에서 도로를 점용하고자 하는 자는 도로 관리청의 허가를 얻도록 규율함으로써 도로점용허가를 공물관리권의 한 내용으로 규정하는 한편, 제94조에서 위와 같은 행정법상의 규율에 위반한 경우에는 그에 대한 제재로서 도로법상의 변상금부과처분을 할 수 있도록 규정하고 있는바, 그 규범구조상 변상금부과처분은 공물관리권에 기하여 행정법상의 의무위반에 대한 제재로서 과하여지는 급부하명이라고 판단된다.

따라서 도로법 제94조 소정의 변상금은 그 동안의 도로점용료에 더하여, 일종의 의무위반으로 인한 과태료적 성격의 금액을 합한 것이라고 볼 수 있을 것이다.

2. 도로에 대한 소유권 여부와 변상금부과

(1) 문제점

변상금은 공물의 관리권에 기해 부과되는 것이므로, 공물관리권의 법적 성질에 따라 관리청이 당해 도로에 대한 소유권이 있어야 하는지가 문제된다.

(2) 학설

공물관리권의 법적 성질에 대해서 공물의 관리권을 소유권 그 자체에 의한 작용으로 보는 견해는 변상금을 부과하기 위해서는 당해 도로에 대한 소유권이 필요하다고 보나, 공물관리권을 공물주체의 공법적 권한에 속하는 물권적 지배권으로 보는 견해는 변상금부과에 소유권은 불필요하다고 본다.

(3) 판례

대법원은 "도로법의 제반규정에 비추어 보면, 같은 법 제80조의2(현행 제94조)의 규정에 의한 변상금부과권한은 적정한 도로관리를 위하여 도로의 관리청에게 부여된 권한이라 할 것이지 도로부지의 소유권에 기한 권한이라고 할 수 없으므로, 도로의 관리청은 도로부지에 대한 소유권을 취득하였는지 여부와는 관계없이 도로를 무단 점용하는 자에 대하여 변상금을 부과할 수 있다"고 판시(대판 2005.11.25. 2003두7194)하여 소유권불요설의 입장에 있다.

(4) 검토 및 사안의 경우

공물은 행정주체에 의하여 직접 행정목적에 공용되는 개개의 물건으로서, 그 관리주체와 목적에 착안한 관념이므로 소유주체와는 관계가 없는 점, 변상금부과를 규정한 도로법 제94조는 소유권의 취득 여부에 관하여 규정함이 없이 도로점용허가를 받지 아니하고 도로를 점용한 자에 대하여 변상금을 부과할 수 있다고 규정하고 있는 점, 변상금의 부과는 공물관리권에 의한 것이고 공물관리권은 공물주체의 공법적 권한에 속하는 물권적 지배권으로 보아야 한다는 점 등에 비추어 소유권불요설이 타당하다고 하겠다.

따라서 A시가 도로부지의 소유권자가 아니더라도 乙은 甲에게 도로법상의 변상금을 부과할 수 있다.

3. 소결

설문의 경우 乙의 변상금부과처분은 공물관리권에 기한 행정법상의 의무위반에 대한 제재로서 과하여지는 급부하명으로서 A시가 도로부지의 소유권자가 아니더라도 乙은 甲에게 도로법상의 변상금을 부과할 수 있다.

Ⅳ. 결론

설문 (1)에서 甲의 도로점용은 도로의 특별사용에 해당하고, 도로점용허가는 특허에 해당하며, 그 특허행위는 재량행위이다.

설문 (2)에서 乙의 변상금부과처분은 공물관리권에 기한 행정법상의 의무위반에 대한 제재처분으로서 A시가 도로부지의 소유권자가 아니더라도 乙이 甲에게 도로법상의 변상금을 부과할 수 있다.

〈사례연습 51〉 사업인정고시의 하자와 수용재결, 환매권 등

전라북도지사는 전주시장 甲이 수립한 정비계획에 따라 도시저소득주민이 집단으로 거주하는 지역으로서 정비기반시설이 극히 열악하고 노후·불량건축물이 밀집해 있는 전동 일대의 주거환경을 개선하도록 지방도시계획위원회와 건축위원회의 심의를 거쳐 해당 지역을 「도시 및 주거환경 정비법」 상 정비구역으로 지정·고시하였다. 이에 따라 甲은 직접 시행자가 되어 2008. 10. 2. 사업시행계획서를 작성·고시하고 주거환경정비사업을 위해 필요한 토지의 협의수용절차에 착수하였다. 그러나 대부분의 토지소유자들과는 협의절차가 완료되었으나 乙소유의 토지 일부에 대해서는 협의가 실패하자 지방토지수용위원회에 재결을 신청하였고, 2009. 12. 11. 수용재결이 내려졌다.

(1) 乙은 정비구역지정·고시 및 사업시행계획작성·고시가 있을 당시는 아무런 조치를 취하지 않다가 수용재결이 있고서야 "甲이 사업시행계획서를 작성·고시함에 있어 「도시 및 주거환경 정비법」 상 토지소유자의 동의는 거쳤으나, 공람 및 의견청취 절차를 밟지 않아 위법함"을 이유로 위 토지수용재결의 취소를 소송상 주장할 수 있는가? (30점)

(2) 만약 乙이 어쩔 수 없이 위 토지수용위원회의 결정에 응하고 보상금을 수령하였지만 재결이 있은 후 8년이 지나도록 정비사업이 시행되지 않고 방치되고 있다가 사업이 폐지된 경우 乙이 행사할 수 있는 권리에 대하여 논하시오.(20점)

[참조조문]

도시 및 주거환경 정비법

제7조 (주거환경개선사업의 시행자) ①주거환경개선사업은 제4조 제3항의 규정에 의한 정비구역 지정 고시일 현재 토지등소유자의 3분의 2 이상의 동의와 세입자(제4조 제1항의 규정에 의한 공람공고일 3월 전부터 당해 정비구역 안에 3월 이상 거주하고 있는 자를 말한다)세대수 과반수의 동의를 각각 얻어 시장·군수가 직접 시행하거나 주택공사 등을 사업시행자로 지정하여 이를 시행하게 할 수 있다. 다만, 세입자의 세대수가 토지등소유자의 2분의 1 이하인 경우 등 대통령령이 정하는 사유가 있는 경우에는 세입자의 동의절차를 거치지 아니할 수 있다.

② 시장·군수는 천재·지변 그 밖의 불가피한 사유로 인하여 건축물의 붕괴우려가 있어 긴급히 정비사업을 시행할 필요가 있다고 인정하는 경우에는 제1항의 규정에 불구하고 토지등소유자 및 세입자의 동의없이 자신이 직접 시행하거나 주택공사 등을 사업시행자로 지정하여 시행하게 할 수 있다. 이 경우 시장·군수는 지체없이 토지등소유자에게 긴급한 정비사업의 시행사유·시행방법 및 시행시기 등을 통보하여야 한다.

제28조 (사업시행인가) ① 사업시행자(제8조 제1항 내지 제3항의 규정에 의한 공동시행의 경우를 포함하되, 사업시행자가 시장·군수인 경우를 제외한다)는 정비사업을 시행하고자 하는 경우에는 제30조의 규정에 의한 사업시행계획서(이하 "사업시행계획서"라 한다)에 정관등과 그 밖에 건설교통부령이 정하는 서류를 첨부하여 시장·군수에게 제출하고 사업시행인가를 받아야 한다. 인가받은 내용을 변경하거나 정비사업을 중지 또는 폐지하고자 하는 경우에도 또한 같다. 다만, 대통령령이 정하는 경미한 사항을 변경하고자 하는 때에는 시장·군수에게 이를 신고하여야 한다.

③ 시장·군수는 제1항의 규정에 의한 사업시행인가(시장·군수가 사업시행계획서를 작성한 경우를 포함한다)를 하거나 그 정비사업을 변경·중지 또는 폐지하는 경우에는 건설교통부령이 정하는 방법 및 절차에 의하여 그 내용을 당해 지방자치단체의 공보에 고시하여야 한다. 다만, 제1항 단서의 규정에 의한 경미한 사항을 변경하고자 하는 경우에는 그러하지 아니하다.

제31조 (관계서류의 공람과 의견청취) ① 시장·군수는 사업시행인가를 하고자 하거나 사업시행계획서를 작성하고자 하는 경우에는 대통령령이 정하는 방법 및 절차에 따라 관계서류의 사본을 30일 이상

일반인이 공람하게 하여야 한다. 다만, 제28조 제1항 단서의 규정에 의한 경미한 사항을 변경하고자 하는 경우에는 그러하지 아니하다.
② 토지등소유자 또는 조합원 그 밖에 정비사업과 관련하여 이해관계를 가지는 자는 제1항의 공람기간 이내에 시장·군수에게 서면으로 의견을 제출할 수 있다.
③ 시장·군수는 제2항의 규정에 의하여 제출된 의견을 심사하여 채택할 필요가 있다고 인정하는 때에는 이를 채택하고, 그러하지 아니한 경우에는 의견을 제출한 자에게 그 사유를 알려주어야 한다.
제38조 (토지 등의 수용 또는 사용) 사업시행자는 정비구역 안에서 정비사업(주택재건축사업의 경우에는 제8조 제4항 제1호의 규정에 해당하는 사업에 한한다. 이하 이 조에서 같다)을 시행하기 위하여 필요한 경우에는 공익사업을 위한 토지 등의 취득 및 보상에 관한 법률 제3조의 규정에 의한 토지·물건 또는 그 밖의 권리를 수용 또는 사용할 수 있다.
제40조 (공익사업을 위한 토지 등의 취득 및 보상에 관한 법률의 준용) ① 정비구역 안에서 정비사업의 시행을 위한 토지 또는 건축물의 소유권과 그 밖의 권리에 대한 수용 또는 사용에 관하여는 이 법에 특별한 규정이 있는 경우를 제외하고는 공익사업을 위한 토지 등의 취득 및 보상에 관한 법률을 준용한다.
② 제1항의 규정에 의하여 공익사업을 위한 토지 등의 취득 및 보상에 관한 법률을 준용함에 있어서 사업시행인가의 고시(시장·군수가 직접 정비사업을 시행하는 경우에는 제28조 제3항의 규정에 의한 사업시행계획서의 고시를 말한다. 이하 이 조에서 같다)가 있은 때에는 공익사업을 위한 토지 등의 취득 및 보상에 관한 법률 제20조 제1항 및 제22조 제1항의 규정에 의한 사업인정 및 그 고시가 있은 것으로 본다.
공익사업을 위한 토지 등의 취득 및 보상에 관한 법률
제19조(토지등의 수용 또는 사용) ① 사업시행자는 공익사업의 수행을 위하여 필요한 때에는 이법이 정하는 바에 따라 토지등을 수용 또는 사용할 수 있다.
② 공익사업에 수용 또는 사용되고 있는 토지 등은 특별히 필요한 경우가 아니면 이를 다른 공익사업을 위하여 수용 또는 사용할 수 없다.
제20조(사업인정) ① 사업시행자는 제19조의 규정에 따라 토지등을 수용 또는 사용하고자 하는 때에는 대통령령이 정하는 바에 따라 국토해양부장관의 사업인정을 받아야 한다.
제22조(사업인정의 고시) ① 국토해양부장관은 제20조의 규정에 의한 사업인정을 한 때에는 지체없이 그 뜻을 사업시행자, 토지소유자 및 관계인, 관계 시 · 도지사에게 통지하고 사업시행자의 성명 또는 명칭 · 사업의 종류 · 사업지역 및 수용 또는 사용할 토지의 세목을 관보에 고시하여야 한다.
제91조(환매권) ① 토지의 협의취득일 또는 수용의 개시일(이하 이조에서 "취득일"이라 한다)부터 10년 이내에 당해 사업의 폐지변경 그 밖의 사유로 인하여 취득한 토지의 전부 또는 일부가 필요 없게 된 경우 취득인 당시의 토지소유자 또는 그 포괄승계인이하 "환매권자"라 한다)은 당해 토지의 전부 또는 일부가 필요 없게 된 때부터 1년 또는 그 취득일부터 10년 이내에 당해 토지에 대하여 지급받은 보상금에 상당한 금액을 사업시행자에게 지급하고 그 토지를 환매할 수 있다.
② 제1항의 규정은 취득일부터 5년 이내에 취득한 토지의 전부를 당해 사업에 이용하지 아니한 때에 이를 준용하되, 이 경우 환매권은 취득일부터 6년 이내에 이를 행사하여야 한다.
제92조(환매권의 통지 등) ① 사업시행자는 제91조 제1항 및 동조 제2항의 규정에 따라 환매할 토지가 생긴 때에는 지체 없이 이를 환매권자에게 통지하여야 한다. 다만, 사업시행자가 과실 없이 환매

권자를 알 수 없는 때에는 대통령령이 정하는 바에 따라 이를 공고하여야 한다.
② 환매권자는 제1항의 규정에 의한 통지를 받은 날 또는 공고를 한 날부터 6월이 경과한 후에는 제91조 제1항 및 제2항의 규정에 불구하고 환매권을 행사하지 못한다.

[관련논점]

— 사업인정과 수용재결 간에 하자가 승계될 수 있는지 여부
— 환매권의 법적 성질, 내용, 성립요건 등

[답안구성]

Ⅰ. 논점의 정리
Ⅱ. 설문 (1)의 해결
1. 문제의 소재
2. 하자승계논의의 전제요건 충족 여부
(1) 행정행위의 하자승계
1) 하자승계의 개념 및 실익
2) 하자승계논의 및 그 본질
(2) 하자승계논의의 전제
(3) 하자승계논의의 전제요건 충족 여부
1) 사업계획작성·고시의 법적 성질 및 그 효과
가. 공익사업법상 사업인정고시
나. 형성적 행정행위
2) 甲이 사업시행계획서를 작성·고시함에 있어 「도시 및 주거환경 정비법」상 공람 및 의견청취 등 필요한 절차를 밟지 않은 위법의 정도 및 불가쟁력의 발생 여부
가. 취소할 수 있는 하자
나. 절차하자의 독자적 위법사유의 인정
다. 불가쟁력의 발생
(4) 중간결론
3. 사업인정과 수용재결의 관계 및 하자승계 여부
(1) 문제점
(2) 학설
(3) 판례의 태도
(4) 검토 및 사안의 경우
1) 하자승계의 법리
2) 사안의 검토
4. 乙의 권리구제가 가능성
(1) 법적 안정성과 법적 정의의 조화
(2) 사안의 경우
5. 소결
Ⅲ. 설문 (2)의 해결
1. 문제점
2. 환매권의 의의
3. 환매권의 근거
(1) 이론적 근거
(2) 실정법적 근거
4. 환매권의 성질
(1) 학설
(2) 검토
5. 환매의 요건
(1) 환매권자
(2) 환매의 목적물
(3) 환매권의 성립시기 및 행사요건
(4) 환매권의 행사기간
(5) 환매가격
6. 소결
Ⅳ. 사안의 해결

Ⅰ. 논점의 정리

설문 (1)의 경우에는 하자승계문제 즉, 토지수용재결을 대상으로 한 소송에서 사업시행계획서 작성·고시의 위법을 이유로 그 재결의 취소를 구할 수 있는지를 살펴보아야 한다.

설문 (2)에서는 乙이 공익사업을 위한 토지 등의 취득 및 보상에 관한 법률(이하 '공익사업법'이라 한다) 제91조에 의한 환매권을 행사할 수 있는지가 문제되는바, 환매권의 의의 및 법적 성질·발생요건 및 행사요건 등에 대하여 살펴보아야 한다.

Ⅱ. 설문 (1)의 해결

1. 문제의 소재

설문에서는 토지수용재결을 대상으로 한 소송에서 사업계획서 작성고시의 위법을 주장하여 토지수용재결의 취소를 구할 수 있는지를 묻고 있으므로, 하자승계논의의 전제요건 충족 여부, 하자승계논의의 요건이 충족된다면 하자승계 여부가 문제된다.

2. 하자승계논의의 전제요건 충족 여부

(1) 행정행위의 하자승계

1) 하자승계의 개념 및 실익

하자의 승계란 두 개 이상의 행정행위가 일련의 절차로 연속하여 행해지는 경우에 후행행위에 하자가 없더라도 선행행위의 하자가 후행행위에 승계되는 경우를 말한다.

하자승계는 선행행위에 불가쟁력이 발생하여 더 이상 그 효력을 다툴 수 없는 경우에도 선행행위의 하자의 후행행위에로의 승계를 이유로 후행행위를 다툴 수 있게 된다는 점에 그 실익이 있다.

2) 하자승계논의 및 그 본질

하자의 승계논의는 원칙적으로 불가쟁력이 발생한 선행정행위에 대해서는 법적 안정성을 위하여 그 효력을 다툴 수 없으나 불가쟁력은 당사자가 일정한 절차를 거쳐야 하는데도 거치지 않거나 쟁송기간을 경과했다는 형식상의 이유 때문에 인정된 효력이므로, 당사자의 권리보호나 실질적 타당성의 확보를 위하여 일정한 경우에는 선행정행위의 위법이 후행정행위에 승계된다고 보아야 하지 않는가 하는 것에 대한 논의를 말한다.

(2) 하자승계논의의 전제

하자승계논의가 성립하기 위해서는 ⅰ) 항고소송의 대상이 되는 두 개 이상의 행정처분이 연속적으로 행해지는 경우, ⅱ) 선행행정행위에는 당연무효가 아닌 취소할 수 있는 하자가 존재하지만 후행행정행위에는 하자가 존재하지 않는 경우에, ⅲ) 이러한 선행행정행위의 하자를 당사자가 쟁송제기기간 내에 다투지 않거나 법적 구제절차를 포기 또는 거치지 않아 불가쟁력이 발생한 경우일 것이 필요하다. 선행행정행위가 무효인 경우에는 언제든지 그 자체를 다툴 수 있어 하자승계문제를 논할 필요가 없다. 사업시행자에게 보상금을 지급할 것으로 조건으로 그 토지 등에 대한 권리를 취득하게 하는 수용재결이 행정처분이라는 점에는 의문이 없으므로 나머지 요건에 대하여 살펴보기로 한다.

(3) 하자승계논의의 전제요건 충족 여부

1) 사업계획작성·고시의 법적 성질 및 그 효과

가. 공익사업법상 사업인정고시

도시 및 주거환경 정비법 제40조 제2항에 의하면 시장·군수가 직접 정비사업을 시행하는 경우 동법 제28조 제3항의 규정에 의한 사업시행계획서의 고시가 있은 때에는 공익사업법 제20조 제1항 및 제22조 제1항의 규정에 의한 사업인정 및 그 고시가 있은 것으로 보도록 규정하고 있으므로, 甲의 사업시행계획서의 고시는 공익사업법상 사업인정고시의 성질을 갖는다.

나. 형성적 행정행위

그런데 사업인정은 그 후 일정한 절차를 거칠 것을 조건으로 하여 일정한 내용의 수용권을 설정해 주는 행정처분의 성질을 띠는 것으로서 단순한 확인행위가 아니라 형성행위이므로 그 사업인정을 받음으로써 수용할 목물의 범위가 확정되고 수용권으로 하여금 목적물에 관한 현재 및 장래의 권리자에게 대항할 수 있는 일종의 공법상의 권리로서의 효력을 발생시킨다. 따라서 결국 甲의 사업계획작성 · 고시는 행정처분에 해당한다.

2) 甲이 사업시행계획서를 작성·고시함에 있어 「도시 및 주거환경 정비법」 상 공람 및 의견청취 등 필요한 절차를 밟지 않은 위법의 정도 및 불가쟁력의 발생 여부

가. 취소할 수 있는 하자

甲이 사업시행계획서를 작성·고시함에 있어 도시 및 주거환경 정비법 제31조 규정에 따른 공람 및 의견청취 절차는 의무적이라 할 것인데, 이를 이행하지 않았고 행정절차법상 예외적인 경우(제21조 제4항, 제22조 제4항)에도 해당되지 아니하므로 절차상의 하자가 있다.

이러한 의견청취절차를 거치지 않은 하자는 그 하자가 중요한 법규를 위반하여 중대한 것이라고 할 수 있지만 절차하자가 있음에도 불구하고 결과적으로 실체법규에 부합하는 경우도 있으므로 객관적으로도 명백한 것이라고 볼 수 없어 취소할 수 있는 하자에 불과하다고 보아야 한다.

나. 절차하자의 독자적 위법사유의 인정

한편 절차하자가 독자적 위법사유가 되는지에 대하여는 행정경제를 이유로 이를 부정하는 견해도 있으나, 절차의 적정성을 강조하는 현대 법치주의이념과 행정소송법 제30조 제3항 의 규정취지에 비추어 이를 긍정해야 할 것이다.

다. 불가쟁력의 발생

그런데 甲의 사업시행계획서 작성·고시는 2008.10.2.에 행해졌고, 乙은 현재 2009. 12. 11. 에 내려진 수용재결을 다투고자 하고 있으므로 사업시행계획서 작성·고시라는 행정처분을 한 날부터 1년이 지났음(행정소송법 제20조)은 역수상 명백하여 甲의 사업시행계획서 작성·고시에는 불가쟁력이 발생하였다.

(4) 중간결론

결국 사안의 경우 선행행위인 사업시행계획서 작성·고시와 후행행위인 수용재결은 모두 행정처분이고, 선행처분에는 취소할 수 있는 하자가 있지만 불가쟁력이 발생했으므로 하자승계논의의 전제요건은 모두 충족되었다 할 것이다.

3. 사업인정과 수용재결의 관계 및 하자승계 여부

(1) 문제점

사업인정과 수용재결은 상호독립적인 행정행위이면서도 다른 한편으로는 공익사업에 필요한 토지를 취득하는 것을 목적으로 하는 일련의 수용절차를 이루므로 사업인정의 수용재결에 대한 구속력이 인정되어, 사업인정의 하자가 후행행위인 수용재결에 승계되는지 문제된다.

(2) 학설

이에 대하여 학설은 i) 양 처분은 서로 결합하여 사업에 필요한 토지의 취득이라는 법적 효과를 완성시키는 일련의 행정행위임을 이유로 사업인정의 하자승계를 인정하는 **긍정설**[282]과 ii) 사업인정과 수용재결은 별개의 법적 효과를 가져오는 서로 독립된 행정행위이므로 사업인정의 위법은 수용재결에 승계되지 않는다는 **부정설**(다수설, 판례 대판 1993.6.29. 91누2342)이 대립한다.

(3) 판례의 태도

대법원은 "구 토지수용법 제16조 제1항(현 토지보상법 제22조 제1항)에서는 건설부장관이 사업인정을 하는 때에는 지체 없이 그 뜻을 사업시행자, 토지소유자 및 관계인, 관계 시도지사에게 통지하고 사업시행자의 성명 또는 명칭사업의 종류사업지역 및 수용 또는 사용할 토지의 세목을 관보에 고시하여야 한다고 규정하고 있는바, 가령 건설부장관이 위와 같은 절차를 누락한 경우 이는 절차상의 위법으로서 수용재결 단계 전의 사업인정단계에서 다툴 수 있는 취소사유에 해당하기는 하나, 더 나아가 그 사업인정 자체를 무효로 할 중대하고

---

282) 박윤흔, 최신, 435면; 박균성, 하, 357면 이하; 류해웅, 신수용보상법론, 295면

명백한 하자라고 보기는 어렵고, 따라서 이러한 위법을 들어 수용재결처분의 취소를 구하거나 무효확인을 구할 수는 없다"고 판시(대판 2000.10.13. 2000두5142 등)하고 있다.

(4) 검토 및 사안의 경우

1) 하자승계의 법리

두 개 이상의 행정처분이 연속하여 행하여지는 경우에 양 처분이 서로 결합하여 하나의 법적 효과를 완성하는 때에는 선행처분에 불가쟁력이 생겨 그 효력을 다툴 수 없는 경우에도 선행처분의 후행처분에 대한 구속력에 의하여 행정청이 후행처분을 함에 있어서는 그 일부요건에 대한 종국적 결정인 선행처분을 그 전제요건으로 삼아 행하여야 하므로 선행처분에 하자가 있으면 그 하자는 후행처분에 승계되기 때문에 선행처분의 하자를 이유로 후행처분을 다툴 수 있지만, 선행처분과 후행처분이 서로 독립하여 별개의 법률 효과를 목적으로 하는 경우에는 선행처분의 후행처분에 대한 구속력은 미치지 않고, 선행처분에 불가쟁력이 생겨 그 효력을 다툴 수 없다.

2) 사안의 검토

이러한 법리에 비추어 보면, 사안의 경우 사업인정의 효과는 수용할 목적물의 범위를 확정하고 수용권으로 하여금 목적물에 관한 현재 및 장래의 권리자에게 대항할 수 있는 일종의 공법상의 권리로서의 효력을 발생시키는 반면, 수용재결단계에서는 사업시행자에게 보상금을 지급할 것으로 조건으로 그 토지 등에 대한 권리를 취득시킬 것인가 여부를 결정하는 것을 그 목적한다는 점에서 사업인정과 수용재결은 서로 다른 법적 효과를 목적으로 하는 독립된 행정행위이다. 따라서 사업인정의 수용재결에 대한 구속력은 미치지 아니하므로 사업인정의 하자가 수용재결에 승계되지 않아 사업인정의 하자를 이유로 재결의 취소를 구할 수 없다.

다만, 사업인정의 수용재결에 대한 내용상의 구속력은 미칠 수 없지만, 사업의 공익성을 판단하는 사업인정제도와 그 이후에 구체적인 수용·사용을 결정하는 수용재결제도의 기능상, 수용재결로서 사업인정 자체를 무의미하게 할 수는 없다고 할 것이다(대판 1994.11.11. 93누19375).

4. 乙의 권리구제가 가능성

(1) 법적 안정성과 법적 정의의 조화

본질적으로 법치국가원리의 구성요소인 법적안정성의 원리에 의해서 인정되는 선행처분의 불가쟁력이나 구속력과 법치국가원리의 또 다른 구성요소인 법적 정의의 관점에서 인정되는 행정의 법률적합성 확보와 국민의 권리구제는 조화되어 실현되어야 한다.

따라서 선행처분인 甲의 사업시행계획서작성고시의 불가쟁력이나 구속력(특히 선행처분의 후행처분에 대한 구속력을 구성요건적 효력이라고 할 수 있다)이 그로 인하여 불이익을 입게 되는 자에게 수인한도를 넘는 가혹함을 가져오며, 그 결과가 당사자에게 예측 가능한 것이 아닌 경우에는 행정의 법률적합성 확보와 국민의 권리구제측면에서 사업시행계획서작성고시의 불가쟁력이나 구속력은 인정되지 아니하고 국민의 권리구제를 해주는 것이 국민의 재산권과 재판받을 권리를 보장하고 있는 헌법의 이념에 비추어 보아도 타당하다. 따라서 이러한 경우에는 사업시행계획서작성・고시가 위법이 있으면 불가쟁력과 관계없이 그 자체를 행정소송의 대상으로 삼아 위법 여부를 다툴 수 있음은 물론 이를 기초로 한 후행처분의 취소를 구하는 행정소송에서도 선행처분의 후행처분에 대한 구속력과 관계없이 선행처분인 사업시행계획서작성고시의 위법을 독립된 위법사유로 주장할 수 있다 할 것이다(대판 2008.8.21. 2007두13845; 대판 1994.1.25. 93누8542 참조).

(2) 사안의 경우

설문의 경우 甲의 사업시행계획서 작성단계에서의 공람절차는 토지등소유자 또는 조합원 그 밖에 정비사업과 관련하여 이해관계를 가지는 자에게 개별적으로 고지하도록 되어 있는 것이 아니어서 토지소유자 乙이 사업시행계획서의 내용을 알고 있었다고 보기 어렵다 할 것이나, 도시 및 주거환경 정비법 제40조 및 공익사업법 제22조 제1항 등 관계규정상 甲이 사업시행계획서를 작성・고시를 함에 있어서는 토지소유자 및 관계인에게 개별적으로 통지하고 관보에 고시하도록 되어 있는 점에 비추어 보면, 乙은 적어도 사업시행계획작성・고시가 있을 당시에는 사업시행계획서의 내용을 알고 있었다고 보아야 할 것이고, 그럼에도 불구하고 그에 대하여 아무런 대응조치를 취하지 않은 경우까지 선행처분인 사업시행계획서작성・고시의 불가쟁력이나 구속력이 수인한도를 넘는 가혹한 것이거나 예측 불가능하다고 볼 수 없다.

따라서 乙이 정비구역지정·고시 및 사업시행계획작성・고시가 있을 당시는 아무런 조치를 취하지 않다가 수용재결이 있고서야 비로소 사업시행계획서를 작성·고시의 위법함을 들어 위 토지수용재결의 취소를 소송상 주장할 수는 없다고 보아야 할 것이다.

5. 소결

도시 및 주거환경 정비법상 사업시행계획서작성은 공익사업법상 사업인정으로 간주되는바, 乙은 정비구역지정·고시 및 사업시행계획작성・고시가 있을 당시는 아무런 조치를 취하지 않다가 제소기간이 경과하여 불가쟁력이 발생하였고, 한편 사업시행계획서작성・고시와 수용재결은 그 요건과 효과가 달라 별개의 법적 효과를 발생하는 서로 독립된 행정행위이므로 사업시행계획서작성・고시의 수용재결에 대한 구속력은 미치지 않아 하자승계가 부정되므로, 乙은 사업시행계획서작성·고시의 위법을 이유로 수용재결의 취소를 구할 수 없다.

또한 관계규정상 乙은 적어도 사업시행계획작성·고시가 있을 당시에는 사업시행계획서의 내용을 알고 있었다고 보아야 할 것이고, 그럼에도 불구하고 아무런 대응조치를 취하지 않은 경우까지 선행처분인 사업시행계획서작성·고시의 불가쟁력이나 구속력이 수인한도를 넘는 가혹한 것이거나 예측 불가능 하다고 볼 수도 없다.

따라서 결국 乙이 정비구역지정·고시 및 사업시행계획작성·고시가 있을 당시는 아무런 조치를 취하지 않다가 수용재결이 있고서야 비로소 사업시행계획서를 작성·고시의 위법함을 들어 위 토지수용재결의 취소를 소송상 주장할 수는 없다.

Ⅲ. 설문 (2)의 해결

1. 문제점

乙이 어쩔 수 없이 위 토지수용위원회의 결정에 응하고 보상금을 수령하였지만, 재결이 있은 후 8년이 지나도록 정비사업이 시행되지 않고 방치되고 있다가 사업이 폐지되었으므로 乙은 토지보상법 제91조 내지 제92조 규정에 의한 환매권을 행사할 수 있는지 문제된다.

2. 환매권의 의의

환매권이란 공용수용의 목적물이 당해 공익사업에 불필요하게 되었거나 그 공익사업에 현실적으로 공용되지 아니한 경우에 원래의 피수용자가 일정한 요건하에서 다시 매수하여 소유권을 회복할 수 있는 권리를 말한다.

3. 환매권의 근거

(1) 이론적 근거

1) **학설** 환매권의 이론적 근거를 ⅰ) 재산권의 존속보장에서 찾는 견해,[283] ⅱ) 피수용자의 감정존중이나 공평의 견지에서 찾는 견해(다수설)가 있다.

2) **검토** 생각건대 원래 소유자의 토지 등은 헌법 제23조 제1항에 의하여 보장된 재산권이었으나 동조 제3항에 의하여 공익사업을 위하여 공용수용된 것이므로, 그러한 공용수용의 목적이 상실된 경우에는 당연히 헌법 제23조 제1항에 따라 개인의 재산권으로 보장된다는 점에서 그 이론적 근거를 찾아야 할 것이다. 따라서 공용수용된 토지 등에 대한 환매권은 헌법상의 재산권보장으로부터 도출되는 것으로서 헌법이 보장하는 재산권의 내용에

283) 김남진, Ⅱ, 543면; 김유환, "환매권의 법리", 정현 박윤흔박사 화갑기념논문집, 585면; 박균성, 강의, 1072면

포함되는 권리라고 보아야 할 것이고, 이는 피수용자가 손실보상을 받고 소유권의 박탈을 수인할 의무는 그 재산권의 목적물이 공공사업에 이용되는 것을 전제로 하기 때문에 위 헌법상 권리는 피수용자가 수용 당시 이미 정당한 손실보상을 받았다는 사실로 말미암아 부인되지 않는다고 할 것이다.

(2) 실정법적 근거

환매할 수 있는 권리 자체는 헌법상 재산권보장규정으로부터 직접 도출되는 것이나, 그 구체적인 모습은 법률에서 정할 수 있으므로 일반적인 민법상의 환매권과 공용수용에 있어서의 환매권의 구체적인 내용 등은 다를 수 있다고 보아야 할 것이다. 한편 환매권은 토지보상법 이외에도 택지개발촉진법 등에서 개별적인 규정을 두고 있다.

4. 환매권의 성질

(1) 학설

환매권의 성질에 대하여는 i) 환매권이 공법에 의하여 야기된 법적 상태를 원상으로 회복하는 수단으로 공권력의 주체에 대한 권리라고 보는 **공권설**[284]과 ii) 환매는 환매권자의 의사표시에 의존하므로 단순히 수용의 해제로 볼 수 없고, 환매권자가 자기 토지의 이익을 위하여 일방적으로 수용물을 회복하는 것이므로 환매권은 사법상의 권리라는 **사권설**[285]로 나뉘어 있다.

(2) 검토

생각건대 환매권은 환매권자인 토지소유자나 그 포괄승계인이 자신의 개인적 이익을 위하여 자신의 판단에 따라 행사하는 권리이고, 개인이 행정청에 대하여 청구를 하고, 이에 따라 행정청이 수용을 해제하는 것은 아닌 점에서 본질적으로 사적자치가 지배하므로 사권이라고 보는 것이 타당하다고 판단된다(헌재 1994.2.24. 92헌가15 내지 17, 20 내지 24(병합)).

5. 환매의 요건

(1) 환매권자

환매권을 가지는 자는 수용 당시 소유권자 또는 그 포괄승계인이며, 환매권은 양도할 수 없다(동법 제91조 제1항).

(2) 환매의 목적물

토지의 전부 또는 일부에 대한 토지소유권이다(동법 제91조 제1항). 따라서 토지 이외의

---

284) 김남진, Ⅱ, 544면
285) 박윤흔, 하, 689면

물건이나 토지소유권 이외의 권리는 환매의 대상이 아니다.

(3) 환매권의 성립시기 및 행사요건

환매를 할 수 있는 경우는 ⅰ) 토지의 협의취득 또는 수용의 개시일로부터 10년 이내에 당해 사업의 폐지·변경, 기타 사유로 인하여 수용한 토지의 전부 또는 일부가 필요 없게 되었을 때, 또는 ⅱ) 취득일로부터 5년을 경과하여도 취득한 토지의 전부를 사업에 이용하지 아니하였을 때이다(동법 제91조 제1항, 제2항).

이 요건에 대하여는 환매권의 성립요건으로 보는 견해도 있으나, 환매권은 수용의 효과로서 수용의 시기에 법률상 당연히 성립·취득되는 것이므로 이를 환매권의 행사요건으로 보아야 할 것이다.[286]

(4) 환매권의 행사기간

위의 환매권의 행사요건 ⅰ)의 경우에는 당해 토지의 전부 또는 일부가 필요 없게 된 때부터 1년 또는 그 취득일로부터 10년 이내, ⅱ)의 경우에는 취득일로부터 6년 이내에 이를 행사하여야 한다(동법 제91조 제1항, 제2항). 이 기간은 제척기간이다.

(5) 환매가격

환매가격은 원칙적으로 당해 토지에 대하여 지급받은 보상금에 상당한 금액이다. 따라서 환매권 행사 당시까지의 법정이자를 가산한 금액이 아니다(대판 1994.5.24, 93누17225). 다만 토지의 가격이 취득 당시에 비하여 현저히 변동된 경우 사업시행자 또는 환매권자는 환매금액에 대하여 서로 협의하되, 협의가 성립되지 아니한 때에는 그 금액의 증감을 법원에 청구할 수 있다(동법 제91조 제1항, 제4항).

6. 소결

乙은 수용당시 토지소유자이고, 乙이 위 토지수용위원회의 결정에 응하고 보상금을 수령하였지만 재결이 있은 후 8년이 지나도록 정비사업이 시행되지 않고 방치되고 있다가 사업이 폐지되었으며, 사업시행자가 환매통지나 환매공고를 하여 그로부터 6월이 경과하였다는 사정도 보이지 않는다. 따라서 乙은 환매권을 행사할 수 있는 환매권자라 할 것이므로, 사업시행자의 환매통지가 없더라도 자발적으로 환매할 수 있다.

Ⅳ. 사안의 해결

설문 (1)의 경우 사업시행계획서작성·고시와 수용재결은 그 요건과 효과가 달라 별개

286) 박윤흔, 하, 633면; 이상규, 하, 618면

의 법적 효과를 발생하는 서로 독립된 행정행위이므로 사업시행계획서작성・고시의 수용재결에 대한 구속력은 미치지 않아 하자승계가 부정되어, 乙은 사업시행계획서작성・고시의 위법을 이유로 수용재결의 취소를 구할 수 없고, 사안의 경우 선행처분인 사업시행계획서 작성・고시의 불가쟁력이나 구속력이 수인한도를 넘는 가혹한 것이거나 예측 불가능 하다고 볼 수도 없어, 乙은 사업시행계획서를 작성·고시의 위법함을 들어 위 토지수용재결의 취소를 소송상 주장할 수는 없다.

설문 (2)에서 乙은 환매권을 행사할 수 있는 환매권자라 할 것이므로, 사업시행자의 환매통지가 없더라도 자발적으로 환매할 수 있다.

〈사례연습 52〉 주택재건축정비조합설립결의의 하자와 관리처분계획안에 대한 총회결의의 하자를 다투는 소송유형 등

서울시 용산구 한강로 3가 63~70번지 일대 5만 3442m² 토지와 건물에 대하여 도시 및 주거환경 정비법에 의한 주택재개발사업을 추진하고자 甲 등 토지소유자들이 2008.3.1. 용산 제4구역 주택재개발정비사업조합을 설립하고 용산구청장으로부터 사업시행인가 및 조합설립인가를 받아 재건축사업에 착수하였다.

(1) 이 사안 사업구역 내 토지소유자인 甲 외 14인은 조합설립인가처분이 있은 후에 조합설립결의의 하자를 이유로 민사소송으로 그 결의의 무효 등 확인을 구하는 소를 제기하였다. 이 소는 적법한가? 이 경우 수소법원은 어떠한 조치를 취하여야 하는가? (20점)

(2) 甲은 주택재건축정비사업조합이 같은 법 제48조에 따라 수립한 관리처분계획에 대하여 관할 행정청의 인가·고시가 있기 전에, 그 관리처분계획안에 대한 총회결의의 무효확인을 구하는 소를 민사소송으로 제기하였다. 이 소는 적법한가? 甲은 관리처분계획에 대하여 관할 행정청의 인가·고시가 있은 후에, 그 관리처분계획안에 대한 총회결의의 무효확인을 구하는 소를 행정소송법상 당사자소송으로 제기할 수 있는가? (15점)

[참조조문]

도시 및 주거환경 정비법

제13조(조합의 설립 및 추진위원회의 구성) ① 시장・군수 또는 주택공사 등이 아닌 자가 정비사업을 시행하고자 하는 경우에는 토지등소유자로 구성된 조합을 설립하여야 한다.

② 제1항의 규정에 의한 조합을 설립하고자 하는 경우에는 토지등소유자 과반수의 동의를 얻어 위원장을 포함한 5인 이상의 위원으로 조합설립추진위원회(이하 "추진위원회"라 한다)를 구성하여 국토해양부령이 정하는 방법 및 절차에 따라 시장・군수의 승인을 얻어야 한다.

제16조(조합의 설립인가 등) ① 주택재개발사업 및 도시환경정비사업의 추진위원회가 조합을 설립하

고자 하는 때에는 토지등소유자의 4분의3 이상의 동의를 얻어 정관 및 국토해양부령이 정하는 서류를 첨부하여 시장·군수의 인가를 받아야 한다. 인가받은 사항을 변경하고자 하는 때에도 또한 같다. 〈단서생략〉

제18조(조합의 법인격 등) ① 조합은 법인으로 한다.

② 조합은 조합설립인가를 받은 날부터 30일 이내에 주된 사무소의 소재지에서 대통령령으로 정하는 사항을 등기함으로써 성립한다.

③ 조합은 그 명칭 중에 "정비사업조합"이라는 문자를 사용하여야 한다.

제24조(총회개최 및 의결사항) ③ 다음 가호의 사항은 총회의 의결을 거쳐야 한다.

1.~9. 〈생략〉

10. 제48조 규정에 의한 관리처분계획의 수립 및 변경. 이 경우에는 조합원 총수의 과반수이상의 찬성으로 의결한다.

제48조(관리처분계획의 인가 등) ① 사업시행자는 제46조의 규정에 의한 분양신청기간이 종료된 때에는 이 법이 정하는 바에 의하여 기존의 건축물을 철거하기 전에 제46조 규정에 의한 분양신청의 현황을 기초로 다음 각호의 사항에 포함된 관리처분계획을 수립하여 시장·군수의 인가를 받아야 하며, 관리처분계획을 변경중지 또는 폐지하고자 하는 경우에도 또한 같다.

1. 분양설계
2. 분양대상자의 주소 및 성명

3~7 〈생략〉

[관련논점]

— 하자있는 사인의 공법행위와 행정행위의 효력

— 조합설립인가처분이 있은 후에 조합설립결의의 하자를 이유로 민사소송으로 그 결의의 무효 등 확인을 구하는 소를 제기할 수 있는지 여부

— 관리처분계획에 대하여 관할 행정청의 인가·고시가 있기 전에, 그 관리처분계획안에 대한 총회결의의 무효확인을 구하는 소를 민사소송으로 제기할 수 있는지 여부

— 관리처분계획에 대하여 관할 행정청의 인가·고시가 있은 후에, 그 관리처분계획안에 대한 총회결의의 무효확인을 구하는 소를 행정소송법상 당사자소송으로 제기할 수 있는지 여부

[답안구성]

Ⅰ. 논점의 정리

Ⅱ. 하자있는 사인의 공법행위와 행정행위의 효력

1. 문제의 소재
2. 학설

(1) 다수설

(2) 소수설

3. 판례
4. 검토

Ⅲ. 설문 (1)의 해결

1. 조합설립인가처분의 법적 성격

(1) 인가의 법적 성질

(2) 인가와 기본행위

(3) 조합설립인가의 법적 성질

2. 조합설립인가처분이 있은 후에 조합설립결의의 하자를 다투는 쟁송방법

(1) 조합설립결의와 조합설립인가처분의 관계

(2) 조합설립결의 하자가 조합설립인가처분에 승계되는지 여부
1) 문제점
2) 학설
3) 판례
4) 검토
3. 수소법원의 조치
4. 소결
Ⅳ. 설문 (2)의 해결
1. 관리처분계획에 대한 인가 · 고시가 있기 전에 주택재건축정비사업조합을 상대로 관리처분계획안에 대한 조합 총회결의의 효력을 다투는 소송의 법적 성질
(1) 주택재건축정비사업조합의 행정주체의 지위
(2) 관리처분계획의 법적 성질
(3) 관리처분계획안에 대한 조합 총회결의와 관리처분계획의 관계
(4) 재건축조합을 상대로 관리처분계획안에 대한 조합 총회결의의 효력 등을 다투는 소송의 성질
2. 도시 및 주거환경정비법상의 주택재건축정비사업조합이 같은 법 제48조에 따라 수립한 관리처분계획에 대하여 관할 행정청의 인가·고시가 있은 후에, 그 관리처분계획안에 대한 총회결의의 무효확인을 구할 수 있는지 여부
(1) 문제점
(2) 학설
(3) 판례의 태도
가. 종전판례
나. 변경된 판례
(4) 검토
3. 소결
Ⅴ. 사례의 해결

Ⅰ. 논점의 정리

설문 (1)에서는 행정청이 도시 및 주거환경정비법 등 관련 법령에 의하여 행하는 조합설립인가처분의 법적 성격 및 조합설립인가처분이 있은 후에 조합설립결의의 하자를 이유로 그 결의 부분만을 따로 떼어내어 무효 등 확인의 소를 제기하는 것이 허용되는지 여부가 문제된다.

설문 (2)에서는 도시 및 주거환경정비법상의 주택재건축정비사업조합을 상대로 관리처분계획안에 대한 조합 총회결의의 효력을 다투는 소송의 법적 성질이 무엇인지, 도시 및 주거환경정비법상의 주택재건축정비사업조합이 같은 법 제48조에 따라 수립한 관리처분계획에 대하여 관할 행정청의 인가·고시가 있은 후에, 그 관리처분계획안에 대한 총회결의의 무효확인을 구할 수 있는지에 대하여 살펴보아야 한다.

Ⅱ. 하자있는 사인의 공법행위와 행정행위의 효력

1. 문제의 소재

사인의 공법행위란 공법관계에서의 사인의 행위로서 공법적 효과발생을 목적으로 하는 행위를 말한다. 그런데 사인의 공법행위에 하자가 있는 경우에 하자있는 사인의 공법행위에 기초한 행정행위의 효력을 어떻게 볼 것인지가 문제된다.

2. 학설

(1) 다수설

하자 있는 사인의 공법행위가 행정행위를 행하기 위한 단순한 동기인 경우에는 행정행위의 효력에 아무런 영향을 미치지 않지만, 사인의 공법행위가 행정행위의 전제요건인 경우(예: 신청, 동의 등)에는 그 사인의 공법행위가 무효이면 행정행위는 전제요건을 결하여 무효이고 취소사유이면 행정행위는 원칙적으로 유효하다고 한다.

(2) 소수설[287]

사인의 공법행위에 하자가 있는 경우에도 법적 안정성을 위하여 그에 의한 행정행위는 취소할 수 있는 것으로 보아야 한다고 한다. 다만, 행정행위의 효력발생요건인 상대방의 동의나 신청을 요하는 행정행위에서 신청이 명백히 결여된 경우에는 행정행위는 무효라고 한다.

3. 판례

대법원은 공무원이 한 사직의 의사표시의 철회나 취소는 그에 터 잡은 의원면직처분이 있을 때까지 할 수 있지만(대판 1993.7.27. 92누16942), 일단 면직처분이 있고 난 이후에는 철회나 취소할 여지가 없다(대판 2001.8.24. 99두9971)고 판시하고 있다.

4. 검토

살피건대 하자있는 사인의 공법행위가 행정행위의 전제요건이 아닌 경우에는 사인의 공법행위와 행정행위는 별개의 행위이기 때문에 행정행위의 효력에 아무런 영향이 없다. 그러나 하자있는 사인의 공법행위가 행정행위의 전제요건인 경우에 있어서는 사인은 행정행위가 행해지기 전에는 신의성실의 원칙에 반하지 않는 한 자신의 공법행위를 직접 취소 또는 철회하거나 민사소송으로 다툴 수 있지만, 하자있는 사인의 공법행위를 전제요건으로 하여 행정행위가 발해진 후에는 그 행정행위는 사인의 공법행위의 하자를 승계하여 하자있는 행정행위라도 공익실현이라는 행정목적의 능률적 수행을 위하여 권한 있는 기관이 그 하자 내지 위법성을 확인하여 위법상태를 배제할 때까지 사실상 그 적법성을 추정하여 유효하게 통용시키는 효력인 공정력이 발생하므로, 사인은 더 이상 자신의 공법행위를 취소 또는 철회하거나 민사소송으로 그 무효확인을 구하는 소(강행법규위반의 하자의 경우)를 제기할 수 없고, 그 하자있는 사인의 공법행위를 전제요건으로 하여 행해진 하자있는 행정행위에 발생한 공정력을 깨뜨리는 쟁송절차인 항고쟁송으로써 그 하자를 다투어야 한다.

287) 김남진 · 김연태, Ⅰ, 133면

Ⅲ. 설문 (1)의 해결

1. 조합설립인가처분의 법적 성격

(1) 인가의 법적 성질

인가는 행정주체가 직접 자기와 관계없는 다른 법률관계에 있어서의 당사자의 법률행위를 보충하여 그 법률상 효력을 완성시켜 주는 타자를 위한 행위로서 보충행위이다. 이러한 행정주체의 보충행위는 보호 또는 감독을 위한 공익적 견지에 의한 것이다. 인가는 다른 법률관계의 당사자의 법률적 행위를 완전히 유효하게 완성시켜 주는 행정주체의 동의행위이며, 그 동의는 곧 법률행위의 효력요건이므로 무인가행위는 원칙적으로 무효가 되지만 처벌의 대상은 되지 아니한다.

(2) 인가와 기본행위

인가는 다른 자의 법률행위의 효력을 보충하는 데 그치는 것이므로 인가의 대상인 기본행위가 불성립 또는 무효인 경우에는 인가를 받더라도 그 기본행위가 무효로 됨에 따라 인가도 무효로 된다(대판 1987.8.18. 86누152 등 참조). 또한 인가의 대상인 법률행위에 취소원인이 있는 경우에는 인가 후에도 이를 취소할 수 있고, 기본행위가 취소되거나 기본행위인 계약이 해지로 소멸되었다면 인가처분도 그 존립의 바탕을 잃어 당연히 실효된다. 한편, 기본행위는 유효하고 인가만 하자가 있는 때에는 그 인가의 취소 또는 무효확인을 구할 법률상 이익이 있다(대판 1967.2.28. 66누8 등 참조).

(3) 조합설립인가의 법적 성질

도시 및 주거환경정비법(이하 '도시정비법'이라 한다)상의 주택재건축정비사업조합(이하 '재건축조합'이라고 한다)은 정비구역 안에 있는 토지와 건축물의 소유자 등으로부터 조합설립의 동의(이하 '조합설립결의'라 한다)를 받는 등 관계 법령에서 정한 요건과 절차를 갖추어 관할 행정청으로부터 조합설립인가를 받은 후 등기함으로써 법인으로 성립한다(도시정비법 제16조 제2항, 제5항, 제18조). 그리고 이러한 절차를 거쳐 설립된 재건축조합은 관할 행정청의 감독 아래 정비구역 안에서 도시정비법상의 '주택재건축사업'을 시행하는 목적 범위 내에서 법령이 정하는 바에 따라 일정한 행정작용을 행하는 행정주체로서의 지위를 갖는다.

따라서 행정청이 도시정비법 등 관련 법령에 근거하여 행하는 조합설립인가처분은 단순히 사인들의 조합설립행위에 대한 보충행위로서의 성질을 갖는 것에 그치는 것이 아니라 법령상 요건을 갖출 경우 도시정비법상 주택재건축사업을 시행할 수 있는 권한을 갖는 행정주체(공법인)로서의 지위를 부여하는 일종의 설권적 처분의 성격을 갖는다고 보아야 한다.

2. 조합설립인가처분이 있은 후에 조합설립결의의 하자를 다투는 쟁송방법

(1) 조합설립결의와 조합설립인가처분의 관계

조합설립인가처분은 단순히 사인들의 조합설립행위에 대한 보충행위로서의 성질을 갖는 것에 그치는 것이 아니라 법령상 요건을 갖출 경우 도시정비법상 주택재건축사업을 시행할 수 있는 권한을 갖는 행정주체(공법인)로서의 지위를 부여하는 일종의 설권적 처분의 성격을 가지므로 조합설립결의는 조합설립인가처분이라는 행정처분을 하는 데 필요한 요건 중 하나에 해당하는 것이라고 보아야 한다.

(2) 조합설립결의 하자가 조합설립인가처분에 승계되는지 여부

1) 문제점

조합설립인가처분 후 조합설립결의에 하자가 있는 경우에 그러한 하자는 조합설립인가처분을 다투는 소송에서 다툴 수 있는지 아니면 독립적으로 다툴 수 있는지 문제된다.

2) 학설

이에 대해서는 i) 조합설립인가처분이 보충행위에 불과하므로 인가처분이 있은 후에도 여전히 소로써 총회결의무효확인을 구할 수 있다는 견해(종전 판례의 태도)와 ii) 조합설립결의는 조합설립인가처분을 받기위한 하나의 요건에 불과하므로 조합설립인가처분이 있은 후에는 조합결의 하자를 이유로 직접 항고소송으로서 조합설립인가처분을 다투어야 견해가 대립한다.

3) 판례

대법원은 "조합설립결의에 하자가 있다면 그 하자를 이유로 직접 항고소송의 방법으로 조합설립인가처분의 취소 또는 무효확인을 구하여야 하고, 이와는 별도로 조합설립결의 부분만을 따로 떼어내어 그 효력 유무를 다투는 확인의 소를 제기하는 것은 원고의 권리 또는 법률상의 지위에 현존하는 불안·위험을 제거하는 데에 가장 유효·적절한 수단이라 할 수 없어 특별한 사정이 없는 한 확인의 이익은 인정되지 아니한다."고 판시(대판 2009.9.24. 2008다60568)하였다.

4) 검토

살피건대 조합설립결의행위는 사인상호간 공법상 합동행위로써 조합설립인가처분의 전제요건이 되는 것이므로, 앞에서 살펴본 바와 같이 조합설립인가처분이 있기 전에는 민사소송으로 조합결의하자에 대하여 조합을 상대로 결의무효확인을 구할 수 있으나, 하자있는 사인의 공법행위를 전제요건으로 하여 행정행위가 발해진 후에는 그 행정행위는 사인의 공법행위의 하자를 승계하여 하자있는 행정행위가 되는 것이므로, 조합설립결의하자에 대하여 조합을 상대로 하여 결의무효확인소송계속 중 조합설립인가처분이 행해진 경우 등 특별한 사정이 없는 한 하자있는 행정행위에 발생한 공정력을 깨뜨리는 쟁송절차인 항고쟁송으로써 그 하자를 다투어야 한다.

3. 수소법원의 조치

이 사안 소는 피고 조합에 대한 관할 행정청의 조합설립인가처분이 있은 후인 그 설립인가처분의 요건에 불과한 이 사안 조합설립결의에 대한 부존재 또는 무효확인을 구하는 것으로 제기된 것임을 알 수 있어, 위 법리에 의하면 확인의 이익이 없는 부적법한 소에 해당한다고 볼 여지가 있다. 그러나 한편, 원고들이 이 사안 소로써 다투고자 하는 실체는 조합설립의 효력으로서, 이를 위해서는 앞서 본 것처럼 마땅히 조합설립인가처분에 대한 취소 또는 무효확인을 구하는 방법에 의하여야 할 것인데, 이러한 점을 제대로 알지 못한 채 재건축조합에 대한 설립인가처분을 보충행위로 보았던 종래 실무 관행을 그대로 답습한 나머지 부득이 그 요건에 해당하는 조합설립결의의 무효확인을 구하는 방법을 택한 것으로 보이는바, 이러한 사정에 비추어 보면 이 사안 소는 그 실질이 조합설립인가처분의 효력을 다투는 취지라고 못 볼 바 아니고, 여기에 이 사안 소의 상대방이 행정주체로서 지위를 갖는 피고 조합이라는 점까지 아울러 고려하여 보면, 이 사안 소는 공법상 법률관계에 관한 것으로서 행정소송의 일종인 당사자소송으로 제기된 것으로 봄이 상당하다.

따라서 이 사안 소는 제1심 관할법원인 서울행정법원에 제기되었어야 할 것인데도 민사법원에 제기되어 심리되었으므로 확인의 이익 유무에 앞서 전속관할을 위반한 위법이 있는바, 이송 후 행정법원의 허가를 얻어 이 사안이 조합설립인가처분에 대한 항고소송으로 변경될 수 있음을 고려해 보면 이송하더라도 부적법하게 되어 각하될 것이 명백한 경우에 해당한다고 보기는 어려우므로, 이 사안은 관할 법원으로 이송함이 마땅하다(대판 1997.5.30. 95다28960; 대판 2008.7.24. 2077다25261 등 참조)

4. 소결

따라서 설문의 소는 조합설립결의하자에 대하여 조합을 상대로 하여 행정소송법상 당사자소송계속 중 조합설립인가처분이 행해진 경우 등 특별한 사정이 없는 한 부적법하다. 다만 관할위반의 소를 부적법각하하기보다는 이송 후 행정법원의 허가를 얻어 이 사안이 조합설립인가처분에 대한 항고소송으로 변경될 수 있음을 고려해 보면 이송하더라도 부적법하게 되어 각하될 것이 명백한 경우에 해당한다고 보기는 어려우므로, 이 사안은 관할 법원으로 이송함이 타당하다.

Ⅳ. 설문 (2)의 해결

1. 관리처분계획에 대한 인가 · 고시가 있기 전에 주택재건축정비사업조합을 상대로 관리처분계획안에 대한 조합 총회결의의 효력을 다투는 소송의 법적 성질

(1) 주택재건축정비사업조합의 행정주체의 지위

도시 및 주거환경정비법(이하 '도시정비법'이라고 한다)에 따른 주택재건축정비사업조합(이하 '재건축조합'이라고 한다)은 관할 행정청의 감독 아래 도시정비법상의 주택재건축사업을 시행하는 공법인(도시정비법 제18조)으로서, 그 목적 범위 내에서 법령이 정하는 바에 따라 일정한 행정작용을 행하는 행정주체의 지위를 갖는다.

(2) 관리처분계획의 법적 성질

재건축조합이 행정주체의 지위에서 도시정비법 제48조에 따라 수립하는 관리처분계획은 정비사업의 시행 결과 조성되는 대지 또는 건축물의 권리귀속에 관한 사항과 조합원의 비용 분담에 관한 사항 등을 정함으로써 조합원의 재산상 권리·의무 등에 구체적이고 직접적인 영향을 미치게 되므로, 이는 구속적 행정계획으로서 재건축조합이 행하는 독립된 행정처분에 해당한다(전합 1996.2.15. 94다31235; 대판 2007.9.6. 2005두11951 등 참조).

(3) 관리처분계획안에 대한 조합 총회결의와 관리처분계획의 관계

관리처분계획은 재건축조합이 조합원의 분양신청 현황을 기초로 관리처분계획안을 마련하여 그에 대한 조합 총회결의와 토지 등 소유자의 공람절차를 거친 후 관할 행정청의 인가·고시를 통해 비로소 그 효력이 발생하게 되므로(도시정비법 제24조 제3항 제10호, 제48조 제1항, 제49조), 관리처분계획안에 대한 조합 총회결의는 관리처분계획이라는 행정처분에 이르는 절차적 요건 중 하나로, 그것이 위법하여 효력이 없다면 관리처분계획은 하자가 있는 것으로 된다.

(4) 재건축조합을 상대로 관리처분계획안에 대한 조합 총회결의의 효력 등을 다투는 소송의 성질

행정주체인 재건축조합을 상대로 관리처분계획안에 대한 조합 총회결의의 효력 등을 다투는 소송은 행정처분에 이르는 절차적 요건의 존부나 효력 유무에 관한 소송으로서 그 소송결과에 따라 행정처분의 위법 여부에 직접 영향을 미치는 공법상 법률관계에 관한 것이므로, 이는 행정소송법상의 당사자소송에 해당한다.

이러한 소송은, 관리처분계획이 인가·고시되기 전이라면 위법한 총회결의에 대해 무효확인 판결을 받아 이를 관할 행정청에 자료로 제출하거나 재건축조합으로 하여금 새로이 적법한 관리처분계획안을 마련하여 다시 총회결의를 거치도록 함으로써 하자 있는 관리처분계획이 인가·고시되어 행정처분으로서 효력이 발생하는 단계에까지 나아가지 못하도록 저지할 수 있고, 또 총회결의에 대한 무효확인판결에도 불구하고 관리처분계획이 인가·고시되는 경우에도 관리처분계획의 효력을 다투는 항고소송에서 총회결의 무효확인소송의 판결과 증거들을 소송자료로 활용함으로써 신속하게 분쟁을 해결할 수 있으므로, 관리처분계획에 대한 인가·고시가 있기 전에는 허용할 필요가 있다.

2. 도시 및 주거환경정비법상의 주택재건축정비사업조합이 같은 법 제48조에 따라 수립한 관리처분계획에 대하여 관할 행정청의 인가·고시가 있은 후에, 그 관리처분계획안에 대한 총회결의의 무효확인을 구할 수 있는지 여부

(1) 문제점

관리처분계획인가처분 후 그 관리처분계획안에 대한 총회결의에 하자가 있는 경우에 그러한 하자는 관리처분계획인가처분을 다투는 소송에서 다툴 수 있는지 아니면 독립적으로 다툴 수 있는지 문제된다.

(2) 학설

이에 대해서는 ⅰ) 관리처분계획인가처분이 있은 후에도 여전히 소로써 총회결의무효확인을 구할 수 있다는 견해와 ⅱ) 관리처분계획안에 대한 총회결의는 관리처분계획인가처분을 받기위한 하나의 요건에 불과하므로 관리처분계획인가처분이 있은 후에는 총회결의하자를 이유로 직접 항고소송으로서 관리처분계획인가처분을 다투어야 견해가 대립한다.

(3) 판례의 태도

가. 종전판례

종래 대법원은 "관리처분계획은 조합총회의 의결에 의하여 성립하며, 시장·군수의 인가는 사업시행자의 관리처분계획의 효력을 완성시키는 보충행위로서 강학상 인가에 해당하므로, 조합의 의결의 내용상 하자를 들어 인가의 취소 또는 무효확인을 구하는 소송을 제기할 소의 이익이 없다"고 판시(대판 2001.12.11. 2001두7541; 대판 2004.7.22. 2004다13694 등)하였다.

나. 변경된 판례

최근 판례는 견해를 변경하여 "관리처분계획에 대한 관할 행정청의 인가·고시까지 있게 되면 관리처분계획은 행정처분으로서 효력이 발생하게 되므로, 총회결의의 하자를 이유로 하여 행정처분의 효력을 다투는 항고소송의 방법으로 관리처분계획의 취소 또는 무효확인을 구하여야 하고, 그와 별도로 행정처분에 이르는 절차적 요건 중 하나에 불과한 총회결의 부분만을 따로 떼어내어 효력 유무를 다투는 확인의 소를 제기하는 것은 특별한 사정이 없는 한 허용되지 않는다고 보아야 한다."고 판시(전합 2009.9.17. 2007다2428)하였다.[288)]

(4) 검토

살피건대 관리처분계획안에 대한 총회결의는 사인상호간 공법상 합동행위로써 관리처분계획인가처분을 받기위한 하나의 전제요건이 되는 것이므로, 앞에서 살펴본 바와 같이 하자있는 사인의 공법행위를 전제요건으로 하여 행정행위가 발해진 후에는 그 행정행위는 사인의 공법행위의 하자를 승계하여 하자있는 행정행위가 되는 것이므로, 하자있는 행정행위에 발생한 공정력을 깨뜨리는 쟁송절차인 항고쟁송으로써 그 하자를 다투어야 한다. 따라서 관리처분계획에 대한 관할 행정청의 인가·고시까지 있게 되면 관리처분계획은 행정처분으로서 효력이 발생하게 되므로, 총회결의의 하자를 이유로 하여 행정처분의 효력을 다투는 항고소송의 방법으로 관리처분계획의 취소 또는 무효확인을 구하여야 하고, 조합을 상대로 한 총회결의무효확인소송계속중 관리처분계획인가처분이 행해진 경우 등 특별한 사정이 없는 한 허용될 수 없다.

3. 소결

따라서 甲이 주택재건축정비사업조합이 같은 법 제48조에 따라 수립한 관리처분계획에 대하여 관할 행정청의 인가·고시가 있기 전에, 그 관리처분계획안에 대한 총회결의의 무효확인을 구하는 소를 민사소송으로 제기한 소는 부적법하고, 관리처분계획에 대하여 관할 행정청의 인가·고시가 있은 후에, 그 관리처분계획안에 대한 총회결의의 무효확인을 구하는 소를 행정소송법상 당사자소송으로 제기할 수 없다.

V. 사례의 해결

설문 (1)에서 설문의 소는 조합설립결의하자에 대하여 조합을 상대로 하여 행정소송법상 당사자소송계속 중 조합설립인가처분이 행해진 경우 등 특별한 사정이 없는 한 부적법하다. 다만 관할위반의 소를 부적법각하하기보다는 이송 후 행정법원의 허가를 얻어 이 사안이 조합설립인가처분에 대한 항고소송으로 변경될 수 있음을 고려해 보면 이송하더라도

---

288) 이와 달리 도시재개발법(2002. 12. 30. 법률 제6852호 도시 및 주거환경정비법 부칙 제2조로 폐지)상 재개발조합의 관리처분계획안에 대한 총회결의 무효확인소송을 민사소송으로 보고 또 관리처분계획에 대한 인가·고시가 있은 후에도 여전히 소로써 총회결의의 무효확인을 구할 수 있다는 취지로 판시한 대법원 2004. 7. 22. 선고 2004다13694 판결과 이와 같은 취지의 대법원 판결들은 이 판결의 견해에 배치되는 범위 내에서 이를 모두 변경하기로 한다.

부적법하게 되어 각하될 것이 명백한 경우에 해당한다고 보기는 어려우므로, 이 사안은 관할 법원으로 이송함이 타당하다.

설문 (2)의 경우 甲이 주택재건축정비사업조합이 같은 법 제48조에 따라 수립한 관리처분계획에 대하여 관할 행정청의 인가·고시가 있기 전에, 그 관리처분계획안에 대한 총회결의의 무효확인을 구하는 소를 민사소송으로 제기한 소는 부적법하고, 관리처분계획에 대하여 관할 행정청의 인가·고시가 있은 후에, 그 관리처분계획안에 대한 총회결의의 무효확인을 구하는 소를 행정소송법상 당사자소송으로 제기할 수 없다.

〈사례연습 53〉 개발부담금부과처분의 경정처분과 소의 대상

乙이 甲 소유의 부산 동래구 안락동 소재 8필지의 토지를 임차한 후 건축허가를 받아 그 지상에 자동차 관련시설을 건축하고 2004. 9. 7. 사용승인을 받음으로써 위 토지의 지목이 전(田)에서 잡종지로 변경되었고, 이에 관할구청장 X는 2005. 3. 15. 개발이익환수에관한법률 제10조 제1항에 따라 위 토지의 부과종료시점지가를 산정하여 甲에게 개발부담금 707,721,130원을 부과하였다가 위 토지에 대한 2005. 1. 1. 기준 개별공시지가가 공시되자 법 제10조 제1항에 따라 부과종료시점지가를 다시 산정하여 2005. 7. 19. 개발부담금을 173,291,070원으로 감액정산하였고(이하'정산처분'이라고 한다), 그 후 2006. 4. 12. 정상지가상승분에 대한 계산착오를 이유로 개발부담금을 180,041,140원으로 증액경정하였다(이하 '증액경정처분'이라고 한다). 한편 개발부담금부과처분의 기초가 된 개별공시지가가 그 산정절차에 위법이 있었다. 그런데 X의 위 개발부담금 정산처분이 있고 불복기간이 경과하여 당초 개발부담금부과처분에 대하여는 더 이상 다툴 수 없게 되었다. 甲은 X의 위 처분에 대한 취소소송을 제기하였다.

(1) 甲은 개발부담금부과처분, 감액정산처분, 그리고 증액경정처분 중 무엇을 소송의 대상으로 하여야 하는가? 한편 위 취소소송에서 법원은 개발부담금부과처분이 있고 불복기간이 경과하여 당초 부과처분에 대하여는 더 이상 다툴 수 없게 되었으므로 이 사건 감액정산 또는 증액경정처분을 쟁송대상으로 하여 감액정산 또는 증액경정 그 자체에 고유한 위법사유만을 다툴 수 있을 뿐이고 이때 당초 부과처분의 위법사유를 주장할 수 없다고 판단하였다. 이러한 법원의 판단은 타당한가? (15점)

(2) 만약 당초의 부과처분에 대한 불복기간이 경과하지 않아 위 사안의 토지 8 필지에 대한 개발부담금부과처분 취소소송에서 항소심법원이 개발부담금부과처분 중 특정의 1 필지(제1토지)를 제외한 나머지 7 필지 토지(제2토지)에 대한 개발부담금을 초과하는

부분을 취소하는 판결을 선고한 후, X가 당초의 개발부담금을 위 제2토지에 대한 개발부담금으로 감액하는 경청처분을 하고서도 항소심판결의 패소부분에 대하여 상고를 제기한 경우, 甲의 감액된 부분에 대한 부과처분취소청구는 적법한가? (10점)

(3) 만약 위 사안과 달리 甲에 대한 당초처분이 A세무서장에 의한 이유(세액산출근거)를 부기하지 않은 위법한 조세부과처분이었고 그 후 A세무서장은 계산착오를 이유로 국세기본법에 따라 증액경정처분을 하자, 甲은 이에 불복하여 A세무서장을 상대로 하여 이의신청을 하였으나 기각결정을 당하여 이를 행정소송으로 다투려고 하는 경우 소의 대상은? (15점)

[관련논점]

— 개발부담금부과처분의 경정처분에 있어서 소의 대상

— 소송계속 중 감액경정처분과 소의 이익

— 조세부과처분의 경정처분에 있어서 소의 대상

[답안구성]

Ⅰ. 논점의 정리
Ⅱ. 설문 (1)의 해결
1. 문제의 소재
2. 경정처분의 경우 취소소송의 대상
(1) 학설
1) 병존설
2) 흡수설
3) 절충설(병존적 흡수설)
(2) 검토 및 사안의 경우
3. 당초처분의 위법사유를 경정처분의 취소소송에서 다툴 수 있는지
(1) 문제의 소재
(2) 검토 및 사안의 경우
4. 소결
Ⅲ. 설문 (2)의 해결
1. 문제의 소재
2. 감액경정처분의 효력 및 사안의 경우
3. 소결
Ⅳ. 설문 (3)의 해결
1. 문제의 소재
2. 학설의 대립
(1) 병존설
(2) 흡수설
(3) 절충설
3. 판례의 태도
4. 검토
5. 소결
Ⅴ. 사례의 해결

Ⅰ. 논점의 정리

설문 (1)에서는 원칙적으로 행정소송법 제19조에 의하여 원처분주의가 적용됨에 따라 이러한 행정소송의 대상은 당초의 개발부담금부과처분이 취소소송의 대상이 된다. 그런데 사안에서는 부담금부과처분의 기초가 된 개별공시지가가 그 산정절차에 위법이 있음을 이유로 부담금부과처분도 위법하게 되었더라도 乙의 위 개발부담금 정산처분이 있고 불복기간이 경과하여 당초 개발부담금부과처분에 대하여는 더 이상 다툴 수 없게 되었다. 따라서

개발부담금부과처분의 위법사유를 후행처분에서 주장할 수 있는지, 주장할 수 있다면 후행처분인 감액정산처분과 증액경정처분 중 어느 것을 소송의 대상으로 하여 다투어야 하는지를 검토하여야 한다.

설문 (2)에서는 감액경정처분의 효력과 소송계속 중 감액된 부분에 대한 부과처분취소청구의 소의 이익의 존부를 살펴보아야 한다.

설문 (3)에서는 조세행정소송에 있어서 과세관청은 과세처분에 잘못이 있는 경우에 당초처분을 시정하기 위한 경정처분을 할 수 있는데, 이 경우 소의 대상이 무엇인가와 관련하여 2002년 새로 규정된 국세기본법 제22조의2 제1항의 해석과 관련하여 문제되고 있다.

Ⅱ. 설문 (1)의 해결

1. 문제의 소재

개발부담금부과처분이 위법하다 하더라도 그 처분에 대한 경정처분이 내려진 경우에 어느 것을 소송의 대상으로 하여야 하는지, 특히 당초처분은 이미 불가쟁력이 발생하여 더 이상 다툴 수 없게 되었다는 점에서 문제되는데, 이에 대하여는 우선 당초처분과 경정처분 중 어느 것으로 소송의 대상으로 하여야 하는지를 검토할 필요가 있고, 다음으로 만약 경정처분을 소송의 대상으로 한다면 당초처분의 위법사유를 경정처분의 취소소송에서 주장할 수 있는지가 문제된다.

2. 경정처분의 경우 취소소송의 대상

(1) 학설

1) 병존설

당초처분과 경정처분은 서로 독립하여 존재하고 양자가 별개의 소송의 대상이 된다는 견해이다.

2) 흡수설

증액경정처분의 경우 당초처분은 증액경정처분에 흡수되어 소멸하므로 경정처분만이 소송의 대상이 되고, 감액경정처분의 경우에는 당초처분의 일부를 취소하는 효력을 가지므로 감액된 당초처분이 소송의 대상이 된다고 한다.

3) 절충설(병존적 흡수설)

당초처분이 그대로 존속하지만 경정처분만이 소송의 대상이 된다거나, 당초처분과 경정처분은 결합하여 일체로서 병존하나 소송의 대상은 경경처분으로 수정된 당초처분이라고 한다.

(2) 검토 및 사안의 경우

살피건대 당초처분에 대한 감액경정처분은 당초처분과 별개의 처분이 아니라 그 당초처분을 일부 취소한 것이므로 일부취소되고 남은 당초처분만이 존재하고, 당초처분에 대한 증액경정처분의 경우에는 당초처분에 더하여 증액된 처분만이 존재하는 것으로 보아야 한다. 따라서 감액경정처분의 경우에는 당초처분의 일부를 취소하는 효력을 가지므로 감액되고 남은 당초처분이 소송의 대상이 되나 증액경정처분의 경우에는 당초처분은 증액경정처분에 흡수되어 소멸하므로 경정처분만이 소송의 대상이 된다고 보는 흡수설이 타당하다.

따라서 사안과 같이 개발이익환수에관한법률 제10조 제1항에 따른 개발부담금의 감액정산처분이 있는 경우 감액되고 남은 당초처분이 소의 대상이 되고, 감액정산처분 후 다시 증액경정처분이 있는 경우에는 감액되고 남은 당초처분은 증액경정처분에 흡수되어 있으므로 결국 증액경정처분만이 취소소송의 대상이 된다.

3. 당초처분의 위법사유를 경정처분의 취소소송에서 다툴 수 있는지

(1) 문제의 소재

설문의 경우 앞에서 살펴본 바와 같이 사안의 경우 소의 대상은 흡수설에 따라 증액경정처분이므로 이 증액경정처분을 다투는 소송에서 당초 개발부담금부과처분의 위법사유를 주장할 수 있는지 문제된다.

(2) 검토 및 사안의 경우

살피건대 사안의 경우 법 제10조 제1항 단서에 따른 개발부담금의 감액정산은 당초 부과처분과 다른 별개의 처분이 아니라 그 감액변경처분에 해당하고(대법원 1999. 4. 27. 선고 98두19179), 감액정산처분 후 다시 증액경정처분이 있는 경우에는 감액정산처분에 의하여 취소되지 아니한 부분에 해당하는 당초 부과처분은 증액경정처분에 흡수되어 소멸하고 증액경정처분만이 쟁송의 대상이 되며, 이 때 증액경정처분의 위법사유뿐만 아니라 당초 부과처분 중 감액정산처분에 의하여 취소되지 아니한 부분의 위법사유도 다툴 수 있다(대법원 1999. 5. 28. 선고 97누16329 참조)고 보아야 할 것이다.

4. 소결

결국 감액정산처분에 의하여 취소되지 아니한 부분에 해당하는 당초 부과처분은 증액경정처분에 흡수되어 있으므로 증액경정처분만이 취소소송의 대상이 된다. 또한 甲은 증액경정처분을 소의 대상으로 한 소송에서 당초 개발부담금 부과처분의 위법사유도 다툴 수 있음에도 불구하고, 정산처분에 고유한 위법사유만 다툴 수 있다고 한 법원의 판단은 타당하지 못하다.

Ⅲ. 설문 (2)의 해결

1. 문제의 소재

개발부담금부과처분 취소소송 계속 중 행정청이 감액경정처분을 한 경우 그 감액된 부분에 대한 취소청구는 소의 이익을 잃는지 문제된다.

2. 감액경정처분의 효력 및 사안의 경우

앞에서 살펴본 것처럼 당초처분에 대한 감액경정처분은 당초처분의 일부를 취소하는 효력이 있으므로 사안의 토지 8 필지에 대한 개발부담금 부과처분 취소소송에서 항소심법원이 개발부담금 부과처분 중 특정의 1 필지(제1토지)를 제외한 나머지 7 필지 토지(제2토지)에 대한 개발부담금을 초과하는 부분을 취소하는 판결을 선고한 후, 乙이 당초의 개발부담금을 위 나머지 7 필지 토지(제2토지)에 대한 개발부담금으로 감액하는 경경처분을 하였다면 이는 특정 1필지(제1토지)에 대한 개발부담금 부과처분을 취소하는 효력을 갖는다.

3. 소결

따라서 乙이 항소심판결의 패소부분에 대하여 상고를 제기하였다면 甲의 감액된 부분에 대한 부과처분취소청구는 이미 소멸하고 없는 부분에 대한 것으로서 그 소의 이익을 상실하여 부적법하게 된다.[289)]

---

289) 판례도 A, B토지에 대한 **개발부담금 부과처분** 취소소송에서 항소심법원이 개발부담금 부과처분 중 A 토지에 대한 개발부담금을 초과하는 부분을 취소하는 판결을 선고한 후, 지방자치단체의 장이 당초의 개발부담금을 감액하는 경정처분을 하고서도 항소심판결의 패소부분에 대하여 상고를 제기한 경우, "감액경정처분은 당초 처분의 일부(감액된 부분)를 취소하는 효력을 갖는 것이므로 감액된 부분에 대한 부과처분취소청구는 이미 소멸하고 없는 부분에 대한 것으로서 그 소의 이익이 없어 부적법하다"고 판시(대판 2006.5.12. 2004두12698)하고 있다.

한편 대법원은 재량행위인 **과징금부과처분**과 관련하여 "과징금 감액처분으로도 아직 취소되지 않고 남아있는 부분이 위법하다 하여 다투는 경우 항고소송의 대상은 당초 부과처분 중 감액처분에 의하여 취소되지 않고 남은 부분이고, 감액처분이 항고소송의 대상이 되는 것은 아니다. **이러한 법리는 감액처분 자체에 위법사유가 존재하는 경우에도, 그에 대한 별도의 쟁송수단을 인정해야 할 특별한 사정이 없는 한 마찬가지로 적용된다고 할 것이다.**"라고 하면서, 당초 과징금 부과처분 중 취소되지 않고 남은 부분인 14,369,000,000원의 과징금 부과처분에 대한 항고소송이 서울고등법원 2005누489호로 계속 중인 사정 등을 감안하면, 이와 별도로 감액처분 자체의 무효확인 내지 취소를 구하는 취지의 이 사건 주위적 또는 예비적 청구에 관한 소를 인정해야 할 특별한 사정이 있다고 할 수 없으므로, 원고의 이 사건 주위적·예비적 청구는 부적법하다고 판시(대판 2008.2.15. 2006두3957)하였다.

Ⅳ. 설문 (3)의 해결

1. 문제의 소재

원 과세처분, 경정처분 중 어느 것이 취소소송의 대상이 될 것인지가 특히 2002년 새로 규정된 국세기본법 제22조의2 제1항의 해석과 관련하여 문제되고 있다. 즉, 동 조항은 '세법의 규정에 의하여 당초 확정된 세액을 증가시키는 경정은 당초 확정된 세액에 관한 이 법 또는 세법에서 규정하는 권리·의무관계에 영향을 미치지 아니하며, 세법의 규정에 의하여 당초 확정된 세액을 감소시키는 경정은 그 경정에 의하여 감소되는 세액 외의 세액에 관한 이 법 또는 세법에서 규정하는 권리·의무관계에 영향을 미치지 아니한다.'고 규정하고 있는바, 당초처분과 경정처분 중 어느 것을 소의 대상으로 해야 할지에 대하여 견해가 대립하고 있다.

2. 학설의 대립

(1) 병존설[290)]

이 견해는 개정 국세기본법은 당초처분과 증액경정처분은 각각 별개의 취소소송의 대상이 되는 것으로 규정하고 있다고 해석한다.

(2) 흡수설[291)]

이 견해는 신설된 국세기본법 규정에도 불구하고 행정소송의 대상과 관련하여서는 여전히 흡수설에 따라 판단하여야 한다.

(3) 절충설[292)]

이 견해는 기본적으로 병존설에 의한 해석이 타당하나 심리판단의 범위 등 세부적인 사항은 구체적인 사안마다 개별적으로 검토해야 한다고 한다.

3. 판례의 태도

대법원은 감액경정처분의 경우에 감액된 당초처분(경정처분에 의하여 취소되지 않고 남은 부분)이 취소소송의 대상이 되며, 제소기간의 준수여부도 당초처분을 기준으로 판단하여야 한다(역흡수설)고 하였고(대판 1991.9.13. 91누391), 증액경처분의 경우에는 당초처분은 증

290) 박균성, 강의, 1202면; 임승순, 조세법, 310면
291) 최명근, 세법학총론, 384면
292) 류지태, 신론, 1076면

액경정처분에 흡수되므로 증액경정처분만이 취소소송의 대상이 된다고 보고 있다(흡수설)(대판 2000.9.22. 98두18510).

4. 검토

살피건대 흡수설이 타당하다고 판단된다. 왜냐하면 국세기본법 제22조의2 제1항의 규정 취지는 당초의 과세처분에 하자가 있는 경우, 감액경정처분은 당초처분의 일부를 취소하는 처분인데 감액된 당초처분에는 감소되는 세액이외의 세액에 관한 위법사유를 포함하고 있어 감액된 당초처분을 다투는 소송에서 그를 다툴 수 있고, 증액경정처분의 경우에는 당초처분의 위법사유는 증액경정처분에 흡수되어 있으므로 경정처분을 다투는 쟁송에서 그 증액된 세액 자체에 위법사유가 있는 것과는 별개로 당초처분의 위법사유도 다툴 수 있다는 것을 명문화한데 있다고 보아야 하기 때문이다.

따라서 신설된 위 국세기본법 조항에도 불구하고 행정소송의 대상과 관련하여서는 여전히 종래 판례의 태도와 같은 흡수설이 타당하다.

이러한 법리에 따라 최근 판례도 종합소득세부과처분취소사건에서 **국세기본법 제22조의2의 시행 이후 당초 과세처분에 대한 증액경정처분이 있는 경우 항고소송의 심판대상(=증액경정처분) 및 그 항고소송에서 당초 신고나 결정에 대한 위법사유를 함께 주장할 수 있는지 여부(적극)**와 관련하여 "국세기본법 제22조의2의 시행 이후에도 증액경정처분이 있는 경우, 당초 신고나 결정은 증액경정처분에 흡수됨으로써 독립한 존재가치를 잃게 된다고 보아야 하므로, 원칙적으로는 당초 신고나 결정에 대한 불복기간의 경과 여부 등에 관계없이 증액경정처분만이 항고소송의 심판대상이 되고, 납세의무자는 그 항고소송에서 당초 신고나 결정에 대한 위법사유도 함께 주장할 수 있다고 해석함이 타당하다."고 판시(대판 2009.5.14. 2006두17390)하였다.

5. 소결

신설된 국세기본법 제22조의2 제1항의 규정에도 불구하고 행정소송의 대상은 흡수설에 의하여 판단하여야 할 것이고, 원과세처분의 하자는 증액경정처분에 흡수되어 있으므로 증액경정처분을 취소소송의 대상으로 하여 다투는 소송에서 당초처분의 위법사유를 주장하여야 한다. 다만 甲은 이 증액경정처분취소소송에서 당초처분의 위법사유를 주장할 수 있을 뿐만 아니라 증액된 부분 자체에 위법사유가 있다면 그것도 주장할 수 있다.

Ⅴ. 사례의 해결

설문 (1)의 경우 감액정산처분에 의하여 취소되지 아니한 부분에 해당하는 당초 부과처분은 증액경정처분에 흡수되어 있으므로 증액경정처분만이 취소소송의 대상이 된다. 또한

甲은 증액경정처분을 소의 대상으로 한 소송에서 당초 개발부담금 부과처분의 위법사유도 다툴 수 있음에도 불구하고, 정산처분에 고유한 위법사유만 다툴 수 있다고 한 법원의 판단은 타당하지 못하다.

설문 (2)에서 乙이 항소심판결의 패소부분에 대하여 상고를 제기하였다면 甲의 감액된 부분에 대한 부과처분취소청구는 이미 소멸하고 없는 부분에 대한 것으로서 그 소의 이익을 상실하여 부적법하게 된다.

설문 (3)의 경우 신설된 국세기본법 제22조의2 제1항의 규정에도 불구하고 행정소송의 대상은 흡수설에 의하여 판단하여야 할 것이고, 원과세처분의 하자는 증액경정처분에 흡수되어 있으므로 증액경정처분을 취소소송의 대상으로 하여 다투는 소송에서 당초처분의 위법사유를 주장하여야 한다.

판례 색인

사항 색인

[저자, 주요 저서 및 연구]
1963.3.21. 生
行政法定論 (I) (율곡출판사, 2006)
行政法定論 (II) (율곡출판사, 2006)
行政爭訟의 構造와 機能 (율곡출판사, 2006)
[연습]行政法理 (율곡출판사, 2007)
行政法定論 (청목출판사, 2007~2009)
〈사례연구〉행정법연습 (三英社, 2008)
행정법판례 270선 (청목출판사, 2009)
[판례연구] 한국행정법(율곡출판사, 2009)
항고소송의 본질과 개인적 공권에 대한 재인식
행정쟁송의 구조와 기능 및 소의 이익구조에 대한 체계적 고찰
행정쟁송에 있어 국민의 권익구제를 위한 소의 이익구조 4유형
행정입법의 형식성 논의에 대한 고찰
공정력과 구속력, 존속력 등 행정행위의 효력에 대한 총체적 고찰
취소소송의 소송물과 기속력 및 기판력의 범위 2분론
처분사유의 추가 · 변경과 취소소송의 소송물
행정소송법 제29조 제1항의 제3자효의 의미
국가배상법 제2조 및 제5조 책임의 성질과 법리적 고찰
헌법 제23조의 규범구조와 손실보상에 대한 고찰
지방자치법상 행정소송
공물의 성립과 소멸 등

「최태군의 행정법리연구소」
cafe.daum.net/AAlegalmind

行政法理

2010년 1월 5일 초판인쇄
2010년 1월 10일 초판발행

저 자 崔 泰 群
발행인 柳 成 烈
발행처 청목출판사
서울특별시 영등포구 신길동 233-96
전화 (02) 849-6157(代) · 2820
FAX (02) 849-0817
등록 제318-1994-000090호

파본은 바꾸어 드립니다. 값 35,000원

http : //www.chongmok.co.kr

ISBN 978-89-5565-332-8